Rechtliche Rahmenbedingungen der Nutzung oberflächennaher Geothermie bei Großimmobilien

AF831528

Europäische Hochschulschriften

European University Studies

Publications Universitaires Européennes

Reihe II	**Rechtswissenschaft**
Series II	Law
Série II	Droit

Band/Volume **5598**

Christoph Berlin

Rechtliche Rahmenbedingungen der Nutzung oberflächennaher Geothermie bei Großimmobilien

PL ACADEMIC RESEARCH

Bibliografische Information der Deutschen Nationalbibliothek
Die Deutsche Nationalbibliothek verzeichnet diese Publikation in der Deutschen Nationalbibliografie; detaillierte bibliografische Daten sind im Internet über http://dnb.d-nb.de abrufbar.

Zugl.: Kiel, Univ., Diss., 2013

D 8
ISSN 0531-7312
ISBN 978-3-631-64729-5 (Print)
E-ISBN 978-3-653-04357-0 (E-Book)
DOI 10.3726/978-3-653-04357-0

© Peter Lang GmbH
Internationaler Verlag der Wissenschaften
Frankfurt am Main 2014
Alle Rechte vorbehalten.
PL Academic Research ist ein Imprint der Peter Lang GmbH.
Peter Lang – Frankfurt am Main · Bern · Bruxelles · New York · Oxford · Warszawa · Wien

Das Werk einschließlich aller seiner Teile ist urheberrechtlich geschützt.
Jede Verwertung außerhalb der engen Grenzen des Urheberrechtsgesetzes ist ohne Zustimmung des Verlages unzulässig und strafbar.
Das gilt insbesondere für Vervielfältigungen, Übersetzungen, Mikroverfilmungen und die Einspeicherung und Verarbeitung in elektronischen Systemen.

Dieses Buch wurde vor Erscheinen peer reviewed.

www.peterlang.com

Für meinen Vater

Vorwort

Die vorliegende Arbeit wurde im Wintersemester 2012/2013 von der Rechtswissenschaftlichen Fakultät der Christian-Albrechts-Universität zu Kiel als Dissertation angenommen. Die verwendete Literatur wurde nach Abschluss des Promotionsverfahrens im Dezember 2013 dem aktuellen Stand angepasst.

Mein besonderer Dank gilt meinem Doktorvater Prof. Dr. Wolfgang Ewer sowie Prof. Dr. Andreas Dahmke, die die Erstellung dieser Arbeit im Rahmen des vom Ministerium für Wirtschaft, Arbeit, Verkehr und Technologie des Landes Schleswig-Holstein geförderten Forschungsprojektes „GeoCITTI" überhaupt erst ermöglicht haben. Dank gebührt zudem Prof. Dr. Christoph Brüning für die Erstellung eines instruktiven Zweitvotums.

Weiterhin möchte ich Dr. Bernd Hoefer danken, auf dessen kompetenten Rat ich stets zurückgreifen konnte, Christiane Bachmann für die Unterstützung bei der abschließenden Druckreifmachung des Manuskripts, Nadine Schättler und Daniel Müller für das umfangreiche Korrekturlesen und nicht zuletzt Nadine Schöttke für zahlreiche Stunden der Kinderbetreuung.

Den größten Dank schulde ich meiner Familie, insbesondere meiner Frau Esther, die mich – ebenso wie meine Eltern – immer unterstützt hat und ohne die es diese Arbeit nicht geben würde. Gewidmet ist sie meinem Vater, Notar a.D. Detlef Berlin, dem ihr Gelingen besonders am Herzen gelegen hat.

Kiel, im Januar 2014 *Christoph Berlin*

Inhaltsverzeichnis

1. Teil: Einleitung – Klimawandel und Klimaschutz

Gegenstand dieser Arbeit sind die rechtlichen Rahmenbedingungen der Nutzung von Erdwärme bei Großimmobilien wie zum Beispiel Einkaufszentren, Bürohäusern, Hotels oder anderen gewerblichen Projekten. Derartige Großobjekte verfügen regelmäßig über geothermische Anlagen mit Leistungen von mindestens 100 kW[1]. Eine Heizleistung von 100 kW entspricht dabei ungefähr dem Bedarf von zehn bis zwölf Reihenhäusern oder einem kleinen Bürogebäude.[2] Die Systematisierung anhand der thermischen Leistung einer Anlage steht in Übereinstimmung mit den geotechnischen und geothermischen Kategorien, wie sie im Eurocode 7 (DIN EN 1997 – Entwurf, Berechnung und Bemessung in der Geotechnik) und der bauaufsichtlich eingeführten DIN 1054 (Baugrund – Sicherheitsnachweise im Erd- und Grundbau) verwendet werden. Danach fallen in die geothermische Kategorie (GtK) 3 komplexe Anlagen mit einer installierten Leistung von mehr als 100 kW und/oder schwierigen Baugrundverhältnissen bzw. komplexen Wechselwirkungen zur Umgebung, die für den Entwurf und die Bemessung vertiefte geotechnische und geothermische Kenntnisse und Erfahrungen der Ingenieure voraussetzen.[3] Neben der (Heiz- oder Kühl-) Leistung kann zur Einstufung einer Anlage auch auf die Gesamtsondenmeter bei Erdwärmesonden oder die Förderleistung bei Brunnensystemen abgestellt werden. In diesem Fall ist von einer Großanlage auszugehen, wenn ein Erdwärmesondensystem über 2.000 Sondenmeter oder mehr und eine Brunnenanlage über eine Förderleistung von mehr als 20 m^3/h verfügt.[4]

Der verstärkten Nutzung der Geothermie sowohl zur Stromproduktion als auch zur Wärmebereitstellung kommt im Rahmen der Klimaproblematik eine wachsende Bedeutung zu, weil sie als erneuerbare Energie geeignet ist, zur Verringerung des Ausstoßes von Kohlendioxid in die Atmosphäre beizutragen. Als Einstieg und zum besseren Verständnis des Gesamtkontextes soll zunächst ein Überblick über

---

1 1 Kilowatt = 1.000 Watt.

2 *Sass*, in: Forschungs- und Entwicklungsinstitut für Industrie- und Siedlungswasserwirtschaft sowie Abfallwirtschaft e.V. Stuttgart, Grundwasser und Grundwasserleiter - Nutzungskonflikte und Lösungsansätze -, S. 93, 96.

3 VBI-Leitfaden Oberflächennahe Geothermie, S. 11.

4 vgl. Leitfaden Niedersachsen, S. 30.

den derzeitigen Stand des Klimawandels sowie mögliche Maßnahmen zu seiner Bekämpfung gegeben werden.

A. Der globale Klimawandel

Die Auseinandersetzung mit dem globalen Klimawandel stellt eine der bedeutendsten Aufgaben für die Menschheit im 21. Jahrhundert dar. In der Fachliteratur wird der Klimawandel insoweit als „eine der größten ökologischen, sozialen und wirtschaftlichen Bedrohungen der Neuzeit“[5] und zugleich als „eine der größten Herausforderungen für die internationale Sicherheit und das Wohlergehen der Menschheit“[6] bezeichnet.

Unter Klimawandel versteht man im Allgemeinen eine Veränderung im Zustand des Klimas, die über einen Zeitraum von typischerweise Jahrzehnten oder länger andauert, durch statistische Prüfungen bestimmt werden kann und auf einer Änderung der Mittelwerte oder der Variabilität der Klimaeigenschaften beruht.[7] Nach der anerkannten Definition des Zwischenstaatlichen Ausschusses für Klimaänderungen (Intergovernmental Panel on Climate Change – IPCC), des sog. Weltklimarates, kann das Phänomen Klimawandel durch interne natürliche Schwankungen oder durch äußeren Antrieb oder durch fortwährende anthropogene, d.h. durch den Menschen verursachte, Veränderungen in der Zusammensetzung der Atmosphäre oder der Landnutzung zustande kommen.[8] Wenn heutzutage von Klimawandel gesprochen wird, ist vor allem die globale Erwärmung gemeint, also die Erhöhung der planetarischen Mitteltemperatur in den letzten 100 Jahren, vornehmlich seit Ende der 1970er-Jahre. Dabei sind die die mittleren Temperaturen gegenüber dem vorindustriellen Zeitalter von 14,5°C auf heute etwa 15,3°C angestiegen.[9]

Die globale Erwärmung ist eng verbunden mit dem sog. Treibhauseffekt, wobei zwischen natürlichem und anthropogenem Treibhauseffekt zu unterscheiden ist. Die Erdatmosphäre enthält einen natürlichen Anteil an Gasen, die Wärmestrahlung absorbieren und als Spurengase oder Treibhausgase bezeichnet werden.

---

5 *Scheel*, DÖV 2009, S. 529.

6 *Oberthür*, in: Varwick, Globale Umweltpolitik, S. 49.

7 *Rechkemmer*, in: Varwick, Globale Umweltpolitik, S. 32.

8 *IPCC*, Vierter Sachstandsbericht – Klimaänderung 2007, S. 77.

9 *Müller/Fuentes/Kohl*, in: dies., Der UN-Weltklimareport, S. 29; vgl. auch *IPCC*, Vierter Sachstandsbericht – Klimaänderung 2007, S. 5.

Die wichtigsten dieser Gase sind Wasserdampf (H_2O), Kohlendioxid (CO_2), Ozon (O_3), Distickstoffoxid (N_2O) und Methan (CH_4). Sie lassen die von der Sonne auf die Erde einfallende, energiereiche Strahlung nahezu ungehindert passieren, absorbieren aber Teile der im Gegenzug von der erwärmten Erdoberfläche ausgehenden Strahlung und verringern auf diese Weise den Anteil der in den Weltraum abgegebenen Wärmestrahlung.[10] Dies ist – vereinfacht dargestellt – die Wirkungsweise des Treibhauseffektes. Die von Natur aus in der Atmosphäre enthaltenen Treibhausgase haben eine große Bedeutung für das Klima: Der natürliche Treibhauseffekt bewirkt, dass die globale Mitteltemperatur in Bodennähe etwa 15°C beträgt; ohne Treibhausgase in der Atmosphäre läge die Erdmitteltemperatur bei -18°C und die Erde wäre eine Eiswüste.[11] Der natürliche Treibhauseffekt führt also zu einer Temperaturerhöhung der Erdoberfläche von etwa 33°C und garantiert erst die optimalen Lebensbedingungen auf der Erde.[12]

Das gegenwärtige Klimaproblem beruht darauf, dass der Mensch seit Beginn der Industrialisierung durch den Ausstoß bestimmter klimarelevanter Spurengase, insbesondere des Kohlendioxids (CO_2), die Konzentration dieser Gase in der Atmosphäre erhöht und damit den natürlichen Treibhauseffekt verstärkt hat. Dies wiederum führt zu einer Erhöhung der Temperatur der Erdoberfläche und der unteren Atmosphäre, da immer weniger Energie von der Erde an den Weltraum abgegeben werden kann.[13] Der 4. Sachstandsbericht des IPCC kommt insoweit zu dem Ergebnis, dass der größte Teil des beobachteten Anstiegs der mittleren globalen Temperatur seit Mitte des 20. Jahrhunderts „sehr wahrscheinlich" auf die Zunahme der anthropogenen Treibhausgaskonzentrationen zurückzuführen ist; „sehr wahrscheinlich" bedeutet dabei eine Wahrscheinlichkeit von mehr als 90 %[14]. Im 3. Wissensstandsbericht des IPCC aus dem Jahr 2001 war der Zusammenhang von gestiegenen Treibhausgaskonzentrationen und globaler Erwärmung noch lediglich als „wahrscheinlich"[15] bezeichnet worden.[16] Wichtigste Ursache für die Erhöhung der Treibhausgaskonzentration in der Atmosphäre ist die Verbrennung fossiler Energieträger wie Erdöl, Kohle und Erdgas, bei der

---

10 *Latif*, Bringen wir das Klima aus dem Takt?, S. 52.

11 *Latif*, Bringen wir das Klima aus dem Takt?, S. 54/55.

12 *Rahmstorf/Schellnhuber*, Der Klimawandel, S. 31.

13 *Latif*, Klima, S. 13.

14 *IPCC*, Vierter Sachstandsbericht – Klimaänderung 2007, S. 10, 38.

15 Die Wahrscheinlichkeit, dass das Resultat richtig ist, liegt zwischen 66 % und 90 %.

16 *IPCC*, Dritter Wissensstandsbericht – Klimaänderung 2001, S. 52.

unvermeidbar Kohlendioxid freigesetzt wird.[17] Kohlendioxid ist mit einem Anteil am anthropogenen Treibhauseffekt von ca. 60 % das bedeutendste Treibhausgas, Methan hat einen Anteil von ca. 20 % und die Fluorchlorkohlenwasserstoffe (FCKW's) von knapp 15 %.[18]

Neben dem Verbrauch fossiler Brennstoffe liefern Landnutzungsänderungen (z.B. durch die Rodung von Wäldern) einen weiteren signifikanten, aber kleineren Beitrag zur Steigerung der atmosphärischen Kohlendioxidkonzentration.[19] Der erhöhte Methangehalt in der Atmosphäre ist vornehmlich der Landwirtschaft und dabei der Nutzung wasserbedeckter Reisfelder sowie der Viehzucht mit immer größeren Herden zuzuschreiben.[20] Dabei ist die Treibhauswirkung von Methan wesentlich stärker als diejenige von Kohlendioxid; allerdings wird das Methan in der Atmosphäre sehr viel schneller abgebaut als das Kohlendioxid, dessen besonderes Risiko gerade in der langfristigen Anreicherung liegt.[21]

Zusammenfassend lässt sich festhalten, dass die Zunahme der Treibhausgaskonzentrationen zu etwa 50 % auf den Verbrauch fossiler Brennstoffe, zu knapp 20 % auf die Chemieproduktion, zu 15 % auf die zunehmend intensiver betriebene Landwirtschaft und zu weiteren 15 % auf die Vernichtung der Wälder zurückzuführen ist.[22]

Seit Beginn der Industrialisierung ist die Konzentration bei Kohlendioxid um ca. 30 %, bei Methan um ca. 150 % und bei Distickstoffoxid um etwa 17 % angestiegen.[23] In absoluten Zahlen ausgedrückt bedeutet dies, dass sich die globale atmosphärische Kohlendioxidkonzentration von einem vorindustriellen Wert von etwa 280 ppm[24] auf 390 ppm im Jahr 2010 erhöht hat.[25] Dieser Wert übertrifft die aus Eisbohrkernen bestimmte natürliche Bandbreite der letzten 650.000 Jahre

---

17 *Bundesministerium für Umwelt, Naturschutz und Reaktorsicherheit (BMU)*, Klimaschutz – Wissenschaftliche Grundlagen (Stand: August 2011); veröffentl. unter www.bmu.de.

18 *Latif*, Klima, S. 16.

19 *IPCC*, Vierter Sachstandsbericht – Klimaänderung 2007, S. 2.

20 *BMU*, Klimaschutz – Wissenschaftliche Grundlagen (Stand: August 2011); veröffentl. unter www.bmu.de.

21 *BMU*, Klimaschutz – Wissenschaftliche Grundlagen (Stand: August 2011); veröffentl. unter www.bmu.de.

22 *Latif*, Bringen wir das Klima aus dem Takt, S. 58/59.

23 *Latif*, Klima, S. 13.

24 ppm (Teile pro Million) oder ppb (Teile pro Milliarde) bezeichnen das Verhältnis der Anzahl von Treibhausgasmolekülen zur Gesamtanzahl der Moleküle in trockener Luft.

25 *Latif*, Globale Erwärmung, S. 7.

(180 bis 300 ppm) bei Weitem.[26] Die Methankonzentration in der Atmosphäre ist gegenüber der Zeit vor der industriellen Revolution von einem Wert von etwa 715 ppb auf 1.774 ppb im Jahr 2005 gestiegen; dies übertrifft die natürliche Bandbreite der letzten 650.000 Jahre (320 bis 790 ppb) ebenfalls beträchtlich.[27] Auch die atmosphärische Konzentration von Lachgas (Distickstoffoxid) hat zugenommen, und zwar von einem vorindustriellen Wert von 270 ppb auf 319 ppb.[28]

Im Jahr 1900 lag die Menge freigesetzten Kohlendioxids noch bei rund 100 Mio. Tonnen pro Jahr, 2004 waren es rund 38 Mrd. Tonnen.[29] Insgesamt sind die globalen Treibhausgasemissionen zwischen 1970 und 2004 um 70 % gestiegen, diejenigen von Kohlendioxid um 80 %.[30] Da das Wachstum vornehmlich in den Industrieländern stattgefunden hat, sind diese für rund 90 % der bis heute durch den Energieeinsatz entstandenen CO_2-Emissionen verantwortlich.[31] Im Jahr 2010 hat die Bundesrepublik Deutschland mit 827 Mio. Tonnen Kohlendioxid etwa 3 % der weltweiten Emissionen verursacht; auf jeden Bewohner Deutschlands entfallen damit umgerechnet mehr als 10 Tonnen des Kohlendioxidausstoßes.[32] Zum Vergleich: Ein US-Amerikaner emittiert pro Jahr etwa 20 Tonnen Kohlendioxid, ein Chinese 4,6 Tonnen und ein Inder rund eine Tonne.[33] Nach neueren Zahlen liegt der Pro-Kopf-Ausstoß von CO_2 in China mittlerweile schon bei 7,2 Tonnen, während er in der Europäischen Union auf 7,5 Tonnen pro Kopf gesunken ist.[34]

Der auf den dargelegten Veränderungen der Konzentration der Spurengase in der Atmosphäre beruhende anthropogene Treibhauseffekt hatte bedeutende Auswirkungen auf das Klima der zurückliegenden Jahre und wird dies auch in Zukunft haben.

---

26 *IPCC*, Vierter Sachstandsbericht – Klimaänderung 2007, S. 2.
27 *IPCC*, Vierter Sachstandsbericht – Klimaänderung 2007, S. 3.
28 *IPCC*, Vierter Sachstandsbericht – Klimaänderung 2007, S. 3.
29 *Müller/Fuentes/Kohl*, in: dies., Der UN-Weltklimareport, S. 29, 54.
30 *Müller/Fuentes/Kohl*, in: dies., Der UN-Weltklimareport, S. 29, 54.
31 *BMU*, Erneuerbare Energien – Innovationen für eine nachhaltige Energiezukunft, S. 14.
32 *BMU*, Erneuerbare Energien – Innovationen für eine nachhaltige Energiezukunft, S. 14/15.
33 *BMU*, Erneuerbare Energien – Innovationen für eine nachhaltige Energiezukunft, S. 15.
34 *Falke*, ZUR 2013, S. 182, 187.

B. Zur Entwicklung des Klimas

I. Aktuelle Situation und Entwicklung des Weltklimas in den vergangenen Jahren

Dass sich das globale Klima infolge des anthropogenen Treibhauseffektes in den zurückliegenden Jahren erheblich verändert hat, belegt der 4. Sachstandsbericht des IPCC aus dem Jahr 2007. Darin wird die Erwärmung des Klimasystems als „eindeutig“ und aufgrund des beobachteten Anstiegs der mittleren globalen Luft- und Meerestemperaturen, des ausgedehnten Abschmelzens von Schnee und Eis und des Anstiegs des Meeresspiegels als „offensichtlich“ bezeichnet.[35] So ist die globale Erdoberflächentemperatur in dem Zeitraum von 1850–1899 bis 2001–2005 um 0,76 [0,57 bis 0,95] °C gestiegen; dabei war die Erwärmungsrate der letzten 50 Jahre mit 0,13 [0,10 bis 0,16] °C annähernd doppelt so groß wie die der vergangenen 100 Jahre.[36] Elf der zwölf Jahre zwischen 1995 und 2006 zählten zum damaligen Zeitpunkt zu den zwölf wärmsten Jahren seit Beginn der instrumentellen Messungen der globalen bodennahen Mitteltemperatur im Jahr 1850.[37] Das Jahrzehnt 2000–2009 war zudem das wärmste seit Beginn der flächendeckenden globalen Messungen.[38]

Neben den Temperaturmessungen wird die globale Erwärmung durch zahlreiche weitere Beobachtungen bestätigt, wie zum Beispiel den weltweiten Gletscherschwund, das Schrumpfen des arktischen Meereises, den Anstieg des Meeresspiegels, das im Jahreslauf zunehmend frühere Tauen und spätere Gefrieren von Flüssen und Seen sowie das frühere Austreiben von Bäumen und Pflanzen.[39] Dies lässt sich auch mit Zahlen belegen: So ist der mittlere globale Meeresspiegel im 20. Jahrhundert um geschätzte 0,17 [0,12 bis 0,22] m gestiegen. Dabei erhöhte sich die durchschnittliche Geschwindigkeit des Anstiegs von 1,8 [1,3 bis 2,3] mm im Jahr während des Zeitraums von 1961 bis 2003 auf etwa 3,1 [2,4 bis 3,8] mm im Jahr zwischen 1993 und 2003.[40] In den Alpen haben die Gletscher seit Beginn der industriellen Revolution mehr als die Hälfte ihrer Masse eingebüßt, wobei sich

35 *IPCC*, Vierter Sachstandsbericht – Klimaänderung 2007, S. 5.

36 *IPCC*, Vierter Sachstandsbericht – Klimaänderung 2007, S. 5.

37 *IPCC*, Vierter Sachstandsbericht – Klimaänderung 2007, S. 5.

38 *Latif*, Globale Erwärmung, S. 50.

39 *Rahmstorf*, in: Böhler/Bongardt/Frech, Jahrhundertproblem Klimawandel, S. 17, 24.

40 *IPCC*, Vierter Sachstandsbericht – Klimaänderung 2007, S. 7.

der Rückgang zuletzt beschleunigt hat.[41] Auch die Schneebedeckung der Nordhalbkugel hat sich seit 1960 um ca. 10 % verringert.[42] Nicht zuletzt ist die durchschnittliche jährliche Ausdehnung des arktischen Meereises seit 1978 um 2,7 [2,1 bis 3,3] % pro Jahrzehnt geschrumpft, wobei die Abnahme im Sommer sogar bei 7,4 [5,0 bis 9,8] % lag.[43] Dadurch wird der Klimawandel weiter verstärkt, weil die Erde über immer weniger Möglichkeiten verfügt, die Sonneneinstrahlung zu reflektieren. Denn Schnee und Eis reflektieren bis zu 80 % der Sonnenenergie, Wasser dagegen absorbiert sie.[44]

Es bleibt zudem zu berücksichtigen, dass das Klima aufgrund seiner Trägheit auf äußere Veränderungen immer mit einer Zeitverzögerung von einigen Jahrzehnten reagiert. Mithin ist nicht anzunehmen, dass heute schon die volle zu erwartende Reaktion des Klimasystems auf das Handeln des Menschen zu beobachten ist.[45]

II. Prognose bis zum Ende des 21. Jahrhunderts

Für die Zukunft bedeutet dies, dass sich die bereits zu beobachtenden Klimaentwicklungen weiter verstärken und neue Phänomene hinzukommen werden. Unter Zugrundelegung einer Reihe plausibler Szenarien für zukünftige Emissionen und unter Berücksichtigung der verbleibenden Unsicherheiten in der Berechenbarkeit des Klimasystems prognostiziert das IPCC im 4. Sachstandsbericht ohne zusätzliche Klimainitiativen einen globalen Temperaturanstieg zwischen 1,8°C und 4,0°C bis zum Jahr 2100 (beste Schätzung) bei einer wahrscheinlichen Bandbreite von 1,1°C bis 6,4°C.[46] Dabei wurden die global gemittelten Temperaturerhöhungen für das Ende des 21. Jahrhunderts (2090–2099) mit den Werten aus dem Zeitraum von 1980–1999 verglichen. In den genannten Zahlen ist also die zwischen der vorindustriellen Zeit und dem Zeitraum 1980–1999 bereits erfolgte Erwärmung noch gar nicht enthalten. In dieser Zeit stieg das globale Mittel der bodennahen Lufttemperatur bereits um etwa 0,5°C, so dass man bis zum Jahr 2100 insgesamt zu einer voraussichtlichen globalen Erwärmung von 2,3°C bis 4,5°C gelangt. Einen Temperaturanstieg vergleichbarer Größenordnung gab es zuletzt vor etwa 15.000 Jahren, als die letzte Eiszeit zu Ende ging: Damals stieg die mittlere Erdtemperatur

---

41 *Rahmstorf/Schellnhuber*, Der Klimawandel, S. 56.

42 *Latif*, Klima, S. 32.

43 *IPCC*, Vierter Sachstandsbericht – Klimaänderung 2007, S. 7/8.

44 *Müller/Fuentes/Kohl*, in: dies., Der UN-Weltklimareport, S. 29, 62.

45 *Latif*, Klima, S. 30.

46 *IPCC*, Vierter Sachstandsbericht – Klimaänderung 2007, S. 13.

um ca. 5°C an.[47] Allerdings erfolgte diese Erwärmung über einen Zeitraum von 5.000 Jahren – der Mensch droht nun einen ähnlich einschneidenden Klimawandel innerhalb eines Jahrhunderts herbeizuführen.[48]

Die Dimension des drohenden Klimawandels lässt sich an einem weiteren Beispiel verdeutlichen. In den letzten 600.000 Jahren schwankten die Temperaturen zwischen den Tiefstwerten einer Eiszeit, die bei rund 10°C lagen und Deutschland in eine einzige Eistundra verwandelten, und den Warmzeiten mit etwa 16,5°C, die als blühende Landschaften mit dem Paradies oder dem Garten Eden verglichen wurden, lediglich in einer Bandbreite von etwa 6,5°C.[49] Bei dem von Seiten des Weltklimarates prognostizierten Szenario einer Erwärmung zwischen 4°C und über 6°C wird also einer Warmzeit gleichsam eine zweite Warmzeit hinzugefügt.[50] Im Extremfall würde dies eine Erdmitteltemperatur von etwa 20°C im Jahr 2100 bedeuten. Eine derart hohe Temperatur hat es nach heutigen Erkenntnissen seit mindestens einer Million Jahre nicht gegeben.[51]

Ungeachtet der großen Bandbreite der vom IPCC für das Ende des 21. Jahrhunderts prognostizierten Erdmitteltemperaturen, welche zum einen auf der Annahme unterschiedlicher Szenarien (zukünftige Entwicklung der Weltbevölkerung, der Industrialisierung, des Verbrauchs fossiler Brennstoffe usw.) und zum anderen auf der Ungewissheit hinsichtlich des zukünftigen Treibhausgasausstoßes sowie der Modellunsicherheit beruht, ist festzuhalten, dass aufgrund der Trägheit des Klimas selbst bei einer sehr starken Verringerung des Ausstoßes von Treibhausgasen bis zum Jahr 2100 jedenfalls mit einer weiteren globalen Erwärmung von mindestens 1°C gerechnet werden muss.[52]

Neben der Erderwärmung sind weitere Klimaänderungen wie eine Abnahme der Schneebedeckung, weit verbreitete Zunahmen der Auftautiefe in den meisten Permafrostregionen und eine Schrumpfung des Meereises sowohl in der Arktis als auch in der Antarktis zu erwarten.[53] Ebenso werden heiße Extreme, Hitzewellen und Starkniederschlagsereignisse sehr wahrscheinlich vermehrt auftreten und tropische Wirbelstürme (Taifune und Hurrikane) werden „wahrscheinlich“

---

47 *Rahmstorf*, in: Böhler/Bongardt/Frech, Jahrhundertproblem Klimawandel, S. 17, 39.

48 *Rahmstorf*, in: Böhler/Bongardt/Frech, Jahrhundertproblem Klimawandel, S. 17, 39.

49 *Fuentes/Kohl/Müller*, in: Böhler/Bongardt/Frech, Jahrhundertproblem Klimawandel, S. 43, 46.

50 *Fuentes/Kohl/Müller*, in: Böhler/Bongardt/Frech, Jahrhundertproblem Klimawandel, S. 43, 46.

51 *Latif*, Klima, S. 40.

52 *Latif*, Klima, S. 39.

53 *IPCC*, Vierter Sachstandsbericht – Klimaänderung 2007, S. 16.

in ihrer Intensität zunehmen, höhere Spitzengeschwindigkeiten erreichen und mehr Starkniederschläge enthalten.[54] Der projizierte Anstieg des Meeresspiegels bis zum Ende des 21. Jahrhunderts (2090–2099) beträgt – abhängig von dem jeweiligen Emissionsszenario – im Vergleich zu den Jahren 1980–1999 im besten Fall 0,18 bis 0,3 m und im schlechtesten Fall zwischen 0,26 m und 0,59 m.[55] Die Modelle berücksichtigen dabei nicht die vollen Auswirkungen möglicher Änderungen des Eisflusses in Grönland und der Antarktis und auch nicht die Unsicherheiten in den Klima-Kohlenstoffkreislauf-Rückkopplungen. In einem wärmeren Klima verringert sich die Aufnahmefähigkeit der Ozeane und der Landoberfläche für anthropogenes Kohlendioxid, weil in wärmerem Wasser weniger Gas gelöst wird und in Böden bei höheren Temperaturen mehr Biomasse abgebaut wird. Deshalb würde die Kohlendioxidkonzentration in der Atmosphäre stärker ansteigen als ohne diesen Rückkopplungsmechanismus.[56] Dementsprechend weisen neuere wissenschaftliche Veröffentlichungen darauf hin, dass der zukünftige Anstieg des Meeresspiegels deutlich über den von Seiten des IPCC projizierten Werten liegen könnte. So wird ein Meeresspiegelanstieg von bis zu einem Meter oder mehr bis zum Jahr 2100 für möglich gehalten.[57] Für Europa werden im 4. Sachstandsbericht des IPCC entsprechend der derzeit bereits dokumentierten Klimaveränderungen auch für die Zukunft ein Rückzug der Gletscher, längere Vegetationszeiten, eine Verlagerung der Verbreitungsgebiete von Arten und ein erhöhtes Gesundheitsrisiko durch Hitzewellen vorhergesagt.[58] Dabei werden im Norden Europas Überschwemmungen, Erosion und Gletscherschmelze zunehmen, während für den Süden Dürreperioden und Ernteausfälle zu befürchten sind.[59]

Die bis zum Ende des 21. Jahrhunderts zu erwartenden Auswirkungen des anthropogenen Treibhauseffekts und der dadurch verursachten globalen Erwärmung sind demnach immens. Zur Sicherung der Existenz zukünftiger Generationen ist der Mensch zum Handeln gezwungen.

---

54 *IPCC*, Vierter Sachstandsbericht – Klimaänderung 2007, S. 16.

55 *IPCC*, Vierter Sachstandsbericht – Klimaänderung 2007, S. 13.

56 *Umweltbundesamt*, Klimaänderung, S. 24.

57 *Rahmstorf*, in: Müller/Fuentes/Kohl, Der UN-Weltklimareport, S. 190, 193/194; *Latif*, Bringen wir das Klima aus dem Takt?, S. 165.

58 *IPCC*, Vierter Sachstandsbericht – Klimaänderung 2007, S. 28.

59 *IPCC*, Vierter Sachstandsbericht – Klimaänderung 2007, S. 28.

C. Die Möglichkeiten zur Reduzierung der CO_2-Emissionen

Maßgebliche Bedeutung im Kampf gegen den fortschreitenden Klimawandel kommt der Verringerung des Kohlendioxidausstoßes zu. Denn die energiebedingten CO_2-Emissionen tragen global etwa zur Hälfte zum anthropogenen Treibhauseffekt bei.[60] Bei Zugrundelegung der derzeitigen Klimaschutzpolitiken und den damit verbundenen Maßnahmen für eine nachhaltige Entwicklung werden die weltweiten Emissionen von Treibhausgasen allerdings weiter zunehmen.[61] Hintergrund ist die Annahme, dass die Weltwirtschaft im 21. Jahrhundert, insbesondere in den Entwicklungs- und Schwellenländern, rasant weiterwachsen und sich dieses Wachstum in einem deutlich gesteigerten globalen Energiebedarf widerspiegeln wird. Zu rechnen ist schon bis zum Jahr 2030 mit einem Zuwachs des globalen Energiebedarfs um etwa 60 %[62], nach dem Referenzszenario der International Energy Agency (IEA) um rund 40 %.[63] Für die daraus resultierenden Emissionen werden die Entwicklungs- und Schwellenländer (Brasilien, Indien, China, Südafrika) mindestens zu drei Vierteln verantwortlich sein, während der Anteil der Staaten der Europäischen Union stetig sinken wird.[64] Nach neueren Erkenntnissen wird jedoch unter Einbindung der gegenüber den fossilen Energieträgern effizienteren erneuerbaren Energien auch ein Sinken des globalen Primärenergiebedarfs bis zum Jahr 2050 für möglich gehalten.[65] Um das von der Bundesrepublik Deutschland und der Europäischen Union angestrebte und auf dem 15. Weltklimagipfel in Kopenhagen anerkannte Ziel, die weltweite Erwärmung auf ein Niveau von maximal 2°C gegenüber den vorindustriellen Werten zu beschränken, noch erreichen zu können, sollten die Treibhausgasemissionen in jedem Fall spätestens im Jahr 2015 ihren Höhepunkt erreicht haben und danach bis zum Jahr 2050 um die Hälfte gegenüber dem Emissionsniveau von 1990 abnehmen.[66] In Anbetracht der Unterschiede in der globalen Entwicklung

---

60 *BMU*, Erneuerbare Energien – Innovationen für eine nachhaltige Energiezukunft, S. 14.

61 *IPCC*, Vierter Sachstandsbericht – Klimaänderung 2007, S. 43.

62 *Müller/Fuentes/Kohl*, in: dies., Der UN-Weltklimareport, S. 29, 55.

63 *International Energy Agency*, World Energy Outlook 2009, S. 4.

64 *Dröge*, in: Böhler/Bongardt/Frech, Jahrhundertproblem Klimawandel, S. 139, 143.

65 *Rahmstorf/Schellnhuber*, Der Klimawandel, S. 109; anders noch in der 4. Aufl. von 2007: Primärenergiebedarf wird sich bis zum Ende des 21. Jahrhunderts vervierfachen.

66 *Scholz*, in: Böhler/Bongardt/Frech, Jahrhundertproblem Klimawandel, S. 103; Rat der Europäischen Union, Mitteilung an die Presse vom 20.02.2007, 6272/07 (Presse 25), S. 7, veröffentl. unter www.consilium.europa.eu.

der Wirtschaft bedeutet dies für die Industrieländer, dass sie ihren CO_2-Ausstoß in diesem Zeitraum um bis zu 80 % senken müssen.[67]

Dem sog. Zwei-Grad-Ziel kommt herausragende Bedeutung zu. Es entspricht der allgemeinen Ansicht, dass jenseits dieser Grenze die nachteiligen Folgen des Treibhauseffekts unkalkulierbar sind und die Risiken für Ökosysteme, Arten, Nahrungsmittelproduktion, anfällige Bevölkerungen sowie Infrastruktur unvertretbar erscheinen.[68] Um die Zwei-Grad-Grenze einhalten zu können, darf die Kohlendioxidkonzentration in der Atmosphäre den Wert von 450 ppm nicht überschreiten.[69] Derzeit beträgt dieser Wert bereits etwa 390 ppm mit einer jährlichen Wachstumsrate von knapp 2 ppm.[70]

Es gilt daher, Strategien für die Zukunft zu entwickeln, mittels derer der Ausstoß von Kohlendioxid verringert und der Klimawandel gebremst bzw. aufgehalten werden kann. Damit eng verbunden ist der Begriff der Nachhaltigkeit der Energienutzung. Nach der weithin anerkannten Definition der sog. Brundlandt-Kommission[71] befriedigt eine nachhaltige Entwicklung („sustainable development“) die Bedürfnisse der heutigen Generationen, ohne die Fähigkeiten zukünftiger Generationen zu gefährden, ihre eigenen Bedürfnisse zu befriedigen und ihre eigenen Lebensstile zu wählen.[72] Das Bundesministerium für Umwelt, Naturschutz und Reaktorsicherheit leitet daraus ab, dass eine Energienutzung nur dann nachhaltig ist, wenn sie eine ausreichende und dauerhafte Verfügbarkeit von geeigneten Energieressourcen sicherstellt und zugleich die negativen Auswirkungen von Energiebereitstellung, -transport und -nutzung begrenzt.[73] Als Optionen im Rahmen des notwendigen Klimaschutzes sind die Verbesserung der Energieeffizienz, der Ausbau der erneuerbaren Energien, der Handel mit Emissionszertifikaten, die CO_2-Speicherung sowie die Förderung von Kraft-Wärme-Kopplungs-Anlagen zu nennen.

---

67 *Dröge*, in: Böhler/Bongardt/Frech, Jahrhundertproblem Klimawandel, S. 139, 143.

68 *Hare*, in: Müller/Fuentes/Kohl, Der UN-Weltklimareport, S. 285, 292; *Troge*, in: Müller/Fuentes/Kohl, Der UN-Weltklimareport, S. 337; *Rahmstorf/Schellnhuber*, Der Klimawandel, S. 100/101.

69 *Rahmstorf/Schellnhuber*, Der Klimawandel, S. 101; *Latif*, Globale Erwärmung, S. 111.

70 *IPCC*, Vierter Sachstandsbericht – Klimaänderung 2007, S. 2; *Latif*, Globale Erwärmung, S. 7.

71 WCED = World Commission on Environment and Development, benannt nach ihrer Vorsitzenden Gro Harlem Brundlandt.

72 vgl. den Brundlandt-Report von 1987 – Report of the World Commission on Environment and Development: Our Common Future, Part I. Common Concerns, Chapter 2: Towards Sustainable Development, veröffentl. unter www.un-documents.net.

73 *BMU*, Erneuerbare Energien – Innovationen für eine nachhaltige Energiezukunft, S. 8.

I. Steigerung der Energieeffizienz

Dabei bietet die Steigerung der Energieeffizienz, z.B. durch Förderung neuer Technologien, durch Verbrauchsstandards für Geräte und Verkehrsmittel oder durch das Nachrüsten bestehender Einrichtungen wie der Wärmedämmung des Gebäudebestands, volkswirtschaftlich das größte, schnellste und billigste Potenzial für einen effektiven Klima- und Ressourcenschutz.[74] Wissenschaftliche Studien kommen zu dem Ergebnis, dass allein durch eine effizientere Nutzung der Energien bis zu 50 % der erforderlichen CO_2-Reduktionen weltweit ohne Wohlstandsverluste erreicht werden könnten.[75] Nach anderer Ansicht beträgt das Einsparpotenzial durch effizientere Energienutzung etwa 20 % der heutigen CO_2-Emissionen.[76]

II. Ausbau der erneuerbaren Energien

Maßgebliche Bedeutung für die Verringerung des Kohlendioxidausstoßes kommt der Ersetzung fossiler Brennstoffe durch erneuerbare Energien zu. Diese besitzen gegenüber den fossilen Energieträgern den unermesslichen Vorteil, dass sie sich durch natürliche Prozesse laufend erneuern und gemessen an menschlichen Dimensionen unerschöpflich zur Verfügung stehen.[77] Zudem stellen sie Energie bereit, ohne das Treibhausgas Kohlendioxid auszustoßen; sie gelten daher als das bisher erfolgreichste Mittel im Kampf gegen den Klimawandel.[78] Zu den erneuerbaren Energien zählen die Windenergie, die Solarenergie, die Wasserkraft, Gezeiten und Wellen, die Erdwärme und die Verwertung von Biomasse. Der Anteil der erneuerbaren Energien am globalen Endenergieverbrauch lag im Jahr 2009 bei 16 %; davon sind allerdings 10 % dem traditionellen Einsatz von Biomasse als Brennholznutzung in zahlreichen wenig entwickelten Ländern zuzuschreiben.[79] Da auch die Atomkraft lediglich 3 % des Endenergiebedarfs abdeckt, basieren immer noch annähernd 80 % der weltweiten Energieversorgung auf fossilen Brennstoffen, bei der kommerziellen Nutzung sind es fast 90 %.[80]

---

74 *Hennicke*, in: Müller/Fuentes/Kohl, Der UN-Weltklimareport, S. 352, 357.

75 *International Energy Agency*, World Energy Outlook 2009, S. 10; *Hennicke*, in: Fuentes/Kohl/Müller, Der UN-Weltklimareport, S. 352, 357.

76 *Dröge*, in: Böhler/Bongardt/Frech, Jahrhundertproblem Klimawandel, S. 139, 147.

77 *Kaltschmitt*, in: Kaltschmitt/Huenges/Wolff, Energie aus Erdwärme, S.1, 4.

78 *BMU*, Erneuerbare Energien – Innovationen für eine nachhaltige Energiezukunft, S. 6.

79 *BMU*, Erneuerbare Energien – Innovationen für eine nachhaltige Energiezukunft, S. 9.

80 *BMU*, Erneuerbare Energien – Innovationen für eine nachhaltige Energiezukunft, S. 9.

Würden die Potenziale zur Nutzung erneuerbarer Energien in den kommenden Jahren zügig erschlossen, könnten bis zum Jahr 2050 voraussichtlich fast 70 % des weltweiten Strombedarfs aus erneuerbaren Energien gespeist werden.[81] Um das globale Klimaschutzziel erreichen zu können, müssen sich die erneuerbaren Energien aber nicht nur im Strommarkt, sondern auch im Wärmemarkt und auf dem Verkehrssektor zunehmend durchsetzen. Heutzutage wird weltweit etwa ein Viertel des Wärmebedarfs durch erneuerbare Energien abgedeckt; den größten Anteil daran besitzt jedoch die traditionelle Biomassenutzung durch Brennholz oder Dünger, die häufig zu einer nicht nachhaltigen Übernutzung der lokalen Biomasseressourcen führt.[82] Sofern man fossile Energieträger zur Wärmeerzeugung zukünftig durch Solarenergie, Erdwärme und moderne Biomassenutzung ersetzt, könnten bis zum Jahr 2050 etwa 65 % des weltweiten Wärmebedarfs durch erneuerbare Energien gedeckt werden.[83] Als Faustformel lässt sich insoweit festhalten, dass nach dem Energy (R)evolution Szenario – einem Zielszenario, das von einer maximalen globalen Temperaturerhöhung um 2°C ausgeht und das auf eine drastische Steigerung der Energieeffizienz in allen Ländern, einen konsequenten Einsatz von Kraft-Wärme-Kopplung sowie eine ausgewogene Mobilisierung aller erneuerbarer Energiequellen setzt – gegenüber der Business-as-usual-Entwicklung bis zum Jahr 2050 durch Effizienzmaßnahmen etwa 50 % des globalen Primärenergiebedarfs eingespart werden können und dass die Hälfte des verbleibenden Energiebedarfs durch erneuerbare Energien gedeckt werden kann.[84] Für Westeuropa steht dabei ein gesichertes technisches Potenzial erneuerbarer Energien von mindestens 40.000 Petajoule (PJ) zur Verfügung. Dies entspricht etwa 60 % des gegenwärtigen Primärenergieverbrauchs der Staaten der Europäischen Union.[85] In Deutschland hat der Einsatz erneuerbarer Energien im Jahr 2010 den Ausstoß von 115 Mio. Tonnen Kohlendioxid und damit von 14 % der gesamten CO_2-Emissionen verhindert.[86]

Neben der Steigerung der Energieeffizienz und dem Ausbau der erneuerbaren Energien stellen auch der Handel mit Emissionszertifikaten, die CO_2-Speicherung und die Kraft-Wärme-Kopplung geeignete Instrumente zur künftigen Verringerung des globalen Kohlendioxidausstoßes dar.

---

81 *Krewitt*, in: Böhler/Bongardt/Frech, Jahrhundertproblem Klimawandel, S.61, 69.
82 *Krewitt*, in: Böhler/Bongardt/Frech, Jahrhundertproblem Klimawandel, S. 61, 72.
83 *Krewitt*, in: Böhler/Bongardt/Frech, Jahrhundertproblem Klimawandel, S. 61, 72.
84 *Krewitt*, in: Böhler/Bongardt/Frech, Jahrhundertproblem Klimawandel, S. 61, 72/73.
85 *BMU*, Erneuerbare Energien – Innovationen für eine nachhaltige Energiezukunft, S. 43.
86 *BMU*, Erneuerbare Energien – Innovationen für eine nachhaltige Energiezukunft, S. 18.

III. Emissionshandel

In Art. 17 des Kyoto-Protokolls[87] wird den in Anlage B aufgeführten Vertragsparteien die Möglichkeit eingeräumt, sich am Emissionshandel zu beteiligen und dadurch zur Erfüllung ihrer Emissionsbegrenzungs- und -reduktionsverpflichtungen beizutragen. Rechtliche Grundlage des Emissionshandelssystems auf europäischer Ebene ist die Richtlinie 2009/29/EG vom 23.04.2009 zur Änderung der Richtlinie 2003/87/EG zwecks Verbesserung und Ausweitung des Gemeinschaftssystems für den Handel mit Treibhausgaszertifikaten[88], sog. Emissionshandelsrichtlinie. Die Funktionsweise eines Emissionshandelssystems besteht darin, dass der Staat an die Verursacher eines zu reduzierenden Schadstoffes – hier des Kohlendioxids – zu Beginn eines bestimmten Zeitraums, der Zuteilungs- oder Handelsperiode, entgeltlich oder unentgeltlich eine festgelegte Anzahl von Zertifikaten ausgibt und deren Rückgabe nach Ablauf dieses Zeitraums verlangt.[89] Jede dieser Berechtigungen verleiht ihrem Inhaber das Recht, eine bestimmte Schadstoffmenge freizusetzen.[90] Um insgesamt eine Verringerung der Emissionen erreichen zu können, muss die in den Zertifikaten verbriefte Menge naturgemäß geringer sein als die durch die Inhaber der Berechtigungen tatsächlich freigesetzte Schadstoffmenge.[91] Wenn nun ein Schadstoffemittent innerhalb des festgelegten Zeitraums weniger Schadstoffe ausstößt, als es ihm aufgrund der ihm zur Verfügung stehenden Emissionszertifikate erlaubt gewesen wäre, kann er durch den Verkauf von Zertifikaten an Dritte zusätzliche Einnahmen erzielen.[92] Andererseits muss ein Betrieb, der mehr Schadstoffe ausgestoßen hat, als es der Menge der ihm zur Verfügung stehenden Berechtigungen entspricht, auf dem freien Markt weitere Emissionszertifikate hinzuerwerben.[93] Der Anlagenbetreiber kann also wählen, ob er während der Zuteilungsperiode durch Investition in modernere Techniken Emissionen einspart oder ob er Berechtigungen in Gestalt von Zertifikaten zukauft. Dadurch soll gewährleistet werden, dass Emissionen dort reduziert werden, wo es am preiswertesten ist.[94]

---

87 Protokoll von Kyoto zum Rahmenübereinkommen der Vereinten Nationen über Klimaänderungen, BGBl. 2002 Teil II Nr. 16 vom 02.05.2002, S. 967.

88 ABl. EU L 140/63 vom 05.06.2009.

89 *Elspas/Stewing*, in: Elspas/Salje/Stewing, Emissionshandel, Kap. 1, Rn. 5.

90 *Frenz*, in: Frenz, Emissionshandelsrecht, § 1 TEHG, Rn. 7.

91 *Elspas/Stewing*, in: Elspas/Salje/Stewing, Emissionshandel, Kap. 1, Rn. 5.

92 *Elspas/Stewing*, in: Elspas/Salje/Stewing, Emissionshandel, Kap. 1, Rn. 5.

93 *Elspas/Stewing*, in: Elspas/Salje/Stewing, Emissionshandel, Kap. 1, Rn. 5.

94 *Frenz*, in: Frenz, Emissionshandelsrecht, § 1 TEHG, Rn. 7; *Kloepfer*, Umweltrecht, § 5, Rn. 286.

IV. CO_2-Speicherung

Unter CO_2-Speicherung (CCS = Carbon Dioxid Capture and Storage), der sog. Sequestrierung, versteht man die dauerhafte, zumindest mehrere Jahrtausende währende, sichere Endlagerung von Kohlendioxid unterhalb der Erdoberfläche, also in natürlich vorhandenen oder künstlich geschaffenen Hohlräumen in Gesteinen des tieferen Untergrundes.[95] Die Grundidee liegt darin, das bei der Verbrennung fossiler Energieträger entstehende Kohlendioxid abzuscheiden, es in geeigneter Form, z.B. flüssig, zu geologischen Speichern wie Gesteinsformationen, ausgeförderten Flözen oder Sedimenten unter dem Meeresboden zu transportieren und es dort von der Atmosphäre zu isolieren.[96] Noch befindet sich die Kohlendioxidabscheidung und -speicherung allerdings im Entwicklungsstadium. So ist die Umweltverträglichkeit der Lagerung großer Mengen von CO_2 nicht hinreichend untersucht, und es müssen zahlreiche Fragen zur Sicherheit und Wirtschaftlichkeit der CCS-Technologie geklärt werden. Eine großskalige Implementierung der CO_2-Speicherung dürfte daher nicht vor 2020 möglich sein.[97]

Dennoch besitzt diese Technik ein großes Potenzial, weil sie mit den historisch gewachsenen Energieinfrastrukturen kompatibel ist und es ermöglicht, CO_2-Emissionen zu vermeiden, ohne dass es eines abrupten Systemwechsels bedarf. Industrienationen mit einem hohen Anteil fossil-befeuerter Kraftwerke könnten durch die Sequestrierung ihre Emissionen beträchtlich reduzieren, ohne zugleich die Grundstrukturen der Energieversorgung tiefgreifend reformieren zu müssen.[98] Desgleichen könnten Entwicklungs- und Schwellenländer, deren Energieversorgung auf fossilen Brennstoffen beruht, in den Prozess der Reduzierung des CO_2-Ausstoßes einbezogen werden.[99] Gerade für die USA, China, Indien und Russland besitzt die Technologie der CO_2-Speicherung eine große Bedeutung, da sie ihre umfangreichen und vergleichsweise billigen Kohlevorkommen

---

95 *Kött/Kracht*, Potenziale der CO_2-Speicherung in Hessen – eine Grundlage zur klimafreundlichen geo- und energietechnischen Nutzung des tiefen Untergrundes, S. 5.

96 *Rahmstorf/Schellnhuber*, Der Klimawandel, S. 110.

97 *Edenhofer/Flachsland/Luderer*, in: Wallacher/Scharpenseel, Klimawandel und globale Armut, S. 109, 118.

98 *Hüttner/Kolb*, in: Hake/Hüttner, Klimaschutz und Klimapolitik: Chancen und Herausforderungen, S. 103, 122.

99 *Hüttner/Kolb*, in: Hake/Hüttner, Klimaschutz und Klimapolitik: Chancen und Herausforderungen, S. 103, 122.

emissionsarm nutzen könnten.[100] Ungeachtet dessen sollte diese Technik nicht als eine abschließende Lösung des Klimaproblems betrachtet werden, sondern lediglich als Übergangslösung bis zur hinreichenden Entwicklung kohlendioxidfreier erneuerbarer Energien. Die CO_2-Speicherung stellt eine zusätzliche Möglichkeit zur Verringerung des Kohlendioxidausstoßes dar, nicht aber eine langfristige Alternative zum Umbau der derzeitigen Energieversorgungsstrukturen. Denn eine einseitige klimaschutzakzeptable Verlängerung der Nutzung fossiler Energieträger würde die Gefahr mit sich bringen, dass vorhandene Ressourcen nicht in zukunftsfähige erneuerbare Energien investiert und dadurch der zukünftige Handlungsdruck nur verstärkt werden würde.[101] Insoweit führt auch die Europäische Union in den Erwägungsgründen der Richtlinie 2009/31/EG vom 23.04.2009 über die geologische Speicherung von Kohlendioxid[102], sog. CCS-Richtlinie, aus, dass es sich um eine Brückentechnologie handelt, die zur Abschwächung des Klimawandels beiträgt, deren Entwicklung aber nicht dazu führen darf, die Bemühungen zur Förderung von Energiesparmaßnahmen, erneuerbaren Energien sowie anderen sicheren und nachhaltigen kohlenstoffarmen Technologien zu verringern.[103] Ungeachtet dessen könnten die durch die CO_2-Speicherung vermeidbaren Emissionen im Jahr 2030 etwa 15 % der in der EU erforderlichen Reduzierung betragen.[104]

V. Förderung der Kraft-Wärme-Kopplung

Schließlich kann eine Minderung von CO_2-Emissionen auch durch die verstärkte Nutzung von Kraft-Wärme-Kopplungs-Anlagen (KWK-Anlagen) erreicht werden. Kraft-Wärme-Kopplung steht für die gemeinsame Bereitstellung von Elektrizität und Wärme (zum Beispiel für Raumwärme und Warmwasser) in einem einzigen technischen Prozess.[105] Damit wird das Ziel verfolgt, Energie wirtschaftlicher bereitzustellen, als es bei der getrennten Erzeugung von Strom und Wärme der Fall

---

100 *Edenhofer/Flachsland/Luderer*, in: Wallacher/Scharpenseel, Klimawandel und globale Armut, S. 109, 118.

101 *Hüttner/Kolb*, in: Hake/Hüttner, Klimaschutz und Klimapolitik: Chancen und Herausforderungen, S. 103, 124.

102 ABl. EU L 140/114 vom 05.06.2009.

103 vgl. Erwägungsgrund Nr. 4 der Richtlinie 2009/31/EG.

104 vgl. Erwägungsgrund Nr. 5 der Richtlinie 2009/31/EG.

105 *Jung*, Energieeffizienzpolitik in Deutschland und Südkorea, S. 44; *Prall/Ewer*, in: Koch, Umweltrecht, § 9, Rn. 57.

ist.[106] Bei der Kraft-Wärme-Kopplung wird die Abgabe von ungenutzter Abwärme an die Umgebung weitgehend vermieden. Im Gegensatz zu Wärmekraftwerken, die nur auf die Stromerzeugung ausgerichtet sind, wird bei KWK-Anlagen durch die gleichzeitige Abgabe von Strom und Wärme ein sehr viel höherer Nutzungsgrad erreicht. So weisen konventionelle Kraftwerke lediglich einen Wirkungsgrad von durchschnittlich 38 % auf, während in KWK-Anlagen mehr als 70 % der eingesetzten Primärenergie sinnvoll genutzt werden kann.[107] Die Kraft-Wärme-Kopplung ist daher – neben der Nutzung regenerativer Energien – die mit Blick auf sparsamen Einsatz von Brennstoffen und möglichst geringe Schadstoffemissionen effizienteste Form der Energieversorgung. Prognosen gehen davon aus, dass die verstärkte Nutzung von KWK-Anlagen die CO_2-Emissionen in der Europäischen Union bis zum Jahr 2020 um etwa 258 Mio. Tonnen reduzieren kann.[108] In Deutschland haben KWK-Anlagen im Jahr 2010 allerdings nur rund 16 % des Stroms erzeugt.[109] Seit der Novellierung des Kraft-Wärme-Kopplungsgesetzes (KWKG)[110] zum 01.01.2009 ist der Gesetzeszweck ausdrücklich darauf gerichtet, diese Quote bis 2020 auf 25 % zu erhöhen.

Über die dargestellten Maßnahmen hinaus erfordert ein wirksamer Klimaschutz weitere globale Anstrengungen wie die Verbesserung und den Ausbau der öffentlichen Verkehrssysteme insbesondere in den Metropolen der Entwicklungs- und Schwellenländer sowie in den Megacities, den Erhalt der Biodiversität durch verbesserten Schutz von Wäldern, Böden und Meeressystemen sowie den endgültigen Ausstieg aus den fluorierten Treibhausgasen und den teilhalogenierten Kohlenwasserstoffen, die insbesondere für Klimaanlagen und zur Kühlung verwendet werden.[111]

---

106 *Jung*, Energieeffizienzpolitik in Deutschland und Südkorea, S. 44/45.

107 *Jung*, Energieeffizienzpolitik in Deutschland und Südkorea, S. 64.

108 *Brattig/Kahle*, NVwZ 2005, S. 642, 643; *Prall/Ewer*, in: Koch, Umweltrecht, § 9, Rn. 58.

109 *Gores*, Kraft-Wärme-Kopplung in Deutschland – Entwicklung im Zeitraum 2003–2010 und mögliche Ausbaupfade 2020/2030, S. 3.

110 Gesetz für die Erhaltung, die Modernisierung und den Ausbau der Kraft-Wärme-Kopplung (Kraft-Wärme-Kopplungsgesetz) vom 19.03.2002, BGBl. 2002 Teil I Nr. 19 vom 22.03.2002, S. 1092; zuletzt geändert durch Art. 1 des Gesetzes vom 12.07.2012, BGBl. 2012 Teil I Nr. 33 vom 18.07.2012, S. 1494.

111 *Fuentes/Kohl/Müller*, in: Böhler/Bongardt/Frech, Jahrhundertproblem Klimawandel, S. 43, 55.

D. Die internationale Klimaschutzpolitik

Das aktuelle Klima-Regime ist das Ergebnis eines 40 Jahre währenden Politikprozesses, der 1972 in Stockholm mit der Konferenz der Vereinten Nationen über die Umwelt des Menschen (United Nations Conference on the Human Environment – UNCHE) seinen Anfang fand. Die Konferenz von Stockholm wird daher vielfach als der Beginn der globalen Umweltpolitik bezeichnet.[112] Ihr Hauptergebnis war die Schaffung des Umweltprogramms der Vereinten Nationen (United Nations Environment Programme – UNEP), welches in den folgenden Jahren wesentlich am Zustandekommen wichtiger internationaler Umweltkonventionen beteiligt war.

Der Klimaschutz im engeren Sinne ist eng verknüpft mit dem Rahmenübereinkommen der Vereinten Nationen über Klimaänderungen (United Nations Framework Convention on Climate Change – UNFCCC), der sog. Klimarahmenkonvention[113], die am 9. Mai 1992 in New York verabschiedet und während der UN-Konferenz für Umwelt und Entwicklung (United Nations Conference on Environment and Development – UNCED) in Rio de Janeiro im Juni 1992 von insgesamt 166 Staaten unterzeichnet wurde. Sie trat im März 1994 in Kraft und bildete den Grundstein für ein gemeinsames Handeln der Staatengemeinschaft gegen das Problem des globalen Klimawandels.[114] Auch wenn es sich bei der UNFCCC nur um eine Rahmenvereinbarung handelt, die durch Zusatzprotokolle in konkrete Politik umgesetzt werden muss, enthält sie Passagen von grundlegender Bedeutung. So haben die Vertragsstaaten in Art. 2 der Konvention versucht, ein globales Klimaschutzziel festzulegen mit dem Inhalt, dass eine Stabilisierung der atmosphärischen Treibhausgaskonzentrationen auf einem Niveau erreicht werden soll, „auf dem eine gefährliche anthropogene Störung des Klimasystems verhindert wird“.[115] Seit 1995 werden im Rahmen der UNFCCC jährliche Klimaschutzverhandlungen, die Vertragsstaatenkonferenzen oder Weltklimagipfel, durchgeführt.

Als Resultat der dritten Vertragsstaatenkonferenz im japanischen Kyoto wurde am 11. Dezember 1997 mit dem Kyoto-Protokoll[116] die bisher einzige internationale Übereinkunft verabschiedet, die eine reale Minderung der wichtigsten Treibhausgasemissionen verbindlich vorschreibt. In diesem Zusatzprotokoll zur Ausgestaltung der Klimarahmenkonvention werden sechs anthropogene Treibhausgase

112 *Rechkemmer*, in: Varwick, Globale Umweltpolitik, S. 32, 40.
113 BGBl. 1993 Teil II Nr. 33 vom 16.09.1993, S. 1783.
114 *Rechkemmer*, in: Varwick, Globale Umweltpolitik, S. 32, 41.
115 vgl. Art. 2 der Klimarahmenkonvention.
116 BGBl. 2002 Teil II Nr. 16 vom 02.05.2002, S. 967.

(Kohlendioxid - CO_2, Methan - CH_4, Distickstoffoxid - N_2O, teilhalogenierte Fluorkohlenwasserstoffe - H-FKW/HFC, perfluorierte Kohlenwasserstoffe - FKW/PFC, Schwefelhexafluorid - SF6) aufgeführt, deren Emissionen von den Industriestaaten innerhalb des Verpflichtungszeitraums von 2008 bis 2012 um durchschnittlich 5,2 % unter das Niveau der Emissionen von 1990 gesenkt werden sollen.[117] Für die Europäische Union ist eine Reduzierung der Emissionen von durchschnittlich 8 % vorgesehen. Innerhalb der EU gibt es aber auf Grundlage von Art. 4 des Kyoto-Protokolls eine Lastenteilung (burden sharing) mit länderspezifisch sehr unterschiedlichen Reduktionszielen. Um die Umsetzung der Reduktionsverpflichtungen für die Vertragsstaaten zu erleichtern, sieht das Protokoll sog. flexible Mechanismen vor, und zwar den Emissionshandel (Emissions Trading – ET, Art. 17), die gemeinsame Umsetzung (Joint Implementation – JT, Art. 6) und den Mechanismus für umweltverträgliche Entwicklung (Clean Development Mechanism – CDM, Art. 12).

In Kraft getreten ist das Kyoto-Protokoll erst sieben Jahre nach der Vertragsstaatenkonferenz, exakt am 16. Februar 2005. Ursache dieser Verzögerung war der komplizierte Ratifizierungsmechanismus, wonach der Vertrag von mindestens 55 Staaten ratifiziert werden musste, die zusammen für mindestens 55 % der Emissionen von 1990 verantwortlich sind.[118] Diese Voraussetzungen waren erst mit der Ratifizierung Russlands im Februar 2005 erfüllt. Heute sind 188 Staaten voll gültige Parteien des Protokolls, sind ihm also entweder beigetreten, haben es ratifiziert oder ihm anderweitig formell zugestimmt.[119]

Inhaltlich werden die im Kyoto-Protokoll festgelegten Reduktionsverpflichtungen zumeist als nicht ausreichend und das Protokoll daher nur als ein erster kleiner Schritt auf dem Weg zur notwendigen Halbierung der Treibhausgasemissionen bis zum Jahr 2050 angesehen.[120] Das Kyoto-Protokoll sei von vornherein lediglich als „der erste Stein einer Gesamtarchitektur für den Klimaschutz unter dem Dach der UN" konzipiert.[121] Problematisch ist zudem, dass die USA das Protokoll nicht ratifiziert haben, obwohl sie allein für fast 25 % der weltweiten CO_2-Emissionen verantwortlich sind.[122] Die Entwicklungs- und Schwellenländer sind

---

117 vgl. Art. 3 Abs. 1 i.V.m. Anlage A und Anlage B des Kyoto-Protokolls.

118 vgl. Art. 25 Abs. 1 des Kyoto-Protokolls.

119 UNFCCC: Kyoto Protocol – Status of Ratification, veröffentl. unter www.unfccc.int.

120 *Latif*, Bringen wir das Klima aus dem Takt?, S. 209/210; *Rechkemmer*, in: Varwick, Globale Umweltpolitik, S. 32, 42.

121 so *Rahmstorf/Schellnhuber*, Der Klimawandel, S. 106.

122 *Latif*, Bringen wir das Klima aus dem Takt?, S. 209/210.

den Reduktionsverpflichtungen von vornherein nicht unterworfen worden, was zum damaligen Zeitpunkt mit dem niedrigen Pro-Kopf-Ausstoß an Treibhausgasen und der niedrigen wirtschaftlichen Entwicklung begründet wurde. Ländern wie China, Indien, Brasilien oder Südafrika wurden also keine Emissionsbegrenzungen auferlegt, obwohl dies angesichts des globalen Ausmaßes des Klimawandels zwingend notwendig wäre.[123] Schließlich fehlt es dem Protokoll an Sanktionsmechanismen bei Nichteinhaltung der Vorgaben zur Emissionsbegrenzung und -reduktion durch einzelne Vertragsparteien. Es ist daher auch nicht verwunderlich, dass sowohl zahlreiche EU-Staaten als auch wichtige sonstige Vertragsstaaten (z.B. Kanada) die Emissionsziele voraussichtlich nicht erreichen werden.[124]

Da die erste Verpflichtungsperiode des Kyoto-Protokolls mit Ablauf des Jahres 2012 endet, versuchen die Vertragsstaaten seit längerem, eine Nachfolgeregelung zu erarbeiten. Im Rahmen der 13. Vertragsstaatenkonferenz auf der indonesischen Insel Bali im Dezember 2007 wurde die sog. Bali Roadmap als Verhandlungsmandat für ein Anschlussabkommen zum Kyoto-Protokoll verabschiedet. Innerhalb einer Verhandlungsphase von zwei Jahren sollte ein Nachfolgevertrag vorbereitet werden, um diesen dann auf dem 15. Weltklimagipfel in Kopenhagen unterzeichnen zu können. Die Roadmap liefert den Orientierungsrahmen für die Hauptverhandlungsstränge eines neuen Klimaschutzabkommens: Emissionsminderungsmaßnahmen, Anpassung an den Klimawandel, Technologietransfer und Finanzierung des zukünftigen Klimaschutzregimes. Soweit es die Reduzierung der Treibhausgasemissionen betrifft, wird in der Roadmap bzw. dem Bali Action Plan lediglich die Erkenntnis festgehalten, dass „tiefe Einschnitte bei den globalen Emissionen“ erforderlich sind[125]; konkrete Zahlen werden nicht genannt. Es findet sich allein ein Hinweis in der Fußnote auf den 4. Sachstandsbericht des IPCC, an dessen Ergebnissen sich die Verhandlungen zum Kyoto-Nachfolgeabkommen orientieren sollen.[126]

Der Versuch zur Verabschiedung einer Nachfolgeregelung für das Kyoto-Protokoll auf dem 15. Weltklimagipfel in Kopenhagen im Dezember 2009 ist jedoch gescheitert. Der eigens zur Vorbereitung eingesetzten Arbeitsgruppe gelang

---

123 *Rechkemmer*, in: Varwick, Globale Umweltpolitik, S. 32, 42.

124 *Rechkemmer*, in: Varwick, Globale Umweltpolitik, S. 32, 42; *Rahmstorf/Schellnhuber*, Der Klimawandel, S. 106/107.

125 vgl. UNFCCC, Report of the Conference of the Parties on its thirteenth session, held in Bali from 3 to 15 December 2007, Decision 1/CP13 – Bali Action Plan, Page 3, veröffentl. unter www.unfccc.int.

126 vgl. UNFCCC, Report of the Conference of the Parties on its thirteenth session, held in Bali from 3 to 15 December 2007, Decision 1/CP13 – Bali Action Plan, Page 3.

es nicht, einen konsensfähigen Vorschlag für eine Nachfolgevereinbarung zu erarbeiten. Einigen konnten sich die Teilnehmer lediglich auf einen Minimalkonsens in Gestalt des Copenhagen Accord, dem zentralen Abschlussdokument der Konferenz. Da die Vertragsstaaten diese politische Absichtserklärung nicht förmlich verabschiedet, sondern lediglich „zur Kenntnis genommen" haben, ist sie völkerrechtlich nicht verbindlich. Inhaltlich wird in der Vereinbarung erstmals gemeinsam die wissenschaftlich fundierte Notwendigkeit anerkannt, die globale Erwärmung auf weniger als 2°C zu begrenzen.[127] Darüber hinaus wird festgestellt, dass der Höhepunkt der globalen und nationalen Emissionen „so bald wie möglich" erreicht sein soll.[128] Verbindliche Reduktionsziele enthält der Copenhagen Accord aber nicht. Aus diesem Grund und wegen der rechtlichen Unverbindlichkeit der Übereinkunft hat das rechtswissenschaftliche Schrifttum den Copenhagen Accord als völlig unzureichend kritisiert.[129] Da die Vertreter der Vertragsstaaten zudem ein „unwürdiges Schauspiel"[130] ablieferten, ist der Klimagipfel von Kopenhagen als „the worst cop ever"[131] in die bisherige Geschichte der UNFCCC eingegangen.

Der klimapolitische Stillstand von Kopenhagen setzte sich auf den folgenden Vertragsstaatenkonferenzen in Cancún und Durban fort, die Einigung über einen Weltklimavertrag mit verbindlichen Reduktionszielen wurde auf 2015 verschoben.[132] Die 18. Weltklimakonferenz in Doha (26.11.-08.12.2012) hat zumindest zur Verlängerung des Kyoto-Protokolls mit einer zweiten Verpflichtungsperiode ab 2013 bis zum Jahr 2020 geführt. Beteiligt an der Verlängerung sind Australien, sämtliche Staaten der EU sowie neun weitere europäische Länder, zum Beispiel Norwegen und die Schweiz; die 37 Staaten verursachen insgesamt aber nur knapp 15 % des weltweiten CO_2-Ausstoßes.[133] Dagegen haben bedeutende Länder wie Russland, Kanada, Japan und Neuseeland dem Kyoto-Protokoll den Rücken gekehrt. In Doha wurde zudem der Fahrplan für ein weltweites Klimaschutzabkommen verabschiedet: bis zum Jahr 2015 soll ein verbindliches Abkommen

---

127 vgl. Copenhagen Accord, Nr. 1, veröffentl. unter www.unfccc.int.

128 vgl. Copenhagen Accord, Nr. 2.

129 *Knopp*, UPR 2010, S. 130, 133; *Oschmann/Rostankowski*, ZUR 2010, S. 59, 65; *Schwarze*, ZUR 2010, S. 57, 58.

130 so *Knopp*, UPR 2010, S. 130, 133.

131 so *Schwarze*, ZUR 2010, S. 57.

132 vgl. *Schlacke*, ZUR 2012, S. 69, 70.

133 vgl. Spiegel-Online vom 08.12.2012, Ergebnisse des Klimagipfels im Überblick – Neue Abkommen und ungelöste Probleme; Süddeutsche.de vom 08.12.2012, Welt-Klimagipfel in Doha – Klimakonferenz verlängert Kyoto-Protokoll bis 2020; *Falke*, ZUR 2013, S. 182, 187.

ausgehandelt werden, das langfristig alle Staaten einbezieht und das ab 2020 in Kraft tritt.[134] Im Ergebnis ist der „Doha Climate Gateaway“[135] lediglich als Minimalkompromiss anzusehen, mit dem ein gänzliches Scheitern des Klimagipfels abgewendet werden konnte.

Aktuelle Zahlen zum globalen CO_2-Ausstoß lassen befürchten, dass das geplante Inkrafttreten eines Weltklimavertrags im Jahr 2020 zur Erreichung des 2-Grad-Ziels bereits zu spät kommen könnte. Nach einem Bericht des US-Energieministeriums wurden 2010 insgesamt 1.900 Mio. Tonnen und damit 6 % mehr CO_2 ausgestoßen als im Jahr 2009; hierbei handelt es sich um den größten je verzeichneten jährlichen CO_2-Anstieg.[136] Bestätigung finden diese Zahlen in einer Studie der World Meteorological Organization (WMO). Die Studie kommt zu dem Ergebnis, dass sich der Anteil der CO_2-Moleküle in der Atmosphäre von 2009 bis 2010 um 2,3 Millionstel auf 389 ppm erhöht hat, während die Konzentration in den vergangenen zehn Jahren jährlich im Schnitt um 2,0 ppm und in den neunziger Jahren sogar nur um 1,15 ppm gestiegen war.[137] Die Treibhausgaskonzentration in der Atmosphäre ist damit so hoch wie noch nie seit Beginn der Industrialisierung. Insgesamt ist von einem Anstieg des weltweiten CO_2-Ausstoßes zwischen 1990 und 2012 um 58 % auszugehen.[138] Angesichts solcher Zahlen halten Wissenschaftler auch eine Erhöhung der globalen Durchschnittstemperatur um fünf Grad bis zum Ende des 21. Jahrhunderts für möglich.[139]

---

134 vgl. Spiegel-Online vom 08.12.2012, Ergebnisse des Klimagipfels im Überblick – Neue Abkommen und ungelöste Probleme; Süddeutsche.de vom 08.12.2012, Welt-Klimagipfel in Doha – Klimakonferenz verlängert Kyoto-Protokoll bis 2020.

135 so bezeichnet von dem katarischen Präsidenten des Klimagipfels Abdullah Bin Hamad al-Attija.

136 vgl. Spiegel-Online vom 04.11.2011, CO_2-Statistik – Kohlendioxid-Ausstoß steigt rasanter als je zuvor; *Latif*, Globale Erwärmung, S. 116.

137 *WMO*, Greenhouse Gas Bulletin, No. 7, 21 November 2011, S. 2/3; vgl. auch Spiegel-Online vom 21.11.2011, Klimastudie – Forscher messen so viel Treibhausgas wie nie zuvor.

138 *Peters u.a.*, Natural Climate Change, January 2013, S. 4.

139 *Peters u.a.*, Natural Climate Change, January 2013, S. 4, 5.

2. Teil: Der rechtliche Rahmen für den Klimaschutz in Europa

Auf europäischer Ebene wird der Klimaschutz – und damit auch die Nutzung erneuerbarer Energien wie der Geothermie – maßgeblich determiniert durch die rahmenrechtlichen Regelungen der Europäischen Union und die zu ihrer Umsetzung ergangenen nationalen Vorschriften. Die dabei verfolgte Strategie lässt sich dahingehend zusammenfassen, dass zum einen die Energie weitaus effizienter eingesetzt werden muss, als es heute der Fall ist, und dass zum anderen verstärkt CO_2-arme Energien gefördert und weiterentwickelt werden sollen.[140]

A. Der Klimaschutz auf Ebene der Europäischen Union

Die Europäische Union versteht sich seit Beginn der 90er-Jahre als globaler Vorreiter im Hinblick auf erneuerbare Energien, Nachhaltigkeit und Versorgungssicherheit sowie die Bekämpfung des Klimawandels insgesamt.[141] Dementsprechend hat die EU sowohl auf die Klimarahmenkonvention der Vereinten Nationen aus dem Jahr 1992 als auch auf den Abschluss des Kyoto-Protokolls im Jahr 1997 maßgeblich Einfluss genommen.[142]

Primärrechtlich ist der Klimaschutz in Art. 191 des Vertrags über die Arbeitsweise der Europäischen Union (AEUV), dem durch den Vertrag von Lissabon[143] mit Wirkung zum 01.12.2009 umbenannten und reformierten vormaligen EG-Vertrag, verankert. Danach sind umweltpolitische Ziele der EU die Erhaltung und der Schutz der Umwelt sowie die Verbesserung ihrer Qualität, der Schutz der menschlichen Gesundheit, die umsichtige und rationelle Verwendung der

140 vgl. *Bundesmisnisterium für Wirtschaft und Technologie (BMWi)/Bundesministerium für Umwelt, Naturschutz und Reaktorsicherheit (BMU)*, Bericht zur Umsetzung der in der Kabinettsklausur am 23./24.08.2007 in Meseberg beschlossenen Eckpunkte für ein Integriertes Energie- und Klimaprogramm, S. 2.

141 *Rossi*, UPR 2009, S. 253.

142 *Scheel*, DÖV 2009, S. 529.

143 Vertrag von Lissabon zur Änderung des Vertrags über die Europäische Union und des Vertrags zur Gründung der Europäischen Gemeinschaft, unterzeichnet in Lissabon am 13. Dezember 2007, ABl. EU C 306/1 vom 17.12.2007.

natürlichen Ressourcen sowie die Förderung internationaler Maßnahmen zur Bewältigung regionaler und globaler Umweltprobleme und insbesondere zur Bekämpfung des Klimawandels. Der Klimaschutz ist damit durch den Vertrag von Lissabon ausdrücklich als Ziel der Umweltpolitik in den AEUV aufgenommen worden; er wird zudem in Art. 194 AEUV durch einen neuen Kompetenztitel Energie flankiert. Die Energiepolitik soll gemäß Art. 194 Abs. 1 AEUV u.a. der Förderung der Energieeffizienz und von Energieeinsparungen sowie der Entwicklung neuer und erneuerbarer Energiequellen dienen. Schließlich heben sowohl Art. 11 AEUV als auch Art. 37 der Charta der Grundrechte der EU die Beachtung der Erfordernisse des Umweltschutzes im Rahmen der Unionspolitiken als allgemeinen Grundsatz hervor, wodurch insbesondere eine nachhaltige Entwicklung gewährleistet werden soll.

Sekundärrechtlich hat die EU zahlreiche Verordnungen, Richtlinien und Entscheidungen auf dem Gebiet des Klimaschutzrechts erlassen. Zu nennen sind hier zunächst einmal die Richtlinie 2001/77/EG vom 27.09.2001 zur Förderung der Stromerzeugung aus erneuerbaren Energiequellen im Elektrizitätsbinnenmarkt[144] und die Richtlinie 2003/30/EG vom 08.05.2003 zur Förderung der Verwendung von Biokraftstoffen oder anderen erneuerbaren Kraftstoffen im Verkehrssektor[145], sog. Biokraftstoffrichtlinie. Die Richtlinie 2001/77/EG zielte darauf ab, den Anteil regenerativer Energien an der Stromerzeugung in den Mitgliedstaaten von 13,9 % im Jahr 1997 auf 22 % im Jahr 2010 zu erhöhen. Für Deutschland sah die Richtlinie eine Steigerung des Anteils erneuerbarer Energien am Gesamtstromverbrauch von 4,5 % auf 12,5 % vor.[146] Dieses Ziel hat Deutschland weit übertroffen. Im Jahr 2010 betrug der Anteil der erneuerbaren Energien am Gesamtstromverbauch 17,1 %, im Jahr 2011 schon 20,3 %.[147] In der Biokraftstoffrichtlinie wurde den Mitgliedstaaten aufgegeben, den Anteil der Biokraftstoffe und anderer erneuerbarer Kraftstoffe am Gesamtkraftstoffverbrauch bis zum 31.12.2010 sukzessiv auf 5,75 % zu erhöhen.[148] In Deutschland lag dieser Wert im Jahr 2010 bei 5,8 %, im Jahr 2011 nur noch bei 5,5 %.[149]

---

144 ABl. EG L 283/33 vom 27.10.2001; zuletzt geändert durch Richtlinie 2006/108/EG, ABl. EU L 363/2006 vom 20.12.2006.

145 ABl. EU L 123/42 vom 17.05.2003.

146 vgl. Anhang zur Richtlinie 2001/77/EG, ABl. EG L 283/39 vom 27.10.2001.

147 *BMU*, Erneuerbare Energien in Zahlen (2012), S. 15.

148 vgl. Art. 3 der Richtlinie 2003/30/EG, ABl. EU L 123/44 u. 123/45 vom 17.05.2003.

149 *BMU*, Erneuerbare Energien in Zahlen (2012), S. 12.

Die Richtlinie 2009/28/EG vom 23.04.2009 zur Förderung der Nutzung von Energien aus erneuerbaren Quellen[150], sog. Erneuerbare-Energien-Richtlinie, hat zum 01.01.2012 die Vorgängerrichtlinie 2001/77/EG und die Biokraftstoffrichtlinie abgelöst und mit dem neu geregelten Wärme-/Kälte-Bereich alle energetischen Verwendungsarten in einem Rechtsakt zusammengeführt. Die Richtlinie sieht ein verbindliches Ziel von 20 % für den Anteil erneuerbarer Energien am Gesamtenergieverbrauch in der Union bis zum Jahr 2020 und ein von allen Mitgliedstaaten zu erreichendes Mindestziel von 10 % für den Anteil von Biokraftstoffen am Benzin- und Dieselkraftstoffverbrauch vor.[151] Im Jahr 2005 lag der Anteil der erneuerbaren Energien am Gesamtenergiemix auf EU-Ebene bei 8,5 %[152], 2009 waren es etwa 10,5 %.[153] Gemäß Anhang I zur Richtlinie 2009/28/EG muss Deutschland den Anteil der Energie aus erneuerbaren Quellen am Bruttoendenergieverbrauch von 5,8 % im Jahr 2005 auf 18 % im Jahr 2020 steigern.

Die Richtlinie geht zurück auf die von den Staats- und Regierungschefs der Mitgliedstaaten (Europäischer Rat) auf dem Frühjahrsgipfel vom 09.03.2007 beschlossenen Klimaschutzziele, die plakativ unter dem Stichwort „20-20-20 in 2020“ zusammengefasst werden können. Inhaltlich bedeutet dies, dass auf der Ebene der Europäischen Union bis zum Jahr 2020 die CO_2-Emissionen um 20 % reduziert, die Energieeffizienz um 20 % gesteigert und der Anteil erneuerbarer Energien am Gesamtenergieverbrauch auf 20 % erhöht werden sollen.[154] Die EU-Mitgliedstaaten haben sich im Dezember 2008 auf dem Gipfel in Brüssel auf ein entsprechendes Klima- und Energiepaket geeinigt, welches durch Beschluss des Rates der Europäischen Union vom 06.04.2009 angenommen wurde. Maßgebliche Regelungen finden sich insoweit – neben der bereits genannten Richtlinie 2009/28/EG – in der Entscheidung Nr. 406/2009/EG vom 23.04.2009.[155] In den Erwägungsgründen dieser Entscheidung machen Parlament und Rat noch einmal deutlich, dass die nach der UN-Klimarahmenkonvention angestrebte

150 ABl. EU L 140/17 vom 05.06.2009.

151 vgl. Erwägungsgrund Nr. 9 sowie Art. 3 der Richtlinie 2009/28/EG, ABl. EU L 140/16 u. 140/28 vom 05.06.2009.

152 *BMU*, Erneuerbare Energien in Zahlen (2009), S. 49.

153 *BMU*, Erneuerbare Energien in Zahlen (2012), S. 69.

154 *Thoms*, ZNER 2009, S. 121.

155 Entscheidung Nr. 406/2009/EG des Europäischen Parlaments und des Rates vom 23.04.2009 über die Anstrengungen der Mitgliedstaaten zur Reduktion ihrer Treibhausgasemissionen mit Blick auf die Erfüllung der Verpflichtungen der Gemeinschaft zur Reduktion der Treibhausgasemissionen bis 2020, ABl. EU L 140/136 vom 05.06.2009.

Verhinderung einer gefährlichen anthropogenen Beeinträchtigung des Klimasystems nur zu erreichen ist, wenn die globale Oberflächentemperatur gegenüber dem vorindustriellen Niveau um höchstens 2°C ansteigt, was zugleich bedeutet, dass die Treibhausgasemissionen bis zum Jahr 2050 weltweit um mindestens 50 % gegenüber dem Wert von 1990 verringert werden müssen.[156] Die Europäische Union verpflichtet sich angesichts dieser Erkenntnisse, die Treibhausgasemissionen bis zum Jahr 2020 gegenüber dem Jahr 1990 um mindestens 20 %, bei Eingehen vergleichbarer Emissionsreduktionsverpflichtungen durch andere Industrieländer um bis zu 30 % zu reduzieren.[157] Art. 3 Abs. 1 der Entscheidung Nr. 406/2009/EG legt in Verbindung mit Anhang II fest, um welchen Prozentsatz jeder Mitgliedstaat die Treibhausgasemissionen, die nicht dem Handel mit Emissionszertifikaten unterliegen, bis 2020 gegenüber dem Wert aus dem Jahr 2005 verringern muss. Deutschland trifft dabei eine Reduktionsverpflichtung von 14 %, während andere Staaten wie zum Beispiel Bulgarien oder Rumänien ihre Emissionen sogar noch um 20 % bzw. 19 % erhöhen dürfen. Durchschnittlich ist eine Verringerung der Emissionen um 10 % vorgesehen.[158]

Weitere im Rahmen des Klima- und Energiepakets der EU geschaffene bzw. fortentwickelte Regelungen sind die bereits angesprochenen Richtlinien 2009/31/EG (CCS-Richtlinie) und 2009/29/EG (Emissionshandelsrichtlinie). Mit der CCS-Richtlinie soll ein Rechtsrahmen für die umweltverträgliche geologische Speicherung von CO_2 geschaffen und dadurch zur Bekämpfung des Klimawandels beigetragen werden.[159] Die Richtlinie 2009/29/EG schreibt die ursprüngliche Emissionshandelsrichtlinie fort, novelliert das EU-Emissionshandelssystem und regelt den nächsten Zuteilungszeitraum von 2013 bis 2020. Um die klimaschützenden Auswirkungen des Emissionshandels zu erhöhen, sieht die Richtlinie eine Ausweitung des Anwendungsbereichs auf weitere Industriesektoren und Treibhausgase vor.[160] Insgesamt zielt die Richtlinie darauf ab, das Emissionsniveau der erfassten Anlagen bis 2020 um 21 % unter das Niveau von 2005 abzusenken.[161] Die wesentliche Neuerung durch das Klimaschutzpaket betrifft die Vergabe der

---

156 vgl. Erwägungsgründe Nr. 1 und 2 der Entscheidung Nr. 406/2009/EG, ABl. EU L 140/136 vom 05.06.2009.

157 vgl. Erwägungsgründe Nr. 3 und 4 der Entscheidung Nr. 406/2009/EG, ABl. EU L 140/136 u. 137.

158 *Thoms*, ZNER 2009, S. 121, 124.

159 vgl. Art. 1 Abs. 1 der Richtlinie 2009/31/EG, ABl. EU L 140/119 vom 05.06.2009.

160 vgl. Anhang I der Richtlinie 2009/29/EG, ABl. EU L 140/84–86 vom 05.06.2009.

161 vgl. Erwägungsgrund Nr. 5 der Richtlinie 2009/29/EG, ABl. EU L 140/63 vom 05.06.2009.

Emissionszertifikate. Bisher erfolgte die Zuteilung der Berechtigungen an die Anlagenbetreiber durch nationale Allokationspläne. Gemäß Art. 10 der Richtlinie 2009/29/EG werden die Zertifikate nunmehr grundsätzlich im Wege der Versteigerung vergeben. Aktuell ist der CO_2-Markt wegen geringerer Industrieemissionen und sinkender Nachfrage als Folge der globalen Wirtschaftskrise durch einen Überschuss von 955 Mio. Zertifikaten (Stand: Anfang 2012) sowie einen deutlichen Preisverfall gekennzeichnet.[162] Dies lässt befürchten, dass das Emissionshandelssystem die ihm zugewiesene Funktion zur kosteneffizienten Senkung der Treibhausgasemissionen ohne strukturelle Änderungen künftig nur noch eingeschränkt erfüllen kann.[163]

Abschließend sei an dieser Stelle kurz auf die unionsrechtlichen Regelungen zur Verbesserung der Energieeffizienz hingewiesen. Zu nennen sind beispielsweise die Richtlinie 2004/8/EG über die Förderung einer am Nutzwärmebedarf orientierten Kraft-Wärme-Kopplung im Energiebinnenmarkt[164], sog. Kraft-Wärme-Kopplungs-Richtlinie, die Richtlinie 2009/33/EG vom 23.04.2009 zur Förderung sauberer und energieeffizienter Straßenfahrzeuge[165] sowie die Richtlinie 2010/31/EU vom 19.05.2010 über die Gesamtenergieeffizienz von Gebäuden.[166] Das Ziel, den Energieverbrauch in der EU bis 2020 um 20 % zu senken, ist ein wesentlicher Baustein des Klima- und Energiepakets. Dadurch würde die EU bis zu 100 Mrd. EUR sparen, und die Emissionen könnten um fast 800 Mio. Tonnen jährlich gesenkt werden.[167]

Die „20-20-20"-Klima- und Energieziele sind als eines von fünf Kernzielen in die am 03.03.2010 von der Europäischen Kommission vorgeschlagene und im Juni 2010 vom Europäischen Rat verabschiedete Strategie „Europa 2020" aufgenommen worden.[168] Zur Verwirklichung dieser Ziele sind sieben Leitinitiativen geschaffen worden, die für die EU und die Mitgliedstaaten bindend sein sollen.

---

162 Bericht der Kommission vom 14.11.2012, „Die Lage des CO_2-Marktes in der EU im Jahr 2012", COM(2012) 652 final, S. 4/5.

163 Bericht der Kommission vom 14.11.2012, „Die Lage des CO_2-Marktes in der EU im Jahr 2012", COM(2012) 652 final, S. 12.

164 ABl. EU L 52/50 vom 21.02.2004.

165 ABl. EU L 120/5 vom 15.05.2009.

166 ABl. EU L 153/13 vom 18.06.2010.

167 Mitteilung der Kommission vom 23.01.2008, „20 und 20 bis 2020 – Chancen Europas im Klimawandel", KOM(2008) 30 endgültig, S. 9.

168 Mitteilung der Kommission vom 03.03.2010, EUROPA 2020 – Eine Strategie für intelligentes, nachhaltiges und integratives Wachstum, KOM(2010) 2020 endgültig, S. 5 u. 13.

Zu ihnen zählt die Leitinitiative „Ressourcenschonendes Europa“, welche den Übergang zu einer emissionsarmen Wirtschaft unterstützen soll, die ihre Ressourcen wirkungsvoll einsetzt. Es wird angestrebt, das Wirtschaftswachstum von den Ressourcen und vom Energieverbrauch abzukoppeln, die CO_2-Emissionen zu verringern, die Wettbewerbsfähigkeit zu stärken und eine größere Energieversorgungssicherheit zu fördern.[169] Hierzu hat die Kommission unlängst den Vorschlag für ein neues Umweltaktionsprogramm der EU (vgl. 192 Abs. 3 AEUV) für die Zeit bis zum Jahr 2020 erarbeitet. Das Umweltaktionsprogramm soll u.a. gewährleisten, dass die EU ihre Klima- und Energieziele für 2020 erreicht und darauf hinarbeitet, die Treibhausgasemissionen bis zum Jahr 2050 um einen Wert zwischen 80 und 95 % gegenüber 1990 zu verringern.[170]

Die zahlreichen Richtlinien auf dem Gebiet des Klimaschutzes zeigen die Schrittmacherfunktion, die der EU für die mitgliedstaatlichen Umweltrechtsordnungen zukommt. Wesentlicher Kern des Richtlinienpakets aus dem Jahr 2009 ist die Förderung der erneuerbaren Energien.

B. Der Klimaschutz auf Ebene der Bundesrepublik Deutschland

I. Das Integrierte Energie- und Klimaprogramm der Bundesregierung

Der Klimaschutz in Deutschland wird maßgeblich geprägt durch die Ende August 2007 vom Bundeskabinett in Meseberg beschlossenen 29 Eckpunkte für ein „Integriertes Energie- und Klimaprogramm“ (IEKP), mit denen die Richtungsentscheidungen der EU auf nationaler Ebene umgesetzt worden sind. Danach sollen die Treibhausgasemissionen bis zum Jahr 2020 um 40 % gegenüber 1990 gesenkt werden und der Anteil der erneuerbaren Energien soll weiter deutlich erhöht werden, am Bruttostromverbrauch von 14,3 % im Jahr 2007 auf 25–30 % und am Wärmeenergiebedarf von 7,4 % auf 14 % im Jahr 2020.[171] Das Ziel einer

---

169 Mitteilung der Kommission vom 03.03.2010, EUROPA 2020 – Eine Strategie für intelligentes, nachhaltiges und integratives Wachstum, KOM(2010) 2020 endgültig, S. 18.

170 Vorschlag der Kommission für ein allgemeines Umweltaktionsprogramm der EU für die Zeit bis 2020 vom 29.11.2012, „Gut leben innerhalb der Belastbarkeitsgrenzen unseres Planeten“, COM(2012) 710 final, S. 22.

171 *BMWi/BMU*, Bericht zur Umsetzung der in der Kabinettsklausur am 23./24.08.2007 in Meseberg beschlossenen Eckpunkte für ein Integriertes Energie- und Klimaprogramm,

40 %-igen Verringerung der Treibhausgasemissionen hat die Bundesregierung allerdings unter den Vorbehalt gestellt, dass die Europäische Union ihre Emissionen im Vergleich zu 1990 um 30 % reduziert und andere Staaten vergleichbare Ziele formulieren.[172] Das Energie- und Klimaprogramm sieht zudem vor, den Anteil der KWK-Anlagen an der Stromerzeugung auf 25 % zu verdoppeln.[173] Damit geht die Bundesregierung mit ihrem Programm über die von der Europäischen Union beschlossenen Klimaziele hinaus.

Insgesamt umfasst das Klimapaket 14 Gesetze und Verordnungen, die die Bundesregierung am 05.12.2007 verabschiedet hat, sowie sieben weitere energie- und klimapolitische Maßnahmen, welche im Mai 2008 formal beschlossen worden sind. Nach einer durch das Bundesministerium für Umwelt, Naturschutz und Reaktorsicherheit in Auftrag gegebenen Studie sind die gesetzgeberischen Maßnahmen geeignet, die Treibhausgasemissionen bis zum Jahr 2020 gegenüber 2008 um 14,1 % zu reduzieren; rechnet man die zwischen 1990 und 2008 erreichte Verminderung von 20,1 % hinzu, gelangt man zu einer Gesamtreduktion von 34,2 %.[174] Das 40 %-Ziel der Bundesregierung wird also mit dem Instrumentarium des IEKP noch nicht vollständig erreicht.

Als bedeutende gesetzliche Neuregelungen sind die damaligen Novellierungen des Kraft-Wärme-Kopplungsgesetzes (KWKG) und des Erneuerbare-Energien-Gesetzes (EEG)[175] anzuführen. Darüber hinaus wurde das Erneuerbare-Energien-Wärmegesetz (EEWärmeG)[176] geschaffen. Den drei Gesetzeswerken ist gemein,

---

S. 2, 4; *Schalast*, IR 2008, S. 34, 36; *BMU*, Erneuerbare Energien in Zahlen (2012), S. 20, 24.

172 *BMWi/BMU*, Bericht zur Umsetzung der in der Kabinettsklausur am 23./24.08.2007 in Meseberg beschlossenen Eckpunkte für ein Integriertes Energie- und Klimaprogramm, S. 2; *Statistisches Bundesamt*, Nachhaltige Entwicklung in Deutschland, S. 8; BT-Drucks. 16/8148, S. 26.

173 *BMWi/BMU*, Bericht zur Umsetzung der in der Kabinettsklausur am 23./24.08.2007 in Meseberg beschlossenen Eckpunkte für ein Integriertes Energie- und Klimaprogramm, S. 4.

174 *BMU*, Investitionen für ein klimafreundliches Deutschland, S. 11/12.

175 Gesetz für den Vorrang Erneuerbarer Energien (Erneuerbare-Energien-Gesetz - EEG) vom 25.10.2008, BGBl. 2008 Teil I Nr. 49 vom 31.10.2008, S. 2074; zuletzt geändert durch Art. 5 des Gesetzes vom 20.12.2012, BGBl. 2012 Teil I Nr. 61 vom 27.12.2012, S. 2730.

176 Gesetz zur Förderung Erneuerbarer Energien im Wärmebereich (Erneuerbare-Energien-Wärmegesetz - EEWärmeG) vom 07.08.2008, BGBl. 2008 Teil I Nr. 36 vom 18.08.2008, S. 1658; zuletzt geändert durch Art. 2 Abs. 68 des Gesetzes vom 22.12.2011, BGBl. 2011 Teil I Nr. 71 vom 29.12.2011, S. 3044.

dass sie ausdrücklich darauf abzielen, im Interesse des Klimaschutzes eine nachhaltige Entwicklung der Energieversorgung zu ermöglichen (vgl. § 1 Abs. 1 EEG und § 1 Abs. 1 EEWärmeG), und dass sie konkrete Vorgaben zu den zu erreichenden Klimaschutzzielen machen. So hat der Gesetzgeber die Zielsetzungen des Energie- und Klimaprogramms der Bundesregierung explizit in § 1 Abs. 2 EEG, § 1 Abs. 2 EEWärmeG und § 1 KWKG übernommen, nunmehr modifiziert und ergänzt in § 1 Abs. 2 und 3 EEG aufgrund der aktuelleren Zielvorgaben des Energiekonzeptes der Bundesregierung vom 28.09.2010.[177] Zur Erreichung der Klimaschutzziele greifen EEG und KWKG auf der einen sowie das EEWärmeG auf der anderen Seite zu unterschiedlichen Mitteln.

II. Zu EEG und KWKG

Kern des EEG ist die Anschluss-, Abnahme- und Verteilungspflicht des Netzbetreibers gemäß §§ 5 und 8 für den aus regenerativen Energieträgern gewonnenen Strom sowie die gesetzlich garantierte Mindestvergütung nach § 16 i.V.m. §§ 18 ff.. Die Betreiber von Stromnetzen sind danach verpflichtet, Anlagen zur Erzeugung von Strom aus erneuerbaren Energien gegenüber herkömmlichen Anlagen vorrangig an ihr Netz anzuschließen, den Strom aus diesen Anlagen vorrangig abzunehmen und ihn für einen Zeitraum von 20 Jahren nach gesetzlich festgelegten Mindestpreisen zu vergüten (sog. Einspeisetarife). Eine vergleichbare Regelung enthalten § 4 Abs. 1 und 2 KWKG für den in KWK-Anlagen erzeugten Strom; sie begründen ebenfalls eine Anschluss-, Abnahme- und Vergütungspflicht des Netzbetreibers. Beide Gesetze nehmen also die (privaten) Betreiber von Stromnetzen für den Klimaschutz in Dienst. Hintergrund der Entstehung von EEG und KWKG ist, dass die Energieerzeugung aus erneuerbaren Quellen sowie mittels KWK-Anlagen gegenüber der herkömmlichen Variante durch Verbrennung fossiler Energieträger oder durch Nutzung der Kernenergie wesentlich kostenintensiver ist. In einem ausschließlich marktorientierten Wettbewerb könnten die klimaschützenden Erzeugungsformen daher nicht bestehen.[178] Dem wirken EEG und KWKG entgegen, indem sie die Einspeisung des umweltschonend erzeugten Stroms zu

177 vgl. *BMWi/BMU*, Energiekonzept für eine umweltschonende, zuverlässige und bezahlbare Energieversorgung – 28. September 2010, S. 5.

178 *Kloepfer*, Umweltrecht, § 16, Rn. 8; *Müller/Oschmann*, in: Altrock/Oschmann/Theobald, Erneuerbare-Energien-Gesetz, § 1, Rn. 26.

eigentlich nicht marktfähigen Preisen garantieren.[179] Die Novellierung des EEG zum 01.01.2012 hält an den bewährten Mechanismen fest, verbessert aber die Vergütung bei den Energieträgern Geothermie und Offshore-Windkraft und baut dafür die übermäßige Förderung der Energieträger Biogas und Photovoltaik ab.[180]

III. Das EEWärmeG

Demgegenüber ist das EEWärmeG gekennzeichnet durch einen Instrumentenmix aus ordnungsrechtlicher Pflicht zur Nutzung erneuerbarer Energien einerseits und finanzieller Förderung des Einsatzes regenerativer Energien andererseits. § 3 Abs. 1 EEWärmeG begründet bei Neubauten eine Pflicht des Eigentümers, den Wärmeenergiebedarf jedenfalls anteilig durch die Nutzung erneuerbarer Energien zu decken. Bei der Geothermie muss dieser Anteil gemäß § 5 Abs. 4 EEWärmeG mindestens 50 % betragen. Obgleich die Nutzung erneuerbarer Energien auch bei bereits errichteten Gebäuden von herausragender Bedeutung für den Klimaschutz ist, enthält das EEWärmeG hierzu nur für öffentliche Gebäude verbindliche Regelungen zur anteiligen Nutzung erneuerbarer Energien im Fall einer grundlegenden Renovierung; bei privaten Gebäuden existiert lediglich eine Öffnungsklausel für die Länder in § 3 Abs. 4 Nr. 2 EEWärmeG. So bezieht beispielsweise das Gesetz zur Nutzung erneuerbarer Wärmeenergie in Baden-Württemberg vom 20.11.2007[181] ausdrücklich auch Bestandsgebäude in die Regelung mit ein. Gemäß § 4 Abs. 2 dieses Gesetzes müssen bei Altbauten seit dem 01.01.2010 mindestens 10 % des jährlichen Wärmebedarfs durch erneuerbare Energien gedeckt werden, sofern ein Austausch der Heizanlage erfolgt.

Die zweite Säule neben der ordnungsrechtlichen Nutzungspflicht bildet das in das EEWärmeG inkorporierte Marktanreizprogramm, welches vornehmlich bei Altbauten finanzielle Anreize für den Einsatz erneuerbarer Energien bietet. Gemäß § 13 Satz 1 EEWärmeG werden in den Jahren 2009 bis 2012 bis zu 500 Mio. EUR im Jahr für Maßnahmen zur Erzeugung von Wärme durch erneuerbare Energien bereitgestellt. Dadurch ist die seit dem Jahr 2000 über das Marktanreizprogramm erfolgte Förderung ausgebaut, aufgestockt und auf eine gesetzliche Grundlage gestellt worden.[182] Das EEWärmeG hat damit wesentlich dazu beigetragen, den

---

179 *Breuer*, in: Dolde, Umweltrecht im Wandel, S. 915, 938.

180 *Wustlich/Kachel*, ZUR 2012, S. 1/2.

181 GBl. B-W Nr. 19 vom 23.11.2007, S. 531.

182 *Wustlich*, NVwZ 2008, S. 1041, 1047.

im Jahr 2008 mit 7,6 % noch bescheidenen Anteil erneuerbarer Energien am Wärmemarkt auf immerhin 11 % im Jahr 2011[183] zu erhöhen. Zu berücksichtigen ist allerdings, dass die Wirkung des Gesetzes insoweit eingeschränkt ist, als es die für industrielle Prozesse benötigte Wärme aus seinem Anwendungsbereich komplett ausklammert. Allein diese sog. Prozesswärme macht aber bereits 35 % des Wärmebedarfs in Deutschland aus.[184]

IV. Weitere nationale Klimaschutzgesetze

Die nationale Klimaschutzgesetzgebung beruht zu einem großen Teil auf der den Mitgliedstaaten obliegenden Pflicht zur Umsetzung unionsrechtlicher Richtlinien. Neben den dargestellten Gesetzen ist an dieser Stelle noch das Treibhausgas-Emissionshandelsgesetz (TEHG)[185] zu nennen. Das TEHG bildet den rechtlichen Rahmen des Emissionszertifikatehandels, während die auf Grundlage der §§ 10 und 28 Abs. 1 Nr. 2, 4 und 5 TEHG geschaffene Zuteilungsverordnung 2020 (ZuV 2020)[186] die Zuteilung und Ausgabe der Emissionsberechtigungen für die dritte Handelsperiode, d.h. für den Zeitraum von 2013 bis 2020, regelt. Zudem ist Deutschland nach zweimaligem Scheitern der Verabschiedung eines Gesetzes zur CO_2-Speicherung nunmehr mit dem am 24.08.2012 in Kraft getretenen Kohlendioxid-Speicherungsgesetz (KSpG)[187] seiner Pflicht zur Umsetzung der Richtlinie 2009/31/EG nachgekommen. Der Gesetzeszweck ist zunächst beschränkt auf die Erforschung, Erprobung und Demonstration von Technologien zur dauerhaften Speicherung von Kohlendioxid in unterirdischen Gesteinsschichten (vgl. § 1 Satz 2 KSpG). Hinzuweisen ist darauf, dass der Bundesrepublik Deutschland nach § 4 Abs. 1 Satz 2 der CCS-Richtlinie auch die Option offen gestanden hätte,

---

183 *BMU*, Erneuerbare Energien in Zahlen (2012), S. 15.

184 *Müller*, ZNER 2008, S. 132, 135.

185 Gesetz über den Handel mit Berechtigungen zur Emission von Treibhausgasen (Treibhausgas-Emissionshandelsgesetz - TEHG) vom 21.07.2011, BGBl. 2011 Teil I Nr. 38 vom 27.07.2011, S. 1475; zuletzt geändert durch Art. 2 Abs. 24 des Gesetzes vom 22.12.2011, BGBl. 2011 Teil I Nr. 71 vom 29.12.2011, S. 3044.

186 Verordnung über die Zuteilung von Treibhausgas-Emissionsberechtigungen in der Handelsperiode 2013 bis 2020 (Zuteilungsverordnung 2020 - ZuV 2020) vom 26.09.2011, BGBl. 2011 Teil I Nr. 49 vom 29.09.2011, S. 1921.

187 Gesetz zur Demonstration der dauerhaften Speicherung von Kohlendioxid (Kohlendioxid-Speicherungsgesetz - KSpG) vom 17.08.2012, BGBl. 2012 Teil I Nr. 38 vom 23.08.2012, S. 1726.

keinerlei Speicherung auf dem gesamten Bundesgebiet zuzulassen. Von besonderer Relevanz im Rahmen des Gesetzgebungsverfahrens war insoweit auch die sog. Länderklausel, die es den Bundesländern ermöglicht, die CO_2-Speicherung auf ihrem Gebiet auszuschließen. Gemäß § 2 Abs. 2 Nr. 2 und 3 KSpG sind die jährliche Speichermenge für einen Kohlendioxidspeicher auf 1,3 Mio. Tonnen und die jährliche Gesamtspeichermenge auf 4 Mio. Tonnen begrenzt.

Im Übrigen hat der allgemeine Klimaschutz im Zuge des EAG Bau 2004[188] als Planungsleitsatz Eingang in das Städtebaurecht gefunden, vgl. § 1 Abs. 5 Satz 2 BauGB. Das Klima ist zudem als zu berücksichtigender Belang in § 1 Abs. 6 Nr. 7 a) BauGB aufgeführt; weitere klimaschutzbezogene Abwägungsbelange sind gemäß § 1 Abs. 6 Nr. 7 e) BauGB die Vermeidung von Emissionen und nach § 1 Abs. 6 Nr. 7 f) BauGB die Nutzung erneuerbarer Energien sowie die sparsame und effiziente Nutzung von Energie. Die Bauleitplanung kann damit einen nachhaltigen Beitrag nicht nur für den lokalen und regionalen, sondern gerade auch für den globalen Klimaschutz leisten.

V. Das Energiekonzept der Bundesregierung

In ihrem „Energiekonzept für eine umweltschonende, zuverlässige und bezahlbare Energieversorgung“ vom 28.09.2010 hat die Bundesregierung die Klimaschutzziele aus dem „Integrierten Energie- und Klimaprogramm“ bestätigt und Entwicklungspfade für eine Zielerreichung bis zum Jahr 2050 aufgezeigt. Danach sollen die Treibhausgasemissionen bis zum Jahr 2020 – unverändert – um 40 % und bis zum Jahr 2050 um mindestens 80 % gesenkt werden, wobei der Entwicklungspfad Minderungen von 55 % bis 2030, 70 % bis 2040 und 80–95 % bis 2050 vorsieht.[189] Soweit es die erneuerbaren Energien betrifft, wird bis zum Jahr 2020 ein Anteil am Bruttoendenergieverbrauch von 18 % angestrebt, bis 2030 von 30 %, bis 2040 von 45 % und bis 2050 schließlich von 60 %.[190] Demgegenüber soll der Primärenergieverbrauch bis 2020 gegenüber dem Wert von 2008 um 20 % und bis 2050 um 50 % reduziert werden; dies erfordert pro Jahr eine Steigerung der Energieproduktivität

188 Gesetz zur Anpassung des Baugesetzbuchs an EU-Richtlinien (Europarechtsanpassungsgesetz Bau – EAG Bau) vom 24.06.2004, BGBl. 2004 Teil I Nr. 31 vom 30.06.2004, S. 1359.

189 *BMWi/BMU*, Energiekonzept für eine umweltschonende, zuverlässige und bezahlbare Energieversorgung – 28. September 2010, S. 5.

190 *BMWi/BMU*, Energiekonzept für eine umweltschonende, zuverlässige und bezahlbare Energieversorgung – 28. September 2010, S. 5.

um durchschnittlich 2,1 %.[191] Bemerkenswert ist in diesem Zusammenhang, dass die Geothermie in dem gesamten Energiekonzept der Bundesregierung nur an einer einzigen Stelle erwähnt wird, und das auch nur im Rahmen der Ausführungen zur Bedeutung der CO_2-Speicherung.[192]

Weitere wichtige Maßnahmen und Ziele der Bundesregierung zur Sicherung einer zuverlässigen, wirtschaftlichen und umweltverträglichen Energieversorgung sind die Schaffung einer leistungsfähigen Netzinfrastruktur für Strom unter Einbeziehung der erneuerbaren Energien und die Realisierung eines nahezu klimaneutralen Gebäudebestandes bis zum Jahr 2050. Der Begriff klimaneutral bedeutet dabei, dass die Gebäude nur noch einen sehr geringen Energiebedarf aufweisen, welcher überwiegend durch erneuerbare Energien gedeckt wird.[193] Darüber hinaus verfolgt die Bundesregierung eine Kraftstoff- und Mobilitätsstrategie, nach der u.a. der Anteil von Biokomponenten in Kraftstoffen weiter erhöht und zudem die Anzahl von Elektrofahrzeugen bis 2020 auf eine Million und bis zum Jahr 2030 auf sechs Millionen gesteigert werden soll.[194] Schließlich hebt die Bundesregierung in ihrem Energiekonzept hervor, dass sie weiterhin für ein weltweit geltendes, verbindliches Klimaschutzabkommen eintreten werde und dass sie dabei auch die wirtschaftlichen, sicherheitspolitischen und entwicklungspolitischen Auswirkungen des Klimawandels im Blick habe.[195]

VI. Zur Bedeutung der erneuerbaren Energien

Die maßgebliche Bedeutung, die dem Ausbau erneuerbarer Energien im Rahmen der Klimaschutzpolitik zukommt, zeigt sich schon daran, dass Deutschland nach dem Energiekonzept der Bundesregierung bis Mitte des Jahrhunderts 60 % seines gesamten Energiebedarfs aus erneuerbaren Energien decken will. Das Umweltbundesamt geht in seiner Konzeption zur Klimapolitik von Oktober 2009 sogar

191 *BMWi/BMU*, Energiekonzept für eine umweltschonende, zuverlässige und bezahlbare Energieversorgung – 28. September 2010, S. 5.

192 vgl. *BMWi/BMU*, Energiekonzept für eine umweltschonende, zuverlässige und bezahlbare Energieversorgung – 28. September 2010, S. 17.

193 *BMWi/BMU*, Energiekonzept für eine umweltschonende, zuverlässige und bezahlbare Energieversorgung – 28. September 2010, S. 22.

194 *BMWi/BMU*, Energiekonzept für eine umweltschonende, zuverlässige und bezahlbare Energieversorgung – 28. September 2010, S. 24/25.

195 *BMWi/BMU*, Energiekonzept für eine umweltschonende, zuverlässige und bezahlbare Energieversorgung – 28. September 2010, S. 28.

davon aus, dass die notwendigen Techniken für eine vollständige Versorgung durch erneuerbare Energien bereits verfügbar sind und dass Deutschland weltweit Vorreiter für die Realisierung einer nachhaltigen Entwicklung der Energieversorgung sein kann.[196] In den vergangenen zehn Jahren ist der Anteil der erneuerbaren Energien am gesamten Energieverbrauch in Deutschland kontinuierlich von 3,9 % im Jahr 2000 auf 12,5 % im Jahr 2011 gestiegen.[197] Der Anteil am Stromverbrauch betrug 2011 20,3 % gegenüber 15,1 % im Jahr 2008 und lediglich 6,8 % im Jahr 2000.[198] Auch der Anteil erneuerbarer Energien am Endenergieverbrauch für Wärme ist von nur 3,9 % im Jahr 2000 stetig angestiegen auf 11 % im Jahr 2011.[199] Insgesamt konnten infolge der Ersetzung fossiler Energieträger durch erneuerbare Energien im Jahr 2009 Treibhausgasemissionen von rund 130 Mio. Tonnen vermieden werden.[200]

Diese Zahlen verdeutlichen die große Bedeutung der erneuerbaren Energien sowohl für den Klimaschutz als auch für die Versorgungssicherheit und lassen ihren Ausbau zu einem zentralen Element des energiepolitischen Gesamtkonzepts werden. Die auf Unionsebene und auf nationaler Ebene ausgegebenen Ziele lassen dabei erwarten, dass der Stellenwert der erneuerbaren Energien im deutschen und europäischen Recht in den kommenden Jahren weiter zunehmen wird.

---

196 *Umweltbundesamt*, Konzeption des Umweltbundesamtes zur Klimapolitik – Notwendige Weichenstellungen 2009, S. 1, 106.

197 *BMU*, Erneuerbare Energien in Zahlen (2012), S. 12, 15.

198 *BMU*, Erneuerbare Energien in Zahlen (2012), S. 15.

199 *BMU*, Erneuerbare Energien in Zahlen (2012), S. 15.

200 *BMU*, Erneuerbare Energien in Zahlen (2012), S. 14.

3. Teil: Die Nutzung von Erdwärme als Energiequelle

A. Allgemeines

Einleitend sei an dieser Stelle an den deutschen Geologen und Bergbauwissenschaftler Bernhard von Cotta (1808–1879) erinnert, von dem die nachfolgenden Aussagen zur Erdwärmenutzung aus dem Jahr 1853 stammen:

> „Diese hohe Temperatur, welche schon jetzt von unermesslicher Wichtigkeit für den Menschen und die Zustände seiner Existenz ist, könnte möglicherweise in später Zukunft noch eine neue wichtige Rolle unter den Hülfsmitteln des menschlichen Lebens spielen. Sollten einst auf der mehr und mehr bevölkerten Erde die Wälder überall stark gelichtet und die Kohlenlager erschöpft sein, so ist es wohl denkbar, dass man die Innenwärme der Erde sich dienstbar macht, dass man sie durch besondere Vorrichtungen in Schachten oder Bohrlöchern zur Oberfläche leitet und zur Erwärmung der Wohnungen oder selbst zur Heizung von Maschinen verwendet. Man wird freilich nicht früher allgemein und mit Vorteil zu dieser, in ihrer Anwendung wahrscheinlich kostspieligen Wärmequelle greifen, bis ein empfindlicher Mangel an Brennmaterial dazu nöhtigt; dann aber bleibt die Wärme der Mutter Erde eine sichere letzte Zuflucht.“[201]

Rund 150 Jahre später ist diese Vision Wirklichkeit geworden. Denn der Erdwärme oder Geothermie (griech.: geos = Erde, Land; thermos = Wärme) kommt für die Umwelt- und Energiepolitik der Gegenwart und Zukunft große Bedeutung zu, weil sie zum einen als regenerative Ressource nach menschlichen Maßstäben unerschöpflich ist und weil ihre Gewinnung zum anderen weitaus geringere CO_2-Emissionen zur Folge hat, als dies bei der Verbrennung fossiler Energieträger wie Erdöl, Erdgas oder Kohle der Fall ist. Aus diesem Grund wird auch in Deutschland zunehmend das Ziel verfolgt, die Geothermie in großflächigem Umfang nutzbar zu machen. So hat die Bundesregierung in einem Bericht aus dem Jahr 2009 festgestellt, dass die geothermische Strom- und Wärmeerzeugung zukünftig einen wesentlichen Beitrag zur Erreichung der Klimaschutzziele und einer nachhaltigen Energieversorgung leisten könne.[202] In dem Mix einer sich verstärkt auf erneuerbare Energien stützenden

---

201 *von Cotta*, Unterhaltungen am häuslichen Herd, Erster Band 1853, S. 727, 730.

202 Bericht der *Bundesregierung* über ein Konzept zur Förderung, Entwicklung und Markteinführung von geothermischer Stromerzeugung und Wärmenutzung, BT-Drucks. 16/13128, S. 3.

Energieversorgung spiele die bedarfsgerecht regelbare Geothermie sowohl in der Strom- als auch in der Wärmeerzeugung langfristig eine wichtige Rolle.[203]

Das jährliche technische Erzeugungspotenzial der Erdwärme beträgt nach Untersuchungen aus dem Jahr 2003 zwischen 300 und 350 TWh[204,205] das entspricht etwa 50–60 % des Bruttostromverbauchs in Deutschland im Jahr 2011 (= 614,5 TWh).[206] Die Geothermie besitzt dabei gegenüber anderen stochastisch erzeugenden regenerativen Energien wie der Windkraft oder der Solarenergie den Vorteil, dass sie weitgehend unabhängig von Tages- und Jahreszeiten genutzt werden kann und sich damit in besonderem Maße zur Grundlast-Energieerzeugung eignet. Ungeachtet dessen trägt die Geothermie derzeit noch einen äußerst geringen Teil zur Deckung des weltweiten Strombedarfs bei, so im Jahr 2007 mit 60 TWh nur etwa 0,33 %.[207] Damit nimmt sie bei den erneuerbaren Energien den vierten Platz hinter Wasserkraft, Biomasse und Windenergie ein, die zusammen 20 % des Strombedarfs der Erde decken.[208] In Deutschland ist aktuell (2011) eine elektrische Leistung von etwa 7,5 MW[209] installiert, mit einer jährlichen Stromproduktion von 188 Mio. kWh.[210] Gemessen an der Gesamt-Stromerzeugung von 615 Mrd. kWh bedeutet dies einen Anteil von lediglich 0,03 %. Zur regenerativen Wärmeerzeugung hat die Erdwärme (einschließlich der Umweltwärme aus Luft/Wasser-Wärmepumpen) im Jahr 2011 insgesamt rund 6,3 Mrd. kWh beitragen.[211] Das entspricht dem jährlichen Wärmebedarf von 420.000 Zweipersonen-Haushalten[212] und einem Anteil an der gesamten Wärmebereitstellung in Deutschland von 4,4 %.[213]

---

203 Bericht der *Bundesregierung* über ein Konzept zur Förderung, Entwicklung und Markteinführung von geothermischer Stromerzeugung und Wärmenutzung, BT-Drucks. 16/13128, S. 3.

204 1 Terawattstunde = 1 Milliarde Kilowattstunden (kWh) = 1 Billion Wattstunden (Wh).

205 *Bundestag*, Bericht des Ausschusses für Bildung, Forschung und Technikfolgenabschätzung, Monitoring – „Möglichkeiten geothermischer Stromerzeugung in Deutschland“, BT-Drucks. 15/1835, S. 5.

206 *Bundesverband der Energie- und Wasserwirtschaft*, Brutto-Stromerzerzeugung nach Energieträgern 2011.

207 *Huenges*, in: Geothermische Vereinigung - Bundesverband Geothermie e.V., Der Geothermiekongress 2008, S. 24.

208 *Huenges*, in: Geothermische Vereinigung - Bundesverband Geothermie e.V., Der Geothermiekongress 2008, S. 24.

209 1 Megawatt = 1.000.000 Watt.

210 *BMU*, Entwicklung der erneuerbaren Energien in Deutschland im Jahr 2011, S. 12, 13.

211 *BMU*, Entwicklung der erneuerbaren Energien in Deutschland im Jahr 2011, S. 31.

212 *GtV – Bundesverband Geothermie e. V.*, Nutzung der Geothermie in Deutschland.

213 *BMU*, Entwicklung der erneuerbaren Energien in Deutschland im Jahr 2011, S. 33.

B. Begrifflichkeiten

I. Geothermie

Unter Geothermie wird nach allgemeiner Ansicht die in Form von Wärme gespeicherte Energie unterhalb der Oberfläche der festen Erde verstanden.[214] Sie beruht im Wesentlichen auf der von der Sonne eingestrahlten Wärmeenergie und dem vom Erdinneren zur Erdoberfläche gerichteten terrestrischen Wärmestrom. Die von der Sonne eingestrahlte und von der Erdoberfläche an die Atmosphäre abgegebene Wärmeenergie bestimmt dabei die Temperaturen in den obersten Erdschichten bis zu einer Tiefe von maximal 20 m; in den tieferen Schichten ist der terrestrische Wärmestrom maßgebend.[215] Letzterer speist sich aus zwei Quellen: zum einen zu etwa 20 % aus der im Erdkern und im Erdmantel gespeicherten Ursprungs- und Erdentstehungswärme, zum anderen zu etwa 80 % aus dem Zerfall natürlich vorkommender radioaktiver Elemente.[216] Ab einer Tiefe von 10 bis 20 m, also unabhängig von Sonneneinstrahlung und klimatischen Schwankungen, ergibt sich in Deutschland eine nahezu konstante Temperatur von 10–12°C, die mit zunehmender Tiefe um etwa 3°C pro 100 m ansteigt (sog. geothermischer Gradient).[217]

Der Begriff der geothermischen Energie hat in Art. 2 Satz 3 c) der Richtlinie 2009/28/EG erstmals Eingang in einen offiziellen Gesetzestext der Europäischen Union gefunden. Sie wird dort – entsprechend der obigen Begriffsbestimmung – definiert als „die Energie, die in Form von Wärme unter der festen Erdoberfläche gespeichert ist“.[218] Weitere Definitionen finden sich beispielsweise in § 2 Abs. 1 Nr. 1 EEWärmeG und in der VDI-Richtlinie 4640 zur thermischen Nutzung des Untergrunds.[219]

---

214 *Ehricke*, UPR 2009, S. 281, 282; *Sanner/Kaltschmitt*, in: Kaltschmitt/Huenges/Wolff, Energie aus Erdwärme, S. 60; Leitfaden Mecklenburg-Vorpommern, S. 5.

215 Leitfaden Hessen, S. 7.

216 *Große*, ZUR 2009, S. 535, 536; *Kopf*, Erzmetall 51 (1998), S. 548, 549.

217 Leitfaden Berlin, S. 1; Leitfaden Hamburg, S. 6.

218 Abl. EU L 140/27 vom 05.06.2009.

219 VDI-Richtlinie 4640, Blatt 1, S. 5.

II. Oberflächennahe und tiefe Geothermie

Im Rahmen der Erdwärmenutzung wird zwischen oberflächennaher und tiefer Geothermie unterschieden. Oberflächennahe Geothermie meint die Nutzung der in den obersten Erdschichten bzw. im Grundwasser gespeicherten Energie. Zur Abgrenzung gegenüber der tiefen Geothermie wird allgemein auf eine Tiefengrenze von 400 m abgestellt: Anlagen, die die Erdwärme bis zu einer Tiefe von etwa 400 m nutzen, werden zur oberflächennahen Geothermie gezählt; Anlagen mit tieferen Bohrungen werden der tiefen Geothermie zugeordnet.[220] Zum Teil wird die Grenze zwischen oberflächennaher und tiefer Geothermie auch erst bei maximal 500 m gezogen.[221] Eine wissenschaftlich tragfähige Begründung für die Festlegung einer Grenze bei 400 m oder 500 m gibt es jedoch nicht. Weder aus gesetzlichen Vorschriften noch aus geologischen Gegebenheiten und auch nicht aus einem bestimmten Temperaturniveau lassen sich derartige Tiefenvorgaben ableiten.[222] Hintergrund der Festlegung auf eine Tiefe von 400 m könnte eine schweizerische Regelung gewesen sein, nach der geothermische Anlagen ab einer Tiefe von 400 m eine besondere Förderung erfahren haben.[223] Der Wert von 400 m als Abgrenzungskriterium zwischen oberflächennaher und tiefer Geothermie hat sich in der Praxis jedenfalls durchgesetzt und auch Eingang in Regelwerke wie die VDI-Richtlinie 4640[224] oder die Förderrichtlinien des Marktanreizprogrammes[225] gefunden. Er bildet daher die Grundlage für die weitere rechtliche Betrachtung.

Die tiefe Geothermie kann je nach geothermischem Potenzial sowohl zur Wärmeversorgung als auch zur Stromerzeugung eingesetzt werden. Dagegen eignet sich die oberflächennahe Erdwärme wegen des relativ geringen Temperaturniveaus von regelmäßig nicht mehr als 20°C lediglich zum Beheizen und Kühlen von Gebäuden, zur Warmwasserbereitung und zur unterirdischen thermischen Energiespeicherung, nicht aber zur Stromerzeugung. Sie zeichnet sich dabei

---

220 *Benz*, Rechtliche Rahmenbedingungen für die Nutzung der oberflächennahen Geothermie, S. 15; Leitfaden Bayern, S. 2; Leitfaden Brandenburg, S. 4.

221 *Thiele*, Umwelt- und Naturschutzaspekte bei der Erschließung und Nutzung von Erdwärme, S. 13; *Reuß*, in: Geothermie in Bayern – Profile, Porträts, Perspektiven, S. 78.

222 *Große*, ZUR 2009, S. 535, 536; *Herzog*, Die Geothermiebohrung „RWTH-1", S. 6.

223 *Große*, ZUR 2009, S. 535, 536; *Sanner/Kaltschmitt*, in: Kaltschmitt/Huenges/Wolff, Energie aus Erdwärme, S. 60.

224 vgl. VDI-Richtlinie 4640, Blatt 2, S. 15.

225 Richtlinien zur Förderung von Maßnahmen zur Nutzung erneuerbarer Energien im Wärmemarkt vom 20. Juli 2012, 14.1.2, BAnz AT vom 08.08.2012 B4, S. 13.

durch vielfältige Einsatzmöglichkeiten aus, die von Kleinanwendungen wie der Beheizung von Einfamilienhäusern bis zur Versorgung ganzer Wohnsiedlungen, Schulen, Krankenhäuser oder Hotelkomplexe reicht.[226] Mittlerweile sind zudem erste Projekte verwirklicht, in denen Straßen- oder Brückenbauwerke (Thun, Schweiz) und sogar die Start- und Landebahnen eines Flughafens (Eindhoven, Niederlande) über oberflächennahe Erdwärme temperiert werden.[227]

C. Einzelheiten zur oberflächennahen Geothermie

I. Zur technischen Ausführung

Da die im oberflächennahen Erdreich, d.h. im Gestein und in dessen Porenfüllung (meist Grundwasser), gespeicherte Energie auf einem niedrigen Temperaturniveau von selten mehr als 20°C anfällt, ist eine direkte Wärmenutzung grundsätzlich nicht möglich. Die den oberflächennahen Erdschichten entzogene Wärme muss daher auf ein höheres, zum Heizen und zur Warmwasserbereitung ausreichendes Niveau (in der Regel 35–55°C = Vorlauftemperatur der Heizung) gebracht werden; dies geschieht im Allgemeinen durch eine Wärmepumpe.[228] Für die Nutzbarmachung der oberflächennahen Erdwärme ist also immer zusätzliche, von außen zugeführte Energie erforderlich (z.B. elektrischer Strom aus dem Netz der öffentlichen Versorgung). Demnach setzt sich ein System zur Nutzung der oberflächennahen Erdwärme zumeist aus zwei Elementen zusammen: einer Wärmequellenanlage, die den Entzug der Energie aus dem Untergrund ermöglicht, und einer Wärmepumpe oder einer anderen technischen Anlage zur Erhöhung der Temperatur.[229] Bei den verwendeten Wärmequellenanlagen ist weiter zu differenzieren zwischen geschlossenen und offenen Systemen:

1. Zu den geschlossenen Systemen

Zu den geschlossenen Systemen zählen Erdwärmesonden, Erdwärmekollektoren und sog. Energiepfähle oder vergleichbare erdberührte Betonteile. Charakteristisch für diese Systeme zur Erdwärmegewinnung ist, dass die im Erdreich – horizontal

226 *Lutz*, bbr 2009, Sonderheft Oberflächennahe Geothermie, S. 40, 41.

227 Leitfaden Bayern, S. 9.

228 *Sanner/Kaltschmitt*, in: Kaltschmitt/Huenges/Wolff, Energie aus Erdwärme, S. 60, 75; Leitfaden Hessen, S. 10.

229 *Sanner/Kaltschmitt*, in: Kaltschmitt/Huenges/Wolff, Energie aus Erdwärme, S. 60/61.

oder vertikal – verlegten Wärmeübertrager von einem Wärmeträgermedium – gewöhnlich einem Wasser-Frostschutzmittelgemisch (Sole) – in einem geschlossenen Kreislauf durchströmt werden.[230] Die Wärmeübertragung zwischen dem Untergrund und dem Wärmeträgermedium erfolgt durch Wärmeleitung; es kommt zu keinem direkten Kontakt von zirkulierender Flüssigkeit mit der Gesteinsmatrix und der Porenfüllung.[231]

a) Erdwärmesonden

Die gängigste Variante zur Erschließung oberflächennaher Geothermie ist die Verwendung von Erdwärmesonden, die sowohl zum Heizen und Kühlen von Gebäuden als auch zur Energiespeicherung genutzt werden können. Dabei werden in vertikale Bohrungen von zumeist 25 bis 100 m, seltener bis zu 150 m Tiefe, ein oder zwei U-Rohre aus Kunststoff eingebracht, in denen die Wärmeträgerflüssigkeit zirkuliert; zum Teil werden auch aus einem Innen- und einem Außenrohr bestehende Koaxialsonden verwendet.[232] Um den Wärmetransport vom Gestein zu den Sonden zu verbessern, wird die Bohrung mit einem besonders wärmeleitfähigen Spezialzement verpresst.[233] Durch die Verpressung des Bohrlochs wird zudem verhindert, dass sich das Grundwasser verschiedener Stockwerke über die Bohrung vermischen oder oberflächennahes Wasser in tieferes Grundwasser gelangen und dieses verunreinigen kann.[234] Der Energietransport zur Wärmepumpe erfolgt durch die in den Sonden zirkulierende Wärmeträgerflüssigkeit. Sie nimmt die im Untergrund gespeicherte Wärme auf, leitet sie weiter zum Verdampfer der Wärmepumpe und gibt sie dort wieder ab. Die abgekühlte Flüssigkeit fließt dann durch die Rohre in den Untergrund zurück und kann dort erneut Wärme aufnehmen.[235] Bei richtiger Auslegung der Sondenanlage wird die dem Erdreich entzogene thermische Energie durch die nachströmende Wärmenergie aus dem Untergrund, im kombinierten Heiz-/Kühlbetrieb auch durch die übertägig anfallende Abwärme regeneriert.[236]

Die Vorteile der Sondentechnik liegen vor allem in dem geringen Flächenbedarf und der Überbaubarkeit der Anlagen. Dies ermöglicht ihre Errichtung auch in

---

230 *Streicher u.a.*, in: Kaltschmitt/Streicher/Weise, Erneuerbare Energien, S. 636, 640.

231 *Streicher u.a.*, in: Kaltschmitt/Streicher/Wiese, Erneuerbare Energien, S. 636, 640.

232 Leitfaden Brandenburg, S. 6; Leitfaden Schleswig-Holstein, S. 8/9.

233 Leitfaden Bayern, S. 6.

234 Leitfaden Saarland, S. 5.

235 Leitfaden Brandenburg, S. 6.

236 Leitfaden Schleswig-Holstein, S. 8; Leitfaden Sachsen, S. 5.

urbanen Gegenden und bietet Potenzial für energietechnische Modernisierungen des Gebäudebestandes. Für ein Einfamilienhaus mit 14 kW Heizleistung werden beispielsweise – je nach vorhandener Geologie – etwa 160 bis 280 laufende Meter benötigt, für Großobjekte oder ganze Siedlungen entsprechend mehr.[237] Planung und Bau einer Erdwärmesondenanlage setzen genaue Kenntnisse von Bodenbeschaffenheit, Schichtenfolge und Grundwasserverhältnissen voraus. Bei größeren Anlagen mit einer Heizleistung über 30 kW ist es üblich, die thermische Auslegung mit Hilfe computergestützter Simulationen zu ermitteln. Hierfür erfolgt in der Regel eine geologische Vorerkundung mittels Probebohrungen und die Bestimmung der Wärmeleitfähigkeit des Untergrunds durch physikalische Verfahren wie den „Thermal Response Test“.[238] Dabei wird dem Untergrund über eine fertig ausgebaute und im späteren Sondenfeld verwendbare Erdwärmesonde eine konstante thermische Leistung zugeführt bzw. entzogen und dadurch der Untergrund zu einer Temperaturantwort („response“) angeregt.[239] Diese Reaktion ist charakteristisch für die anstehenden Gesteine und ermöglicht neben der Berechnung der effektiven Wärmeleitfähigkeit die Feststellung des thermischen Bohrlochwiderstandes, der ungestörten Untergrundtemperatur sowie der Sondenlänge.[240]

Die Anzahl der zu verwendenden Erdwärmesonden reicht von ein bis zwei Sonden bei der Wärmeversorgung von Einfamilienhäusern bis hin zu Multisondensystemen in Form von Erdsondenfeldern zur Wärme- und Kälteversorgung von Groß-, Gewerbe- und Industrieimmobilien oder ganzen Eigenheimsiedlungen.[241] So verfügt auch das parallel zu diesem Dissertationsvorhaben verwirklichte Projekt GeoCITTI über ein Feld von 72 Erdwärmesonden mit einer Tiefe von jeweils 99 m zur Beheizung und Kühlung des Einkaufszentrums CITTI-PARK in Kiel.

---

237 Leitfaden Brandenburg, S. 6.

238 Leitfaden Bayern, S. 6.

239 *Tholen/Walker-Hertkorn*, Arbeitshilfen Geothermie, S. 46; *Kübert u.a.*, Thermal Response Tests und Temperaturtiefenprofile – Erfahrungen aus Praxis und Forschung, in: Geothermische Vereinigung – Bundesverband Geothermie e.V., Der Geothermiekongress 2009, S. 2.

240 *Kübert u.a.*, Thermal Response Tests und Temperaturtiefenprofile – Erfahrungen aus Praxis und Forschung, in: Geothermische Vereinigung – Bundesverband Geothermie e.V., Der Geothermiekongress 2009, S. 2.

241 Leitfaden Sachsen, S. 6.

b) Erdwärmekollektoren

Erdwärmekollektoren sind Wärmeübertrager, die gewöhnlich aus Kunststoffrohren bestehen und horizontal rund 20 cm unter der örtlichen Frostgrenze und damit in einer Tiefe von etwa 1,2 m bis 1,5 m verlegt werden.[242] Wie bei den Erdwärmesonden zirkuliert in dem Kollektor ein Wasser-Frostschutzmittelgemisch, das die Wärme aus dem Erdreich aufnimmt und an die Wärmepumpe weiterleitet.[243] Erdwärmekollektoren nutzen die gespeicherte Sonnenenergie, die durch direkte Einstrahlung, Wärmeübertragung aus der Luft und durch Niederschlag in den Boden eindringt.[244] Systembedingt unterliegen sie den jahreszeitlichen Temperatureinflüssen, so dass die Wärmepumpe in den Zeiten des größten Wärmebedarfs mit den ungünstigsten Wämequellentemperaturen auskommen muss; dies kann zu geringeren Arbeitszahlen und damit zu höheren Betriebskosten führen.[245]

Nachteilig wirkt sich im Vergleich zu anderen Anlagen der große Flächenbedarf aus. Erdwärmekollektoren benötigen eine nicht überbaute und unversiegelte Freifläche von etwa dem 1,5- bis 2-fachen der zu beheizenden Fläche.[246] Es werden daher zunehmend auch flächensparende Varianten wie Grabenkollektoren, Spiralkollektoren oder Erdwärmekörbe verwendet.[247] Eine energetisch optimierte und zudem flächensparende Sonderform stellt das Direktverdampferverfahren dar, bei dem das Arbeitsmedium der Wärmepumpe direkt in kunststoffummantelten Kupferrohr-Kollektoren zirkuliert.[248]

c) Energiepfähle

Einen Spezialfall der Erdwärmesonden stellen die sog. Energiepfähle dar, die insbesondere bei der Errichtung von Großbauwerken eine Rolle spielen. Die Gewinnung der Erdwärme erfolgt hier über die gut wärmeleitfähigen unterirdischen Betonteile eines Gebäudes. Bei Großbauten werden insoweit zumeist tief in den Untergrund reichende Betonkonstruktionen wie zum Beispiel Gründungspfähle, Schlitz- oder Pfahlwände errichtet, in die ohne großen Mehraufwand Kunststoffrohre eingebaut werden können.[249] In diesen Rohren zirkuliert eine

---

242 Leitfaden Sachsen, S. 6.
243 Leitfaden Bayern, S. 5.
244 Leitfaden Schleswig-Holstein, S. 7.
245 *Wolff/Hellenthal*, Nutzung der Geothermie in Stuttgart, S. 38; Leitfaden Bayern, S. 5.
246 Leitfaden Brandenburg, S. 7.
247 Leitfaden Sachsen, S. 7.
248 Leitfaden Bayern, S. 5.
249 Leitfaden Brandenburg, S. 10.

Wärmeträgerflüssigkeit in einem geschlossenen Kreislauf und transportiert die gewonnene Erdwärme zu der auch hier erforderlichen Wärmepumpenanlage.[250] Betonteile, deren Einbau ohnehin notwendig ist, können so zu Energiepfählen, Energieschlitzwänden oder Energiebodenplatten erweitert werden. Diese Technik ermöglicht heutzutage bereits die ganzjährige vollständige Klimatisierung von beispielsweise Museen, Fabrik- und Verwaltungsgebäuden oder Sportstätten.[251] Dabei wird die im Sommer überschüssige Abwärme aus der Raumklimatisierung in die Betonteile und das umgebende Erdreich abgeleitet und dort gespeichert; im Winter kann die Wärme dann zum Heizen wiederverwendet werden.[252]

Ein bekanntes Beispiel für die Nutzung von Energiepfählen zur saisonalen Energiespeicherung ist der neue Großflughafen Berlin Brandenburg. Dort werden 318 der insgesamt 812 Gründungspfähle des zentralen Midfield-Fluggastterminals als Energiepfähle ausgerüstet, um so die sommerliche Abwärme aus der Gebäudekühlung zu speichern und zur partiellen Versorgung der Niedertemperaturheizung im Winter zu nutzen.[253] Der große Vorteil von Energiepfählen und erdberührten Betonteilen gegenüber anderen Methoden der Erdwärmenutzung liegt darin, dass ein wesentlicher Teil der Kosten für die thermische Erschließung des Untergrunds bereits durch die notwendige Bauwerksgründung mit abgedeckt ist. Die zusätzlichen finanziellen Aufwendungen sind daher vergleichsweise gering.

2. Zu den offenen Systemen

Sofern zur Gewinnung geothermischer Energie unmittelbar das Grundwasser selbst als Wärmequelle und Wärmeträgermedium genutzt wird, bezeichnet man dies als ein offenes System. Dabei wird das Grundwasser über Brunnen direkt aus den grundwasserführenden Schichten, den sog. Aquiferen, abgepumpt.[254] Über einen Förderbrunnen (Entnahmebrunnen) wird das Grundwasser erschlossen und durch eine Unterwasserpumpe direkt zur Wärmepumpenanlage geleitet; dort wird dem Grundwasser die Wärme entzogen, und es erfolgt die für den Heizkreislauf notwendige Anhebung der Temperatur.[255] Über einen Schluckbrunnen (Einleitbrunnen) wird das abgekühlte Wasser dann wieder dem Grundwasserleiter

250 Leitfaden Brandenburg, S. 10.
251 Leitfaden Bayern, S. 9.
252 Leitfaden Bayern, S. 9.
253 *Wenderoth/Bartels*, bbr 2009, Sonderheft Oberflächennahe Geothermie, S. 70, 71.
254 *Streicher u.a.*, in: Kaltschmitt/Streicher/Wiese, Erneuerbare Energien, S. 636, 640.
255 Leitfaden Brandenburg, S. 8.

zugeführt.[256] Es sind also regelmäßig zwei Brunnen erforderlich (sog. Dublette), die zur Vermeidung eines thermischen Kurzschlusses im Untergrund einen ausreichenden Abstand voneinander wahren müssen.[257] Außerdem sollte sich der Förderbrunnen nicht in der Kältefahne des Schluckbrunnens befinden, da andernfalls das Wärmeniveau im Förderbrunnen negativ beeinflusst wird und die Effizienz der Wärmepumpenanlage sinkt.[258]

Grundwasser-Wärmepumpenanlagen besitzen gegenüber Erdwärmesonden den Vorteil, dass sie zum einen schon in geringerer Tiefe (10–50 m) ein vergleichsweise hohes und ganzjährig konstantes Temperaturniveau von ca. 8 bis 12°C nutzen können und dass zudem Wärmetauscherverluste vermieden werden.[259] Sie erreichen daher eine hohe Energieausbeute und sind insbesondere bei großen Anlagen den anderen Nutzungsformen wirtschaftlich überlegen.[260] Das Grundwasser ist jedoch, abhängig von seiner Beschaffenheit, nur eingeschränkt nutzbar. So besteht bei sauerstoffreduziertem Wasser mit hohem Eisen- und/oder Mangangehalt die Gefahr der Brunnenverockerung, bei aggressivem Wasser droht eine Anlagenkorrosion.[261] Unter Verockerung ist insoweit die Ablagerung von unlöslichen Eisen- und Manganverbindungen in Rohrleitungen oder Brunnen zu verstehen; sie führt zu einer Leistungsverringerung des Schluckbrunnens.[262] Es ist daher stets erforderlich, die Grundwasserbeschaffenheit vorab anhand ausgewählter Parameter zu überprüfen. Darüber hinaus muss der Brunnen eine hinreichende Ergiebigkeit aufweisen, was durch Pumpversuche ermittelt werden kann.[263] Für den Schluckbrunnen wiederum ist auf eine entsprechende Aufnahmekapazität zu achten, welche anhand von Versickerungsversuchen nachzuweisen ist.[264]

Sofern in einem Aquifer geringe Fließgeschwindigkeiten herrschen und es sich um ein durch natürliche oder künstliche Barrieren annähernd geschlossenes System handelt, ist auch eine saisonale Speicherung thermischer Energie

---

256 Leitfaden Niedersachsen, S. 13.

257 Leitfaden Bayern, S. 8.

258 *Sanner/Kaltschmitt*, in: Kaltschmitt/Huenges/Wolff, Energie aus Erdwärme, S. 60, 70.

259 Leitfaden Brandenburg, S. 8; Leitfaden Niedersachsen, S. 12; VBI-Leitfaden Oberflächennahe Geothermie, S. 12.

260 *Herzog*, Die Geothermiebohrung „RWTH-1“, S. 7; Leitfaden Sachsen, S. 8.

261 Leitfaden Sachsen, S. 8.

262 Leitfaden Niedersachsen, S. 13; *Kolb/Heise*, in: Glatzel/Heise, Wärmepumpen und Gewässerschutz, S. 257, 289.

263 Leitfaden Niedersachsen, S. 12; *Streicher u.a.*, in: Kaltschmitt/Streicher/Wiese, Erneuerbare Energien, S. 636, 649.

264 Leitfaden Brandenburg, S. 8.

möglich.[265] Ein prominentes Beispiel für die direkte Nutzung von Grundwasserleitern als saisonale Wärme- und Kältespeicher ist das Reichstagsgebäude in Berlin. Dort nimmt ein Aquiferspeicher (Wärmespeicher) im Sommer überschüssige Abwärme der stromgeführten Blockheizkraftwerke auf und dient im Winter zur Versorgung der Niedertemperaturheiznetze.[266] Der zweite Aquiferspeicher (Kältespeicher) erfüllt im Wesentlichen Kühlaufgaben in den Hochtemperaturkältenetzen.[267]

3. Zu den sonstigen Systemen

Der Vollständigkeit halber ist noch auf die sonstigen, weniger bedeutenden und nicht in die Kategorien von offenen und geschlossenen Systemen einzuordnenden Verfahrenstechniken zur Erdwärmegewinnung hinzuweisen. Zu nennen sind die Nutzung des Grundwassers mit Koaxialbrunnen, die Luftvorheizung bzw. -kühlung im oberflächennahen Untergrund sowie die Verwendung künstlicher unterirdischer Hohlräume, zum Beispiel stillgelegter Bergwerke oder Tunnel, als Grundwassersammler und -reservoir. Da diesen Nutzungsformen in der Praxis aber nur geringe Bedeutung zukommt und sie für die vorrangig zu untersuchende Nutzung oberflächennaher Geothermie bei Großimmobilien keine Rolle spielen, sollen sie hier nicht weiter erörtert werden.

II. Zahlen und Beispiele

Angesichts steigender Energiepreise sowie der Abhängigkeit von anderen Staaten bei der Versorgung mit Erdöl und Erdgas und nicht zuletzt wegen des zunehmenden Umweltbewusstseins erfreuen sich auch in Deutschland Systeme zur Nutzung oberflächennaher Geothermie immer größerer Beliebtheit. Nach dem Rekordjahr 2008 mit 34.450 neu installierten Erdwärme-Anlagen und einem Anstieg der Verkaufszahlen um 28,5 % [268] wurden in den Jahren 2010 und 2011 jeweils annähernd 24.500 erdgekoppelte Wärmepumpen verkauft.[269] Der gegenüber den Luft/

265 VBI-Leitfaden Oberflächennahe Geothermie, S. 15.

266 *Geothermie Neubrandenburg GmbH*, Projektbeispiel: Reichstagsgebäude und Energieverbund der Parlamentsbauten in Berlin.

267 *Geothermie Neubrandenburg GmbH*, Projektbeispiel: Reichstagsgebäude und Energieverbund der Parlamentsbauten in Berlin.

268 FAZ vom 21.03.2009 (Nr. 68/2009), Geothermie-Wachstum, S. T 8.

269 *Bundesverband Wärmepumpe e. V. (BWP)*, Presseinformationen vom 27.01.2011 und 26.01.2012.

Wasser-Wärmepumpen zuletzt sinkende Anteil der erdgekoppelten Anlagen wird u.a. auf die oftmals komplizierte Genehmigungspraxis bei Erdwärmebohrungen zurückgeführt.[270] Zu der Anzahl der insgesamt in Deutschland betriebenen oberflächennahen Erdwärmeanlagen schwanken die Angaben zwischen 265.000[271] und 350.000[272]. Dabei verwenden geschätzte 80 % der Anlagen Erdwärmesondensysteme, 10–15 % sind Erdwärmekollektoren und 5–10 % nutzen das Grundwasser direkt über Brunnen.[273] Statistisch betrachtet gibt es in Schweden europaweit die meisten erdgekoppelten Wärmepumpen: dort kamen 2007 auf 1.000 Einwohner fast 34 erdgekoppelte Wärmepumpen, das entspricht einer Wärmepumpe für knapp 30 Einwohner.[274] In Deutschland zählte man demgegenüber im Jahr 2007 lediglich 1,4 erdgekoppelte Wärmepumpen pro 1.000 Einwohner; danach müssen sich also 715 Deutsche eine Wärmepumpe teilen.[275]

Die Aussichten für die Zukunft sind günstig. Nach der Branchenprognose des Bundesverbandes Wärmepumpe e.V. (BWP) ist für das Jahr 2020 mit insgesamt 1,2 Mio. und für das Jahr 2030 mit 2,1 Mio. installierten Wärmepumpen (Luft, Erdreich und Grundwasser) zu rechnen.[276] Eine Studie des Geothermiezentrums Bochum geht von einer Erhöhung des Gesamtbestandes an Heizungswärmepumpen auf rund 1,8 Mio. Anlagen im Jahr 2020 aus.[277] Der Bestand an erdgekoppelten Wärmepumpen-Anlagen wird danach auf etwa 500.000 Anlagen im Jahr 2015 und auf rund 820.000 Anlagen im Jahr 2020 ansteigen.[278]

Soweit es die Effizienz der verschiedenen Systeme betrifft, lässt sich diese anhand der Jahresarbeitszahl bestimmen. Die Jahresarbeitszahl beschreibt das Verhältnis von gelieferter Wärmeenergie und elektrischem Energiebedarf der Wärmepumpe und gibt Aufschluss darüber, wie viel Mal größer der Nutzen

270 *Bundesverband Wärmepumpe e.V. (BWP)*, Presseinformationen vom 27.01.2011 und 26.01.2012.

271 vgl. *GtV – Bundesverband Geothermie e.V.*, Forschungsbedarf Geothermie, S. 1.

272 vgl. *Umweltbundesamt*, Wasserwirtschaft in Deutschland, Teil 1, S. 123.

273 *Bund/Länder-Arbeitsgruppen der Staatlichen Geologischen Dienste – Personenkreis Geothermie der Ad-hoc-Arbeitsgruppe Geologie*, Fachbericht zu bisher bekannten Auswirkungen geothermischer Vorhaben in den Bundesländern, S. 8.

274 *Sanner/Mands*, bbr 2009, Sonderheft Oberflächennahe Geothermie, S. 22, 23/24.

275 *Sanner/Mands*, bbr 2009, Sonderheft Oberflächennahe Geothermie, S. 22, 24.

276 *Stawiarski*, Marktentwicklung oberflächennaher Geothermie, in: GtV – Bundesverband Geothermie e.V., Der Geothermiekongress 2010, S. 1.

277 *Geothermiezentrum Bochum*, Analyse des deutschen Wärmepumpenmarktes – Bestandsaufnahme und Trends, S. 4 u. 80.

278 *Geothermiezentrum Bochum*, Analyse des deutschen Wärmepumpenmarktes – Bestandsaufnahme und Trends, S. 5 u. 82/83.

(Heizwärme) gegenüber dem Aufwand (Strom) innerhalb eines Jahres ist.[279] Eine Jahresarbeitszahl von 4 bedeutet, dass die Anlage mit 1 Teil elektrischer Energie 4 Teile Wärmeenergie gewinnt, davon 3 Teile „umsonst“ aus der oberflächennahen Erdwärme.[280] Im Interesse einer hohen Jahresarbeitszahl und einer entsprechend großen Primärenergieeinsparung ist die Erschließung einer Wärmequelle mit einem möglichst hohen und ganzjährig konstanten Temperaturniveau anzustreben. Diese Anforderungen werden am besten gewährleistet durch Grundwasserbrunnen sowie durch Erdwärmesonden zur Erschließung tieferer Erdschichten ab etwa 20 m.[281] Die mittleren Jahresarbeitszahlen werden insoweit für Erdwärmekollektoren mit bis zu 4 beziffert, bei Erdwärmesonden mit bis zu 4,5 und bei Grundwasserbrunnen mit bis zu 5[282]; nach anderer Ansicht liegen sie bei Grundwasserwärmepumpen zwischen 4 und 4,5 und bei der Nutzung von Erdreich als Wärmequelle in einem Bereich von 3,8 bis 4,3.[283] Für den Klimaschutz bedeutet dies, dass optimal dimensionierte erdgekoppelte Wärmepumpen-Heizanlagen bis zu 80 % der Heizwärme aus dem Untergrund und nur etwa 20 % aus der Hilfsenergie Strom beziehen.[284] Damit sind sie den herkömmlichen Heizsystemen sowohl hinsichtlich des Primärenergieverbrauchs als auch der CO_2-Emissionen deutlich überlegen.

Neben den bereits im Zusammenhang mit den einzelnen Systemen zur Erdwärmenutzung angeführten Beispielen sind an dieser Stelle noch einige besonders eindrucksvolle Anwendungsfälle zu nennen, um die Vielfältigkeit der Nutzung oberflächennaher Geothermie zu veranschaulichen. Die größte Erdwärmesondenanlage Europas befindet sich in der Nähe von Oslo. Dort wurde im Oktober 2008 in Lørenskog das Nye Ahus Krankenhaus (auch „SiA“ für Sykehuset i Akershus) bezogen, welches zur Beheizung und Klimatisierung mit 350 Erdwärmesonden von je 200 m Tiefe und damit einer Gesamtlänge von 70 km ausgestattet ist.[285] Eine der größten Grundwasser-Wärmepumpenanlagen befindet sich ebenfalls in der Umgebung von Oslo, und zwar am Osloer Flughafen Gardermoen; dieser liegt auf einem der ergiebigsten Poren-Aquifere Skandinaviens. Mit neun Brunnen von je 45 m Tiefe wird das Grundwasser gefördert und über weitere neun Brunnen

---

279 Leitfaden Niedersachsen, S. 16.

280 Leitfaden Brandenburg, S. 9.

281 Leitfaden Sachsen, S. 9/10.

282 Leitfaden Bayern, S. 5, 7, 8.

283 *Streicher/Ziegler/Kaltschmitt*, in: Kaltschmitt/Streicher/Wiese, Erneuerbare Energien, S. 623, 635.

284 Leitfaden Bayern, S. 4.

285 *Sanner/Mands*, bbr 2009, Sonderheft Oberflächennahe Geothermie, S. 22, 25, 27.

wieder in den Untergrund eingeleitet.[286] Die Wärmepumpen sowohl des Nye Ahus Krankenhauses als auch des Flughafens Gardermoen werden mit Ammoniak betrieben und verfügen über eine Heizleistung von jeweils 8 MW.[287]

Eine der größten Erdwärmesondenanlagen Deutschlands wird am Max-Planck-Institut in Golm bei Potsdam betrieben, wo insgesamt 160 Erdwärmesonden mit einer Tiefe von je 105 m im Winter als Quelle zur Wärmegewinnung für die Raumheizung dienen und im Sommer zur Gebäudekühlung verwendet werden.[288]

D. Das Projekt GeoCITTI

In engem Zusammenhang mit der vorliegenden Dissertation steht das Projekt GeoCITTI. Dieses beinhaltet unter dem Titel „Nutzung geothermischer Potenziale zur energietechnischen Optimierung von gewerblichen Bestandsimmobilien und Neubauten am Beispiel des CITTI-PARKS/Kiel – Technologieentwicklung und ökonomische, ökologische und rechtliche Folgenabschätzung“ die Errichtung einer Erdwärmesondenanlage zur Beheizung und Kühlung des Einkaufszentrums CITTI-PARK in Kiel sowie die Klärung der damit verbundenen naturwissenschaftlichen und rechtlichen Fragestellungen. Das wasserrechtlich genehmigte Erdwärmesondenfeld besteht aus 72 Doppel-U-Sonden mit einer Tiefe von jeweils 99 m; die Gesamtsondenlänge beträgt 7.128 m. Die Jahresarbeitszahl der Anlage soll bei 5 liegen, die Jahresheizarbeit bei 900 MWh und die Jahreskühlarbeit bei 600 MWh.

Im Rahmen des Projektes GeoCITTI wird erstmals auf nationaler Ebene die Nutzung oberflächennaher Geothermie als Wärme- und Kältespeicher bei großen, gewerblich genutzten Bestandsimmobilien insbesondere des Groß- und Einzelhandels untersucht, wo die Bereitstellung von Kälte eine wichtige Rolle spielt. Ziel ist die Ermittlung der technisch-naturwissenschaftlichen Folgen einer Nutzung des oberflächennahen Untergrundes als Energiespeicher und der sich daraus ergebenden rechtlichen Schlussfolgerungen sowie die Verwertung dieser Ergebnisse in einem Leitfaden. In naturwissenschaftlicher Hinsicht fehlt es bisher an systematischen und verallgemeinerbaren Untersuchungen über die Effekte der Nutzung oberflächennaher Erdwärme, wie zum Beispiel Konvektions- und

---

286 *Sanner/Mands*, bbr 2009, Sonderheft Oberflächennahe Geothermie, S. 22, 27.

287 *Sanner/Mands*, bbr 2009, Sonderheft Oberflächennahe Geothermie, S. 22, 27.

288 *Brandenburgische Energie Technologie Initiative (ETI)*, Wärme aus Brandenburger Erde, S. 3.

Dichteströmungen oder Veränderungen biochemischer Umsatzprozesse, die durch eine Temperaturerhöhung im Untergrund ausgelöst werden können. Es sollen daher mögliche Abweichungen in den hydrochemischen Prozessen durch Entnahme von Grundwasserproben erfasst und das temperaturabhängige Emissionsverhalten der Sedimente in Säulenversuchen ermittelt werden. Darüber hinaus zielen die naturwissenschaftlichen Untersuchungen darauf ab, eine belastbare Datenbasis von Temperatureffekten in oberflächennahen Grundwasserleitern zusammenzustellen sowie verschiedene Szenarien der Temperaturausbreitung und der damit in Zusammenhang stehenden biochemischen Reaktionen und Transportprozesse zu berechnen. Auf der Grundlage dieser naturwissenschaftlichen Datenbasis sind die rechtlichen Konsequenzen einer zunehmenden Wärmespeicherung im Untergrund herauszuarbeiten und mögliche Konflikte anhand der bestehenden gesetzlichen Regelwerke zu lösen.

4. Teil: Zur bergrechtlichen Zulässigkeit der Nutzung oberflächennaher Erdwärme

Im Folgenden wird die Relevanz des Bergrechts für die Nutzung oberflächennaher Erdwärme eingehend untersucht. Hierbei beschränkt sich der Verfasser auf die Darstellung der rechtlichen Situation bei Erdwärmesonden, Grundwasserbrunnen sowie erdberührten Betonteilen (Energiepfählen), weil die Verwendung dieser Systeme im Rahmen von Großprojekten als effizient und damit auch als besonders zukunftsträchtig einzuschätzen ist. Sie eignen sich zudem für die oberflächennahe Speicherung thermischer Energie. Demgegenüber kommen Erdwärmekollektoren wegen des hohen Raumbedarfs für die Klimatisierung von Groß- und Bestandsimmobilien kaum in Betracht und sollen hier nicht weiter behandelt werden; gleiches gilt für sonstige, wenig verbreitete Konstruktionen wie Koaxialbrunnen oder die Luftvorheizung und -kühlung im oberflächennahen Untergrund.

A. Zur bergrechtlichen Einordnung von Erdwärme

Bevor die Genehmigungsbedürftigkeit und die Genehmigungsfähigkeit oberflächennaher Geothermieanlagen näher geprüft werden, gilt es zunächst, das Bergrecht und seine Systematik zu erfassen und die Erdwärme in diesen Rechtskomplex einzuordnen.

I. Zum Bergrecht

Das Bergrecht lässt sich nach einer im Schrifttum geprägten Kurzformel beschreiben als die Gesamtheit der für den Bergbau geltenden Sonderrechtssätze.[289] Diese Definition überzeugt jedoch nur bedingt, weil der Begriff „Bergbau“ zu unscharf ist und die Vielgestaltigkeit des Bergrechts nicht zu erfassen vermag. Üblicherweise bezeichnet man als Bergbau den Wirtschaftszweig, der auf das Aufsuchen, Gewinnen und Aufbereiten von Bodenschätzen gerichtet ist.[290] Dann aber ist die

---

289 *Karpen*, AöR 106 (1981), S. 15, 16; *Horneffer*, Bergrecht und allgemeines Polizeirecht, S. 1; *Willecke/Turner*, Grundriß des Bergrechts, S. 1.

290 vgl. nur *Pieroth*, in: Jarass/Pieroth, Grundgesetz, Art. 74, Rn. 25.

genannte Definition einerseits zu eng, weil damit lediglich ein Teil der nach heutigem Verständnis unter das Bergrecht fallenden Tätigkeiten erfasst wird; andererseits ist die Definition zu weit, weil sie Bodenschätze jeglicher Art einbezieht und damit auch solche, deren Gewinnung ausschließlich in nicht zum Bergrecht zählenden Vorschriften geregelt wird, wie dies beispielsweise für Kies, Sand, Kalkstein und Torf gilt.[291] Richtigerweise ist das Bergrecht daher zu definieren als die Gesamtheit der Rechtsnormen, welche die Aufsuchung und Gewinnung bestimmter Bodenschätze sowie damit in Zusammenhang stehende und gewisse verwandte Tätigkeiten abweichend von den für den allgemeinen Rechtsverkehr gültigen Rechtssätzen besonders regeln.[292]

Zentrales Regelwerk des Bergrechts ist das Bundesberggesetz (BBergG) vom 13.08.1980[293], das am 01.01.1982 in Kraft getreten ist. Durch dieses Gesetz wurde das Bergrecht der Bundesrepublik Deutschland vereinheitlicht und auf eine neue, erstmals bundeseinheitliche Rechtsgrundlage gestellt. Vor Geltung des BBergG war das Bergrecht in eine Vielzahl von Berggesetzen, Nebengesetzen und Verordnungen zersplittert. Im Schrifttum wurde es daher bezeichnet als ein „Stoff, ebenso schwer aufzufinden als die Produkte, die den Gegenstand des Bergrechts bilden".[294] Insgesamt sind durch das BBergG mehr als 100 Gesetze und Verordnungen des Bundes und der Länder außer Kraft gesetzt worden[295], gestützt vornehmlich auf die konkurrierende Gesetzgebungskompetenz des Bundes für das Recht der Wirtschaft aus Art. 74 Abs. 1 Nr. 11 GG[296], zu dem explizit auch der Bergbau gehört. Das BBergG enthält sowohl privatrechtliche als auch öffentlich-rechtliche und strafrechtliche Vorschriften. Es lässt sich daher charakterisieren als ein aus öffentlich-rechtlichen und privatrechtlichen Elementen zusammengefügtes Sonderrecht.[297]

Der Gesetzeszweck ergibt sich aus § 1 BBergG. Danach dient das BBergG der Sicherung der Rohstoffversorgung, dem Lagerstättenschutz, der Gewährleistung der Sicherheit der Betriebe und ihrer Beschäftigten sowie der Vorsorge gegen die

291 *Kremer/Neuhaus gen. Wever*, Bergrecht, Rn. 2, 61; *Beckmann*, AUR 2012, S. 1.

292 *Boldt/Weller*, Bundesberggesetz, § 2, Rn. 4.

293 BGBl. 1980 Teil I Nr. 48 vom 20.08.1980, S. 1310; zuletzt geändert durch Art. 15a des Gesetzes vom 31.07.2009, BGBl. 2009 Teil I Nr. 51 vom 06.08.2009, S. 2585.

294 *Karpen*, AöR 106 (1981), S. 15; *Schulte*, ZRP 1979, S. 169.

295 vgl. hierzu § 176 BBergG.

296 Grundgesetz für die Bundesrepublik Deutschland (GG) vom 23.05.1949, BGBl. 1949 Nr. 1 vom 23.05.1949, S. 1; zuletzt geändert durch Art. 1 des Gesetzes vom 11.07.2012, BGBl. 2012 Teil I Nr. 32 vom 16.07.2012, S. 1478.

297 so *Karpen*, AöR 106 (1981), S. 15, 17.

mit der bergbaulichen Tätigkeit verbundenen Gefahren für Leben, Gesundheit und Sachgüter Dritter. Im Vordergrund steht dabei die effektive Ressourcennutzung, d.h. eine möglichst rationelle Gewinnung der Bodenschätze.[298] Dies hat auch das Bundesverwaltungsgericht in seiner Rechtsprechung bestätigt und ausgeführt, dass das Bergrecht seit jeher darauf abzielt, „im volkswirtschaftlichen Interesse eine gesicherte Rohstoffversorgung und eine sinnvolle, auf Schonung der Ressourcen gerichtete Ordnung des Abbaus der Bodenschätze zu gewährleisten".[299] Nach dem BBergG wird die Gewinnung von Bodenschätzen daher nicht als unerwünschter Eingriff in die Umwelt, sondern als ein im öffentlichen Interesse an der Rohstoffversorgung notwendiges Vorhaben angesehen. Eine derartige Auslegung wird durch die amtliche Gesetzesbegründung gestützt, welche einleitend hervorhebt, dass die Bodenschätze zu den lebenswichtigen Grundlagen einer Volkswirtschaft gehören und dass die besondere gesamtwirtschaftliche Bedeutung des Bergbaus sowie das Allgemeininteresse an der Aufsuchung, Gewinnung und Aufbereitung von Bodenschätzen auch aus Gründen der Rohstoffversorgung außer Frage stehen.[300] Dem Gesetzgeber war also bewusst, dass fossile Energieträger wie Erdöl und Erdgas nicht grenzenlos zur Verfügung stehen und die Energie- und Rohstoffversorgung insoweit sichergestellt werden müssen. Ausdruck gefunden hat dieser Gedanke in der Vorschrift des § 1 Nr. 1 BBergG, die wegen des Verweises auf die Standortgebundenheit der Bodenschätze und den Lagerstättenschutz auch als „Sonderrechtsklausel" bezeichnet wird.[301] Zusammen mit der „Sicherheitsklausel" des § 1 Nr. 2 BBergG und der „Vorsorge- und Schadensklausel" des § 1 Nr. 3 BBergG zählt sie zu den Leitklauseln des § 1 BBergG, welche insbesondere im Rahmen der Auslegung von Gesetzesbestimmungen sowie bei der Abwägung der Belange des Bergbaus mit anderen öffentlichen und privaten Interessen zu berücksichtigen sind.[302]

Neben dem BBergG finden sich Regelungen zur Gewinnung von Bodenschätzen in der Bergverordnung für alle bergbaulichen Bereiche (Allgemeine Bundesbergverordnung – ABBergV) vom 23.10.1995[303], der Verordnung über die

---

298 *Schwien*, in: Geothermische Vereinigung e.V. - Bundesverband Geothermie, Der Geothermiekongress 2008, S. 348, 349; *Karpen*, AöR 106 (1981), S. 15, 17/18.

299 BVerwG, Urteil vom 24.06.1993 - 7 C 36/92 und 37/92 -, BVerwGE 94, S. 23, 27.

300 BT-Drucks. 8/1315, S. 67.

301 *Piens/Schulte/Graf Vitzthum*, Bundesberggesetz, § 1, Rn. 9.

302 *Piens/Schulte/Graf Vitzthum*, Bundesberggesetz, § 1, Rn. 7, 8.

303 BGBl. 1995 Teil I Nr. 56 vom 03.11.1995, S. 1466; zuletzt geändert durch Art. 5 Abs. 5 des Gesetzes vom 24.02.2012, BGBl. 2012 Teil I Nr. 10 vom 29.02.2012, S. 212.

Umweltverträglichkeitsprüfung bergbaulicher Vorhaben (UVP-V Bergbau) vom 13.07.1990[304] und dem Gesetz über die Durchforschung des Reichsgebietes nach nutzbaren Lagerstätten (Lagerstättengesetz) vom 04.12.1934.[305]

II. Zum Anwendungsbereich des BBergG

Das BBergG regelt die Bewirtschaftung von Bodenschätzen. Gemäß § 2 Abs. 1 Nr. 1 BBergG gilt es für das Aufsuchen, Gewinnen und Aufbereiten von bergfreien und grundeigenen Bodenschätzen einschließlich des Verladens, Beförderns, Abladens, Lagerns und Ablagerns von Bodenschätzen, Nebengestein und sonstigen Massen, soweit es im unmittelbaren betrieblichen Zusammenhang mit dem Aufsuchen, Gewinnen oder Aufbereiten steht. Bodenschätze sind nach der Legaldefinition des § 3 Abs. 1 BBergG mit Ausnahme von Wasser alle mineralischen Rohstoffe in festem oder flüssigem Zustand und Gase, die in natürlichen Ablagerungen oder Ansammlungen (Lagerstätten) in oder auf der Erde, auf dem Meeresgrund, im Meeresuntergrund oder im Meerwasser vorkommen. Das BBergG findet demnach nur auf natürliche Ablagerungen und Ansammlungen von Bodenschätzen Anwendung, nicht aber auf solche, die durch Menschenhand künstlich geschaffen worden sind.[306] Zudem wird das Wasser ausdrücklich aus dem Begriff des Bodenschatzes und damit aus dem Geltungsbereich des BBergG herausgenommen, um Überschneidungen mit dem Wasserrecht zu vermeiden.[307] Dies bedeutet allerdings nicht den Ausschluss von Bodenschätzen, die ihrerseits Wasser enthalten, wie dies zum Beispiel bei der Sole der Fall ist.[308]

---

304 BGBl. 1990 Teil I Nr. 35 vom 21.07.1990, S. 1420; zuletzt geändert durch Art. 8 der Verordnung vom 03.09.2010, BGBl. 2010 Teil I Nr. 47 vom 08.09.2010, S. 1261.

305 BGBl. 1934 Teil III, Gliederungsnummer 750–1, zuletzt geändert durch Art. 22 des Gesetzes vom 10.11.2001, BGBl. 2001 Teil I Nr. 58 vom 14.11.2001, S. 2992.

306 *Kremer/Neuhaus gen. Wever*, Bergrecht, Rn. 53.

307 BT-Drucks. 8/1315, S. 78.

308 BT-Drucks. 8/1315, S. 78.

III. Zur Systematik des BBergG: bergfreie und grundeigene Bodenschätze

1. Die bergfreien Bodenschätze

Das BBergG unterscheidet zwischen bergfreien und grundeigenen Bodenschätzen. Die (echten) bergfreien Bodenschätze sind abschließend aufgezählt in § 3 Abs. 3 Satz 1 BBergG. Zu ihnen gehören die volkswirtschaftlich bedeutendsten Bodenschätze, wie beispielsweise die Energieträger Erdöl und Erdgas als Kohlenwasserstoffe, die Stein- und Braunkohle sowie zahlreiche Metalle bzw. Metallerze. Nach § 3 Abs. 3 Satz 2 BBergG gelten zudem alle Bodenschätze im Bereich des Festlandsockels und der Küstengewässer sowie die Erdwärme und die im Zusammenhang mit ihrer Gewinnung auftretenden anderen Energien als bergfreie Bodenschätze. Durch diese gesetzliche Fiktion wird die Erdwärme, welche mangels „Stofflichkeit" schon die Begriffsmerkmale eines Bodenschatzes nach § 3 Abs. 1 BBergG nicht erfüllt, den bergfreien Bodenschätzen gleichgestellt. Bis zum Erlass des BBergG existierten im deutschen Recht keine besonderen Vorschriften für die Nutzung geothermischer Energie, da es an einem entsprechenden Regelungsbedürfnis fehlte. Aufgrund der Verknappung und Verteuerung der fossilen Energieträger in den 70er-Jahren wurde der Erdwärme dann aber eine größere volkswirtschaftliche Bedeutung beigemessen, gerade weil sie als Energiequelle nach menschlichen Maßstäben unerschöpflich ist und ihre Nutzbarmachung eine kostengünstige und umweltfreundliche Form der Energieerzeugung darstellt.[309] Da das Aufsuchen und Gewinnen von Erdwärme mit sonstigen bergbaulichen Tätigkeiten vergleichbar und regelmäßig nicht ohne Bohrungen möglich ist, lag es nahe, diesen Sachbereich in das Bergrecht einzubeziehen. Die Gleichstellung der Erdwärme mit den bergfreien Bodenschätzen sollte nach Ansicht des Bundesrates gewährleisten, dass die zwangsläufig durch die Nutzung von Erdwärme berührten öffentlichen Interessen in einem frühen Stadium gewahrt werden können.[310] Das vorhandene Geothermiepotenzial sollte durch staatliche Regelung und Überwachung vor einem beliebigen Zugriff durch jedermann geschützt, seine Erkundung und Gewinnung geordnet werden.[311]

---

309 *Boldt/Weller*, Bundesberggesetz, § 3, Rn. 33.

310 BT-Drucks. 8/1315, S. 173.

311 *Nast*, in: Geothermische Vereinigung e.V./Schweizerische Vereinigung für Geothermie, Geothermie - Energie der Zukunft, S. 436, 437; BT-Drucks. 8/1315, S. 173.

Die „Bergfreiheit“ eines Bodenschatzes hat gemäß § 3 Abs. 2 Satz 2 BBergG zur Folge, dass sich das Eigentum an einem Grundstück entgegen § 905 Satz 1 BGB nicht auf den Bodenschatz erstreckt. Die bergfreien Bodenschätze sind demnach dem Verfügungsrecht des Grundeigentümers entzogen[312]; es erfolgt eine Trennung von Grundeigentum und den in § 3 Abs. 3 BBergG genannten Bodenschätzen. Diese Rechtskonstruktion beruht auf dem Gedanken, dass für volkswirtschaftlich bedeutsame Bodenschätze eine Aufsuchung und Gewinnung unabhängig vom Willen des jeweiligen Grundeigentümers, ohne Rücksicht auf Eigentumsgrenzen und unter Sicherstellung der öffentlichen Interessen gewährleistet sein soll.[313] Das BBergG enthält sich jedoch einer Aussage dazu, welcher rechtliche Status den bergfreien Bodenschätzen bis zu ihrer Gewinnung zukommt. Bereits zur Rechtslage unter Geltung des Preußischen Allgemeinen Berggesetzes[314] und der Berggesetze anderer Länder wurde hierzu im Schrifttum überwiegend die Auffassung vertreten, dass die bergfreien Bodenschätze in niemandes Eigentum stehen und als herrenlos anzusehen sind.[315] Dieser Ansicht folgt auch der Gesetzgeber, wie sich der amtlichen Begründung zum BBergG entnehmen lässt.[316] Dementsprechend ist es für die Rechtslage nach dem BBergG als unstreitig anzusehen, dass die bergfreien Bodenschätze bis zu ihrer Aneignung durch den Gewinnungsberechtigten herrenlos sind.[317]

Zur Aneignung bergfreier Bodenschätze bedarf es aber, anders als zivilrechtlich nach § 958 Abs. 1 BGB, eines besonderen Rechtstitels in Gestalt einer durch den Staat zu verleihenden Bergbauberechtigung. Wer bergfreie Bodenschätze aufsuchen will, benötigt eine Erlaubnis, wer bergfreie Bodenschätze gewinnen will, eine Bewilligung oder das Bergwerkseigentum (vgl. § 6 Satz 1 BBergG). Der Gesetzgeber hat sich insoweit bei der Schaffung des BBergG dafür entschieden, das aus dem Preußischen Allgemeinen Berggesetz und anderen Berggesetzen der Länder bekannte Institut der Bergfreiheit mit einem öffentlich-rechtlichen Konzessionssystem zu verbinden. Nach dem Prinzip der Bergfreiheit war es

312 *Piens/Schulte/Graf Vitzthum*, Bundesberggesetz, § 3, Rn. 9.

313 BT-Drucks. 8/1315, S. 84.

314 vgl. § 1 Satz 1 des Allgemeinen Berggesetzes für die preussischen Staaten vom 24.06.1865: „Die nachstehend bezeichneten Mineralien sind von dem Verfügungsrechte des Eigentümers ausgeschlossen.“

315 *Zydek*, ZfB 99 (1958), S. 178, 179; *Willecke/Turner*, Grundriß des Bergrechts, S. 8 u. S. 45/48; *Turner*, ZfB 108 (1967), S. 45, 48.

316 BT-Drucks. 8/1315, S. 77.

317 *Schulte*, NJW 1981, S. 88, 90; *Karpen*, AöR 106 (1981), S. 15, 18; *Kremer/Neuhaus gen. Wever*, Bergrecht, Rn. 56; *Piens/Schulte/Graf Vitzthum*, Bundesberggesetz, § 3, Rn. 4.

jedermann gestattet, bestimmte Mineralien zu schürfen, d.h. planmäßig nach ihnen zu suchen; wurde derjenige fündig, stand ihm bei Erfüllung der sonstigen gesetzlichen Voraussetzungen ein Rechtsanspruch gegen den Staat auf Verleihung des Bergwerkseigentums für das gefundene Mineral zu.[318] Demgegenüber soll durch das Konzessionssystem in Gestalt einer öffentlich-rechtlichen Erlaubnispflicht eine vorbeugende behördliche Kontrolle der an sich erlaubten Tätigkeit ermöglicht und damit die Wahrung öffentlicher Interessen gesichert werden.[319] Das Zusammenspiel von Bergfreiheit und Konzessionssystem ist mithin prägender Ausdruck des vom BBergG verfolgten Zwecks: Die Trennung der bergfreien Bodenschätze vom Grundeigentum macht ein Rechtsinstitut erforderlich, welches das freie Aneignungsrecht bei herrenlosen Sachen vermeidet und zugleich die mit der Freistellung bezweckte Aufsuchung und Gewinnung unabhängig vom Willen des jeweiligen Grundeigentümers und ohne Rücksicht auf Eigentumsgrenzen bei gleichzeitiger Sicherstellung öffentlicher Interessen gewährleistet.[320] Im Ergebnis enthält die vom Gesetzgeber gewählte Konstruktion damit Elemente zweier bergrechtlicher Zuordnungsformen. Zum einen räumt das BBergG dem Antragsteller einen Anspruch auf Erteilung der Bergbauberechtigung und Zulassung des Betriebsplans ein und garantiert insoweit, vergleichbar dem Institut der Bergfreiheit, einen Zugriff auf die Bodenschätze.[321] Zum anderen gibt es dem Staat die Möglichkeit, bei Vorliegen entgegenstehender öffentlicher Interessen den Bergbauwilligen von der bergbaulichen Tätigkeit auszuschließen. Auf diese Weise sichert das BBergG einen Teil des staatlichen Einflusses, wie er vormals für den sog. Staatsvorbehalt kennzeichnend war.[322]

Verfassungsrechtlich sind die Herauslösung der bergfreien Bodenschätze aus dem Grundeigentum und ihre Unterstellung unter das öffentlich-rechtliche Regime des Bergrechts nicht zu beanstanden. Es handelt sich dabei nicht um eine Enteignung der Grundeigentümer, sondern um eine zulässige Inhalts- und Schrankenbestimmung des Eigentums im Sinne des Art. 14 Abs. 1 Satz 2 GG.[323]

---

318 *Boldt/Weller*, Bundesberggesetz, § 3, Rn. 7; BT-Drucks. 8/1315, S. 84.

319 *Piens/Schulte/Graf Vitzthum*, Bundesberggesetz, § 6, Rn. 1.

320 BT-Drucks. 8/1315, S. 84; *Piens/Schulte/Graf Vitzthum*, Bundesberggesetz, § 6, Rn. 2; *Kremer/Neuhaus gen. Wever*, Bergrecht, Rn. 78.

321 *Piens/Schulte/Graf Vitzthum*, Bundesberggesetz, § 3, Rn. 10.

322 *Kühne*, ZfB 121 (1980), S. 58, 59.

323 vgl. nur *Hoppe/Beckmann*, Grundeigentumsschutz bei heranrückendem Bergbau, S. 39, 41; *Kremer/Neuhaus gen. Wever*, Bergrecht, Rn. 57; *Gaentzsch*, in: Hüffer, Oberflächeneigentum und Bergbau, S. 41, 42; *Wieland*, in: Dreier, Grundgesetz, Band I, Art. 14, Rn. 53.

Sie wahrt auch deshalb die Institutsgarantie des Eigentums, weil die meisten der bedeutenden Bodenschätze traditionellerweise dem Grundeigentum entzogen sind und das Grundgesetz das Eigentum nur so schützt, wie Tradition und bürgerliches Recht es geformt haben.[324] Die Gesetzesbegründung beschränkt sich in diesem Zusammenhang auf die Feststellung, der Ausschluss von Bodenschätzen von dem Verfügungsrecht des Grundeigentümers sei nach fast einhelliger Auffassung in Rechtsprechung und Schrifttum in Bezug auf Art. 14 GG verfassungsrechtlich unbedenklich, und nennt die unterschiedlichen Begründungsansätze, ohne sich auf eine der vertretenen Ansichten festzulegen.[325] Auch das Bundesverwaltungsgericht hat in seiner Rechtsprechung darauf verwiesen, dass die Abspaltung bestimmter Bodenschätze vom Grundeigentum und ihre Unterwerfung unter ein verselbständigtes System von staatlich zu verleihenden Bergbauberechtigungen in der deutschen Bodenrechtsordnung seit jeher anerkannt sei und allgemein als zulässige Inhalts- und Schrankenbestimmung im Sinne des Art. 14 Abs. 1 Satz 2 GG angesehen werde.[326] Bestätigung findet diese Auffassung in der Rechtsprechung des Bundesverfassungsgerichts. Dieses hat in der berühmten „Nassauskiesungs-Entscheidung“ zur vergleichbaren Ordnung im Wasserrecht klargestellt, dass die grundsätzliche Trennung der Befugnis zur Benutzung des Grundwassers vom Grundeigentum und die Unterstellung unter eine öffentlich-rechtliche Benutzungsordnung in zulässiger Weise Inhalt und Schranken des Grundstückseigentums bestimmen.[327] Maßgeblich kommt es hierbei darauf an, dass der Gesetzgeber „beiden Elementen des im Grundgesetz angelegten dialektischen Verhältnisses von verfassungsrechtlich garantierter Freiheit (...) und dem Gebot einer sozialgerechten Eigentumsordnung in gleicher Weise Rechnung (trägt) und die schutzwürdigen Interessen aller Beteiligten in einen gerechten Ausgleich und ein ausgewogenes Verhältnis (bringt)“.[328] In angemessener Weise in die Abwägung einzustellen sind sowohl die grundgesetzliche Anerkennung des Privateigentums durch Art. 14 Abs. 1 Satz 1 GG als auch die Sozialpflichtigkeit des Eigentums als verbindliche Richtschnur aus Art. 14 Abs. 2 GG. Die Verkürzung des Grundeigentums um die Bergbaurechte ist insoweit durch das Wohl der Allgemeinheit im Sinne des Art. 14

---

324 *Schulte*, NJW 1981, S. 88, 91; *Papier*, in: Maunz/Dürig, Grundgesetz, Band II, Art. 14, Rn. 432.

325 vgl. BT-Drucks. 8/1315, S. 78.

326 BVerwG, Urteil vom 24.06.1993 - 7 C 36/92 und 37/92 -, BVerwGE 94, S. 23, 27.

327 BVerfG, Beschluss vom 15.07.1981 - 1 BvL 77/78 -, BVerfGE 58, S. 300, 338 ff.

328 so das BVerfG schon in dem Beschluss vom 23.04.1974 - 1 BvR 6/74 und 2270/73 -, BVerfGE 37, S. 132, 140.

Abs. 2 GG gerechtfertigt. Das vorrangige Allgemeinwohl lässt sich insbesondere auf die große volkswirtschaftliche Bedeutung der Gewinnung von Bodenschätzen stützen; daneben spielen raumordnerische, bau- und verkehrswegeplanerische sowie naturschutzrechtliche und sonstige umweltrechtliche Interessen eine wichtige, die privaten Eigentümerrechte beschränkende Rolle.[329] Nicht zuletzt bezieht sich die Abspaltung der bergfreien Bodenschätze vom Grundeigentum nicht auf alle Bodenschätze, sondern nur auf diejenigen, denen im volkswirtschaftlichen Interesse an einer gesicherten Rohstoffversorgung und einer sinnvollen Ordnung des Bergbaus besondere Bedeutung zukommt.[330]

2. Die grundeigenen Bodenschätze

Im Gegensatz zu den bergfreien Bodenschätzen stehen die grundeigenen Bodenschätze gemäß § 3 Abs. 2 Satz 1 BBergG im Eigentum des Grundeigentümers. Dies folgt grundsätzlich schon aus § 905 BGB. Der Gesetzgeber wollte aber klarstellen, dass das Recht, die grundeigenen Bodenschätze aufzusuchen und zu gewinnen, nicht erst durch Erteilung einer besonderen Bergbauberechtigung begründet werden muss, sondern sich aus dem Inhalt des Grundeigentums selbst ergibt.[331]

Grundeigene Bodenschätze sind zunächst die in § 3 Abs. 4 Nr. 1 BBergG aufgezählten Rohstoffe. Darüber hinaus werden durch § 3 Abs. 4 Nr. 2 BBergG alle sonstigen Bodenschätze zu den grundeigenen gezählt und dem Bergrecht unterstellt, die untertägig aufgesucht oder gewonnen werden. Die grundeigenen Bodenschätze sind den bergfreien Bodenschätzen im BBergG weitestgehend gleichgestellt, so dass für sie insbesondere die Vorschriften über das Betriebsplanverfahren (§§ 51 ff. BBergG) und die Bergaufsicht (§§ 69 ff. BBergG) Anwendung finden. Nicht anwendbar sind lediglich die explizit für die bergfreien Bodenschätze geltenden Vorschriften der §§ 6 bis 33 BBergG, zu denen insbesondere diejenigen über die Bergbauberechtigungen gehören. Der maßgebliche Unterschied zwischen bergfreien und grundeigenen Bodenschätzen liegt also darin, dass die Gewinnungsberechtigung bei letzteren aus dem Grundeigentum folgt, während sie bei den bergfreien Bodenschätzen erst durch staatliche Verleihung begründet wird.[332]

Neben den bergfreien und den grundeigenen Bodenschätzen gibt es noch die Gruppe der sog. Grundeigentümerbodenschätze, zu denen beispielsweise Kies,

---

329 vgl. *Karpen*, AöR 106 (1981), S. 15, 21/22.

330 *Papier*, in: Maunz/Dürig, Grundgesetz, Band II, Art. 14, Rn. 432.

331 BT-Drucks. 8/1315, S. 79.

332 *Müller/Schulz*, Handbuch Recht der Bodenschätzegewinnung, Rn. 15.

Sand, Kalkstein oder Torf zählen.[333] Die Grundeigentümerbodenschätze unterfallen nicht dem Bergrecht; ihre Aufsuchung und Gewinnung richtet sich privatrechtlich nach den Vorschriften des Sachenrechts, insbesondere den §§ 903 ff. BGB, öffentlich-rechtlich nach den einschlägigen baurechtlichen und naturschutzrechtlichen Regelungen.[334] Sie folgen der Regel des § 905 Satz 1 BGB und unterstehen dem Verfügungsrecht des Grundeigentümers.

IV. Die Erdwärme als bergfreier Bodenschatz

Die Erdwärme gilt gemäß § 3 Abs. 3 Satz 2 Nr. 2 b) BBergG als bergfreier Bodenschatz. Daher unterliegt ihre Aufsuchung, Gewinnung und Aufbereitung nach § 2 Abs. 1 BBergG grundsätzlich dem Bergrecht. Die Untersuchung des Untergrundes auf seine Eignung zur Gewinnung von Erdwärme ist dabei als Aufsuchen, das Zutagefördern als Gewinnen und ein etwaiges Reinigen des Wärmeträgers als Aufbereiten im Sinne des § 4 Abs. 1 bis 3 BBergG anzusehen.[335] Da die Erdwärme als bergfreier Bodenschatz dem Grundeigentum entzogen ist, sind ihre Aufsuchung und Gewinnung nur aufgrund einer Bergbauberechtigung nach §§ 6 ff. BBergG zulässig.

§ 3 Abs. 3 Satz 2 Nr. 2 b) BBergG fingiert im Übrigen nicht nur die Eigenschaft der Erdwärme als bergfreier Bodenschatz, sondern auch ihre Körperlichkeit.[336] Aufgrund dieses besonderen bergrechtlichen Sachbegriffs wird die Erdwärme auch zivilrechtlich als Sache behandelt[337], so dass an ihr gemäß § 958 Abs. 1 BGB Eigentum erworben werden kann.

Es bestehen allerdings Zweifel, ob eine Anwendung des Bergrechts einschließlich des Berechtsamswesens, des umfangreichen Betriebsplanverfahrens und der Bergaufsicht auf die Erschließung oberflächennaher Erdwärme tatsächlich dem Willen des Gesetzgebers sowie dem Sinn und Zweck des BBergG entspricht und zu sachgerechten Ergebnissen führt. Die bestehenden Unsicherheiten beruhen unter anderem darauf, dass bei der Aufnahme der Erdwärme ins Bergrecht ihr energetischer Charakter, der sie von den stofflichen Bodenschätzen unterscheidet,

---

333 *Kremer/Neuhaus gen. Wever*, Bergrecht, Rn. 61; Beckmann, AUR 2012, S. 1.

334 *Boldt/Weller*, Bundesberggesetz, § 3, Rn. 2; *Willecke/Turner*, Grundriß des Bergrechts, S. 2.

335 BT-Drucks. 8/1315, S. 189.

336 *Pohl*, Das Sachenrechtsverhältnis der Bodenschätze, S. 182/183.

337 *Pohl*, Das Sachenrechtsverhältnis der Bodenschätze, S. 183.

nicht hinreichend berücksichtigt wurde.[338] Zudem herrschte zum Zeitpunkt der Schaffung des BBergG Ende der 70er-Jahre Unklarheit über die konkreten Nutzungsmöglichkeiten der Erdwärme mit der Folge, dass die begrifflichen und damit auch die rechtlichen Abgrenzungen unscharf geblieben sind.[339] So fehlt es dem BBergG an einer Definition des Begriffs Erdwärme sowie der mit ihrer Erschließung in Zusammenhang stehenden Begriffe wie zum Beispiel Sole, Trägermedium oder Aquifer.[340]

Die „klassischen" stofflichen Bodenschätze, welche seit jeher von den bergrechtlichen Regelungen erfasst werden, sind gekennzeichnet durch die Standortgebundenheit der Lagerstätten und die Notwendigkeit des Lagerstättenschutzes auf der einen sowie eine dynamische Betriebsweise auf der anderen Seite. Bergbaubetriebe unterscheiden sich insoweit von anderen gewerblichen Betrieben, als sie sich bei ununterbrochener Verringerung der Substanz an Bodenschätzen (wie etwa beim Abbau von Erzen, Stein- oder Braunkohle) räumlich ständig fortentwickeln und unter dauernder Anpassung an die Erfordernisse der Lagerstätte verändern müssen.[341] Das bedeutet auf der einen Seite die Bindung der Betriebe an die vorgefundene Lagerstätte (Standortgebundenheit), auf der anderen Seite den Zwang zur räumlichen Fortentwicklung infolge der Ausbeutung der Lagerstätte.[342] Wegen der Unwiederbringlichkeit der Substanz mineralischer Vorkommen erfordert eine optimale Nutzung der heimischen Ressourcen daher einen besonderen Lagerstättenschutz.[343] Für den Gesetzgeber war die besondere Dynamik des Abbaus zahlreicher Rohstoffe Anlass für die Schaffung des Betriebsplanverfahrens mit seiner präventiven und laufenden Überwachung der Bergbaubetriebe. Das Institut einer einmaligen Betriebsgenehmigung mit der Möglichkeit des Erlasses nachträglicher Auflagen, wie sie in den mehr auf eine statische Betriebsweise ausgerichteten Rechtsgebieten des Gewerberechts, des Atomrechts oder des Wasserrechts zu finden ist, wurde als nicht ausreichend erachtet.[344]

Im Gegensatz zu den stofflichen Bodenschätzen ist die Erdwärme im gesamten Erdkörper verfügbar, kurzfristig regenerierbar und nach menschlichen Maßstäben

338 vgl. *Ehrlich*, in: Geoforschungszentrum Potsdam, Scientific Technical Report 98/09, S. 27, 29.

339 *Kopf*, Erzmetall 51 (1998), S. 548, 554.

340 *Ehrlich*, in: Geoforschungszentrum Potsdam, Scientific Technical Report 98/09, S. 27, 29 u. 35.

341 *Piens/Schulte/Graf Vitzthum*, Bundesberggesetz, § 1, Rn. 11.

342 *Piens/Schulte/Graf Vitzthum*, Bundesberggesetz, § 1, Rn. 11.

343 BT-Drucks. 8/1315, S. 74.

344 BT-Drucks. 8/1315, S. 105.

unerschöpflich.[345] Der Betrieb einer geothermischen Anlage ist somit eher statisch; ein „Zwang zum Wandern"[346] besteht mangels Ausbeutung der Lagerstätte nicht. Gerade die Erschließung oberflächennaher Erdwärme ist grundsätzlich überall möglich, so dass die für den Bergbau charakteristische Standortgebundenheit des Betriebes nicht gegeben ist. Schließlich sind auch die Gefahren für die Beschäftigten bei der Erdwärmegewinnung geringer als im untertägigen Bergbau, wo Staub, Gase, hohe Temperaturen sowie die Brand- und Explosionsgefahr besondere Sicherheitsvorkehrungen erfordern.

In diesem Zusammenhang ist noch auf die Gesetzgebungshistorie des BBergG aufmerksam zu machen. Der ursprüngliche Gesetzentwurf der Bundesregierung sah eine Einstufung der Erdwärme als Bodenschatz nicht vor. Vielmehr ordnete der Entwurf die Erdwärme in der Vorgängervorschrift des heutigen § 127 BBergG den sonstigen bergbauverwandten Tätigkeiten zu, auf die nur bestimmte bergrechtliche Vorschriften wie diejenigen über das Betriebsplanverfahren, die Bergaufsicht und die Grundabtretung anzuwenden waren.[347] Nach dem Willen der Bundesregierung sollten lediglich die Vorschriften des Gesetzes gelten, die den zur Anwendung kommenden Techniken entsprachen und zur Erreichung des gesetzlichen Ziels als unerlässlich anzusehen waren.[348] Die Gleichstellung der Erdwärme mit den bergfreien Bodenschätzen erfolgte erst auf Verlangen des Bundesrates, der eine geordnete Nutzung des Energiepotenzials und eine Wahrung der öffentlichen Interessen nur durch die Einstufung als bergfreier Bodenschatz für erreichbar hielt.[349]

Wegen der nicht eindeutigen Gesetzeslage, insbesondere dem Fehlen einer klaren Definition der bergrechtlich relevanten Erdwärme, sowie der dargestellten grundlegenden Unterschiede zwischen Erdwärmeerschließung und anderen Rohstoffnutzungen gibt es sowohl im Schrifttum als auch in der Verwaltungspraxis Ansätze, die oberflächennahe Erdwärme teilweise oder gänzlich dem Regelungsregime des Bergrechts zu entziehen. Rechtstechnisch lässt sich dies dadurch erreichen, dass entweder bereits der Anwendungsbereich des § 3 Abs. 3 Satz 2 Nr. 2 b) BBergG einschränkend ausgelegt wird, also im Rahmen der Bestimmung des Erdwärmebegriffs, oder dass zwar die Anwendbarkeit des BBergG auf die oberflächennahe Erdwärme grundsätzlich bejaht, dass dann aber bei der Prüfung

345 *Bund-Länder-Ausschuss Bergbau*, GtE 40/2003, S. 12, 13.

346 vgl. *Piens/Schulte/Graf Vitzthum*, Bundesberggesetz, § 1, Rn. 11.

347 vgl. § 130 Abs. 2 RegE BBergG = BT-Drucks. 8/1315, S. 46/47.

348 BT-Drucks. 8/1315, S. 151.

349 BT-Drucks. 8/1315, S. 173.

der Genehmigungsbedürftigkeit der Ausnahmetatbestand des § 4 Abs. 2 Nr. 1 BBergG extensiv ausgelegt wird. Im Folgenden ist zu untersuchen, ob es überzeugende Argumente für eine Einschränkung der Anwendung des Bergrechts auf die oberflächennahe Erdwärme gibt.

1. Zu möglichen Einschränkungen des Anwendungsbereichs des § 3 Abs. 3 Satz 2 Nr. 2 b) BBergG

Eine einschränkende Auslegung des bergrechtlichen Erdwärmebegriffs hätte zur Folge, dass die oberflächennahe Erdwärme – mit Ausnahme der entsprechenden Geltung bestimmter Vorschriften für Bohrungen über 100 m Länge nach § 127 Abs. 1 BBergG – von vornherein aus dem Anwendungsbereich des Bergrechts herausfallen würde. Der Gesetzgeber hat insoweit keine klare Abgrenzung zwischen der Erdwärme im Sinne des BBergG und einer sonstigen Erdwärmenutzung vorgenommen. Es finden sich daher verschiedentlich Versuche, den Erdwärmebegriff bereits an dieser Stelle einzugrenzen und bestimmte Formen der Nutzung oberflächennaher Erdwärme als bergrechtlich irrelevant einzustufen.

a) Zur Beschränkung des BBergG auf die Tiefengeothermie

aa) Zur Verwaltungspraxis in Bayern und Brandenburg

In der bayerischen Verwaltungspraxis werden seit 1995 nur Erdwärmeprojekte mit Bohrungen von mehr als 100 m Teufe oder einer thermischen Leistung von über 0,2 MW als bergrechtlich relevant eingestuft.[350] Liegen diese Voraussetzungen nicht vor, wird die Erschließung oberflächennaher Erdwärme nicht dem Regelungsregime des BBergG unterworfen. In gleicher Weise verfahren die zuständigen Bergbehörden in Brandenburg.[351]

Nach Ansicht des bayerischen Staatsministeriums für Wirtschaft, Infrastruktur, Verkehr und Technologie (StMWIVT) fällt die oberflächennahe Geothermie als sog. „Massenrohstoff" nicht unter den Erdwärmebegriff des Bergrechts, da nach dessen Zielrichtung nur die volkswirtschaftlich besonders bedeutsamen Rohstoffe privilegiert sein sollen.[352] Auch Thermalbäder, deren erschlossenes Temperaturniveau sich für eine direkte Wärmeversorgung nicht eignet, werden von den bayerischen Bergbehörden unter den bergrechtlichen Erdwärmebegriff

350 Leitfaden Bayern, S. 13.

351 Leitfaden Brandenburg, S. 13.

352 Schriftliche Auskunft des StMWIVT vom 01.10.2010.

subsumiert.[353] Der Fokus wird vielmehr auf die großmaßstäblich einsetzbare Tiefengeothermie und deren Nutzung im Rahmen der Nah- und Fernwärmeversorgung sowie der Stromerzeugung gelegt. Der Richtwert von 0,2 MW Wärmeleistung pro Bohrloch dient damit letztlich der Abgrenzung der nach Bergrecht zu behandelnden Tiefengeothermie von der Erschließung oberflächennaher Erdwärme und beruht auf einem Vergleich der technischen Nutzungsmöglichkeiten der zwei Erdwärmeformen.[354]

bb) Zur grammatikalischen und historischen Auslegung des § 3 Abs. 3 Satz 2 Nr. 2 b) BBergG

Eine derartige Auslegung steht aber im Widerspruch zum Wortlaut der Norm. In § 3 Abs. 3 Satz 2 Nr. 2 b) BBergG ist allgemein von „Erdwärme“ die Rede; die Vorschrift unterscheidet gerade nicht zwischen oberflächennaher und tiefer Erdwärme. Eine Geringfügigkeitsschwelle, wie sie von den bayerischen und brandenburgischen Behörden konstruiert wird, kennt das BBergG nicht. Die teleologische Reduktion des § 3 Abs. 3 Satz 2 Nr. 2 b) BBergG wäre daher nur dann zulässig, wenn eine Einbeziehung der oberflächennahen Geothermie in den Anwendungsbereich des BBergG der inneren Zielsetzung des Gesetzes zuwiderlaufen würde. Teleologische Reduktion bedeutet, dass der Anwendungsbereich einer gesetzlichen Vorschrift derart eingeschränkt wird, dass ein Sachverhalt, der zwar vom Wortlaut der Norm umfasst ist, trotzdem aus ihrem Anwendungsbereich ausgenommen wird, weil die gesetzliche Regelung nach dem Regelungszweck und dem Sinnzusammenhang diesen Sachverhalt nicht erfassen soll.[355]

Zwar ist die Begründung der bayerischen Behörden für eine Einschränkung des Anwendungsbereichs der Norm insoweit zutreffend, als es sich bei den bergfreien, dem Grundeigentum entzogenen Bodenschätzen regelmäßig um volkswirtschaftlich bedeutende Rohstoffe handelt. Eine Beschränkung auf die Tiefengeothermie und ein gänzliches Außerachtlassen der oberflächennahen Erdwärme entspricht aber nicht dem objektivierten Willen des Gesetzgebers und ist auch unter Berücksichtigung des Gesetzeszwecks nicht geboten. Die historische Interpretation lässt darauf schließen, dass der Gesetzgeber bewusst von einer Begrenzung des Anwendungsbereichs des BBergG abgesehen hat. Denn ihm war

353 Schriftliche Auskunft des StMWIVT vom 01.10.2010.

354 Schriftliche Auskunft des StMWIVT vom 01.10.2010.

355 *Larenz*, Methodenlehre der Rechtswissenschaft, S. 391; *Rüthers/Fischer*, Rechtstheorie, Rn. 902, 903.

die Möglichkeit der Nutzung oberflächennaher Erdwärme durchaus bekannt, wie sich den Gesetzesmaterialien entnehmen lässt. So begründet die Bundesregierung die Einbeziehung der Gewinnung von Erdwärme in das BBergG mit ordnungspolitischen sowie sicherheitlichen Motiven und verweist auf die damals bereits geltenden Regelungen in anderen Staaten wie der UdSSR, den USA, Island, Neuseeland und Italien.[356] Diese Auflistung zeigt, dass sich die Nutzung der Erdwärme aus Sicht des Gesetzgebers nicht auf die Stromerzeugung beschränkte, da beispielsweise in Island Erdwärme zu damaliger Zeit allein zu Heizzwecken verwendet wurde.[357] Hieraus und aus der Begründung des Bundesrates für die Einordnung der Erdwärme als bergfreier Bodenschatz[358] wird geschlussfolgert, sowohl dem Bundestag als auch dem Bundesrat sei die Unterscheidung zwischen oberflächennahen und tiefen geothermischen Anlagen bewusst gewesen.[359] Dennoch differenziert das BBergG nicht zwischen tiefer und oberflächennaher Erdwärme. In diesem Zusammenhang ist auch darauf hinzuweisen, dass in Frankreich durch das Bergrechtsänderungsgesetz von 1977[360] die Erdwärme ebenfalls den übrigen Bodenschätzen gleichgestellt wurde. Dabei unterscheidet der französische Gesetzgeber zwar nicht bei der Bestimmung des Erdwärmebegriffs, wohl aber im Rahmen der Erlaubnispflicht zwischen Hochtemperaturbereich, Niedertemperaturbereich sowie einer Erdwärmenutzung von untergeordneter Bedeutung.[361] Diese sehr ausdifferenzierte Regelung im französischen Recht macht deutlich, dass dem deutschen Gesetzgeber zahlreiche Kriterien zur Strukturierung der Erdwärmenutzung zur Verfügung gestanden hätten. Dass er davon abgesehen hat, lässt nur den Schluss zu, dass der Anwendungsbereich des deutschen Bergrechts in dieser Hinsicht bewusst nicht beschränkt wurde und daher großzügig auszulegen ist.[362] Schon aus diesem Grund vermag die von den bayerischen und brandenburgischen Behörden vorgenommene Einschränkung des Anwendungsbereichs des § 3 Abs. 3 Satz 2 Nr. 2 b) BBergG nicht zu überzeugen.

---

356 BT-Drucks. 8/1315, S. 151.

357 *Kopf*, Erzmetall 51 (1998), S. 548, 554.

358 vgl. BT-Drucks. 8/1315, S. 173.

359 *Kopf*, Erzmetall 51 (1998), S. 548, 554.

360 Loi n°77–620 du 16 juin 1977 complétant et modifiant le code minier, JORF n°140 du 18 juin 1977, S. 3302.

361 vgl. *Heitmann*, ZfB 125 (1984), S. 440, 442/443.

362 *Heitmann*, ZfB 125 (1984), S. 440, 443/444.

cc) Zur systematischen Auslegung des § 3 Abs. 3 Satz 2 Nr. 2 b) BBergG

Darüber hinaus ergibt sich aus der Regelung des § 4 Abs. 2 Nr. 1 BBergG, dass der Gesetzgeber mit dem Erdwärmebegriff in § 3 Abs. 3 Satz 2 Nr. 2 b) BBergG sowohl oberflächennahe als auch tiefe Geothermieanlagen erfassen wollte. Denn nach § 4 Abs. 2 Nr. 1 BBergG stellt das Lösen oder Freisetzen von Bodenschätzen „in einem Grundstück aus Anlass oder im Zusammenhang mit dessen baulicher oder sonstiger städtebaulicher Nutzung“ kein Gewinnen eines Bodenschatzes im Sinne des BBergG dar. Dabei ist unstreitig, dass sich diese Vorschrift gerade auch auf die Erschließung von Erdwärme bezieht.[363] Dies hat der Wirtschaftsausschuss des Bundestages ausdrücklich bestätigt, indem er die Nutzung von Erdwärme für die Beheizung eines Gebäudes als Anwendungsbeispiel des § 4 Abs. 2 Nr. 1 BBergG genannt hat.[364] Die Beheizung eines Gebäudes beruht aber regelmäßig auf der Nutzung oberflächennaher Erdwärme. Würde man der Ansicht folgen, nach der die oberflächennahe Geothermie schon gar nicht in den Anwendungsbereich des BBergG fällt, wäre die Ausnahmeregelung des § 4 Abs. 2 Nr. 1 BBergG insoweit überflüssig. Demnach wird das von den bayerischen Behörden verfolgte Ziel, kleinere Anlagen nicht unter das Bergrecht fallen zu lassen, zu einem bedeutenden Teil bereits durch die Regelungen des BBergG selbst erreicht. Zugleich wird deutlich, dass eine vollständige Nichtberücksichtigung der Anlagen zur Gewinnung oberflächennaher Geothermie in Widerspruch zu § 4 Abs. 2 Nr. 1 BBergG steht. Denn die Vorschrift erfasst eben nicht sämtliche oberflächennahen Geothermieanlagen, sondern nur solche, die Erdwärme aus Anlass oder im Zusammenhang mit der baulichen oder städtebaulichen Nutzung eines Grundstücks gewinnen. Ist diese Voraussetzung nicht erfüllt, ist auch die Gewinnung oberflächennaher Erdwärme zulassungsbedürftig nach §§ 6 ff. BBergG.

Soweit es die Festlegung einer Länge der Bohrung von mindestens 100 m in der bayerischen und brandenburgischen Verwaltungspraxis betrifft, orientiert sich diese an der Vorschrift des § 127 Abs. 1 BBergG. Danach findet das Bergrecht auf Bohrungen, die tiefer als 100 m in den Boden eindringen sollen, auch dann mit bestimmten Maßgaben Anwendung, wenn der Geltungsbereich des § 2 BBergG grundsätzlich nicht eröffnet ist. Die bergbehördliche Praxis gibt hier also lediglich die gesetzliche Regelung wieder.

---

363 vgl. nur *Piens/Schulte/Graf Vitzthum*, Bundesberggesetz, § 4, Rn. 15; *Boldt/Weller*, Bundesberggesetz, § 4, Rn. 7; *Heitmann*, ZfB 125 (1984), S. 440, 442; *Sanden*, in: Geothermische Vereinigung - Bundesverband Geothermie e.V., Mehr Energie von unten, S. 232, 234; *Franke*, in: Burgi, Planungssicherheit im Energiewirtschaftsrecht, S. 93, 103.

364 BT-Drucks. 8/3965, S. 133.

dd) Zur teleologischen Auslegung des § 3 Abs. 3 Satz 2 Nr. 2 b) BBergG

Schließlich erfordern auch Sinn und Zweck des Gesetzes keine Beschränkung des Bergrechts auf die tiefe Geothermie. Zum einen dient das BBergG nicht nur dem geordneten Abbau volkswirtschaftlich besonders bedeutsamer Rohstoffe, sondern auch der Ordnung des technischen Betriebsablaufs und der Betriebssicherheit. Diese Aspekte sind aber bei leistungsstarken Erdwärmesonden-Anlagen auch dann betroffen, wenn die Länge der einzelnen Sonden 100 m nicht überschreitet und diese daher nach der bayerischen und brandenburgischen Verwaltungspraxis bergrechtlich nicht relevant wären. Zum anderen kann auch der Nutzung oberflächennaher Erdwärme eine volkswirtschaftliche Bedeutung nicht abgesprochen werden. Dies belegen sowohl die steigenden Absatzzahlen bei erdgekoppelten Wärmepumpen als auch die gesetzgeberischen Aktivitäten auf dem Gebiet der erneuerbaren Energien. Auch immer mehr Großprojekte wie der bereits angesprochene Flughafen Berlin Brandenburg bedienen sich zur Beheizung und Klimatisierung von Gebäuden der oberflächennahen Erdwärme. Hier ist zukünftig mit einer weiter steigenden Bedeutung der Erdwärmenutzung zu rechnen. Insoweit dürfte es gerade dem Sinn und Zweck des Gesetzes entsprechen, moderne Nutzungsformen der Erdwärme einzubeziehen, welche zum Zeitpunkt des Inkrafttretens des BBergG noch nicht abschließend bekannt waren. Dies wird aber durch eine weite Gesetzesauslegung eher erreicht als durch eine restriktive. Zudem ist die oberflächennahe Erdwärme in ihrer gesamtwirtschaftlichen Bedeutung gegenüber den in § 3 Abs. 3 Satz 1 BBergG aufgezählten bergfreien Bodenschätzen nicht generell als nachrangig anzusehen. Schließlich stellen die im Zusammenhang mit der Erschließung oberflächennaher Erdwärme stets durchzuführenden Bohrungen eine klassische bergbauliche Tätigkeit dar und lassen eine Überwachung durch die Bergbehörden als sinnvoll erscheinen. In diesem Zusammenhang ist auch darauf hinzuweisen, dass die Zweckbestimmung des BBergG, den Bergbau zur Sicherung der Rohstoffversorgung zu ordnen und zu fördern, durch die Änderung des BBergG vom 12.02.1990[365] unter den Vorbehalt des „sparsamen und schonenden Umgangs mit Grund und Boden" gestellt worden ist. Damit wird die Verursachung von Bodenveränderungen durch bergrechtliche Zugriffe auf den Boden dem Regime des BBergG unterworfen.[366] Insoweit sind aber die Bohrungen und die Anlagen zur Gewinnung oberflächennaher Geothermie in gleichem

365 Gesetz zur Änderung des Bundesberggesetzes vom 12.02.1990, BGBl. 1990 Teil I Nr. 6 vom 20.02.1990, S. 215.

366 *Bund/Länderarbeitsgemeinschaft Bodenschutz*, Abgrenzung zwischen Bundes-Bodenschutzgesetz und Bundesberggesetz, S. 2.

Maße geeignet, auf den Boden einzuwirken, wie dies bei der tiefen Geothermie der Fall ist. Mithin wird die Erreichung des Schutzzwecks des § 1 Nr. 1 BBergG gefördert, wenn man die oberflächennahe Erdwärme in den Geltungsbereich des BBergG einbezieht.

ee) Zwischenergebnis

Im Ergebnis widerspricht die Beschränkung des Anwendungsbereichs des BBergG auf Vorhaben der tiefen Geothermie nicht nur dem Wortlaut des Gesetzes, sondern auch dem historischen Willen des Gesetzgebers. Sinn und Zweck des BBergG gebieten ebenfalls keine teleologische Reduktion des § 3 Abs. 3 Satz 2 Nr. 2 b) BBergG. Wollte man die oberflächennahe Geothermie gänzlich aus dem Bergrecht herausnehmen, könnte dies nur durch eine Gesetzesänderung geschehen.[367] Die bergbehördliche Praxis in Bayern und Brandenburg ist somit als contra legem abzulehnen.

b) Zur Notwendigkeit eines bestimmten Temperaturniveaus

aa) Zur Kommentierung des BBergG von Boldt/Weller

In verschiedenen Ausprägungen findet sich im Schrifttum und in den Leitfäden der Bundesländer die Forderung nach einer bestimmten Temperatur der zu gewinnenden Erdwärme als Voraussetzung für die Anwendung des BBergG. So wird beispielsweise in der Kommentierung von *Boldt/Weller* festgestellt, dass von Erdwärme im Sinne des BBergG erst ab einer bestimmten Temperatur des Wärmeträgers gesprochen werden könne.[368] Denn die Erdwärmegewinnung setze voraus, dass ein Energiegefälle genutzt wird.[369] Dabei dürfe die Energiegewinnung nicht über einen Mittler, wie zum Beispiel eine Wärmepumpe, erfolgen.[370] Dieser Auffassung hat sich das Landesamt für Landwirtschaft, Umwelt und ländliche Räume des Landes Schleswig-Holstein (LLUR) angeschlossen.[371] In ähnlicher Weise formuliert die Behörde für Stadtentwicklung und Umwelt der Hansestadt Hamburg in ihrem Leitfaden, dass Erdwärme nur dann als bergfreier Bodenschatz gelte, wenn

367 so auch *Sanden*, in: Geothermische Vereinigung - Bundesverband Geothermie e.V., Mehr Energie von unten, S. 232, 234/235; *Altrock/Große/Lehnert*, Rechtshemmnisse für die Genehmigung tiefengeothermischer Anlagen, S. 4 u.13.

368 *Boldt/Weller*, Bundesberggesetz, § 3, Rn. 37.

369 *Boldt/Weller*, Bundesberggesetz, § 3, Rn. 37.

370 *Boldt/Weller*, Bundesberggesetz, § 3, Rn. 37.

371 vgl. Leitfaden Schleswig-Holstein, S. 36.

sie ohne Hilfe einer Wärmepumpe genutzt wird.[372] Auch in Niedersachsen und Thüringen halten die zuständigen Behörden eine Genehmigung der Erdwärmeerschließung nicht für erforderlich, wenn die Erdwärme unter Einbeziehung einer Wärmepumpe gewonnen wird, weil das natürliche Energiegefälle für die Erdwärmenutzung nicht ausreicht.[373] Zur Begründung verweisen die Behörden auf die Ausnahmebestimmung des § 4 Abs. 2, 2. Hs. Nr. 1 BBergG. Dies ist schon deshalb widersprüchlich, weil ein Rückgriff auf die Ausnahmevorschrift überhaupt nicht erforderlich wäre, wenn es schon an einer Gewinnung von Erdwärme im Sinne des § 4 Abs. 2, 1. Hs. BBergG fehlen würde. Hier zeigt sich, dass bei der Diskussion über die notwendige Temperatur des Wärmeträgers und die Bedeutung der Nutzung von Wärmepumpen insoweit eine gewisse Konfusion herrscht, als diese zum Teil im Rahmen des Erdwärmebegriffs, zum Teil bei der Frage der Gewinnung von Erdwärme und schließlich im Zusammenhang mit der speziellen Regelung des § 4 Abs. 2, 2. Hs. Nr. 1 BBergG geführt wird.

bb) Zur Auslegung des Gewinnungsbegriffs (§ 4 Abs. 2 BBergG)

Die Ansicht, der Begriff der Erdwärme bzw. der Erdwärmegewinnung im Sinne des BBergG erfordere eine bestimmte Mindesttemperatur des Wärmeträgers, überzeugt aus verschiedenen Gründen nicht. Zutreffend und weitestgehend unstreitig ist zwar, dass von einem Gewinnen der Erdwärme im Sinne des § 4 Abs. 2 BBergG nur gesprochen werden kann, wenn ein Energiegefälle ausgenutzt wird.[374] Denn eine Temperaturdifferenz ist Voraussetzung für die Nutzung von Wärmeenergie, da ein Temperaturausgleich immer nur vom höheren zum niederen Temperaturniveau hin erfolgt.[375] Allerdings mangelt es der Kommentierung von *Boldt/Weller* und den auf diese verweisenden Stimmen in der Literatur schon an Angaben dazu, welche Temperatur erforderlich sein soll, um ein hinreichendes Energiegefälle annehmen zu können. Den Ausführungen lässt sich lediglich entnehmen, dass beim Einsatz einer Wärmepumpe im Rahmen der Erdwärmeerschließung ein Temperaturniveau angesprochen werde, welches nicht mehr unter den Begriff der Erdwärme gefasst werden könne. Abgesehen von der fehlenden

---

372 Leitfaden Hamburg, S. 41.

373 Leitfaden Niedersachsen, S. 17; Leitfaden Thüringen, S. 7.

374 vgl. *Walker-Hertkorn u.a.*, bbr 2010, Sonderheft Oberflächennahe Geothermie, S. 8, 11; *Herzog*, Die Geothermiebohrung „RWTH-1“, S. 21; *Bund-Länder-Ausschuss Bergbau*, GtE 40/2003, S. 12.

375 *Ehrlich*, in: Geoforschungszentrum Potsdam, Scientific Technical Report 98/09, S. 27, 35.

Konkretisierung dieser Behauptung, stehen einer solchen Auslegung gewichtige Argumente entgegen:

Zunächst einmal enthalten weder das BBergG selbst noch die Gesetzesbegründung Hinweise dahingehend, dass die Nutzung von Erdwärme unter Verwendung einer Wärmepumpe dem Bergrecht gänzlich entzogen sein soll. Vielmehr ist davon auszugehen, dass sich der Gesetzgeber bei der Schaffung des BBergG überhaupt nicht mit der Frage des Einsatzes von Wärmetauschern oder Wärmepumpen befasst hat.[376] Im Übrigen steht auch die technische Entwicklung einer solchen Einschätzung entgegen, da heutzutage selbst im Bereich niedriger Temperaturgefälle erhebliche Energiepotenziale erschlossen werden können.[377] Darüber hinaus würde das Erfordernis einer direkten Nutzung des Energiegefälles ohne Zwischenschaltung einer Wärmepumpe dazu führen, dass erst ab Tiefen von etwa 800 m von Erdwärme im Sinne des BBergG bzw. von einer bergrechtlich relevanten Erdwärmegewinnung gesprochen werden könnte.[378] Dort liegen die Temperaturen – abhängig von den geologischen Voraussetzungen – bei ungefähr 30 bis 35°C und entsprechen damit der erforderlichen Vorlauftemperatur einer Niedertemperaturheizung. Für hydrothermale Anlagen, die über Tiefbohrungen das Wasser aus warm- oder heißwasserführenden Aquiferen an die Erdoberfläche pumpen und dem Tiefenwasser dort mittels Wärmeübertrager die Wärme entziehen[379], würde eine solche Tiefe um 800 m genügen; für Erdwärmesonden wäre sogar die doppelte Mindesttiefe erforderlich.[380] Es gibt jedoch keinen Anhaltspunkt dafür, dass der Gesetzgeber die Erschließung von Erdwärme erst in Tiefen von mehr als 800 m als bergrechtlich relevant einstufen wollte. Dies würde auch dem Sinn und Zweck des Gesetzes widersprechen, welches die Einwirkungen des Bergbaus auf Grund und Boden sowie den technischen Betriebsablauf ordnet und dazu u.a. Regeln über die Sicherheit und über die Verantwortung für Sicherheit und Ordnung im Betrieb aufstellt. Insoweit sind aber bei Bohrungen von mehreren hundert Metern Tiefe auch dann bergbauliche Gefahren zu besorgen und damit maßgebliche Gesetzeszwecke betroffen, wenn das Temperaturniveau noch nicht bei 35°C liegt. Andernfalls würde sich zudem ein Wertungswiderspruch ergeben, da der Gesetzgeber die Gewinnung von Erdwärme aus Thermalquellen, die entsprechend

---

376 *Kopf*, Erzmetall 51 (1998), S. 548, 557.

377 *Sanner/Kaltschmitt*, in: Kaltschmitt/Huenges/Wolff, Energie aus Erdwärme, S. 60, 100.

378 *Kopf*, Erzmetall 51 (1998), S. 548, 557.

379 *Schallenberg/Kayser/Kaltschmitt*, in: Kaltschmitt/Huenges/Wolff, Energie aus Erdwärme, S. 129.

380 *Kopf*, Erzmetall 51 (1998), S. 548, 557.

der DIN-Norm 4049–3 (Hydrologie – Teil 3: Begriffe zur quantitativen Hydrologie) eine Mindesttemperatur von 20°C bei Austritt aus der Lithosphäre aufweisen müssen, in den Geltungsbereich des BBergG einbezogen hat, obwohl eine solche Temperatur zur Beheizung von Gebäuden ohne Verwendung einer Wärmepumpe nicht ausreichend ist.[381] Schließlich ist die bergrechtliche Nichtberücksichtigung von Erdwärme, sofern diese unter Einbeziehung einer Wärmepumpe gewonnen wird, weder physikalisch noch wärmetechnisch begründbar.[382]

cc) Zur Abgrenzung von Gewinnungsbetrieb und Nutzungsbetrieb

Des Weiteren lässt sich die Frage aufwerfen, ob die Wärmepumpe noch zum Erdwärmegewinnungsbetrieb im Sinne des § 4 Abs. 2 BBergG zu zählen oder ob die Temperaturerhöhung mittels Wärmepumpe schon als Nutzung der Erdwärme gemäß § 4 Abs. 3 Satz 2, 2. Hs. BBergG einzustufen ist. Nach der zuletzt genannten Vorschrift ist die Nutzung von Erdwärme einer Weiterverarbeitung gleichzustellen und damit dem Bereich des Bergrechts entzogen. In diesem Fall wäre die von *Boldt/Weller* vertretene Rechtsauffassung obsolet, da die Verwendung der Wärmepumpe nicht mehr zum Gewinnungsprozess gehören würde und insoweit für die Beurteilung des Erdwärme- bzw. Gewinnungsbegriffs keine Bedeutung hätte. Bis heute ist nicht eindeutig geklärt, wo die exakte Schnittstelle zwischen Bergbaubetrieb und Nutzungsbetrieb liegt. Es gibt einige Stimmen im Schrifttum, die den Betrieb einer Wärmepumpe oder eines Wärmetauschers bereits als Nutzung der Erdwärme ansehen und daher nicht dem Bergrecht unterstellen.[383] Der Gesetzeswortlaut ist insoweit nicht eindeutig. Gemäß § 4 Abs. 2, 1. Hs. BBergG ist unter Gewinnen das Lösen oder Freisetzen von Bodenschätzen einschließlich der damit zusammenhängenden vorbereitenden, begleitenden und nachfolgenden Tätigkeiten zu verstehen. Danach könnte der Einsatz einer Wärmepumpe zur Temperaturerhöhung durchaus im Sinne des Gesetzes als eine Tätigkeit charakterisiert werden, die das Freisetzen der Erdwärme begleitet oder ihm nachfolgt.

Ob die Wärmepumpe dennoch eher dem Nutzungsbetrieb zuzuordnen ist, hängt auch von ihrer Funktion im Rahmen der Erdwärmeerschließung ab. Durch die

---

381 vgl. BT-Drucks. 8/1315, S. 189; *Kopf*, Erzmetall 51 (1998), S. 548, 557.

382 vgl. hierzu *Ehrlich*, in: Geoforschungszentrum Potsdam, Scientific Technical Report 98/09, S. 27, 35.

383 *Frenz*, in: Frenz/Preuße, Wirkungsunsicherheiten der Geothermiebohrung: der Fall Staufen, S. 35, 36; *Walker-Hertkorn u.a.*, bbr 2010, Sonderheft Oberflächennahe Geothermie, S. 8, 11; *Tholen/Walker-Hertkorn*, Arbeitshilfen Geothermie – Grundlagen für oberflächennahe Erdwärmesondenbohrungen, S. 31.

Wärmepumpe wird die natürliche Wärme aus dem Untergrund mittels mechanischer oder thermischer Antriebsenergie von einer niedrigen Temperatur auf das zum Heizen und zur Warmwasserbereitung erforderliche Temperaturniveau angehoben.[384] Die Erdwärme wird also mit Hilfe der Wärmepumpe für die Beheizung von Gebäuden nutzbar gemacht. Beschreiben lässt sich die Wärmepumpe als ein Gerät, das bei einer bestimmten Temperatur Wärme aufnimmt (kalte Seite) und diese nach Zufuhr von Antriebsenergie bei einem höheren Temperaturniveau wieder abgibt (warme Seite).[385] Dies zugrunde gelegt, ist es überzeugender, die Wärmepumpe nicht mehr dem Gewinnungsbetrieb zuzurechnen, sondern sie im Sinne der erforderlichen Nutzbarmachung der gewonnenen Erdwärme als ersten Teil des Nutzungsbetriebs einzustufen. Hierfür spricht insbesondere, dass die Arbeit der Wärmepumpe keinen bergbaulichen Charakter aufweist und demzufolge eine Zuordnung zum Bergrecht nicht geboten ist. Dem Bergrecht unterfallen daher nur die Errichtung und der Betrieb derjenigen Anlagenteile, die dem Untergrund unter Verwendung eines Wärmeträgermediums Erdwärme entziehen und diese für eine anschließende Nutzung bereitstellen.[386] Der Übergang von Erdwärmesonde oder Grundwasserbrunnen zur Wärmepumpe stellt dabei die Grenze des Bergrechts dar, da hier aus technisch-physikalischer Sicht die „Übergabe“ der Wärme aus der Erde an einen Heizkreislauf zur Nutzung durch Dritte erfolgt.[387] In gleicher Weise zu beurteilen ist der Einsatz von Kältemaschinen im Rahmen der Nutzung oberflächennaher Erdwärme zu Kühlzwecken.

dd) Zwischenergebnis

Im Ergebnis bedeutet dies, dass die Verwendung von Wärmepumpen zur Temperaturerhöhung als Nutzung der Erdwärme anzusehen ist und gemäß § 4 Abs. 3 Satz 2, 2. Hs. i.V.m. § 2 Abs. 1 BBergG nicht unter das Bergrecht fällt, mithin auch nicht zur Bestimmung des Erdwärmebegriffs oder des Gewinnungsbegriffs herangezogen werden kann. Die Ansicht, nach der Erdwärme, die mittels einer Wärmepumpe nutzbar gemacht wird, schon nicht als bergfreier Bodenschatz im

384 Leitfaden Bayern, S. 3; Leitfaden Niedersachsen, S. 15; *Quaschning*, Erneuerbare Energien und Klimaschutz, S. 277.

385 *Streicher/Ziegler/Kaltschmitt*, in: Streicher/Kaltschmitt/Wiese, Erneuerbare Energien, S. 623, 624.

386 *Thiele*, Umwelt- und Naturschutzaspekte bei der Erschließung und Nutzung von Erdwärme, S. 34.

387 *Ehrlich*, in: Geoforschungszentrum Potsdam, Scientific Technical Report 98/09, S. 27, 34.

Sinne von § 3 Abs. 3 Satz 2 Nr. 2 b) BBergG anzusehen sei und ihre Gewinnung daher keiner Bewilligung bedürfe, geht von einem falschen Ansatz aus. Wie die Erdwärme nach ihrer Gewinnung weiter verwendet und genutzt wird, ist für die Einordnung als bergfreier Bodenschatz unerheblich. Eine Einschränkung des Erdwärmebegriffs dahingehend, dass ein bestimmtes Temperaturniveau erforderlich ist oder dass nur die direkte Nutzung von Erdwärme erfasst wird, ist somit nicht vorzunehmen.[388]

c) Fazit: Zugrundelegung eines umfassenden Erdwärmebegriffs

Da weder die Festlegung einer Mindestleistung der geothermischen Anlagen von 0,2 MW pro Bohrloch noch die Forderung nach einem bestimmten Temperaturniveau der Erdwärme zu überzeugen vermögen, ist eine Einschränkung des Anwendungsbereichs des § 3 Abs. 3 Satz 2 Nr. 2 b) BBergG abzulehnen. Vielmehr ist von einem umfassenden Erdwärmebegriff auszugehen, der sowohl Vorhaben zur Gewinnung oberflächennaher als auch tiefer Erdwärme einschließt. Als Erdwärme im Sinne des BBergG ist danach die gesamte im Erdinneren vorhandene thermische Energie anzusehen, unabhängig davon, an welches Trägermedium sie gebunden ist, in welchen Temperaturbereichen und für welche Anwendungen sie erschlossen werden soll.[389] Somit stellt jede unterirdische Erschließung einer thermischen Energiedifferenz grundsätzlich eine Gewinnung von Erdwärme im bergrechtlichen Sinne dar.[390]

2. Zur Anwendbarkeit des BBergG auf die Speicherung thermischer Energie im oberflächennahen Untergrund

Ein weiteres aktuelles Problem ist die bergrechtliche Behandlung der Speicherung von Wärme oder Kälte im oberflächennahen Untergrund. Die Anlagen zur unterirdischen thermischen Energiespeicherung (UTES = Underground Thermal Energy Storage) können wie die Anlagen zur Gewinnung von Erdwärme in geschlossene und offene Systeme eingeteilt werden. Die geschlossenen Systeme werden zumeist mit Erdwärmesonden oder Energiepfählen ausgeführt, die offenen Systeme nutzen Grundwasserbrunnen und werden als Aquiferspeicher bezeichnet (auch

388 so i.E. auch *Kräber*, Haftungsprobleme bei Geothermiebohrungen, S. 54/55 u. 60/61.

389 *Nast*, in: Geothermische Vereinigung e.V./Schweizerische Vereinigung für Geothermie, Geothermie - Energie der Zukunft, S. 436, 437.

390 *Bund-Länder-Ausschuss Bergbau*, GtE 40/2003, S. 12.

ATES = Aquifer Thermal Energy Storage).[391] Die Energiespeicherung in Aquiferen ermöglicht das Verschieben von Solarenergie, überschüssiger Industrieabwärme oder von Wärme aus Blockheizkraftwerken aus dem Sommer zur Beheizung von Gebäuden im Winter ebenso wie die Speicherung von Umgebungskälte im Winter zur Klimatisierung von Gebäuden im Sommer.[392] In gleicher Weise sind Erdwärmesonden und erdberührte Betonteile dazu geeignet, saisonale Wärme- oder Kälteenergie aufzunehmen, zu speichern und bei Bedarf zu Heiz- bzw. Kühlzwecken zu verwenden.[393] Vereinfacht ausgedrückt sorgen die oberflächennahen Speichersysteme für „Sommerwärme im Winter" und für „Winterkälte im Sommer"[394] und stellen somit äußerst effiziente Techniken zur Beheizung und Klimatisierung von Gebäuden zur Verfügung. Aktuelle Überlegungen zur Effizienzsteigerung gehen bereits dahin, die sog. „Windwärme" unterirdisch zu speichern und auf diese Weise die schwankende Stromversorgung aus Windkraftanlagen mit der Wärmeversorgung zu kombinieren.[395]

a) Kein Untergrundspeicher im Sinne des § 4 Abs. 9 BBergG

Gemäß § 2 Abs. 2 BBergG findet das Bergrecht Anwendung auf das Untersuchen des Untergrundes auf seine Eignung zur Errichtung von Untergrundspeichern (Nr. 1) und auf das Errichten und Betreiben von Untergrundspeichern sowie der Einrichtungen, die überwiegend dem Betrieb eines Untergrundspeichers dienen oder zu dienen bestimmt sind (Nr. 2), soweit dies ausdrücklich geregelt ist. § 126 Abs. 1 Satz 1 BBergG normiert, dass auf Untersuchungen des Untergrundes auf seine Eignung zur Errichtung von Untergrundspeichern und auf Untergrundspeicher die §§ 39, 40, 48, 50 bis 74, 77 bis 104, 106 und 131 entsprechend anzuwenden sind. Dabei ist davon auszugehen, dass der Begriff „Untergrundspeicher" die in § 2 Abs. 2 Nr. 2 BBergG bezeichneten Tätigkeiten und Einrichtungen umfasst, da den Gesetzesmaterialien keine Anhaltspunkte dafür zu entnehmen sind, dass die beiden Bestimmungen eine unterschiedliche Bedeutung haben sollen.[396]

---

391 *Sanner/Kaltschmitt*, in: Kaltschmitt/Huenges/Wolff, Energie aus Erdwärme, S. 60, 93; *Seibt/Kabus*, in: Geothermische Vereinigung - Bundesverband Geothermie e.V., Mehr Energie von unten, S. 241.

392 *Seibt/Kabus*, in: Geothermische Vereinigung - Bundesverband Geothermie e.V., Mehr Energie von unten, S. 241.

393 *Wolff/Hellenthal*, Nutzung der Geothermie in Stuttgart, S. 39, 50; Leitfaden Bayern, S. 9.

394 vgl. Leitfaden Bayern, S. 9.

395 vgl. *Dahmke/Kinias*, Wärmeversorgung von Gebäuden vor dem Hintergrund der „Energiewende" und des Klimaschutzes, S. 11 ff.

396 *Boldt/Weller*, Bundesberggesetz, § 2, Rn. 31; § 126, Rn. 7.

Danach könnte auch die Speicherung thermischer Energie im oberflächennahen Untergrund den in § 126 Abs. 1 Satz 1 BBergG für anwendbar erklärten Regelungen des BBergG unterfallen. Dies würde bedeuten, dass für die Errichtung und den Betrieb einer geothermischen Speicheranlage zwar nicht die Erteilung einer Bergbauberechtigung, aber die Zulassung von Betriebsplänen gemäß §§ 51 ff. BBergG erforderlich wäre. Darüber hinaus statuiert § 126 Abs. 1 Satz 2 BBergG eine Bekanntmachungspflicht für den Unternehmer mit dem Inhalt, eine allgemeine Beschreibung des geplanten Untergrundspeichers unter Angabe der Lage und der voraussichtlich größten Ausdehnung im Untergrund spätestens einen Monat vor Abgabe des ersten Betriebsplans in mindestens zwei örtlichen Tageszeitungen zu veröffentlichen. Gleiches gilt für nachträgliche Veränderungen, wenn sich die Ausdehnung des Speichers im Untergrund wesentlich ändert.

Die Definition eines Untergrundspeichers im bergrechtlichen Sinne findet sich in § 4 Abs. 9 BBergG. Danach ist der Untergrundspeicher eine Anlage zur unterirdischen behälterlosen Speicherung von Gasen, Flüssigkeiten und festen Stoffen mit Ausnahme von Wasser. Eine „Speicherung" setzt dabei nach allgemeiner Ansicht voraus, dass die unterirdische Einlagerung zum Zwecke der späteren Wiederverwendung erfolgt.[397] Diese Voraussetzung ist bei einem untertägigen Wärme- bzw. Kältespeicher erfüllt, da die eingebrachte Energie stets wieder entnommen und zur Beheizung oder Kühlung eines Gebäudes genutzt werden soll. Allerdings erfasst § 4 Abs. 9 BBergG ausdrücklich nur die unterirdische behälterlose Speicherung von Stoffen, nicht aber diejenige von thermischer Energie. Dementsprechend scheidet eine direkte Anwendung des BBergG und der Vorschriften über Untergrundspeicher auf die unterirdische Energiespeicherung aus.[398]

b) Zur analogen Anwendung des § 2 Abs. 2 i.V.m. § 4 Abs. 9 BBergG

Zu prüfen bleibt, ob diese Regelungslücke durch eine analoge Anwendung des § 2 Abs. 2 Nr. 1 und 2 i.V.m. § 4 Abs. 9 BBergG auf die Speicherung thermischer Energie im oberflächennahen Untergrund geschlossen werden kann.

Durch den Analogieschluss wird eine vorhandene gesetzliche Regelung auf einen von ihr an sich nicht erfassten, gesetzlich unvollständig oder gänzlich

---

397 BT-Drucks. 8/1315, S. 77; *Boldt/Weller*, Bundesberggesetz, § 4, Rn. 18.

398 so auch *Bund-Länder-Ausschuss Bergbau*, GtE 40/2003, S. 12, 14; *Ehricke*, UPR 2009, S. 281, 282; *Frenz*, in: Frenz/Preuße, Wirkungsunsicherheiten der Geothermiebohrung: der Fall Staufen, S. 35; *Kräber*, Haftungsprobleme bei Geothermiebohrungen, S. 75.

ungeregelten Fall übertragen und entsprechend angewendet.[399] Der geregelte und der ungeregelte Fall werden gleich behandelt, wenn und weil sie einander ähnlich, d.h. vergleichbar sind. Diese tatbestandliche Vergleichbarkeit zwischen geregelter Analogiebasis und nicht ausdrücklich niedergelegtem Analogieziel stellt die wichtigste Voraussetzung eines Analogieschlusses dar.[400] Die Schließung einer gesetzlichen Lücke im Wege der Analogie kommt demnach in Betracht, wenn das Gesetz für einen dem ungeregelten Fall vergleichbaren Sachverhalt eine Regelung getroffen hat, die auf den nicht geregelten Sachverhalt übertragen werden kann, weil beide Tatbestände in den für die gesetzliche Bewertung maßgeblichen Hinsichten übereinstimmen.[401] Vorliegend ist die Vergleichbarkeit von Sachverhalt und Interessenlage zu bejahen, weil sich die Speicherung von Energie nicht wesentlich von der im BBergG geregelten unterirdischen Speicherung von Gasen oder Flüssigkeiten unterscheidet und weil die Erdwärme als Energieform auch im Übrigen den stofflichen Bodenschätzen gleichgestellt wird. Darüber hinaus sind Sinn und Zweck der Regelung des § 2 Abs. 2 BBergG, durch die bestimmte Tätigkeiten wegen ihrer Verwandtschaft mit den eigentlichen bergbaulichen Tätigkeiten und den damit verbundenen spezifischen Sicherheitsrisiken in das Bergrecht einbezogen und der bergrechtlichen Kontrolle unterworfen werden[402], auch für die Energiespeicherung einschlägig. In der Gesetzesbegründung wird die Einbeziehung von Untergrundspeichern in das Bergrecht als geboten erachtet, weil sowohl die Untersuchung des Untergrundes auf seine Eignung als Untergrundspeicher als auch die Errichtung und der Betrieb von Untergrundspeichern entweder typisch bergbaulicher Art sind oder weitgehend bergbaulicher Tätigkeit gleichen.[403] Dies gilt aber für die Energiespeicherung in gleichem Maße wie für die Speicherung der in § 4 Abs. 9 BBergG aufgezählten Stoffe.

Ein Analogieschluss setzt jedoch weiter voraus, dass eine planwidrige Regelungslücke vorliegt, d.h. dass der Gesetzgeber einen Fall nicht geregelt hat, den er nach dem gesetzlichen Gesamtkonzept hätte regeln müssen. Die Regelungslücke darf aber keine bewusste Entscheidung des Gesetzgebers gegen die Erstreckung der gesetzlichen Regelung auf den nicht geregelten Fall sein, sondern sie muss

399 vgl. BVerfG, Beschluss vom 03.04.1990 - 1 BvR 1186/89 -, BVerfGE 82, S. 6, 12; *Sprau*, in: Palandt, Bürgerliches Gesetzbuch, Einleitung, Rn. 48.

400 *Schmidt*, VerwArch 97 (2006), S. 139, 144.

401 BVerwG, Urteil vom 26.10.1995 - 3 C 11/94 -, BVerwGE 99, S. 362, 368.

402 vgl. *Piens/Schulte/Graf Vitzthum*, Bundesberggesetz, § 2, Rn. 20.

403 BT-Drucks. 8/1315, S. 76/77.

sich als planwidrig erweisen.[404] Eine Regelungslücke weist das BBergG insoweit auf, als zwar die Erdwärme gemäß § 3 Abs. 3 Satz 2 Nr. 2 b) BBergG als bergfreier Bodenschatz gilt und damit ihre Aufsuchung und Gewinnung grundsätzlich den Vorschriften des Bergrechts unterworfen werden. Es fehlt jedoch an einer Regelung zur Speicherung von Wärme, da § 4 Abs. 9 BBergG nur die unterirdische behälterlose Speicherung von Gasen, Flüssigkeiten und festen Stoffen mit Ausnahme von Wasser als Untergrundspeicher im Sinne des § 2 Abs. 2 Nr. 1 und 2 sowie des § 126 BBergG definiert. Nach der Rechtsprechung des Bundesverwaltungsgerichts ist eine solche Gesetzeslücke planwidrig, wenn der nicht geregelte Sachverhalt den gesetzlich bestimmten Fällen vergleichbar und anzunehmen ist, dass der Gesetzgeber ihn bei entsprechender Kenntnis in die Regelung einbezogen hätte.[405] Hiervon ist grundsätzlich auszugehen, da nicht ersichtlich ist, aus welchem Grund die Gewinnung von thermischer Energie dem Bergrecht unterfallen soll, nicht aber ihre Speicherung im oberflächennahen Untergrund.

Fraglich ist jedoch, ob dem Gesetzgeber die Möglichkeit einer unterirdischen Energiespeicherung zum Zeitpunkt der Schaffung des BBergG vor mehr als 30 Jahren bereits bekannt bzw. ob eine entsprechende Entwicklung vorhersehbar gewesen ist. Wäre dies nicht der Fall, könnte man den verobjektivierten Willen des historischen Gesetzgebers infolge der technischen Veränderungen als überholt ansehen. Für eine Kenntnis des Gesetzgebers von den untertägigen Speichermöglichkeiten spricht aber der Umstand, dass in den USA und einigen europäischen Ländern die geothermische Speicherung und Wiedergewinnung von Wärme seit Jahrzehnten praktiziert werden.[406] Auch in Deutschland sind schon unmittelbar nach der Erdölkrise Anfang der 70er-Jahre umfangreiche Forschungs- und Entwicklungsprogramme für effiziente Energiespeicherungstechnologien mit dem Ergebnis durchgeführt worden, dass die Energiespeicherung in Aquiferen ein sehr aussichtsreiches und kostengünstiges Verfahren darstellt.[407] Zu ersten Feldversuchen kam es in Deutschland Ende der 70er- und Anfang der 80er-Jahre.[408] Ein kompletter Speicherzyklus aus Injektion, Speicherung und Rückgewinnung wurde 1983 erfolgreich in einem flachen Aquifer in Dresden getestet, die großtechnische

404 *Schmidt*, VerwArch 97 (2006), S. 139, 143.

405 BVerwG, Urteil vom 17.12.2005 - 7 C 14/04 -, BVerwGE 123, S. 7, 11.

406 *Kopf*, Erzmetall 51 (1998), S. 548, 549.

407 *Seibt/Kabus*, in: Geothermische Vereinigung - Bundesverband Geothermie e.V., Mehr Energie von unten, S. 241, 243; *Seibt u.a.*, in: Geothermische Vereinigung e.V./ Schweizerische Vereinigung für Geothermie, Geothermie – Energie der Zukunft, S. 306, 308.

408 *Kabus/Seibt*, BBauBl, Heft 12/98, S. 51, 53.

Anwendung begann in den 90er-Jahren nach umfangreichen Voruntersuchungen.[409] Theoretische Arbeiten zur unterirdischen thermischen Energiespeicherung stammen bereits aus den Jahren 1964 und 1973.[410] Angesichts dieser vergleichsweise langen Tradition der Speichertechnologie ist anzunehmen, dass auch dem Gesetzgeber bei Schaffung des BBergG Ende der 70er-Jahre die Möglichkeit einer Energiespeicherung im Untergrund bekannt gewesen ist. Dann aber hat der Gesetzgeber bewusst von einer Regelung der untertägigen Energiespeicherung im Bergrecht abgesehen. Darauf deutet auch der Umstand hin, dass nach dem ursprünglichen Gesetzentwurf des Bundestages die Regelungen zur Untergrundspeicherung (§ 129) und zur Erdwärme (§ 130) unmittelbar aufeinander folgen sollten und die Gesetzesbegründung zu § 130 Abs. 2 ausdrücklich auf die Untergrundspeicherung verweist.[411] Von einem gesetzgeberischen Versehen kann daher im Zusammenhang mit der Nichtberücksichtigung der Energiespeicherung im BBergG nicht ausgegangen werden.

Der eindeutige gesetzgeberische Wille ist bei der Rechtsanwendung zu akzeptieren und darf nicht im Wege des Analogieschlusses ausgehebelt werden. Die insoweit zu beachtenden Grundsätze hat das Bundesverfassungsgericht mustergültig in einer Entscheidung zur verfassungsrechtlichen Zulässigkeit analoger Rechtsanwendung wie folgt dargelegt: „Der Bürger muss sein Verhalten auf den Inhalt der Rechtsordnung einstellen und dementsprechend disponieren können. Hat der Gesetzgeber eine eindeutige Entscheidung getroffen, darf der Richter diese nicht aufgrund eigener rechtspolitischer Vorstellungen verändern und durch eine judikative Lösung ersetzen, die so im Parlament nicht erreichbar war (…). Die tatsächliche oder rechtliche Entwicklung kann jedoch eine bis dahin eindeutige und vollständige Regelung lückenhaft, ergänzungsbedürftig und zugleich ergänzungsfähig werden lassen. Die verfassungsrechtliche Zulässigkeit der Lückensuche und -schließung findet ihre Rechtfertigung unter anderem darin, dass Gesetze einem Alterungsprozess unterworfen sind. Sie stehen in einem Umfeld sozialer Verhältnisse und gesellschaftspolitischer Anschauungen, mit deren Wandel sich auch der Norminhalt verändern kann (…). In dem Maße, in dem sich aufgrund solcher Wandlungen Regelungslücken bilden, verliert das Gesetz seine Fähigkeit, für alle

409 *Seibt/Kabus*, in: Geothermische Vereinigung - Bundesverband Geothermie e.V., Mehr Energie von unten, S. 241.

410 vgl. *Sanner/Kaltschmitt*, in: Kaltschmitt/Huenges/Wolff, Energie aus Erdwärme, S. 60, 93 u. 248.

411 vgl. BT-Drucks. 8/1315, S. 150, 151.

Fälle, auf die seine Regelung abzielt, eine gerechte Lösung bereit zu halten."[412] Unter Berücksichtigung dieser verfassungsgerichtlichen Maßstäbe stellt sich die Frage, ob die technischen Fortschritte auf dem Gebiet der Speichertechnologie eine neue tatsächliche Situation begründen, die durch eine analoge Anwendung der die Untergrundspeicherung betreffenden Normen gelöst werden kann, oder ob hier der Gesetzgeber tätig werden und über eine Neuregelung entscheiden muss. Angesichts der Tatsache, dass die Möglichkeit der Energiespeicherung im Untergrund bei Schaffung des BBergG bereits bekannt war, ist aber nicht davon auszugehen, dass sich die Verhältnisse bis heute grundlegend verändert haben und dass der Gesetzgeber dies nicht bedacht hat und auch nicht bedenken konnte.

Einige weitere Gesichtspunkte sprechen gegen eine analoge Anwendung des § 2 Abs. 2 Nr. 1 und 2 i.V.m. § 4 Abs. 9 BBergG auf die Speicherung thermischer Energie im oberflächennahen Untergrund. So deutet schon die Formulierung in § 2 Abs. 2 BBergG auf den Ausnahmecharakter der Vorschrift hin. Danach gilt das Gesetz für die in Nr. 1 bis 3 genannten Einrichtungen nur, „soweit dies ausdrücklich bestimmt ist". Mit diesen Einrichtungen sind lediglich bergbauähnliche Tätigkeiten verbunden, auf die die Vorschriften des BBergG nicht insgesamt, sondern aufgrund besonderer gesetzlicher Anordnung nur in dem Umfang anwendbar sein sollen, in dem die Besonderheiten der jeweiligen Tätigkeit dies erfordern. Eine Erweiterung des Anwendungsbereichs der Vorschriften im Wege der Analogie stünde im Widerspruch zu dieser – restriktiven – gesetzgeberischen Zielsetzung. Auch der Aufzählung der unterirdisch zu speichernden „Gase, Flüssigkeiten und festen Stoffe mit Ausnahme von Wasser" in § 4 Abs. 9 BBergG kommt eher abschließender Charakter denn eine lediglich beispielgebende Funktion zu. Wenn aber eine gesetzliche Aufzählung erkennen lässt, dass der Gesetzgeber ähnliche Fallgestaltungen nicht der gesetzlich geregelten Rechtsfolge unterwerfen wollte, spricht dies für ein Analogieverbot.[413]

Im Ergebnis ist daher eine analoge Anwendung des § 2 Abs. 2 Nr. 1 und 2 i.V.m. § 4 Abs. 9 BBergG auf die Speicherung thermischer Energie im oberflächennahen Untergrund abzulehnen, so dass die bergrechtlichen Vorschriften insoweit keine Geltung beanspruchen. Ergänzend ist anzumerken, dass die Frage eines solchen Analogieschlusses im Schrifttum bisher – soweit ersichtlich – nicht erörtert, sondern allein auf den diesbezüglichen Reformbedarf hingewiesen worden ist.[414]

---

412 so das BVerfG in dem Beschluss vom 03.04.1990 - 1 BvR 1186/89 -, BVerfGE 82, S. 6, 12.

413 vgl. *Schmidt*, VerwArch 97 (2006), S. 139, 161.

414 vgl. *Benz*, Rechtliche Rahmenbedingungen für die Nutzung der oberflächennahen Geothermie, S. 54.

Mit einer Änderung des Bergrechts ist in näherer Zukunft allerdings nicht zu rechnen. Entsprechende Anträge der Oppositionsfraktionen im Bundestag zu einer umfassenden Reform des BBergG sind durch den Ausschuss für Wirtschaft und Technologie mit Beschluss vom 13.06.2012 abgelehnt worden.[415]

c) Die unterirdische Speicherung thermischer Energie als Gewinnung von Erdwärme im Sinne des § 4 Abs. 2 BBergG

Die Speicherung thermischer Energie im oberflächennahen Untergrund kann aber unter bestimmten Voraussetzungen den Tatbestand der Erdwärmegewinnung gemäß § 4 Abs. 2, 1. Hs. BBergG erfüllen. Nach dem umfassenden Erdwärmebegriff des BBergG ist die gesamte im Erdinneren vorhandene thermische Energie als Erdwärme anzusehen; jede unterirdische Erschließung einer thermischen Energiedifferenz stellt grundsätzlich eine bergrechtlich relevante Gewinnung von Erdwärme dar (vgl. oben S. 80). Eine für die rechtliche Beurteilung der Energiespeicherung bedeutsame Einschränkung ist dem Erdwärmebegriff jedoch immanent. Als Erdwärme kann stets nur die „natürliche“, dem Erdinneren entstammende und auf dem terrestrischen Wärmestrom sowie der solaren Einstrahlung beruhende Wärmeenergie verstanden werden, nicht dagegen die „künstlich“ zu Speicherzwecken in den Untergrund eingeleitete Wärme.[416] Wenn also durch den Menschen thermische Energie in Gestalt von Solarenergie, überschüssiger Industrieabwärme oder sommerlicher Abwärme aus der Gebäudekühlung mittels Erdwärmesonden oder Energiepfählen in den oberflächennahen Untergrund eingetragen wird, handelt es sich dabei nicht um Erdwärme im Sinne des § 3 Abs. 3 Satz 2 Nr. 2 b) BBergG, wie sie nach dem objektivierten Willen des Gesetzgebers dem Bergrecht unterworfen sein soll. Denn Zweck des BBergG ist es, die Bewirtschaftung von Bodenschätzen zu regeln. Bodenschätze sind aber nach § 3 Abs. 1 BBergG nur Rohstoffe und Gase, die in natürlichen Ablagerungen oder Ansammlungen (Lagerstätten) in oder auf der Erde, auf dem Meeresgrund, im Meeresuntergrund oder im Meerwasser vorkommen. Dementsprechend bezieht sich das BBergG nur auf natürliche Ablagerungen und Ansammlungen von Bodenschätzen, nicht aber auf solche, die von Menschenhand künstlich geschaffen worden sind.[417] Dies zeigt auch die Vorschrift des § 2 Abs. 2 Nr. 2 BBergG, wonach die Errichtung von Untergrundspeichern, in

---

415 vgl. BT-Drucks. 17/10182.

416 vgl. *Benz*, Rechtliche Rahmenbedingungen für die Nutzung der oberflächennahen Geothermie, S. 25.

417 *Dapprich/Römermann*, Bundesberggesetz, § 3, Rn. 1; *Boldt/Weller*, Bundesberggesetz, § 3, Rn. 4.

welche beispielsweise Erdgas oder Erdöl künstlich eingebracht werden, nur vom Bergrecht erfasst wird, wenn dies ausdrücklich bestimmt ist.

Der künstliche Eintrag von Wärme oder Kälte in den Untergrund zum Zweck der Speicherung und späteren Wiederentnahme fällt somit nicht in den Anwendungsbereich des BBergG.[418] Etwas anderes gilt, wenn es im Rahmen des Gesamtkomplexes aus Speicherung und Entnahme der thermischen Energie auch zur Gewinnung „geogener“, d.h. auf natürliche Weise in der Erde entstandener Wärmeenergie kommt. Wird dem Untergrund also bei längerfristiger Betrachtung insgesamt mehr Wärmeenergie entnommen als ursprünglich eingeleitet wurde, kommt das Bergrecht über den Gewinnungstatbestand des § 2 Abs. 1 Nr. 1 i.V.m. § 4 Abs. 2 BBergG auch im Rahmen der thermischen Energiespeicherung zur Anwendung.[419] Es stellt sich dann lediglich das praktische Problem, inwieweit die Entnahme der natürlichen Erdwärme von der gespeicherten Wärmeenergie abgegrenzt und wie dies gemessen werden kann. Aus Praktikabilitätsgründen wird man dabei differenzieren müssen zwischen kombinierten Anlagen zur Gewinnung und Speicherung von Erdwärme, wie sie bei Projekten zur Beheizung und Kühlung von Einkaufszentren, Bürogebäuden usw. regelmäßig zum Einsatz kommen, und solchen, die allein der Speicherung überschüssiger, beispielsweise aus Solaranlagen gewonnener Energie dienen. Letztere sollten vom Anwendungsbereich des BBergG ausgenommen werden, selbst wenn faktisch stets auch eine geringe Mitgewinnung der im Erdreich vorhandenen Wärme erfolgt.

d) Zur Verwaltungspraxis der Bergbehörden

Soweit es die Verwaltungspraxis betrifft, finden sich in fachwissenschaftlichen Abhandlungen Aussagen dahingehend, dass die Wärme- und Kältespeicherung von Seiten der Behörden bergrechtlich wie die Untergrundspeicherung behandelt werde[420] und dass es durch die erteilten wasserrechtlichen und bergrechtlichen Genehmigungen für unterirdische Speicher inzwischen klare Vorstellungen über

---

418 so auch *Sanden*, in: Geothermische Vereinigung - Bundesverband Geothermie e.V., Mehr Energie von unten, S. 232, 233; *Frenz*, in: Frenz/Preuße, Wirkungsunsicherheiten der Geothermiebohrung: der Fall Staufen, S. 35; *Kräber*, Haftungsprobleme bei Geothermiebohrungen, S. 77.

419 *Bund-Länder-Ausschuss Bergbau*, GtE 40/2003, S. 12, 14; *Kopf*, Erzmetall 51 (1998), S. 548, 557; *Frenz*, in: Frenz/Preuße, Wirkungsunsicherheiten der Geothermiebohrung: der Fall Staufen, S. 35/36; *Kräber*, Haftungsprobleme bei Geothermiebohrungen, S. 77/78.

420 vgl. *Ehrlich*, in: Geoforschungszentrum Potsdam, Scientific Technical Report 98/09, S. 27, 36.

Inhalte und Ablauf des Genehmigungsverfahrens gäbe.[421] Entsprechende Nachforschungen bei den zuständigen Behörden konnten dies allerdings nicht bestätigen. Vielmehr erklärten auf Anfrage sowohl das Thüringer Landesbergamt (TLBA) als auch das Hessische Ministerium für Umwelt, Energie, Landwirtschaft und Verbraucherschutz (HMUELV) sowie das Landesamt für Geologie und Bergbau Rheinland-Pfalz (LBG-RLP), dass es bisher keine Projekte zur Speicherung thermischer Energie im Untergrund gegeben habe und dass es dementsprechend an praktischen Erfahrungen fehle.[422] Auch das Oberbergamt des Saarlandes, das Sächsische Oberbergamt und das Landesamt für Geologie, Rohstoffe und Bergbau Baden-Württemberg teilten mit, dass Verfahren über die Errichtung und den Betrieb von Untergrundspeichern für Wärme respektive Kälte bisher in ihren Bundesländern nicht durchgeführt worden seien.[423] Schließlich gaben das Landesamt für Bergbau, Energie und Geologie (LEBG) der Länder Niedersachsen, Bremen, Schleswig-Holstein und Hamburg sowie die Bezirksregierung Arnsberg als Bergbehörde des Landes Nordrhein-Westfalen an, dass mangels entsprechender Fälle noch keine Verwaltungspraxis in Bezug auf die Speicherung thermischer Energie im oberflächennahen Untergrund existiere.[424] Die Bergbehörden der übrigen Bundesländer (Sachsen-Anhalt; Mecklenburg-Vorpommern; Bayern) haben die Anfrage zur rechtlichen Behandlung der thermischen Energiespeicherung nicht beantwortet.

Bestätigung findet die unter c) dargelegte Differenzierung zwischen der Gewinnung natürlicher Erdwärme sowie der Speicherung und Entnahme künstlich eingebrachter Wärmeenergie durch die bergbehördliche Behandlung des Aquiferspeichers zur Beheizung und Kühlung des Berliner Reichstags. Dort wurde die Wärme- bzw. Kältespeicherung nicht als bergrechtlich bewilligungsbedürftige Gewinnung von Erdwärme eingestuft, da lediglich in den Sommermonaten die Überschusswärme aus den Parlamentsgebäuden im Untergrund eingelagert und im

---

421 vgl. *Seibt/Kabus*, in: Geothermische Vereinigung - Bundesverband Geothermie e.V., Mehr Energie von unten, S. 241, 248.

422 Schriftliche Auskünfte des TLBA vom 24.11.2010, des HMUELV vom 15.11.2010 und des LGB-RLP vom 22.10.2010.

423 Schriftliche Auskünfte des Oberbergamtes des Saarlandes vom 26.01.2011, des Sächsischen Oberbergamtes vom 10.01.2011 und des Landesamtes für Geologie, Rohstoffe und Bergbau Baden-Württemberg vom 10.01.2011.

424 Fernmündliche Auskünfte des LEBG vom 10.12.2010 und der Bezirksregierung Arnsberg vom 06.01.2011.

Winter wieder entnommen wird, ohne dass es dabei zur Nutzung des natürlichen Erdwärmepotenzials kommt.[425]

Die bergbehördliche Praxis gibt mithin nur bedingt Aufschluss über die Anwendbarkeit des Bergrechts auf die untertägige Speicherung thermischer Energie, weil es bisher weitgehend an entsprechenden Projekten und Zulassungsverfahren fehlt. Eine Erklärung für die mangelnde Erfahrung der Bergbehörden könnte auch darin liegen, dass Anlagen zur Energiespeicherung nur wasserrechtlich genehmigt und die Verwaltungsverfahren daher allein von den unteren Wasserbehörden durchgeführt worden sind.

e) Zwischenergebnis

Als Fazit zur bergrechtlichen Behandlung der untertägigen Speicherung von Wärme resp. Kälte ist festzuhalten, dass die Vorschriften des BBergG über die Untergrundspeicherung auf die thermische Energiespeicherung weder direkt noch analog Anwendung finden. Auch die Speicherung der aus Solarkollektoren, industriellen Prozessen oder der Gebäudekühlung im Sommer gewonnenen und sodann künstlich in den oberflächennahen Untergrund eingebrachten Wärmeenergie fällt grundsätzlich nicht in den Anwendungsbereich des BBergG, da es sich hierbei nicht um natürliche Erdwärme im Sinne des Gesetzes handelt. Ausnahmsweise kann das Bergrecht auf die untertägige Energiespeicherung dann anwendbar sein, wenn es im Rahmen der Speicherung und Wiederentnahme von Wärme bzw. Kälte auch zu einer nicht nur unwesentlichen (Mit-)Gewinnung natürlicher Erdwärme kommt.

V. Zur Bedeutung von Sole als bergfreier Bodenschatz gemäß § 3 Abs. 3 Satz 1 BBergG

Ergänzend ist darauf hinzuweisen, dass auch dem im Rahmen der Erdwärmeerschließung verwendeten Wärmeträgermedium bergrechtliche Bedeutung zukommen kann. So stellt die Gewinnung von Erdwärme durch offene Systeme, also durch die direkte Nutzung des Grundwassers über Förder- und Schluckbrunnen, oftmals zugleich eine Gewinnung von salzhaltigem Grundwasser dar, welches als Sole gemäß § 3 Abs. 3 Satz 1 BBergG zu den bergfreien Bodenschätzen gehört. Eine natürliche Sole im Sinne des Bergrechts liegt allerdings nur dann vor, wenn

---

425 Schriftliche Auskunft des Landesamtes für Bergbau, Geologie und Rohstoffe (LBGR) Brandenburg vom 30.05.2011.

das Grundwasser einen solchen Chlornatriumgehalt aufweist, dass daraus auf eine in der Technik übliche Art und Weise Koch- oder Siedesalz hergestellt werden kann.[426] Hierfür ist ein Salzgehalt von mindestens 3 % erforderlich.[427] Ob aus der Sole tatsächlich Salz gewonnen wird, ist für die Eigenschaft als bergfreier Bodenschatz unerheblich.[428]

Wenn Grundwasser mit einem entsprechenden Salzgehalt zutage gefördert wird, um die vorhandene Wärmeenergie zu nutzen, stellt dies eine bergrechtlich relevante Gewinnung von Sole gemäß § 4 Abs. 2 BBergG dar. Zwar wird in diesem Fall nicht die Sole als solche genutzt, sondern nur ihre thermische Energie. Der bergrechtliche Gewinnungsbegriff ist jedoch rein tätigkeitsbezogen und hat keine rechtsgestaltende Wirkung.[429] Er umfasst insbesondere nicht die Befugnis zur Aneignung des Bodenschatzes, so dass es auf diese hier nicht ankommt.[430] Insoweit stellt sich das Fördern von Sole bergrechtlich als eine Gewinnung dar, auf die aber keine Aneignung des Bodenschatzes folgt.[431] Demnach bedarf das Zutagefördern sowohl der Erdwärme als auch der Sole als Wärmeträger einer bergbaulichen Genehmigung gemäß §§ 6 ff. BBergG, sofern es sich nicht lediglich um eine Mitgewinnung im Sinne des § 8 Abs. 1 Nr. 1 i.V.m. § 42 BBergG handelt.[432]

Nach § 42 Abs. 1 BBergG hat der Bergbauberechtigte bei der Gewinnung bergfreier Bodenschätze das Recht, innerhalb seines Feldes andere Bodenschätze mitzugewinnen, soweit sie nach der Entscheidung der zuständigen Behörde bei planmäßiger Durchführung der Gewinnung aus bergtechnischen oder sicherheitstechnischen Gründen nur gemeinschaftlich gewonnen werden können. Dies ist dann der Fall, wenn die Bodenschätze derart gelagert sind, dass die Gewinnung des einen nicht zeitlich getrennt von der des anderen erfolgen kann.[433] Unter bergtechnischen Gesichtspunkten ist eine gemeinschaftliche Gewinnung erforderlich, wenn nach den anerkannten bergmännischen Abbaumethoden eine Gewinnung des den Gegenstand der Bergbauberechtigung bildenden Bodenschatzes ohne

---

426 *Boldt/Weller*, Bundesberggesetz, § 3, Rn. 27.

427 *Kopf*, Erzmetall 51 (1998), S. 548, 557.

428 *Boldt/Weller*, Bundesberggesetz, § 3, Rn. 27; *Ehrlich*, in: Geoforschungszentrum Potsdam, Scientific Technical Report 98/09, S. 27, 35.

429 BT-Drucks. 8/1315, S. 80; *Piens/Schulte/Graf Vitzthum*, Bundesberggesetz, § 4, Rn. 4.

430 BT-Drucks. 8/1315, S. 80; *Kopf*, Erzmetall 51 (1998), S. 548, 557.

431 *Kopf*, Erzmetall 51 (1998), S. 548, 558.

432 *Boldt/Weller*, Bundesberggesetz, § 3, Rn. 36.

433 *Boldt/Weller*, Bundesberggesetz, § 42, Rn. 6.

Mitgewinnung des sog. „beibrechenden“ Bodenschatzes ausgeschlossen ist.[434] Bei der Nutzung einer geothermischen Dublette ist das zu bejahen, da die Erdwärmegewinnung zwangsläufig mit der Gewinnung der Sole zusammenfällt, sofern das Grundwasser einen entsprechenden Salzgehalt aufweist. Eine getrennte Gewinnung der Bodenschätze ist in diesem Fall bergtechnisch unmöglich, so dass die bergfreien Bodenschätze Erdwärme und Sole nur gemeinschaftlich im Sinne des § 42 Abs. 1 BBergG erschlossen werden können.

Die Feststellung der Voraussetzungen des § 42 Abs. 1 BBergG und damit des Mitgewinnungsrechts des Bergbauberechtigten erfordert stets eine Entscheidung der zuständigen Bergbehörde, weil durch die Ausübung des Mitgewinnungsrechts unter Umständen fremde Gewinnungsberechtigungen berührt werden.[435] Eine Pflicht zur Herausgabe des mitgewonnenen Bodenschatzes gemäß § 42 Abs. 2 BBergG scheidet hier jedoch aus, da eine Trennung von Sole und Erdwärme gemäß § 42 Abs. 2 Satz 4 Nr. 1 BBergG unmöglich, jedenfalls aber unzumutbar ist. Käme man im Einzelfall zu dem Ergebnis, dass Erdwärme und Sole nicht zwingend gemeinschaftlich gewonnen werden müssen, so dass eine Mitgewinnung nicht vorläge, könnten Aufsuchung und Gewinnung der Erdwärme aus Vereinfachungsgründen gemeinsam mit dem als Wärmeträger vorgesehenen bergfreien Bodenschatz – neben der Sole können dies zum Beispiel auch Laugen oder sonstige Minerallösungen sein – in einer einzigen Erlaubnis oder Bewilligung zusammengefasst werden.[436] Auch in diesem Fall wäre also der tatsächliche Mehraufwand, der aus der Erschließung zweier Bodenschätze resultiert, als gering einzustufen.

Abschließend ist an dieser Stelle noch einmal auf das Verfahren zur Genehmigung des Aquiferspeichers am Berliner Reichstag hinzuweisen. Zwar bedurfte es dort für den Betrieb der Anlage keiner bergrechtlichen Zulassung für die Gewinnung von Erdwärme, weil es nicht zu einer Nutzung des natürlichen Erdwärmepotenzials kommt. Da als Trägermedium für die künstlich eingebrachte thermische Energie aber die in den Speicherschichten natürlich vorkommende Sole verwendet wird, war für die Solegewinnung die Erteilung einer bergrechtlichen Bewilligung erforderlich.[437]

434 *Boldt/Weller*, Bundesberggesetz, § 42, Rn. 6.

435 *Kremer/Neuhaus gen. Wever*, Bergrecht, Rn. 103.

436 *Herzog*, Die Geothermiebohrung „RWTH-1“, S. 22; *Boldt/Weller*, Bundesberggesetz, § 3, Rn. 36.

437 Schriftliche Auskunft des LBGR Brandenburg vom 30.05.2011.

B. Zur bergrechtlichen Genehmigungsbedürftigkeit der Erschließung oberflächennaher Erdwärme

Da es sich nach den obigen Ausführungen auch bei der oberflächennahen Erdwärme – unabhängig von der Tiefe der Bohrung und dem erschlossenen Temperaturniveau – um einen bergfreien Bodenschatz im Sinne des BBergG handelt, sind ihre Aufsuchung und Gewinnung grundsätzlich genehmigungsbedürftig. Nach § 6 Satz 1 BBergG bedarf der Erlaubnis (§ 7 BBergG), wer bergfreie Bodenschätze aufsuchen will, und der Bewilligung (§ 8 BBergG) oder des Bergwerkseigentums (§ 9 BBergG), wer bergfreie Bodenschätze gewinnen will. Eine Ausnahme von der Genehmigungsbedürftigkeit könnte sich für die Erschließung oberflächennaher Erdwärme aus § 4 Abs. 2 Nr. 1 BBergG ergeben.

I. Zur Auslegung der Ausnahmeregelung des § 4 Abs. 2 Nr. 1 BBergG

Nach der auch als Eigenversorgungsklausel bezeichneten Vorschrift des § 4 Abs. 2 Nr. 1 BBergG[438] fällt das Lösen oder Freisetzen von Bodenschätzen „in einem Grundstück aus Anlass oder im Zusammenhang mit dessen baulicher oder sonstiger städtebaulicher Nutzung“ nicht unter den bergrechtlichen Gewinnungsbegriff, d.h. eine in diesem Sinne grundstücksbezogene Nutzung von Erdwärme ist keine bewilligungsbedürftige Gewinnung eines Bodenschatzes nach dem BBergG. Unterschiedlich beurteilt werden sowohl in der Literatur als auch in der verwaltungsbehördlichen Praxis die Voraussetzungen, unter denen die erforderliche Verbindung von baulicher Nutzung, Erdwärmegewinnung und Grundstück im Sinne des § 4 Abs. 2 Nr. 1 BBergG noch zu bejahen ist bzw. ab wann eine grundstücksübergreifende Erdwärmeerschließung vorliegt. Weitgehend Einigkeit besteht darin, dass die Ausnahme des § 4 Abs. 2 Nr. 1 BBergG nicht einschlägig ist, wenn die gewonnene Erdwärme dazu genutzt wird, Gebäude auf anderen Grundstücken zu beheizen, sofern diese nicht im unmittelbaren räumlichen oder betrieblichen Zusammenhang mit dem Gewinnungsgrundstück stehen, oder wenn die Erdwärmegewinnung dazu dient, Strom oder Fernwärme zu erzeugen und in die allgemeinen Versorgungsnetze einzuspeisen.[439] In diesen Fällen beschränkt sich die Nutzung

438 vgl. *Sanden*, in: Geothermische Vereinigung - Bundesverband Geothermie e.V., Mehr Energie von unten, S. 232, 234.

439 Grundsatz-Erlass des Ministeriums für Wirtschaft, Mittelstand und Energie des Landes Nordrhein-Westfalen, Nutzbarmachung geothermischer Energie (Erdwärme)

der Erdwärme gerade nicht auf die Eigenversorgung des Grundstücks, sondern es kommt zu einer grenzüberschreitenden „Lieferung“ von Wärmeenergie. Abgesehen von diesen relativ eindeutigen Fällen stehen sich im Wesentlichen zwei Rechtsauffassungen gegenüber, die im Folgenden näher erläutert werden. Vorab bedarf es aber noch der Klärung, auf welchen Grundstücksbegriff im Bergrecht zurückzugreifen ist:

1. Zum bergrechtlichen Grundstücksbegriff

Die Eigenversorgungsklausel des § 4 Abs. 2 Nr. 1 BBergG setzt voraus, dass die Erdwärme „in einem Grundstück“ gelöst oder freigesetzt wird. Dies wirft die Frage auf, ob die Vorschrift auch Fälle erfasst, in denen sich die zu errichtenden Gebäude oder die geothermischen Anlagen über mehrere Flurstücke bzw. Grundstücke erstrecken.

In der Literatur wird der Grundstücksbegriff des BBergG nicht im Detail erörtert und insoweit auch nicht die Frage nach der Notwendigkeit eines besonderen bergrechtlichen Grundstücksbegriffs gestellt. Es ist daher im Rahmen des § 4 Abs. 2 Nr. 1 BBergG auf die im sonstigen Recht geläufigen Grundstücksbegriffe zurückzugreifen und zu untersuchen, ob diese eine zweckmäßige Handhabung der Vorschrift erlauben. Ausgangspunkt ist der bürgerlich-rechtliche Grundstücksbegriff, wonach Grundstück im Rechtssinne ein räumlich abgegrenzter Teil der Erdoberfläche ist, der auf einem besonderen Grundbuchblatt (§ 3 GBO[440]) oder auf einem gemeinschaftlichen Grundbuchblatt (§ 4 GBO) unter einer besonderen Nummer im Bestandsverzeichnis gebucht ist.[441] Ein solches Grundbuchgrundstück kann aus mehreren Flurstücken bestehen, nicht jedoch ein Flurstück aus mehreren Grundbuchgrundstücken.[442] Der Begriff des Grundbuchgrundstücks ist nicht nur maßgeblich bei der Anwendung des BGB und der GBO, sondern er wird auch im

in Nordrhein-Westfalen, S. 1, veröffentl. unter www.bezreg-arnsberg.nrw.de/themen/g/geothermie/grundsaetze.pdf (Stand: 14.01.2013); *Herzog*, Die Geothermiebohrung „RWTH-1“, S. 24; *Frenz*, Glückauf 146 (2010), S. 302; Leitfaden Mecklenburg-Vorpommern, S. 15.

440 Grundbuchordnung (GBO) in der Fassung der Bekanntmachung vom 26.05.1994, BGBl. 1994 Teil I Nr. 32 vom 04.06.1994, S. 1114; zuletzt geändert durch Art. 4 des Gesetzes vom 15.12.2011, BGBl. 2011 Teil I Nr. 67 vom 21.12.2011, S. 2714.

441 *Kohler*, in: Münchener Kommentar zum Bürgerlichen Gesetzbuch, Band 6, vor § 873, Rn. 3.

442 *Bassenge*, in: Palandt, Bürgerliches Gesetzbuch, Überbl v § 873, Rn. 1.

Bauplanungs- und im Bauordnungsrecht zugrunde gelegt.[443] Lediglich in Ausnahmefällen wird in baurechtlichen Angelegenheiten auf den wirtschaftlichen Grundstücksbegriff ausgewichen, wenn Sinn und Zweck einer bau- oder bodenrechtlichen Regelung andernfalls „handgreiflich" verfehlt würden[444], es also zu grob unangemessenen Ergebnissen käme. Als Grundstück im wirtschaftlichen Sinn ist danach jeder einheitlich bewirtschaftete Grundbesitz anzusehen; es kommt nicht entscheidend darauf an, wie das Grundstück im Grundbuch eingetragen ist, sondern allein auf die wirtschaftliche Zusammengehörigkeit der Bodenflächen.[445] Im Ergebnis kommt der Frage des richtigen Grundstücksbegriffs allerdings nur selten fallentscheidende Bedeutung zu, da Grundstücke des bürgerlichen Rechts zumeist auch wirtschaftliche Einheiten darstellen.[446]

Es gibt keine stichhaltigen Argumente dafür, im Bereich des Bergrechts von den vorgenannten Grundsätzen abzuweichen. Regelmäßig ist daher auch im Rahmen des § 4 Abs. 2 Nr. 1 BBergG vom bürgerlich-rechtlichen Grundstücksbegriff auszugehen. Nur wenn die Anwendung des formalisierten grundbuchrechtlichen Begriffs ein sinnvolles Ergebnis verhindern und den Zielen des BBergG zuwiderlaufen würde, ist ausnahmsweise auf den wirtschaftlichen Grundstücksbegriff abzustellen. Als Beispiel sei der Fall genannt, dass sich die baulichen Anlagen bei einem geothermischen Großprojekt wie der Klimatisierung eines Einkaufszentrums über mehrere Flurstücke erstrecken, die im Grundbuch nicht gemeinschaftlich, sondern unter verschiedenen Nummern verzeichnet sind, grundbuchrechtlich also mehrere Grundstücke im Rechtssinne darstellen. Eine Anwendung des § 4 Abs. 2 Nr. 1 BBergG würde in diesem Fall praktisch ausscheiden, obwohl es sich um eine Erdwärmeerschließung zur Beheizung und Kühlung eines Gebäudes und damit um den typischen Anwendungsfall der Vorschrift handelt.[447] Unter diesen Voraussetzungen ist eine Betrachtungsweise vorzugswürdig, die die verschiedenen Grundstücke als wirtschaftliche Einheit erfasst und dem Gesetzeszweck entsprechend die Möglichkeit eröffnet, die Erdwärmenutzung zur Eigenversorgung des Objektes aus dem Gewinnungsbegriff herauszunehmen und als nicht bewilligungspflichtig einzustufen. Dies setzt allerdings voraus, dass die verschiedenen grundbuchrechtlichen Grundstücke im Eigentum einer Person oder derselben

443 vgl. BVerwG, Urteil vom 16.04.1971 - 4 C 82/69 -, NJW 1972, S. 701; *Jensen*, in: Arndt/Jensen/Thomsen/Witt, Handkommentar zur LBO Schleswig-Holstein, § 1, Rn. 7.
444 BVerwG, Beschluss vom 11.04.1990 - 4 B 62/90 -, BauR 1990, S. 337/338.
445 OLG Schleswig, Beschluss vom 03.03.2009 - 3 WLw 20/08 -, zit. n. juris, Rn. 49.
446 OVG Münster, Beschluss vom 18.12.2009 - 15 A 2307/09 -, zit. n. juris, Rn. 5.
447 vgl. BT-Drucks. 8/3965, S. 133.

Eigentümermehrheit stehen. Sofern es sich nicht nur um mehrere Grundstücke im grundbuchrechtlichen Sinne, sondern darüber hinaus um unterschiedliche Grundstückseigentümer handelt, kann § 4 Abs. 2 Nr. 1 BBergG nicht zur Anwendung kommen.

2. Zur Abgrenzung nach den thermischen Auswirkungen der Erdwärmeerschließung

Soweit es die in § 4 Abs. 2 Nr. 1 BBergG vorausgesetzte Grundstücksbezogenheit der Erdwärmeerschließung betrifft, ist diese nach verbreiteter Ansicht nicht mehr gegeben, wenn Nachbargrundstücke durch den Betrieb der Geothermieanlage thermisch oder stofflich beeinflusst werden.[448] Diese Rechtsauffassung entspricht der überwiegenden Verwaltungspraxis der Länder, die unter Rückgriff auf die Ausnahmebestimmung des § 4 Abs. 2 Nr. 1 BBergG eine bergrechtlich relevante Gewinnung von Erdwärme nur dann bejaht, wenn zugleich benachbarten Grundstücken Wärme entzogen bzw. zugeführt wird.[449] Um derartige thermische Beeinträchtigungen zu vermeiden, wird von einigen Behörden bei der Errichtung von Erdwärmesonden die Einhaltung eines Mindestabstandes zur Grundstücksgrenze von 5 m verlangt.[450]

Für kleinere Anlagen mit einer thermischen Leistung bis 30 kW ist bei Erfüllung dieser behördlichen Maßgaben davon auszugehen, dass es nicht zu einer Beeinflussung von Nachbargrundstücken durch den Entzug oder die Zuführung von Wärme kommt. Sie bedürfen daher keiner bergrechtlichen Bewilligung. Bei leistungsstärkeren Geothermieanlagen zur Beheizung und Kühlung von Großimmobilien muss demgegenüber stets im Einzelfall mit Hilfe von Modellrechnungen geprüft werden, wie sich der Anlagenbetrieb auf andere Grundstücke auswirken kann und ob er dort voraussichtlich zu Temperaturveränderungen in Gestalt von Wärme- oder Kältefahnen führen wird. Ist mit grundstücksüberschreitenden Auswirkungen zu rechnen, darf die Gewinnung von Erdwärme nur nach Erteilung

---

448 *Kräber*, Haftungsprobleme bei Geothermiebohrungen, S. 59; *Schulz*, GtE 40/2003, S. 9; *Thiele*, Umwelt- und Naturschutzaspekte bei der Erschließung und Nutzung von Erdwärme, S. 34; *Hähnlein/Blum/Bayer*, Grundwasser 2011, S. 69, 71; *Sanden*, in: Geothermische Vereinigung - Bundesverband Geothermie e.V., Mehr Energie von unten, S. 232, 234.

449 vgl. nur Leitfaden Hessen, S. 15; Leitfaden Saarland, S. 6; Leitfaden Sachsen, S. 13/14; Leitfaden Thüringen, S. 7/8.

450 so Leitfaden Hamburg, S. 41; Leitfaden Hessen, S. 15; Leitfaden Saarland, S. 6; Leitfaden Thüringen, S. 8.

einer bergrechtlichen Bewilligung sowie der Zulassung von Betriebsplänen gemäß §§ 51 ff. BBergG erfolgen. Hierbei kommt es auch darauf an, ob ein kombinierter Heiz- und Kühlbetrieb zur Klimatisierung von Gebäuden bei langfristiger Betrachtung überhaupt zu Temperaturanomalien im Untergrund führt oder ob im Jahresverlauf weitgehend ausgeglichene Temperaturbilanzen zu erwarten sind.

Weder im einschlägigen Schrifttum noch in den Leitfäden der Bundesländer ist allerdings eine Begründung für die an den Auswirkungen der Erdwärmenutzung orientierte Auslegung des § 4 Abs. 2 Nr. 1 BBergG zu finden. Allein *Kräber* beruft sich auf den Sinn und Zweck der Vorschrift, der darin liege, dass ohne umfassendes bergrechtliches Genehmigungsverfahren Erdwärme nur in den Grenzen des eigenen Grundstücks gewonnen werden solle.[451] Worauf sich diese Auslegung stützt, ist den Ausführungen des Autors jedoch nicht zu entnehmen. Für eine Berücksichtigung der thermischen Beeinflussung anderer Grundstücke ließe sich der Wortlaut der Vorschrift anführen. Danach stellt das Lösen oder Freisetzen von Bodenschätzen „in einem Grundstück" kein Gewinnen im Sinne des BBergG dar. Wenn nun aber die Entnahme von Wärmeenergie auf einem Grundstück dazu führt, dass von benachbarten Grundstücken Wärme „nachfließt", um das Wärmedefizit auszugleichen, wird nicht nur einem, sondern mehreren Grundstücken Erdwärme entzogen. In diesem Fall beschränkt sich die Erschließung der Erdwärme eben nicht, wie es der Wortlaut der Vorschrift nahelegt, auf ein einziges Grundstück, sondern sie nimmt auch andere, im Eigentum Dritter stehende Grundstücke in Anspruch. Dieser Umstand könnte die Notwendigkeit einer bergrechtlichen Zulassung rechtfertigen.

Andererseits wird gegen die Berücksichtigung thermischer oder hydrogeologischer Auswirkungen der Erdwärmenutzung im Rahmen des § 4 Abs. 2 Nr. 1 BBergG eingewandt, dass dem BBergG eine derartige Beschränkung nicht zu entnehmen sei.[452] Dem ist insoweit zuzustimmen, als die Gesetzesmaterialien keine Hinweise darauf enthalten, dass die Grundstücksbezogenheit der Erdwärmenutzung von der Beeinflussung bzw. Nicht-Beeinflussung der Nachbargrundstücke abhängen soll. Sowohl in der Begründung des Gesetzentwurfs der Bundesregierung als auch in dem Bericht des Wirtschaftsausschusses des Bundestages zum Gesetzentwurf wird maßgeblich vielmehr auf den Zweck der Erdwärmeerschließung abgestellt.[453]

---

451 *Kräber*, Haftungsprobleme bei Geothermiebohrungen, S. 58/59.

452 Grundsatz-Erlass des Ministeriums für Wirtschaft, Mittelstand und Energie des Landes Nordrhein-Westfalen, Nutzbarmachung geothermischer Energie (Erdwärme) in Nordrhein-Westfalen, S. 2; *Frenz*, Glückauf 146 (2010), S. 302.

453 vgl. BT-Drucks. 8/1315, S. 80 und BT-Drucks. 8/3965, S. 133.

Daher ist die vielfach vertretene Auffassung, die Grundstücksbezogenheit im Sinne des § 4 Abs. 2 Nr. 1 BBergG richte sich nach den thermischen und stofflichen Auswirkungen des Anlagenbetriebs, zumindest kritisch zu hinterfragen.

3. Zur Abgrenzung nach dem Zweck der Erdwärmeerschließung

Vertreten lässt sich auch eine Auslegung dahingehend, dass eine Gewinnung von Erdwärme im bergrechtlichen Sinne dann nicht vorliegt, wenn der Zweck der Nutzung vornehmlich baulicher oder städtebaulicher, nicht aber energetischer Art ist. Danach bedarf eine Geothermieanlage keiner bergrechtlichen Bewilligung, sofern sie lediglich der Klimatisierung der auf einem Grundstück befindlichen baulichen Anlagen dient.[454] Denn in diesem Fall stellt die bauliche Nutzung des Grundstücks die Hauptnutzung dar, die Erdwärmenutzung ist nur eine nachrangige Nebennutzung.[455] Anders wäre es zu beurteilen, wenn auf einem Grundstück eine geothermische Heizzentrale zur Versorgung anderer Objekte oder ein Thermalbad zur öffentlichen Nutzung errichtet wird. Dann ist die energetische Komponente vorrangig und die notwendige Bebauung folgt dieser nach.[456] Die Grundstücksbezogenheit wird hier also funktionell bestimmt. Eine bergrechtlich relevante Gewinnung eines Bodenschatzes liegt danach nicht vor, wenn die Erdwärmenutzung als abhängige Funktion der baulichen Nutzung anzusehen ist.[457] Eine bewilligungspflichtige Gewinnung von Erdwärme im Sinne des § 4 Abs. 2 BBergG ist nur dann zu bejahen, wenn die Erdwärmenutzung im Verhältnis zur baulichen Nutzung wesentlich überwiegt.[458] Dies ist bei städtebaulichen Großprojekten aber regelmäßig nicht der Fall.

Für die funktionelle Bestimmung der Grundstücksbezogenheit lässt sich zunächst auf die Äußerungen im Gesetzgebungsverfahren und einen entsprechenden Willen des Gesetzgebers verweisen. Denn der Gesetzgeber wollte durch die Schaffung des § 4 Abs. 2 Nr. 1 BBergG den bergrechtlichen Gewinnungsbegriff von solchen Tätigkeiten abgrenzen, „die zwar das Lösen und Freisetzen von

---

454 so bspw. der Grundsatz-Erlass des Ministeriums für Wirtschaft, Mittelstand und Energie des Landes Nordrhein-Westfalen, Nutzbarmachung geothermischer Energie (Erdwärme) in Nordrhein-Westfalen, S. 1; Leitfaden Mecklenburg-Vorpommern, S. 15.

455 *Kopf*, Erzmetall 51 (1998), S. 548, 556.

456 *Kopf*, Erzmetall 51 (1998), S. 548, 556.

457 *Piens/Schulte/Graf Vitzthum*, Bundesberggesetz, § 4, Rn. 15; *Heitmann*, ZfB 125 (1984), S. 440, 457; Erlass des Ministeriums für Wirtschaft, Mittelstand und Verkehr Baden-Württemberg vom 30.06.1982, Az.: IV 8410/79, S. 1.

458 *Piens/Schulte/Graf Vitzthum*, Bundesberggesetz, § 4, Rn. 15.

Bodenschätzen im Gefolge haben, gleichwohl aber nicht bergbauliche Tätigkeiten sind, weil ihr Zweck gerade nicht auf die Gewinnung von Bodenschätzen gerichtet, diese vielmehr unabdingbare Voraussetzung für die Erreichung eines anderen Zweckes an der gleichen Stelle ist".[459] Auch in dem Bericht des Wirtschaftsausschusses des Bundestages zum Entwurf des BBergG wird als Anwendungsbeispiel für den Ausnahmetatbestand des § 4 Abs. 2 Nr. 1 BBergG ausdrücklich die Nutzung von Erdwärme für die Beheizung eines zu errichtenden Gebäudes genannt, ohne dass dies vom Nichtbestehen möglicher Auswirkungen auf Nachbargrundstücke abhängig gemacht wird.[460] Demnach lässt die historische Auslegung darauf schließen, dass es für die Anwendbarkeit des § 4 Abs. 2 Nr. 1 BBergG vorrangig auf den Zweck der Erdwärmenutzung ankommt, nicht dagegen auf die Auswirkungen der Erdwärmenutzung auf benachbarte Grundstücke. Das Bundesarbeitsgericht hat sich dieser Auffassung im Rahmen einer sozialbeitragsrechtlichen Entscheidung zur Abgrenzung von Urproduktion, zu der das Bergwesen zählt, und gewerblicher Tätigkeit angeschlossen und die Anwendbarkeit des BBergG auf Bodenbohrungen zur Errichtung von Wärmequellenanlagen mit Hinweis auf die Gesetzesbegründung abgelehnt.[461]

Gegen eine ausschließlich am Nutzungszweck orientierte Interpretation des § 4 Abs. 2 Nr. 1 BBergG lässt sich einwenden, dass sie in manchen Fällen zu wenig sinnvollen Ergebnissen führt. So könnte beispielsweise die geothermische Beheizung eines Wohnhochhauses mit 100 Wohnparteien[462] als bergrechtlich irrelevant eingestuft werden, obwohl eine derart leistungsstarke Anlage geeignet ist, massive Temperaturveränderungen im Untergrund auszulösen und umgebende Nutzungen zu beeinträchtigen. Auch für die Bohrung „RWTH-1" zur Klimatisierung eines Bürogebäudes auf dem Campus der Universität Aachen wäre eine bergrechtliche Bewilligung nach der zweckgerichteten Auslegung entbehrlich gewesen, ungeachtet der Tiefe der Bohrung von etwa 2.500 m. Bergrecht hätte insoweit nur eingeschränkt über § 127 Abs. 1 BBergG Anwendung gefunden.

4. Eigene Überlegungen zur Auslegung des § 4 Abs. 2 Nr. 1 BBergG

Es bleibt zu klären, welche der dargestellten Rechtsauffassungen vorzugswürdig erscheint. Vorab ist insoweit noch einmal darauf hinzuweisen, dass sich die

459 BT-Drucks. 8/1315, S. 80.
460 vgl. BT-Drucks. 8/3965, S. 133.
461 vgl. BAG, Urteil vom 21.01.2009 - 10 AZR 67/08 -, zit. n. juris, Rn. 22.
462 so das Beispiel bei *Kopf*, Erzmetall 51 (1998), S. 548, 555/556.

verwaltungsbehördliche Praxis der Länder, welche eine Anwendbarkeit des Bergrechts auf die oberflächennahe Geothermie bei fehlender Beeinträchtigung von Nachbargrundstücken überwiegend verneint, lediglich auf Kleinanlagen zur Versorgung von Ein- oder Zweifamilienhäusern bezieht. Geothermische Großprojekte zur Klimatisierung von Verwaltungsgebäuden, Einkaufszentren, Sporthallen etc. bedürfen auch nach dieser Auffassung stets einer besonderen, einzelfallbezogenen Betrachtung.

Eine Entscheidung über die zweckmäßige Auslegung des § 4 Abs. 2 Nr. 1 BBergG kann nicht getroffen werden, ohne die jeweiligen rechtlichen und tatsächlichen Konsequenzen in den Blick zu nehmen. Von Bedeutung ist insoweit unter anderem die Lösung drohender Nutzungskonflikte im urbanen Bereich, wobei an dieser Stelle lediglich ein kurzer Überblick zu deren bergrechtlicher und zivilrechtlicher Einordnung zu geben ist. Ausführlich werden die bei der Erschließung von Erdwärme auftretenden Nutzungskonflikte im 7. Teil der Arbeit behandelt.

a) Zur Bedeutung von Nutzungskonflikten für die Auslegung des § 4 Abs. 2 Nr. 1 BBergG

Das Verhältnis von Bergrecht und Zivilrecht ist im Überblick wie folgt zu beschreiben: Wenn eine genehmigungsbedürftige und betriebsplanpflichtige Aufsuchung oder Gewinnung von Erdwärme vorliegt, sind etwaige nachbarrechtliche Streitigkeiten vorrangig anhand des Bergrechts und nicht über die Normen des Bürgerlichen Gesetzbuches (BGB) zu lösen. Das Bergrecht besitzt privatrechtsgestaltenden Charakter.[463] Es entzieht das Verhältnis zwischen Oberflächeneigentümer und Tiefennutzer der zivilrechtlichen Regelung des § 905 BGB und unterwirft es dem bergrechtlichen Sonderregime der §§ 6 ff., 77 ff. und 114 ff. BBergG.[464] Dies hat zur Folge, dass Eigentümern benachbarter Grundstücke grundsätzlich keine zivilrechtlichen Ansprüche auf Unterlassung der Erdwärmegewinnung zustehen, sofern der Anlagenbetreiber über eine bergrechtliche Bewilligung verfügt. Nutzungskonflikte sind – soweit möglich – über das Bergrecht zu lösen.

Findet das Bergrecht dagegen auf die Erdwärmeerschließung gemäß § 4 Abs. 2 Nr. 1 BBergG keine Anwendung, ist das Verhältnis zwischen dem Betreiber der Geothermieanlage und einem benachbarten Grundstückseigentümer nach den Regelungen des privaten Nachbarrechts (§§ 903, 905 ff. BGB) zu beurteilen. Dem

463 *Großmann/Schuldt/Spieth/von Daniels*, Wasser und Abfall 9/2009, S. 36, 39.

464 *Dietrich/Schäperklaus*, Erdöl, Erdgas, Kohle 2009, S. 20, 21/22.

Grundstückseigentümer stehen insoweit bei Beeinträchtigungen seines Eigentums in der Luft und im Boden die Rechte aus § 1004 Abs. 1 und §§ 823 ff. BGB zu, vorbehaltlich möglicher Beschränkungen durch §§ 905 Satz 2, 906 BGB.[465] So kann der Eigentümer Einwirkungen nicht verbieten, die in solcher Höhe oder Tiefe vorgenommen werden, dass er an der Ausschließung kein Interesse hat (§ 905 Satz 2 BGB). Er ist dann gemäß § 1004 Abs. 2 BGB zur Duldung verpflichtet. Will er den Untergrund selbst geothermisch nutzen, kann ein Ausschlussinteresse gegenüber Einwirkungen bestehen, die diese Nutzung beeinträchtigen.[466] Beachtlich sind dabei nicht nur gegenwärtige Nutzungen, sondern auch zukünftige Nutzungsmöglichkeiten, soweit sie hinreichend konkretisiert sind.

Für die Auslegung des § 4 Abs. 2 Nr. 1 BBergG bedeutet dies Folgendes:

Nach der insbesondere von den zuständigen Behörden vertretenen Auffassung, die maßgeblich auf die thermische Beeinflussung von Nachbargrundstücken abstellt, ergibt sich eine weitgehend klare Abgrenzung von Bergrecht und Zivilrecht. Sofern der Betrieb einer Anlage zur Gewinnung und Speicherung oberflächennaher Geothermie zu Temperaturveränderungen im Untergrund führt und diese sich auf Nachbargrundstücke erstrecken, bedarf die Erdwärmenutzung einer bergrechtlichen Bewilligung und der Zulassung entsprechender Betriebspläne. Das Bewilligungsfeld schließt in diesem Fall den untertägigen Raum der Nachbargrundstücke mit ein, so weit die Temperaturauswirkungen reichen. In diesem Bereich hat der Nachbar Beeinträchtigungen seines Eigentums zu dulden; ein zivilrechtlicher Abwehranspruch aus § 1004 Abs. 1 BGB ist ausgeschlossen. Bei Schäden am Oberflächeneigentum können sich Ausgleichsansprüche über die Bergschadenshaftung gemäß §§ 114 ff. BBergG ergeben. Es entspricht insoweit nahezu einhelliger Auffassung in Rechtsprechung und Schrifttum, dass sich aus dem Oberflächeneigentum von jeher nicht die Befugnis ergibt, die auf dem ausschließlichen Recht zur Gewinnung von Bodenschätzen beruhenden bergbaulichen Einwirkungen abzuwehren; der Oberflächeneigentümer ist allein auf die Wiedergutmachung seines Schadens durch bergbauliche Ersatzleistungen nach §§ 114 ff. BBergG verwiesen.[467]

---

465 *Säcker*, in: Münchener Kommentar zum Bürgerlichen Gesetzbuch, Band 6, § 905, Rn. 7.

466 *Säcker*, in: Münchener Kommentar zum Bürgerlichen Gesetzbuch, Band 6, § 905, Rn. 8.

467 vgl. nur BGH, Urteil vom 16.02.1970 - III ZR 136/68 -, BGHZ 53, S. 226, 229, 233/234; *Boldt/Weller*, Bundesberggesetz, § 8, Rn. 7, 8; *Piens/Schulte/Graf Vitzthum*, Bundesberggesetz, vor § 110, Rn. 2.

Eine Ausnahme von dem generellen Vorrang des Bergrechts hat das Bundesverwaltungsgericht im sog. „Moers-Kapellen-Urteil“ zugelassen. Danach muss im Rahmen des Betriebsplanverfahrens § 48 Abs. 2 BBergG verfassungskonform dahingehend ausgelegt werden, dass die zuständige Behörde die Gewinnung eines Bodenschatzes zu beschränken oder zu untersagen hat, wenn unbeschadet der Haftungsregelung in §§ 114 ff. BBergG eine unverhältnismäßige Beeinträchtigung des Oberflächeneigentums nicht verhindert werden kann.[468] Auch wenn sich diese Ausführungen nur auf das Oberflächeneigentum beziehen, können sie angesichts der Regelung in § 905 Satz 1 BGB entsprechend für den untertägigen Raum herangezogen werden. Die Einbeziehung von Eigentümerinteressen in das Betriebsplanverfahren darf aber nicht dazu führen, den grundsätzlichen Vorrang des Bergbaus, wie er beispielsweise in der Rohstoffsicherungsklausel des § 1 Nr. 1 BBergG seinen Ausdruck findet, zu unterlaufen oder zu marginalisieren. Die vorstehenden Erwägungen ändern jedenfalls nichts daran, dass eine Auslegung des § 4 Abs. 2 Nr. 1 BBergG anhand des Kriteriums „thermische Auswirkungen auf Nachbargrundstücke“ eine stringente und zugleich rechtssichere Handhabung der Vorschrift ermöglicht, nach der zivilrechtliche Auseinandersetzungen zwischen den Beteiligten weitgehend vermieden werden. Zudem stimmt diese Auslegung mit den allgemeinen zivilrechtlichen Wertungen überein, wonach eine Benutzung, die sich innerhalb der Grenzen des eigenen Grundstücks hält, keiner besonderen Rechtfertigung bedarf.[469] Dagegen tritt das Benutzungsrecht des Eigentümers gegenüber dem Ausschließungsrecht des benachbarten Grundstückseigentümers zurück, wenn die Nutzung des eigenen Grundstücks zu Grenzüberschreitungen führt, es sei denn, es liegt ein besonderer Erlaubnistatbestand vor.[470] Eine derartige Gestattung ergibt sich bei grenzüberschreitender Erdwärmeerschließung aus der Bergbauberechtigung, im Übrigen aus § 4 Abs. 2 Nr. 1 BBergG.

Sind thermische Beeinflussungen von Nachbargrundstücken dagegen nicht zu erwarten, was bei kleineren Vorhaben durch Abstandsregelungen sicherzustellen und bei größeren Projekten anhand von Modellrechnungen zu ermitteln ist, bedarf die Erdwärmenutzung keiner bergrechtlichen Zulassung. Nachbarrechtliche Auseinandersatzungen sind dann allein anhand der einschlägigen bürgerlichrechtlichen Vorschriften zu lösen. Da in diesen Fällen eine Beeinträchtigung des Grundeigentums Dritter aber gerade nicht zu besorgen ist, dürfte es auch nur in Ausnahmefällen zu nachbarrechtlichen Nutzungskonflikten kommen.

---

468 BVerwG, Urteil vom 16.03.1989 - 4 C 36/85 -, BVerwGE 81, S. 329, 346.

469 BGH, Urteil vom 21.10.1983 - V ZR 166/82 -, NJW 1984, S. 729.

470 *Bassenge*, in: Palandt, Bürgerliches Gesetzbuch, § 903, Rn. 7/8.

Wenn man demgegenüber im Rahmen des § 4 Abs. 2 Nr. 1 BBergG auf den Nutzungszweck abstellt, ist eine bergrechtliche Bewilligung bei einer Erdwärmeerschließung zur Beheizung und Klimatisierung der auf einem Grundstück befindlichen Gebäude entbehrlich, unabhängig davon wie sich das Vorhaben auf die Umgebung auswirkt. Ebenso wenig spielt es nach dieser Ansicht eine Rolle, ob es sich um die geothermische Versorgung eines Einfamilienhauses oder um die Klimatisierung von Großimmobilien wie Einkaufszentren oder Bürogebäuden handelt. Sämtliche nachbarrechtlichen Konflikte sind danach gemäß §§ 903 ff. und § 1004 BGB zu beurteilen. Dies hat zur Folge, dass ein Grundstückseigentümer die Einwirkungen auf sein Grundstück durch benachbarte Geothermieanlagen grundsätzlich nach § 1004 Abs. 1 i.V.m. § 905 BGB verbieten kann, wenn er ein hinreichend konkretes eigenes Nutzungsinteresse am Untergrund hat, wenn er also selbst Erdwärme gewinnen möchte. Dies gilt jedenfalls dann, wenn die Beeinträchtigung der eigenen Nutzung bzw. Nutzungsmöglichkeit nicht nur unwesentlich im Sinne des § 906 BGB ist. Eine Duldungspflicht des Grundstückseigentümers kann sich allein aus den richterrechtlich entwickelten Grundsätzen des nachbarlichen Gemeinschaftsverhältnisses ergeben, ggf. unter Gewährung eines nachbarrechtlichen Ausgleichsanspruchs (vgl. hierzu im Einzelnen den 7. Teil, S. 341 ff.). Problematisch ist insoweit, dass insbesondere in innerstädtischen Bereichen, also bei Vorhandensein vieler Anlagen auf verhältnismäßig engem Raum, die gegenseitige Geltendmachung von Unterlassungsansprüchen durch betroffene Grundstückseigentümer droht. Dies wiederum könnte eine effektive und rentable Erdwärmenutzung behindern und damit der Klimaschutzfunktion der oberflächennahen Geothermie zuwiderlaufen. Ein vergleichbares Problem ergibt sich aber wegen der Ausschließlichkeit bergbaulicher Gewinnungsberechtigungen auch beim Abstellen auf die thermische Beeinflussung anderer Grundstücke. Denn sofern in einem bestimmten Gebiet mehrere Großanlagen mit grenzüberschreitenden Auswirkungen geplant sind oder betrieben werden, dürfen deren Auswirkungen jeweils nur bis an den Rand bereits existierender Bewilligungsfelder reichen. Dies lässt in urbanen Räumen ebenfalls erhebliche Behinderungen einer großflächigen Erdwärmenutzung erwarten.

b) Zu weiteren Aspekten der Auslegungsproblematik

Neben den erörterten Fragen zur Lösung von Nutzungskonflikten im Zusammenhang mit der Gewinnung von Erdwärme gibt es einige weitere Gesichtspunkte, die für die Auslegung des § 4 Abs. 2 Nr. 1 BBergG von Bedeutung sind und die im Ergebnis dagegen sprechen, die thermischen Auswirkungen des Anlagenbetriebs zum Maßstab der Grundstücksbezogenheit zu machen:

aa) Zu den praktischen Problemen bei der Bemessung von Bewilligungsfeldern

Zunächst einmal setzt eine Auslegung, die auf die unterirdische Beeinflussung benachbarter Grundstücke abstellt, voraus, dass sich diese Auswirkungen im Vorfeld hinreichend sicher und genau prognostizieren lassen. In dieser Hinsicht bestehen jedoch Bedenken bezüglich der Verlässlichkeit von Vorausberechnungen über die Ausbreitung der Wärme- bzw. Kältefahnen. Denn der Betrieb einer Anlage zur Beheizung und Kühlung von Großimmobilien erfordert stets eine mindestens zweijährige Einregulierungsphase, in der das Zusammenspiel zwischen den Systemteilen zur Wärme- und Kältespeicherung im Untergrund, dem Gebäude, weiteren Anlagen zur thermischen Konditionierung sowie mit den Nutzern zu optimieren ist.[471] Diesbezügliche Messungen im Rahmen eines Forschungsprojektes zur Wärme- und Kältespeicherung im Gründungsbereich energieeffizienter Bürogebäude (WKSP)[472] haben zum Teil erhebliche Abweichungen des tatsächlichen Wärmeeintrags in den Untergrund gegenüber den Planungswerten aufgezeigt, die zum einen auf Betriebsfehler der Anlage und zum anderen auf eine im konkreten Fall für den Kühlbetrieb zu hohe Untergrundtemperatur zurückzuführen waren.[473] So sollte das Verhältnis des freien Kühlbetriebs zum Kältemaschinenbetrieb nach der vorherigen Planung 68 % zu 32 % betragen; im tatsächlichen Betrieb lag dieses Verhältnis bei 15 % zu 85 %, wodurch zugleich die angestrebte neutrale Energiebilanz beeinflusst wurde.[474] Wegen der nach Inbetriebnahme einer Geothermieanlage regelmäßig notwendigen Optimierung des Anlagenbetriebs besteht daher die Gefahr, dass die tatsächlichen Temperaturveränderungen im Untergrund und damit auch das Ausmaß der Ausbreitung von Kälte- und Wärmefahnen von der Vorausberechnung abweichen. Die Bergbehörde muss aber bei der Bemessung der Bewilligungsfelder auf die insoweit unsichere Planung der Antragsteller zurückgreifen. Dies birgt das Risiko, dass es im späteren Anlagenbetrieb zu einer Gewinnung von Erdwärme außerhalb des bewilligten Feldes oder zu einem Übergreifen auf benachbarte Felder kommt. Bei der Festlegung der Ausmaße des

---

471 *Kipry/Bockelmann/Fisch*, in: Ostbayerisches Technologie-Transfer-Institut e.V., 9. Internationales Anwenderforum Oberflächennahe Geothermie, S. 130, 132.

472 vgl. hierzu *Bockelmann/Fisch/Abendroth/Koring*, Hauptverwaltung GELSENWASSER AG: Heizen und Kühlen mit Erdwärme, in: GtV – Bundesverband Geothermie e.V., Der Geothermiekongress 2011, S. 1 ff.

473 *Kipry/Bockelmann/Fisch*, in: Ostbayerisches Technologie-Transfer-Institut e.V., 9. Internationales Anwenderforum Oberflächennahe Geothermie, S. 130, 133.

474 *Bockelmann/Fisch/Abendroth/Koring*, Hauptverwaltung GELSENWASSER AG – Heizen und Kühlen mit Erdwärme, in: GtV – Bundesverband Geothermie e.V., Der Geothermiekongress 2011, S. 5.

Bewilligungsfeldes muss daher sehr großzügig verfahren werden, um mögliche Abweichungen von der Planung kompensieren zu können. Eine vorsorgliche Ausdehnung der Bewilligungsfelder kann jedoch wiederum die Planung und Realisierung anderer Erdwärmeprojekte behindern oder unmöglich machen.

Zur Kontrolle des ordnungsgemäßen und effizienten Anlagenbetriebs sowie der Auswirkungen der Erdwärmenutzung auf Erdreich und Grundwasser ist ein begleitendes Monitoring erforderlich. Hierbei können Messungenauigkeiten der eingesetzten Temperatursensoren auftreten. Im Rahmen eines Projektes zum thermischen Monitoring von über oberflächennahe Geothermie beheizten und gekühlten Nichtwohngebäuden wies zum Beispiel einer der Wärmequellensensoren eine Abweichung von 1,4 Kelvin (K)[475] auf mit der Folge, dass sich eine wesentlich veränderte, nicht mehr neutrale saisonale Wärme-/Kältebilanz ergab.[476] Der in dem Forschungsprojekt vorgenommene Vergleich zwischen Planungsdaten und tatsächlichen Betriebsdaten hat zum einen Abweichungen zwischen prognostiziertem Bedarf und realem Verbrauch gezeigt, zum anderen hat er die begrenzte Qualität der Planungswerkzeuge (Planungsregeln, Modelle, Simulationsprogramme) deutlich gemacht.[477] Die Festlegung der Grenzen eines Bewilligungsfeldes ist demnach aufgrund der sowohl in der Planungsphase als auch während des späteren Anlagenbetriebs bestehenden Unsicherheiten bei der Berechnung der konkreten Auswirkungen der Erdwärmegewinnung jedenfalls nicht exakt, sondern allenfalls annäherungsweise möglich.

Insbesondere bei Anlagen mit Grundwasserwärmepumpen, die regelmäßig weiträumigere Auswirkungen zur Folge haben als Erdwärmesondensysteme, können zudem unterschiedliche Berechnungsmethoden zu wesentlich voneinander abweichenden Werten führen. Dies ist zumindest das Ergebnis einer Untersuchung zu den von einem geothermischen Testfeld ausgehenden Temperaturveränderungen anhand verschiedener analytischer Modelle: während sich nach dem Berechnungsverfahren von *Rauch*[478] eine Temperaturdifferenz von 1 K noch in einer Entfernung von 52 m nachweisen ließ, betrug die Ausbreitung bei Zugrundelegung

---

475 Das Kelvin ist eine gesetzliche Temperatureinheit, die insbesondere bei der Beschreibung von Temperaturveränderungen Anwendung findet; die Differenz zwischen zwei Temperaturwerten von 1 K und 1°C ist dabei gleich groß.

476 *Bohne u.a.*, Monitoring größerer Wärmepumpenanlagen mit Grundwasserbrunnen oder Erdwärmesonden – Probleme, Erfahrungen und Ergebnisse, in: Geothermische Vereinigung - Bundesverband Geothermie e.V., Der Geothermiekongress 2009, S. 1/2.

477 *Harhausen/Wohlfahrt*, bbr 2011, Sonderheft Oberflächennahe Geothermie, S. 28, 29.

478 vgl. *Rauch*, Ausbreitung von Temperaturanomalien im Grundwasser, S. 111 ff.

der Methode aus dem Leitfaden des Landes Baden-Württemberg[479] sogar 400 m, nach dem Ansatz von *Ingerle*[480] dagegen lediglich 2 m.[481] Weitere Ungenauigkeiten können daraus resultieren, dass die Modell-Eingabeparameter zum Teil abgeschätzt werden müssen, da sie sich im Gelände entweder nur schwer oder überhaupt nicht ermitteln lassen.[482]

Es bleibt demnach festzuhalten, dass die Ausdehnung der durch die Erdwärmegewinnung verursachten Temperaturanomalien im Untergrund nicht „parzellengenau“ vorhergesagt werden kann, da die Berechnungen mit Unsicherheiten behaftet sind. Dies hat zur Folge, dass im bergrechtlichen Verfahren eine exakte Bemessung des Bewilligungsfeldes – jedenfalls vor Abschluss der Einregulierungsphase – praktisch ausgeschlossen ist. Dehnt die Behörde aber das Bewilligungsfeld weiter aus, um mögliche Differenzen zwischen Anlagenplanung und -betrieb auszugleichen, werden dadurch potenzielle Nutzungsmöglichkeiten Dritter eingeschränkt. Das Bergrecht mit seiner feldesgenauen Abgrenzung der Gewinnungsberechtigungen ist demnach zur Erfassung gerade der oberflächennahen Geothermie mit ihren oft kleinräumigen, sich im urbanen Raum auch überschneidenden Nutzungen nur bedingt geeignet.

bb) Zu den Folgen für die zukünftige Geothermienutzung

Die Bestimmung des Merkmals der Grundstücksbezogenheit in § 4 Abs. 2 Nr. 1 BBergG hat auch Folgen für die Rahmenbedingungen der zukünftigen Nutzung sowohl oberflächennaher als auch tiefer Geothermie. Nachteilig könnte sich die Anwendung des Bergrechts auf Sachverhalte, in denen es infolge der Erdwärmeerschließung zur thermischen Beeinflussung von Nachbargrundstücken kommt, insbesondere deswegen auswirken, weil der gänzliche Ausschluss großflächiger Geothermievorhaben im urbanen Bereich drohen würde. Grund dafür ist das ausschließliche Aufsuchungs- und Gewinnungsrecht des Bewilligungsinhabers innerhalb des Bewilligungsfeldes. Denn die Erteilung einer einzigen bergrechtlichen Bewilligung für eine Geothermieanlage mit Auswirkungen über die Grundstücksgrenze hinaus stünde der regelmäßig auf große Flächen ausgelegten Aufsuchung oder Gewinnung tiefer Geothermie entgegen, selbst wenn die oberflächennahe

479 vgl. *Umweltministerium Baden-Württemberg*, Arbeitshilfe zum Leitfaden zur Nutzung von Erdwärme mit Grundwasserwärmepumpen, S. 18 ff.

480 vgl. *Ingerle*, Österreichische Wasserwirtschaft 1988, Nr. 11/12, S. 280 ff.

481 *Berner/Bayer/Blum*, in: Hoppe/Röhling/Schüth, GeoDarmstadt 2010 - Geowissenschaften sichern Zukunft, S. 95.

482 *Berner/Bayer/Blum*, in: Hoppe/Röhling/Schüth, GeoDarmstadt 2010 - Geowissenschaften sichern Zukunft, S. 95.

Nutzung im Verhältnis zur Tiefennutzung nur einen gänzlich unbedeutenden Flächenanteil einnehmen würde. Der Inhaber einer Bewilligung könnte daher auch Vorhaben blockieren, die technisch anspruchsvoller und energiewirtschaftlich wesentlich bedeutender sind als die eigene Erdwärmeerschließung.[483] Ein solches Ergebnis widerspricht dem Regelungszweck des BBergG, welches auf eine optimale Ausnutzung der Bodenschätze gerichtet ist, da es die gleichzeitige Nutzung von oberflächennaher Erdwärme zur Wärmeversorgung und tiefer Erdwärme zur Stromerzeugung in demselben Bewilligungsfeld ausschließt. Unabhängig von der Auslegung des § 4 Abs. 2 Nr. 1 BBergG ließe sich das Problem der Unmöglichkeit einer parallelen Gewinnung oberflächennaher und tiefer Geothermie durch eine Reformierung des geltenden Geviertfeldsystems lösen (vgl. hierzu ausführlich im 7. Teil, S. 326 ff.).

Darüber hinaus wären aber auch oberflächennahe Erdwärmevorhaben ausgeschlossen, wenn ihre thermischen Auswirkungen in das Feld einer bereits erteilten Bewilligung hineinragten, wenn sich die Felder also teilweise überlagern würden. Dementsprechend dürften sich zukünftige oberflächennahe Anlagen mit ihrer Kälte- bzw. Wärmefahne nur bis an die Feldesgrenzen der bereits erteilten Bergbauberechtigungen ausbreiten.[484] Gerade in urbanen Bereichen mit geringem Flächenangebot und hoher Nachfrage nach geothermischen Nutzungen könnte der Ausbau dieser erneuerbaren Energieform dadurch erheblich behindert werden. Dies gilt noch verstärkt für den Einsatz von Dublettenanlagen, deren thermischer Auswirkungsbereich regelmäßig größer ist als derjenige von Sondensystemen und die demzufolge eine noch weitergehende Ausschlusswirkung gegenüber zukünftigen Nutzungen entfalten.

An dieser Stelle ist den Ausführungen von *Kräber* zu widersprechen, der zwar den Sinn und Zweck des § 4 Abs. 2 Nr. 1 BBergG – zumindest auch – darin sieht, die Nutzung von Erdwärme durch eine genehmigungsrechtliche Privilegierung grundstücksbezogener Geothermieanlagen zu fördern, der aber zugleich der „engstmöglichen" Auslegung der Vorschrift folgt.[485] Wenn man danach jede grenzüberschreitende Erdwärmeerschließung dem Geltungsbereich des BBergG unterstellt, werden regelmäßig nur Kleinanlagen bis 30 kW in den Genuss der Privilegierung kommen. Damit wird dem Ziel einer Förderung der Erdwärmegewinnung aber gerade nicht Genüge getan.

---

483 vgl. *Franke*, in: Burgi, Planungssicherheit im Energiewirtschaftsrecht, S. 93, 108.

484 so bspw. die schriftliche Auskunft des Umweltamtes der Stadt Frankfurt am Main vom 12.01.2012 zur dortigen Verwaltungspraxis.

485 *Kräber*, Haftungsprobleme bei Geothermiebohrungen, S. 69/70 u. 119.

Vermeiden lassen sich die bergrechtlichen Konkurrenzprobleme zwischen verschiedenen geothermischen Nutzungen durch eine rein funktionale Auslegung des § 4 Abs. 2 Nr. 1 BBergG. Denn das Abstellen auf den Zweck der Erdwärmeerschließung hat den Vorteil, dass die Gewinnung von Erdwärme zur Klimatisierung von Gebäuden keiner bergrechtlichen Zulassung bedarf, selbst wenn sie Nachbargrundstücke thermisch beeinflusst. Sie kann somit auch zu keiner Sperrwirkung für nachfolgende tiefengeothermische Vorhaben oder für andere oberflächennahe Anlagen führen.

cc) Zu den Vorteilen einer weiten Auslegung des § 4 Abs. 2 Nr. 1 BBergG

Eine funktionale, auf die vorrangig bauliche Nutzung des Grundstücks abstellende Auslegung des § 4 Abs. 2 Nr. 1 BBergG ermöglicht es zudem, die (öffentlichrechtlichen) Konkurrenzprobleme zwischen dem Betrieb mehrerer Geothermieanlagen anhand des flexibleren Instrumentariums des Wasserrechts zu lösen. Der unteren Wasserbehörde steht insoweit über das Bewirtschaftungsermessen (vgl. § 12 Abs. 2 WHG[486]) ein planerischer Gestaltungsspielraum offen, der die Abstimmung und Koordinierung konkurrierender Vorhaben ermöglicht. Im Einzelnen ist hierzu auf die umfassenden wasserrechtlichen Ausführungen zu verweisen (vgl. unten S. 260 ff.). Das starre bergrechtliche Berechtsamssystem, welches auf die Erdwärme nur wegen der Fiktion des § 3 Abs. 3 Satz 2 Nr. 2 b) BBergG Anwendung findet, ist demgegenüber vorrangig auf die großräumige Gewinnung von Bodenschätzen angelegt, nicht aber auf die oftmals kleinteiligen Nutzungskonflikte, wie sie im Rahmen der Erdwärmeerschließung zum Zwecke der Wärme- und Kälteversorgung einzelner Gebäude auftreten können. Überzeugender ist es daher, die Anwendung des BBergG weitgehend auf die tiefe Geothermie zu beschränken, um dort eine von den Grenzen des Oberflächeneigentums losgelöste Vorhabenplanung zu gewährleisten.[487] Für die Gewinnung oberflächennaher Erdwärme, bei der es vornehmlich auf die Einhaltung

---

486 Gesetz zur Ordnung des Wasserhaushalts (Wasserhaushaltsgesetz - WHG) vom 31.07.2009, BGBl. 2009 Teil I Nr. 51 vom 06.08.2009, S. 2585; zuletzt geändert durch Art. 6 des Gesetzes vom 21.01.2013, BGBl. 2013 Teil I Nr. 3 vom 28.01.2013, S. 95.

487 *Franke*, in: Burgi, Planungssicherheit im Energiewirtschaftsrecht, S. 93, 103; *Franke*, in: Baur/Sandrock/Scholtka/Shapira, Festschrift für Gunther Kühne zum 70. Geburtstag, S. 507, 514/515; so auch die schriftliche Auskunft des Bayerischen Staatsministeriums für Wirtschaft, Infrastruktur, Verkehr und Technologie (StMWIVT) vom 01.10.2010.

sicherheitlicher Anforderungen ankommt, genügt dagegen die im Wesentlichen auf Bohrungen von mehr als 100 m Tiefe beschränkte Anwendung des Bergrechts über § 127 Abs. 1 BBergG.[488]

Dem entspricht, wenn auch mit unterschiedlichen Begründungen, die überwiegende Verwaltungspraxis der Bundesländer. So beurteilen die zuständigen Behörden in Schleswig-Holstein, Hamburg, Niedersachsen und Thüringen oberflächennahe, mittels Wärmepumpe betriebene Anlagen ausschließlich nach Wasserrecht[489], desgleichen aufgrund einer funktionalen Auslegung des § 4 Abs. 2 Nr. 1 BBergG die Behörden in Nordrhein-Westfalen, Baden-Württemberg und Mecklenburg-Vorpommern.[490] Dagegen kommt in Hessen und Sachsen Bergrecht zur Anwendung, wenn infolge der Erdwärmeerschließung Nachbargrundstücke thermisch beeinflusst werden[491], ebenso in Bayern und Brandenburg, sofern es sich um Anlagen mit einer thermischen Leistung von mehr als 200 kW handelt.[492]

In der Rechtsprechung finden sich nur wenige Entscheidungen, die sich mit der Auslegung des § 4 Abs. 2 Nr. 1 BBergG befassen. So hat beispielsweise das Hessische Landesarbeitsgericht im Rahmen der Abgrenzung von Urproduktion und gewerblicher Tätigkeit betont, dass der Gesetzgeber die oberflächennahe Erdwärmenutzung entsprechend der Begriffsbestimmung in § 4 Abs. 2 Nr. 1 BBergG nicht als eine Tätigkeit angesehen habe, die der Gewinnung eines Bodenschatzes dient.[493] Das Bundesarbeitsgericht hat dies in der Revisionsinstanz bestätigt.[494] Auch zwei aktuelle Entscheidungen der für die Kontrolle bergrechtlicher und wasserrechtlicher Genehmigungen zuständigen Verwaltungsgerichtsbarkeit lassen darauf schließen, dass die Gerichte die Gewinnung von Erdwärme zur Beheizung von Wohnhäusern mittels Erdwärmesonden unter Rückgriff auf § 4 Abs. 2 Nr. 1 BBergG als bergrechtlich nicht bewilligungsbedürftig eingestuft und die

488 *Franke*, in: Burgi, Planungssicherheit im Energiewirtschaftsrecht, S. 93, 103.

489 vgl. Leitfaden Schleswig-Holstein, S. 36; Leitfaden Hamburg, S. 41; Leitfaden Niedersachsen, S. 17; Leitfaden Thüringen, S. 7/8.

490 vgl. den Grundsatz-Erlass des Ministeriums für Wirtschaft, Mittelstand und Energie des Landes Nordrhein-Westfalen, Nutzbarmachung geothermischer Energie (Erdwärme) in Nordrhein-Westfalen sowie den Erlass des Ministeriums für Wirtschaft, Mittelstand und Verkehr Baden-Württemberg vom 30.06.1982, Az.: IV 8410/79; Leitfaden Mecklenburg-Vorpommern, S. 15.

491 vgl. Leitfaden Hessen, S. 15/16; Leitfaden Sachsen, S. 13/14.

492 vgl. Leitfaden Bayern, S. 13; Leitfaden Brandenburg, S. 13.

493 LAG Frankfurt am Main, Urteil vom 17.10.2008 - 10 Sa 1164/07 -, zit. n. juris, Rn. 24.

494 vgl. BAG, Urteil vom 21.10.2009 - 10 AZR 90/09 -, zit. n. juris, Rn. 29.

Bohrungen allein wegen ihrer Länge von 115 m bzw. 110 m über § 127 Abs. 1 BBergG der bergrechtlichen Betriebsplanpflicht unterstellt haben.[495]

Im Ergebnis bietet die Ausnahmeregelung des § 4 Abs. 2 Nr. 1 BBergG die dogmatisch „sauberste“ Möglichkeit zur Abgrenzung der bergrechtlich relevanten oberflächennahen Erdwärmeerschließungen von denjenigen, die vom Gesetzeszweck nur am Rande erfasst werden. Zu Letzteren zählen die Anlagen zur Klimatisierung von Großimmobilien, die in erster Linie der Erfüllung baulicher Zwecke dienen und denen nur eine nachrangige energetische Funktion zukommt. Sie sind daher nicht dem starren bergrechtlichen Berechtsamswesen zu unterstellen.

c) Zur Rechtsnatur der Erdwärme im Fall des § 4 Abs. 2 Nr. 1 BBergG

Abschließend ist an dieser Stelle auf die Frage einzugehen, welche konkrete Wirkung der Ausnahmeregelung des § 4 Abs. 2 Nr. 1 BBergG im Hinblick auf die Rechtsnatur der Erdwärme zukommt. Im Normalfall ist die Erdwärme kraft der Fiktion des § 3 Abs. 3 Satz 2 Nr. 2 b) BBergG als bergfreier Bodenschatz zu behandeln, an dem jedermann aufgrund staatlich verliehener Bergbauberechtigung Eigentum erwerben kann. Im Rahmen der Ausnahmeregelung des § 4 Abs. 2 Nr. 1 BBergG erscheinen in Bezug auf die rechtliche Einordnung der Erdwärme zwei Varianten denkbar: Nach der einen ist die Erdwärme auch bei grundstücksbezogener Erschließung als bergfreier Bodenschatz einzustufen; § 4 Abs. 2 Nr. 1 BBergG vermittelt dem Grundstückseigentümer dann eine Aneignungsbefugnis, wie sie sonst durch die Bergbauberechtigung begründet wird. Alternativ käme eine Konstruktion in Betracht, nach der die Erdwärme wegen § 4 Abs. 2 Nr. 1 BBergG automatisch dem Grundstückseigentümer zuzuordnen ist, entweder als grundeigener Bodenschatz im Sinne von § 3 Abs. 2 Satz 1 und Abs. 4 BBergG oder als nicht dem Bergrecht unterfallender Grundeigentümerbodenschatz. Dies hätte zur Folge, dass der Grundeigentümer über § 3 Abs. 2 Satz 1 BBergG und nach den allgemeinen zivilrechtlichen Regelungen (§§ 903, 905 BGB) Eigentümer der unter seinem Grundstück befindlichen Erdwärme ist, ohne dass es hierzu eines gesonderten Aneignungsaktes bedarf.

Eine enge Anlehnung an den Wortlaut der Vorschrift spricht dafür, die Erdwärme auch im Fall einer grundstücksbezogenen Nutzung durch den Eigentümer als bergfrei im Sinne des § 3 Abs. 2 Satz 2 BBergG zu behandeln. Denn nach § 4 Abs. 2 Nr. 1 BBergG fällt das Lösen oder Freisetzen von Erdwärme in einem Grundstück

495 vgl. VGH Kassel, Beschluss vom 17.08.2011 - 2 B 1484/11 -, DVBl. 2011, S. 1429 ff.; VG Wiesbaden, Beschluss vom 12.04.2011 - 5 L 366/11.WI -, NVwZ-RR 2011, S. 721 ff.

aus Anlass oder im Zusammenhang mit dessen baulicher oder sonstiger städtebaulicher Nutzung nicht unter den bergrechtlichen Begriff des Gewinnens. Dies lässt den Schluss zu, dass die grundstücksbezogene Erdwärmeerschließung zwar keine Gewinnung eines Bodenschatzes im Sinne des Bergrechts darstellt und daher keiner Bewilligung bedarf, dass die Erdwärme dadurch aber ihre Eigenschaft als bergfreier Bodenschatz im Sinne des § 3 Abs. 2 und 3 BBergG nicht verliert. Der Eigentümer wäre in diesem Fall zwar gemäß § 4 Abs. 2 Nr. 1 BBergG gewinnungsberechtigt, ihm stünde aber nicht – wie dies bei den grundeigenen Bodenschätzen und den Grundeigentümerbodenschätzen der Fall ist – automatisch das Eigentum an der Erdwärme zu. Diese Ansicht liegt auch den Ausführungen zur zivilrechtlichen Lösung nachbarlicher Nutzungskonflikte zugrunde (vgl. hierzu den 7. Teil, S. 341 ff.). Sie kann sich auf die überzeugenderen Argumente stützen.

Zwar deuten die Ausführungen in dem Bericht des Wirtschaftsausschusses des Bundestages zum Entwurf des BBergG darauf hin, dass die grundstücksbezogene Erdwärmenutzung in Gänze aus dem Anwendungsbereich des BBergG herausgenommen werden sollte. Dort heißt es nämlich, dass die Nutzung von Erdwärme für die Beheizung eines zu errichtenden Gebäudes „nicht unter das Gesetz fällt".[496] Dem folgend wird sowohl in der Kommentierung von *Boldt/Weller* als auch in der Rechtsprechung des Bundesarbeitsgerichts festgestellt, dass die bergrechtlichen Sondervorschriften auf die grundstücksbezogene Erdwärmenutzung insgesamt nicht anwendbar sein sollen.[497] Für eine solche Interpretation spricht der Umstand, dass sich der Geltungsbereich des Bergrechts aus der Vorschrift des § 2 BBergG allein nicht bestimmen lässt; erforderlich ist vielmehr eine Hinzuziehung der §§ 3 und 4 BBergG, in denen maßgebliche Begriffe wie die der bergfreien und grundeigenen Bodenschätze erläutert werden.[498] Wenn nun also in § 4 Abs. 2 Nr. 1 BBergG bestimmte Tätigkeiten vom Gewinnungsbegriff ausgenommen werden, ist anzunehmen, dass diese gemäß § 2 Abs. 1 Nr. 1 BBergG auch nicht dem Geltungsbereich des BBergG unterfallen sollen, weil ein Gewinnen eines bergfreien Bodenschatzes gerade nicht vorliegt. Eine Einstufung der grundstücksbezogenen Erdwärme als grundeigen scheidet in diesem Fall jedoch ebenfalls aus, da die grundeigenen Bodenschätze mit Ausnahme der explizit auf die bergfreien Bodenschätze beschränkten Vorschriften, insbesondere der §§ 6 bis 33 BBergG,

---

496 BT-Drucks. 8/3965, S. 133.

497 *Boldt/Weller*, Bundesberggesetz, § 3, Rn. 37 u. § 4, Rn. 17; BAG, Urteil vom 21.01.2009 - 10 AZR 67/08 -, zit. n. juris, Rn. 22 ff.

498 *Boldt/Weller*, Bundesberggesetz, § 2, Rn. 8; BAG, Urteil vom 21.10.2009 - 10 AZR 90/09 -, zit . n. juris, Rn. 22.

ebenfalls dem Bergrecht unterfallen und das BBergG sie den bergfreien Bodenschätzen sowohl in öffentlich-rechtlicher als auch in privatrechtlicher Hinsicht gleichstellt.[499] Die grundeigenen Bodenschätze sind zudem in § 3 Abs. 4 BBergG abschließend aufgezählt. Wenn die Erdwärme gänzlich dem Anwendungsbereich des BBergG entzogen sein soll, könnte sie daher nur als Grundeigentümerbodenschatz eingeordnet werden. Die Grundeigentümerbodenschätze unterliegen wie die grundeigenen Bodenschätze der Verfügungsgewalt des Grundeigentümers; ihre Aufsuchung und Gewinnung richtet sich aber allein nach außerbergrechtlichen Vorschriften, insbesondere nach §§ 903 ff. BGB.[500]

Für eine Zuordnung der Erdwärme zum Grundeigentümer bei grundstücksbezogener Nutzung und gegen eine Einstufung der Erdwärme als bergfrei im Sinne des § 3 Abs. 2 Satz 2 und Abs. 3 BBergG lässt sich noch folgender Gesichtspunkt anführen: Die Erdwärme als Energieform erfüllt mangels Stofflichkeit nicht den Begriff des Bodenschatzes aus § 3 Abs. 1 BBergG. Der Gesetzgeber hat sie lediglich im Wege der Fiktion des § 3 Abs. 3 Satz 2 Nr. 2 b) BBergG den bergfreien Bodenschätzen gleichgestellt und dadurch die Anwendung des Bergrechts überhaupt erst ermöglicht, um die durch die Erdwärmenutzung berührten öffentlichen Interessen frühzeitig wahren zu können.[501] Wenn aber die Erdwärme wie im Fall des § 4 Abs. 2 Nr. 1 BBergG zur energetischen Versorgung des eigenen Grundstücks genutzt wird, mithin öffentliche Interessen eher am Rande berührt sind, ist eine Gleichstellung mit den bergfreien, dem Grundeigentum entzogenen Bodenschätzen nicht geboten. Dies spricht dafür, die Erdwärme bei Erfüllung der Voraussetzungen des § 4 Abs. 2 Nr. 1 BBergG nicht anhand bergrechtlicher Maßstäbe zu beurteilen, sondern wie einen Grundeigentümerbodenschatz allein nach den einschlägigen zivilrechtlichen Regelungen.

Auch unter Berücksichtigung der vorstehenden Erwägungen sprechen jedoch überwiegende Gründe dagegen, die Erdwärme bei Eingreifen des § 4 Abs. 2 Nr. 1 BBergG als Grundeigentümerbodenschatz zu behandeln. Das ergibt sich im Wesentlichen schon aus der Überlegung, dass derselbe Bodenschatz nicht gleichzeitig einerseits bergfrei und andererseits dem Grundeigentümer zugeordnet sein kann. Zur Verdeutlichung ist auf die mögliche Konkurrenz zwischen der Gewinnung oberflächennaher und tiefer Geothermie zu verweisen. In diesem Fall müsste die oberflächennahe, grundstücksbezogen genutzte Erdwärme als

---

499 *Boldt/Weller*, Bundesberggesetz, § 3, Rn. 39.

500 *Kremer/Neuhaus gen. Wever*, Bergrecht, Rn. 61; *Piens/Schulte/Graf Vitzthum*, Bundesberggesetz, § 3, Rn. 4.

501 BT-Drucks. 8/1315, S. 173.

Grundeigentümerbodenschatz, die in tieferen Bereichen gewonnene Erdwärme dagegen als bergfreier Bodenschatz eingestuft werden. Eine solche Differenzierung überzeugt nicht. Angesichts der ausdrücklichen gesetzlichen Einordnung der Erdwärme als bergfreier Bodenschatz, bedürfte es für eine Abweichung von diesem Grundsatz einer expliziten Regelung, nach der die Erdwärme ausnahmsweise nicht als bergfrei gelten soll. § 4 Abs. 2 Nr. 1 BBergG lässt sich dies aber nicht mit hinreichender Deutlichkeit entnehmen.

Eine Einordnung der Erdwärme als Grundeigentümerbodenschatz hätte zudem zur Folge, dass die Vergabe einer Bewilligung an einen Dritten gegenüber dem Grundstückseigentümer enteignende Wirkung entfalten würde. Denn der Bewilligungsinhaber erhielte damit das Recht, sich einen im Eigentum des Grundstückseigentümers stehenden Bodenschatz anzueignen. Die Situation wäre vergleichbar mit derjenigen einer Zulegung nach § 35 BBergG, welche durch das Bundesverwaltungsgericht ausdrücklich als Enteignung im Sinne des Art. 14 Abs. 3 GG qualifiziert worden ist.[502] Demgegenüber hat die Einstufung als bergfreier Bodenschatz zur Folge, dass die Erdwärme auch bei Eingreifen des § 4 Abs. 2 Nr. 1 BBergG herrenlos ist und sowohl dem Grundstückseigentümer als auch dem Bewilligungsinhaber ein diesbezügliches Aneignungsrecht zusteht, mithin Rechte Dritter nicht verletzt werden. Die Erdwärme ist in diesem Fall bereits kraft Gesetzes vom Grundeigentum ausgeschlossen, so dass die Bewilligungserteilung keine Enteignung mehr darstellen kann.[503] Auch die durch das BBergG erfolgte Ausgliederung der bergfreien Bodenschätze aus dem Grundeigentum stellt keine Enteignung dar, sondern ist als nicht entschädigungspflichtige Inhalts- und Schrankenbestimmung gemäß Art. 14 Abs. 1 Satz 2 GG anzusehen.[504] Dementsprechend hat das Bundesverfassungsgericht in der Nassauskiesungs-Entscheidung zur vergleichbaren Rechtslage nach dem WHG festgestellt, dass eine Rechtsstellung, die der Gesetzgeber bereits entzogen hat, nicht erneut durch Verwaltungsakt beseitigt werden kann.[505]

Schließlich besteht bei der Erdwärme als Energieform die Besonderheit, dass sie mangels Körperlichkeit keine Sache im Sinne des § 90 BGB ist und dass ihr damit grundsätzlich die zivilrechtliche Eigentumsfähigkeit fehlt.[506] Diese Schwierigkeit

---

502 BVerwG, Urteil vom 20.11.2008 - 7 C 10/08 -, BVerwGE 132, S. 261, 264/265.

503 vgl. *Boldt/Weller*, Bundesberggesetz, § 6, Rn. 7.

504 *Boldt/Weller*, Bundesberggesetz, § 3, Rn. 8; *Beckmann*, AUR 2012, S. 1.

505 BVerfG, Beschluss vom 15.07.1981 - 1 BvL 77/78 -, BVerfGE 58, S. 300, 331.

506 vgl. BGH, Urteil vom 13.10.1965 - Ib ZR 111/63 -, BGHZ 44, S. 288, 293/294; *Bassenge*, in: Palandt, Bürgerliches Gesetzbuch, § 903, Rn. 2.

lässt sich überwinden, wenn man der Auffassung folgt, dass über § 3 Abs. 3 Satz 2 BBergG nicht nur die Eigenschaft der Erdwärme als bergfreier Bodenschatz fingiert wird, sondern im Rahmen eines besonderen bergrechtlichen Sachbegriffs zugleich ihre Körperlichkeit.[507] Wollte man dagegen davon ausgehen, dass die Erdwärme im Fall des § 4 Abs. 2 Nr. 1 BBergG gerade nicht als bergfrei anzusehen ist, kann zur Begründung ihrer Eigentumsfähigkeit auch nicht auf die Fiktion des § 3 Abs. 3 Satz 2 BBergG zurückgegriffen werden. Dies hätte zur Folge, dass an der Erdwärme überhaupt kein Eigentum bestehen könnte.

Im Ergebnis ist die Erdwärme daher auch dann als bergfreier Bodenschatz zu behandeln, wenn die Voraussetzungen des § 4 Abs. 2 Nr. 1 BBergG vorliegen. In systematischer Hinsicht führt diese Auffassung zu einer in sich stimmigen, konsequenten und den Vorgaben des BBergG entsprechenden Lösung: Die Erdwärme ist aufgrund der Fiktion des § 3 Abs. 3 Satz 2 Nr. 2 b) BBergG als herrenlose Sache zu betrachten, an der im Normalfall ein Aneignungsrecht des Bewilligungsinhabers gemäß § 8 Abs. 1 Nr. 1 BBergG besteht und im besonderen Fall des § 4 Abs. 2 Nr. 1 BBergG ein Aneignungsrecht des Grundstückseigentümers.

5. Ergebnis

Es bleibt festzuhalten, dass beide Auffassungen zur Auslegung des § 4 Abs. 2 Nr. 1 BBergG Schwächen aufweisen und zu gewissen Ungereimtheiten führen. Das Abstellen auf die Beeinflussung von Nachbargrundstücken durch Kälte- oder Wärmefahnen fügt sich zwar systematisch sinnvoll in das bergrechtliche System ein und entspricht, indem es die Berechtigung aus § 4 Abs. 2 Nr. 1 BBergG auf das eigene Grundstück beschränkt, den zivilrechtlichen Grundsätzen der §§ 903, 905 BGB, es verhindert aber aufgrund der starren Feldesbegrenzung und der Ausschließlichkeit der Gewinnungsberechtigung eine optimale Ausnutzung der Erdwärmeressourcen. Für den Anlagenbetreiber gewährleistet die Erteilung einer bergrechtlichen Bewilligung dagegen die notwendige Investitionssicherheit, da zivilrechtliche Unterlassungs- und Ausgleichsansprüche im Regelfall durch das Bergrecht ausgeschlossen werden. Die nachbarlichen Interessen sind so weit als möglich im bergbehördlichen Genehmigungsverfahren zu berücksichtigen.[508] Demgegenüber hat die zweckbezogene Auslegung des § 4 Abs. 2 Nr. 1 BBergG den Vorteil, dass sie oberflächennahe Erdwärmenutzungen weitgehend dem Anwendungsbereich

507 *Pohl*, Das Sachenrechtsverhältnis der Bodenschätze, S. 182/183.

508 vgl. BVerwG, Urteil vom 16.03.1989 - 4 C 36/85 -, BVerwGE 81, S. 329, 332; *Großmann/Schuldt/Spieth/von Daniels*, Wasser und Abfall 9/2009, S. 36, 39.

des Bergrechts entzieht und damit eine flexiblere Lösung von Nutzungskonkurrenzen über das private Nachbarrecht und das Wasserhaushaltsrecht ermöglicht. Darüber hinaus vermeidet sie Konflikte zwischen der Gewinnung oberflächennaher und tiefer Geothermie und verbessert das Nutzungspotenzial klimafreundlicher Erdwärme zur Strom- und Wärmeversorgung der Bevölkerung. In systematischer Hinsicht vermag diese Rechtsauffassung allerdings nicht zu erklären, mit welcher Berechtigung der Eigentümer auf Grundlage des § 4 Abs. 2 Nr. 1 BBergG auch Nachbargrundstücken Erdwärme entziehen darf.

Es zeigt sich an dieser Stelle, dass das BBergG für die Erschließung oberflächennaher Erdwärme keine optimalen Lösungen bereithält, sondern dass es primär auf die Gewinnung tiefer Geothermie zugeschnitten ist. Die Schwierigkeiten bei der Anwendung des Bergrechts auf die oberflächennahe Erdwärme verwundern zudem wenig, wenn man bedenkt, dass das BBergG seit seinem Inkrafttreten im Jahr 1982 weitgehend unverändert geblieben ist und es daher den technischen Fortschritt in der Nutzbarmachung der Geothermie nicht hinreichend berücksichtigen kann. Aus Gründen der Rechtsvereinfachung wäre es demnach sinnvoll, die Aufsuchung und Gewinnung oberflächennaher Erdwärme gänzlich aus dem Anwendungsbereich des Bergrechts herauszunehmen.[509] Auch nach der derzeit geltenden Rechtslage ist eine sinnvolle Bewirtschaftung der Erdwärmeressourcen aber keineswegs ausgeschlossen. Sofern man bei der Auslegung des § 4 Abs. 2 Nr. 1 BBergG auf den mit der Erdwärmeerschließung verfolgten Zweck abstellt, führt dies regelmäßig zur Nichtanwendung des Bergrechts, da die meisten oberflächennahen Anlagen der baulichen Nutzung des Grundstücks dienen und die energetische Komponente demgegenüber nachrangig ist. In diesem Fall trägt der Betreiber allerdings das Risiko, mit nachbarlichen Abwehr- oder Ausgleichsansprüchen konfrontiert zu werden, wenn durch den Anlagenbetrieb die Erdwärmenutzung auf anderen Grundstücken beeinträchtigt wird. Absichern kann sich der Anlagenbetreiber nur durch den Abschluss privatrechtlicher Duldungsvereinbarungen mit den betroffenen Grundstücksnachbarn, vorzugsweise dinglich gesichert durch Eintragung einer Grunddienstbarkeit gemäß § 1018 BGB.[510] Hält man dagegen bei der Klimatisierung von Großimmobilien und vergleichbaren Projekten wegen der damit verbundenen thermischen Auswirkungen auf Nachbargrundstücke eine bergrechtliche Bewilligung für erforderlich, steht auch dies

---

509 so auch *Altrock/Große/Lehnert*, Rechtshemmnisse für die Genehmigung tiefengeothermischer Anlagen, S. 13/14 u. 52.

510 vgl. *Roth*, in: Staudinger, Kommentar zum Bürgerlichen Gesetzbuch, § 906, Rn. 266; *Bischofs*, Die Nutzungspriorität im privaten Immissionsschutzrecht, S. 137, Fn. 579.

einer Verwirklichung der Erdwärmeerschließung in den meisten Fällen nicht entgegen. Hierzu wird unter C. noch auf die bergrechtliche Genehmigungsfähigkeit der Gewinnung oberflächennaher Erdwärme (vgl. unten S. 122 ff.) sowie unter D. auf das Betriebsplanverfahren (vgl. unten S. 130 ff.) einzugehen sein. Im Übrigen verbleibt nur die Möglichkeit, grenzüberschreitende Auswirkungen auf andere Grundstücke gänzlich zu vermeiden. Dann bedarf es weder einer bergrechtlichen Zulassung der Erdwärmegewinnung, noch ist die Geltendmachung nachbarlicher Abwehransprüche zu befürchten. Bei Großanlagen mit Leistungen zwischen 100 und 500 kW werden sich thermische Beeinflussungen von Nachbargrundstücken aber oftmals nicht verhindern lassen, gerade wenn es um den Betrieb geothermischer Brunnenanlagen in urbanen Räumen geht.

II. Zur Bedeutung der Probebohrungen im Rahmen von Geothermal Response Tests

Bedeutung für die Genehmigungsbedürftigkeit von Anlagen zur Nutzung oberflächennaher Geothermie kommt bei größeren Projekten auch möglichen Probebohrungen im Rahmen von Geothermal Response Tests zu. Denn für die richtige Auslegung leistungsstarker Erdwärmesondenanlagen ist die Kenntnis der thermischen Eigenschaften des Untergrundes eine wesentliche Voraussetzung. Mit dem Geothermal Response Test können insbesondere die effektive Wärmeleitfähigkeit des Untergrundes und der Bohrlochwiderstand ermittelt und daneben zahlreiche weitere Fragen beantwortet werden wie zum Beispiel die tatsächliche Länge einer Erdwärmesonde oder die mittlere ungestörte Untergrundtemperatur.[511] In Kombination mit den tiefenorientierten Temperaturmessungen in der Erdwärmesonde lässt sich damit eine aussagekräftige Datengrundlage gewinnen, aufgrund derer die Auslegung der Erdwärmesondenfelder exakt an die örtlichen Untergrundverhältnisse angepasst werden kann.[512] Der Geothermal Response Test wird an einer

---

511 *Sauer/Mands/Grundmann/Sanner*, Erweiterte Anwendungsmöglichkeiten des Geothermal Response Test: Bestimmung der Erdwärmesondenlänge mittels Thermoimpuls, in: GtV – Bundesverband Geothermie e.V., Der Geothermiekongress 2010, S. 1; *Kübert u.a.*, Thermal Response Tests und Temperaturtiefenprofile – Erfahrungen aus Praxis und Forschung, in: Geothermische Vereinigung – Bundesverband Geothermie e.V., Der Geothermiekongress 2009, S. 2.

512 *Sauer/Mands/Grundmann/Sanner*, Erweiterte Anwendungsmöglichkeiten des Geothermal Response Test: Bestimmung der Erdwärmesondenlänge mittels Thermoimpuls, in: GtV – Bundesverband Geothermie e.V., Der Geothermiekongress 2010, S. 1.

zur Erdwärmesonde ausgebauten Probebohrung vorgenommen und liefert ein Ergebnis, das die geologischen Verhältnisse am Standort in ihrer richtigen Gewichtung über die gesamte Bohrlochlänge widerspiegelt.[513] Bei größeren Geothermieprojekten mit Heiz- und Kühlleistungen von mehr als 100 kW sollte daher aus Gründen der Risikobewertung und einer nachhaltigen Anlagenplanung stets eine Probebohrung durchgeführt werden.[514]

In bergrechtlicher Hinsicht könnte die Durchführung eines Geothermal Response Tests als erlaubnispflichtige Aufsuchung eines Bodenschatzes einzuordnen sein. Nach der Legaldefinition des § 4 Abs. 1 BBergG ist unter Aufsuchen die mittelbar oder unmittelbar auf die Entdeckung oder Feststellung der Ausdehnung von Bodenschätzen gerichtete Tätigkeit zu verstehen. Auch die nur mittelbar auf die Erschließung von Erdwärme abzielende Probebohrung zur geophysikalischen Untersuchung des Untergrundes fällt somit unter den Aufsuchungsbegriff und bedarf gemäß §§ 6 und 7 BBergG einer Erlaubnis.[515] Dies gilt allerdings nicht uneingeschränkt. Zwar kommt es für den Aufsuchungsbegriff grundsätzlich nicht darauf an, mit welcher subjektiven Zielsetzung die Erkundung des Untergrundes vorgenommen wird.[516] Dennoch gibt es Fälle, in denen die Zielrichtung der Untersuchungstätigkeit für die rechtliche Betrachtung von Bedeutung ist, so zum Beispiel im Hinblick auf die Ausnahmevorschrift des § 4 Abs. 2 Nr. 1 BBergG. Sofern die in Aussicht genommene geothermische Nutzung des Untergrundes grundstücksbezogen ist und daher keine Gewinnung eines Bodenschatzes darstellt, liegt auch keine Aufsuchung im Sinne des § 4 Abs. 1 BBergG vor.[517] Denn erlaubnispflichtig ist nur das Aufsuchen bergfreier Bodenschätze, nicht dagegen das Erkunden von Bodenschätzen, die dem Aneignungsrecht des Grundeigentümers unterliegen.[518] Es wäre ein Wertungswiderspruch, die grundstücksbezogene Gewinnung der Erdwärme von der Bewilligungspflicht auszunehmen, ihre Aufsuchung aber weiterhin als erlaubnispflichtig einzustufen. Nach der zweckbezogenen Auslegung des § 4 Abs.

513 *Tholen/Walker-Hertkorn*, Arbeitshilfen Geothermie – Grundlagen für oberflächennahe Erdwärmesondenbohrungen, S. 46.

514 vgl. *Kübert/Kuntz/Walker-Hertkorn*, Potential der Oberflächennahen Geothermie – Erfahrungen aus der Planungspraxis, in: GtV – Bundesverband Geothermie e.V., Der Geothermiekongress 2010, S. 2; *Walker-Hertkorn u.a.*, bbr 2010, Sonderheft Oberflächennahe Geothermie, S. 8, 11.

515 *Boldt/Weller*, Bundesberggesetz, § 4, Rn. 2; *Walker-Hertkorn u.a.*, bbr 2010, Sonderheft Oberflächennahe Geothermie, S. 8, 11.

516 BT-Drucks. 8/1315, S. 80.

517 vgl. *Piens/Schulte/Graf Vitzthum*, Bundesberggesetz, § 4, Rn. 15.

518 vgl. *Boldt/Weller*, Bundesberggesetz, § 6, Rn. 10.

2 Nr. 1 BBergG bedarf es daher im Rahmen eines Geothermieprojektes zur Gebäudeklimatisierung auch dann keiner bergrechtlichen Zulassung, wenn im Vorfeld Probebohrungen zur Feststellung der thermischen Eigenschaften des Untergrundes durchgeführt werden. Anders ist dies beim Abstellen auf mögliche Auswirkungen der Erdwärmeerschließung. Ist eine thermische Beeinflussung von Nachbargrundstücken nicht zu erwarten, liegt weder eine Aufsuchung im Sinne des § 4 Abs. 1 BBergG noch eine Gewinnung gemäß § 4 Abs. 2 BBergG vor. Hat die Erdwärmeerschließung dagegen grundstücksübergreifende Auswirkungen zur Folge, besteht sowohl eine Erlaubnispflicht für Probebohrungen im Rahmen von Geothermal Response Tests als auch eine Bewilligungspflicht für die nachfolgende Gewinnung der Erdwärme. Eine Erlaubnispflicht im Sinne des § 6 Satz 1 i.V.m. § 4 Abs. 1 BBergG wird man auch dann bejahen müssen, wenn durch die in Frage stehenden Probebohrungen zur Erkundung des Untergrundes erst festgestellt werden soll, mit welchen konkreten Auswirkungen infolge der Erdwärmenutzung zu rechnen ist.

Im Ergebnis ist die Zulassungsbedürftigkeit der Aufsuchung und Gewinnung oberflächennaher Erdwärme in jedem Fall einheitlich zu betrachten und unter Berücksichtigung der Ausnahmevorschrift des § 4 Abs. 2 Nr. 1 BBergG entweder insgesamt zu verneinen oder zu bejahen.[519] Die Zweckmäßigkeit einer Gesamtbetrachtung zeigt sich am Inhalt der Bewilligung, die gemäß § 8 Abs. 1 Nr. 1 BBergG neben der Gewinnung auch zur Aufsuchung der in ihr bezeichneten Bodenschätze berechtigt. Insoweit wird die Frage der Erlaubnispflicht bei der Erschließung oberflächennaher Erdwärme in der Praxis nur selten Bedeutung erlangen, da die Aufsuchungstätigkeiten nicht auf die Entdeckung des Bodenschatzes gerichtet sind, sondern allein auf die Feststellung der konkreten geologischen Rahmenbedingungen, so dass – anders als bei der mit einem Fündigkeitsrisiko behafteten tiefen Geothermie – sich die Gewinnung im Regelfall an die Aufsuchung anschließt. Dann entsteht für den Unternehmer aber kein wesentlicher Mehraufwand, wenn neben der Gewinnung auch die Aufsuchung zulassungsbedürftig ist, da die ohnehin erforderliche Bewilligung beide Tätigkeiten umfasst. Die Beantragung einer separaten Erlaubnis ist aus verfahrensökonomischen Gesichtspunkten und zur Vermeidung unnötiger Kosten daher nur dann zweckmäßig, wenn die Verwirklichung eines Projektes noch unsicher ist und zunächst umfangreiche Erkundungsarbeiten erforderlich sind.

Die dargestellten Grundsätze gelten gleichermaßen für die Erlaubnispflicht von Pumpversuchen zur Bestimmung der Leistungsfähigkeit bei Grundwasserbrunnen.

---

519 a.A.: *Kräber*, Haftungsprobleme bei Geothermiebohrungen, S. 73/74; *Benz*, Rechtliche Rahmenbedingungen für die Nutzung der oberflächennahen Geothermie, S. 26.

Sofern man im Rahmen des § 4 Abs. 2 Nr. 1 BBergG die Grundstücksbezogenheit funktionell bestimmt, bedarf es für die Erdwärmenutzung zur Klimatisierung von Großimmobilien weder einer Bewilligung noch einer Erlaubnis. Bei einem Abstellen auf die grundstücksübergreifenden Auswirkungen von Brunnenanlagen bedürfen die Erkundungstätigkeiten dagegen einer bergrechtlichen Erlaubnis gemäß § 4 Abs. 1 i.V.m. §§ 6 Satz 1 und 7 BBergG, die aber nicht zwingend gesondert erteilt werden muss, sondern nach § 8 Abs. 1 Nr. 1 BBergG auch integraler Bestandteil der Bewilligung sein kann.

Abschließend ist darauf hinzuweisen, dass eine Aufsuchung von Bodenschätzen im Sinne des § 4 Abs. 1 BBergG nicht vorliegt bei Bohrungen zur Untersuchung des Untergrundes im Zusammenhang mit reinen Speicheranlagen, wie sie zum Beispiel bei der Speicherung von Solarenergie im oberflächennahen Untergrund Verwendung finden. Eine bergrechtliche Erlaubnispflicht besteht in diesen Fällen nicht, weil die Probebohrungen lediglich der Erkundung der Speicherstätte, nicht aber der Erschließung von Erdwärme dienen.

C. Zur Genehmigungsfähigkeit der Erschließung oberflächennaher Erdwärme gemäß §§ 11 und 12 BBergG

Sofern man der vom Verfasser favorisierten Auslegung des § 4 Abs. 2 Nr. 1 BBergG folgt und eine bergrechtliche Genehmigungsbedürftigkeit bei der Erschließung von Erdwärme zur Beheizung und Kühlung von Großimmobilien ablehnt, sind weitere Ausführungen zur Genehmigungsfähigkeit entbehrlich. Da aber eine verbreitete Auffassung in Wissenschaft und Praxis bei Vorliegen thermischer Auswirkungen auf Nachbargrundstücke die Gewinnung oberflächennaher Erdwärme gemäß §§ 6 und 8 BBergG für zulassungspflichtig hält, ist im Folgenden auch die Genehmigungsfähigkeit näher zu untersuchen. Diese richtet sich maßgeblich nach §§ 11 und 12 BBergG. Das Bergwerkseigentum soll an dieser Stelle wegen seiner geringen praktischen Relevanz nicht eingehender betrachtet werden. Es unterscheidet sich zudem von der Bewilligung im Wesentlichen nur dadurch, dass es gemäß § 9 Abs. 1 Satz 1 BBergG wie ein Grundstück behandelt wird, also ins Grundbuch einzutragen ist und dinglich belastet werden kann.[520]

520 *Kremer/Neuhaus gen. Wever*, Bergrecht, Rn. 88; *Piens/Schulte/Graf Vitzthum*, Bundesberggesetz, § 9, Rn. 6.

Im Übrigen gewährt es die gleichen Rechte wie die Bewilligung. Die Verleihung des Bergwerkseigentums verlangt daher gemäß § 13 Nr. 1 BBergG vorrangig, dass der Antragsteller Inhaber einer Bewilligung ist. Die weiteren Verleihungsvoraussetzungen (§ 13 Nr. 2 bis 4 BBergG) sind im Wesentlichen formaler Natur.

I. Zu den Grundzügen der gesetzlichen Regelung

Bei den Regelungen über die Bergbauberechtigungen in §§ 6 ff. BBergG handelt es sich um präventive Verbote mit Erlaubnisvorbehalt, d.h. der Gesetzgeber verbietet die bergbaulichen Tätigkeiten nicht, weil sie generell unterbleiben sollen, sondern nur, um im Vorwege behördlich überprüfen zu können, ob sie im konkreten Fall gegen Vorschriften des materiellen Rechts verstoßen.[521] Im Einzelnen geregelt sind die Versagungsvoraussetzungen in § 11 Nr. 1 bis 10 BBergG für die Erlaubnis und in § 12 Abs. 1 Nr. 1 bis 4 BBergG für die Bewilligung. Soweit keiner der dort abschließend aufgezählten Versagungsgründe einschlägig ist, hat der Antragsteller einen Rechtsanspruch auf Erteilung der Erlaubnis bzw. Bewilligung.[522] Es handelt sich also nach weit überwiegender Auffassung trotz des nicht eindeutigen Wortlauts der Vorschriften um eine gebundene Entscheidung; der Bergbehörde steht kein Ermessen zu.[523] Zur Begründung wird nicht nur auf die Gesetzesmaterialien, sondern auch auf den engen sachlichen Bezug zum Grundrecht der Berufsfreiheit aus Art. 12 Abs. 1 GG verwiesen.[524] Bemerkenswert ist diese Auffassung deswegen, weil aus der identischen Formulierung in § 6 WHG a.F.[525] („sind zu versagen") geschlussfolgert wurde, dass gerade kein Rechtsanspruch auf Erteilung der wasserrechtlichen Erlaubnis oder Bewilligung besteht.[526]

---

521 *Kremer/Neuhaus gen. Wever*, Bergrecht, Rn. 80; *Seuser*, NuR 2012, S. 8, 11.

522 BT-Drucks. 8/1315, S. 86; *Elgeti/Dietrich*, NuR 2012, S. 232, 235; vgl. auch VGH Mannheim, Urteil vom 09.06.1988 - 6 S 2972/84 -, ZfB 130 (1989), S. 57, 66.

523 *Boldt/Weller*, Bundesberggesetz, § 11, Rn. 1 u. § 12, Rn. 1; *Seuser*, NuR 2012, S. 8, 11.

524 so das VG Leipzig, Urteil vom 19.01.1995 - 5 K 23/94 -, ZfB 136 (1995), S. 48, 53 und das VG Weimar, Beschluss vom 17.11.1994 - 7 K 713/93 We. -, ZfB 136 (1995), S. 151, 153.

525 Gesetz zur Ordnung des Wasserhauhalts (Wasserhaushaltsgesetz – WHG) vom 27.07.1957, BGBl. 1957 Teil I Nr. 42, S. 1110, in der Neufassung der Bekanntmachung vom 19.08.2002, BGBl. 2002 Teil I Nr. 59, S. 3245.

526 *Breuer*, Öffentliches und privates Wasserrecht, Rn. 359; BVerwG, Beschluss vom 28.07.2004 - 7 B 61/04 -, NuR 2004, S. 809.

Das Bewirtschaftungsermessen der Wasserbehörde hat der Gesetzgeber nunmehr in § 12 Abs. 2 WHG explizit geregelt.

Die Bergbauberechtigungen verleihen ihrem Inhaber das Recht, den jeweiligen Bodenschatz aufzusuchen, zu gewinnen und ihn sich anzueignen. Sie gestatten allerdings nicht öffentlich-rechtlich die Ausübung dieser Rechte, d.h. die tatsächliche Aufsuchung oder Gewinnung und den Anlagenbetrieb; hierüber wird erst auf Ebene der Betriebsplanzulassung gemäß §§ 51 ff. BBergG entschieden.[527] Zuständige Bergbehörde für die Länder Schleswig-Holstein, Niedersachsen, Bremen und Hamburg ist das Landesamt für Bergbau, Energie und Geologie (LBEG) mit Hauptsitz in Hannover. Der in der Bergrechts-Zuständigkeitsverordnung[528] (BergRZustVO) für das Land Schleswig-Holstein noch enthaltene dreistufige Behördenaufbau mit dem Ministerium für Wissenschaft, Wirtschaft und Verkehr als Oberster Bergbehörde, dem Oberbergamt als Oberer Bergbehörde und dem Bergamt Celle als Unterer Bergbehörde (vgl. § 1 Abs. 1–3 BergRZustVO) ist zwischenzeitlich einem zweistufigen Aufbau aus Ministerium und LBEG gewichen, ohne dass die Bergrechts-Zuständigkeitsverordnung entsprechend angepasst worden wäre.

II. Zu den Versagungsgründen der §§ 11 und 12 BBergG im Einzelnen

Die Versagungsgründe des § 11 Nr. 1 bis 10 BBergG sind zu einem großen Teil auf die Einhaltung formaler Kriterien gerichtet wie die Bezeichnung der aufzusuchenden Bodenschätze (Nr. 1) und des Erlaubnisfeldes (Nr. 2), die Vorlage eines Arbeitsprogramms (Nr. 3) sowie die Abgabe von Verpflichtungserklärungen, welche die Bekanntgabe der Aufsuchungsergebnisse gegenüber der zuständigen Behörde (Nr. 4) und die Beteiligung Dritter an der Aufsuchung im Sinne von § 21 BBergG (Nr. 5) betreffen. § 11 Nr. 6 und Nr. 7 BBergG verlangen darüber hinaus die persönliche Zuverlässigkeit des Antragstellers und die Glaubhaftmachung der finanziellen Absicherung des bergbaulichen Vorhabens. § 11 Nr. 8 bis 10 BBergG beziehen sich schließlich auf den Schutz besonderer öffentlicher Interessen.

---

527 *Große*, NVwZ 2004, S. 809, 812; *Franke*, in: Baur/Sandrock/Scholtka/Shapira, Festschrift für Gunther Kühne zum 70. Geburtstag, S. 507, 523.

528 Landesverordnung über die zuständigen Behörden nach dem Bundesberggesetz (Bergrechts-Zuständigkeitsverordnung) vom 04.12.1989, GVOBl. S-H 1989, S. 170; zuletzt geändert durch Landesverordnung vom 12.10.2005, GVOBl. S-H 2005, S. 487.

Danach darf eine sinnvolle und planmäßige Aufsuchung und Gewinnung anderer Bodenschätze nicht gefährdet werden (Nr. 8), volkswirtschaftlich besonders bedeutende Bodenschätze dürfen nicht beeinträchtigt werden (Nr. 9) und überwiegende öffentliche Interessen dürfen die Aufsuchung nicht im gesamten zuzuteilenden Feld ausschließen (Nr. 10). Sofern auch nur einer dieser Versagungsgründe vorliegt, muss die Behörde den Erlaubnisantrag ablehnen, wenn die Einhaltung der gesetzlichen Voraussetzungen nicht durch Beifügung von Nebenbestimmungen im Sinne des § 36 VwVfG[529] gewährleistet werden kann.[530]

Gemäß § 12 Abs. 1 Satz 1 BBergG gelten für die Versagung der Bewilligung die Regelungen des § 11 Nr. 1 und Nr. 6 bis 10 BBergG entsprechend. Daneben enthält § 12 Abs. 1 Satz 2 BBergG vier eigenständige Versagungsgründe, die die Bezeichnung der Fundstellen der Bodenschätze in einem Lageriss (Nr. 1), die Darstellung des Gewinnungsfeldes (Nr. 2), den Nachweis der Gewinnbarkeit der Bodenschätze (Nr. 3) und die Vorlage eines Arbeitsprogramms betreffen, aus dem sich insbesondere ergeben muss, dass die Gewinnung in angemessener Zeit erfolgen wird (Nr. 4).

Maßgebliche Bedeutung kommt der materiellen Vorschrift des § 11 Abs. 1 Nr. 10 BBergG zu, wonach Erlaubnis und Bewilligung zu versagen sind, wenn überwiegende öffentliche Interessen die Aufsuchung bzw. Gewinnung des Bodenschatzes im gesamten zuzuteilenden Feld ausschließen. Hierdurch kommt es bereits im Rahmen der Erteilung der Bergbauberechtigung zu einer Abwägung der bergbaulichen Interessen mit den sonstigen öffentlichen Belangen, obwohl eine echte Kollision nicht schon mit der Rechtsverleihung, sondern erst mit der tatsächlichen Rechtsausübung durch die Aufsuchung oder Gewinnung der Bodenschätze entstehen kann.[531] In der Gesetzesbegründung wird daher auch hervorgehoben, dass die Möglichkeit der Versagung einer Erlaubnis oder Bewilligung von „gravierenden" Voraussetzungen abhängig gemacht werden muss.[532] Die Versagung wird nur durch Gründe gerechtfertigt, die ein besonderes Gewicht aufweisen.[533] Öffentliche Interessen im Sinne der Vorschrift können alle von der Rechtsordnung anerkannten öffentlichen Belange sein, insbesondere solche der Raumordnung und der

529 Verwaltungsverfahrensgesetz in der Fassung der Bekanntmachung vom 23.01.2003, BGBl. 2003 Teil I Nr. 4 vom 29.01.2003, S. 102; zuletzt geändert durch Art. 2 Abs. 1 des Gesetzes vom 14.08.2009, BGBl. 2009 Teil I Nr. 54 vom 19.08.2009, S. 2827.

530 *Boldt/Weller*, Bundesberggesetz, § 11, Rn. 2.

531 BT-Drucks. 8/1315, S. 87; *Elgeti/Dietrich*, NuR 2012, S. 232, 235; OVG Lüneburg, Urteil vom 30.10.2003 - 7 L 3421/00 -, NordÖR 2004, S. 123, 125.

532 BT-Drucks. 8/1315, S. 87.

533 *Boldt/Weller*, Bundesberggesetz, § 11, Rn. 14.

Landesplanung, des Natur- und Landschaftsschutzes sowie des Gewässerschutzes oder des Straßenverkehrs.[534] Die öffentlichen Belange müssen allerdings „raumbezogen" sein.[535] Sie können eine Erteilung der Bergbauberechtigung nur verhindern, wenn sie einen konkreten Bezug zu dem Erlaubnis- bzw. Bewilligungsfeld aufweisen, sich auf das gesamte Feld erstrecken, gegenüber den bergbaulichen Belangen überwiegen und die Aufsuchung oder Gewinnung ausschließen.[536] In die abschließende Interessenabwägung sind neben den genannten öffentlichen Interessen die privatwirtschaftlichen Interessen des Antragstellers, aber auch die volkswirtschaftliche Bedeutung des Abbaus einheimischer Bodenschätze unter Berücksichtigung der Rohstoffsicherungsklausel des § 1 Nr. 1 BBergG einzustellen. Nur wenn diese Abwägung zu dem Ergebnis führt, dass die der Aufsuchung oder Gewinnung der Bodenschätze entgegenstehenden öffentlichen Interessen überwiegen, kommt eine Ablehnung des Antrags in Betracht.[537] Die Abwägungsentscheidung der Bergbehörde unterliegt dabei vollumfänglich der gerichtlichen Nachprüfung, d.h. es besteht kein Beurteilungsspielraum der Verwaltung.[538] In der Rechtsprechung wird die Interessenabwägung nach § 11 Nr. 10 i.V.m. § 12 Abs. 1 Satz 1 BBergG insoweit mit der bauplanungsrechtlichen Abwägungsentscheidung des § 35 Abs. 1 und 2 BauGB[539] verglichen, die ebenfalls gerichtlich uneingeschränkt überprüfbar ist.[540]

Zur Verdeutlichung sind einige in der verwaltungsgerichtlichen Rechtsprechung entwickelten Grundsätze für die Berücksichtigung öffentlicher Interessen im Rahmen der Entscheidung über die Erteilung von bergrechtlicher Erlaubnis und Bewilligung näher zu betrachten:

Zunächst einmal wird in § 48 Abs. 1 Satz 1 BBergG („Allgemeine Verbote und Beschränkungen") klargestellt, dass Rechtsvorschriften unberührt bleiben, die auf Grundstücken solche Tätigkeiten verbieten oder beschränken, die ihrer

---

534 VGH Mannheim, Urteil vom 09.06.1988 - 6 S 2972/84 -, ZfB 130 (1989), S. 57, 66; VG Leipzig, Urteil vom 19.01.1995 - 5 K 23/94 -, ZfB 136 (1995), S. 48, 56.

535 VGH Mannheim, Urteil vom 09.06.1988 - 6 S 2972/84 -, ZfB 130 (1989), S. 57, 66.

536 BT-Drucks. 8/1315, S. 87.

537 *Boldt/Weller*, Bundesberggesetz, § 11, Rn. 14.

538 VGH Mannheim, Urteil vom 09.06.1988 - 6 S 2972/84 -, ZfB 130 (1989), S. 57, 66/67; VG Leipzig, Urteil vom 19.01.1995 - 5 K 23/94 -, ZfB 136 (1995), S. 48, 53.

539 Baugesetzbuch (BauGB) i.d.F. vom 23.09.2004, BGBl. 2004 Teil I Nr. 52 vom 01.10.2004, S. 2414; zuletzt geändert durch Art. 1 des Gesetzes vom 22.07.2011, BGBl. 2011 Teil I Nr. 39 vom 29.07.2011, S. 1509.

540 VGH Mannheim, Urteil vom 09.06.1988 - 6 S 2972/84 -, ZfB 130 (1989), S. 57, 66/67; VG Leipzig, Urteil vom 19.01.1995 - 5 K 23/94 -, ZfB 136 (1995), S. 48, 53.

Art nach der Aufsuchung oder Gewinnung von Bodenschätzen dienen können, wenn diese Grundstücke einem öffentlichen Zweck gewidmet oder im Interesse eines öffentlichen Zwecks geschützt sind. Zu Letzteren zählen beispielsweise Grundstücke in Wasserschutz-, Naturschutz- und Landschaftsschutzgebieten oder in militärischen Schutzbereichen.[541] Zu unterscheiden ist in diesem Zusammenhang zwischen absoluten und relativen Beschränkungen bergbaulicher Tätigkeit. Sofern die genannten Schutzgebietsverordnungen absolute Veränderungssperren für ein Erlaubnis- oder Bewilligungsfeld enthalten, fällt die Interessenabwägung zu Lasten des Bergbaus aus und die Aufsuchung bzw. Gewinnung von Bodenschätzen ist ausgeschlossen.[542] Handelt es sich dagegen nur um relative Beschränkungen, sind also Ausnahmen oder Befreiungen von den Verboten möglich, ist im Einzelfall zu ermitteln, welchem Belang der Vorrang zukommt.[543] Dabei ist stets die Rohstoffsicherungsklausel des § 48 Abs. 1 Satz 2 BBergG zu beachten, wonach bei Anwendung der Schutzvorschriften dafür Sorge zu tragen ist, dass die Aufsuchung und Gewinnung der Bodenschätze so wenig wie möglich beeinträchtigt werden. Auch wenn hierdurch kein genereller Vorrang bergbaulicher Interessen im Rahmen der Abwägung begründet wird, so kommt ihnen doch stets ein erhebliches Gewicht zu und sie sind im Zweifel höher zu bewerten als die gegenläufigen öffentlichen Interessen.[544] Es lässt sich insoweit auch davon sprechen, dass die Abwägung „mit Priorität für den Bergbau" zu erfolgen hat.[545] Konsequenz der gemäß §§ 11 Nr. 10 und 12 Abs. 1 Satz 1 BBergG durchzuführenden Interessenabwägung ist letztlich eine Relativierung des Rechtsanspruchs auf Genehmigungserteilung, da der Bergbehörde an dieser Stelle ein Abwägungs- und Entscheidungsspielraum eingeräumt wird.

Selbst wenn Versagungsgründe gemäß § 11 Nr. 1 bis 10 und § 12 Abs. 1 BBergG im Einzelfall vorliegen, hat dies nicht zwangsläufig die Ablehnung des Erlaubnis- bzw. Bewilligungsantrags zur Folge. Denn wenn sich die Versagungsgründe durch Nebenbestimmungen im Sinne des § 36 VwVfG beseitigen lassen, darf die Genehmigung unter Berücksichtigung des Verhältnismäßigkeitsgrundsatzes nicht

541 BT-Drucks. 8/1315, S. 104.

542 VGH Mannheim, Urteil vom 09.06.1988 - 6 S 2972/84 -, ZfB 130 (1989), S. 57, 67.

543 VG Leipzig, Urteil vom 19.01.1995 - 5 K 23/94 -, ZfB 136 (1995), S. 48, 53.

544 BVerwG, Beschluss vom 15.10.1998 - 4 B 94/98 -, NVwZ 1999, S. 876; *Knöchel*, in: Baur/Sandrock/Scholtka/Shapira, Festschrift für Gunther Kühne zum 70. Geburtstag, S. 599, 603.

545 so *Boldt/Weller*, Bundesberggesetz, § 48, Rn. 4.

vollständig versagt werden, sondern ist unter Beifügung geeigneter Nebenbestimmungen zu erteilen.[546] Auf diese Weise wird dem Rechtsanspruch auf Erteilung der Bergbauberechtigung Genüge getan.

III. Zur Anwendung der §§ 11 und 12 BBergG auf die oberflächennahe Geothermie

Betrachtet man die dargelegten Voraussetzungen für die Erteilung bergrechtlicher Erlaubnisse und Bewilligungen im Hinblick auf die Nutzung oberflächennaher Geothermie, ergibt sich folgendes Bild:

Die überwiegend formalen Anforderungen des § 11 Nr. 1 bis 5 BBergG werden einem Geothermievorhaben bei angemessener Planung und Organisation regelmäßig nicht entgegenstehen. Gleiches gilt für die erforderliche Zuverlässigkeit des Antragstellers sowie die Glaubhaftmachung der hinreichenden finanziellen Ausstattung des Vorhabens nach § 11 Nr. 6 und 7 BBergG. Da zudem eine Beeinträchtigung von Lagerstätten gemäß § 11 Nr. 9 BBergG bei der eher kleinräumigen Erschließung oberflächennaher Geothermie selten relevant sein wird, können sich Genehmigungshindernisse vornehmlich aus § 11 Nr. 8 und § 11 Nr. 10 BBergG ergeben. Soweit hier eine Abwägung mit anderen öffentlichen Belangen wie dem Natur- und Landschaftsschutz oder der Raumordnung und Landesplanung vorzunehmen ist, sind neben dem Aspekt der Rohstoffsicherung im Sinne der §§ 1 Nr. 1 und 48 Abs. 1 Satz 2 BBergG die besonderen Vorzüge der Erdwärmeerschließung mit einem angemessenen Gewicht in die Abwägung einzustellen. Denn die Nutzung von Erdwärme als regenerative Energiequelle dient wichtigen umweltpolitischen Belangen. Sie ist geeignet, den CO_2-Ausstoß zu verringern und damit zur Erreichung der klimapolitischen Ziele auf nationaler und europäischer Ebene beizutragen, um auf diese Weise dem fortschreitenden Klimawandel entgegenzuwirken. Gerade wegen des von der Bundesregierung am 06.06.2011 beschlossenen Ausstiegs aus der Erzeugung von Atomenergie[547] kommt auch der Geothermie, neben der Wind- und Solarenergie sowie der Wasserkraft, wachsende Bedeutung zu. Dabei ist zu berücksichtigen, dass es sich bei der Sicherheit der Energie- und Rohstoffversorgung nach der Rechtsprechung des Bundesverfassungsgerichts um ein „Gemeinschaftsinteresse höchsten Ranges“ handelt, um ein „von der jeweiligen

---

546 VGH Mannheim, Urteil vom 09.06.1988 - 6 S 2972/84 -, ZfB 130 (1989), S. 57, 66.

547 vgl. hierzu das Dreizehnte Gesetz zur Änderung des Atomgesetzes vom 31.07.2011, BGBl. 2011 Teil I Nr. 43 vom 05.08.2011, S. 1704.

Politik des Gemeinwesens unabhängiges absolutes Gemeinschaftsgut".[548] Auch wenn die Nutzung oberflächennaher Erdwärme zur Beheizung und Klimatisierung von Gebäuden sowie die untertägige Energiespeicherung absolut betrachtet einen eher geringen Anteil an der Gesamtenergieversorgung ausmachen, ist ihr Beitrag zur Steigerung der regenerativen Energieerzeugung im Rahmen der Abwägung positiv zu berücksichtigen. Geothermieanlagen haben zudem im Hinblick auf die Belange des Natur- und Landschaftsschutzes den Vorteil, dass sie weitestgehend unter der Erdoberfläche liegen und daher das Landschaftsbild nicht beeinträchtigen. Die Anlagen zur Erschließung oberflächennaher Erdwärme nehmen zudem regelmäßig nur kleinere Flächen in Anspruch und haben im Vergleich zu sonstigen Abbauvorhaben kaum Auswirkungen auf Raumordnung und Landesplanung.

Soweit es die thermische Beeinflussung benachbarter Grundstücke durch geothermische Anlagen betrifft, wird im Schrifttum gelegentlich gefordert, gegenläufigen (privaten) Interessen müsste bereits im Rahmen des Genehmigungsverfahrens Rechnung getragen werden.[549] Dem steht entgegen, dass §§ 11 und 12 BBergG grundsätzlich nicht auf eine Berücksichtigung privater Nutzungsinteressen Dritter ausgerichtet sind. Allerdings hat das Bundesverwaltungsgericht klargestellt, dass der aus Art. 14 Abs. 1 GG fließende Schutzanspruch von bergbaulichen Einwirkungen betroffener Eigentümer in erster Linie im Genehmigungsverfahren zu berücksichtigen ist und dass eine entsprechende Gewährleistung im Betriebsplanverfahren über § 48 Abs. 2 BBergG („Entgegenstehen überwiegender öffentlicher Interessen") zu erfolgen hat.[550] Diese Argumentation lässt sich auf § 11 Nr. 10 BBergG übertragen, wenn im vorgelagerten Stadium des Erlaubnis- bzw. Bewilligungsverfahrens Rechtsgutsverletzungen Dritter bereits absehbar sind. Darüber hinaus könnte auf das am Ausbau erneuerbarer Energien bestehende öffentliche Interesse abgestellt werden, wenn durch die Genehmigung einer einzelnen Anlage eine flächendeckende Erdwärmenutzung erschwert oder verhindert würde. Hierzu ließe sich auch auf den Versagungsgrund des § 11 Nr. 8 BBergG zurückgreifen, wonach Erlaubnis und Bewilligung zu versagen sind, wenn eine sinnvolle und planmäßige Aufsuchung und Gewinnung bergfreier oder grundeigener Bodenschätze gefährdet würde. Dies könnte bei zu erwartenden thermischen Auswirkungen auf Nachbargrundstücke der Fall sein, wenn es infolgedessen zu einer Beeinträchtigung der Erdwärmenutzung auf diesen Grundstücken käme. Insoweit

548 so das BVerfG in dem Beschluss vom 16.03.1971 - 1 BvR 52, 665, 667, 754/66 -, BVerfGE 30, S. 292, 323/324.

549 so *Großmann/Schuldt/Spieth/von Daniels*, Wasser und Abfall 9/2009, S. 36, 39.

550 BVerwG, Urteil vom 16.03.1989 - 4 C 36/85 -, BVerwGE 81, S. 329, 332 u. 346.

stimmen Rechtsprechung und Schrifttum darin überein, dass § 11 Nr. 8 BBergG auch den Schutz anderer Gewinnungsberechtigter umfasst und die Bergbehörde konkurrierende Interessen im Rahmen einer Abwägung zu würdigen hat.[551] Im Ergebnis kann dies beispielsweise zu einer Beschränkung des Bewilligungsfeldes zu Lasten des Antragstellers unter Berücksichtigung der bereits bestehenden untertägigen Nutzungen führen.

IV. Fazit

Als Zwischenfazit bleibt festzuhalten, dass §§ 11 und 12 BBergG grundsätzlich „zulassungsfreundlich" sind und der Realisierung von Vorhaben zur Erschließung oberflächennaher Geothermie im Normalfall nicht entgegenstehen. Anders kann dies gemäß § 11 Nr. 10 BBergG zu beurteilen sein, wenn das betreffende Grundstück beispielsweise in einem Natur- oder Landschaftsschutzgebiet liegt und die Schutzgebietsverordnung ein absolutes Veränderungsverbot enthält. Soweit Ausnahmen oder Befreiungen von einem Verbot möglich sind, ist im konkreten Fall zu ermitteln, welchem Belang der Vorrang gebührt. Private Nutzungsinteressen betroffener Nachbarn können im bergrechtlichen Genehmigungsverfahren über § 11 Nr. 8 BBergG Berücksichtigung finden oder im Rahmen der Abwägung der öffentlichen Interessen nach § 11 Nr. 10 BBergG eine „Ausstrahlungswirkung" auf die Gesamtbewertung des Vorhabens entwickeln. Eine großflächige Steuerung der Geothermienutzung ist aber nur über eine untertägige Raumplanung zu gewährleisten.

D. Zum Betriebsplanverfahren gemäß §§ 51 ff. BBergG

Neben der Erteilung einer Bergbauberechtigung ist für die Aufsuchung und Gewinnung bergfreier Bodenschätze die Zulassung von Betriebsplänen erforderlich. Hintergrund ist die bereits angedeutete Zweistufigkeit des bergrechtlichen Verfahrens: Erlaubnis und Bewilligung verschaffen dem Unternehmer nur die grundsätzliche Berechtigung, einen bergfreien Bodenschatz aufzusuchen bzw.

551 OVG Lüneburg, Urteil vom 30.10.2003 - 7 L 3421/00 -, NordÖR 2004, S. 123, 125; *Piens/Schulte/Graf Vitzthum*, Bundesberggesetz, § 11, Rn. 15; *Dietrich*, in: Kühne/Ehricke, Bergrecht zwischen Tradition und Moderne, S. 139, 150.

zu gewinnen und ihn sich anzueignen, sie erlauben aber noch nicht die konkrete Ausübung dieser Rechte. Hierzu ist die Durchführung des Betriebsplanverfahrens gemäß §§ 51 ff. BBergG notwendig, eines behördlichen Kontrollverfahrens, in dem darüber entschieden wird, wie und unter welchen Voraussetzungen von einer Bergbauberechtigung Gebrauch gemacht werden darf.[552]

I. Zur Betriebsplanpflicht gemäß § 51 Abs. 1 BBergG

Das Betriebsplanverfahren ist ein spezifisches Institut des Bergrechts zur umfassenden präventiven und laufenden Betriebsüberwachung.[553] Seine Rechtfertigung findet es darin, dass bergbauliche Betriebe im Regelfall durch eine dynamische und mit besonderen Gefahren verbundene Betriebsweise gekennzeichnet sind, die die einmaligen Betriebsgenehmigungen anderer Rechtsgebiete wie die des Gewerberechts oder des Atomrechts als nicht ausreichend erscheinen lässt, sondern nach Ansicht des Gesetzgebers eine kontinuierliche Überwachung der Anlagen erfordert.[554] Gemäß § 51 Abs. 1 Satz 1 BBergG dürfen daher Aufsuchungs- und Gewinnungsbetriebe sowie Betriebe zur Aufbereitung von Bodenschätzen nur aufgrund von Betriebsplänen errichtet, geführt und eingestellt werden, die vom Unternehmer eingereicht und von der zuständigen Behörde zugelassen worden sind. Verfahrensrechtlich sind die Betriebspläne als Anträge auf Genehmigung der vorgesehenen Tätigkeiten und Einrichtungen zu qualifizieren.[555] Die Regelungen über die Betriebsplanpflicht stellen insoweit – ebenso wie die Vorschriften über die Bergbauberechtigungen – ein präventives Verbot mit Erlaubnisvorbehalt dar.[556] Sofern die Voraussetzungen des § 55 BBergG erfüllt sind und keine öffentlichen Interessen im Sinne des § 48 Abs. 2 BBergG entgegenstehen, besteht ein Rechtsanspruch des Unternehmers auf Betriebsplanzulassung.[557] Dies folgt schon

---

552 *Caspar*, Gutachten zur Zulässigkeit von Explorationsbohrungen im Wattenmeer sowie zu den Voraussetzungen einer Erlaubnis zur Aufsuchung von Kohlenwasserstoffen (Erlaubnisfeld Eiderstedt) im Wattenmeer, S-H Landtag, Umdruck 16/3396, S. 4/5; *Seuser*, NuR 2012, S. 8, 10.

553 BT-Drucks. 8/1315, S. 105.

554 BT-Drucks. 8/1315, S. 105.

555 *Boldt/Weller*, Bundesberggesetz, § 51, Rn. 2.

556 *Boldt/Weller*, Bundesberggesetz, Vor § 50, Rn. 11; *Piens/Schulte/Graf Vitzthum*, Bundesberggesetz, § 51, Rn.2.

557 BVerwG, Urteil vom 14.12.1990 - 7 C 18/90 -, NVwZ 1991, S. 992, 993 und Urteil vom 02.11.1995 - 4 C 14/94 -, BVerwGE 100, S. 1, 10; *Elgeti/Dietrich*, NuR 2012, S. 232, 235.

aus dem eindeutigen Wortlaut des § 55 Abs. 1 BBergG. Die Zulassungsentscheidung der Bergbehörde bedarf der Schriftform (§ 56 Abs. 1 Satz 1 BBergG) und ist als Verwaltungsakt im Sinne des § 35 Satz 1 VwVfG zu qualifizieren.[558]

II. Zur Befreiung von der Betriebsplanpflicht gemäß § 51 Abs. 3 BBergG

Auch die Erschließung oberflächennaher Erdwärme unterliegt, soweit sie bergrechtlich genehmigungsbedürftig ist, grundsätzlich der Betriebsplanpflicht gemäß § 51 Abs. 1 BBergG. Zu beachten ist der Ausnahmetatbestand des § 51 Abs. 3 BBergG. Danach kann die Bergbehörde Betriebe von geringer Gefährlichkeit und Bedeutung auf Antrag ganz oder teilweise von der Betriebsplanpflicht befreien, wenn der Schutz der Beschäftigten und Dritter sowie das Wiedernutzbarmachen der Erdoberfläche auch ohne Betriebsplanpflicht sichergestellt werden können. Die Befreiungsmöglichkeit umfasst nach § 51 Abs. 3 Satz 2 BBergG allerdings nicht die Errichtung und die Einstellung des Bergbaubetriebs; diese bleiben also in jedem Fall betriebsplanpflichtig. Soweit es Anlagen zur Erschließung oberflächennaher Erdwärme betrifft, ist zunächst festzuhalten, dass diese vom Umfang her und hinsichtlich ihrer Gefährlichkeit für Beschäftigte oder Dritte sowohl hinter dem Untertagebau als auch hinter großflächigen Tagebaubetrieben erheblich zurückbleiben. Die Grundvoraussetzungen für eine Befreiung von der Betriebsplanpflicht nach § 51 Abs. 3 BBergG sind damit zu bejahen. Im Übrigen steht die Entscheidung über eine Befreiung im Ermessen der Bergbehörde, wobei sich die Ermessensausübung am Sinn und Zweck des Betriebsplanverfahrens zu orientieren hat. Der Gesetzgeber stellt insoweit vor allem darauf ab, dass sich Aufsuchungs- und Gewinnungsbetriebe im Sinne des BBergG von anderen Gewerbebetrieben dadurch unterscheiden, dass „sie sich bei ununterbrochener Verringerung der Substanz an Bodenschätzen räumlich ständig fortentwickeln und unter dauernder Anpassung an die Erfordernisse der Lagerstätte verändern“, dass charakteristisch also gerade eine dynamische Betriebsweise ist, die eine laufende Betriebsüberwachung erfordert.[559] Diese bergbauliche Besonderheit trifft auf Betriebe zur Gewinnung oberflächennaher Erdwärme nicht zu, da die Erdwärme regenerativ und bei ordnungsgemäßer Anlagenauslegung am selben Ort auf unbegrenzte Zeit

---

558 *Schmidt-Aßmann/Schoch*, Bergwerkseigentum und Grundeigentum im Betriebsplanverfahren, S. 166.

559 BT-Drucks. 8/1315, S. 105.

nutzbar ist. Ein Standortwechsel ist nicht erforderlich, der Betrieb einer geothermischen Anlage also eher statisch. Es handelt sich um einen auf Dauer angelegten Sachverhalt wie den Betrieb einer nach § 4 Bundes-Immissionsschutzgesetz (BImSchG)[560] genehmigungsbedürftigen Anlage oder eine Gewässerbenutzung gemäß §§ 8 und 9 WHG, für die eine einmalige Genehmigung genügt.[561] Eine Vielzahl von Tätigkeiten, die durch Betriebspläne zugelassen werden müssten, gibt es bei der Nutzung oberflächennaher Geothermie nicht; vielmehr ist von einem bereits bei Beantragung der Bergbauberechtigung weitgehend feststehenden Sachverhalt auszugehen, der sich nach Errichtung und Inbetriebnahme der Anlage nicht wesentlich verändert. Sinn und Zweck des Betriebsplanverfahrens sind hier also lediglich am Rande berührt, so dass von der Befreiungsmöglichkeit des § 51 Abs. 3 BBergG Gebrauch zu machen ist. Die notwendige Anlagenüberwachung kann auch durch die Beifügung von Nebenbestimmungen gemäß §§ 36 VwVfG und 56 Abs. 1 Satz 2 BBergG hinreichend gewährleistet werden. Anlagen zur Erschließung oberflächennaher Erdwärme unterliegen daher im Regelfall der Betriebsplanpflicht nur hinsichtlich der Errichtung und der Einstellung des Betriebes.

Für die Errichtung eines bergbaulichen Betriebs ist gemäß § 52 Abs. 1 Satz 1 BBergG die Aufstellung eines Hauptbetriebsplans erforderlich. Dieser soll nach dem Willen des Gesetzgebers ein umfassendes Bild der geplanten Betriebsanlagen und Einrichtungen sowie ihrer Herstellung vermitteln und Auskunft darüber geben, wie sich der Betrieb entwickeln, welche Aufsuchungs- oder Gewinnungsverfahren angewendet und welche technischen Arbeitsmittel verwendet werden sollen.[562] Das BBergG selbst enthält keine Vorgaben inhaltlicher Art zur Erstellung des Hauptbetriebsplans. In § 52 Abs. 1 Satz 1 BBergG findet sich lediglich eine zeitliche Beschränkung dahingehend, dass die Hauptbetriebspläne in der Regel nur für einen Zeitraum von zwei Jahren aufzustellen sind. Eine derart kurze Frist würde aber bei geothermischen Anlagen wenig Sinn machen, da sich diese nach Inbetriebnahme in der Regel nicht mehr verändern, sondern langfristig betrieben werden. Insoweit wird in der bergrechtlichen Kommentarliteratur darauf hingewiesen, dass es sich in der Praxis bewährt habe, für die Betriebserrichtung einen

---

560 Gesetz zum Schutz vor schädlichen Umwelteinwirkungen durch Luftverunreinigungen, Geräusche, Erschütterungen und ähnliche Vorgänge (Bundes-Immissionsschutzgesetz - BImSchG) in der Fassung der Bekanntmachung vom 26.09.2002, BGBl. 2002 Teil I Nr. 71 vom 04.10.2002, S. 3830; zuletzt geändert durch Art. 2 des Gesetzes vom 27.06.2012, BGBl. 2012 Teil I Nr. 29 vom 29.06.2012, S. 1421.

561 vgl. *Piens/Schulte/Graf Vitzthum*, Bundesberggesetz, § 51, Rn. 21.

562 BT-Drucks. 8/1315, S. 107/108.

Rahmenbetriebsplan aufzustellen, da dieser gemäß § 52 Abs. 2 Nr. 1 BBergG einen längeren Zeitraum umfasst und allgemeinere Angaben über das Vorhaben enthält.[563] Eine solche Praxis steht jedoch in eindeutigem Widerspruch zum Wortlaut des § 52 Abs. 1 BBergG, der für die Betriebserrichtung explizit die Einreichung eines Hauptbetriebsplans verlangt. Für die oberflächennahe Geothermie besteht im Übrigen kein Bedarf für eine Umgehung der berggesetzlichen Vorgaben. Denn mit Inbetriebnahme einer geothermischen Anlage ist deren Entwicklung grundsätzlich abgeschlossen und der Bestand an technischen Betriebsmitteln bleibt konstant; die Anlage ist nicht wie viele andere Bergbaubetriebe dynamisch, sondern statisch. Es fehlt daher an technischen Entwicklungen oder betrieblichen Veränderungen, die Gegenstand eines Betriebsplans sein könnten. Folglich ist für ein Erdwärmesondenfeld oder eine geothermische Dublette lediglich vor Beginn der Tätigkeiten ein Hauptbetriebsplan über die Errichtung des Betriebs aufzustellen, der zugleich die Grundlage für die Entscheidung der Bergbehörde über die Befreiung von der Betriebsplanpflicht nach § 51 Abs. 3 BBergG bildet. Sofern eine Befreiung erfolgt, hat der Unternehmer mit der Abgabe des Hauptbetriebsplans seine Pflichten erfüllt und weitere Betriebspläne sind bis zu einer möglichen Einstellung des Betriebes nicht einzureichen. Wird die Befreiung von der Betriebsplanpflicht im Einzelfall nicht gewährt, besteht nur noch die Möglichkeit, den Regelzeitraum des § 52 Abs. 1 BBergG von zwei Jahren wegen der geringen Entwicklungsdynamik geothermischer Anlagen angemessen zu verlängern.[564] Als Beispiel sei an dieser Stelle die Erdwärmesondenanlage auf dem Max-Planck-Campus in Golm genannt, für die eine Geltungsdauer der Betriebspläne von fünf Jahren festgelegt worden ist.[565] Gemäß § 52 Abs. 4 Satz 2 BBergG kann ein Betriebsplan zudem verlängert werden, wenn die Anlage unverändert beibehalten bzw. fortgeführt werden soll.[566] Schließlich besteht bei Probebohrungen zur geophysikalischen Untersuchung des Untergrundes die Möglichkeit, Errichtung, Führung und Einstellung des Betriebes in einem einzigen Haupt- und Abschlussbetriebsplan zusammenzufassen.[567]

Es bleibt festzuhalten, dass der Betrieb einer gemäß §§ 6 ff. BBergG genehmigungsbedürftigen geothermischen Anlage zwar grundsätzlich der Betriebsplanpflicht nach § 51 Abs. 1 BBergG unterliegt, dass aber im Regelfall der

563 *Boldt/Weller*, Bundesberggesetz, § 51, Rn. 7.

564 vgl. *Kremer/Neuhaus gen. Wever*, Bergrecht, Rn. 195.

565 *Thiele*, Umwelt- und Naturschutzaspekte bei der Erschließung und Nutzung von Erdwärme, S. 36.

566 vgl. BT-Drucks. 8/1315, S. 108.

567 *Boldt/Weller*, Bundesberggesetz, § 51, Rn. 7.

Befreiungstatbestand des § 51 Abs. 3 BBergG erfüllt sein wird. Dann ist lediglich für die Errichtung und die Einstellung der Anlage ein Betriebsplan aufzustellen, so dass der Aufwand überschaubar bleibt. Ein positiver Effekt für den Anlagenbetreiber liegt zudem in der mit der Durchführung des Betriebsplanverfahrens verbundenen Eigenkontrolle.

III. Zu den Voraussetzungen der Betriebsplanzulassung

Die Voraussetzungen für die Zulassung des Hauptbetriebsplans ergeben sich aus den §§ 55 Abs. 1 und 48 Abs. 2 BBergG. Für die Erteilung der Zulassung eines Abschlussbetriebsplans enthalten § 55 Abs. 2 Nr. 1 bis 3 BBergG ergänzende Regelungen.

In § 55 Abs. 1 Nr. 1 bis 9 BBergG sind die maßgeblichen bergrechtlichen Voraussetzungen aufgezählt, die sich aus dem durch den Unternehmer einzureichenden Betriebsplan ergeben müssen. Zum Teil decken sich diese Anforderungen mit denen des bergrechtlichen Genehmigungsverfahrens aus §§ 11 und 12 BBergG, wie zum Beispiel beim Lagerstättenschutz (Nr. 4) oder der erforderlichen Zuverlässigkeit des Unternehmers bzw. der von ihm zur Leitung oder Beaufsichtigung bestellten Personen (Nr. 2). Darüber hinaus hat der Antragsteller seine Berechtigung zur Aufsuchung oder Gewinnung von Bodenschätzen nachzuweisen (Nr. 1) sowie die notwendige Vorsorge gegen Gefahren für Leib und Leben und zum Schutz von Sachgütern (Nr. 3), zum Schutz (Nr. 5) und zur Widernutzbarmachung der Erdoberfläche (Nr. 7) sowie gegen eine mögliche Gefährdung der Sicherheit anderer Bergbaubetriebe (Nr. 8) zu treffen. Schließlich müssen die verantwortlichen Personen über die erforderliche Fachkunde und körperliche Eignung verfügen (Nr. 2), die ordnungsgemäße Abfallbeseitigung muss nachgewiesen werden (Nr. 6) und es dürfen keine gemeinschädlichen Einwirkungen der Aufsuchung oder Gewinnung zu erwarten sein (Nr. 9). Letzteres ist nicht schon dann der Fall, wenn ein Einzelner geschädigt wird, sondern es muss ein Schaden in einem solchen Umfang drohen, dass er sich auf das Allgemeinwohl auswirkt, wie dies beispielsweise bei einer gefährlichen Bodensenkung in einem dicht besiedelten Gebiet anzunehmen wäre.[568] Ein Gemeinschaden ist danach nur zu erwarten, wenn Leben oder Gesundheit von Menschen betroffen oder Sachgüter von erheblichem Wert in ihrem Bestand bedroht sind.[569] Gemäß § 52 Abs. 4 Satz 1 BBergG hat der

568 BT-Drucks. 8/1315, S. 111.

569 *Boldt/Weller*, Bundesberggesetz, § 55, Rn. 40.

Unternehmer den Nachweis zu erbringen, dass die in § 55 Abs. 1 Nr. 1 und Nr. 3 bis 9 BBergG bezeichneten Zulassungsvoraussetzungen erfüllt sind.

Neben § 55 Abs. 1 BBergG kommt im Rahmen der Betriebsplanzulassung aber auch § 48 Abs. 2 Satz 1 BBergG Bedeutung zu als „Öffnungsklausel" für außerbergrechtliche öffentliche Belange.[570] Nach dieser Vorschrift kann die für die Betriebsplanzulassung zuständige Behörde – in anderen Fällen als denen des § 48 Abs. 1 und des § 15 BBergG – die Aufsuchung oder Gewinnung von Bodenschätzen untersagen, soweit ihr überwiegende öffentliche Interessen entgegenstehen. Das Bundesverwaltungsgericht hat hierzu in der „Altenberg-Entscheidung" ausgeführt, dass es sich bei § 48 Abs. 2 BBergG um eine die Befugnisse der Bergbehörde im Betriebsplanverfahren erweiternde Norm handelt, die nicht nur eine eigenständige, dem Betriebsplan neben- bzw. nachgeordnete Untersagungs- und Beschränkungskompetenz begründet, sondern die eine Ergänzung des § 55 Abs. 1 BBergG darstellt.[571] Sind der Behörde bereits zum Zeitpunkt der Entscheidung über die Betriebsplanzulassung Umstände bekannt, die eine Anordnung nach § 48 Abs. 2 Satz 1 BBergG rechtfertigen würden, so hat sie dies durch eine Beschränkung oder Versagung der Zulassung zu berücksichtigen.[572] Andernfalls könnte es zu dem wenig überzeugenden Ergebnis kommen, dass eine zunächst durch Betriebsplan über § 55 Abs. 1 BBergG zugelassene Aufsuchung oder Gewinnung im unmittelbaren Anschluss gemäß § 48 Abs. 2 Satz 1 BBergG wieder untersagt oder beschränkt werden müsste.[573] Das Bundesverwaltungsgericht hat seine Rechtsprechung zur Anwendung des § 48 Abs. 2 BBergG im Rahmen der Betriebsplanzulassung in späteren Entscheidungen bestätigt.[574]

Der Begriff der entgegenstehenden öffentlichen Interessen in § 48 Abs. 2 Satz 1 BBergG ist weit gefasst und bezieht sich in Abgrenzung zu § 55 Abs. 1 BBergG gerade auf andere Belange als den Schutz vor betrieblichen Gefahren im engeren Sinne.[575] Hauptanwendungsfälle der Vorschrift sind das Immissionsschutzrecht, das Naturschutz- und das Landschaftsschutzrecht, das Denkmalschutzrecht sowie

---

570 vgl. *Boldt/Weller*, Bundesberggesetz, Ergänzungsband, Zu § 48, Rn. 2.

571 BVerwG, Urteil vom 07.07.1986 - 4 C 31/84 -, BVerwGE 74, S. 315, 323.

572 BVerwG, Urteil vom 07.07.1986 - 4 C 31/84 -, BVerwGE 74, S. 315, 323; *Schulte*, NJW 1981, S. 88, 94; *Boldt/Weller*, Bundesberggesetz, Ergänzungsband, Zu § 48, Rn. 5.

573 *Piens/Schulte/Graf Vitzthum*, Bundesberggesetz, § 48, Rn. 4 u. § 55, Rn. 144.

574 vgl. nur BVerwG, Urteil vom 16.03.1989 - 4 C 36/85 -, BVerwGE 81, S. 329, 339 und Urteil vom 29.06.2006 - 7 C 11/05 -, BVerwGE 126, S. 205, 209.

575 BVerwG, Urteil vom 29.06.2006 - 7 C 11/05 -, BVerwGE 126, S. 205, 209.

das Bauplanungsrecht.[576] Dies gilt allerdings nur „unbeschadet anderer öffentlich-rechtlicher Vorschriften", d.h. soweit über diese Belange nicht bereits in einem eigenen fachlichen Genehmigungsverfahren oder im Rahmen des § 55 Abs. 1 BBergG zu entscheiden ist.[577] § 48 Abs. 2 BBergG führt somit nicht zu einer umfassenden Prüfung aller erdenklichen öffentlichen Belange im Betriebsplanverfahren, sondern stellt vielmehr einen Auffangtatbestand für solche umwelt- und planungsrechtlichen Interessen dar, deren Prüfung keinem außerbergrechtlichen Verfahren vorbehalten ist.[578] So kann beispielsweise bei immissionsschutzrechtlich nicht genehmigungsbedürftigen Anlagen das Gebot des § 22 BImSchG, nach dem Stand der Technik vermeidbare schädliche Umwelteinwirkungen zu verhindern und unvermeidbare auf ein Mindestmaß zu beschränken, im Betriebsplanverfahren zu prüfen sein und zu Beschränkungen der Zulassung oder zu ihrer Versagung führen.[579] Ausdrücklich ausgenommen von der Geltung des § 48 Abs. 2 BBergG sind zudem die Fälle des § 48 Abs. 1 und des § 15 BBergG. Damit findet die Vorschrift keine Anwendung, wenn bergbauliche Tätigkeiten auf öffentlich gewidmeten oder besonders unter Schutz gestellten Grundstücken verboten oder eingeschränkt sind, also insbesondere beim Eingreifen von Schutzgebietsverordnungen. Auch im Rahmen des bergrechtlichen Genehmigungsverfahrens kommt sie nicht zur Anwendung, da dort die öffentlichen Interessen bereits über § 11 Nr. 10 BBergG geprüft werden.[580]

Soweit es die Berücksichtigung privater Rechte von drittbetroffenen Grundeigentümern angeht, entsprach es einhelliger Auffassung in Rechtsprechung und Schrifttum, dass die Eigentümerrechte im Rahmen des bergrechtlichen Verfahrens keine Berücksichtigung finden, sondern dass ein Ausgleich allein über Bergschadenshaftung nach §§ 114 ff. BBergG erfolgt.[581] Das Bundesverwaltungsgericht hat diesen Grundsatz in der „Moers-Kapellen-Entscheidung" eingeschränkt und herausgestellt, dass die Bestandsgarantie des Eigentums aus Art. 14 Abs. 1 GG und der Verhältnismäßigkeitsgrundsatz zu einer „Berücksichtigungsgarantie" des durch ein Vorhaben betroffenen Oberflächeneigentums in formeller und materieller

576 *Kremer/Neuhaus gen. Wever*, Bergrecht, Rn. 256.

577 *Boldt/Weller*, Bundesberggesetz, Ergänzungsband, Zu § 48, Rn. 10.

578 *Schulte*, Kernfragen der bergrechtlichen Genehmigungsverfahrens, S. 42.

579 vgl. BVerwG, Urteil vom 07.07.1986 - 4 C 31/84 -, BVerwGE 74, S. 315, 322.

580 *Boldt/Weller*, Bundesberggesetz, Ergänzungsband, Zu § 48, Rn. 3; *Piens/Schulte/Graf Vitzthum*, Bundesberggesetz, § 48, Rn. 14.

581 vgl. nur BGH, Urteil vom 16.02.1970 - III ZR 136/68 -, BGHZ 53, S. 226, 233/234; *Hoppe/Beckmann*, Grundeigentumsschutz bei heranrückendem Bergbau, S. 27 ff.; *Boldt/Weller*, Bundesberggesetz, § 55, Rn. 57.

Hinsicht führen.[582] § 48 Abs. 2 BBergG ist danach für eine Auslegung offen, nach der die Bergbehörde den Grundrechtsschutz zugunsten des Oberflächeneigentums im Betriebsplanverfahren zu gewährleisten hat, wenn – unbeschadet der Bergschadensregelung der §§ 114 ff. BBergG – nur dadurch eine unverhältnismäßige Beeinträchtigung des privaten Eigentums verhindert werden kann; in diesem Umfang kommt § 48 Abs. 2 BBergG auch nachbarschützende Wirkung zu.[583] Gleiches muss im Grundsatz für den untertägigen Raum gelten, soweit dessen Nutzung dem Eigentumsschutz nach Art. 14 Abs. 1 GG und § 905 BGB unterfällt und diese Nutzung durch die Gewinnung von Erdwärme beeinträchtigt wird.

Im Übrigen begründet § 48 Abs. 2 Satz 1 BBergG trotz des missverständlichen Wortlauts („kann“) kein Ermessen der Behörde, sondern es handelt sich lediglich um eine Befugnisnorm.[584] Insoweit gewährt die Vorschrift auch keine planerische Gestaltungsfreiheit im Sinne einer umfassenden Abwägung aller betroffenen Interessen; die Abwägung entspricht vielmehr derjenigen im Rahmen eines unbestimmten Rechtsbegriffs und ist gerichtlich vollständig nachprüfbar.[585] Es verbleibt also dabei, dass der Unternehmer einen Anspruch auf Zulassung des Betriebsplans hat, wenn die Voraussetzungen der §§ 55 Abs. 1 und 48 Abs. 2 BBergG erfüllt sind.

Im Gegensatz beispielsweise zum immissionsschutzrechtlichen Verfahren (vgl. § 13 BImSchG) oder zum Planfeststellungsverfahren (vgl. § 75 Abs. VwVfG) fehlt es der Betriebsplanzulassung an einer Konzentrationswirkung, d.h. die Zuständigkeit anderer Behörden, in eigenen Verfahren die nach Baurecht, Wasserrecht oder Immissionsschutzrecht erforderlichen Genehmigungen zu erteilen, bleibt unberührt.[586] Andererseits entscheidet die Bergbehörde bei der Betriebsplanzulassung gemäß § 48 Abs. 2 BBergG auch über außerbergrechtliche Belange der Raumordnung, des Naturschutzes oder des Immissionsschutzes bei nach dem BImSchG nicht genehmigungsbedürftigen Anlagen (vgl. §§ 22 ff. BImSchG). In diesen Fällen sind andere Behörden an die Entscheidung der Bergbehörde gebunden und verfügen über keine eigene Sachentscheidungskompetenz mehr.[587]

582 so *Heitmann*, ZfB 131 (1990), S. 179, 181.

583 BVerwG, Urteil vom 16.03.1989 - 4 C 36/85 -, BVerwGE 81, S. 329, 346.

584 BVerwG, Urteil vom 14.04.2005 - 7 C 26/03 -, BVerwGE 123, S. 247, 254 und Urteil vom 29.06.2006 - 7 C 11/05 -, BVerwGE 126, S. 205, 213.

585 BVerwG, Urteil vom 14.12.1990 - 7 C 18/90 -, NVwZ 1991, S. 992, 993 und Urteil vom 29.06.2006 - 7 C 11/05 -, BVerwGE 126, S. 205, 213; *Frenz*, Bergrecht und Nachhaltige Entwicklung, S. 78.

586 BT-Drucks. 8/1315, S. 109.

587 BVerwG, Urteil vom 04.07.1986 - 4 C 31/84 -, BVerwGE 74, S. 315, 325.

Um der Gefahr widersprüchlicher Verwaltungsentscheidungen entgegenzuwirken, sieht § 54 Abs. 2 Satz 1 BBergG die Beteiligung anderer Behörden vor, deren Aufgabenbereich durch die im Betriebsplan vorgesehenen Maßnahmen berührt wird. Unter Beteiligung ist dabei die Unterrichtung und Anhörung der betroffenen Behörden oder der Gemeinden als Planungsträger zu verstehen, ein Einvernehmen ist nicht erforderlich.[588] Sofern feststeht, dass der Antragsteller eine nach sonstigen Vorschriften erforderliche Genehmigung nicht erhält, kann die Betriebsplanzulassung aber wegen fehlenden Sachbescheidungsinteresses versagt werden.[589]

Für die Erschließung oberflächennaher Geothermie dürfte die Anwendung des § 48 Abs. 2 Satz 1 BBergG von geringerer Bedeutung sein, da der Sachverhalt hinsichtlich des zu beurteilenden Anlagenbetriebs bei Erteilung der Bergbauberechtigung und bei Zulassung des Betriebsplans weitgehend identisch sein wird, so dass eine hinreichende Prüfung entgegenstehender öffentlicher Belange bereits über § 11 Nr. 10 BBergG erfolgt. Zu klären bleibt in diesem Zusammenhang die Frage, inwieweit die Genehmigungserteilung bereits eine Bindungswirkung für die Betriebsplanzulassung erzeugt.

IV. Zum Verhältnis von Genehmigungsverfahren und Betriebsplanverfahren

Charakteristisch für das Bergrecht ist die bereits dargestellte Zweistufigkeit des Zulassungsverfahrens mit der Genehmigungserteilung nach §§ 6 ff. BBergG auf erster Stufe und dem sich anschließenden Betriebsplanverfahren gemäß §§ 51 ff. BBergG auf zweiter Stufe. Bei der Beurteilung des Verhältnisses dieser zwei Stufen zueinander, also der Frage einer möglichen Bindungswirkung der erststufigen Entscheidung im Genehmigungsverfahren für die nachfolgende Betriebsplanzulassung, geht es insbesondere um die Berücksichtigung entgegenstehender öffentlicher Interessen, die sowohl bei der Erteilung der Bergbauberechtigung (§ 11 Nr. 10 BBergG) als auch im Betriebsplanverfahren (§ 48 Abs. 2 Satz 1 BBergG) von Bedeutung sind.

In Betracht kommen zwei Lösungswege für die verfahrensrechtliche Verknüpfung von Genehmigungs- und Betriebsplanverfahren. Zum einen könnte es sich im Rahmen des § 11 Nr. 10 BBergG lediglich um eine vorläufige und überschlägige Prüfung der berührten öffentlichen Interessen handeln, der für das nachfolgende

588 *Boldt/Weller*, Bundesberggesetz, § 54, Rn. 9.
589 *Kremer/Neuhaus gen. Wever*, Bergrecht, Rn. 285.

Betriebsplanverfahren keine präjudizielle Wirkung zukommt. Die Vertreter dieser „bergrechtlichen Lösung" berufen sich primär auf die im BBergG angelegte zeitliche und gegenständliche Trennung von Berechtsamswesen und Betriebsplanverfahren, die durch eine Vorverlagerung der Abwägung mit anderen öffentlichen Belangen aufgehoben würde.[590] Allein eine auf das Betriebsplanverfahren konzentrierte Prüfung der außerbergrechtlichen Umweltbelange entspreche dem Willen des Gesetzgebers über die Zuordnung der Prüfungs- und Regelungsinhalte auf den bergrechtlichen Entscheidungsebenen.[591] Die Entscheidung über die Zulässigkeit konkreter Betriebsanlagen könne nicht Gegenstand des Genehmigungsverfahrens sein, sondern sei dem Betriebsplanverfahren vorbehalten; dies ergäbe sich auch aus den unterschiedlichen Anforderungen, die in §§ 11 Nr. 3 und 12 Abs. 1 Nr. 4 im Gegensatz zu § 52 Abs. 4 Satz 1 BBergG an die Arbeitsprogramme gestellt werden.[592] Für diese Rechtsauffassung lässt sich anführen, dass es im BBergG an einer ausdrücklichen Regelung zur Bindungswirkung von Feststellungen aus dem Erlaubnis- bzw. Bewilligungsverfahren für nachfolgende behördliche Entscheidungen fehlt, wie sie beispielsweise in § 19 Abs. 2 FStrG[593] oder in § 28 Abs. 2 LuftVG[594] zu finden sind. Darüber hinaus könnte man auf die Formulierung in §§ 7 und 8 BBergG verweisen, wonach das durch Erlaubnis bzw. Bewilligung verliehene Recht nur „nach den Vorschriften dieses Gesetzes" gewährt wird und damit von vornherein unter dem Zulassungsvorbehalt des § 51 Abs. 1 BBergG steht.[595] Auf einen durch die Erteilung der Bergbauberechtigung begründeten Vertrauenstatbestand kann sich der Berechtigungsinhaber danach nicht berufen.

Überzeugender ist jedoch die Gegenauffassung, nach der bereits im Genehmigungsverfahren eine umfassende Würdigung der durch das Vorhaben betroffenen

---

590 vgl. *Franke*, in: Baur/Sandrock/Scholtka/Shapira, Festschrift für Gunther Kühne zum 70. Geburtstag, S. 507, 521 ff.; *Rausch*, Umwelt- und Planungsrecht beim Bergbau, S. 40; *Schulte*, ZfB 130 (1989), S. 82, 83.

591 *Franke*, in: Baur/Sandrock/Scholtka/Shapira, Festschrift für Gunther Kühne zum 70. Geburtstag, S. 507, 525.

592 *Schulte*, ZfB 130 (1989), S. 82, 83; *Rausch*, Umwelt- und Planungsrecht beim Bergbau, S. 35.

593 Bundesfernstraßengesetz in der Fassung der Bekanntmachung vom 28.06.2007, BGBl. 2007 Teil I Nr. 29 vom 10.07.2007, S. 1206; zuletzt geändert durch Art. 6 des Gesetzes vom 31.07.2009, BGBl. 2009 Teil I Nr. 51 vom 31.07.2009, S. 2585.

594 Luftverkehrsgesetz in der Fassung der Bekanntmachung vom 10.05.2007, BGBl. 2007 Teil I Nr. 20 vom 21.05.2007, S. 698; zuletzt geändert durch Art. 3 des Gesetzes vom 05.12.2012, BGBl. 2012 Teil I Nr. 57 vom 11.12.2012, S. 2454.

595 *Franke*, in: Baur/Sandrock/Scholtka/Shapira, Festschrift für Gunther Kühne zum 70. Geburtstag, S. 507, 524.

öffentlichen Belange erfolgt, die auch präjudizierende Wirkung für die Betriebsplanzulassung entfaltet.[596] Hierfür spricht zunächst einmal der Grundsatz der Verfahrensökonomie. Sofern bei Erteilung der Bergbauberechtigung die maßgeblichen Auswirkungen des Anlagenbetriebs bekannt und damit auch Beeinträchtigungen sonstiger öffentlicher Belange prognostizierbar sind, lassen sich durch eine möglichst weitgehende Berücksichtigung dieser Belange auf der ersten Verfahrensstufe unnötige Doppelprüfungen vermeiden.[597] Es erscheint zudem als bloßer Formalismus, unter Hinweis auf die vermeintlich zwingende Trennung von Berechtsamsvorschriften und Betriebsplanverfahren dem Vorhaben entgegenstehende öffentliche Interessen nicht zu berücksichtigen, auch wenn deren Relevanz schon im Zeitpunkt der Entscheidung über die Bergbauberechtigung erkennbar ist. Für den Unternehmer hat eine möglichst frühzeitige Abwägung der betroffenen Belange überdies den Vorteil der Planungssicherheit. Wenn er trotz Erteilung der Bergbauberechtigung und damit verbundener Investitionen in die Anlagenplanung befürchten muss, die Betriebsplanzulassung nach einer erneuten Abwägung mit entgegenstehenden öffentlichen Interessen nicht zu erhalten, stellt dies ein erhebliches Risiko und zugleich ein Hemmnis für die nach § 1 Nr. 1 BBergG zu fördernde Rohstoffgewinnung dar.[598] Eine bindende Wirkung der Entscheidung aus dem Erlaubnis- oder Bewilligungsverfahren entspricht im Übrigen dem gesetzgeberischen Willen, wie er in § 11 Nr. 10 BBergG seinen Ausdruck gefunden hat. Denn mit dieser Vorschrift wird unter anderem bezweckt, bereits im Stadium der Entscheidung über die Erteilung einer Bergbauberechtigung zu verhindern, dass es zur Verleihung eines Rechtes kommt, dass sich später als substanzlos erweist.[599] In diesem Kontext ist auch die Regelung des § 15 BBergG zu sehen, nach der die Bergbehörde „im Interesse einer möglichst umfassenden und lückenlosen Berücksichtigung aller öffentlichen Belange"[600] den Behörden, die mit der Wahrnehmung öffentlicher Interessen im Sinne des § 11 Nr. 10 BBergG befasst sind, Gelegenheit zur Stellungnahme zu geben hat. Wenn aber auf diese Weise sichergestellt werden soll, dass sämtliche öffentlichen Interessen in den Entscheidungsprozess

---

596 vgl. VG Leipzig, Urteil vom 19.01.1995 - 5 K 23/94 -, ZfB 136 (1995), S. 48, 54/55; *Frenz*, Bergrecht und Nachhaltige Entwicklung, S. 76; *Fischer-Hüftle*, NuR 1989, S. 106, 108; *Piens/Schulte/Graf Vizthum*, Bundesberggesetz, § 51, Rn. 13.

597 vgl. VG Leipzig, Urteil vom 19.01.1996 - 5 K 23/94 -, ZfB 136 (1995), S. 48, 54/55.

598 vgl. *Piens/Schulte/Graf Vitzthum*, Bundesberggesetz, § 11, Rn. 23.

599 so das BVerwG in dem Beschluss vom 15.10.1998 - 4 B 94/98 -, NVwZ 1999, S. 876, 877.

600 vgl. BT-Drucks. 8/1315, S. 87.

einfließen, ist es wenig zielführend, im Rahmen des Betriebsplanverfahrens eine neuerliche Prüfung dieser Gesichtspunkte zu verlangen. In der Kommentierung von *Boldt/Weller* wird daraus der Schluss gezogen, dass § 48 Abs. 2 BBergG dann keine Anwendung findet, wenn die anderen öffentlichen Belange bereits im Genehmigungsverfahren berücksichtigt werden konnten.[601]

Im Ergebnis sprechen daher überwiegende Gründe dafür, eine Bindungswirkung der erststufigen Behördenentscheidung zu bejahen, so dass eine Ablehnung der Betriebsplanzulassung nicht auf solche öffentlichen Belange gestützt werden kann, die bereits Gegenstand der Prüfung nach § 11 Nr. 10 BBergG gewesen sind.[602] Maßgeblich hängt dies natürlich auch von dem Konkretisierungsgrad der jeweiligen Planung ab. Wenn das Vorhaben in seinen Einzelheiten noch gar nicht Gegenstand der Prüfung ist, sondern das Arbeitsprogramm nur allgemeine Angaben zu den Betriebseinrichtungen enthält[603], scheidet eine umfassende Prüfung der berührten öffentlichen Belange aus. Gerade für die hier zu beurteilende Nutzung oberflächennaher Erdwärme gilt aber, dass die wesentlichen Teile der Anlage und ihr späterer Betrieb im Zeitpunkt der Entscheidung über die Erteilung der Bergbauberechtigung feststehen und sich in Zukunft nicht wesentlich verändern werden. Darin liegt ein entscheidender Unterschied zu der dynamischen Betriebsweise des klassischen Bergbaus. Insoweit kommt dem Betriebsplanverfahren bei der Erdwärmenutzung auch nicht die Bedeutung zu, die es für Bergbauvorhaben im herkömmlichen Sinne besitzt. Dementsprechend kann bei Anlagen zur Gewinnung und Speicherung von Wärme im oberflächennahen Untergrund eine eingehende Prüfung entgegenstehender öffentlicher Interessen regelmäßig bereits im Genehmigungsverfahren erfolgen. An das Ergebnis dieser Prüfung ist die Behörde im nachfolgenden Betriebsplanverfahren gebunden. Etwas anderes gilt nur dann, wenn sich die tatsächlichen Verhältnisse bis zum Zeitpunkt der Entscheidung über die Betriebsplanzulassung maßgeblich verändert haben und infolgedessen eine rechtliche Neubewertung geboten ist.

V. Zur Anzeigepflicht nach § 50 BBergG

Abschließend ist kurz auf die in unmittelbarem Zusammenhang mit dem Betriebsplanverfahren stehende Anzeigepflicht des § 50 BBergG einzugehen. Gemäß

601 *Boldt/Weller*, Bundesberggesetz, § 48, Rn. 8.
602 so auch *Frenz*, Bergrecht und Nachhaltige Entwicklung, S. 76.
603 vgl. hierzu *Schulte*, ZfB 130 (1989), S. 82, 83.

§ 50 Abs. 1 Satz 1 Nr. 1 und 2 BBergG hat der Unternehmer die Errichtung und Aufnahme eines Aufsuchungs- oder Gewinnungsbetriebs spätestens zwei Wochen vor Beginn der beabsichtigten Tätigkeit bei der zuständigen Bergbehörde anzuzeigen. Die Anzeigepflicht entfällt jedoch gemäß § 50 Abs. 1 Satz 3 BBergG, wenn ein Betriebsplan nach § 52 BBergG eingereicht wird. Da selbst Betriebe, die gemäß § 51 Abs. 3 Satz 1 BBergG von der Betriebsplanpflicht befreit sind, einen Hauptbetriebsplan abzugeben haben (vgl. § 51 Abs. 3 Satz 3 BBergG), verbleibt für die Anzeige nach § 50 BBergG kaum ein Anwendungsbereich.[604] Auch Betreiber von Anlagen zur Erschließung oberflächennaher Geothermie sind somit von der Anzeigepflicht befreit, sobald sie den Plan für die Betriebserrichtung eingereicht haben. Dem Wortlaut des § 50 Abs. 1 Satz 3 BBergG Vorschrift lässt sich insoweit entnehmen, dass die Anzeigepflicht zunächst neben die Betriebsplanpflicht tritt und erst mit Einreichung des Betriebsplans erlischt.[605] Hierbei wird zum Teil gefordert, dass der Betriebsplan innerhalb der Zwei-Wochen-Frist des § 50 Abs. 1 Satz 1 BBergG einzureichen ist.[606] Dem dürfte in der Praxis aber wenig Bedeutung zukommen, da der Betriebsplan gemäß § 54 Abs. 1 BBergG zwingend vor Beginn der vorgesehenen Arbeiten zur Zulassung vorzulegen ist und die Entscheidung der Bergbehörde nur selten innerhalb von zwei Wochen ergehen wird, der Unternehmer also im eigenen Interesse den Betriebsplan rechtzeitig vor Betriebserrichtung abzugeben hat.

Soweit es die qualifizierte Anzeigepflicht nach § 50 Abs. 3 Satz 1 BBergG betrifft, dürfte diese bei Betrieben im Sinne des § 51 Abs. 3 BBergG bereits durch die Abgabe des Befreiungsantrags erfüllt werden; dem Unternehmer obliegt dann nur noch die Pflicht, der zuständigen Behörde gemäß § 50 Abs. 3 Satz 2 BBergG wesentliche Änderungen des Abbauplanes unverzüglich anzuzeigen.[607] Im Ergebnis ist § 50 BBergG daher für den Betrieb geothermischer Anlagen nur von geringer Relevanz.

---

604 vgl. *Boldt/Weller*, Bundesberggesetz, § 50, Rn. 1; *Kremer/Neuhaus gen. Wever*, Bergrecht, Rn. 164.

605 vgl. *Piens/Schulte/Graf Vitzthum*, Bundesberggesetz, § 50, Rn. 13; *Boldt/Weller*, Bundesberggesetz, § 50, Rn. 6.

606 *Piens/Schulte/Graf Vitzthum*, Bundesberggesetz, § 50, Rn. 13.

607 *Boldt/Weller*, Bundesberggesetz, § 50, Rn. 7; *Piens/Schulte/Graf Vitzthum*, Bundesberggesetz, § 50, Rn. 16.

E. Zur Anzeigepflicht gemäß § 127 Abs. 1 Nr. 1 BBergG für Bohrungen über 100 m Länge

Gemäß § 127 Abs. 1 Nr. 1 BBergG sind Beginn und Einstellung von nicht in den Geltungsbereich des BBergG fallenden Bohrungen der zuständigen Bergbehörde – beispielsweise dem für die Länder Schleswig-Holstein, Hamburg, Bremen und Niedersachsen zuständigen Landesamt für Bergbau, Energie und Geologie (LBEG) – mindestens zwei Wochen vorher anzuzeigen, sofern die Bohrungen mehr als 100 m in den Boden eindringen sollen. § 127 BBergG ist mithin nur anwendbar, wenn eine sonst nicht dem Bergrecht unterliegende Bohrung über eine Länge von mehr als 100 m niedergebracht werden soll.[608] Maßgeblich ist dabei die geplante absolute Länge der Bohrung, nicht die Tiefenlage des Bohrlochtiefsten.[609] Die Anzeigepflicht greift insbesondere für geothermische Nutzungen, die nach der Ausnahmevorschrift des § 4 Abs. 2 Nr. 1 BBergG bergrechtlich nicht bewilligungsbedürftig sind.

Eine Betriebsplanpflicht besteht für geothermischen Anlagen mit Bohrungen von mehr als 100 m Länge gemäß § 127 Abs. 1 Nr. 2 BBergG aber nur dann, wenn die zuständige Behörde sie im Einzelfall mit Rücksicht auf den Schutz Beschäftigter oder Dritter oder wegen der Bedeutung des Betriebes für erforderlich erklärt. Ist dies der Fall, treffen die sich im Betriebsplanverfahren ergebenden Pflichten gemäß § 127 Abs. 1 Nr. 3 BBergG auch den Unternehmer, der die Bohrung auf fremde Rechnung ausführt. Hintergrund dieser Modifizierung des Unternehmerbegriffs aus § 4 Abs. 5 BBergG ist der Umstand, dass die Bohrfirmen nur selten Bohrungen auf eigene Rechnung durchführen und die Bergbehörde daher als Ansprechpartner lediglich auf den technisch häufig unkundigen Auftraggeber der Bohrung zurückgreifen könnte.[610]

§ 127 Abs. 2 BBergG stellt klar, dass die Vorschriften des Wasserhaushaltsgesetzes, der Landeswassergesetze und der zugehörigen Rechtsverordnungen unberührt bleiben. Wenn also eine der im Betriebsplan dargestellten Tätigkeiten als Benutzungstatbestand im Sinne des WHG einzustufen ist – wie es beispielsweise gemäß § 9 Abs. 1 Nr. 4 WHG für Erdwärmesonden-Bohrungen, die das Grundwasser erreichen, zutrifft –, entscheidet die Bergbehörde gemäß § 19 Abs. 2 WHG auch über die Erteilung der wasserrechtlichen Erlaubnis. Dabei hat sie ihre Entscheidung nach denselben Grundsätzen zu treffen, die auch sonst nach dem

608 *Boldt/Weller*, Bundesberggesetz, § 127, Rn. 2.
609 *Kopf*, Erzmetall 51 (1998), S. 548, 558.
610 *Kremer/Neuhaus gen. Wever*, Bergrecht, Rn. 532.

WHG maßgeblich sind.[611] § 19 Abs. 3 WHG verlangt zudem das Einvernehmen der zuständigen Wasserbehörde, d.h. die Zustimmung zu der von der Bergbehörde beabsichtigten Entscheidung nach Form und Inhalt.[612]

Hält die Bergbehörde die Durchführung eines Betriebsplanverfahrens nicht für notwendig, bestätigt sie entweder lediglich die Bohranzeige[613] oder sie erteilt einen bergrechtlichen Freigabebescheid.[614] In jedem Fall entscheidet dann allein die untere Wasserbehörde über die Zulässigkeit des Vorhabens nach dem WHG.[615] Bei Geothermieanlagen zur Beheizung und Kühlung von Großimmobilien dürfte eine Betriebsplanzulassung regelmäßig entbehrlich sein, da Sinn und Zweck des Betriebsplanverfahrens angesichts der gleichförmigen, im Gegensatz zu typischen Bergbaubetrieben wenig dynamischen Betriebsweise grundsätzlich nicht einschlägig sind. Etwas anderes kann ausnahmsweise dann gelten, wenn die Bohrungen erhebliche Tiefen erreichen oder wenn weiträumige Auswirkungen des Anlagenbetriebs zu erwarten sind.

F. Zu weiteren Regelungen im Rahmen der Zulassung einer Geothermie-anlage

I. Zum Lagerstättengesetz

Weitere Anzeige- und Auskunftspflichten ergeben sich aus dem Gesetz über die Durchforschung des Reichsgebietes nach nutzbaren Lagerstätten (Lagerstättengesetz) vom 04.12.1934, auch wenn dieses bisweilen als „Relikt der Reichsgesetzgebung“ bezeichnet wird.[616] Dass es nach wie vor Gültigkeit besitzt, ergibt sich aus Art. 123 Abs. 1 GG, wonach Recht aus der Zeit vor dem Zusammentritt des Bundestages fortgilt, soweit es dem Grundgesetz nicht widerspricht.

Der Sinn und Zweck des Lagerstättengesetzes liegt nicht nur darin, es den Mitarbeitern der Staatlichen Geologischen Dienste zu ermöglichen, bei der

611 *Piens/Schulte/Graf Vitzthum*, Bundesberggesetz, § 127, Rn. 4.
612 *Piens/Schulte/Graf Vitzthum*, Bundesberggesetz, § 127, Rn. 4.
613 so nach Leitfaden Sachsen, S. 14.
614 so nach *Wolff/Hellenthal*, Nutzung der Geothermie in Stuttgart, S. 59.
615 Leitfaden Niedersachsen, S. 17; *Wolff/Hellenthal*, Nutzung der Geothermie in Stuttgart, S. 59.
616 so *Tholen/Walker-Hertkorn*, Arbeitshilfen Geothermie – Grundlagen für oberflächennahe Erdwärmesondenbohrungen, S. 32.

Bohrung im Einzelfall vor Ort zu sein[617], sondern er liegt vielmehr in der fachkundigen Sammlung, Auswertung und Aufbereitung geologischer, hydrogeologischer und geophysikalischer Daten durch die Staatlichen Geologischen Dienste.[618] Dass diesem Gesetzeszweck erhebliche aktuelle Bedeutung zukommt, zeigt nicht zuletzt die Richtlinie 2007/2/EG vom 14.03.2007 zur Schaffung einer Geodateninfrastruktur in der Europäischen Union[619], sog. INSPIRE-Richtlinie.

Gemäß § 4 Abs. 1 Lagerstättengesetz sind alle maschinengetriebenen Bohrungen zwei Wochen vor Beginn der Arbeiten dem Staatlichen Geologischen Dienst des jeweiligen Bundeslandes anzuzeigen. In Schleswig-Holstein ist dies das Landesamt für Landwirtschaft, Umwelt und ländliche Räume (LLUR). Die Anzeigepflicht trifft jeden, der eine Bohrung für eigene oder fremde Rechnung ausführt, also sowohl den Auftraggeber als auch den Bohrunternehmer. Die Bohranzeige sollte Auskunft geben über Lage und Zweck der Bohrung, Anzahl und Tiefe der geplanten Bohrungen, das Bohrverfahren, den voraussichtlichen Bohrbeginn, die ausführende Bohrfirma sowie über die verantwortliche Person vor Ort und den Auftraggeber.[620] Für geophysikalische Untersuchungen zur Erforschung des Untergrundes enthält § 3 Abs. 1 Lagerstättengesetz die Verpflichtung des Ausführenden zur Anzeige des Gebietes und des voraussichtlichen Umfangs der Messungen sowie des hierbei anzuwendenden Verfahrens und zur Mitteilung des Ergebnisses der Untersuchungen unter Beifügung sämtlicher Unterlagen. Daraus folgt, dass auch Geothermal Response Tests vor ihrer Durchführung anzuzeigen und die gewonnenen Ergebnisse dem geologischen Dienst des jeweiligen Bundeslandes mitzuteilen sind. Bei Bohrungen zur Grundwassererkundung und -erschließung sollten Angaben über das Ergebnis durchgeführter Pumpversuche gemacht werden.[621] Aus § 5 Abs. 2 Lagerstättengesetz ergibt sich schließlich die Verpflichtung des Bohrunternehmers, auf Verlangen Bohrproben und sonstiges Beobachtungsmaterial vorzulegen sowie erschöpfend Auskunft über die Aufschlussergebnisse zu erteilen. Ein Verstoß gegen die genannten Anzeige-, MItteilungs- oder Auskunftspflichten kann gemäß § 10 Abs. 1 Nr. 2 und 3, Abs. 2 Lagerstättengesetz als Ordnungswidrigkeit mit einer Geldbuße von bis zu 5.000 Euro geahndet werden.

---

617 *Walker-Hertkorn u.a.*, bbr 2010, Sonderheft Oberflächennahe Geothermie, S. 8, 12.

618 *Rumohr/Schäfer*, bbr 2010, Sonderheft Oberflächennahe Geothermie, S. 22, 24; Leitfaden Schleswig-Holstein, S. 36.

619 ABl. EU L 108/1 vom 25.04.2007.

620 *Rumohr/Schäfer*, bbr 2010, Sonderheft Oberflächennahe Geothermie, S. 22, 23.

621 *Rumohr/Schäfer*, bbr 2010, Sonderheft Oberflächennahe Geothermie, S. 22, 24.

Zu beachten ist, dass die Pflicht zur Anzeige einer Bohrung nach dem Lagerstättengesetz von der Erfüllung der Genehmigungs- und Anzeigepflichten des Bergrechts und des Wasserrechts unabhängig ist.[622] Das Vorliegen einer entsprechenden Genehmigung und die Anzeige des Bohrbeginns gegenüber der Genehmigungsbehörde entbinden nicht von der Pflicht zur Anzeige der Bohrungen bei dem zuständigen geologischen Dienst des Bundeslandes.[623] Dies ergibt sich im Übrigen auch aus § 8 Lagerstättengesetz, nach dem die bergrechtlichen Vorschriften unberührt bleiben.

II. Zu den Regelungen über die Feldes- und Förderabgabe

Abschließend ist in bergrechtlicher Hinsicht auf die in §§ 30 bis 32 BBergG geregelte Feldes- und Förderabgabe einzugehen. Nach § 30 Abs. 1 und 2 BBergG hat der Inhaber einer Erlaubnis zur Aufsuchung von Bodenschätzen zu gewerblichen Zwecken jährlich eine Feldesabgabe an das Land zu entrichten, in dem das Erlaubnisfeld liegt. Die Feldesabgabe beträgt gemäß § 30 Abs. 3 BBergG im ersten Jahr nach Erlaubniserteilung fünf Euro je angefangenen Quadratkilometer und erhöht sich für jedes folgende Jahr um weitere fünf Euro bis zu einem Höchstbetrag von 25 Euro je angefangenen Quadratkilometer. Schon hieran zeigt sich, dass die Feldesabgabe für Projekte zur Nutzung oberflächennaher Geothermie wegen deren geringer Flächenausdehnung kaum Relevanz besitzt. Gemäß § 31 BBergG hat auch der Bewilligungsinhaber jährlich eine Förderabgabe für die aus dem Bewilligungsfeld gewonnenen Bodenschätze an das jeweilige Bundesland abzuführen, deren Höhe 10 % des durchschnittlichen Marktwertes des Bodenschatzes beträgt. Fehlt es an einem Marktwert, legt die zuständige Behörde einen entsprechenden Wert fest. Der Gesetzgeber hat also sowohl die Verleihung des Rechts zur Aufsuchung als auch zur Gewinnung von Bodenschätzen mit der Pflicht zur Leistung einer Feldes- bzw. Förderabgabe verknüpft.[624] Rechtstechnisch handelt es sich hierbei – in Abgrenzung zu den Verwaltungs- und Benutzungsgebühren – um eine Verleihungsgebühr, d.h. um ein Entgelt für die Gewährung eines Rechts, welches einen wirtschaftlichen Vorteil für den Inhaber begründet, der durch die Gebühr ganz oder teilweise abgeschöpft werden soll.[625] Die Förderabgabe stellt insoweit

---

622 Leitfaden Sachsen, S. 13/14; Leitfaden Mecklenburg-Vorpommern, S. 16.

623 *Rumohr/Schäfer*, bbr 2010, Sonderheft Oberflächennahe Geothermie, S. 22, 23.

624 *Kremer/Neuhaus gen. Wever*, Bergrecht, Rn. 146.

625 BT-Drucks. 8/1315, S. 95; OVG Schleswig, Urteil vom 13.07.1994 - 4 L 22/93 -, ZfB 135 (1994), S. 286, 292; *Kirchhof*, DVBl. 1987, S. 554, 555.

den Ausgleich dafür dar, dass der Staat dem Einzelnen das Recht verleiht, einen bergfreien Bodenschatz wirtschaftlich zu verwerten.[626]

Zugleich hat der Gesetzgeber aber in § 32 Abs. 2 Satz 1 Nr. 1 BBergG die Landesregierungen ermächtigt, die Erteilung von Erlaubnissen und Bewilligungen sowie die Verleihung von Bergwerkseigentum für bestimmte Bodenschätze von der Gebührenpflicht auszunehmen. Diese Ermächtigung haben zahlreiche Länder umgesetzt und die Erdwärmegewinnung von der Erhebung einer Förderabgabe befreit. In Schleswig-Holstein findet sich eine entsprechende Befreiungsregelung in § 24 der Landesverordnung über die Feldes- und Förderabgabe vom 25.11.2002[627]. Dort heißt es in Bezug auf die Erdwärme, dass vom 01.01.2003 bis zum 31.12.2010 keine Förderabgabe erhoben wird. In Abs. 2 der Vorschrift wird klargestellt, dass die Befreiung nach Abs. 1 für jedes weitere Jahr entsprechend gilt, wenn nicht vor dem 1. Januar des jeweiligen Jahres etwas anderes bestimmt wird. Da sich die Befreiung ausdrücklich auf die Förderabgabe beschränkt, ist für die Aufsuchung von Erdwärme zu gewerblichen Zwecken grundsätzlich eine Feldesabgabe zu entrichten. Auf die Erschließung oberflächennaher Erdwärme zur Klimatisierung von Gebäuden hat dies jedoch kaum Auswirkungen, weil bei Eingreifen der Ausnahmevorschrift des § 4 Abs. 2 Nr. 1 BBergG die Aufsuchung und Gewinnung von Erdwärme einheitlich als nicht zulassungspflichtig zu betrachten sind. Zum anderen relativiert sich eine mögliche Abgabepflicht schon dadurch, dass für die Erschließung oberflächennaher Geothermie zur Wärme- und Kälteversorgung einzelner Objekte im Regelfall keine gesonderte Erlaubnis gemäß § 7 BBergG beantragt werden muss, sondern lediglich eine das Recht zur Aufsuchung einschließende Bewilligung nach § 8 BBergG. Den Bewilligungsinhaber trifft aber nach dem eindeutigen Wortlaut des § 30 Abs. 1 BBergG keine Verpflichtung zur Leistung einer Feldesabgabe. Eine Abgabepflicht kommt daher nur in seltenen Ausnahmefällen in Betracht.

Der schleswig-holsteinischen Rechtslage entsprechen die Regelungen zur Feldes- und Förderabgabe in Baden-Württemberg, Brandenburg, Hessen, Mecklenburg-Vorpommern, Niedersachsen, Nordrhein-Westfalen, Rheinland-Pfalz, Sachsen und Thüringen. Auch in den von diesen Bundesländern erlassenen Rechtsverordnungen wird von der Erhebung einer Förderabgabe auf die Gewinnung von Erdwärme abgesehen, zumeist vorläufig befristet auf unterschiedliche

---

626 OVG Schleswig, Urteil vom 13.07.1994 - 4 L 22/93 -, ZfB 135 (1994), S. 286, 292/293; BVerwG, Urteil vom 19.02.2004 - 7 C 9/03 -, LKV 2004, S. 363.

627 GVOBl. S-H 2002, S. 228, zuletzt geändert durch Landesverordnung vom 08.12.2011, GVOBl. S-H 2011, S. 405.

Zeiträume bis zum 31.12.2014[628] oder bis zum 31.12.2015.[629] Eine Befreiung nicht nur von der Förder-, sondern auch von der Feldesabgabe für Erdwärme enthält lediglich die diesbezügliche Verordnung des Freistaates Thüringen.[630] Nach dem Wortlaut der Vorschrift gilt die Befreiung allerdings nur für Erlaubnisinhaber, so dass eine Erdwärmegewinnung ohne vorherige Aufsuchung abgabepflichtig wäre. Hier ist nach Sinn und Zweck eine erweiternde Auslegung dahingehend erforderlich, dass auch der Bewilligungsinhaber grundsätzlich von der Abgabepflicht befreit ist.

Problematischer stellt sich die Rechtslage in Bayern dar. Denn nach § 13 der dort anzuwendenden Verordnung über Feldes- und Förderabgaben vom 22.12.1998[631] galt die Befreiung von der Förderabgabe für Erdwärme nur bis zum 31.12.2005 und dies auch nur, soweit die Erdwärme für balneologische Zwecke verwendet wurde. Geothermische Anlagen, die nach dem BBergG genehmigungsbedürftig sind, unterliegen danach der Feldes- und Förderabgabe gemäß §§ 30 und 31 BBergG. Eine Erklärung für das Fehlen eines Befreiungstatbestandes könnte darin zu sehen sein, dass die bayerische Verwaltungspraxis Anlagen zur Nutzung oberflächennaher Geothermie ohnehin von der Anwendung des BBergG ausnimmt, so dass im Ergebnis nur tiefengeothermische Anlagen von der Abgabepflicht erfasst würden. Dies wiederum wäre ein durchaus sinnvolles, wenn auch unter Klimaschutzgesichtspunkten kritikwürdiges Ergebnis.

In den Bundesländern Hamburg, Bremen und Berlin sowie dem Saarland fehlt es an Rechtsverordnungen zur Durchführung der §§ 30, 31 BBergG, so dass auch die Aufsuchung und Gewinnung oberflächennaher Erdwärme grundsätzlich der Pflicht zur Entrichtung von Feldes- und Förderabgaben unterliegen. Dieses Ergebnis ergibt sich auch für die Rechtslage in Sachsen-Anhalt, da die

---

628 so bspw. in § 18 der Landesverordnung über Feldes- und Förderabgaben Rheinland-Pfalz vom 23.09.1986, GVBl. 1986, S. 271; zuletzt geändert durch Art. 1 der Verordnung vom 17.09.2010, GVBl. 2010, S. 312.

629 so bspw. in § 21 der Niedersächsischen Verordnung über die Feldes- und die Förderabgabe (NFördAVO) vom 10.12.2010, Nds. GVBl. 2010, S. 564; zuletzt geändert durch Verordnung vom 11.12.2012, Nds. GVBl. 2012, S. 598.

630 vgl. § 20 der Thüringer Verordnung über die Feldes- und Förderabgabe vom 23.08.2005, GVBl. S. 332 i.d.F. der Änderungen vom 30.07.2010, GVBl. 2010, S. 304.

631 GVBl. Nr. 27 vom 31.12.1998, S. 1050; zuletzt geändert durch § 1 der Verordnung vom 08.06.2001, GVBL. 2001, S. 338.

dort geltende Verordnung über die Feldes- und Förderabgabe (FörderAVO) vom 18.11.1996[632] keine Vorschriften über die Behandlung von Erdwärme enthält. Einschränkend ist anzumerken, dass die Abgabepflicht nur greifen kann, wenn man im Rahmen des § 4 Abs. 2 Nr. 1 BBergG auf das Vorhandensein grundstücksüberschreitender Beeinflussungen des Untergrundes abstellt und die Gewinnung oberflächennaher Erdwärme zur Gebäudeklimatisierung in diesem Fall für bergrechtlich genehmigungsbedürftig hält. Nach der zweckbezogenen Auslegung stellt sich das Problem der bergrechtlichen Abgabepflicht dagegen nicht.

Soweit es die Gewinnung von Sole betrifft, enthalten die meisten Rechtsverordnungen der Länder über die Feldes- und Förderabgabe Regelungen des Inhalts, dass eine Förderabgabe in Höhe von 1 % des Markwertes erhoben und eine Abgabenbefreiung nur gewährt wird, wenn eine Verwendung der Sole für balneologische Zwecke erfolgt. Danach könnte auch für die bei der Erdwärmeerschließung mittels Grundwasserbrunnen gewonnene Sole eine Förderabgabe entstehen. Begründen ließe sich eine solche Sichtweise mit dem Wortlaut des § 31 Abs. 1 Satz 1 BBergG, wonach sich die Förderabgabe auch auf mitgewonnene Bodenschätze erstreckt. Dagegen lässt sich allerdings einwenden, dass die Förderung der Sole zwar bergrechtlich aufgrund der tätigkeitsbezogenen Betrachtungsweise eine Gewinnung darstellt, dass es sich hierbei aber um eine rein zufällige Nebenfolge der Erdwärmenutzung handelt. Sofern das zum Zweck der Gewinnung von Erdwärme geförderte Grundwasser den notwendigen Salzgehalt von 3 % aufweist, liegt zugleich eine Solegewinnung vor, andernfalls nicht. Von diesem für den Anlagenbetreiber weitgehend zufälligen Umstand darf aber die Abgabepflicht nicht abhängen. Entscheidend ist insoweit, dass sich der Bergbauberechtigte die Sole nicht aneignet, um diese wirtschaftlich zu verwerten, sondern dass er lediglich die enthaltene Wärmeenergie nutzt. Hieraus wird deutlich, dass Sinn und Zweck der Förderabgabe als Gegenleistung für das dem Unternehmer verliehene Recht zur wirtschaftlichen Verwertung eines Bodenschatzes hinsichtlich der Sole überhaupt nicht einschlägig sind. Es würde zudem einen Wertungswiderspruch bedeuten, die Gewinnung der Erdwärme, die alleiniges Ziel des Bergbauberechtigten ist, abgabenfrei zu stellen, zugleich aber auf die „ungewollte" Mitgewinnung der Sole eine Förderabgabe zu erheben. Entsprechende Überlegungen dürften den Gesetzgeber veranlasst haben, die Ausnahmeregelung des § 31 Abs. 1 Satz 3 BBergG in das Gesetz aufzunehmen, nach der

632 GVBl. LSA 1996, S. 348; zuletzt geändert durch Art. 8 des Gesetzes vom 18.05.2010, GVBl. LSA 2010, S. 340, 341.

eine Förderabgabe nicht zu entrichten ist, soweit ein Bodenschatz ausschließlich aus gewinnungstechnischen Gründen gewonnen und nicht wirtschaftlich verwertet wird. Als Beispiel wird in der Gesetzesbegründung der Fall genannt, dass bei der Erdölförderung zwangsläufig Gase mitgefördert und entweder abgefackelt oder der Lagerstätte wieder zugeführt werden.[633] Dem entspricht die Situation bei der Erschließung von Erdwärme über das Grundwasser und der damit verbundenen Gewinnung von Sole, so dass die Ausnahmebestimmung des § 31 Abs. 1 Satz 3 BBergG Anwendung findet. Für die Mitgewinnung von Sole entsteht somit keine Pflicht zur Entrichtung einer Förderabgabe.

Im Ergebnis bleibt festzuhalten, dass den Regelungen über die Feldes- und Förderabgabe für die Nutzung oberflächennaher Erdwärme nur untergeordnete Bedeutung zukommt, weil die Erdwärmegewinnung in den meisten Bundesländern durch Rechtsverordnung von der Förderabgabe befreit ist und eine separate, die Feldesabgabe auslösende Erlaubniserteilung selten erfolgt. Lediglich in den Bundesländern, die von der Ermächtigung des § 32 Abs. 2 Satz 1 Nr. 1 BBergG keinen Gebrauch gemacht haben, fallen bergrechtlich genehmigungsbedürftige Anlagen auch unter die Abgabepflicht der §§ 30, 31 BBergG. Eine Zulassungspflicht gemäß §§ 6 ff. BBergG lässt sich für die Erdwärmeerschließung zum Zwecke der Gebäudeklimatisierung aber nur begründen, wenn man bei der Anwendung des § 4 Abs. 2 Nr. 1 BBergG auf die grundstücksübergreifenden Auswirkungen abstellt.

G. Zusammenfassung

Zusammenfassend ist zu den bergrechtlichen Fragestellungen im Zusammenhang mit der Erschließung oberflächennaher Erdwärme zur Beheizung und Kühlung von Großimmobilien festzuhalten, dass die in der behördlichen Praxis und im fachwissenschaftlichen Schrifttum vertretenen Ansichten zur Beschränkung der Anwendung des BBergG auf tiefengeothermische Vorhaben oder zur generellen Nichtanwendung des Bergrechts bei Zwischenschaltung einer Wärmepumpe nicht überzeugen können. Bei der Bestimmung der Reichweite des § 3 Abs. 3 Satz 2 Nr. 2 b) BBergG ist vielmehr von einem umfassenden Erdwärmebegriff auszugehen, der die gesamte im Erdinneren vorhandene thermische Energie einschließt, so dass jede unterirdische Erschließung

633 BT-Drucks. 8/1315, S. 96.

eines Energiegefälles zugleich eine Erschließung von Erdwärme im Sinne des BBergG darstellt.[634] Dagegen wird die reine Speicherung thermischer Energie im oberflächennahen Untergrund, zum Beispiel der überschüssigen Energie aus dem Betrieb von Solarkollektoren, vom Bergrecht nicht erfasst, da die Vorschriften über die Untergrundspeicherung (vgl. § 2 Nr. 1 und 2 i.V.m. § 4 Abs. 9 BBergG) auf diesen Fall weder direkt noch analog angewendet werden können. Das BBergG findet über den Gewinnungstatbestand des § 2 Abs. 1 Nr. 1 i.V.m. § 4 Abs. 2 BBergG aber dann auf die oberflächennahe unterirdische Wärmespeicherung Anwendung, wenn es im Rahmen des Gesamtvorgangs aus Einspeicherung und Entnahme thermischer Energie auch zu einer nicht nur unwesentlichen (Mit-)Gewinnung natürlicher Erdwärme kommt.[635] In diesem Fall bedarf die Erdwärmegewinnung ebenso wie bei der Nutzung zu reinen Heizzwecken einer bergrechtlichen Bewilligung gemäß § 6 Satz 1 i.V.m. § 8 BBergG. Einschränken lässt sich die Zulassungspflicht nach dem Bergrecht über eine weite Auslegung der Eigenversorgungsklausel des § 4 Abs. 2 Nr. 1 BBergG bei grundstücksbezogenen Erdwärmenutzungen. Vorzugswürdig ist insoweit eine funktionale Bestimmung der Grundstücksbezogenheit danach, ob die bauliche Nutzung des Grundstücks im Vordergrund steht oder ob die energetische Nutzungskomponente überwiegt.[636] Dies hat zur Folge, dass die Erschließung oberflächennaher Geothermie zur Beheizung und Kühlung von Großimmobilien keine bewilligungsbedürftige Gewinnung eines Bodenschatzes darstellt, da die bauliche Nutzung des Grundstücks gegenüber der Erdwärmenutzung stets als vorrangig anzusehen ist. Zwar ist auch eine solche Auslegung nicht gänzlich frei von Widersprüchen. Sie hat aber gegenüber dem Abstellen auf die thermischen Auswirkungen der Erdwärmeerschließung den Vorteil, dass die Gewinnung oberflächennaher Erdwärme weitgehend dem Bergrecht entzogen und dadurch die infolge der Ausschließlichkeit der Bergbauberechtigungen drohenden Konflikte mit anderen Vorhaben sowohl der tiefen als auch der oberflächennahen Geothermie vermieden werden. Damit wird zugleich im übergeordneten Klimaschutzinteresse eine bessere Ausnutzung der Erdwärmeressourcen

---

634 *Nast*, in: Geothermische Vereinigung e.V./Schweizerische Vereinigung für Geothermie, Geothermie - Energie der Zukunft, S. 436, 437; *Bund-Länder-Ausschuss Bergbau*, GtE 40/2003, S. 12.

635 *Bund-Länder-Ausschuss Bergbau*, GtE 40/2003, S. 12, 14; *Kopf*, Erzmetall 51 (1998), S. 548, 557; *Frenz*, Glückauf 146 (2010), S. 302.

636 *Kopf*, Erzmetall 51 (1998), S. 548, 556; *Piens/Schulte/Graf Vitzthum*, Bundesberggesetz, § 4, Rn. 15; *Heitmann*, ZfB 125 (1984), S. 440, 457.

ermöglicht. Wie die ergänzenden Ausführungen zur Genehmigungsfähigkeit nach §§ 11 und 12 BBergG sowie zur Betriebsplanzulassung gemäß §§ 51 ff. BBergG belegen, steht das Bergrecht aber auch für den Fall seiner Anwendung der Zulassung geothermischer Anlagen nicht grundsätzlich entgegen. Dennoch spricht die Mehrzahl der Argumente dafür, die Erschließung oberflächennaher Erdwärme zur Klimatisierung von Großimmobilien nicht dem starren Berechtsamssystem des BBergG zu unterwerfen, sondern den flexibleren Lösungen des Wasserrechts und des privaten Nachbarrechts Raum zu geben.

5. Teil: Zur wasserrechtlichen Zulässigkeit der Nutzung oberflächennaher Erd wärme

Die Nutzung oberflächennaher Geothermie wird neben den dargestellten Rechtsfragen zur Anwendung des BBergG maßgeblich geprägt durch das Wasserrecht in Gestalt des WHG und der Landeswassergesetze. Dies ist wenig verwunderlich, da sowohl Brunnenanlagen als auch Erdwärmesonden das Grundwasser – direkt oder indirekt – zur Wärme- bzw. Kältegewinnung nutzen und damit zwangsläufig auf das Schutzgut Grundwasser einwirken. Inwieweit die Gewinnung oberflächennaher Erdwärme und die Einspeicherung thermischer Energie einer wasserrechtlichen Genehmigung bedürfen und unter welchen Voraussetzungen sie genehmigungsfähig sind, ist Gegenstand der nachfolgenden Untersuchung.

A. Zu den wasserrechtlichen Grundlagen

I. Das WHG und die Wassergesetze der Länder

Die wasserrechtliche Zulässigkeit geothermischer Anlagen – bzw. der mit ihrer Errichtung und ihrem Betrieb verbundenen Benutzung des Grundwassers – richtet sich nach dem WHG des Bundes, ergänzt und konkretisiert durch die Wassergesetze der Länder. Der Oberbegriff des Wasserrechts lässt sich unterteilen in das – hier nicht weiter relevante – Wasserwegerecht und das Wasserwirtschafts- bzw. Wasserhaushaltsrecht.[637] Die Begriffe des Wasserhaushalts und der Wasserwirtschaft werden weitgehend synonym verwendet und sind nach der Rechtsprechung des Bundesverfassungsgerichts zu definieren als die „haushälterische Bewirtschaftung des in der Natur vorhandenen Wassers nach Menge und Güte".[638] Eng damit verknüpft ist das Gewässerschutzrecht, welches diejenigen Vorschriften des Wasserrechts zum Gegenstand hat, die das Umweltmedium Wasser vor Überbeanspruchung und Verunreinigung schützen.[639] Das Gewässerschutzrecht stellt die bei weitem älteste

637 *Kloepfer*, Umweltrecht, § 13, Rn. 1.

638 BVerfG, Urteil vom 30.10.1962 - 2 BvF 2/60, 1, 2, 3/61 -, BVerfGE 15, S. 1, 15; vgl. auch *Kotulla*, Wasserhaushaltsgesetz, Einf, Rn. 1.

639 *Kloepfer*, Umweltrecht, § 13, Rn. 1.

Materie des Umweltrechts dar.[640] Der umweltschützende Charakter des WHG zeigt sich schon in der Zweckbestimmung des § 1, nach der das Gesetz dazu dient, durch eine nachhaltige Gewässerbewirtschaftung die Gewässer als Bestandteil des Naturhaushalts, als Lebensgrundlage des Menschen, als Lebensraum für Tiere und Pflanzen sowie als nutzbares Gut zu schützen. Neben den ökologischen Gewässerfunktionen werden über § 1 WHG also auch die nutzungsbezogenen Funktionen wie die Wasserversorgung des Menschen, die Fischerei und die Energieerzeugung unter Schutz gestellt. Eine nachhaltige Gewässerbewirtschaftung zielt insoweit darauf ab, durch sachgerechte Abwägung im Einzelfall das ökologische Gleichgewicht der Gewässer, die Wasserversorgung der Bevölkerung sowie die Erfüllung der sonstigen Wasserfunktionen dauerhaft zu gewährleisten.[641] Konkretisiert wird der Grundsatz einer nachhaltigen Bewirtschaftung der Gewässer durch § 6 Abs. 1 WHG und die dortige Aufzählung der einzelnen Zielrichtungen als Abwägungs- und Ermessensdirektive für die Verwaltung.[642]

Mit der Neufassung des WHG vom 31.07.2009, in Kraft getreten am 01.03.2010 und damit exakt 50 Jahre nach Inkrafttreten des Wasserhaushaltsgesetzes vom 27.07.1957[643], sind auf dem Gebiet des Wasserhaushaltsrechts erstmals unmittelbar geltende, bundeseinheitliche Vollregelungen geschaffen worden. Hintergrund ist, dass im Zuge der Föderalismusreform von 2006 die zuvor bestehende Rahmengesetzgebungskompetenz des Bundes aus Art. 75 Abs. 1 Satz 1 Nr. 4, 3. Alt. GG (i.d.F. vom 26.07.2002), welche lediglich in Ausnahmefällen punktuelle Vollregelungen zuließ und im Übrigen eine Ausfüllung des bundesrechtlichen Rahmens durch die Landeswassergesetze erforderte, in die konkurrierende Gesetzgebungskompetenz des Bundes für den Wasserhaushalt gemäß Art. 74 Abs. 1 Nr. 32 GG überführt wurde.[644] Damit besteht nunmehr eine Vollkompetenz des Bundes, die die Regelung sämtlicher Fragen des Wasserhaushaltsrechts umfasst. Die Länder sind allerdings gemäß Art. 72 Abs. 3 Satz 1 Nr. 5 GG berechtigt, eigene, vom Bundesgesetz abweichende Regelungen in den Landeswassergesetzen zu treffen, soweit es sich nicht um stoff- oder anlagenbezogene Vorschriften handelt (sog. Abweichungskompetenz); Letztere zählen zu den „abweichungsfesten

---

640 *Salzwedel*, in: Arbeitskreis für Umweltrecht (Hrsg.), Grundzüge des Umweltrechts, S. 15/005, Rn. 2.

641 *Erbguth/Schlacke*, Umweltrecht, § 11, Rn. 16.

642 *Czychowski/Reinhardt*, Wasserhaushaltsgesetz, § 6, Rn. 11.

643 vgl. *Lauer*, NuR 2010, S. 692; *Caßor-Pfeiffer*, ZfW 2010, S. 1.

644 vgl. Art. 1 Nr. 7 a) oo) und Nr. 8 des Gesetzes zur Änderung des Grundgesetzes vom 28.08.2006, BGBl. 2006 Teil I Nr. 41 vom 31.08.2006, S. 2034, 2035.

Kernen“[645] und sind somit einer landesrechtlichen Normierung nicht zugänglich. Stoff- oder anlagenbezogen sind alle Regelungen, die stoffliche oder von Anlagen ausgehende Einwirkungen auf den Wasserhaushalt betreffen, so zum Beispiel das Einbringen und Einleiten von Stoffen in Gewässer.[646] Hierbei handelt es sich um Kernbereiche des Gewässerschutzes, für die die bundeseinheitlichen Vorschriften des WHG dauerhaft Geltung beanspruchen sollen.[647] Im Einzelnen sind als stoffbezogene Regelungen diejenigen über das Einleiten von Abwasser in Gewässer (§§ 57 ff. WHG) und den Umgang mit wassergefährdenden Stoffen (§§ 62, 63 WHG) anzusehen, desgleichen die stoffbezogenen Benutzungstatbestände (§ 9 WHG) und Bewirtschaftungsziele (§§ 27–31, 44, 47 WHG); anlagenbezogen sind beispielsweise die Regelungen über Stauanlagen (§ 34 WHG), Wasserkraftanlagen (§ 35 WHG), Anlagen in, an, über und unter oberirdischen Gewässern (§ 36 WHG) sowie Wassergewinnungsanlagen (§ 50 Abs. 4 WHG). Zur Einordnung einer Regelung als stoff- oder anlagenbezogen ist aber stets eine Einzelfallbetrachtung erforderlich, die neben der einschlägigen Vorschrift des WHG auch die in Rede stehende landesrechtliche Norm und deren Regelungsgehalt berücksichtigt.[648] Angesichts der zahlreichen Vorschriften im WHG mit stoff- oder anlagenbezogenem Inhalt wird der Abweichungskompetenz der Länder im Schrifttum zuweilen die Sinnhaftigkeit abgesprochen.[649]

Zu beachten ist in diesem Zusammenhang die lex-posterior-Regel des Art. 72 Abs. 3 Satz 3 GG, nach der im Verhältnis von Bundes- und Landesrecht das jeweils spätere Gesetz Vorrang besitzt. Dies könnte zur Folge haben, dass Bund und Länder im Sinne eines „Ping-Pong-Effektes“ wechselseitig ihre Gesetze außer Kraft setzen[650]; es droht ein Wettlauf von Bundes- und Landesparlamenten.[651] Tatsächlich dürfte diese Gefahr aber eher als gering anzusehen und vielmehr auf die in der grundgesetzlichen Kompetenzverteilung angelegte Kooperation zwischen Bund und Ländern zu vertrauen sein.[652]

---

645 vgl. BT-Drucks. 16/813, S. 11.

646 BT-Drucks. 16/813, S. 11; BR-Drucks. 178/06, S. 25.

647 *Kotulla*, NVwZ 2007, S. 489, 493.

648 *Czychowski/Reinhardt*, Wasserhaushaltsgesetz, Einl, Rn. 39.

649 vgl. *Kotulla*, NVwZ 2007, S. 489, 494.

650 *Kotulla*, NVwZ 2007, S. 489, 492; *Degenhart*, in: Sachs, Grundgesetz, Art. 72, Rn. 40.

651 *Lauer*, NuR 2010, S. 692, 693.

652 vgl. *Kloepfer*, Schriftliche Stellungnahme vom 03.05.2006 – Öffentliche Anhörung des Rechtsausschusses des Deutschen Bundestages zur Föderalismusreform - Umweltschutz am 18.05.2006, Rechtsausschussprotokoll 15, S. 151, 163/164; *Czychowski/Reinhardt*, Wasserhaushaltsgesetz, Einl, Rn. 10.

Ungeachtet der durch das WHG vom 31.07.2009 auf Bundesebene geschaffenen Vollregelungen sind weiterhin Ausfüllung, Ergänzung und Konkretisierung durch die Landeswassergesetze erforderlich. Neben der Abweichungsgesetzgebung des Art. 72 Abs. 3 Satz 1 Nr. 5 GG betrifft dies zum einen ausdrückliche Ermächtigungen des Bundesgesetzgebers an die Länder, bestimmte Sachverhalte landesrechtlich zu regeln. Derartige Öffnungsklauseln finden sich beispielsweise in §§ 2 Abs. 2, 20 Abs. 1 Satz 1, 38 Abs. 3 Satz 3 oder 46 Abs. 3 WHG. Machen die Länder von einer solchen Ermächtigung Gebrauch, fällt dies unter die konkurrierende Gesetzgebungszuständigkeit gemäß Art. 72 Abs. 1 GG.[653] Darüber hinaus können die Wassergesetze der Länder ergänzenden Charakter haben in den Fällen, in denen die Regelungen des WHG nicht abschließend sind. Ob dies der Fall ist, muss im Zweifel durch Auslegung ermittelt werden, sofern das Gesetz keine entsprechenden Klarstellungen enthält.[654] Beispielhaft sei auf § 4 Abs. 5 WHG verwiesen, wonach für das Eigentum an Gewässern im Übrigen die landesrechtlichen Vorschriften gelten. Das Wasserrecht bleibt also auch nach der Neuordnung der Gesetzgebungskompetenzen eine Materie, die maßgeblich durch das Zusammenwirken von Bundes- und Landesgesetzgebung bestimmt wird und damit föderal geprägt ist. Die derzeit gültigen Landeswassergesetze beruhen im Wesentlichen noch auf der Rahmengesetzgebung des Art. 75 GG a.F.. Sie gelten nach § 72 Abs. 1 GG fort, solange und soweit sie nicht im Widerspruch zu den bundesrechtlichen Regelungen stehen, mit denen der Bund von seinem Gesetzgebungsrecht abschließend Gebrauch gemacht hat.[655] Soweit die Landeswassergesetze von den abschließenden Regelungen des WHG abweichen, sind sie seit dessen Inkrafttreten am 01.03.2010 unwirksam.[656]

II. Zu den unionsrechtlichen Vorgaben

Wesentliches Regelungsziel der Neufassung des WHG war u.a. die Umsetzung verbindlicher europarechtlicher Vorgaben auf dem Gebiet der Wasserwirtschaft durch bundesweit einheitliche Rechtsvorschriften.[657] Das WHG selbst nennt insgesamt sieben Richtlinien, deren Umsetzung es dienen soll. Besondere Bedeutung

653 *Berendes*, Wasserhaushaltsgesetz, Einleitung, Rn. 37.
654 *Berendes*, Wasserhaushaltsgesetz, Einleitung, Rn. 36.
655 *Czychowski/Reinhardt*, Wasserhaushaltsgesetz, Einl, Rn. 41.
656 *Pape*, in: Landmann/Rohmer, Umweltrecht, Band I, Vorb. WHG, Rn. 74.
657 BT-Drucks. 16/12275, S. 40, 41.

kommt dabei der Wasserrahmenrichtlinie (WRRL)[658] und der Grundwasserrichtlinie (GWRL)[659] zu. Mit der WRRL wurde der bis dato durch inhaltliche Zersplitterung und Inkonsistenz gekennzeichnete „Flickenteppich" der europäischen Gewässerschutzrichtlinien auf eine umfassende und kohärente Grundlage gestellt.[660] Neben einem allgemeinen Verschlechterungsverbot zielt die WRRL darauf ab, bis zum Jahr 2015 einen guten Zustand aller Gewässer in der Gemeinschaft zu erreichen.[661] Die GWRL bestimmt dabei insbesondere Kriterien für die Beurteilung des guten chemischen Zustands des Grundwassers, für die Ermittlung und Umkehrung signifikanter und anhaltender steigender Trends sowie für die Festlegung der Ausgangspunkte für eine Trendumkehr.[662]

Die Richtlinien der Europäischen Union entfalten in den Mitgliedstaaten grundsätzlich keine unmittelbare Rechtswirkung gegenüber dem Bürger, sie begründen aber eine Pflicht des Mitgliedstaates zur Umsetzung in nationales Recht. Kommt der Mitgliedstaat dieser Transformationspflicht nicht bzw. nicht fristgerecht nach, kann gegen ihn ein Vertragsverletzungsverfahren gemäß Art. 258 ff. AEUV vor dem Europäischen Gerichtshof (EuGH) eingeleitet werden. So hat der EuGH beispielsweise eine Vertragsverletzung der Bundesrepublik Deutschland wegen nicht fristgerechter Umsetzung der WRRL in den Bundesländern festgestellt.[663] Im Rahmen des wasserrechtlichen Zulassungsverfahrens kommt der WRRL und den sonstigen Gewässerschutzrichtlinien insbesondere wegen des Grundsatzes der richtlinienkonformen Auslegung Bedeutung zu. Danach sind sämtliche Träger öffentlicher Gewalt in den Mitgliedstaaten verpflichtet, alle erforderlichen Maßnahmen zur Erreichung der in einer Richtlinie vorgeschriebenen Ziele zu ergreifen.[664] Dies beinhaltet für Gerichte und Behörden die Pflicht, das nationale Recht so weit

---

658 Richtlinie 2000/60/EG des Europäischen Parlaments und des Rates vom 23.10.2000 zur Schaffung eines Ordnungsrahmens für Maßnahmen der Gemeinschaft im Bereich der Wasserpolitik, ABl. EG L 327/1 vom 22.12.2000.

659 Richtlinie 2006/118/EG des Europäischen Parlaments und des Rates vom 12.12.2006 zum Schutz des Grundwassers vor Verschmutzung und Verschlechterung, ABl. EU L 372/19 vom 27.12.2006.

660 *Breuer*, NuR 2000, S. 541/542; *Czychowski/Reinhardt*, Wasserhaushaltsgesetz, Einl, Rn. 75; vgl. auch Erwägungsgrund Nr. 18 der Richtlinie 2000/60/EG.

661 vgl. Art. 4 Abs. 1 der Richtlinie 2000/60/EG.

662 vgl. Art. 1 Abs. 1 der Richtlinie 2006/118/EG.

663 EuGH, Urteil vom 15.12.2005 - C-67/05 -, ZfW 2007, S. 98 f.

664 EuGH, Urteil vom 14.07.1994 - C-91/92 -, Slg. 1994, S. I-3347, Rn. 26; EuGH, Urteil vom 18.12.1997 - C-129/96 -, Slg. 1997, S. I-7435, Rn. 40.

wie möglich anhand des Wortlauts und des Zwecks der Richtlinie auszulegen[665]; die Auslegung hat unter voller Ausschöpfung des durch das nationale Recht eingeräumten Beurteilungsspielraums in Übereinstimmung mit den Anforderungen des Unionsrechts zu erfolgen.[666] Dementsprechend kann auch eine Auslegung der unbestimmten Rechtsbegriffe der „schädlichen Gewässerveränderungen" in § 12 Abs. 1 Nr. 1 WHG und des damit verbundenen „Wohls der Allgemeinheit" (vgl. § 3 Nr. 10 WHG) nicht ohne angemessene Berücksichtigung der unionsrechtlichen Vorgaben erfolgen.

III. Zu den weiteren relevanten Regelwerken

Neben den formellen bundes- und landesrechtlichen Wassergesetzen sowie den unionsrechtlichen Gewässerschutzrichtlinien existieren noch einige materielle Gesetze sowie untergesetzliche Normen und technische Regelwerke, denen für die Zulassung geothermischer Nutzungen Bedeutung zukommt. Zu nennen sind hier die zur Umsetzung der WRRL und der GWRL von der Bundesregierung erlassene Grundwasserverordnung (GrwV)[667], die (Übergangs-)Verordnung des Bundes über Anlagen zum Umgang mit wassergefährdenden Stoffen vom 31.03.2010[668] und die Verordnungen der Länder über Anlagen zum Umgang mit wassergefährdenden Stoffen (VAwS).[669] Die Anlagenverordnung des Bundes vom 31.03.2010 gilt nur übergangsweise bis zur Schaffung einer umfassenden Rechtsverordnung zum Umgang mit wassergefährdenden Stoffen; solange gelten die landesrechtlichen Verordnungen fort, soweit sie nicht im Widerspruch zur Regelung des Bundes stehen.

Wassergefährdende Stoffe sind gemäß § 62 Abs. 3 WHG feste, flüssige und gasförmige Stoffe, die geeignet sind, dauernd oder in einem nicht nur unerheblichen Ausmaß nachteilige Veränderungen der Wasserbeschaffenheit herbeizuführen.

---

665 EuGH, Urteil vom 05.10.2004 - C-397/01 bis C-403/01 -, NJW 2004, S. 3547, 3549; EuGH, Urteil vom 13.07.2000 - C-456/98 -, Slg. 2000, S. I-6020, Rn. 16.

666 so der EuGH in dem Urteil vom 10.04.1984 - C-14/83 -, Slg. 1984, S. 1891, Rn. 28.

667 Verordnung zum Schutz des Grundwassers (Grundwasserverordnung - GrwV) vom 09.11.2010, BGBl. 2010 Teil I Nr. 56 vom 15.11.2010, S. 1513.

668 BGBl. 2010 Teil I Nr. 14 vom 09.04.2010, S. 377.

669 In Schleswig-Holstein ist dies die Landesverordnung über Anlagen zum Umgang mit wassergefährdenden Stoffen (Anlagenverordnung - VAwS) vom 29.04.1996, GVOBl. S-H 1996, S. 448; zuletzt geändert durch Art. 3 der Landesverordnung vom 02.09.2010, GVOBl. S-H 2010, S. 572.

Nähere Bestimmungen über die wassergefährdenden Stoffe und eine Einstufung in Wassergefährdungsklassen enthält die noch auf Grundlage des § 19 g Abs. 5 Satz 2 WHG a.F. erlassene Verwaltungsvorschrift wassergefährdende Stoffe (VwVwS).[670] Nach dieser werden die Stoffe entsprechend ihrer Gefährlichkeit in die Wassergefährdungsklassen (WGK) 1 bis 3 eingestuft, von schwach wassergefährdend (WGK 1) über wassergefährdend (WGK 2) bis hin zu stark wassergefährdend (WGK 3). Darüber hinaus wird festgelegt, welche Stoffe nicht wassergefährdend sind. Erdwärmesonden und Energiepfähle fallen unter §§ 62, 63 WHG und die zu ihrer Durchführung erlassenen Rechtsverordnungen, sofern sie als Wärmeträgermedium nicht nur Wasser, sondern aus Frostschutzgründen auch Stoffe der WGK 1 wie Ethylen- und Propylenglykol oder Calciumchlorid verwenden.[671] Begründet werden dadurch besondere Pflichten bei der Errichtung von Anlagen, zu ihrer Instandsetzung, Instandhaltung und Reinigung durch Fachbetriebe sowie Pflichten beim Befüllen und Entleeren der Anlagen.[672] Zudem müssen die Anlagen mit einer selbsttätigen Leckageüberwachungseinrichtung versehen sein, die dafür sorgt, dass bei einer Leckage die Umwälzpumpe für den Kreislauf des Wärmeträgermediums abgeschaltet und ein Störsignal abgegeben wird.[673]

Gestützt auf die Verordnungsermächtigung in § 62 Abs. 4 Nr. 1 WHG soll die VwVwS nach dem Willen des Gesetzgebers durch eine Rechtsverordnung ersetzt werden, weiterhin ergänzt allerdings durch eine Verwaltungsvorschrift und die darin niederzulegende Liste wassergefährdender Stoffe.[674] Bis zum jetzigen Zeitpunkt liegt eine solche Rechtsverordnung des Bundes nicht vor, so dass vorerst weiter auf die VwVwS zurückzugreifen ist. Die bereits angesprochene Verordnung über Anlagen zum Umgang mit wassergefährdenden Stoffen vom 31.03.2010 bezieht sich nur auf Betreiberpflichten sowie auf Anforderungen an Sachverständige und Fachbetriebe im Sinne von § 62 Abs. 4 Nr. 3 und 4 WHG.

---

670 Allgemeine Verwaltungsvorschrift zum Wasserhaushaltsgesetz über die Einstufung wassergefährdender Stoffe in Wassergefährdungsklassen (Verwaltungsvorschrift wassergefährdende Stoffe – VwVwS) vom 17.05.1999, BAnz Nr. 98a vom 29.05.1999; zuletzt geändert durch Verwaltungsvorschrift vom 27.07.2005, BAnz. Nr. 142a vom 30.07.2005.

671 vgl. Anhang 2 zur VwVwS vom 27.07.2005; *Berger*, bbr 11/2010, S. 30, 33.

672 so in der Verordnung über Anlagen zum Umgang mit wassergefährdenden Stoffen vom 31.03.2010, BGBl. 2010 Teil I Nr. 14 vom 09.04.2010, S. 377.

673 vgl. § 3 Nr. 3 VAwS S-H; *Bund/Länderarbeitsgemeinschaft Wasser*, Empfehlungen der LAWA für wasserwirtschaftliche Anforderungen an Erdwärmesonden und Erdwärmekollektoren, S. 18; *Berger*, bbr 11/2010, S. 30, 34.

674 BT-Drucks. 16/12275, S. 71.

Anhaltspunkte für die Beurteilung der wasserrechtlichen Zulässigkeit geothermischer Anlagen ergeben sich des Weiteren aus den Leitfäden der Bundesländer zu den technischen und rechtlichen Voraussetzungen der Nutzung oberflächennaher Erdwärme. Diese Leitfäden beziehen sich aber fast ausschließlich auf kleine Anlagen mit einer thermischen Leistung bis 30 kW; sie sind damit für die hier zu betrachtenden Großprojekte nur von eingeschränktem Erkenntniswert. Ihnen kommt zudem keine unmittelbare rechtliche Außenwirkung zu, sondern sie sind allein relevant als Entscheidungsgrundlage für die Verwaltung im Rahmen des wasserrechtlichen Genehmigungsverfahrens. Gleiches gilt für die Erlasse der Länderministerien zur Behandlung der Erdwärmeerschließung. Auch sie entfalten zwar eine verwaltungsinterne Bindungswirkung für die nachgeordneten Behörden, nicht aber für Bürger und Gerichte.[675] Eine mittelbare Außenwirkung der Erlasse kann nur über den Grundsatz der Selbstbindung der Verwaltung und den allgemeinen Gleichheitssatz aus Art. 3 Abs. 1 GG begründet werden.[676] Entsprechende gewässerschutzrechtliche Vorgaben gibt es für die Verwaltung beispielsweise in Hessen[677] und Brandenburg;[678] die ministeriellen Erlasse in Nordrhein-Westfalen[679] und Baden-Württemberg[680] beziehen sich vornehmlich auf die bergrechtliche Behandlung der Gewinnung oberflächennaher Erdwärme. Im Gegensatz zu den immissionsschutzrechtlichen Verwaltungsvorschriften TA Luft[681] und

675 vgl. *Lang*, Die rechtliche Beurteilung von Gerüchen, S. 67; *Maurer*, Allgemeines Verwaltungsrecht, § 24, Rn. 16/17.

676 *Maurer*, Allgemeines Verwaltungsrecht, § 24, Rn. 21/22.

677 Erlass des Hessischen Ministeriums für Umwelt, Energie, Landwirtschaft und Verbraucherschutz vom 25.08.2011 - III 5 – 79 g 08.17 -, Anforderungen des Gewässerschutzes an Erdwärmesonden, StAnz. 40/2011, S. 1228 ff.

678 *Ministerium für Ländliche Entwicklung, Umwelt und Verbraucherschutz des Landes Brandenburg*, Merkblatt über Anforderungen des Gewässerschutzes an geothermische Anlagen vom 24. April 2008; ergänzt durch: *Ministerium* für Umwelt, Gesundheit und Verbraucherschutz des Landes Brandenburg, Rundschreiben vom 18.08.2010 – Unzulässigkeit von Erdwärmesonden in Wasserschutzgebieten.

679 Grundsatz-Erlass des Ministeriums für Wirtschaft, Mittelstand und Energie, Nutzbarmachung geothermischer Energie (Erdwärme) in Nordrhein-Westfalen.

680 Erlass des Ministeriums für Wirtschaft, Mittelstand und Verkehr Baden-Württemberg vom 30.06.1982, Az.: IV 8410/79.

681 Erste Allgemeine Verwaltungsvorschrift zum Bundes-Immissionsschutzgesetz (Technische Anleitung zur Reinhaltung der Luft – TA Luft) vom 24.07.2002, GMBl Nr. 25–29/2002, S. 511.

TA Lärm[682] handelt es sich bei den genannten Regelungen der Bundesländer nicht um normkonkretisierende Verwaltungsvorschriften. Für TA Luft und TA Lärm lässt sich die rechtliche Außenwirkung damit begründen, dass mit § 48 Abs. 1 BImSchG eine ausdrückliche – wenn auch wegen Art. 84 Abs. 2 GG nicht zwingend erforderliche – gesetzliche Ermächtigung besteht, welche zudem in verfahrensrechtlicher Hinsicht die Anhörung beteiligter Kreise nach § 51 BImSchG, d.h. unter anderem von Vertretern der Wissenschaft, der Betroffenen, der beteiligten Wirtschaft und der für den Immissionsschutz zuständigen obersten Landesbehörde, verlangt. Es ist gerade diese Einschaltung qualifizierten und repräsentativen Sachverstandes, die eine besondere Richtigkeitsgewähr bietet und damit die Rücknahme der gerichtlichen Kontrolldichte rechtfertigt.[683] An einer vergleichbaren, gesetzlich vorgeschriebenen Beteiligung pluralistisch besetzter und mit besonderem technischen und wissenschaftlichen Sachverstand ausgestatteter Gremien fehlt es aber den Erlassen und Richtlinien der Länder zur Nutzung oberflächennaher Erdwärme, so dass ihnen keine normkonkretisierende Wirkung beizumessen ist.

Schließlich sind noch zahlreiche technische Regelwerke wie die Richtlinie 4640 des Vereins Deutscher Ingenieure (VDI) zur thermischen Nutzung des Untergrundes, die Arbeitsblätter des Deutschen Vereins des Gas- und Wasserfaches (DVGW) und die einschlägigen Vorschriften des Deutschen Instituts für Normung (DIN) zu erwähnen. Von Bedeutung sind hier insbesondere die DVGW-Arbeitsblätter W 115 (Bohrungen zur Erkundung, Gewinnung und Beobachtung von Grundwasser), W 116 (Verwendung von Spülungszusätzen in Bohrspülungen bei Bohrarbeiten im Grundwasser) und W 120 (Qualitätskriterien für die Bereiche Bohrtechnik und oberflächennahe Geothermie) sowie die DIN 8901 (Kälteanlagen und Wärmepumpen – Schutz von Erdreich, Grund- und Oberflächenwasser – Sicherheitstechnische und umweltrelevante Anforderungen und Prüfung) und die DIN EN ISO 22475 (Geotechnische Erkundung und Untersuchung – Probenentnahmeverfahren und Grundwassermessungen). Die privaten technischen Regelwerke besitzen keine unmittelbare Rechtswirkung, weder für die Verwaltung noch für die Gerichte, da sie nicht durch demokratisch legitimierte und zur

682 Sechste Allgemeine Verwaltungsvorschrift zum Bundes-Immissionsschutzgesetz (Technische Anleitung zum Schutz gegen Lärm – TA Lärm) vom 26.08.1998, GMBl Nr. 26/1998, S. 503.

683 vgl. VGH Mannheim, Urteil vom 10.07.2000 - 10 S 792/99 -, UPR 2000, S. 468, 469; OVG Münster, Beschluss vom 24.10.2003 - 21 A 2723/01 -, BauR 2004, S. 472, 473; *Sendler*, UPR 1993, S. 321, 326.

Rechtsetzung befugte Organe erlassen werden.[684] Anders ist dies nur, wenn eine Rechtsverordnung die technischen Regeln in zulässiger Weise rezipiert; dann erhalten auch sie den Rang und die Wirkung einer Rechtsverordnung.[685] Entsprechendes gilt für die Inkorporierung technischer Regelwerke in eine – normkonkretisierende – Verwaltungsvorschrift.[686] Da es aber an einer förmlichen Einbeziehung der genannten Regelwerke in die Verordnungen über Anlagen zum Umgang mit wassergefährdenden Stoffen und in die Verwaltungsvorschrift wassergefährdende Stoffe fehlt, kommt ihnen bei der Beurteilung geothermischer Anlagen keine Rechtsverbindlichkeit zu. Es besteht allerdings eine widerlegbare Vermutung dafür, dass die Regelwerke sachverständiger Gremien jeweils den gesetzlich vorgegebenen technischen Standard ausfüllen, so dass die Gerichte ihrer Beurteilung nicht ohne Grund einen anderen Maßstab zugrunde legen dürfen.[687] Die technischen Regelwerke sind daher häufig mittelbar im Rahmen des Genehmigungsverfahrens, zwar nicht als Normkonkretisierung im rechtstechnischen Sinne, aber doch als Entscheidungs- und Vollzugshilfe bei der Bestimmung der gesetzlichen Pflichten von Bedeutung.

B. Zur wasserrechtlichen Genehmigungsbedürftigkeit der Nutzung oberflächennaher Geothermie

Die Gewinnung von Erdwärme und die Speicherung von Wärme resp. Kälte im oberflächennahen Untergrund können als wasserrechtliche Benutzungen nach dem WHG genehmigungsbedürftig sein. Im Einzelnen stellt sich die Rechtslage wie folgt dar:

I. Die öffentlich-rechtliche Benutzungsordnung nach dem WHG

Das WHG unterstellt die Gewässer einer vom Grundeigentum losgelösten öffentlich-rechtlichen Benutzungsordnung, nach der alle wesentlichen

---

684 *Jarass*, BImSchG, § 48, Rn. 60; *Roßnagel/Neuser*, UPR 1993, S. 401, 404.

685 *Jarass*, BImSchG, § 48, Rn. 60; *Mohr*, Die Bewertung von Geruch im Immissionsschutzrecht, S. 336.

686 *Perschau*, UPR 1998, S. 248, 250.

687 *Kloepfer*, Umweltrecht, § 3, Rn. 87.

Gewässerbenutzungen einer konstitutiven staatlichen Zulassung bedürfen.[688] Dieser Bewirtschaftungsauftrag des Staates stellt das zentrale Strukturprinzip des Wasserrechts dar.[689] Ausdruck findet es in dem Grundsatz des § 8 Abs. 1 WHG, wonach die Benutzung eines Gewässers der Gestattung durch Erlaubnis oder Bewilligung bedarf, sofern das Gesetz nicht ausdrücklich etwas anderes bestimmt. Ausnahmen sieht das WHG lediglich zur Abwehr einer gegenwärtigen Gefahr für die öffentliche Sicherheit (§ 8 Abs. 2), für bestimmte Übungen zum Zwecke der Verteidigung oder Gefahrenabwehr (§ 8 Abs. 3), im Rahmen des Gemein-, Eigentümer- und Anliegergebrauchs an oberirdischen Gewässern (§§ 25, 26) sowie für bestimmte erlaubnisfreie Benutzungen von Küstengewässern und des Grundwassers (§§ 43, 46) vor. Abgesehen davon sind sämtliche in § 9 WHG aufgeführten Gewässerbenutzungen gestattungspflichtig. Rechtssystematisch handelt es sich hierbei um ein repressives Verbot mit Befreiungsvorbehalt, d.h. die Benutzung eines Gewässers ist wegen der überragenden Bedeutung des Schutzgutes Wasser grundsätzlich verboten und wird erst durch Erteilung einer Erlaubnis oder Bewilligung formell und materiell zulässig.[690] Die Voraussetzungen der Gestattung sind in § 12 WHG geregelt. Nur wenn die zwingenden Versagungsgründe des § 12 Abs. 1 WHG nicht eingreifen, steht es gemäß § 12 Abs. 2 WHG im pflichtgemäßen Ermessen der Behörde, eine Ausnahme von dem Benutzungsverbot zuzulassen. Ein Rechtsanspruch des Antragstellers auf Zulassung der Gewässerbenutzung besteht daher nicht, sondern nur ein Anspruch auf ermessensfehlerfreie Entscheidung der Behörde.[691] Diese schon nach früherer Rechtslage allgemeingültige Auffassung hat der Gesetzgeber mit der Aufnahme des Bewirtschaftungsermessens in § 12 Abs. 2 WHG nunmehr gesetzlich ausdrücklich festgeschrieben. Auch das Bundesverfassungsgericht hat in der „Nassauskiesungs-Entscheidung" klargestellt, dass die Ausgestaltung der §§ 8 und 12 WHG als repressives Verbot mit Befreiungsvorbehalt zwingend geboten ist, da ein präventives Erlaubnisverfahren mit Verbotsvorbehalt – verbunden mit einem Anspruch des Nutzers auf

---

688 vgl. BVerfG, Beschluss vom 15.07.1981 - 1 BvL 77/78 -, BVerfGE 58, S. 300, 328; *Kloepfer*, Umweltrecht, § 13, Rn. 35.

689 so die Gesetzesbegründung, BT-Drucks. 16/12275, S. 55.

690 VGH Kassel, Beschluss vom 10.08.2012 - 2 B 896/12 -, NuR 2012, S. 713, 714; *Czychowski/Reinhardt*, Wasserhaushaltsgesetz, § 8, Rn. 3; *Knopp*, in: Sieder/Zeitler/Dahme/Knopp, Wasserhaushaltsgesetz – Abwasserabgabengesetz, Band 2, § 2 WHG, Rn. 2 a.

691 BVerfG, Beschluss vom 07.11.1995 – 2 BvR 413/88, 2 BvR 1300/93 -, BVerfGE 93, S. 319, 339; VGH Mannheim, Urteil vom 21.06.1979 - VII 1274/78 -, ZfW 1980, S. 233, 236; *Kotulla*, Wasserhaushaltsgesetz, § 12, Rn. 15, 19.

Erlaubniserteilung – den Gewässern nur einen Minimalschutz gewähren würde und eine ordnungsgemäße Steuerung der Gewässernutzung unmöglich wäre.[692] Das Bundesverfassungsgericht hat es angesichts der „kaum zu überschätzenden Bedeutung“ des Grundwassers für die Allgemeinheit auch für verfassungsrechtlich zulässig gehalten, dass der Gesetzgeber das unterirdische Wasser einer vom Grundeigentum getrennten öffentlich-rechtlichen Benutzungsordnung unterstellt hat.[693] Diese Ausführungen gelten aber nicht nur für das Grundwasser, sondern gleichermaßen für das Oberflächenwasser und das Wasser der Küstengewässer.[694] Die Regelungen des WHG über die Gewässerbenutzung stellen daher eine verfassungsgemäße Inhalts- und Schrankenbestimmung des Eigentums im Sinne des Art. 14 Abs. 1 Satz 2 GG dar.[695]

II. Zu den verschiedenen Formen wasserrechtlicher Gestattungen

Die Zulassung wasserrechtlicher Benutzungen im Sinne des § 9 WHG kann durch Erlaubnis oder Bewilligung gemäß § 10 Abs. 1 WHG oder durch die bisher in den Landeswassergesetzen und nunmehr auch in § 15 WHG geregelte gehobene Erlaubnis erfolgen.

Die schwächste Form der Gestattung ist die „einfache“ Erlaubnis. Sie gewährt lediglich eine öffentlich-rechtliche Benutzungsbefugnis, die kraft Gesetzes gemäß § 18 Abs. 1 WHG bei Vorliegen sachlicher Gründe unter Wahrung des Verhältnismäßigkeitsgrundsatzes jederzeit widerrufen werden kann.[696] Die Widerruflichkeit der Erlaubnis ermöglicht es den Wasserbehörden, auf veränderte wasserwirtschaftliche Gegebenheiten flexibel zu reagieren und auf diese Weise ihren Bewirtschaftungsauftrag ordnungsgemäß zu erfüllen.[697] Der Erlaubnis kommt zudem keine privatrechtsgestaltende Wirkung zu (arg. e contrario zu § 16 WHG). Dies hat zur Folge, dass Drittbetroffene gegen den Erlaubnisinhaber zivilrechtliche Ansprüche nach §§ 1004, 823 Abs. 1 und 2 BGB auf Unterlassung der Gewässerbenutzung,

---

692 BVerfG, Beschluss vom 15.07.1981 - 1 BvL 77/78 -, BVerfGE 58, S. 300, 347.

693 BVerfG, Beschluss vom 15.07.1981 - 1 BvL 77/78 -, BVerfGE 58, S. 300, 344.

694 *Czychowski/Reinhardt*, Wasserhaushaltsgesetz, § 4, Rn. 15.

695 vgl. BVerfG, Beschluss vom 15.07.1981 - 1 BvL 77/78 -, BVerfGE 58, S. 300, 338 ff.

696 *Guckelberger*, VerwArch 2010, S. 139, 144; BGH, Urteil vom 05.10.1995 - III ZR 61/93 -, DÖV 1996, S. 471; VGH Mannheim, Urteil vom 06.03.1991 - 5 S 2630/89 -, NVwZ-RR 1992, S. 126, 127.

697 *Guckelberger*, VerwArch 2010, S. 139, 144.

auf Beseitigung von Störungen oder auf Schadensersatz geltend machen können.[698] Die Erlaubnis schließt also privatrechtliche Ansprüche Dritter nicht aus, sondern legalisiert die Gewässerbenutzung lediglich in öffentlich-rechtlicher Hinsicht.

Anders ist dies bei der Bewilligung, die ihrem Inhaber ein subjektiv-öffentliches Recht zur Gewässerbenutzung gewährt.[699] Sie vermittelt dem Benutzer zugleich eine gesicherte Rechtsstellung, indem sie gemäß § 16 Abs. 2 WHG nach Unanfechtbarkeit zivilrechtliche Ansprüche nachteilig betroffener Dritter auf Störungsbeseitigung, Unterlassung der Benutzung, Herstellung von Vorkehrungen zum Schutz des Betroffenen oder Schadensersatz ausschließt und damit privatrechtsgestaltend wirkt. Hintergrund ist, dass die von der Gewässerbenutzung Betroffenen und die beteiligten Behörden im förmlichen Bewilligungsverfahren gemäß § 11 Abs. 2 WHG Einwendungen geltend machen können, die ggf. zur Beifügung von Nebenbestimmungen oder zur Entschädigung des Betroffenen nach § 14 Abs. 3 WHG führen können. Es werden also bereits vor Erteilung der Bewilligung widerstreitende Interessen ausgeglichen und die Rechtsbeziehungen zwischen Benutzer und Drittbetroffenen sowohl öffentlich-rechtlich als auch privatrechtlich umfassend geordnet.[700] Dies rechtfertigt es, den Drittbetroffenen die nachträgliche Erhebung von Ansprüchen zu verwehren. Die Bewilligung bietet ihrem Inhaber auch deswegen eine größere Rechtssicherheit als die Erlaubnis, weil sie gemäß § 18 Abs. 2 Satz 1 WHG nur aus den in § 49 Abs. 2 Satz 1 Nr. 2 bis 5 VwVfG genannten Gründen widerrufen werden darf, im Übrigen und zudem ohne Entschädigung lediglich bei längerer Nichtausübung oder einer Zweckänderung der Benutzung (§ 18 Abs. 2 Satz 2 WHG). Andererseits ist die Bewilligung gemäß § 14 Abs. 2 WHG angemessen zu befristen, um die wasserwirtschaftliche Entwicklung nicht unnötig zu behindern und zu hemmen.[701] Aufgrund der strengeren Erteilungsvoraussetzungen gegenüber der Erlaubnis stellt die Bewilligung in der Praxis die Ausnahme dar. Denn nach § 14 Abs. 1 WHG darf eine Bewilligung nur erteilt werden, wenn die Gewässerbenutzung dem Benutzer ohne eine gesicherte Rechtsstellung nicht zugemutet werden kann (Nr. 1), wenn sie einem bestimmten Zweck dient, der nach einem bestimmten Plan verfolgt wird (Nr. 2), und wenn es sich nicht um eine Benutzung im Sinne des § 9 Abs. 1 Nr. 4 und Abs. 2

---

698 *Berendes*, Wasserhaushaltsgesetz, § 10, Rn. 4; BGH, Urteil vom 23.06.1983 - III ZR 79/82 -, BGHZ 88, S. 34, 41.

699 *Schmid*, in: Berendes/Frenz/Müggenborg, Wasserhaushaltsgesetz, § 10, Rn. 4; BGH, Urteil vom 23.06.1983 - III ZR 79/82 -, BGHZ 88, S. 34, 40.

700 BGH, Urteil vom 23.06.1983 - III ZR 79/82 -, BGHZ 88, S. 34, 40.

701 *Czychowski/Reinhardt*, Wasserhaushaltsgesetz, § 14, Rn. 29.

Nr. 2 WHG handelt (Nr. 3). Eine Bewilligung kommt daher grundsätzlich nicht in Betracht für das Einbringen und Einleiten von Stoffen in Gewässer (§ 9 Abs. 1 Nr. 4 WHG) und für den Auffangtatbestand des § 9 Abs. 2 Nr. 2 WHG, d.h. für Maßnahmen, die geeignet sind, nachteilige Veränderungen der Wasserbeschaffenheit herbeizuführen. Folglich scheidet diese Zulassungsform für die weitaus meisten Fälle geothermischer Untergrundnutzungen von vornherein aus. Lediglich die direkte Grundwassernutzung über Brunnenanlagen erfüllt mit dem Zutagefördern von Grundwasser gemäß § 9 Abs. 1 Nr. 5 WHG einen anderen Tatbestand als die eben genannten, wie im weiteren Verlauf der Untersuchung noch zu zeigen sein wird. Eine Unzumutbarkeit im Sinne des § 14 Abs. 1 Nr. 1 WHG ist zudem nur dann anzunehmen, wenn der Benutzer ohne die durch die Bewilligung vermittelte gesicherte Rechtsstellung ein solches Risiko zu tragen hätte, dass er bei vernünftiger Würdigung der wirtschaftlichen Umstände von der Verwirklichung des Vorhabens Abstand nehmen müsste, dieses also wirtschaftlich unvertretbar wäre.[702] Das soll beispielsweise dann der Fall sein, wenn „seine Lebensstellung oder sein Wirkungsbereich bei Fehlen der Rechtsstellung im Kern bedroht wird".[703] Auch wenn die Zumutbarkeit stets nur anhand des konkreten Einzelfalls abschließend beurteilt werden kann, ist für geothermische Großprojekte im Grundsatz davon auszugehen, dass die Voraussetzungen des § 14 Abs. 1 Nr. 1 WHG nicht erfüllt sind. Denn zum einen stellt die Benutzung des Grundwassers zur Erdwärmegewinnung regelmäßig nur einen kleinen Teil im Verhältnis zum Gesamtvorhaben dar, zum anderen besteht für den Unternehmer auch die Möglichkeit, das Objekt auf konventionelle Weise und damit ohne Grundwassernutzung zu klimatisieren. Unzulässig wäre es allerdings, den Unternehmer bei bestimmten Benutzungen, beispielsweise der Förderung von Grundwasser zum Betrieb einer Wärmepumpe, generell auf die Erlaubnis zu verweisen.[704]

Von Bedeutung ist in diesem Zusammenhang, dass mit der gehobenen Erlaubnis nach § 15 WHG nunmehr bundesweit ein einheitliches Instrument zur Verfügung steht, das gegenüber der einfachen Erlaubnis ein gesteigertes Maß an Rechtssicherheit für den Benutzer bietet. Dadurch wird die Möglichkeit eröffnet, die Stellung des Erlaubnisinhabers derjenigen des Bewilligungsinhabers auch in Bezug auf den Grad der Absicherung anzunähern, was zugleich den

---

702 vgl. VG Freiburg, Urteil vom 27.10.1994 - 9 K 755/94 -, ZfW 1996, S. 340, 341; OVG Münster, Urteil vom 27.04.1967 - VII A 1064/65 -, ZfW 1968, S. 195, 197.

703 so bspw. *Eiselt*, NuR 2007, S. 814, 815; vgl. auch *Knopp*, in: Sieder/Zeitler/Dahme/Knopp, Wasserhaushaltsgesetz – Abwasserabgabengesetz, Band 2, § 8, Rn. 17.

704 *Czychowski/Reinhardt*, Wasserhaushaltsgesetz, § 14, Rn. 18.

Anwendungsbereich der Bewilligung weiter einschränkt.[705] Systematisch steht die gehobene Erlaubnis zwischen Erlaubnis und Bewilligung. Sie gewährt ihrem Inhaber vergleichbar der Bewilligung eine gesicherte Rechtsposition gegenüber Dritten, ist aber nicht wie diese nur eingeschränkt widerruflich.[706] Die privatrechtsgestaltende Wirkung der gehobenen Erlaubnis ergibt sich aus § 16 Abs. 1 WHG. Danach kann nicht aufgrund zivilrechtlicher Ansprüche die Einstellung einer Gewässerbenutzung verlangt werden, sofern diese durch eine unanfechtbare gehobene Erlaubnis zugelassen worden ist. Durch den Verweis in § 15 Abs. 2 WHG auf § 11 Abs. 2 und § 14 Abs. 3 bis 5 WHG wird insoweit sichergestellt, dass die Betroffenen im Rahmen des Erlaubnisverfahrens Einwendungen gegen die Gewässerbenutzung erheben können und somit eine Begrenzung ihrer Abwehransprüche gerechtfertigt ist.[707] Es handelt sich im Vergleich zur Bewilligung allerdings nur um eine partielle Drittwirkung, da dem Betroffenen gemäß § 16 Abs. 1 Satz 2 WHG jedenfalls Ansprüche auf die Schaffung von Vorkehrungen zum Ausschluss nachteiliger Wirkungen oder, falls dies nicht möglich bzw. wirtschaftlich unvertretbar ist, auf Entschädigung verbleiben. Angesichts der weniger weit reichenden Rechtsfolgen der gehobenen Erlaubnis sind auch ihre Voraussetzungen nach § 15 Abs. 1 WHG nicht so streng wie bei der Bewilligung. Es genügt, wenn für die Erteilung als gehobene Erlaubnis ein öffentliches Interesse oder ein berechtigtes Interesse des Gewässerbenutzers besteht. Der Begriff des öffentlichen Interesses deckt sich mit dem des Wohls der Allgemeinheit aus § 6 Abs. 1 Satz 1 Nr. 3 WHG und geht damit über rein wasserwirtschaftliche Belange hinaus.[708] Ein öffentliches Interesse besteht beispielsweise an Gewässerbenutzungen, die der öffentlichen Wasserversorgung, der öffentlichen Abwasserbeseitigung oder der öffentlichen Energieversorgung dienen.[709] Unter Berücksichtigung der Tatsache, dass geothermische Anlagen zur Beheizung und Kühlung von Gebäuden oder zur Speicherung von Energie zur Energieversorgung beitragen und dass sie durch vergleichsweise geringe CO_2-Emissionen im Sinne von § 6 Abs. 1 Satz 1 Nr. 5 und Satz 2 WHG dem Klimaschutz zugutekommen, besteht durchaus ein öffentliches Interesse an der Erteilung gehobener Erlaubnisse für die Benutzung des Grundwassers im Zusammenhang mit der Erschließung von Erdwärme. Über § 15 Abs. 1 WHG können an dieser Stelle also auch Klimaschutzaspekte Bedeutung erlangen.

705 *Czychowski/Reinhardt*, Wasserhaushaltsgesetz, § 14, Rn. 6.
706 BT-Drucks. 16/12275, S. 57.
707 vgl. BT-Drucks. 16/12275, S. 57.
708 *Czychowski/Reinhardt*, Wasserhaushaltsgesetz, § 15, Rn. 8.
709 *Berendes*, Wasserhaushaltsgesetz, § 15, Rn. 3; *Rolfsen*, NuR 2009, S. 765, 768.

Abstellen ließe sich zudem auf ein berechtigtes Interesse des Gewässerbenutzers an der Erteilung einer gehobenen Erlaubnis. Ein solches ist insbesondere dann zu bejahen, wenn Tatsachen darauf schließen lassen, dass der Gewässerbenutzer zur Wahrung seiner gegenwärtigen oder zukünftigen wirtschaftlichen oder sonst anerkennenswerten Belange ein Interesse an einem Schutz vor Ansprüchen Dritter hat.[710] Hierfür spricht bei der Nutzung oberflächennaher Geothermie der Umstand, dass zum Zeitpunkt der wasserrechtlichen Gestattung noch nicht abschließend beurteilt werden kann, welche konkreten Auswirkungen der Anlagenbetrieb nach sich ziehen und welches räumliche Ausmaß diese erreichen werden. Insoweit besteht für den Unternehmer die Gefahr, dass Drittbetroffene zu einem späteren Zeitpunkt Unterlassungsansprüche geltend machen und damit die Wirtschaftlichkeit des gesamten Projektes in Frage stellen.

Es sprechen mithin gewichtige Argumente dafür, die nunmehr bundesrechtlich verankerte gehobene Erlaubnis gerade für die wasserrechtliche Zulassung geothermischer Anlagen bzw. der damit verbundenen Grundwasserbenutzungen fruchtbar zu machen. Im Gegensatz zur Bewilligung kann sie insbesondere auch für Benutzungen im Sinne des § 9 Abs. 1 Nr. 4 und Abs. 2 Nr. 2 WHG erteilt werden.

III. Die geothermische Nutzung des Untergrundes als wasserrechtlicher Benutzungstatbestand

Die geothermische Nutzung des oberflächennahen Untergrundes – ob in Gestalt der reinen Erdwärmegewinnung oder in Form der Speicherung von Energie – ist gemäß § 8 Abs. 1 WHG wasserrechtlich gestattungspflichtig, wenn es sich dabei um die Benutzung eines Gewässers im Sinne des § 9 WHG handelt. Als Gewässer kommt allein das Grundwasser in Betracht, welches in § 3 Abs. 1 Nr. 3 WHG definiert wird als das unterirdische Wasser in der Sättigungszone, das in unmittelbarer Berührung mit dem Boden oder dem Untergrund steht. Diese Definition entspricht der Begriffsbestimmung in Art. 2 Nr. 2 WRRL. Dem Grundwasser als Schutzgut des Wasserrechts kommt in zweifacher Hinsicht eine besondere Bedeutung für den Menschen zu: zum einen für die Sicherstellung der Trinkwasserversorgung der Bevölkerung, darüber hinaus in ökologischer Hinsicht als Lebensraum und Regelungsfaktor für Boden, Pflanzen und Tiere.[711] Nicht unter den Begriff des

710 BT-Drucks. 16/12275, S. 57; *Berendes*, Wasserhaushaltsgesetz, § 15, Rn. 3.

711 *Reinhardt*, UPR 2009, S. 289, 292; VG Sigmaringen, Urteil vom 24.09.1998 - 8 K 878/96 -, NVwZ-RR 1999, S. 532, 533.

Grundwassers und damit auch nicht in den Anwendungsbereich des WHG fällt das künstlich, d.h. in Rohren oder Leitungen geführte unterirdische Wasser.[712]

Zu differenzieren ist zwischen der Errichtung der geothermischen Anlage auf der einen und ihrem Betrieb auf der anderen Seite. Anlagenerrichtung und -betrieb müssen insbesondere deswegen getrennt betrachtet werden, weil sie verschiedenartige Gefährdungen des Grundwassers hervorrufen und divergierende Gefährdungsrichtungen aufweisen. Im Folgenden ist daher zu untersuchen, inwieweit die mit dem Bau und dem Betrieb einer Erdwärmesonden- oder Dublettenanlage verbundenen Auswirkungen auf das Grundwasser geeignet sind, eine Genehmigungspflicht gemäß § 8 Abs. 1 i.V.m. § 9 WHG zu begründen. Vorab sei noch darauf hingewiesen, dass zulassungspflichtig nur die Gewässerbenutzung als zweckgerichtete Handlung ist, nicht dagegen die der Benutzung dienende Anlage.[713] Denn das Wasserrecht ist anders als beispielsweise das Immissionsschutzrecht gerade kein Anlagengenehmigungsrecht.

1. Die Errichtung einer Geothermieanlage als wasserrechtliche Benutzung

Unabhängig von der Art der geothermischen Anlage (Erdwärmesonde, Energiepfahl oder Grundwasserbrunnen) und der konkreten Nutzung des Untergrundes zur Gewinnung oder Speicherung von Wärme resp. Kälte erfordert die Anlagenerrichtung stets die Niederbringung einer Bohrung sowie den Einbau fester Anlagenteile in Boden und Grundwasser. Gerade mit der Niederbringung der Bohrung sind zahlreiche Gefahren für das Grundwasser verbunden. So kann es während des Bohrvorgangs zu Verunreinigungen des Grundwassers infolge des Eintrags von Spülzusätzen, Bohrhilfsmitteln, Kraftstoff oder Schmierstoffen kommen.[714] Risiken für das Grundwasser ergeben sich zudem aus dem Durchteufen der die Grundwasserstockwerke trennenden Schichten, weil dies zu einer dauerhaften Verunreinigung durch die Vermischung von Wasser mit unterschiedlichem Chemismus und durch das Eindringen sekundärer Schadstoffe über das Bohrloch oder aus Oberflächengewässern führen kann.[715] Als besonders problematisch erweist sich dabei die sichere und dauerhafte Abdichtung des Ringraumes der Bohrung;

712 *Frenz*, Bundes-Bodenschutzgesetz, § 2, Rn. 10; vgl. auch VGH Kassel, Beschluss vom 10.02.1998 - 5 TG 4683/96 -, NuR 1999, S. 159.

713 *Czychowski/Reinhardt*, Wasserhaushaltsgesetz, § 9, Rn. 9.

714 *Walker-Hertkorn u.a.*, bbr 10/2008, S. 46, 47.

715 *Walker-Hertkorn u.a.*, bbr 10/2008, S. 46, 47.

diese wird zum Teil mit den heute zur Verfügung stehenden technischen Mitteln als nicht gewährleistet angesehen.[716] Insoweit hat auch der Hessische Verwaltungsgerichtshof in einer aktuellen Entscheidung zur Erdwärmenutzung in einem Wasserschutzgebiet darauf abgestellt, dass der Abdichtungserfolg der Verpressung derzeit nicht mit messtechnisch vertretbarem Aufwand überwacht werden kann.[717] Insbesondere bei hydrogeologisch ungünstigen Voraussetzungen wie einer deutlichen Verkarstung oder Zerklüftung des Untergrundes oder bei stark unter Druck stehendem Grundwasser besteht die Gefahr einer unzureichenden Verpressung der Bohrlöcher.[718]

a) Zur Erfüllung des echten Benutzungstatbestands des § 9 Abs. 1 Nr. 4 WHG

Die mit der Anlagenerrichtung verbundenen Gefahren für das Grundwasser werden nach der Neuregelung des Wasserrechts über den „echten" Benutzungstatbestand des § 9 Abs. 1 Nr. 4 WHG erfasst. Danach stellt das Einbringen und Einleiten von Stoffen in Gewässer eine Benutzung im Sinne des WHG dar. Dabei hat das Einleiten die Zuführung flüssiger, schlammiger oder gasförmiger Stoffe zum Gegenstand, das Einbringen bezieht sich auf feste Stoffe.[719] In Anbetracht des geschilderten Gefährdungspotenzials sah es der Gesetzgeber als geboten an, auch das Einbringen von Stoffen in das Grundwasser nach § 9 Abs. 1 Nr. 4 WHG als generell erlaubnispflichtig einzustufen.[720] Bis dato unterlag gemäß § 3 Abs. 1 Nr. 4 und Nr. 4 a WHG a.F. nur das Einbringen von Stoffen in oberirdische Gewässer und in Küstengewässer der Erlaubnispflicht. Soweit es das Grundwasser anbetraf, regelte § 3 Abs. 1 Nr. 5 WHG a.F. lediglich das Einleiten von Stoffen; das Einbringen fester Stoffe in das Grundwasser konnte nur über den „unechten" Benutzungstatbestand des § 3 Abs. 2 Nr. 2 WHG a.F. einer Gestattungspflicht unterworfen werden. Kennzeichnend für echte Gewässerbenutzungen im Sinne des § 9 Abs. 1 WHG ist, dass es sich um zweckbestimmte Verhaltensweisen handelt,

716 vgl. *Ministerium für Umwelt, Gesundheit und Verbraucherschutz des Landes Brandenburg*, Rundschreiben vom 18.08.2010 – Unzulässigkeit von Erdwärmesonden in Wasserschutzgebieten, S. 2.

717 VGH Kassel, Beschluss vom 17.08.2011 - 2 B 1484/11 -, DVBl. 2011, S. 1429, 1431.

718 *Bund/Länder-Arbeitsgruppen der Staatlichen Geologischen Dienste – Personenkreis Geothermie der Ad-hoc-Arbeitsgruppe Geologie*, Fachbericht zu bisher bekannten Auswirkungen geothermischer Vorhaben in den Bundesländern, S. 15.

719 *Kotulla*, Wasserhaushaltsgesetz, § 9, Rn. 17, 19.

720 vgl. BT-Drucks. 16/12275, S. 55.

die unmittelbar auf die Inanspruchnahme eines Gewässers gerichtet sind.[721] Demgegenüber fehlt es bei den unechten Benutzungen im Sinne des § 9 Abs. 2 WHG an der Finalität des Zugriffs auf das Gewässer; die gleichwohl erfolgende Einwirkung auf das Gewässer wird durch andere Handlungsziele bedingt.[722] § 9 Abs. 2 WHG stellt die dort aufgezählten Verhaltensweisen jedoch wegen ihrer möglichen Auswirkungen auf die Gewässerbeschaffenheit den eigentlichen Benutzungen des § 9 Abs. 1 WHG gleich.[723]

Mit der Neuregelung des § 9 Abs. 1 Nr. 4 WHG stellt nunmehr auch das Einbringen von Stoffen in das Grundwasser eine echte Gewässerbenutzung dar. Damit ist jede Bohrung, die die gesättigte Zone erreicht, als echte Benutzung erlaubnispflichtig. Für die Erdwärmenutzung bedeutet dies, dass sämtliche geothermischen Anlagen, die in einen Grundwasserkörper eingebracht werden, den Benutzungstatbestand erfüllen, unabhängig davon ob es sich um ein offenes oder ein geschlossenes System handelt.[724] Nach Ansicht des Gesetzgebers ist hiermit aber keine wesentliche Änderung der Rechtspraxis verbunden, da das Einbringen von festen Stoffen ins Grundwasser auch nach bisherigem Recht gemäß § 3 Abs. 2 Nr. 2 WHG a.F. regelmäßig erlaubnispflichtig gewesen sei.[725]

b) Zur Bedeutung der Ausnahmevorschrift des § 49 Abs. 1 Satz 2 WHG

Eine Ausnahme von der Erlaubnispflicht kann sich aus der Regelung über Erdaufschlüsse in § 49 WHG ergeben. § 49 Abs. 1 Satz 1 WHG begründet insoweit eine Anzeigepflicht für Erdarbeiten, die sich unmittelbar oder mittelbar auf die Bewegung, Höhe oder Beschaffenheit des Grundwassers auswirken können; die Anzeigepflicht besteht allerdings nicht, wenn schon ein Benutzungstatbestand nach § 9 WHG erfüllt ist. Weitergehend regelt § 49 Abs. 1 Satz 2 WHG für das Einbringen von Stoffen ins Grundwasser, dass abweichend von § 8 Abs. 1 i.V.m. § 9 Abs. 1 Nr. 4 WHG anstelle der Anzeige eine Erlaubnis lediglich dann erforderlich ist, wenn sich das Einbringen nachteilig auf die Grundwasserbeschaffenheit auswirken kann. Der Wortlaut der Vorschrift lässt darauf schließen, dass hier ein Entfallen der Erlaubnispflicht nur unter engen Voraussetzungen möglich sein soll. Eine nachteilige Veränderung der Grundwasserbeschaffenheit muss praktisch

721 *Breuer*, Öffentliches und privates Wasserrecht, Rn. 207.

722 *Laskowski/Ziehm*, in: Koch, Umweltrecht, § 5, Rn. 69.

723 *Czychowski/Reinhardt*, Wasserhaushaltsgesetz, § 9, Rn. 72.

724 *Reinhardt*, KA 2010 (57), S. 464, 465; vgl. auch VGH Kassel, Beschluss vom 17.08.2011 - 2 B 1484/11 -, DVBl. 2011, S. 1429, 1430.

725 BT-Drucks. 16/12275, S. 55.

ausgeschlossen sein.[726] Andernfalls bedarf die Benutzung einer eingehenden Prüfung im Rahmen des wasserrechtlichen Erlaubnisverfahrens und einer Entscheidung der Behörde über ihre Zulässigkeit im Einzelfall.[727]

Ob die Schaffung eines echten Benutzungstatbestands für das Einbringen von Stoffen ins Grundwasser tatsächlich zu mehr Rechtsklarheit und einer Vereinfachung der Rechtsanwendung führt[728], ist angesichts der Regelung des § 49 Abs. 1 Satz 2 WHG zu bezweifeln. Denn im Ergebnis kommt es nur zu einer Verschiebung des Prüfungsstandortes: Erfolgte die Prüfung einer möglichen Beeinträchtigung der Grundwasserbeschaffenheit vormals im Rahmen des unechten Benutzungstatbestands nach § 3 Abs. 2 Nr. 2 WHG a.F., ist sie nunmehr bei § 49 Abs. 1 Satz 2 WHG vorzunehmen; eine wesentliche Veränderung des Prüfungsmaßstabs oder der Prüfungsintensität ist damit nicht verbunden. Mithin stellt das Einbringen von Stoffen in das Grundwasser zwar einen echten Benutzungstatbestand dar, faktisch ist aber weiterhin eine Untersuchung der Auswirkungen der Benutzung auf das Grundwasser im Rahmen des § 49 Abs. 1 Satz 2 WHG erforderlich.

Nach der Gesetzesbegründung findet die Ausnahmeregelung auch auf das Einbringen von Erdwärmesonden ins Grundwasser Anwendung, wenn diese den allgemein anerkannten Regeln der Technik entsprechen.[729] Sofern also das Bohrunternehmen die notwendige Qualifikation anhand entsprechender Zertifikate nach dem DVGW-Arbeitsblatt W 120 nachweisen kann und zudem die Vorgaben weiterer technischer Regelwerke wie des DVGW-Arbeitsblattes W 116 und der DIN EN ISO 22475–1 erfüllt werden, spricht dies für ein Entfallen des Erlaubnisvorbehalts und das Bestehen einer bloßen Anzeigepflicht nach § 49 Abs. 1 Satz 1 WHG. Es bleibt aber zu bedenken, dass technischen Regelwerken wie den DVGW-Arbeitsblättern und den DIN-Normen für die behördliche Entscheidung grundsätzlich nur Indizwirkung zukommt, sie aber keine rechtliche Bindungswirkung entfalten.[730] Zudem sind gerade die potenziellen Auswirkungen der Bohrungen auf das Grundwasser maßgeblich abhängig von den jeweiligen geologischen und hydrogeologischen Standortbedingungen. Dies ließe eine Auslegung des § 49 Abs. 1 Satz 2 WHG als zweckmäßig erscheinen, die die Frage der Erlaubnispflicht

726 *Czychowski/Reinhardt*, Wasserhaushaltsgesetz, § 49, Rn. 10; *Böhme*, in: Berendes/Frenz/Müggenborg, Wasserhaushaltsgesetz, § 49, Rn. 7.

727 *Berendes*, Wasserhaushaltsgesetz, § 49, Rn. 3.

728 so *Czychowski/Reinhardt*, Wasserhaushaltsgesetz, § 9, Rn. 51 und *Berendes*, Wasserhaushaltsgesetz, § 9, Rn. 11.

729 BT-Drucks. 16/12275, S. 55.

730 vgl. zum Immissionsschutzrecht: BVerwG, Urteil vom 29.04.1988 - 7 C 33/87 -, BVerwGE 79, S. 254, 264; *Jarass*, BImSchG, § 48, Rn. 60, 61.

differenzierend nach Maßgabe der Untergrundverhältnisse am Standort der Bohrung beantwortet. Danach wäre für besonders sensible Gebiete, zum Beispiel altlastverdächtige Flächen, Rutschungsgebiete, Zonen starker tektonischer Auflockerung oder Standorte mit stockwerksübergreifend oder artesisch gespanntem Grundwasser[731], regelmäßig von einer Erlaubnispflicht auszugehen. Bei günstigen Standortverhältnissen, wie sie bei einer mäßigen bis geringen Wasserdurchlässigkeit des Untergrundes, einer unwesentlichen Stockwerkstrennung oder einer Beschränkung der Nutzung auf den oberen freien Grundwasserleiter anzunehmen sind[732], könnte bei gleichzeitiger Erfüllung der allgemein anerkannten Regeln der Technik von der Durchführung eines wasserbehördlichen Erlaubnisverfahrens abgesehen und eine bloße Anzeige der Bohrungen als ausreichend betrachtet werden.

Einer solchen, am gesetzgeberischen Willen orientierten Betrachtungsweise steht jedoch die zunehmende Zahl von Schadensfällen im Zusammenhang mit der Errichtung geothermischer Anlagen entgegen, welche zu einer strengeren Bewertung des Risikopotenzials von Bohrungen geführt haben. Ursächlich für die aufgetretenen Schäden waren oftmals fehlerhafte Arbeiten der Bohrfirmen, zum Beispiel eine nicht hinreichend an die geologischen Verhältnisse angepasste Planung, eine unsachgemäße Ausführung der Bohrungen oder sonstige Qualitätsmängel.[733] Aus diesem Grund hatte das Land Baden-Württemberg zwischenzeitlich mit Erlass vom 18.08.2011 verfügt, oberflächennahe Geothermievorhaben nur noch bei einer Tiefenbegrenzung der Bohrung auf das oberste Grundwasserstockwerk zuzulassen.[734] Dieses Verbot, bei der oberflächennahen Geothermie über zwei grundwasserführende Schichten zu bohren, hat das Umweltministerium Baden-Württemberg bereits mit Wirkung zum 07.10.2011 wieder aufgehoben, zugleich aber neue Leitlinien zur Qualitätssicherung bei Erdwärmesonden erlassen.[735] Die Leitlinien verlangen u.a. eine Überwachung der Bohrarbeiten durch einen externen und unabhängigen Sachverständigen, das Vorliegen einer verschuldensunabhängigen Versicherung in Höhe von 1 Mio. Euro zur Abdeckung etwaiger durch die

---

731 Leitfaden Baden-Württemberg – Erdwärmesonden, S. 15.

732 Leitfaden Sachsen, S. 18.

733 *Bund/Länder-Arbeitsgruppen der Staatlichen Geologischen Dienste – Personenkreis Geothermie der Ad-hoc-Arbeitsgruppe Geologie*, Fachbericht zu bisher bekannten Auswirkungen geothermischer Vorhaben in den Bundesländern, S. 43/44.

734 vgl. Pressemitteilung des Ministeriums für Umwelt, Klima und Energiewirtschaft Baden Württemberg vom 18.08.2011, abgedr. in Braun/Koschitzky, VEGAS-Kolloquium 2011, Flache Geothermie - Perspektiven u. Risiken, S. 108.

735 vgl. Pressemitteilung des Ministeriums für Umwelt, Klima und Energiewirtschaft Baden-Württemberg vom 07.10.2011, veröffentl. unter www.um.baden-wuerttemberg.de.

Bohrung verursachter Schäden zusätzlich zur Haftpflichtversicherung der Bohrfirma in Höhe von mind. 5 Mio. Euro, die Erfüllung von Mindestkriterien für die Qualifikation des Bohrgeräteführers und der zu verwendenden Baustoffe sowie eine automatische Überwachung und Dokumentation des Abdichtungsvorgangs im Bohrloch.[736] Bei Erfüllung dieser Qualitätsanforderungen können auch stockwerksübergreifende Bohrungen grundsätzlich genehmigt werden. Ungeachtet dessen zeigt die Notwendigkeit der Einführung verschärfter Qualitätsstandards, dass eine bloße Anzeigepflicht angesichts der mit den Bohrarbeiten verbunden Risiken nicht ausreichend ist.

So hat auch der Hessische Verwaltungsgerichtshof die Erlaubnispflicht einer geothermischen Bohrung gemäß § 9 Abs. 1 Nr. 4 i.V.m. § 49 Abs. 1 Satz 2 WHG bejaht.[737] Zur Begründung hat das Gericht auf die Gefahr einer vorübergehenden Trübung des Grundwassers infolge der Bohrung selbst und vor allem auf das Risiko einer ungenügenden Verpressung des Bohrlochs hingewiesen, aufgrund derer dauerhaft Oberflächenwasser in die Tiefe eindringen und das Grundwasser erreichen kann.[738]

Im Ergebnis ist daher den Vorgaben der zuständigen Ministerien in Brandenburg und Hessen zu folgen, nach denen beim Einbringen von Erdwärmesonden in das Grundwasser regelmäßig von einer Erlaubnispflicht auszugehen ist.[739] Diesen restriktiven Maßstab wenden auch die Behörden in Schleswig-Holstein und Rheinland-Pfalz an.[740] Zwar widerspricht ein solches Normverständnis dem vermeintlichen Willen des Gesetzgebers, der das Einbringen von Erdwärmesonden bei Einhaltung der allgemein anerkannten Regeln der Technik gerade als Anwendungsfall des § 49 Abs. 1 Satz 2 WHG eingestuft hat. Allerdings gewährleistet eine bloße Anzeigepflicht in Anbetracht der aufgetretenen Schadensfälle nicht die

---

736 vgl. *Ministerium für Umwelt, Klima und Energiewirtschafts Baden-Württemberg*, Leitlinien Qualitätssicherung Erdwärmesonden (LQS EWS).

737 VGH Kassel, Beschluss vom 17.08.2011 - 2 B 1484/11 -, DVBl. 2011, S. 1429, 1430/1431; VGH Kassel, Beschluss vom 10.08.2012 - 2 B 896/12 -, NuR 2012, S. 713, 714.

738 VGH Kassel, Beschluss vom 17.08.2011 - 2 B 1484/11 -, DVBl. 2011, S. 1429, 1430/1431.

739 *Ministerium für Umwelt, Gesundheit und Verbraucherschutz des Landes Brandenburg*, Rundschreiben vom 18.08.2010 – Unzulässigkeit von Erdwärmesonden in Wasserschutzgebieten, S. 3; Erlass des Hessischen Ministeriums für Umwelt, Energie, Landwirtschaft und Verbraucherschutz vom 25.08.2011 - III 5 – 79 g 08.17 -, Anforderungen des Gewässerschutzes an Erdwärmesonden, StAnz. 40/2011, S. 1228.

740 Leitfaden Schleswig-Holstein, S. 38; Leitfaden Rheinland-Pfalz, S. 11.

notwendige Überwachung der Bohrungen und die Einhaltung der fachlichen und technischen Qualitätsstandards. Insoweit ist die gesetzgeberische Einschätzung nach vergleichsweise kurzer Zeit durch die Realität widerlegt worden. Im Regelfall erfüllt die Errichtung geothermischer Anlagen daher nicht den Ausnahmetatbestand des § 49 Abs. 1 Satz 2 WHG, sondern ist uneingeschränkt erlaubnispflichtig nach § 9 Abs. 1 Nr. 4 WHG.

Die Landesgesetzgeber können ausweislich der Öffnungsklausel des § 49 Abs. 4 WHG abweichende Regelungen treffen, desgleichen ergänzende Regelungen, soweit § 49 Abs. 1 bis 3 WHG als nicht abschließend anzusehen sind. In Schleswig-Holstein konkretisiert § 7 Abs. 1 des Landeswassergesetzes (LWG S-H)[741] die Vorschrift des § 49 Abs. 1 Satz 1 WHG lediglich insoweit, als eine generelle Anzeigepflicht für Erdarbeiten oder Bohrungen von mehr als 10 m Tiefe angeordnet wird; bei geringeren Tiefen besteht eine Anzeigepflicht, sofern sich die Erdarbeiten oder Bohrungen auf Bewegung, Höhe oder Beschaffenheit des Grundwassers auswirken können. In der Sache ergeben sich hier keine relevanten Unterschiede zur bundesrechtlichen Regelung. § 7 Abs. 2 Satz 1 LWG S-H stellt zudem klar, dass die Zuständigkeiten der Bergbehörden unberührt bleiben. Unterfällt die geothermische Nutzung also dem Bergrecht, kommt die Anzeigepflicht nach § 49 Abs. 1 Satz 1 WHG i.V.m. § 7 Abs. 1 LWG S-H von vornherein nicht zur Anwendung.

c) Fazit

Zusammenfassend bleibt festzuhalten, dass die Errichtung einer geothermischen Anlage, sofern sie das Grundwasser erreicht, stets den Tatbestand einer erlaubnispflichtigen Benutzung des Grundwassers im Sinne von § 9 Abs. 1 Nr. 4 WHG erfüllt. Dies gilt gleichermaßen für offene wie für geschlossene Systeme. Auch ein Entfallen der Erlaubnispflicht nach § 49 Abs. 1 Satz 2 WHG kommt regelmäßig nicht in Betracht, da nachteilige Veränderungen der Grundwasserbeschaffenheit infolge des Einbringens geothermischer Systeme nicht von vornherein ausgeschlossen werden können. Es ist insbesondere eine Überwachung der Bohrungen geboten, die im Rahmen eines bloßen Anzeigeverfahrens nicht gewährleistet wäre. Ist der Benutzungstatbestand des § 9 Abs. 1 Nr. 4 WHG ausnahmsweise nicht erfüllt, besteht für die Niederbringung der Bohrung und den Anlageneinbau lediglich die Anzeigepflicht nach § 49 Abs. 1 Satz 1 WHG. Ein Beispiel könnte die

---

741 Wassergesetz des Landes Schleswig-Holstein i.d.F. vom 11.02.2008, GVOBl. S-H 2008, S. 91; zuletzt geändert durch Art. 6 des Gesetzes vom 19.01.2012, GVOBl. S-H 2012, S. 89, 94.

Errichtung von Energiepfählen sein, die nur eine verhältnismäßig geringe Tiefe erreichen und sich daher auf das Grundwasser nicht auswirken.

2. Der Betrieb einer Geothermieanlage als wasserrechtliche Benutzung

Neben den zur Anlagenerrichtung notwendigen Bohrungen ist auch der Betrieb einer geothermischen Anlage wasserrechtlich relevant. Zu unterscheiden ist dabei zwischen Erdwärmesondenanlagen und Grundwasserbrunnen, d.h. zwischen geschlossenen und offenen Systemen zur Gewinnung und Speicherung von Wärme im oberflächennahen Untergrund.

a) Zur Genehmigungsbedürftigkeit geschlossener Systeme

Erdwärmesonden dienen sowohl zur Gewinnung von Erdwärme als auch zur Speicherung sonstiger thermischer Energie wie industrieller Abwärme oder Solarenergie. Da sie zu den geschlossenen Systemen zählen, kommt das Wärmeträgermedium zwar nicht in direkten Kontakt mit dem Grundwasser; dennoch kann ihr Betrieb als unechte Benutzung nach dem WHG genehmigungsbedürftig sein. Gleiches gilt für Energiepfähle als Spezialfall der Erdwärmesonden.

aa) Zum Vorliegen einer unechten Gewässerbenutzung gemäß § 9 Abs. 2 Nr. 2 WHG

1) Zur Auslegung des § 9 Abs. 2 Nr. 2 WHG

Gemäß § 9 Abs. 2 Nr. 2 WHG gelten auch Maßnahmen als wasserrechtliche Benutzungen, die geeignet sind, dauernd oder in einem nicht nur unerheblichen Ausmaß nachteilige Veränderungen der Wasserbeschaffenheit herbeizuführen. Dieser Auffangtatbestand soll gewährleisten, dass bestimmte Vorhaben, die zwar keine echte Gewässerbenutzung zum Ziel haben, denen aber dennoch ein gewisses Gefahrenpotenzial innewohnt, vorab auf ihre Gefährlichkeit für den Wasserhaushalt überprüft werden können.[742] Um dieses gesetzgeberische Ziel zu erreichen, muss der Begriff der Eignung im Sinne des § 9 Abs. 2 Nr. 2 WHG weit ausgelegt werden. Gerade in Bezug auf das Grundwasser genügt es wegen seiner besonderen Schutzbedürftigkeit, wenn nachteilige Veränderungen der Wasserbeschaffenheit infolge des Anlagenbetriebs nicht ausgeschlossen werden können, wenn also

742 BVerwG, Beschluss vom 14.12.2001 - 4 B 80.01 -, BauR 2002, S. 1359/1360.

auch nur eine geringe Wahrscheinlichkeit des Schadenseintritts besteht.[743] Nach höchstrichterlicher Rechtsprechung ist die Genehmigungsbedürftigkeit bereits dann zu bejahen, wenn eine Maßnahme die nicht nur ganz entfernte und rein theoretische Möglichkeit einer schädlichen Einwirkung auf das Grundwasser mit sich bringt.[744] In Anbetracht der „kaum zu überschätzenden“ und „lebenswichtigen“ Bedeutung des Grundwassers für die Allgemeinheit[745] ist dieser Maßstab auch für die wasserrechtliche Beurteilung des Betriebs von Erdwärmesondenanlagen als angemessen anzusehen. Eine engere Auslegung würde im Übrigen dazu führen, dass die Voraussetzungen der Erlaubnispflicht in § 9 Abs. 2 Nr. 2 WHG und der Erlaubnisfähigkeit in § 12 Abs. 1 WHG weitgehend identisch wären; dies aber liefe dem Sinn und Zweck der Vorschrift, die Gefahren für den Wasserhaushalt möglichst umfassend zu ermitteln und einer behördlichen Vorprüfung zu unterwerfen, entgegen.[746]

Eine Erlaubnispflicht ist demnach zu bejahen, wenn die thermische Nutzung des oberflächennahen Untergrundes geeignet ist, nachteilige Veränderungen der Grundwasserbeschaffenheit herbeizuführen. Unter Wasserbeschaffenheit ist gemäß § 3 Nr. 9 WHG die physikalische, chemische oder biologische Beschaffenheit des Wassers zu verstehen. Wann eine „nachteilige“ Veränderung der Wasserbeschaffenheit vorliegt, ist im WHG nicht näher geregelt; § 3 Nr. 10 WHG definiert lediglich den Begriff der „schädlichen“ Gewässerveränderungen. Diese uneinheitliche Ausdrucksweise des Gesetzes hat das Bundesverwaltungsgericht bereits in einer Entscheidung aus dem Jahr 1965 kritisiert.[747] In der Sache kommt der Differenzierung jedoch keine entscheidende Bedeutung zu, da die Begriffe inhaltlich im Wesentlichen übereinstimmen und dem Begriff der „schädlichen Gewässerveränderungen“ nur die Funktion eines Oberbegriffs zukommt.[748] Maßgeblich für die Bejahung einer Erlaubnispflicht ist danach, ob sich der Betrieb von Erdwärmesonden negativ auf die physikalischen, chemischen oder biologischen Eigenschaften des Grundwassers im Sinne von § 3 Nr. 9 WHG auswirken kann.

743 *Czychowski/Reinhardt*, Wasserhaushaltsgesetz, § 9, Rn. 86; OVG Münster, Urteil vom 27.07.1995 - 20 A 3252/93 -, ZfW 1996, S. 469, 473.

744 BGH, Urteil vom 03.06.1982 - III ZR 107/78 -, BGHZ 84, S. 230, 234; BVerwG, Beschluss vom 14.12.2001 - 4 B 80.01 -, BauR 2002, S. 1359, 1360.

745 so das BVerfG in der Nassauskiesungs-Entscheidung, vgl. Beschluss vom 15.07.1981 - 1 BvL 77/78 -, BVerfGE 58, S. 300, 344, 347.

746 vgl. BGH, Urteil vom 03.06.1982 - III ZR 107/78 -, BGHZ 84, S. 230, 234.

747 vgl. BVerwG, Urteil vom 16.07.1965 - IV C 54.65 -, DVBl. 1966, S. 496, 497.

748 *Czychowski/Reinhardt*, Wasserhaushaltsgesetz, § 3, Rn. 69; BT-Drucks. 16/12275, S. 53/54.

2) Zu den Auswirkungen des Sondenbetriebs auf das Grundwasser

Die Möglichkeit der Verursachung negativer Auswirkungen auf das Grundwasser durch den Betrieb von Erdwärmesonden ist zu bejahen. Es steht insoweit außer Frage, dass die thermische Nutzung des Grundwassers zur Klimatisierung von Gebäuden Temperaturveränderungen im Untergrund zur Folge hat.[749] Der künstliche Entzug oder die Einleitung von Wärmeenergie in den oberflächennahen Untergrund führt zu einer Störung des Wärmeregimes im Erdreich und im Grundwasser; dieses Wärmedefizit bzw. der Wärmeüberschuss muss durch Wärmetransport wieder ausgeglichen werden.[750] Dabei wird die thermisch veränderte Zone bei Wärmeentzug als Kältefahne und bei Wärmezufuhr als Wärmefahne bezeichnet.[751] Die Temperaturanomalien breiten sich so weit aus, bis sich ein Gleichgewicht zwischen Temperaturveränderung und dem Zufluss von Wärme bzw. Kälte eingestellt hat; je mehr Wärme entzogen oder zugeführt wurde, desto weiter reichen die unterirdischen Kälte- oder Wärmefahnen.[752]

Eine solche Abkühlung oder Erwärmung des Grundwassers stellt eine Veränderung der physikalischen Beschaffenheit des Wassers im Sinne des § 3 Nr. 9 WHG dar.[753] Diese ist auch als potenziell nachteilig anzusehen, da sie die Stoffwechselvorgänge von Organismen und damit auch die Selbstreinigungskraft des Grundwassers negativ beeinflussen kann.[754] Darüber hinaus wirken sich Temperaturveränderungen des Grundwassers auf das geochemische Gleichgewicht der Löslichkeit von Mineralen aus, so dass infolge der geothermischen Nutzung von Grundwasserleitern Minerale gelöst oder gefällt werden können.[755] Auch wenn hinsichtlich der Auswirkungen von Temperaturveränderungen im Untergrund auf die hydrogeochemischen Verhältnisse und die Mikrobiologie noch Forschungsbedarf besteht, können diesbezügliche nachteilige Veränderungen der Grundwasserbeschaffenheit jedenfalls nicht ausgeschlossen werden. Angesichts

---

749 *Hähnlein u.a.*, bbr 2009, Sonderheft Oberflächennahe Geothermie, S. 14; *Hähnlein u.a.*, Grundwasser 2010, S. 123, 124; *Pannike u.a.*, Grundwasser 2006, S. 6.

750 *Sanner/Kaltschmitt*, in: Kaltschmitt/Huenges/Wolff, Energie aus Erdwärme, S. 60, 97.

751 *Hähnlein u.a.*, bbr 2009, Sonderheft Oberflächennahe Geothermie, S. 14.

752 Leitfaden Berlin, S. 2; *Pannike u.a.*, Grundwasser 2006, S. 6, 7.

753 *Reinhardt*, UPR 2009, S. 289, 291; *Heitmann*, ZfB 125 (1984), S. 440, 447; *Gersemann*, VBlBW 1981, S. 383, 387.

754 *Waden*, Wasser und Abfall 3/2010, S. 15, 17; *Knopp*, in: Sieder/Zeitler/Dahme/Knopp, Wasserhaushaltsgesetz – Abwasserabgabengesetz, Band 2, § 3 WHG, Rn. 24 b; Leitfaden Berlin, S. 4/5.

755 *Arning u.a.*, Grundwasser 2006, S. 27, 28; *Schippers/Reichling*, Grundwasser 2006, S. 40/41.

der notwendigen weiten Auslegung des Eignungsbegriffs in § 9 Abs. 2 Nr. 2 WHG und der überragenden Bedeutung des Schutzgutes Grundwasser für Mensch und Natur genügen die mit dem Sondenbetrieb verbundenen Temperaturveränderungen des Grundwassers zur Bejahung der Genehmigungsbedürftigkeit der Gewässerbenutzung. Die Einzelheiten zum Ausmaß der Temperaturanomalien und zu ihrer Regeneration sind dann im Rahmen des Erlaubnisverfahrens zu klären.

Dies gilt beispielsweise für die Frage, ob sich die Erwärmung bzw. Abkühlung des Grundwassers bei Anlagen mit saisonbedingtem Wechselbetrieb von Gebäudekühlung im Sommer und Beheizung im Winter, verbunden mit einer saisonalen Wärme- und Kältespeicherung, im Ergebnis ausgleichen, so dass keine dauerhaft nachteilige Veränderung der Wasserbeschaffenheit vorliegt. Da eine Antwort hierauf nur unter Berücksichtigung von standortbezogenen Parametern wie der Fließgeschwindigkeit des Grundwassers, der Durchlässigkeit und Wärmeleitfähigkeit des Untergrundes sowie dem voraussichtlichen Wärmeentzug gegeben werden kann, sind in jedem Fall Berechnungen und Modellierungen erforderlich, welche der behördlichen Überprüfung im Rahmen eines Erlaubnisverfahrens bedürfen. Zudem liegt eine dauernde nachteilige Veränderung eines Gewässers im Sinne des § 9 Abs. 2 Nr. 2 WHG nicht nur dann vor, wenn sie zeitlich unabsehbar und für alle Zeiten irreversibel ist, sondern es kann sich auch um vorübergehende Beeinträchtigungen handeln, sofern sie eine gewisse Intensität erreichen.[756] Bei einem saisonal wechselnden Anlagenbetrieb kommt es aber zumindest über einen Zeitraum von mehreren Monaten zu Veränderungen der Grundwassertemperatur. Unabhängig von der Frage, ob in diesem Fall überhaupt noch von „kurzfristigen“ Beeinträchtigungen die Rede sein kann, treten die beschriebenen Folgen einer Erwärmung oder Abkühlung des Grundwassers schon in diesen vergleichsweise kurzen Zeiträumen auf und sind teilweise nicht reversibel, so zum Beispiel die Freisetzung organischer Substanz. Im Übrigen werden gerade die durch die Abfolge von Wärmeeinleitung und Wärmeentzug auftretenden Temperaturschwankungen zum Teil als ein besonderes Risiko für die Beschaffenheit des Grundwassers angesehen.[757] Im Ergebnis ist daher auch unter Berücksichtigung eines langfristigen Ausgleichs der Temperaturveränderungen durch die wechselweise Entnahme und Zuführung von Wärme von einer Zulassungspflicht für diese geothermische Nutzungsform auszugehen.

---

756 *Czychowski/Reinhardt*, Wasserhaushaltsgesetz, § 9, Rn. 84; *Heitmann*, ZfB 125 (1984), S. 440, 447.

757 vgl. *Wolff/Hellenthal*, Nutzung der Geothermie in Stuttgart, S. 53.

Soweit negative Auswirkungen auf das Grundwasser und ihr Ausmaß nicht zweifelsfrei zu ermitteln sind, ist zudem zu beachten, dass an dieser Stelle nur die Frage der Erlaubnispflicht der thermischen Nutzung des Untergrundes zu klären ist, nicht aber abschließend über die wasserrechtliche Zulässigkeit entschieden wird. Ob es letztlich zu einer Erteilung der Erlaubnis kommt oder ob diese zu versagen ist, wird von der zuständigen Behörde erst auf zweiter Stufe bei der Genehmigungsfähigkeit gemäß § 12 WHG geprüft. Unter Berücksichtigung des Regelungszwecks des § 9 Abs. 2 Nr. 2 WHG ist es daher sinnvoll, die Genehmigungsbedürftigkeit im Zweifel zu bejahen, um sodann den Umfang der Temperaturanomalien im Rahmen des Erlaubnisverfahrens eingehend überprüfen und die wasserrechtliche Zulässigkeit erforderlichenfalls durch die Erteilung von Auflagen absichern zu können.

3) Zur Genehmigungsbedürftigkeit von Kleinanlagen bis 30 kW

Etwas anderes kann – sofern man nicht wegen der Gefährlichkeit der Bohrungen eine Erlaubnispflicht schon nach § 9 Abs. 1 Nr. 4 i.Vm. § 49 Abs. 1 Satz 2 WHG bejaht – nur für kleine Anlagen mit einer thermischen Leistung bis 30 kW gelten. Diese werden auch in den geothermischen Leitfäden der Bundesländer wegen der Geringfügigkeit ihrer Auswirkungen auf das Grundwasser vielfach als nicht genehmigungsbedürftig angesehen, zum Teil unter der Voraussetzung der Einhaltung von Mindestabständen zur Grundstücksgrenze zwischen drei und fünf Metern und zu benachbarten Geothermieanlagen zwischen sechs und zehn Metern.[758] Dem ist unter Berücksichtigung des Wortlauts des § 9 Abs. 2 Nr. 2 WHG, der u.a. die Eignung zur Herbeiführung nachteiliger Veränderungen „in einem nicht nur unerheblichen Ausmaß“ verlangt, grundsätzlich zuzustimmen. Für geringfügige Eingriffe in den Wasserhaushalt besteht daher keine Genehmigungspflicht.[759] Als geringfügig kann unter Rückgriff auf das fachwissenschaftliche Schrifttum eine Differenz zur natürlichen Temperatur des Grundwassers von max. 1°C angesehen werden.[760] Legt man der rechtlichen Beurteilung diesen Wert zugrunde,

758 vgl. Leitfaden Niedersachsen, S. 39; Leitfaden Sachsen, S. 13; Leitfaden Thüringen, S. 10/11; vgl. auch *Bund/Länderarbeitsgemeinschaft Wasser*, Empfehlungen der LAWA für wasserwirtschaftliche Anforderungen an Erdwärmesonden und Erdwärmekollektoren, S. 7.

759 *Czychowski/Reinhardt*, Wasserhaushaltsgesetz, § 9, Rn. 74.

760 vgl. *Pannike u.a.*, Grundwasser 2006, S. 6, 7; *Hähnlein u.a.*, Grundwasser 2010, S. 123, 125, 132; *Rauch u.a.*, in: Ostbayerisches Technologie-Transfer-Institut e.V., 9. Internationales Anwenderforum Oberflächennahe Geothermie, S. 20; VDI-Richtlinie 4640, Blatt 1, S. 27.

bestehen allerdings durchaus Zweifel an einer generellen Genehmigungsfreiheit von Anlagen mit einer Leistung bis 30 kW. Denn entsprechende hydrogeologische Forschungsarbeiten haben ergeben, dass sich Temperaturveränderungen von mehr als 1°C unter bestimmten Bedingungen auch über die Abstandsgrenzen hinaus ausbreiten. Form und Länge der Kälte- bzw. Wärmefahnen hängen insoweit maßgeblich von der Beschaffenheit des Untergrundes ab. Handelt es sich um einen überwiegend aus Mittel- und Grobsand bestehenden Boden ist ein Abstand von fünf Metern zur Grundstücksgrenze bei einem Einfamilienhaus mit einem Wärmebedarf von 4,5 kW als ausreichend anzusehen.[761] Böden mit geringerer Durchlässigkeit, zum Beispiel Ton oder Schluff, erfordern dagegen bereits bei einer Wärmeleistung von 3 kW Abstände zu den Nachbargrundstücken von etwa acht Metern.[762] Eine andere Untersuchung zur Ausbreitung von Kältefahnen im Grundwasser kommt zu dem Ergebnis, dass bei Zugrundelegung der typischen Entzugsleistungen nach der VDI-Richtlinie 4640[763] die Kältefahnen in gut durchlässigen Kies- und Sandböden bei einer angenommenen Heizperiode von 100 Tagen den Abstand von zehn Metern kurzfristig deutlich überschreiten können, dass sie sich allerdings auch schnell wieder regenerieren.[764] Bei einem gering durchlässigen Untergrund besteht dagegen ein kontinuierlicher Abkühlungstrend mit der Folge, dass sich die Kältefahnen über längere Zeiträume deutlich weiter ausdehnen als bei den Gesteinen mit höherer Durchlässigkeit.[765] Es zeigt sich also, dass selbst bei kleinen Geothermieanlagen mit Leistungen bis 30 kW die Abstandsregelungen nicht in allen Fällen ausreichend sind, um eine begrenzte und nur geringfügige Temperaturveränderung des Grundwassers zu gewährleisten. Das bedeutet aber auch, dass für geothermische Großanlagen mit Leistungen von mehr als 100 kW stets eine Erlaubnispflicht nach § 9 Abs. 2 Nr. 2 WHG besteht, da nachteilige Veränderungen der Grundwasserbeschaffenheit nicht ausgeschlossen werden können.

4) Zur Verwendung wassergefährdender Stoffe

Neben den dargelegten Temperaturveränderungen kann sich eine Gefahr für das Grundwasser auch aus dem Auslaufen wassergefährdender Stoffe im Sinne des § 62 Abs. 3 WHG ergeben. § 62 Abs. 4 Nr. 1 WHG enthält hierzu eine Ermächtigung der Bundesregierung, die Bestimmung der wassergefährdenden Stoffe und

---

761 *Pannike u.a.*, Grundwasser 2006, S. 6, 17.
762 *Pannike u.a.*, Grundwasser 2006, S. 6, 17.
763 vgl. VDI-Richtlinie 4640, Blatt 2, S. 16.
764 *Hähnlein u.a.*, Grundwasser 2010, S. 123, 131.
765 *Hähnlein u.a.*, Grundwasser 2010, S. 123, 131/132.

die Einstufung entsprechend ihrer Gefährlichkeit durch Rechtsverordnung näher zu regeln. Die auf dieser Grundlage erarbeitete Verordnung über Anlagen zum Umgang mit wassergefährdenden Stoffen (VAUwS) befindet sich noch im Entwurfsstadium, so dass vorerst weiter auf die Verwaltungsvorschrift wassergefährdende Stoffe (VwVwS) zurückzugreifen ist. Nach dieser gehören Stoffe wie Ethylen- oder Propylenglykol, die in Erdwärmesonden oftmals dem Wärmeträgermedium Wasser als Frostschutzmittel beigemischt werden, zur Wassergefährdungsklasse 1 und unterfallen damit den §§ 62, 63 WHG über Anlagen zum Umgang mit wassergefährdenden Stoffen. Diese Vorschriften finden auch auf Erdwärmesondenanlagen zur Beheizung und Klimatisierung von Bürogebäuden, Einkaufszentren, Krankenhäusern und vergleichbaren Immobilien Anwendung, da es sich insoweit regelmäßig um Anlagen im Bereich der gewerblichen Wirtschaft oder in öffentlichen Einrichtungen im Sinne des § 62 Abs. 1 WHG handelt. Nicht anwendbar sind die §§ 62, 63 WHG lediglich auf Anlagen in Privathaushalten sowie auf solche im Bereich der Urproduktion, wie der Landwirtschaft, der Fischerei und dem Bergbau.[766] Allerdings gelten für die private Nutzung über die allgemeine Sorgfaltspflicht des § 5 Abs. 1 WHG vergleichbare Anforderungen.[767] Dies bedeutet im Ergebnis, dass das bei Erdwärmesonden und Energiepfählen bestehende Risiko einer Leckage nicht zur Anwendung des unechten Benutzungstatbestands des § 9 Abs. 2 Nr. 2 WHG führen kann, da die §§ 62, 63 WHG insoweit leges speciales sind. Wenn also beim Umgang mit wassergefährdenden Stoffen die Vorgaben der §§ 62, 63 WHG beachtet werden, greift der Auffangtatbestand des § 9 Abs. 2 Nr. 2 WHG nicht ein und den allgemeinen Sorgfaltspflichten des § 5 Abs. 1 WHG ist Genüge getan.[768]

bb) Zum Verhältnis zwischen § 9 Abs. 1 Nr. 4 WHG und § 9 Abs. 2 Nr. 2 WHG

Zu klären bleibt das Verhältnis zwischen der Niederbringung der Bohrung als einer echten Gewässerbenutzung gemäß § 9 Abs. 1 Nr. 4 WHG und dem sich anschließenden Anlagenbetrieb als unechte Benutzung nach § 9 Abs. 2 Nr. 2 WHG. Im Grundsatz steht außer Frage, dass es sich bei § 9 Abs. 2 Nr. 2 WHG um einen Auffangtatbestand handelt, der nur eingreift, wenn für denselben Lebenssachverhalt kein echter Benutzungstatbestand im Sinne des § 9 Abs. 1 WHG einschlägig

---

766 *Czychowski/Reinhardt*, Wasserhaushaltsgesetz, § 62, Rn. 28; *Kotulla*, Wasserhaushaltsgesetz, § 62, Rn. 12.

767 vgl. *Große*, NVwZ 2004, S. 809, 811.

768 *Czychowski/Reinhardt*, Wasserhaushaltsgesetz, § 62, Rn. 8; *Kotulla*, Wasserhaushaltsgesetz, § 9, Rn. 52.

ist.[769] Die Errichtung einer Erdwärmesonde und ihr Betrieb sind eng miteinander verbunden und als einheitlicher Lebensvorgang anzusehen, so dass die unechte Gewässerbenutzung hinter die echte zurücktreten müsste. Eine derartige Betrachtungsweise würde aber zu dem widersinnigen Ergebnis führen, dass zwar die Bohrung erlaubnispflichtig ist, dass demgegenüber der in seinen Auswirkungen auf die Beschaffenheit des Grundwassers weniger beherrschbare und für die Gewässerbewirtschaftung relevantere Anlagenbetrieb wasserrechtlich überhaupt nicht erfasst werden würde. Für das Verhältnis von Errichtung und Betrieb einer Erdwärmesondenanlage kann daher die grundsätzliche Subsidiarität der unechten gegenüber der echten Benutzung nicht gelten. Zur Begründung lässt sich darauf verweisen, dass Anlagenerrichtung und Anlagenbetrieb unterschiedliche Gefährdungsrichtungen im Hinblick auf das Schutzgut Grundwasser aufweisen. Dies sind zum einen die unmittelbar mit dem Bohrvorgang verbundenen Gefahren wie das Durchteufen von Grundwasserstockwerken oder die Verunreinigung des Grundwassers durch Spülzusätze, Kraftstoffe u.Ä., zum anderen handelt es sich um die durch den Sondenbetrieb verursachte Erwärmung oder Abkühlung des Grundwassers. In Anbetracht der großen Bedeutung des Grundwassers für die Allgemeinheit, insbesondere für die Trinkwasserversorgung, bedürfen aber sämtliche, die Geringfügigkeitsschwelle überschreitenden Benutzungen einer wasserbehördlichen Kontrolle und Überwachung. Dies hat zur Folge, dass bei der geothermischen Nutzung des Untergrundes durch Sondenanlagen der echte Benutzungstatbestand des § 9 Abs. 1 Nr. 4 WHG und der unechte Benutzungstatbestand des § 9 Abs. 2 Nr. 2 WHG nebeneinander zur Anwendung kommen. Dies ergibt sich auch aus dem Schutzzweck der Norm. Denn durch § 9 Abs. 2 Nr. 2 WHG soll gerade ein möglichst umfassender Schutz der Gewässer gewährleistet werden. Hielte man die Vorschrift im vorliegenden Fall für subsidiär, würde ihr Sinn und Zweck ins Gegenteil verkehrt. An dieser Stelle kann zudem eine Parallele zum Strafrecht gezogen werden. Dort greift der Grundsatz der materiellen Subsidiarität ebenfalls nur dann ein, wenn geschütztes Rechtsgut und Angriffsrichtung identisch sind.[770] Nichts anderes kann für den vorliegenden Sachverhalt gelten, in dem die Gewässerbenutzungen gänzlich unterschiedliche Gefährdungen des Grundwassers hervorrufen.

---

769 *Berendes*, Wasserhaushaltsgesetz, § 9, Rn. 16; *Breuer*, Öffentliches und privates Wasserrecht, Rn. 247.

770 *Fischer*, Strafgesetzbuch, Vor § 52, Rn. 41.

Vertreten ließe sich im Übrigen auch eine Auslegung dahingehend, dass die Errichtung der Anlage und ihr Betrieb unterschiedliche Lebenssachverhalte darstellen. In diesem Fall würde der Grundsatz der Subsidiarität von vornherein nicht greifen; echte und unechte Gewässerbenutzung unterlägen dann jeweils für sich betrachtet der Zulassungspflicht nach §§ 8 und 9 WHG. Im Ergebnis stimmen beide Auslegungen darin überein, dass sowohl die Niederbringung der Bohrung im Zuge der Errichtung einer Erdwärmesonde als auch ihr späterer Betrieb wasserrechtlich genehmigungsbedürftig sind und dass sowohl § 9 Abs. 1 Nr. 4 als auch § 9 Abs. 2 Nr. 2 WHG Anwendung finden.

cc) Fazit

Der Betrieb von Erdwärmesonden zur Gewinnung und Speicherung thermischer Energie ist wegen der damit verbundenen Auswirkungen auf die Temperatur des Grundwassers als unechte Benutzung gemäß § 9 Abs. 2 Nr. 2 WHG erlaubnispflichtig. Dies gilt stets für Großanlagen mit einer thermischen Leistung von mehr als 100 kW; Ausnahmen sind möglich bei kleineren Anlagen bis 30 kW. Für Energiepfähle gelten die gleichen Grundsätze wie für Erdwärmesonden, sofern ihr Betrieb beachtliche Temperaturveränderungen des Grundwassers hervorruft. Als Gestattungsform kommt gemäß § 14 Abs. 1 Nr. 3 WHG lediglich die Erlaubnis in Betracht, nicht dagegen die wasserrechtliche Bewilligung.

b) Zur Genehmigungsbedürftigkeit offener Systeme

Bei den offenen Systemen ist das Grundwasser selbst sowohl Wärmequelle als auch Wärmeträgermedium. Dabei wird das Grundwasser über einen Förderbrunnen aus dem Aquifer abgepumpt und nach Entzug von Wärme bzw. Kälte über einen zweiten Brunnen, den sog. Schluckbrunnen, wieder dem Grundwasserleiter zugeführt.[771] Neben der Nutzung zur Gewinnung thermischer Energie können die Aquifere auch als saisonale Wärme- oder Kältespeicher dienen, wie dies beispielsweise beim Berliner Reichstag praktiziert wird. Angesichts der unmittelbaren Nutzung des Grundwassers liegt es nahe, diese Form der Energiegewinnung und -speicherung als wasserrechtlich gestattungspflichtig anzusehen. Einschlägig sind die echten Benutzungstatbestände des § 9 Abs. 1 Nr. 4 und Nr. 5 WHG.

771 Leitfaden Niedersachsen, S. 12; *Wolff/Hellenthal*, Nutzung der Geothermie in Stuttgart, S. 47.

aa) Zum Vorliegen einer echten Gewässerbenutzung gemäß § 9 Abs. 1 Nr. 5 WHG

Die direkte Nutzung des Grundwassers zur Gewinnung und Speicherung von Wärme resp. Kälte stellt eine echte Gewässerbenutzung gemäß § 9 Abs. 1 Nr. 5 WHG dar. Nach dieser Vorschrift sind das Entnehmen, Zutagefördern, Zutageleiten und Ableiten von Grundwasser Benutzungen im Sinne des WHG. Unter Zutagefördern ist dabei das Verbringen des Grundwassers an die Oberfläche unter Verwendung dazu bestimmter Einrichtungen, beispielsweise Pumpbrunnen, zu verstehen.[772] Das Abpumpen des Grundwassers aus einem Aquifer im Rahmen einer geothermischen Dublettenanlage ist ein solches Zutagefördern von Grundwasser und damit gemäß § 8 Abs. 1 i.V.m. § 9 Abs. 1 Nr. 5 WHG genehmigungsbedürftig. In Betracht kommen grundsätzlich alle Gestattungsformen, d.h. sowohl die einfache und gehobene Erlaubnis als auch die Bewilligung.

Nicht einschlägig ist dagegen der Ausnahmetatbestand des § 46 Abs. 1 Satz 1 Nr. 1 WHG. Danach bedarf das Zutagefördern von Grundwasser u.a. dann keiner Erlaubnis oder Bewilligung, wenn es „für den Haushalt“ oder nur „in geringen Mengen zu einem vorübergehenden Zweck“ erfolgt. Diese Alternativen der Genehmigungsfreiheit werden diskutiert im Zusammenhang mit der Beheizung von Einfamilienhäusern unter Verwendung von Erdwärmepumpen. Ausgehend vom Wortlaut der Norm ist es vertretbar, die Förderung des Grundwassers zur Beheizung oder Warmwasserversorgung eines Gebäudes als haushaltsbezogene Nutzung einzuordnen.[773] Nach überwiegender Ansicht wird das Zutagefördern von Grundwasser zum Zwecke des Betriebs einer Wärmepumpenheizung dennoch nicht von der Ausnahme des § 46 Abs. 1 Satz 1 Nr. 1 WHG erfasst, da der Umfang des Wasserbedarfs das für einen Haushalt Übliche erheblich überschreitet und damit vom Sinn und Zweck der Vorschrift, geringfügige Eingriffe in den Wasserhaushalt von der behördlichen Kontrolle freizustellen, nicht mehr gedeckt ist.[774] Jedenfalls bei einer ständig oder über weite Zeiträume des Jahres

---

772 *Knopp*, in: Sieder/Zeitler/Dahme/Knopp, Wasserhaushaltsgesetz – Abwasserabgabengesetz, Band 2, § 3 WHG, Rn. 22; OVG Lüneburg, Urteil vom 29.06.2006 - 13 LB 75/03 -, NordÖR 2006, S. 512, 513.

773 so der VGH Mannheim, Urteil vom 07.03.1980 - VII 1346/79 -, ZfW 1981, S. 29, 30; vgl. auch *Gersemann*, VBlBW 1981, S. 383, 384/385.

774 VGH Mannheim, Urteil vom 07.03.1980 - VII 1346/79 -, ZfW 1981, S. 29, 30/31; *Czychowski/Reinhardt*, Wasserhaushaltsgesetz, § 46, Rn. 13; *Wellmann*, in: Wellmann/Queitsch/Fröhlich, Wasserhaushaltsgesetz, § 46, Rn. 3; *Knopp*, in: Sieder/Zeitler/Dahme/Knopp, Wasserhaushaltsgesetz – Abwasserabgabengesetz, Band 3, § 33 WHG, Rn. 8.

geförderten Wassermenge von 5 m^3/h[775] sind danach die Voraussetzungen einer Benutzung des Grundwassers für den Haushalt nicht erfüllt.[776] Für geothermische Großprojekte bedeutet dies, dass ein Berufen auf die Ausnahmebestimmung des § 46 Abs. 1 Satz 1 Nr. 1 WHG ausscheidet. Insoweit lässt sich zum einen schon darauf abstellen, dass die Beheizung und Klimatisierung gewerblich genutzter Gebäude nicht unter den Begriff des Haushaltes subsumiert werden können. Zum anderen werden so erhebliche Mengen an Grundwasser gefördert, dass eine Beeinträchtigung der Gewässereigenschaften nicht von vornherein auszuschließen ist. Beispielhaft sei an dieser Stelle auf das Projekt GeoCitti zur Beheizung und Klimatisierung des Einkaufszentrums CITTI-PARK in Kiel verwiesen, bei welchem die Förder- und Infiltrationsrate der – letztlich nicht realisierten – Dublettenanlage etwa 140 m^3/h betragen sollte. Auf das Jahr gerechnet bedeutet dies eine Grundwasserentnahme und Einspeisung von annähernd 1,2 Mio. m^3. Das entspricht dem Wasserbedarf einer Kleinstadt mit 20.000 Einwohnern.[777] Mithin handelt es sich nicht um einen geringfügigen Eingriff, der nach § 46 Abs. 1 Satz 1 Nr. 1 WHG genehmigungsfrei sein könnte. Auch die Alternative des Zutagefördern von Grundwasser „in geringen Mengen zu einem vorübergehenden Zweck" ist demnach bei der Erdwärmenutzung zur Beheizung und Kühlung von Großimmobilien nicht einschlägig.

Etwas anderes gilt lediglich für die zur Ermittlung der Ergiebigkeit eines Grundwasserleiters erforderlichen Pumpversuche. Diese sind regelmäßig nicht auf Dauer angelegt und dienen einem nur vorübergehenden Zweck. Als kurzfristig anzusehen sind Pumpversuche von 24 h bis hin zu 144 h, nicht dagegen sog. Dauerpumpversuche.[778] Kumulativ muss hinzukommen, dass das Grundwasser nur in geringen Mengen benutzt wird. Dies ist bei kurzfristigen Pumpversuchen regelmäßig anzunehmen, sofern nicht besondere hydrogeologische Verhältnisse oder die Beeinträchtigung konkurrierender Nutzungen eine andere Beurteilung notwendig

775 1 Kubikmeter = 1.000 Liter.

776 *Breuer*, Öffentliches und privates Wasserrecht, Rn. 244; *Czychowski/Reinhardt*, Wasserhaushaltsgesetz, § 46, Rn. 13.

777 so das Landesamt für Landwirtschaft, Umwelt und ländliche Räume des Landes Schleswig-Holstein in einer an die untere Wasserbehörde der Landeshauptstadt Kiel gerichteten Stellungnahme vom 09.06.2009.

778 vgl. *Knopp*, in: Sieder/Zeitler/Dahme/Knopp, Wasserhaushaltsgesetz – Abwasserabgabengesetz, Band 3, § 33 WHG, Rn. 12; *Czychowski/Reinhardt*, Wasserhaushaltsgesetz, § 46, Rn. 17, 18.

machen.[779] Eine derartige Berücksichtigung der Besonderheiten des Einzelfalls gebietet nicht zuletzt der auf Art. 11 Abs. 3 e) WRRL zurückzuführende Vorbehalt des § 46 Abs. 1 Satz 1, letzter Hs. WHG, nach dem eine Genehmigungsfreiheit nur in Betracht kommt, soweit keine signifikanten nachteiligen Auswirkungen auf den Wasserhaushalt zu besorgen sind.

Ergänzend ist anzumerken, dass der schleswig-holsteinische Landesgesetzgeber von der durch § 46 Abs. 3 WHG eingeräumten Möglichkeit, die Genehmigungsfreiheit von Grundwasserbenutzungen zu erweitern bzw. einzuschränken, zwar in § 21 LWG S-H Gebrauch gemacht hat, dass die Geothermienutzung davon aber nicht erfasst wird. Dies gilt entsprechend für die übrigen Bundesländer. Zu den auf Länderebene geregelten verfahrensrechtlichen Erleichterungen für die Erdwärmenutzung wird noch gesondert Stellung genommen (vgl. unten S. 189 ff.).

Im Ergebnis bleibt festzuhalten, dass das Zutagefördern von Grundwasser zur Beheizung und Klimatisierung von Großimmobilien gemäß § 9 Abs. 1 Nr. 5 WHG gestattungspflichtig ist. Der Ausnahmetatbestand des 46 Abs. 1 Satz 1 Nr. 1 WHG ist nur einschlägig bei kurzfristigen Pumpversuchen zur Ermittlung der Ergiebigkeit von Grundwasserleitern.

bb) Zum Vorliegen einer echten Gewässerbenutzung gemäß § 9 Abs. 1 Nr. 4 WHG

Darüber hinaus erfüllt das Wiedereinleiten des erwärmten oder abgekühlten Wassers in den Grundwasserleiter den echten Benutzungstatbestand des Einleitens von Stoffen in ein Gewässer nach § 9 Abs. 1 Nr. 4 WHG. Unter Einleiten ist dabei die Zuführung flüssiger und gasförmiger Stoffe jeglicher Art zu verstehen.[780] Auch das durch die thermische Nutzung erwärmte bzw. abgekühlte Grundwasser selbst stellt einen flüssigen Stoff in diesem Sinne dar.[781] Dabei kommt es nicht darauf an, ob sich der Stoff nachteilig auf die Beschaffenheit des Grundwassers auswirkt;

---

779 *Knopp*, in: Sieder/Zeitler/Dahme/Knopp, Wasserhaushaltsgesetz – Abwasserabgabengesetz, Band 3, § 33 WHG, Rn. 12; *Breuer*, Öffentliches und privates Wasserrecht, Rn. 242.

780 OVG Schleswig, Beschluss vom 06.12.1995 - 2 L 188/95 -, ZfW 1997, S. 125; *Czychowski/Reinhardt*, Wasserhaushaltsgesetz, § 9, Rn. 35.

781 VGH Mannheim, Urteil vom 07.03.1980 - VII 1346/79 -, ZfW 1981, S. 29, 31/32; BVerwG, Beschluss vom 21.08.1986 - 4 B 110/86 -, NVwZ 1988, S. 150; OVG Schleswig, Beschluss vom 06.12.1995 - 2 L 188/95 -, ZfW 1997, S. 125, 126.

dieser Umstand ist erst für die Frage der Erlaubnisfähigkeit der Gewässerbenutzung von Bedeutung.[782]

Der Ausnahmetatbestand des § 49 Abs. 1 Satz 2 WHG ist in diesem Fall von vornherein nicht anwendbar. Er bezieht sich zwar auf Benutzungen nach § 9 Abs. 1 Nr. 4 WHG, erfasst aber nur das Einbringen von festen Stoffen, nicht das Einleiten flüssiger oder gasförmiger Stoffe. Im Übrigen würde eine Befreiung von der Erlaubnispflicht für das (Wieder-)Einleiten des Wassers wenig Sinn machen, da das Zutagefördern gemäß § 9 Abs. 1 Nr. 5 WHG in jedem Fall genehmigungsbedürftig ist. Soweit es die Gestattungsform betrifft, kommt nur die Erteilung einer Erlaubnis in Betracht. Die Vergabe einer Bewilligung ist bei Benutzungen im Sinne des § 9 Abs. 1 Nr. 4 WHG gemäß § 14 Abs. 1 Nr. 3 WHG explizit ausgeschlossen. Für die Zulassung einer geothermischen Dublette bedeutet dies, dass sie stets durch einfache oder gehobene Erlaubnis erfolgen wird. Andernfalls müsste man für einen einheitlichen Lebenssachverhalt wie das Zutagefördern von Grundwasser und das Wiedereinleiten des erwärmten oder abgekühlten Wassers zwei unterschiedliche Genehmigungen erteilen. Das aber macht schon aus verfahrensökonomischen Gesichtspunkten keinen Sinn.

cc) Fazit

Die direkte Nutzung des Grundwassers mittels Brunnenanlagen, ob zur Beheizung und Klimatisierung von Gebäuden oder zur reinen Speicherung thermischer Energie, ist regelmäßig wasserrechtlich gestattungspflichtig gemäß § 9 Abs. 1 Nr. 4 und Nr. 5 WHG. Dabei ist der Ausnahmetatbestand des § 46 Abs. 1 Satz 1 Nr. 1 WHG nur auf kurzfristige Pumpversuche anwendbar, eine Erlaubnisfreiheit nach § 49 Abs. 1 Satz 2 WHG scheidet gänzlich aus.

3. Zur Sonderregelung des § 119 Abs. 3 LWG S-H

Eine die Nutzung oberflächennaher Geothermie betreffende verfahrensrechtliche Sonderregelung enthält § 119 Abs. 3 Satz 1 Nr. 3 LWG S-H. Danach kann eine Erlaubnis für die Gewinnung von Wärme durch Wärmepumpen in einem vereinfachten Verfahren erteilt werden. Gemäß § 119 Abs. 3 Satz 2 LWG S-H bedeutet dies, dass die Erlaubnis in dem beantragten Umfang als erteilt gilt, wenn der Antrag Angaben zu Art, Ort, Umfang und Dauer der Benutzung sowie die Bezeichnung des benutzten Gewässers und eine Beschreibung des Vorhabens enthält und

782 *Knopp*, in: Sieder/Zeitler/Dahme/Knopp, Wasserhaushaltsgesetz – Abwasserabgabengesetz, Band 2, § 3 WHG, Rn. 19.

die Behörde nicht innerhalb von zwei Monaten widerspricht. Es handelt sich hier also um eine nach dem Wortlaut der Vorschrift sehr weitreichende Erlaubnisfiktion für sämtliche Anlagen, die geothermische Energie mittels Wärmepumpe gewinnen. Faktisch trifft dies auf annähernd alle Anlagen zur Nutzung oberflächennaher Geothermie zu, da ohne die Zwischenschaltung einer Wärmepumpe das für die Beheizung von Gebäuden notwendige Temperaturniveau überhaupt nicht erreicht werden würde. Konsequenz einer wortlautgetreuen Auslegung wäre insoweit, dass selbst leistungsstarke Anlagen mit nicht unerheblichen Auswirkungen auf die Beschaffenheit des Grundwassers dem vereinfachten Erlaubnisverfahren unterfielen und die Behörde jedem einzelnen Antrag widersprechen müsste, um den Eintritt der Erlaubnisfiktion zu verhindern. Dies stünde aber in erkennbarem Widerspruch zu der mit der Norm bezweckten Verfahrensvereinfachung. Dementsprechend sollte die Vorschrift auch nach dem Willen des Gesetzgebers nur Gewässerbenutzungen von wasserwirtschaftlich untergeordneter Bedeutung erfassen.[783] In systematischer Hinsicht wird die Intention des Gesetzgebers bestätigt durch einen Vergleich mit § 119 Abs. 3 Satz 1 Nr. 1 und Nr. 4 LWG S-H, die zum einen die Einleitung von unbelastetem und damit ungefährlichem Grund- und Niederschlagswasser (Nr. 1) sowie zum anderen zeitlich begrenzte Benutzungen von wasserwirtschaftlich untergeordneter Bedeutung (Nr. 4) betreffen. In sämtlichen Fällen handelt es sich um Eingriffe, die mit keinen oder nur geringen Risiken für den Wasserhaushalt verbunden sind.[784] Folglich ist auch § 119 Abs. 1 Satz 1 Nr. 3 LWG S-H teleologisch zu reduzieren und auf Erdwärmegewinnungen zu beschränken, die eine Gefährdung des Grundwassers von vornherein nicht erwarten lassen. Eine solche Annahme ist aber allenfalls bei kleinen Erdwärmesondenanlagen mit einer Leistung bis 30 kW möglich. Sofern man diese Benutzungen für wasserrechtlich zulassungspflichtig hält, könnte man sie unter § 119 Abs. 3 LWG S-H subsumieren. Allerdings ergibt sich daraus im Hinblick auf die Anlagenerrichtung ein Konflikt mit der Ausnahmeregelung des § 49 Abs. 1 Satz 2 WHG, nach der eine Erlaubnispflicht ohnehin nur dann besteht, wenn sich das Einbringen der Erdwärmesonden nachteilig auf die Grundwasserbeschaffenheit auswirken kann. Sofern dies der Fall ist, wenn also eine schädliche Gewässerveränderung nicht auszuschließen ist, dürfte es sich aber regelmäßig auch nicht um eine Gewässerbenutzung von untergeordneter Bedeutung bzw. geringem Risiko im Sinne des § 119 Abs. 3 LWG S-H handeln. Für die Vorschrift verbleibt daher nur ein begrenzter Anwendungsbereich bei

783 LT-Drucks. 14/2437, S. 37.

784 *Rohde*, in: Kollmann, Wassergesetz des Landes Schleswig-Holstein, Erl. 8 zu § 119.

Fällen, in denen zwar die Genehmigungsbedürftigkeit zu bejahen, das Risiko einer nachteiligen Veränderung der Grundwasserbeschaffenheit gleichwohl als sehr gering einzustufen ist. Der Betrieb geothermischer Großanlagen mit Leistungen von über 100 kW wird von der Erlaubnisfiktion des § 119 Abs. 3 LWG S-H jedenfalls nicht erfasst.

Der Vollständigkeit halber sei angemerkt, dass die Norm keine abweichende landesrechtliche Regelung im Sinne des § 49 Abs. 4 WHG darstellt, sondern dass sie die bundesrechtliche Vorschrift lediglich ergänzt und neben ihr Anwendung findet. § 49 Abs. 1 Satz 2 WHG gehört als stoffbezogene Regelung zu den abweichungsfesten Kernen des WHG und steht daher von vornherein nicht zur Disposition der Landesgesetzgeber.[785] Auf Länderebene existieren vergleichbare Verfahrenserleichterungen beispielsweise in Baden-Württemberg für „grundstücksbezogene Erdwärmenutzungen“[786] oder in Nordrhein-Westfalen und im Saarland für Benutzungen nach § 9 Abs. 1 Nr. 5 WHG, sofern es sich um „thermische Nutzungen bis einschließlich 50 kJ/s“[787] handelt.[788] Die Erlaubnis gilt in diesen Fällen als erteilt, wenn sie nicht innerhalb von zwei bzw. drei Monaten nach Antragseingang versagt (so im Saarland und in Nordrhein-Westfalen) oder wenn nicht innerhalb eines Monats ein Erlaubnisverfahren eingeleitet wird (so in Baden-Württemberg). Allerdings wird der Wert von 50 kJ/s beim Betrieb geothermischer Großanlagen bei weitem übertroffen, so dass das vereinfachte Erlaubnisverfahren insoweit nicht von Bedeutung ist. Anders könnte sich die Situation allenfalls in Baden-Württemberg darstellen, wenn in Einzelfällen trotz hoher Leistung der Geothermieanlage grundstücksüberschreitende Auswirkungen nicht zu erwarten sind. Im Gegensatz zum Bergrecht ist hier aufgrund des Gesetzeswortlauts und des Schutzzwecks des Wasserrechts einer

785 *Berendes*, Wasserhaushaltsgesetz, § 49, Rn. 6.

786 § 108 Abs. 4 Satz 1 Nr. 2 des Wassergesetzes für Baden-Württemberg (WG) vom 20.01.2005, GBl. 2005, S. 219; zuletzt geändert durch Art. 41 der Verordnung vom 25.01.2012, GBl. 2012 Nr. 3, S. 65.

787 1 Kilojoule = 1.000 Joule. 1 Joule ist die Grundeinheit der Energie im internationalen Einheitensystem SI (Système international d'unités). Die Einheit Kilojoule pro Sekunde bezeichnet den Energiefluss.

788 § 44 Abs. 1 des Wassergesetzes für das Land Nordrhein-Westfalen (Landeswassergesetz – LWG) i.d.F. der Bekanntmachung vom 25.07.1995, GV. NRW. 1995, S. 926; zuletzt geändert durch Art. 3 des Gesetzes vom 16.03.2010, GV. NRW. 2010, S. 185 sowie § 19b Abs. 1 und 3 des Saarländischen Wassergesetzes (SWG) i.d.F. der Bekanntmachung vom 30.07.2004, AmtsBl. 2004, S. 1994; zuletzt geändert durch das Gesetz vom 18.11.2010, AmtsBl. 2010, Teil I, S. 2588.

Auslegung der Grundstücksbezogenheit anhand der thermischen Beeinflussung anderer Grundstücke der Vorzug zu geben gegenüber einer zweckbezogenen Auslegung.

C. Zur wasserrechtlichen Genehmigungsfähigkeit der Nutzung oberflächennaher Geothermie

Nachdem festgestellt wurde, dass Anlagen zur Nutzung oberflächennaher Geothermie mit einer thermischen Leistung von mehr als 100 kW, unabhängig von der konkreten Ausgestaltung als geschlossenes oder offenes System, wasserrechtlich genehmigungsbedürftig sind, bleibt zu klären, ob derartige Großanlagen auch genehmigungsfähig sind. Hierzu sind als Grundlage zunächst einige allgemeine Ausführungen zu den wasserrechtlichen Beurteilungsmaßstäben notwendig, bevor im Einzelnen auf die Erdwärmenutzung einzugehen ist.

I. Beurteilungsmaßstab: § 12 WHG

Sofern eine Gewässerbenutzung gestattungspflichtig ist, richtet sich ihre materielle Zulässigkeit nach § 12 WHG. Gemäß § 12 Abs. 1 WHG sind Erlaubnis und Bewilligung zu versagen, wenn schädliche, auch durch Nebenbestimmungen nicht vermeidbare oder nicht ausgleichbare Gewässerveränderungen zu erwarten sind oder andere Anforderungen nach öffentlich-rechtlichen Vorschriften nicht erfüllt werden. Im Übrigen steht die Erteilung von Erlaubnis oder Bewilligung nach § 12 Abs. 2 WHG im pflichtgemäßen Ermessen der Behörde, dem sog. Bewirtschaftungsermessen. Durch § 12 WHG wird die wasserbehördliche Entscheidung in zweifacher Hinsicht strukturiert: Zum einen ist auf Tatbestandsebene eine Subsumtion unter den unbestimmten Rechtsbegriff der „schädlichen Gewässerveränderungen“ erforderlich, zum anderen hat die Behörde auf Rechtsfolgenseite das Bewirtschaftungsermessen auszuüben.[789] Die gerichtlich uneingeschränkt nachprüfbare Auslegung des Tatbestandsmerkmals zielt auf einen Mindestbestandsschutz für die Gewässer ab, während die Ermessensausübung der Feinsteuerung und Optimierung des Gewässerschutzes unter Einbeziehung zukünftiger Entwicklungen dient.[790] Die haushälterische Bewirtschaftung als die Zuteilung von

789 vgl. *Reinhardt*, NuR 1999, S. 134, 137.

790 *Reinhardt*, NuR 1999, S. 134, 137; *Büllesbach*, DÖV 1992, S. 477, 481/482.

Nutzungsrechten an Gewässern soll auf diese Weise eine gerechte Verteilung des Umweltgutes Wasser sicherstellen und damit zu einer optimalen Nutzung des vorhandenen Wasserangebotes führen.[791] Ausgangspunkt jeder rechtlichen Beurteilung muss dabei die zentrale Bedeutung des Wassers als Trink- und Brauchwasser sowie als Lebensraum für die Tier- und Pflanzenwelt sein.[792] Gerade das durch die Geothermienutzung beeinflusste Grundwasser ist für die Trinkwasserversorgung der Allgemeinheit von besonderer Wichtigkeit. So wurden beispielsweise im Jahr 2007 in der Bundesrepublik Deutschland knapp 71 % des Trinkwassers aus Grundwasser (einschließlich Quellwasser) gewonnen; in den Bundesländern Bremen und Hamburg lag der Grundwasseranteil bei 100 %, in Schleswig-Holstein bei 99,9 %.[793] Hiervon ausgehend ist zu untersuchen, ob die durch die Gewinnung von Erdwärme und die Wärmespeicherung im oberflächennahen Untergrund verursachten Auswirkungen auf das Grundwasser einer Zulassung nach § 12 WHG entgegenstehen. Dies wäre zwingend der Fall, wenn infolge der wasserrechtlichen Benutzung schädliche Gewässerveränderungen zu erwarten sind oder wenn andere Anforderungen nach öffentlich-rechtlichen Vorschriften nicht erfüllt werden.

1. Zum Vorliegen schädlicher Gewässerveränderungen im Sinne des § 12 Abs. 1 Nr. 1 WHG

Der Begriff der schädlichen Gewässerveränderungen aus § 12 Abs. 1 Nr. 1 WHG ist in § 3 Nr. 10 WHG legal definiert als eine Veränderung von Gewässereigenschaften, durch die das Wohl der Allgemeinheit, insbesondere die öffentliche Wasserversorgung, beeinträchtigt wird. Gewässereigenschaften sind gemäß § 3 Nr. 7 WHG auf die Wasserbeschaffenheit, die Wassermenge, die Gewässerökologie und die Hydromorphologie bezogene Eigenschaften von Gewässern und Gewässerteilen. Für die geothermische Nutzung des Grundwassers sind vor allem mögliche Veränderungen der Wasserbeschaffenheit von Bedeutung, daneben auch die Beeinflussung der Gewässerökologie. Die Wasserbeschaffenheit wiederum ist in § 3 Nr. 9 WHG definiert als physikalische, chemische oder biologische Beschaffenheit des Wassers. Diese Verweisungstechnik über § 12 Abs. 1 Nr. 1 WHG und § 3 Nr. 10 zu § 3 Nr. 7 und § 3 Nr. 9 WHG ist nur bedingt geeignet, die mit der

791 vgl. *Büllesbach*, DÖV 1992, S. 477, 482; *Baisch*, Bewirtschaftung im Wasserrecht, S. 77.

792 *Guckelberger*, in: Reinhardt, Wasserrecht im Umbruch, S. 69/70.

793 *Statistische Ämter des Bundes und der Länder*, Umwelt – Öffentliche Wassergewinnung, Tabelle, Stand: 02.08.2012.

Neuordnung der Begriffsbestimmungen bezweckte Harmonisierung und Rechtsvereinfachung zu erreichen[794], zumal ergänzend auch auf die Erläuterungen in Anhang V zur WRRL zurückgegriffen werden muss.

Soweit es die Nutzung oberflächennaher Geothermie betrifft, ist vorrangig zu untersuchen, ob die mit der Errichtung und dem Betrieb einer geothermischen Anlage verbundenen Auswirkungen auf das Grundwasser eine Beeinträchtigung des Allgemeinwohls darstellen. Dies setzt zunächst einmal die Beantwortung der Frage voraus, wie der Begriff des Wohls der Allgemeinheit in wasserrechtlicher Hinsicht zu verstehen ist.

a) Zur Bestimmung des „Wohls der Allgemeinheit"

Das Wohl der Allgemeinheit ist als zentraler Aspekt der Gewässerbewirtschaftung Gegenstand verschiedener Regelungen des WHG; neben den für die Genehmigungserteilung bedeutsamen §§ 3 Nr. 10 und 6 Abs. 1 Nr. 3 WHG sind dies die §§ 22, 51 Abs. 1, 55 Abs. 1 und 86 Abs. 1 Nr. 1 WHG. Es handelt sich beim Wohl der Allgemeinheit um einen unbestimmten Rechtsbegriff, der uneingeschränkt der gerichtlichen Kontrolle unterliegt.[795] Ein behördlicher Beurteilungsspielraum wäre insbesondere deswegen unzweckmäßig, weil der Bestimmung des Allgemeinwohls maßgebliche Bedeutung für die Entscheidung über den Gestattungsantrag zukommt und weil durch § 12 Abs. 1 WHG gerade ein Minimalbestand des vorhandenen Wasserschatzes gesichert werden soll.[796] Zudem wird der Behörde durch das auf Rechtsfolgenseite bestehende Bewirtschaftungsermessen genügend Raum zur eigenverantwortlichen wasserwirtschaftlichen Planung und Entscheidung eingeräumt, so dass für eine Einschränkung der richterlichen Nachprüfungskompetenz auf Tatbestandsseite keine Notwendigkeit besteht.

Inhaltlich ist mit der systematischen Neuordnung der Erteilungsvoraussetzungen für Erlaubnis und Bewilligung in § 12 Abs. 1 WHG und der Verschiebung des Versagungsgrundes der Gemeinwohlbeeinträchtigung in den Katalog der Begriffsbestimmungen des § 3 WHG keine Änderung gegenüber der Vorgängerregelung des § 6 Abs. 1 WHG a.F. verbunden.[797] Nicht abschließend geklärt ist daher weiterhin, welche Belange im Einzelnen vom Allgemeinwohlbegriff erfasst werden.

---

794 vgl. BT-Drucks. 16/12275, S. 53.

795 *Berendes*, in: Berendes/Frenz/Müggenborg, Wasserhaushaltsgesetz, § 6, Rn. 17; BVerwG, Beschluss vom 28.07.2004 - 7 B 61.04 -, NuR 2004, S. 809.

796 *Czychowski/Reinhardt*, Wasserhaushaltsgesetz, § 12, Rn. 18; *Breuer*, Öffentliches und privates Wasserrecht, Rn. 373.

797 vgl. *Czychowski/Reinhardt*, Wasserhaushaltsgesetz, § 12, Rn. 12.

Aus § 3 Nr. 10 WHG ergibt sich lediglich, dass insbesondere die öffentliche Wasserversorgung Bestandteil des Allgemeinwohls ist. Einigkeit besteht auch dahingehend, dass alle sonstigen wasserwirtschaftlichen Belange dem Wohl der Allgemeinheit zuzurechnen sind.[798] Dazu zählen beispielsweise die Wasserreinhaltung, die Abwasserbeseitigung, der Schutz besiedelter Gebiete vor Hochwasser oder die Be- und Entwässerung.[799] Dagegen ist unklar, inwieweit auch sonstige Gemeinwohlaspekte wie der Natur- und Landschaftsschutz, der Gesundheitsschutz oder die Belange der Land-, Forst- und Fischereiwirtschaft im Rahmen der Entscheidung nach § 12 Abs. 1 Nr. 1 i.V.m. § 3 Nr. 10 WHG Berücksichtigung finden müssen. Das Bundesverwaltungsgericht ist in einem Urteil aus dem Jahr 1978 von dem ursprünglich herrschenden umfassenden Gesamtbegriff des Allgemeinwohls abgewichen und hat festgestellt, dass die Frage einer Beeinträchtigung des Wohls der Allgemeinheit „in einem allein wasserwirtschaftlichen Zusammenhang“ zu beantworten sei.[800] Von dieser restriktiven Auslegung ist das Bundesverwaltungsgericht später wieder abgerückt und hat ausgeführt, der Sinn und Zweck des § 6 WHG a.F. erschöpfe sich nicht in der Sicherung des Wasserhaushalts, sondern sei umfassender zu verstehen, so dass auch gesundheits- und seuchenpolizeiliche Bedenken eine Beeinträchtigung des Wohls der Allgemeinheit darstellen könnten.[801] Das Gericht hat allerdings ausdrücklich offen gelassen, ob der Gemeinwohlbegriff auch Belange erfasst, die außerhalb der wasserrechtlichen Zielsetzung liegen wie solche des Bauplanungs- oder des Immissionsschutzrechts.[802] Ein eindeutiger Maßstab lässt sich den höchstrichterlichen Entscheidungen mithin nicht entnehmen. Dennoch wird in Teilen des Schrifttums unter Verweis auf die bundesverwaltungsgerichtliche Rechtsprechung eine weite Auslegung des Gemeinwohlbegriffs vertreten, nach der nicht nur wasserwirtschaftliche, sondern auch sonstige öffentliche Belange unter das Wohl der Allgemeinheit im Sinne des § 3 Nr. 10 WHG zu fassen sind.[803] In der Rechtsprechung der Verwaltungsgerichte finden sich ebenfalls entsprechende Aussagen. Das Oberverwaltungsgericht Greifswald zum Beispiel rekurriert in einer Entscheidung aus dem Jahr 1995 auf den umfassenden Gesamtbegriff des Allgemeinwohls, der sich neben den wasserwirtschaftlichen

---

798 BVerwG, Urteil vom 17.03.1989 - 4 C 30/88 -, BVerwGE 81, S. 347, 349; *Berendes*, Wasserhaushaltsgesetz, § 6, Rn. 6; *Knopp*, in: Sieder/Zeitler/Dahme/Knopp, Wasserhaushaltsgesetz – Abwasserabgabengesetz, Band 2, § 6 WHG, Rn. 7 a.

799 *Czychowski/Reinhardt*, Wasserhaushaltsgesetz, § 6, Rn. 30.

800 BVerwG, Urteil vom 10.02.1978 - IV C 25.75 -, BVerwGE 55, S. 220, 229.

801 BVerwG, Urteil vom 17.03.1989 - 4 C 30/88 -, BVerwGE 81, S. 347, 350/351.

802 BVerwG, Urteil vom 17.03.1989 - 4 C 30/88 -, BVerwGE 81, S. 347, 351.

803 so *Wellmann*, in: Wellmann/Queitsch/Fröhlich, Wasserhaushaltsgesetz, § 12, Rn. 4.

Belangen auch auf andere Belange erstrecke und eine komplexe Abwägung der verschiedenen Interessen verlange.[804]

Der weiten Auslegung des Gemeinwohlbegriffs ist im Grundsatz zuzustimmen. Hierfür spricht schon der Wille des historischen Gesetzgebers, wie er in 6 Abs. 1 WHG a.F. seinen Ausdruck gefunden hatte. Nach der Gesetzesbegründung sollte die Behörde eine Beeinträchtigung des Allgemeinwohls „nicht nur für den Fall (...) einer Gefährdung des Wasserhaushalts", sondern „auch in anderer Hinsicht" berücksichtigen.[805] Es ist nicht ersichtlich, dass sich an diesem Grundsatz durch die Neuregelung des Wasserrechts etwas geändert hätte. Zudem erscheinen ein alleiniges Abstellen auf wasserwirtschaftliche Belange und die Nichtberücksichtigung sonstiger Gemeinwohlaspekte als zu eindimensionale Betrachtungsweise. Eine derartige Auslegung hätte den Nachteil, dass wasserrechtliche Benutzungen bei vergleichsweise geringen Beeinträchtigungen der Wasserbeschaffenheit bereits auf dieser Stufe als unzulässig eingestuft werden müssten, ohne dass im Rahmen einer Abwägung positive Aspekte der konkreten Nutzung angemessen berücksichtigt werden könnten. Daher ist es zweckmäßiger, auch sonstige öffentliche Belange bereits auf Tatbestandsebene als Bestandteile des Wohls der Allgemeinheit zu erfassen und den nach dem WHG notwendigen Mindestschutz der Gewässer dadurch zu gewährleisten, dass die originär wasserwirtschaftlichen Aspekte mit dem angemessenen Gewicht in die Abwägung eingestellt werden. Ein weiteres Argument für die Einbeziehung sonstiger öffentlicher Belange in die Allgemeinwohlprüfung des § 12 Abs. 1 Nr. 1 WHG ergibt sich aus den Vorschriften der Landeswassergesetze zur Zulässigkeit von Benutzungsbedingungen und Auflagen. In § 9 Nr. 1 LWG S-H werden beispielsweise neben der Ordnung des Wasserhaushaltes die Gesundheit der Bevölkerung, das Wohnungs- und Siedlungswesen, die Land- und Forstwirtschaft, die Erhaltung und Steigerung der Bodenfruchtbarkeit, die Fischerei, die gewerbliche Wirtschaft einschließlich des Bergbaus, der Natur- und Landschaftsschutz sowie der Verkehr als Gründe für den Erlass von Benutzungsbedingungen und Auflagen genannt. Wenn diese Belange von vornherein nicht Bestandteil des Wohls der Allgemeinheit sein könnten, würde es aber wenig Sinn machen, wasserrechtliche Erlaubnisse und Bewilligungen mit entsprechenden Nebenbestimmungen zu versehen.

Der Grundsatz einer weiten Auslegung des Wohls der Allgemeinheit gilt allerdings nicht uneingeschränkt. Denn über die unmittelbaren wasserwirtschaftlichen Belange hinaus können öffentliche Belange bei der rechtlichen Beurteilung

804 OVG Greifswald, Beschluss vom 29.06.1995 - 3 M 27/95 -, UPR 1996, S. 75.

805 BT-Drucks. 2/2072, S. 23.

einer Gemeinwohlbeeinträchtigung nur dann Berücksichtigung finden, wenn sie nicht Gegenstand eines eigenen öffentlich-rechtlichen Genehmigungsverfahrens sind.[806] Sofern für sonstige öffentliche Belange spezielle Vorschriften existieren, die in einem gesonderten Verwaltungsverfahren zu prüfen sind, besteht weder die Möglichkeit noch ein Grund dafür, diese Belange unter das Wohl der Allgemeinheit im Sinne des WHG zu subsumieren.[807] Eine weitere Einschränkung ist insoweit geboten, als eine Versagung der wasserrechtlichen Genehmigung nicht ausschließlich auf die Beeinträchtigung sonstiger Belange des Gemeinwohls gestützt werden kann. Wenn sich also ein Vorhaben lediglich auf nicht wasserwirtschaftliche Aspekte des Allgemeinwohls nachteilig auswirkt, kommt eine Versagung der Genehmigung nur in Betracht, wenn sie gesetzlich explizit geregelt ist.[808]

Für die wasserrechtliche Beurteilung der oberflächennahen Geothermie ist die Diskussion über die Auslegung des Gemeinwohlbegriffs letztlich nicht entscheidend, da der Gesetzgeber die für eine geothermische Nutzung des Grundwassers streitenden Klimaschutzaspekte ausdrücklich als wasserrechtliches Bewirtschaftungsziel gemäß § 6 Abs. 1 Satz 1 Nr. 5 und Satz 2 WHG normiert hat. Insoweit besteht aber Einigkeit in Rechtsprechung und Schrifttum, dass diejenigen öffentlichen Belange, die explizit ins WHG aufgenommen worden sind, zum Wohl der Allgemeinheit im wasserrechtlichen Sinne zählen.[809] Unter dem Gesichtspunkt der Nachhaltigkeit im Sinne von § 6 Abs. 1 WHG sind die positiven Effekte der Nutzung regenerativer Energien also stets im Rahmen der Abwägung möglichen nachteiligen Auswirkungen auf die Beschaffenheit von Gewässern gegenüberzustellen.

Im Ergebnis hat die Wasserbehörde bereits auf Tatbestandsebene alle öffentlichen Belange zu berücksichtigen, für die die beabsichtige Gewässerbenutzung von Bedeutung ist.[810] Um die Gemeinwohlverträglichkeit einer Benutzung

---

806 so auch das VG Koblenz, Urteil vom 12.06.1989 - 1 K 16/88 -, ZfW Schriftt u Rspr 1989, S. 21; *Berendes*, in: Berendes/Frenz/Müggenborg, Wasserhaushaltsgesetz, § 6, Rn. 17.

807 *Knopp*, in: Sieder/Zeitler/Dahme/Knopp, Wasserhaushaltsgesetz – Abwasserabgabengesetz, Band 2, § 6 WHG, Rn. 7 b; *Breuer*, Öffentliches und privates Wasserrecht, Rn. 404.

808 *Reinhardt*, UPR 2009, S. 289, 290; *Knopp*, in: Sieder/Zeitler/Dahme/Knopp, Wasserhaushaltsgesetz – Abwasserabgabengesetz, Band 2, § 6 WHG, Rn. 9 a.

809 BVerwG, Urteile vom 10.02.1978 - IV C 25.75 -, BVerwGE 55, S. 220, 229 und vom 17.03.1989 - 4 C 30/88 -, BVerwGE 81, S. 347, 349; *Czychowski/Reinhardt*, Wasserhaushaltsgesetz, § 6, Rn. 25.

810 *Reinhardt*, NuR 1999, S. 134, 138; *Kloepfer*, Umweltrecht, § 13, Rn. 109.

festzustellen, muss die Behörde sämtliche betroffenen Interessen ermitteln, gewichten und gegeneinander abwägen.[811] Rechtliche Maßstäbe für die Abwägung liefern dabei die allgemeinen Grundsätze der Gewässerbewirtschaftung aus § 6 WHG, die speziellen Bewirtschaftungsziele für die verschiedenen Gewässerarten (§§ 27 ff., 44 und 47 WHG) sowie der Besorgnisgrundsatz (§§ 32 Abs. 2, 45 Abs. 2 und 48 Abs. 1 Satz 1 und Abs. 2 WHG). Als übergeordnete Leitlinie der Gewässerbewirtschaftung fungiert gemäß § 6 Abs. 1 Satz 1 WHG der Nachhaltigkeitsgrundsatz.[812] Weitere Konkretisierungen des Gemeinwohls ergeben sich aus den verschiedenen auf die Benutzung und den Schutz von Gewässern gerichteten Planungen, zum Beispiel den wasserwirtschaftlichen Maßnahmenprogrammen und Bewirtschaftungsplänen gemäß §§ 82, 83 WHG, aber auch den raumbedeutsamen Planungen in Regionalplänen.[813]

b) Zu den Voraussetzungen einer Gemeinwohlbeeinträchtigung

Nach § 12 Abs. 1 Nr. 1 WHG sind Erlaubnis und Bewilligung zu versagen, wenn schädliche Gewässerveränderungen zu erwarten sind. Unter Einbeziehung der Legaldefinition des § 3 Nr. 10 WHG setzt die Versagung der Genehmigung somit voraus, dass es infolge der Gewässerbenutzung zu einer Veränderung von Gewässereigenschaften kommt, die als Beeinträchtigung des Wohls der Allgemeinheit zu qualifizieren ist. Eine Beeinträchtigung des Wohls der Allgemeinheit liegt dann vor, wenn dieses nicht nur unerheblich gestört wird.[814] Geringfügige und insbesondere kurzfristige Beeinträchtigungen treten dagegen je nach Lage des Einzelfalles gegenüber dem Interesse an der Zulassung der Gewässerbenutzung zurück.[815] Dies gilt dann nicht, wenn wegen der besonderen Schutzbedürftigkeit eines Gewässers jede Beeinträchtigung vermieden werden muss oder wenn weitere Benutzungen derselben Art zu erwarten sind, die zu einer wasserwirtschaftlichen Fehlentwicklung führen könnten.[816] Gerade Letzterem kommt für die Zulässigkeit geothermischer

---

811 *Laskowski/Ziehm*, in: Koch, Umweltrecht, § 5, Rn. 60.

812 BT-Drucks. 16/12275, S. 55.

813 vgl. VG Augsburg, Urteil vom 01.12.1998 - Au 3 K 97.1342 -, ZfW 2000, S. 75, 78; *Hoppe/Beckmann/Kauch*, Umweltrecht, § 18, Rn. 70.

814 *Kotulla*, Wasserhaushaltsgesetz, § 3, Rn. 92.

815 VGH München, Beschluss vom 14.09.2006 - 22 ZB 06.2199 -, NVwZ 2007, S. 480, 481; *Czychowski/Reinhardt*, Wasserhaushaltsgesetz, § 12, Rn. 17.

816 VGH Mannheim, Urteil vom 11.11.1980 - 5 S 1063/80 -, ZfW 1981, S. 106, 109; *Kotulla*, Wasserhaushaltsgesetz, § 3, Rn. 92.

Anlagen unter dem Aspekt der Präzedenzwirkung der Gestattung und einer drohenden Überbewirtschaftung des Grundwassers besondere Bedeutung zu.

Zu erwarten ist die Beeinträchtigung des Allgemeinwohls, wenn sie nach allgemeiner Lebenserfahrung oder anerkannten fachlichen Regeln wahrscheinlich ist, d.h. wenn überwiegende Gründe für den Eintritt der nachteiligen Auswirkungen sprechen.[817] Eine an Gewissheit grenzende Wahrscheinlichkeit oder eine konkrete Gefahr im polizeirechtlichen Sinne ist dabei nicht erforderlich; die bloß entfernte Möglichkeit oder Besorgnis einer Gefährdung des Allgemeinwohls genügt allerdings nicht.[818] Nach allgemeinen Grundsätzen kann der Grad der Wahrscheinlichkeit des Schadeneintritts umso geringer sein, je größer der für das Wohl der Allgemeinheit drohende Schaden ist.

Ausgehend von diesen wasserrechtlichen Grundsätzen ist im Folgenden zu untersuchen, inwieweit die verschiedenen Formen der Nutzung oberflächennaher Geothermie eine Beeinträchtigung des Allgemeinwohls erwarten lassen.

c) Zur konkreten Abwägung bei geothermischen Nutzungen des oberflächennahen Untergrundes

Für die konkrete Abwägung der wasserwirtschaftlichen und sonstigen öffentlichen Belange bei der geothermischen Nutzung des oberflächennahen Untergrundes sind von maßgeblicher Bedeutung zunächst einmal die tatsächlichen Auswirkungen von Errichtung und Betrieb einer geothermischen Anlage auf das Grundwasser. Davon ausgehend ist unter Berücksichtigung der positiven Effekte der Gewässerbenutzung, also insbesondere dem Klimaschutz durch Verwendung einer erneuerbaren und CO_2-armen Energieform, zu ermitteln, in welchem Umfang nachteilige Veränderungen des Grundwassers hingenommen werden können.

aa) Zu den Auswirkungen geothermischer Großanlagen auf das Grundwasser

Die möglichen Auswirkungen der Anlagenerrichtung und des Anlagenbetriebs auf die Beschaffenheit des Grundwassers sind bereits bei der Untersuchung der wasserrechtlichen Gestattungspflicht von Erdwärmesonden kurz erörtert worden. Dies soll im Folgenden vertieft werden. Dabei ist aufgrund der unterschiedlichen Gefährdungsrichtungen auch hier zwischen der Niederbringung von Bohrungen zur Errichtung der Anlage und deren späterem Betrieb zu differenzieren.

---

817 OVG Hamburg, Urteil vom 22.03.2000 - 5 Bf 22/96 -, NordÖR 2000, S. 366, 368/369; *Berendes*, Wasserhaushaltsgesetz, § 12, Rn. 3.

818 VGH München, Urteil vom 31.03.2001 - 15 B 96.1537 -, NuR 2003, S. 173, 174.

1) Zu den Auswirkungen der Anlagenerrichtung

Die Errichtung geothermischer Großanlagen ist regelmäßig verbunden mit der Niederbringung von Bohrungen sowie dem Einbringen von festen Stoffen (Anlagenteilen) ins Grundwasser. Dies verursacht naturgemäß Gefahren für die Grundwasserbeschaffenheit. So kann es während des Bohrvorgangs zum direkten oder indirekten Eintrag von wassergefährdenden Schmier- und Treibstoffen in den Untergrund sowie zu chemisch-biologischen Veränderungen des Grundwassers durch Spülungszusätze kommen.[819] Darüber hinaus durchteufen die Bohrungen oftmals verschiedene Grundwasserstockwerke. Als Folge sind bei unsachgemäßer Verschließung dauerhafte Verbindungen zwischen den Grundwasserstockwerken in Form sog. hydraulischer Kurzschlüsse zu befürchten.[820] Dies wiederum kann dazu führen, dass tief liegendes salziges Wasser in höhere Grundwasserleiter eindringt; ebenso kann verschmutztes Wasser aus oberflächennahen Schichten in tiefere Schichten gelangen und das Grundwasser kontaminieren.[821] Daher ist insbesondere eine sorgfältige Abdichtung des Bohrlochringraums zur Wiederherstellung der natürlichen Trennwirkung und zur Vermeidung des Austausches flüssiger Stoffe zwischen den verschiedenen Schichten und Grundwasserleitern von großer Wichtigkeit.[822] In diesem Punkt werden jedoch aktuell Bedenken gegen die Zulässigkeit geothermischer Bohrungen erhoben. So vertritt das Umweltministerium des Landes Brandenburg die Ansicht, eine sichere und dauerhafte Ringraumabdichtung sei mit den gegenwärtig zur Verfügung stehenden technischen Mitteln nicht sicher zu gewährleisten.[823] In ähnlicher Weise stellt der Hessische Verwaltungsgerichtshof darauf ab, dass der Abdichtungserfolg der Bohrlochverpressung nicht mit messtechnisch vertretbarem Aufwand kontrolliert werden könne.[824] Das Gericht macht aber zugleich deutlich, dass das mit einer unsachgemäßen Verpressung verbundene Risiko einer Schädigung des Grundwassers nur deswegen die Versagung der wasserrechtlichen Erlaubnis zur Folge hat, weil die

---

819 Leitfaden Thüringen, S. 7; *Stegelmaier/Streicher/Kaltschmitt*, in: Kaltschmitt/Streicher/Wiese, Erneuerbare Energien, S. 672, 685.

820 Leitfaden Thüringen, S. 7; *Wolff/Hellenthal*, Nutzung der Geothermie in Stuttgart, S. 39.

821 Leitfaden Brandenburg, S. 17.

822 Leitfaden Baden-Württemberg – Erdwärmesonden, S. 12; *Wolff/Hellenthal*, Nutzung der Geothermie in Stuttgart, S. 39.

823 *Ministerium für Umwelt, Gesundheit und Verbraucherschutz des Landes Brandenburg*, Rundschreiben vom 18.08.2010 – Unzulässigkeit von Erdwärmesonden in Wasserschutzgebieten, S. 2.

824 VGH Kassel, Beschluss vom 17.08.2011 - 2 B 1484/11 -, DVBl. 2011, S. 1429, 1431.

Schutzintensität in Trinkwasserschutzgebieten erhöht ist und zugleich geringere Anforderungen an die Schadenswahrscheinlichkeit zu stellen sind.[825] Insoweit ist auch unter Berücksichtigung zunehmender Schadensfälle daran festzuhalten, dass die Errichtung geothermischer Anlagen in hydrogeologisch günstigen Gebieten, also bei mäßiger bis geringer Durchlässigkeit der Grundwasserleiter und einer wenig ausgeprägten Stockwerksgliederung[826], zwar erlaubnispflichtig, bei Einhaltung der allgemein anerkannten Regeln der Technik und Sicherstellung der gebotenen Kontrolle und Überwachung im Regelfall aber auch erlaubnisfähig ist. Im Gegensatz zu den besonders geschützten Trinkwasservorkommen ist hier die Wahrscheinlichkeit des Schadenseintritts für die Annahme eines Versagungsgrundes als nicht hinreichend anzusehen.

(aa) Hydrogeologisch ungünstige Standortbedingungen

Handelt es sich dagegen um hydrogeologisch für die Erdwärmenutzung nur eingeschränkt geeignete oder ungünstige Gebiete, ist die Errichtung geothermischer Anlagen nur bei Erfüllung bestimmter Voraussetzungen und ggf. unter Festsetzung von Nutzungsbeschränkungen zulässig. Erforderlich ist stets eine besonders sorgfältige Prüfung der Auswirkungen der Bohrung und des Einbaus von Erdwärmesonde bzw. Brunnenanlage auf das Grundwasser. Als problematisch einzustufen sind insbesondere hoch durchlässige Kluft- und Karstgrundwasserleiter mit regelmäßig sehr hohen Fließgeschwindigkeiten, Grundwasserleiter mit artesischen Druckverhältnissen oder mit stärkerer Grundwasserversalzung, eine ausgeprägte Stockwerkstrennung und stark wechselnde Untergrundverhältnisse.[827] Gerade in Gebieten mit deutlicher Verkarstung oder Zerklüftung des Untergrundes oder bei stark gespanntem Grundwasser besteht das Risiko einer ungenügenden Verpressung der Bohrlöcher.[828] In diesen Fällen müssen die Gefahren für das Grundwasser durch besondere Schutzvorkehrungen minimiert werden. Hierbei kann es sich zum Beispiel um eine Begrenzung der Bohrtiefe handeln, wenn die Untergrundverhältnisse bis zu einer bestimmten Tiefe noch günstig, in größeren Tiefen wegen möglicher Stockwerksverbindungen dagegen als ungünstig einzustufen sind.[829] Weitere

---

825 VGH Kassel, Beschluss vom 17.08.2011 - 2 B 1484/11 -, DVBl. 2011, S. 1429, 1431.

826 Leitfaden Baden-Württemberg – Erdwärmesonden, S. 13/14; Leitfaden Sachsen, S. 18.

827 Leitfaden Sachsen, S. 18; Leitfaden Mecklenburg-Vorpommern, S. 23/24; Leitfaden Hessen, S. 18.

828 Leitfaden Hessen, S. 22.

829 vgl. Leitfaden Baden-Württemberg – Erdwärmesonden, S. 14.

Sicherheitsmaßnahmen können das Vorhalten ausreichender technischer Vorkehrungen zur Verpressung großer Klüfte oder Karsthohlräume sein, das Bohren ohne Spülungszusätze oder der Einbau von Schutzverrohrungen.[830] Bei artesisch gespanntem, d.h. unter Druck stehendem Grundwasser wird die Errichtung von Erdwärmesonden oder Grundwasserwärmepumpen in manchen Bundesländern generell untersagt.[831] Überzeugender ist es jedoch, auch hier auf den Einzelfall abzustellen und durch erhöhte Anforderungen an die Sicherheit der Bohrungen zu gewährleisten, dass keine schädlichen Gewässerveränderungen eintreten.[832] Entscheidend muss insoweit immer sein, durch entsprechende behördliche Vorgaben sicherzustellen, dass selbst bei hydrogeologisch ungünstigen Voraussetzungen eine Beeinträchtigung des Allgemeinwohls infolge der Bohrungen gemäß § 12 Abs. 1 Nr. 1 WHG nicht zu erwarten ist. Die Errichtung geothermischer Anlagen ist daher bei eher ungünstigen Standortbedingungen dann erlaubnisfähig, wenn die mit der Bohrung verbundenen Gefahren für das Grundwasser durch technische Vorkehrungen hinreichend sicher ausgeschlossen werden können und zudem eine fachmännische Überwachung der Anlage gewährleistet ist.

Eine solche Auslegung wird auch den Anforderungen des Besorgnisgrundsatzes gerecht, der als „zentrale Leitlinie des wasserhaushaltsgesetzlichen Gewässerschutzes in § 48 WHG seine grundwasserspezifische Ausprägung erfährt".[833] Inhaltlich legt § 48 Abs. 1 Satz 1 WHG fest, dass eine Erlaubnis für das Einleiten und Einbringen von Stoffen in das Grundwasser (vgl. § 9 Abs. 1 Nr. 4 WHG) nur erteilt werden darf, wenn eine nachteilige Veränderung der Wasserbeschaffenheit nicht zu besorgen ist. Der Begriff des „Besorgens" begründet wesentlich strengere Maßstäbe für die Zulassung der Gewässerbenutzung als derjenige des „Erwartens" in § 12 Abs. 1 Nr. 1 WHG.[834] Nach der Rechtsprechung des Bundesverwaltungsgerichts ist eine Beeinträchtigung der Wasserbeschaffenheit dann nicht zu besorgen, wenn „keine auch noch so wenig naheliegende Wahrscheinlichkeit" besteht, der Eintritt eines Schadens also unwahrscheinlich ist.[835] Davon ist aber bei geothermischen Bohrungen, die den allgemein anerkannten Regeln der Technik entsprechen, auszugehen. Soweit es die ordnungsgemäße Verpressung des Bohrlochs betrifft,

830 Leitfaden Hessen, S. 22; Leitfaden Niedersachsen, S. 24.

831 vgl. Leitfaden Brandenburg, S. 14; Leitfaden Sachsen, S. 18.

832 so auch der Leitfaden Berlin, S. 4.

833 so *Reinhardt*, KA 2010 (57), S. 464, 466.

834 *Berendes*, Wasserhaushaltsgesetz, § 48, Rn. 4.

835 BVerwG, Urteil vom 16.07.1965 - IV C 54.65 -, DVBl. 1966, S. 496, 497.

kann diese beispielsweise durch eine automatische Abdichtungsüberwachung kontrolliert werden, wie sie in den Leitlinien zur Qualitätssicherung bei Erdwärmesonden des Landes Baden-Württemberg beschrieben ist.[836]

Im Übrigen sind bei der Anlagenerrichtung die einschlägigen VDI-Richtlinien, DIN-Normen und DVGW-Arbeitsblätter zu beachten. Dies bedeutet, dass die Bohrungen nur von einem entsprechend dem DVGW-Arbeitsblatt W 120 zertifizierten Bohr- und Brunnenbauunternehmen durchgeführt werden dürfen, dass während der Bohrarbeiten ständig ein nach der DIN EN ISO 22475–1 qualifizierter Bohrgeräteführer anwesend sein und dass die Spülungszusätze den Vorgaben des DVGW-Merkblattes W 116 entsprechen müssen.[837] Darüber hinaus sind bei der Planung und Errichtung einer Geothermieanlage die Empfehlungen der VDI-Richtlinie 4640 und der DIN 8901 zu berücksichtigen.[838] Auch wenn den privaten technischen Regelwerken keine rechtliche Bindungswirkung zukommt, enthalten sie sachverständige Hinweise für die Beurteilung von Anlagen zur Erdwärmenutzung und werden daher von den Wasserbehörden regelmäßig zur Entscheidungsfindung herangezogen. Wird die Einhaltung der technisch-wissenschaftlichen Vorgaben durch den Antragsteller nachgewiesen, ist davon auszugehen, dass nachteilige Veränderungen der Grundwasserbeschaffenheit nicht zu besorgen sind. Rein theoretische Schadenswahrscheinlichkeiten, die sich nie gänzlich ausschließen lassen, gebieten keine Versagung der wasserrechtlichen Erlaubnis.

Für die Behörde besteht zudem die Möglichkeit, die Gestattung mit Nebenbestimmungen im Sinne des § 13 WHG zu versehen, um auf diese Weise den notwendigen Schutz des Grundwassers sicherzustellen. Unter Berücksichtigung des Verhältnismäßigkeitsgrundsatzes kann eine Erlaubnis aber dann nicht versagt werden, wenn die nachteiligen Wirkungen für das Grundwasser durch die Anordnung von Inhalts- und Nebenbestimmungen vermieden werden können.[839] Der Besorgnisgrundsatz des § 48 Abs. 1 Satz 1 WHG steht daher der Genehmigungsfähigkeit der Errichtung geothermischer Anlagen nicht grundsätzlich entgegen. Vielmehr ist bei Erfüllung der technischen Standards im Regelfall von der Zulässigkeit der Anlagenerrichtung auszugehen. Maßgeblich kann allerdings immer nur die Betrachtung des konkreten Einzelfalls sein. Bei besonders empfindlichen oder

---

836 *Ministerium für Umwelt, Klima und Energiewirtschaft Baden-Württemberg*, Leitlinien Qualitätssicherung Erdwärmesonden (LQS EWS), S. 16 ff.

837 Leitfaden Hessen, S. 25/26; Leitfaden Hamburg, S. 17.

838 Leitfaden Sachsen, S. 22; Leitfaden Hamburg, S. 17.

839 *Czychowski/Reinhardt*, Wasserhaushaltsgesetz, § 48, Rn. 15.

schutzbedürftigen Grundwasservorkommen kommt mithin auch eine abweichende Beurteilung in Betracht mit der Folge, dass die Erlaubnis zu versagen ist.[840]

(bb) Wasserwirtschaftlich ungünstige Standortbedingungen

In wasserwirtschaftlicher Hinsicht äußerst problematisch sind Bohrungen in Gebieten mit Altlasten, schädlichen Bodenveränderungen oder Grundwasserverunreinigungen. Hier besteht insbesondere das Risiko einer Verschleppung von Kontaminationen in tiefe Boden- und Grundwasserbereiche.[841] Wegen der erheblichen Gefahren, die insoweit für die Reinheit des Grundwassers und damit auch für eine sichere Trinkwasserversorgung bestehen, ist die Niederbringung von Bohrungen in altlastverdächtigen Flächen im Regelfall unzulässig.[842] Etwas anderes kann nur dann gelten, wenn sich eine Ausbreitung der vorhandenen Untergrund- und Grundwasserkontaminationen sicher ausschließen lässt. Dabei sind in Anbetracht des Umfangs des drohenden Schadens geringere Anforderungen an die Wahrscheinlichkeit des Schadenseintritts zu stellen. Zu beachten ist in diesem Zusammenhang die mögliche Kombination von Geothermienutzung und Altlastensanierung, wie sie für die Zukunft als interessante Option denkbar ist.[843]

Eine besondere Schutzbedürftigkeit des Grundwassers besteht zudem in Wasserschutzgebieten im Sinne der §§ 51, 52 WHG und sonstigen Trinkwassergewinnungsgebieten. In den Schutzzonen I und II, also im Fassungsbereich und der engeren Schutzzone der durch Rechtsverordnung der Länder gemäß § 51 Abs. 1 Satz 1 Nr. 1 und Abs. 2 WHG festzusetzenden Wasserschutzgebiete, ist die Errichtung geothermischer Anlagen grundsätzlich unzulässig, um Gefahren für die Trinkwasserversorgung zu vermeiden.[844] In der weiteren Schutzzone III ist die Erdwärmenutzung je nach Ausgestaltung der Schutzgebietsverordnung mit Einschränkungen gestattungsfähig.[845] Dabei ist stets zu beachten, dass gerade in Wasserschutzgebieten unkalkulierbare Restrisiken wegen des Schutzes des für die Versorgung der

---

840 *Reinhardt*, UPR 2009, S. 289, 293.

841 Leitfaden Sachsen, S. 19.

842 so auch der Leitfaden Rheinland-Pfalz, S. 16.

843 vgl. hierzu *Jesußek u.a.*, bbr 2013, Sonderheft Geothermie, S. 54, 59; *Schmidt/Thiem*, in: Braun/Koschitzky, VEGAS-Kolloquium 2011, Flache Geothermie - Perspektiven und Risiken, S. 13, 19.

844 *Ministerium für Ländliche Entwicklung, Umwelt und Verbraucherschutz des Landes Brandenburg*, Merkblatt über Anforderungen des Gewässerschutzes an geothermische Anlagen vom 24. April 2008, S. 7; Leitfaden Brandenburg, S. 14.

845 *Große*, NVwZ 2004, S. 809, 811; Leitfaden Brandenburg, S. 14.

Allgemeinheit benötigten Grundwassers so gering wie möglich zu halten sind.[846] Bei verbleibenden Zweifeln an der Unbedenklichkeit der Bohrungen ist die Erlaubnis daher regelmäßig zu versagen. Dies ergibt sich auch daraus, dass der Verordnungsgeber vor der Ausweisung des Schutzgebietes bereits eine Abwägung der betroffenen Gemeinwohlgesichtspunkte vorgenommen hat mit dem Ergebnis, dass das Wohl der Allgemeinheit im Interesse der öffentlichen Wasserversorgung einen besonderen Schutz des Gewässers vor nachteiligen Einwirkungen gebietet. Insoweit kommt die Festsetzung eines Wasserschutzgebietes von vornherein nur für Flächen in Betracht, deren Schutz über die allgemeinen Regelungen des Wasserhaushaltsrechts nicht hinreichend gewährleistet wäre.[847] Im Einzelfall richtet sich die Erlaubnisfähigkeit der Gewässerbenutzung nach den konkreten Nutzungsbeschränkungen und -verboten der einschlägigen Schutzgebietsverordnung. Ergänzend kann auf die Richtlinien des DVGW-Arbeitsblattes W 101 (Richtlinien für Trinkwasserschutzgebiete; Teil 1: Schutzgebiete für Grundwasser) zurückzugegriffen werden, die in einigen Bundesländern auch in allgemeine Verwaltungsvorschriften umgesetzt worden sind.[848] Für Heilquellenschutzgebiete gemäß § 53 WHG gelten über den Verweis des § 53 Abs. 5 WHG dieselben Grundsätze wie für Wasserschutzgebiete nach §§ 51, 52 WHG.

(cc) Fazit

Für die Errichtung geothermischer Anlagen durch das Niederbringen von Bohrungen und den Einbau in den Untergrund lässt sich zusammenfassend festhalten, dass die wasserrechtliche Zulässigkeit maßgeblich bestimmt wird durch zwei Gesichtspunkte: zum einen durch die Wahrscheinlichkeit eines Schadenseintritts für das Grundwasser und zum anderen durch die hydrogeologischen und wasserwirtschaftlichen Bedingungen am Standort der geplanten Anlage, wobei die Standortbedingungen naturgemäß Einfluss auf die Schadenswahrscheinlichkeit haben. Die mit der Anlagenerrichtung verbundenen Gefahren für die Grundwasserbeschaffenheit sind bei sachgerechter Ausführung der Bohrarbeiten unter Einhaltung der allgemein anerkannten technischen Standards als beherrschbar anzusehen. Abhängig von den Standortgegebenheiten variieren die aus den geothermischen Bohrungen resultierenden Gefahren und damit auch die Voraussetzungen für die wasserrechtliche Zulässigkeit. Es ergibt sich eine Abstufung der Schadenswahrscheinlichkeiten mit folgendem Inhalt: In hydrogeologisch günstigen Gebieten

846 vgl. Leitfaden Thüringen, S. 14.
847 *Reinhardt*, KA 2010 (57), S. 464, 467.
848 vgl. auch BT-Drucks. 16/12275, S. 67.

sind Gefährdungen des Grundwassers bei Beachtung der einschlägigen technischen Regelwerke nicht zu erwarten, so dass die Erlaubnisfähigkeit grundsätzlich zu bejahen ist. Sofern der Anlagenstandort für eine geothermische Nutzung dagegen nur bedingt geeignet ist, sind stets besondere Schutzvorkehrungen in Gestalt wasserbehördlicher Auflagen erforderlich, um die Gefahren für das Grundwasser zu minimieren. Unter Berücksichtigung des Besorgnisgrundsatzes ist die Genehmigungsfähigkeit zu bejahen, wenn ein Schadenseintritt unwahrscheinlich ist. Handelt es sich dagegen um besonders sensible Grundwasservorkommen, die zum Beispiel durch Altlasten gefährdet oder gemäß §§ 51, 52 WHG unter besonderen Schutz gestellt sind, ist die wasserrechtliche Erlaubnis im Regelfall zu versagen, es sei denn, eine Gefährdung des Grundwassers lässt sich sicher ausschließen. Einer weitergehenden Abwägung bedarf es an dieser Stelle nicht, da die drohenden Verunreinigungen des Grundwassers zwingend zu vermeiden und einer Abwägung mit anderen Belangen nicht zugänglich sind. Es geht hier also allein darum, den Schadenseintritt zu verhindern. Dies ist aber bei Einhaltung der notwendigen Sorgfalt und einer behördlichen oder sachverständigen Überwachung der Bohrarbeiten hinreichend sicher gewährleistet, so dass das Wasserhaushaltsrecht der Errichtung geothermischer Anlagen nicht grundsätzlich entgegensteht.

2) Zu den Auswirkungen des Anlagenbetriebs

Neben den notwendigen Bohrungen kann auch der Betrieb geothermischer Anlagen zu schädlichen Veränderungen der Grundwasserbeschaffenheit gemäß § 12 Abs. 1 Nr. 1 i.V.m. § 3 Nr. 10 WHG führen mit der Folge, dass eine wasserrechtliche Erlaubnis zu versagen wäre. Zu nennen sind hier primär die mit dem Wärme- oder Kälteentzug verbundenen Temperaturveränderungen des Grundwassers; darüber hinaus kann es während des Anlagenbetriebs zu Störfällen und dadurch zum Eintrag von Wärmeträgerflüssigkeit oder sonstigen Fremdstoffen ins Grundwasser kommen. Zu klären ist, ob es sich hierbei um Veränderungen der physikalischen, chemischen oder biologischen Beschaffenheit des Grundwassers im Sinne des § 3 Nr. 9 WHG handelt und ob diese eine Beeinträchtigung des Wohls der Allgemeinheit darstellen. Einigkeit besteht unter den Naturwissenschaftlern dahingehend, dass Veränderungen der Temperatur des Grundwassers grundsätzlich geeignet sind, die physikalischen Eigenschaften, die Mikrobiologie und die chemischen Prozesse im Grundwasser sowie das Zusammenwirken dieser Faktoren zu beeinflussen.[849] Im Einzelnen ist aber noch vieles unklar und es

---

849 vgl. nur *Hähnlein/Bayer/Blum*, Renewable and Sustainable Energy Reviews 14 (2010), S. 2611, 2613; *Brielmann u.a.*, Grundwasser 2011, S. 77, 78/79; *Jesußek*,

besteht weiterhin Forschungsbedarf zu den Folgen von Erwärmung oder Abkühlung des Grundwassers.

(aa) Zu den Auswirkungen auf die Temperatur des Grundwassers

Wie schon im Rahmen der Genehmigungsbedürftigkeit geschlossener Systeme kurz erörtert wurde, führt der Betrieb von Erdwärmesonden und Energiepfählen zur Entstehung lokaler Temperaturanomalien im Untergrund in Gestalt von Wärme- oder Kältefahnen (vgl. oben S. 178–181); dies gilt gleichermaßen für die das Grundwasser direkt nutzenden offenen Systeme. Bei der hier vorrangig zu betrachtenden Verwendung geothermischer Energie zur Gebäudeklimatisierung wird dem Untergrund im Winter Wärme entzogen, so dass es zu einer Abkühlung des Grundwasserleiters kommt; im Sommer hingegen wird Wärme aus der Gebäudekühlung in den Untergrund eingebracht mit der Folge einer Erwärmung des Grundwassers.[850] Die Temperaturanomalien breiten sich so weit aus, bis ein Gleichgewicht von Wärmeeintrag oder -entzug und dem natürlichen Wärmeausgleich hergestellt ist.[851] Das Ausmaß der Ausdehnung einer Wärme- bzw. Kältefahne wird dabei maßgeblich bestimmt von der hydraulischen Durchlässigkeit der durchströmten Sedimente, der Fließgeschwindigkeit des Grundwassers sowie dem Umfang der dem Untergrund entzogenen Wärmeenergie.[852] So werden die Temperaturfahnen in gut durchlässigen Kiesaquiferen zwar kurzfristig länger als in Sedimenten mit geringer Durchlässigkeit wie Ton oder Schluff, sie können sich aber auch schneller regenerieren.[853] Denn bei einer hohen Fließgeschwindigkeit wird mit dem Grundwasser so viel Energie nachgeliefert, dass ein bestehendes Temperaturgefälle relativ kurzfristig wieder ausgeglichen werden kann.[854] Dies führt letztlich dazu, dass in durchlässigen Sedimenten und Lockergesteinen die im Winter entstehenden Kältefahnen während des Sommers unter Umständen vollständig ausgeglichen werden können, wohingegen in Grundwasserleitern mit geringer Durchlässigkeit eine hinreichende Regeneration in den Sommermonaten

---

Temperaturbedingte Auswirkungen unterirdischer Wärmespeicherung auf hydrogeochemische Sediment-Wasser-Wechselwirkungen in einem oberflächennahen Grundwasserleiter, S. 6.

850 *Brielmann u.a.*, Grundwasser 2011, S. 77, 78.

851 *Hähnlein u.a.*, Grundwasser 2010, S. 123, 124.

852 *Hähnlein/Blum/Bayer*, Grundwasser 2011, S. 69, 70; *Brielmann u.a.*, Grundwasser 2011, S. 77, 78.

853 *Hähnlein u.a.*, Grundwasser 2010, S. 123, 131.

854 *Pannike u.a.*, Grundwasser 2006, S. 6, 16; *Hähnlein u.a.*, bbr 2009, Sonderheft Oberflächennahe Geothermie, S. 14, 19.

nicht möglich ist und daher ein kontinuierlicher Abkühlungstrend besteht.[855] Zu beachten ist, dass diese Erkenntnisse auf wissenschaftlichen Untersuchungen kleinerer Geothermieanlagen mit Wärmeleistungen von lediglich 3 kW bzw. 4,5 kW beruhen. Bei Großimmobilien bedarf es wesentlich höherer Heiz- und Kühlleistungen, so dass dem Untergrund mehr Energie entzogen wird und es zu einer großflächigeren Ausdehnung der Temperaturanomalien kommt. Beispielhaft sei hier auf die Anlage des Einkaufszentrums CITTI-PARK in Kiel verwiesen, wo schon eine der insgesamt 72 Erdwärmesonden über eine Leistung von 60 kW verfügt.

Die natürliche Grundwassertemperatur liegt ab einer Tiefe von 10 bis 20 m saisonunabhängig bei etwa 10°C und steigt je 100 m Tiefe um durchschnittlich 3°C an.[856] In Relation zu der natürlichen Grundwassertemperatur liegt die Spannbreite der durch die Nutzung oberflächennaher Geothermie bewirkten Temperaturveränderungen für einzelne Erdreichwärmepumpen bei etwa ± 5 K und für Grundwasserwärmepumpen bei etwa ± 10 K.[857] Hierdurch kann es in den genutzten Aquiferen zu jahreszeitlich schwankenden Temperaturen von mehr als 20°C im Sommer bis zu unter 0°C im Winter kommen.[858] Es ist allerdings davon auszugehen, dass bei leistungsstarken Erdwärmesondenfeldern zur Beheizung und Kühlung von Großimmobilien durchaus größere Temperaturschwankungen auftreten können. So wird bei der Gebäudeklimatisierung mit flacher Geothermie auch eine Erwärmung des Untergrundes auf bis zu 40°C für möglich gehalten.[859] Zu berücksichtigen ist aber, dass die Energiebilanz bei der kombinierten Nutzung von Wärme und Kälte zur Gebäudeklimatisierung im Ganzjahresverlauf auch ausgeglichen sein kann, wenn dem während des Winters erfolgenden Wärmeentzug der Eintrag von Wärme aus der Gebäudekühlung im Sommer gegenübersteht. Welche rechtlichen Konsequenzen dies hat, ist noch nicht abschließend geklärt. Während das zuständige Ministerium in Brandenburg bei Nachweis einer ausgeglichenen Wärmebilanz von der Genehmigungsfähigkeit der geothermischen Nutzung

---

855 *Hähnlein u.a.*, Grundwasser 2010, S. 123, 131.

856 vgl. Leitfaden Berlin, S. 1; *Wolff/Hellenthal*, Nutzung der Geothermie in Stuttgart, S. 53.

857 *Hähnlein/Bayer/Blum*, Renewable and Sustainable Energy Reviews 14 (2010), S. 2611, 2614.

858 *Brielmann u.a.*, Grundwasser 2011, S. 77, 78; *Schippers/Reichling*, Grundwasser 2006, S. 40.

859 *Jesußek*, Temperaturbedingte Auswirkungen unterirdischer Wärmespeicherung auf hydrogeochemische Sediment-Wasser-Wechselwirkungen in einem oberflächennahen Grundwasserleiter, S. 6.

ausgeht[860], wird im Leitfaden der Stadt Stuttgart auf die besonders großen Temperaturschwankungen bei Anlagen im Wechselbetrieb hingewiesen, die der Entwicklung stabiler physikalischer, chemischer und biologischer Gleichgewichte gerade entgegenstehen.[861] Allerdings hebt derselbe Leitfaden an anderer Stelle ausdrücklich als positiv hervor, dass sich der Untergrund regenerieren kann, wenn Anlagen im Wechselbetrieb gefahren werden und günstige Bedingungen herrschen.[862] Eine Besonderheit bildet schließlich die Nutzung eines Grundwasserleiters als Hochtemperaturspeicher, bei der Temperaturen von über 60°C bis hin zu 90°C erreicht werden.[863]

Sobald die Temperaturveränderung des Grundwassers weniger als 1°C beträgt, ist sie als weitgehend abgeklungen anzusehen und kann damit wasserrechtlich als lediglich geringfügige Abweichung außer Betracht bleiben.[864]

(bb) Zu den Folgen einer Temperaturveränderung für das Grundwasser

Sodann stellt sich die Frage, welche Auswirkungen die Temperaturveränderungen auf die Beschaffenheit des Grundwassers haben. Denn schädliche Gewässerveränderungen im Sinne des § 12 Abs. 1 Nr. 1 i.V.m. § 3 Nr. 10 WHG könnten nur dann vorliegen, wenn es sich bei der Erwärmung bzw. Abkühlung zugleich um nachteilige Veränderungen der physikalischen, chemischen oder biologischen Beschaffenheit des Wassers gemäß § 3 Nr. 9 WHG handelt. Erforderlich ist also zunächst eine Subsumtion unter den Tatbestand des § 3 Nr. 9 WHG.

Eine nähere Erläuterung, was im Einzelnen unter physikalischer, chemischer und biologischer Wasserbeschaffenheit zu verstehen ist, enthält das Gesetz nicht. In der Kommentarliteratur wird ergänzend auf Anhang V der unionsrechtlichen WRRL verwiesen.[865] Dieser Verweis führt aber nur bedingt weiter, da der entsprechende Abschnitt der WRRL, soweit es das Grundwasser betrifft, lediglich Aussagen über den mengenmäßigen und den chemischen Zustand enthält. Parameter

---

860 *Ministerium für Ländliche Entwicklung, Umwelt und Verbraucherschutz des Landes Brandenburg*, Merkblatt über Anforderungen des Gewässerschutzes an geothermische Anlagen vom 24. April 2008, S. 4.

861 *Wolff/Hellenthal*, Nutzung der Geothermie in Stuttgart, S. 53.

862 *Wolff/Hellenthal*, Nutzung der Geothermie in Stuttgart, S. 63.

863 *Schippers/Reichling*, Grundwasser 2006, S. 40; VDI-Richtlinie 4640, Blatt 1, S. 27.

864 vgl. *Pannike u.a.*, Grundwasser 2006, S. 6, 7; *Sitzenfrei u.a.*, in: Ostbayerisches Technologie-Transfer-Institut e.V., 10. Internationales Anwenderforum Oberflächennahe Geothermie, S. 108, 109; *Ingerle*, Österreichische Wasserwirtschaft 1988, Nr. 11/12, S. 280, 282.

865 vgl. *Czychowski/Reinhardt*, Wasserhaushaltsgesetz, § 3, Rn. 68.

für die Bestimmung des chemischen Zustands des Grundwassers sind danach die Leitfähigkeit und die Konzentration an Schadstoffen; überwacht werden sollen der Sauerstoffgehalt, der pH-Wert, die Leitfähigkeit sowie die Nitrat- und Ammoniumkonzentrationen.[866] Greift man ergänzend auf die Ausführungen der WRRL zum Zustand der Oberflächengewässer zurück, lässt sich daraus schließen, dass in physikalisch-chemischer Hinsicht auch den Temperaturverhältnissen und der Nährstoffkonzentration Bedeutung zukommt.[867] Nach Auswertung fachwissenschaftlicher Abhandlungen zu den Auswirkungen von Temperaturveränderungen auf das Grundwasser lässt sich Folgendes festhalten:

Die Temperatur ist zum einen selbst eine physikalische Eigenschaft des Grundwassers im Sinne des § 3 Nr. 9 WHG.[868] Darüber hinaus beeinflussen Temperaturveränderungen weitere physikalische Eigenschaften wie die Dichte und Viskosität und damit auch die Fließgeschwindigkeit des Grundwassers.[869] So erhöht beispielsweise eine Abkühlung des Grundwassers um 2,5°C die Viskosität um etwa 7 %; die Fließgeschwindigkeit wiederum steigt bei einer Anhebung der Grundwassertemperatur pro 1°C um etwa 2–3 %.[870] Dies kann problematisch sein beim Zusammentreffen mit Altlasten, da Veränderungen der Fließverhältnisse im Grundwasser zu einer Mobilisierung von Schadstoffen und damit zu einer räumlichen Ausdehnung von Kontaminationen im Untergrund führen können.[871] Demnach steht außer Frage, dass Schwankungen der Grundwassertemperatur die physikalische Beschaffenheit des Grundwassers zumindest beeinflussen.

Gleiches gilt im Ergebnis für die chemische und die biologische Beschaffenheit des Wassers. Zu den wesentlichen chemischen Eigenschaften zählen dabei die Löslichkeit von Gasen sowie von festen und flüssigen Stoffen, die

---

866 vgl. Anhang V der WRRL, Nr. 2.3.1 und 2.4.2, ABl. EU L 327/61 u. 62 vom 22.12.2000 sowie Anlage 4 zur Grundwasserverordnung, Nr. 2.3, BGBl. 2010, Teil I Nr. 56 vom 15.11.2010, S. 1523, 1524.

867 vgl. Anhang V der WRRL, Nr. 1.1.1 und 1.2.2, ABl. EU L 327/34 u. 44 vom 22.12.2000.

868 *Hähnlein u.a.*, bbr 2009, Sonderheft Oberflächennahe Geothermie, S. 14, 17; *Reinhardt*, UPR 2009, S. 289, 291; *Knopp*, in: Sieder/Zeitler/Dahme/Knopp Wasserhaushaltsgesetz – Abwasserabgabengesetz, Band 2, § 3 WHG, Rn. 24 b.

869 *Brielmann u.a.*, Grundwasser 2011, S. 77, 78; *Jesußek u.a.*, bbr 2013, Sonderheft Geothermie, S. 54, 57/58.

870 *Hähnlein/Bayer/Blum*, Renewable and Sustainable Energy Reviews 14 (2010), S. 2611, 2614.

871 *Butscher u.a.*, Grundwasser 2011, S. 13, 14; *Schmidt/Thiem*, in: Braun/Koschitzky, VEGAS-Kolloquium 2011, Flache Geothermie - Perspektiven und Risiken, S. 13, 19.

Diffusionsgeschwindigkeit, der pH-Wert und der Ionenaustausch.[872] Temperaturveränderungen im Grundwasser wirken sich stets auf das geochemische Gleichgewicht der Löslichkeit von Mineralen aus, wodurch insbesondere bei Temperaturen von mehr als 40°C Kalkausfällungen verursacht werden können; die Abkühlung von Grundwasserleitern kann dagegen zu Ausfällungen von amorpher Kieselsäure und Tonmineralen führen.[873] Diesbezügliche Forschungsarbeiten kommen zu dem Ergebnis, dass die geothermische Nutzung von Aquiferen als Kälte- oder Wärmespeicher bis zu einer Temperatur von 50°C – jedenfalls unter den im Nordwesten Deutschlands herrschenden Bedingungen – zwar Mineralfällungen und -lösungen zur Folge hat, dass signifikante Veränderungen der hydraulischen Eigenschaften der Grundwasserleiter, insbesondere eine Verringerung der Porenräume, aber nicht zu erwarten sind.[874] Eine Berücksichtigung von Mineralfällungen ist beim Betrieb geothermischer Anlagen im Temperaturbereich von 0°C bis etwa 50°C daher nicht geboten.[875] Aktuelle experimentelle Untersuchungen bei Grundwassertemperaturen von 10, 25, 40 und 70°C haben ergeben, dass es mit zunehmender Temperatur zu einer Abnahme des Redoxpotenzials kommt und dass dadurch bereits bei 25°C Eisen und Mangan sowie ggf. auch Schwermetalle aus dem Sediment freigesetzt werden.[876] Ab einer Temperatur von 40°C wurde zudem eine vermehrte Freisetzung von organischem Kohlenstoff festgestellt, bei 70°C eine Abnahme des pH-Wertes, eine Freisetzung von Kalium aus dem Sediment und eine Festlegung von Magnesium.[877] Diese Auswirkungen auf die Grundwasserbeschaffenheit sind aber immer auch von der Sedimentbeschaffenheit und damit von den konkreten Standortbedingungen im Einzelfall abhängig.[878]

---

872 *Kolb/Heise*, in: Glatzel/Heise, Wärmepumpen und Gewässerschutz, S. 257, 304.

873 *Arning u.a.*, Grundwasser 2006, S. 27, 28.

874 *Arning u.a.*, Grundwasser 2006, S. 27, 38.

875 *Arning u.a.*, Grundwasser 2006, S. 27, 38.

876 *Jesußek*, Temperaturbedingte Auswirkungen unterirdischer Wärmespeicherung auf hydrogeochemische Sediment-Wasser-Wechselwirkungen in einem oberflächennahen Grundwasserleiter, S. 83; *Jesußek u.a.*, bbr 2013, Sonderheft Geothermie, S. 54, 56.

877 *Jesußek*, Temperaturbedingte Auswirkungen unterirdischer Wärmespeicherung auf hydrogeochemische Sediment-Wasser-Wechselwirkungen in einem oberflächennahen Grundwasserleiter, S. 83; *Jesußek u.a.*, bbr 2013, Sonderheft Geothermie, S. 54, 56/57.

878 *Jesußek*, Temperaturbedingte Auswirkungen unterirdischer Wärmespeicherung auf hydrogeochemische Sediment-Wasser-Wechselwirkungen in einem oberflächennahen Grundwasserleiter, S. 83, 85.

Temperaturveränderungen können zudem die Biologie und damit auch die Ökosystemdienstleistungen des Untergrundes wie zum Beispiel die Trinkwasserproduktion, den Schadstoffabbau, den Rückhalt von Nährstoffen oder die Eliminierung pathogener Mikroorganismen beeinflussen.[879] Biologische und bakteriologische Lebewesen existieren in jedem Wasser; sie bauen organische Substanzen in CO_2, H_2O und anorganische Salze ab und sind damit für die Selbstreinigung der Gewässer unentbehrlich.[880] Die mikrobiologische Aktivität wird in besonderem Maße von der Umgebungstemperatur beeinflusst: Eine Abkühlung in Boden und Grundwasser kann zur Verlangsamung der biologischen Aktivität und zur Verringerung mikrobiologischer Abbauvorgänge führen; Temperaturerhöhungen haben grundsätzlich eine Steigerung der mikrobiellen Abbauaktivität zur Folge.[881] So wurde bei einer Erwärmung des Bodens auf etwa 30–35°C eine Zunahme der Abbauaktivität organischer Substanz festgestellt, bei Überschreitung dieses Temperaturoptimums dagegen eine deutliche Verringerung des biologischen Abbaus bis hin zur gänzlichen Einstellung.[882] Andere Untersuchungen kommen ebenfalls zu dem Ergebnis, dass Temperaturerhöhungen innerhalb des optimalen Bereiches von 10–30°C zu einer gesteigerten Aktivität der Bakterien führen, während bei 4°C und 45°C die Bakterienproduktion wesentlich reduziert ist.[883] Bei Beachtung dieser Temperaturmaxima kann durch die Erwärmung des Grundwassers der Abbau organischer Schadstoffe wie BTEX (Abk. f. Benzol, Tuluol, Ethylbenzol und Xylole) oder von chlorierten Kohlenwasserstoffen begünstigt und insoweit die geothermische Nutzung des oberflächennahen Untergrundes mit der Altlastensanierung kombiniert werden.[884] Dabei lässt sich die temperaturbedingte Mobilisierung von Schadstoffen dazu nutzen, die Schadstoffe durch Brunnen oder Absauglanzen zu fassen und sodann zu entsorgen.[885] Andererseits kann es in Temperaturbereichen von 30–40°C neben den genannten positiven Effekten auch zu

879 *Brielmann u.a.*, Grundwasser 2011, S. 77, 79.

880 *Kolb/Heise*, in: Glatzel/Heise, Wärmepumpen und Gewässerschutz, S. 257, 306.

881 *Schmidt/Tiehm*, in: Braun/Koschitzky, VEGAS-Kolloquium 2011, Flache Geothermie - Perspektiven und Risiken, S. 13; Leitfaden Berlin, S. 4/5.

882 *Jesußek u.a.*, bbr. 2013, Sonderheft Geothermie, S. 54, 57.

883 *Brielmann u.a.*, Grundwasser 2011, S. 77, 87; vgl. auch *Schippers/Reichling*, Grundwasser 2006, S. 40, 43.

884 *Schmidt/Tiehm*, in: Braun/Koschitzky, VEGAS-Kolloquium 2011, Flache Geothermie - Perspektiven und Risiken, S. 13, 19; *Jesußek*, Temperaturbedingte Auswirkungen unterirdischer Wärmespeicherung auf hydrogeochemische Sediment-Wasser-Wechselwirkungen in einem oberflächennahen Grundwasserleiter, S. 82, 85.

885 *Jesußek u.a.*, bbr 2013, Sonderheft Geothermie, S. 54, 61.

einer gesteigerten Vermehrung pathogener Organismen kommen wie zum Beispiel von Kolibakterien.[886] Moderate Temperaturveränderungen in Bereichen bis 30°C lassen aber jedenfalls in unbelasteten Grundwasserökosystemen keine wesentlichen Störungen erwarten.[887] Da bei der Nutzung oberflächennaher Geothermie zur Gebäudeklimatisierung nur in seltenen Fällen Temperaturen von mehr als 25°C auftreten, sind die dargestellten mikrobiologischen Veränderungen der Grundwasserbeschaffenheit regelmäßig kein Zulassungshindernis. Anders ist dies bei der Genehmigung von Hochtemperaturspeichern. Hier sind wegen der erheblichen Erwärmung des Grundwasserleiters in jedem Fall gesonderte Untersuchungen zu den Auswirkungen auf die Grundwasserökologie notwendig.

Zusammenfassend bleibt festzuhalten, dass die bei dem Betrieb oberflächennaher Geothermieanlagen auftretenden Erwärmungen und Abkühlungen des Grundwassers regelmäßig zu Veränderungen der physikalischen, chemischen und biologischen Wasserbeschaffenheit im Sinne des § 3 Nr. 9 WHG führen. Damit ist allerdings noch nichts darüber gesagt, ob diese Veränderungen auch als schädlich im Sinne von § 3 Nr. 10 WHG zu charakterisieren sind. Ein striktes und absolutes Verschlechterungsverbot stellt das WHG jedenfalls nicht auf.[888] Vielmehr müssen die Einwirkungen auf die Beschaffenheit des Grundwassers zugleich eine Beeinträchtigung des Wohls der Allgemeinheit darstellen. Das WHG enthält jedoch keine konkreten Vorgaben dazu, unter welchen Voraussetzungen eine Gemeinwohlbeeinträchtigung anzunehmen ist. Es bleibt insoweit zu klären, in welchem Umfang Temperaturschwankungen wasserrechtlich tolerabel sind bzw. wann die Schwelle zur Schädlichkeit im Sinne des § 12 Abs. 1 Nr. 1 WHG überschritten wird.

(cc) Zur Bestimmung der Schädlichkeitsgrenze im Sinne des § 12 Abs. 1 Nr. 1 WHG

Zur Bestimmung der Schädlichkeitsgrenze sind im Hinblick auf die Temperatur des Grundwassers systematisch zwei Modelle denkbar. Zum einen könnte eine allgemeine Definition dahingehend formuliert werden, dass eine schädliche Gewässerveränderung dann vorliegt, wenn die natürliche Grundwassertemperatur „mehr als nur unerheblich"[889] verändert wird oder wenn eine „unproportional

---

886 *Jesußek u.a.*, bbr 2013, Sonderheft Geothermie, S. 54, 57.
887 *Brielmann u.a.*, Grundwasser 2011, S. 77, 89.
888 vgl. *Breuer*, NuR 2007, S. 503, 506; *Büllesbach*, DÖV 1992, S. 477, 481.
889 so *Wolff/Hellenthal*, Nutzung der Geothermie in Stuttgart, S. 59.

hohe“[890] Erwärmung oder Abkühlung des Grundwassers festzustellen ist. Diese unbestimmten Rechtsbegriffe müssten anhand des konkreten Einzelfalles ausgelegt und inhaltlich präzisiert werden. Eine andere Möglichkeit ist die Normierung strikter Temperaturgrenzwerte, bei deren Über- bzw. Unterschreiten stets von einer schädlichen Veränderung der Gewässereigenschaften auszugehen wäre, ohne dass es noch auf die besonderen Umstände des Einzelfalls ankäme. Natürlich könnten derartige Richtwerte auch ergänzend zur Ausfüllung der unbestimmten Rechtsbegriffe herangezogen werden. Im Folgenden ist unter vergleichender Heranziehung nationaler und internationaler Regelwerke die Zweckmäßigkeit der Festlegung gesetzlicher Grenzwerte für die Erwärmung und Abkühlung des Grundwassers zu untersuchen. Darüber hinaus ist auf die Relevanz sonstiger Grenzwerte für Grundwasserinhaltsstoffe, von Abstandsregelungen und Störfällen sowie die Besonderheiten bei Dublettenanlagen einzugehen.

(1) Zur Bedeutung von Temperaturgrenzwerten

(aaa) Zur nationalen und internationalen Rechtslage

Temperaturgrenzwerte sind denkbar für offene und geschlossene Systeme in Form von minimalen und maximalen Temperaturen des Grundwassers oder des verwendeten Wärmeträgermediums sowie als Beschränkung der Temperaturveränderung im Vergleich zur natürlichen Grundwassertemperatur. Entsprechende gesetzliche Vorgaben zur Erwärmung und Abkühlung des Grundwassers gibt es in Deutschland bisher nicht. Lediglich die VDI-Richtlinie 4640 enthält einige Richtwerte. Danach soll bei dem Betrieb von Grundwasserwärmepumpen eine Abkühlung des Grundwassers nur bis etwa 5°C erfolgen, die Höchsttemperatur des Grundwassers nach Erwärmung soll 20°C nicht übersteigen.[891] Darüber hinaus sollte die durch den Anlagenbetrieb veränderte Temperatur des Grundwassers von der natürlichen Temperatur um nicht mehr als ± 6 K abweichen.[892] Soweit es Erdwärmesondenanlagen betrifft, beziehen sich die Empfehlungen der VDI-Richtlinie 4640 allein auf die Temperatur der Wärmeträgerflüssigkeit. Die Temperaturveränderung soll dabei im Dauerbetrieb, d.h. im Wochenmittel, gegenüber der ungestörten Untergrundtemperatur einen Höchstwert von ± 11 K nicht überschreiten; bei Spitzenlast darf die Temperaturveränderung des Wärmeträgermediums maximal ± 17 K

890 so *Wolff/Hellenthal*, Nutzung der Geothermie in Stuttgart, S. 29.
891 VDI-Richtlinie 4640, Blatt 1, S. 25.
892 VDI-Richtlinie 4640, Blatt 2, S. 7.

betragen.[893] Auch wenn es sich hierbei nicht um verbindliche Grenzwerte für Behörden und Gerichte handelt, kommt den sachverständigen Vorgaben als Richtschnur und Orientierung in den Genehmigungsverfahren erhebliche Bedeutung zu.

Eine weitergehende formell- oder materiell-gesetzliche Festlegung von Temperaturgrenzwerten für die geothermische Nutzung des oberflächennahen Untergrundes und eine damit einhergehende strikte Bindungswirkung für die Genehmigungsbehörde ist nicht geboten. Einer gesetzlichen Regelung stehen unter anderem die vielfältigen hydrogeologischen Standortbedingungen entgegen, welche stets eine konkrete Einzelfallbetrachtung erforderlich machen. Die Schwierigkeit einer Normierung von Grenzwerten wird zudem ersichtlich bei einer Analyse der heterogenen Rechtslage in anderen europäischen Staaten. Gesetzlich geregelte Temperaturgrenzwerte für die direkte Grundwassernutzung existieren in Dänemark, Frankreich, Liechtenstein, den Niederlanden, Österreich und der Schweiz; für geschlossene Systeme gibt es formellrechtliche Temperaturregelungen lediglich in Dänemark, der Schweiz und Österreich.[894] Im Einzelnen variieren dabei die zulässigen Höchsttemperaturen des Grundwassers für offene Systeme zwischen 20°C und 25°C, die Tiefsttemperaturen werden bei 2°C bis 5°C angesetzt.[895] Wesentlich größere Unterschiede gibt es bei den relativen Temperaturveränderungen. In Frankreich sind Schwankungen der Grundwassertemperatur um bis zu ± 11 K zulässig, in Österreich von ± 6 K und in der Schweiz lediglich von ± 3 K.[896] Am restriktivsten ist die Rechtslage in Liechtenstein, wo das Grundwasser nur um 1,5 K erwärmt und um nicht mehr als 3 K abgekühlt werden darf.[897] Bei den geschlossenen Systemen lässt Dänemark ein Temperaturmaximum der Wärmeträgerflüssigkeit von 25°C zu, Österreich von 35°C; die Temperaturminima betragen zwischen -5°C und 2°C, die maximale Temperaturdifferenz liegt in Österreich bei ± 15 K.[898] Die nationalen Regelwerke differieren hier also erheblich. Bemerkenswert ist, dass gerade in Ländern mit einem hohen Anteil geothermischer Nutzungen wie zum Beispiel in Island, Schweden oder Norwegen, keine gesetzlichen Grenzwerte existieren.

---

893 VDI-Richtlinie 4640, Blatt 2, S. 15.

894 vgl. *Hähnlein/Bayer/Blum*, Renewable and Sustainable Energy Reviews 14 (2010), S. 2611, 2617 – Table 4.

895 vgl. *Hähnlein/Bayer/Blum*, Renewable and Sustainable Energy Reviews 14 (2010), S. 2611, 2618 – Table 7.

896 vgl. *Hähnlein/Bayer/Blum*, Renewable and Sustainable Energy Reviews 14 (2010), S. 2611, 2618 – Table 7.

897 *Hähnlein/Blum/Bayer*, Grundwasser 2011, S. 69, 74.

898 vgl. *Hähnlein/Bayer/Blum*, Renewable and Sustainable Energy Reviews 14 (2010), S. 2611, 2618 – Table 5.

(bbb) Zu den Nachteilen einer gesetzlichen Festlegung von Grenzwerten

Gewichtige Argumente sprechen dafür, es auch in Deutschland bei der geltenden Rechtslage zu belassen und die Temperaturgrenzwerte – jedenfalls so lange, wie es noch keine weitergehenden wissenschaftlichen Erkenntnisse in physikalischer, chemischer und biologischer Hinsicht gibt – nicht gesetzlich festzulegen. Zum einen zeigen die beträchtlichen Abweichungen der international für zulässig erachteten Temperaturveränderungen, dass diese stets von den jeweiligen hydrogeologischen Standortverhältnissen abhängig sind und dass zudem ein breiter Korridor besteht, innerhalb dessen eine Beeinflussung der Grundwassertemperatur noch als verträglich angesehen werden kann. Unter diesen Voraussetzungen ist es aber zweckmäßig, wenn der zuständigen Behörde ein Entscheidungsspielraum verbleibt und sie nicht an strikte gesetzliche Vorgaben gebunden ist. Es stellt sich darüber hinaus die Frage, auf welchen Ausgangswert bei der Beurteilung von Temperaturveränderungen abgestellt werden soll: auf die natürliche oder auf die bereits durch anthropogene Einflüsse veränderte Temperatur? In diesem Zusammenhang ist darauf hinzuweisen, dass die Grundwassertemperatur in urbanen Bereichen infolge kontinuierlicher Wärmeabgabe aus Abwasser- und Fernwärmenetzen, aber auch wegen des hohen Versiegelungsgrades der Flächen an vielen Orten bereits um bis zu 5°C im Vergleich zu ländlichen Gebieten erhöht ist.[899] In Großstädten sind demnach regelmäßig andere Maßstäbe anzusetzen als in weniger dicht besiedelten Bereichen. Eine strikte und undifferenzierte Anwendung gesetzlicher Grenzwerte könnte insoweit zur Folge haben, dass geothermische Anlagen im Stadtgebiet weitgehend unzulässig wären, obwohl die auf sonstige anthropogene Faktoren zurückzuführenden Temperaturerhöhungen des Grundwassers gemeinhin toleriert werden. Eine Abkühlung anthropogen erwärmten Grundwassers ist demgegenüber als positiv einzustufen und in urbanen Bereichen sogar gewünscht.[900] Hier erscheint es notwendig, den Einzelfall umfassend zu würdigen, will man nicht die ökologisch und energiewirtschaftlich sinnvolle Erdwärmenutzung weiträumig ausschließen. Bei einer gesetzlichen Fixierung starrer Temperaturgrenzen bestünde die Gefahr einer zu starken Restriktion der geothermischen Nutzung des oberflächennahen Untergrundes, die gerade im Hinblick auf die notwendige Bekämpfung des Klimawandels und die Umstellung der Energieversorgung auf erneuerbare Quellen kontraproduktiv wäre. Dies zeigt sich

899 *Brielmann u.a.*, Grundwasser 2011, S. 77, 89; Leitfaden Berlin, S. 2.

900 so schon *Kolb/Heise*, in: Glatzel/Heise, Wärmepumpen und Gewässerschutz, S. 257, 305/306; vgl. auch VDI-Richtlinie 4640, Blatt 1, S. 25 und *Kaltschmitt/Lux*, in: Kaltschmitt/Huenges/Wolff, Energie aus Erdwärme, S. 175, 188.

auch daran, dass eine bindende Grenze für Temperaturveränderungen von ± 6 K – wie sie die VDI-Richtlinie 4640 vorgibt – eine generelle Unzulässigkeit von Grundwasserwärmepumpen zur Folge hätte, da diese nach den Ausführungen im fachwissenschaftlichen Schrifttum regelmäßig Temperaturschwankungen von bis zu ± 10 K verursachen.[901] Auf Ebene des Tatbestands des § 12 Abs. 1 WHG sollten der Inanspruchnahme des Grundwassers daher keine zu engen Grenzen gezogen werden. Eine Feinsteuerung geothermischer Nutzungen ist auch noch im Rahmen der Ermessensausübung nach § 12 Abs. 2 WHG möglich.

Dass eine standortbezogene Einzelfallbetrachtung dem gebotenen Grundwasserschutz eher gerecht wird als die Normierung bundeseinheitlicher Grenzwerte, verdeutlicht das Beispiel der baden-württembergischen Landeshauptstadt Stuttgart. Ausgehend von den „Stuttgarter Verhältnissen" sind nach dem dortigen Leitfaden am unterirdischen Wärmetauscher Temperaturen von wenigstens 0°C und höchstens 25°C zugelassen, wobei in einer Toleranzentfernung von 50 m der Untergrund bzw. das Grundwasser nicht mehr als 2 K wärmer bzw. kälter als die mittlere normale Jahresdurchschnittstemperatur sein darf.[902] Diese speziell für den Raum Stuttgart entwickelten Werte weichen erheblich von den Grenzwerten der VDI-Richtlinie 4640 ab, und zwar um jeweils 5°C, soweit es die minimale und maximale Grundwassertemperatur betrifft, und um 4 K hinsichtlich der zulässigen Temperaturveränderung. Der letztgenannte Wert ist allerdings nur bedingt aussagekräftig, da sich die Temperaturdifferenz im Fall der VDI-Richtlinie 4640 auf das in den Schluckbrunnen zurückgeleitete Grundwasser bezieht, während der Stuttgarter Leitfaden auf die Temperatur des Grundwassers in einer Entfernung von 50 m zur Geothermieanlage abstellt. Es wird aber deutlich, dass eine einheitliche Festlegung gesetzlicher Temperaturgrenzwerte für das gesamte Gebiet der Bundesrepublik Deutschland nicht zielführend ist und dem durch das WHG postulierten Schutz der Ressource Grundwasser nicht gerecht wird. Vielmehr sollte die maximal zulässige Temperaturspanne soweit als möglich auf den physikalischen, chemischen und biologischen Zustand des betroffenen Grundwasserleiters abgestimmt sein.[903]

Im Übrigen erscheint es fraglich, inwieweit die oftmals vorgenommene Differenzierung zwischen offenen und geschlossenen Systemen an dieser Stelle sinnvoll ist. So werden in der VDI-Richtlinie 4640 die Auswirkungen geothermischer

901 *Hähnlein/Bayer/Blum*, Renewable and Sustainable Energy Reviews 14 (2010), S. 2611, 2614.

902 *Wolff/Hellenthal*, Nutzung der Geothermie in Stuttgart, S. 54.

903 so auch *Brielmann u.a.*, Grundwasser 2011, S. 77, 89.

Nutzung auf die Temperatur des Grundwassers nur für Brunnenanlagen explizit geregelt. Für Erdwärmesonden beziehen sich die Vorgaben dagegen lediglich auf die Veränderung der Temperatur des Wärmeträgermediums.[904] Entscheidend muss in wasserrechtlicher Hinsicht aber stets die mögliche Beeinträchtigung der Grundwasserbeschaffenheit sein. Insoweit sollte maßgeblich allein auf die Beeinflussung der Temperatur des Grundwassers abgestellt werden, unabhängig davon ob diese durch den Betrieb von Grundwasserbrunnen oder Erdwärmesonden verursacht wird. So wird beispielsweise in dem Leitfaden der Stadt Stuttgart verfahren, in welchem die Grenzwerte für den Betrieb von Erdwärmesondenanlagen nicht auf die Temperatur des Wärmeträgermediums, sondern auf diejenige des Grundwassers bezogen sind. Auch in der Gewässerschutzverordnung der Schweiz wird nicht auf einzelne geothermische Systeme abgestellt; es existiert vielmehr eine allgemeine Regelung dahingehend, dass die Temperatur des Grundwassers durch Wärmeeintrag oder -entzug gegenüber dem natürlichen Zustand um nicht mehr als 3°C verändert werden darf.[905] Ergänzend kann dann ggf. auf technische Richtwerte für die Temperatur der in den Erdwärmesonden zirkulierenden Wärmeträgerflüssigkeit zurückgegriffen werden.

Unter dieser Prämisse sind die in der VDI-Richtlinie 4640 niedergelegten Richtwerte einer Minimaltemperatur des Grundwassers von 5°C und einer Maximaltemperatur von 20°C sowie einer zulässigen Temperaturspanne von ± 6 K gemessen an den internationalen Maßstäben zwar als vertretbar anzusehen, sofern die standortbezogenen Besonderheiten hinreichend gewürdigt werden. Eine wissenschaftlich tragfähige Begründung für eine Festlegung der Maximaltemperatur auf 20°C anstatt auf 25°C oder 30°C gibt es jedoch nicht. Hierbei ist zu berücksichtigen, dass auch in höheren Temperaturbereichen potenziellen negativen Auswirkungen wie der gesteigerten Freisetzung von Eisen und Mangan oder der Vermehrung pathogener Organismen positive Effekte wie die Nitratreduktion und die Steigerung der mikrobiellen Abbauaktivität gegenüberstehen. Demnach lässt sich entgegen der VDI-Richtlinie 4640 nicht sagen, dass bei Temperaturerhöhungen des Grundwassers über den Wert von 20°C hinaus generell schädliche Gewässerveränderungen auftreten. Zudem sind die Veränderungen der Grundwasserbeschaffenheit wesentlich von der Sedimentzusammensetzung abhängig, so dass stets standortspezifische Voruntersuchungen erforderlich sind. Die Temperaturrichtwerte können daher lediglich als Entscheidungs- und Vollzugshilfe

---

904 vgl. hierzu VDI-Richtlinie 4640, Blatt 1, S. 25 und Blatt 2, S. 7, 15.

905 vgl. Anhang 2, 2 21 Satz 3, 1. Hs. (S. 40) der Gewässerschutzverordnung (GSchV) des Schweizerischen Bundesrates vom 28. Oktober 1998 (Stand am 1. August 2011).

dienen, schließen aber eine Genehmigungserteilung auch bei Überschreiten der Richtwerte nicht aus. Insoweit fehlt es in naturwissenschaftlicher Hinsicht noch an verallgemeinerbaren Schlussfolgerungen oder einer gesicherten Schädlichkeitsbeurteilung der hydrogeochemischen und mikrobiologischen Folgen thermischer Grundwassernutzungen.[906] Sollte die Wissenschaft hier neue Erkenntnisse gewinnen, müssten die Grenzwerte der VDI-Richtlinie 4640 entsprechend angepasst werden. Zudem wären die Wasserbehörden verpflichtet, auf veränderte Gegebenheiten im Rahmen der Zulassungspraxis zu reagieren.

(ccc) Beispiel: Erdwärmesondenfeld des CITTI-PARKS in Kiel

Beispielhaft ist an dieser Stelle auf das Einkaufszentrum CITTI-PARK in Kiel und die dortige Erdwärmesondenanlage zu verweisen. Die Anlage verfügt über 72 Sonden mit einer Länge von jeweils 99 m und einer thermischen Leistung von etwa 500 MWh im Jahr für die Kühlung und Beheizung des Gebäudes. Als worst-case-Szenario lässt der Anlagenbetrieb eine Höchsttemperatur des Grundwassers von 20°C und eine Minimaltemperatur von 5°C erwarten, so dass die Vorgaben der VDI-Richtlinie 4640 exakt eingehalten würden. Dies bedeutet aber zugleich, dass es in unmittelbarer Nähe der Einzelsonden zu einer Erwärmung des Grundwassers um bis zu 10 K und einer Abkühlung um 5 K käme. Der Temperaturanstieg würde demnach den Grenzwert von ± 6 K überschreiten. Daraus darf aber nicht zwingend auf die wasserrechtliche Unzulässigkeit der Benutzung geschlossen werden. Denn zum einen kommt es maßgeblich auch auf die räumliche Ausdehnung der Wärmefahne an. Sofern die Differenz zur natürlichen Grundwassertemperatur nur in unmittelbarer Nähe der Sondenanlage wesentlich erhöht ist und schnell abklingt, ist dies anders zu beurteilen als bei einer weiträumigen Erwärmung. Zu verweisen ist hier noch einmal auf die schweizerische Gewässerschutzverordnung, in der „örtlich eng begrenzte Temperaturveränderungen" ausdrücklich von der Beschränkung auf den Wert von ± 3°C ausgenommen werden.[907] Zudem ist es für die Genehmigungsfähigkeit von Bedeutung, ob sich die Temperaturschwankungen im Jahresverlauf annähernd ausgleichen. Entscheidend kann insoweit nicht sein, ob es zu vorübergehenden, kurzfristigen Temperaturveränderungen kommt, sondern ob diese auf lange Sicht vermieden werden können. Dauerhaft ist eine ausgeglichene Wärmebilanz erforderlich, d.h., dass sich die Wärmeentzugsmenge in der Heizperiode und der Wärmeeintrag in der Kühlperiode weitestgehend

---

906 *Jesußek u.a.*, bbr 2013, Sonderheft Geothermie, S. 54, 59.

907 vgl. Anhang 2, 2 21 Satz 3, 2. Hs. (S. 40) der Gewässerschutzverordnung (GSchV) des Schweizerischen Bundesrates vom 28. Oktober 1998 (Stand am 1. August 2011).

entsprechen.[908] Wenn also langfristig eine neutrale Temperaturbilanz zu erwarten ist, stehen auch kurzzeitige Überschreitungen einer Temperaturdifferenz von ± 6 K der wasserrechtlichen Zulässigkeit nicht entgegen. Sinnvoll wäre es in diesem Zusammenhang, in die VDI-Richtlinie 4640 und sonstige Leitfäden eine Klarstellung dahingehend aufzunehmen, auf welche Zeiträume sich die Vorgaben für die maximal zulässigen Temperaturschwankungen beziehen, d.h. ab wann diese nicht mehr als nur kurzfristige Beeinträchtigungen außer Betracht bleiben können.

(2) Fazit

Die Festlegung von Temperaturrichtwerten für die geothermische Nutzung des oberflächennahen Untergrundes wie in der VDI-Richtlinie 4640 und einigen Leitfäden ist sinnvoll, um den Wasserbehörden – und ggf. den Bergbehörden bei bergrechtlichen Betriebsplanverfahren – Maßstäbe zur Beurteilung der Gestattungsfähigkeit von Erdwärmeanlagen an die Hand zu geben. Wünschenswert wäre aber zum einen eine klarere Formulierung der räumlichen und zeitlichen Dimension von Temperaturveränderungen des Grundwassers und in diesem Zusammenhang die Einstufung kleinräumiger oder kurzfristiger Temperaturschwankungen als unbedeutend und damit als nicht schädlich im Sinne von § 12 Abs. 1 WHG. Zum anderen müsste das Schutzgut Grundwasser als maßgeblicher Bezugspunkt der Temperaturauswirkungen stärker herausgearbeitet werden. Eine gesetzliche Festlegung von Temperaturgrenzwerten erscheint dagegen nicht zweckmäßig, weil stets standortbezogene Besonderheiten zu beachten sind und der Entscheidungsspielraum der Behörde daher nicht zu sehr eingeschränkt werden sollte. Eine zu restriktive Auslegung des Tatbestands des § 12 Abs. 1 WHG würde zudem dazu führen, dass das behördliche Bewirtschaftungsermessen aus § 12 Abs. 2 WHG weitgehend ins Leere liefe. Dies stünde im Widerspruch zur Intention des Gesetzgebers, der das tradierte wasserwirtschaftliche Bewirtschaftungsermessen in der Neufassung des WHG erstmals ausdrücklich geregelt hat. Auch wäre die vom Bundesverfassungsgericht geforderte Gewährleistung einer geordneten Wasserwirtschaft nicht gegeben, wenn es durch eine zu starre Einschränkung der behördlichen Entscheidungsspanne zu einer faktischen Ausschaltung des Bewirtschaftungsermessens käme.[909]

---

908 *Harhausen/Wohlfahrt*, bbr 2011, Sonderheft Oberflächennahe Geothermie, S. 28, 30; *Kranz u.a.*, bbr 07–08/2008, S. 34, 39.

909 *Czychowski/Reinhardt*, Wasserhaushaltsgesetz, § 12, Rn. 4; vgl. auch BVerfG, Beschluss vom 15.07.1981 - 1 BvL 77/78 -, BVerfGE 58, S. 300, 347.

(dd) Zur Bedeutung sonstiger Grenzwerte

Neben den beschriebenen Richtwerten, die sich direkt auf die Temperatur des Grundwassers beziehen, kann zur Beurteilung des Vorliegens schädlicher Gewässerveränderungen im Sinne des § 12 Abs. 1 Nr. 1 WHG ergänzend auf sonstige Grenzwerte für Inhaltsstoffe des Grundwassers zurückgegriffen werden. So enthält die Anlage 2 zur Grundwasserverordnung (GrwV) Schwellenwerte für die Konzentration bestimmter Schadstoffe im Grundwasser, zum Beispiel für Nitrat, Ammonium, Chlorid oder Sulfat. Gegen eine Anwendung der GrwV spricht jedoch, dass sie zur Umsetzung der unionsrechtlichen WRRL und der GWRL ergangen ist. Sie dient damit der Ermittlung und Einstufung des Grundwasserzustands, nicht aber der Beurteilung einer nachteiligen Veränderung der Grundwasserbeschaffenheit. Die Unterschreitung von Schwellenwerten nach der GrwV lässt daher nicht auf die fehlende Besorgnis einer schädlichen Gewässerveränderung schließen.[910] Dennoch ist für die Zulässigkeit geothermischer Nutzungen unter Berücksichtigung der GrwV darauf zu verweisen, dass es nach den wissenschaftlichen Erkenntnissen bereits bei einer Erhöhung der Temperatur auf 25°C zu einer Nitratreduktion kommt, ebenso bei 40 und 70°C; bei 70°C tritt zudem eine Sulfatreduktion ein.[911] Die Erwärmung des Grundwassers wirkt hier also positiv im Sinne einer Verringerung der in der GrwV aufgeführten Schadstoffe.

Darüber hinaus könnte auf die in der Trinkwasserverordnung (TrinkwV 2001)[912] enthaltenen Parameter abgestellt werden. Danach gelten zum Beispiel Grenzwerte für Eisen von 0,2 mg/l und für Mangan von 0,05 mg/l.[913] In Laborversuchen wurden diese Grenzwerte bei einer Erwärmung des Grundwassers auf 25°C nach einer Versuchsdauer von 40 bis 50 Tagen deutlich überschritten.[914] Hieraus lässt sich jedoch nicht die wasserrechtliche Unzulässigkeit der geothermischen Nutzung ableiten. Zwar liegt bei Einhaltung der Parameter aus der TrinkwV 2001 eine schädliche Gewässerveränderung sicher nicht vor. Es kann aber nicht im Umkehrschluss

---

910 vgl. VG München, Urteil vom 28.06.2011 - M 2 K 11.1003 -, zit. n. juris, Rn. 16.

911 *Jesußek u.a.*, bbr 2013, Sonderheft Geothermie, S. 54, 56.

912 Verordnung über die Qualität von Wasser für den menschlichen Gebrauch (Trinkwasserverordnung - TrinkwV 2001) in der Fassung der Bekanntmachung vom 28.11.2011, BGBl. 2011 Teil I Nr. 61 vom 06.12.2011, S. 2370; zuletzt geändert durch Art. 1 der Verordnung vom 05.12.2012, BGBl. 2012 Teil I Nr. 58 vom 13.12.2012, S. 2562.

913 vgl. Anlage 3 zur TrinkwV 2001, Nr. 6 u. Nr. 13.

914 vgl. *Jesußek u.a.*, bbr 2013, Sonderheft Geothermie, S. 54, 56; *Jesußek/Grandel/Dahmke*, Environmental Earth Sciences 2012, DOI 10.1007/s12665-012-2037-9, S. 9/10.

bei einer Grenzwertüberschreitung automatisch von einer Schädigung des Grundwassers ausgegangen werden. Denn die TrinkwV 2001 regelt nur die Qualität von „Wasser für den menschlichen Gebrauch“, d.h. von „Trinkwasser“ und von „Wasser für Lebensmittelbetriebe“, nicht aber von jeglichem Grundwasser. In den meisten Grundwasserleitern sind insoweit die Grenzwerte der TrinkwV 2001 von vornherein überschritten und werden erst nach einer Aufbereitung des Wassers erfüllt. Allerdings können zu hohe Eisen- und Manganwerte im Grundwasser zu einer Verockerung von Anlagenteilen und infolgedessen zu Schäden bis hin zur Zerstörung der Anlage führen.[915] In technischer Hinsicht werden daher Grenzwerte für Eisen von 0,5 mg/l und für Mangan von 0,2 mg/l angesetzt, oberhalb derer der Eintritt unerwünschter hydrochemischer Reaktionen zu befürchten ist.[916] Nach anderer Ansicht sind die Maximalwerte für Eisen und Mangan im Grundwasser zum Schutz der Anlage bei 2 mg/l bzw. 1 mg/l anzusetzen.[917] Im Ergebnis lassen sich daher aus der TrinkwV 2001 nur bedingt Rückschlüsse auf die Gestattungsfähigkeit einer wasserrechtlichen Benutzung ziehen.

Als Hilfestellung für die Beurteilung der Schädlichkeit von Gewässerveränderungen kann aber auf die Werte der bodenschutzrechtlichen sog. Holland-Liste zurückgegriffen werden. Diese enthält beispielsweise Referenzwerte für anorganische Verbindungen wie Nitrat, Sulfat und Chlorid, für aromatische Verbindungen (BETX) oder für chlorierte Kohlenwasserstoffe (CKW).[918] Zwar entfaltet die Liste als ausländisches Regelwerk in Deutschland keine Bindungswirkung; ihr kommt jedoch indizielle Bedeutung im Rahmen einer Gesamtbewertung der Grundwasserbeschaffenheit zu.[919] Sofern die in der Holland-Liste angegebenen Referenzwerte im Sinne indikativer Konzentrationsniveaus überschritten sind, deutet dies auf eine nachweisbare Verunreinigung von Boden und Grundwasser und damit

915 *Bund/Länder-Arbeitsgruppen der Staatlichen Geologischen Dienste – Personenkreis Geothermie der Ad-hoc-Arbeitsgruppe Geologie*, Fachbericht zu bisher bekannten Auswirkungen geothermischer Vorhaben in den Bundesländern, S. 18.

916 *Bund/Länder-Arbeitsgruppen der Staatlichen Geologischen Dienste – Personenkreis Geothermie der Ad-hoc-Arbeitsgruppe Geologie*, Fachbericht zu bisher bekannten Auswirkungen geothermischer Vorhaben in den Bundesländern, S. 18.

917 Leitfaden Niedersachsen, S. 13.

918 vgl. Testtabelle für die Beurteilung von Konzentrationen verschiedener Stoffe im Boden und Grundwasser für die Nutzungsformen Wohngebiete und Trinkwassergewinnungsgebiete (Niederländische Liste), BT-Drucks. 11/6191, S. 46, 47.

919 OVG Lüneburg, Urteil vom 05.08.1996 - 7 L 1111/94 -, zit.n. juris, Rn. 34 und Beschluss vom 07.03.1997 - 7 M 3628/96 -, NJW 1998, S. 97.

auch auf das Vorliegen einer schädlichen Gewässerveränderung hin.[920] Dabei müssen aber immer die besonderen örtlichen Verhältnisse, also die hydrogeologische Situation und die Nutzungsart des Grundwassers, berücksichtigt werden.[921] Treten demnach infolge der geothermischen Nutzung des Grundwassers höhere Stoffkonzentrationen auf, als sie in der Holland-Liste niedergelegt sind, deutet dies auf eine nachteilige Veränderung der Grundwasserbeschaffenheit hin.

Ergänzend können zudem die von der Länderarbeitsgemeinschaft Wasser (LAWA) entwickelten Geringfügigkeitsschwellenwerte für das Grundwasser herangezogen werden. Die Geringfügigkeitsschwellen markieren die Grenze zwischen einer geringfügigen Veränderung der chemischen Beschaffenheit des Grundwassers und einer schädlichen Veränderung.[922] Sie werden definiert als Konzentration, bei der trotz Erhöhung der Stoffgehalte gegenüber regionalen Hintergrundwerten keine relevanten ökotoxischen Wirkungen auftreten können und die Werte der Trinkwasserverordnung oder entsprechend abgeleiteter Werte eingehalten werden.[923] Relevant sein können hierbei die Schwellenwerte für Chlorid (250 mg/l), Sulfat (240 mg/l) oder für Kohlenwasserstoffe (100 µg/l).[924] Der Erkenntnisgewinn einer Anwendung der Geringfügigkeitsschwellenwerte ist insoweit aber begrenzt, als sich diese allein auf die chemische Beschaffenheit des Grundwassers beziehen und zudem nach den naturwissenschaftlichen Forschungen davon auszugehen ist, dass Sulfat bei einer Erwärmung des Grundwassers gerade abgebaut wird und Chlorid überhaupt keine Rolle spielt.[925] Soweit es die Kohlenwasserstoffe betrifft, könnte ggf. unter Heranziehung der Schwellenwerte auf die positiven Abbaueffekte einer Grundwassererwärmung hingewiesen werden. Diese Einschränkungen gelten im Übrigen auch für die Referenzwerte der Holland-Liste.

Im Ergebnis können daher die schadstoffbezogenen Werte von GrwV, TrinkwV 2001 und Holland-Liste sowie die Geringfügigkeitsschwellenwerte der LAWA

---

920 OVG Lüneburg, Urteil vom 05.08.1996 - 7 L 1111/94 -, zit.n. juris, Rn. 34 und Beschluss vom 07.03.1997 - 7 M 3628/96 -, NJW 1998, S. 97.

921 vgl. *Rat von Sachverständigen für Umweltfragen*, Sondergutachten „Altlasten", Nr. 166, BT-Drucks. 11/6191, S. 48.

922 *Länderarbeitsgemeinschaft Wasser*, Ableitung von Geringfügigkeitsschwellen für das Grundwasser, S. 5.

923 *Länderarbeitsgemeinschaft Wasser*, Ableitung von Geringfügigkeitsschwellen für das Grundwasser, S. 7.

924 vgl. *Länderarbeitsgemeinschaft Wasser*, Ableitung von Geringfügigkeitsschwellen für das Grundwasser, Anhang 2, S. 25, 26.

925 *Jesußek u.a.*, bbr 2013, Sonderheft Geothermie, S. 54, 55/56.

zwar unter Berücksichtigung der spezifischen Standortbedingungen Indizwirkung entfalten und somit als Hilfsmittel im Rahmen der Gesamtabwägung herangezogen werden. Da sie aber entweder eine andere Zweckrichtung verfolgen oder auf chemische Parameter beschränkt sind, die durch eine Erwärmung positiv beeinflusst werden, ermöglichen sie keine abschließende Bewertung des Vorliegens schädlicher Gewässerveränderungen im Sinne des § 12 Abs. 1 Nr. 1 WHG.

(ee) Zur Bedeutung von Abstandsregelungen

Für die Zulassung geothermischer Anlagen kommt auch der Einhaltung von Mindestabständen Bedeutung zu. Diese können sich zum einen auf den Abstand zwischen zwei Erdwärmesonden beziehen (Sondenabstand), zum anderen auf die Distanz zwischen Erdwärmesonde bzw. Grundwasserbrunnen und Grundstücksgrenze (Grenzabstand).[926] Sie dienen der räumlichen Begrenzung der Auswirkungen der Erdwärmenutzung auf das Anlagengrundstück und haben damit sowohl einen wasserrechtlichen als auch einen bergrechtlichen Hintergrund. Wasserrechtlich soll insbesondere eine Summierung der Temperaturauswirkungen verschiedener Anlagen sowie die Beeinträchtigung benachbarter Anlagen vermieden und eine gleichmäßige Grundwassernutzung gewährleistet werden.[927] Darüber hinaus lässt sich unter Rückgriff auf § 4 Abs. 2 Nr. 1 BBergG eine Anwendung des Bergrechts verneinen, wenn durch die Einhaltung von Grenzabständen eine thermische Beeinflussung der Nachbargrundstücke verhindert wird. Dies gilt aber nur dann, wenn man der Rechtsansicht folgt, die die Grundstücksbezogenheit im Sinne des § 4 Abs. 2 Nr. 1 BBergG davon abhängig macht, dass benachbarte Grundstücke weder thermisch noch stofflich beeinträchtigt werden (vgl. hierzu oben S. 98–100).

In Deutschland finden sich Vorgaben zu den einzuhaltenden Mindestabständen für geschlossene Systeme insbesondere in den geothermischen Leitfäden der Bundesländer. Dabei wird zumeist ein Abstand zwischen zwei Erdwärmesonden von 5 bis 6 m verlangt, um eine gegenseitige thermische Beeinflussung der Sonden

926 vgl. *Hähnlein u.a.*, Grundwasser 2010, S. 123, 124.

927 Erlass des Hessischen Ministeriums für Umwelt, Energie, Landwirtschaft und Verbraucherschutz vom 25.08.2011 - III 5 – 79 g 08.17 -, Anforderungen des Gewässerschutzes an Erdwärmesonden, StAnz. 40 /2011, S. 1228, 1229; *Hähnlein/Blum/Bayer*, Grundwasser 2011, S. 69, 73; *Bund/Länderarbeitsgemeinschaft Wasser*, Empfehlungen der LAWA für wasserwirtschaftliche Anforderungen an Erdwärmesonden und Erdwärmekollektoren, S. 7.

auszuschließen oder zumindest zu verringern.[928] Dieser Wert ist weitgehend technischer Natur und beruht auf einer Berechnung der spezifischen Entzugsleistungen von Erdwärmesonden in der VDI-Richtlinie 4640.[929] Der erforderliche Abstand zwischen Erdwärmesonde und Grundstücksgrenze wird regelmäßig auf 5 m beziffert, so dass zwischen zwei Anlagen auf benachbarten Grundstücken ein Mindestabstand von 10 m einzuhalten ist.[930] Zu beachten ist allerdings, dass sich die in den Leitfäden angegebenen Abstände nur auf Kleinanlagen mit einer Leistung von nicht mehr als 30 kW beziehen, deren thermische Auswirkungen sich im Regelfall auf wenige Meter beschränken. Auf größere Anlagen mit thermischen Leistungen von über 100 kW sind die Abstandsregelungen daher nicht anwendbar. Vielmehr ist bei leistungsstarken Wärmepumpenanlagen und komplexen Erdwärmesondenfeldern stets eine numerische Berechnung der Wechselwirkung der Sonden untereinander und der thermischen Reichweite der Anlage erforderlich.[931] Abgesehen davon bestehen selbst bei kleineren Erdwärmeanlagen Zweifel an der generellen Eignung pauschaler Abstandsregelungen zur Verhinderung der Beeinflussung von Nachbargrundstücken. Denn diesbezügliche Forschungsarbeiten kommen zu dem Ergebnis, dass Kältefahnen in einem aus Kies bestehenden Untergrund innerhalb einer Heizperiode von 100 Tagen deutlich länger werden als 10 m, dass sie sich allerdings in der Sommerperiode auch wieder vollständig regenerieren; demgegenüber besteht bei gering durchlässigen Grundwasserleitern ein kontinuierlicher Abkühlungstrend, der in den Sommermonaten nicht vollständig ausgeglichen werden kann.[932] So ist der Abstand von 5 m zur Grundstücksgrenze bei einem mittel- und grobsandigen Untergrund und einem Wärmebedarf für ein Einfamilienhaus von 4,5 kW ausreichend, nicht dagegen bei Sedimenten mit geringerer Durchlässigkeit.[933] Diese Beispiele zeigen, dass pauschale Abstandsempfehlungen den unterschiedlichen, standortabhängigen hydrogeologischen Komponenten wie Wärmeleitfähigkeit und -kapazität, Porosität und Grundwasserfließgeschwindigkeit sowie der jeweiligen geothermischen Nutzung nur bedingt gerecht werden.[934] Da Form und Länge der Kälte- bzw. Wärmefahnen

---

928 vgl. nur Leitfaden Berlin, S. 3; Leitfaden Thüringen, S. 11; Leitfaden Brandenburg, S. 17.

929 vgl. VDI-Richtlinie 4640, Blatt 2, S. 16.

930 vgl. nur Leitfaden Thüringen, S. 11; Leitfaden Hamburg, S. 16; Leitfaden Niedersachsen, S. 9.

931 Leitfaden Mecklenburg-Vorpommern, S. 13; Leitfaden Rheinland-Pfalz, S. 23.

932 *Hähnlein u.a.*, Grundwasser 2010, S. 123, 131.

933 *Pannike u.a.*, Grundwasser 2006, S. 6, 17.

934 *Hähnlein u.a.*, Grundwasser 2010, S. 123, 132; *Hähnlein/Blum/Bayer*, Grundwasser 2011, S. 69, 70.

maßgeblich von der Beschaffenheit des Untergrundes bestimmt werden, richtet sich der notwendige Abstand zu benachbarten Grundstücken nach den Sedimenteigenschaften.[935] Gerade für geothermische Großanlagen, die regelmäßig einen den Abstandswert von 5 m überschreitenden Einflussbereich aufweisen werden, sind daher konkrete Berechnungen auf Grundlage der Wärmeentzugsleistung und der hydrogeologischen Standortverhältnisse zwingend erforderlich. Dies gilt erst recht für offene Systeme, deren Auswirkungen grundsätzlich weiträumiger sind als diejenigen von geschlossenen Systemen und für die es in Deutschland an gesetzlichen oder behördlichen Abstandsregelungen fehlt.

Die Rechtslage auf europäischer Ebene ist im Wesentlichen vergleichbar mit derjenigen in Deutschland. Für geschlossene Systeme gibt es Abstandsempfehlungen von 2,5 m zur Grundstücksgrenze in Österreich bis hin zu 300 m von einer Trinkwasserquelle in Dänemark.[936] Die Abstände bei offenen Systemen sind lediglich in der Tschechischen Republik, Griechenland und Schweden näher festgelegt. Sie liegen zwischen 5 m und 10 m zur Grundstücksgrenze, 20 m zur nächsten Anlage bzw. zur nächsten Starkstromleitung und 30 m zur nächsten Trinkwasserquelle.[937] Auch hierbei kann es sich aber nur um Maßstäbe für kleinere Anlagen handeln, so dass sie keine Rückschlüsse auf die einzelfallbezogene Genehmigung geothermischer Großanlagen zulassen.

Im Ergebnis sind daher pauschale Festlegungen von Mindestabständen – ob gesetzlich oder in Form von Leitfäden und sonstigen Richtlinien – allenfalls bei kleinen Anlagen geeignet, zu einer Vereinfachung des Genehmigungsverfahrens beizutragen, nicht aber bei Geothermieanlagen mit Leistungen von über 100 kW. In diesen Fällen sind stets umfangreiche Berechnungen erforderlich, um den räumlichen Einflussbereich des Anlagenbetriebs auf das Grundwasser hinreichend sicher prognostizieren zu können.

(ff) Zur Bedeutung von Störfällen

Neben den bei ordnungsgemäßem Anlagenbetrieb auftretenden Temperaturveränderungen des Grundwassers kann es durch Unfälle zum Eintrag von Fremdstoffen in den Untergrund kommen. Ein maßgeblicher, auch für die Genehmigungsfähigkeit relevanter Unterschied liegt hier darin, dass die Wahrscheinlichkeit von

935 *Pannike u.a.*, Grundwasser 2006, S. 6, 17.

936 vgl. *Hähnlein/Bayer/Blum*, Renewable and Sustainable Energy Reviews 14 (2010), S. 2611, 2618 – Table 6.

937 vgl. *Hähnlein/Bayer/Blum*, Renewable and Sustainable Energy Reviews 14 (2010), S. 2611, 2618 – Table 6.

Störfällen bei Beachtung der erforderlichen Sorgfalt als gering einzuschätzen ist, während Temperaturanomalien bei geothermischen Nutzungen des Untergrundes regelmäßig auftreten.

Als Beispiel für einen Störfall bei dem Betrieb von Erdwärmesonden ist das Austreten von Wärmeträgerflüssigkeit infolge einer Leckage zu nennen. Soweit es sich hierbei um nicht wassergefährdende Wärmeträgermedien wie Wasser, Propan oder CO_2 handelt, liegt eine schädliche Gewässerveränderung im Sinne des § 12 Abs. 1 WHG nicht vor. Zumeist enthalten die Wärmeträgermittel aus Frostschutzgründen aber auch Stoffe wie Ethylenglykol (Ethandiol), Propylenglykol (1,2-Propandiol) oder Calciumchlorid, welche gemäß Anhang 2 zur Verwaltungsvorschrift wassergefährdende Stoffe (VwVwS) der Wassergefährdungsklasse 1 zuzuordnen sind. Für Erdwärmesondenanlagen mit derartigen Wärmeträgerflüssigkeiten gelten spezielle Anforderungen, die sich aus § 62 WHG, der Verordnung des Bundes über Anlagen zum Umgang mit wassergefährdenden Stoffen[938] und den entsprechenden Landesverordnungen ergeben. Diese Vorschriften konkretisieren die allgemeine Sorgfaltspflicht des § 5 WHG sowie den Besorgnisgrundsatz des § 48 Abs. 2 Satz 1 WHG und sind daneben anwendbar.[939] § 62 Abs. 1 Satz 1 WHG bestimmt, dass der Besorgnisgrundsatz auch für die Beschaffenheit, die Errichtung, die Unterhaltung, den Betrieb und die Stilllegung von Anlagen zum Umgang mit wassergefährdenden Stoffen gilt. Gemäß § 62 Abs. 2 WHG müssen die Anlagen zudem entsprechend den allgemein anerkannten Regeln der Technik errichtet und betrieben werden. Bei Verstößen gegen § 62 WHG kann die Behörde den weiteren Betrieb untersagen und die Beseitigung der Anlage verfügen.[940] Dagegen ist eine behördliche Eignungsfeststellung nach § 63 WHG bei Erdwärmesondeanlagen nicht erforderlich, da sich die Vorschrift ausschließlich auf Anlagen zum Lagern, Abfüllen oder Umschlagen von wassergefährdenden Stoffen bezieht, nicht aber auf solche, die diese Stoffe lediglich verwenden.

Auch wenn die genannten Regelungen nicht die Gewässerbenutzung im engeren Sinne betreffen, sondern nur den Umgang mit wassergefährdenden Stoffen in bestimmten Anlagen regeln, also anlagenbezogen sind, hat die Behörde sie im Rahmen der Entscheidung über die Genehmigungsfähigkeit einer geothermischen Untergrundnutzung zu beachten. Im Einzelfall bedeutet dies, dass Erdwärmesonden und zugehörige Anlagenteile den Maßgaben der VDI-Richtlinie 4640 sowie

938 BGBl. 2010 Teil I Nr. 14 vom 09.04.2010, S. 377.

939 *Czychowski/Reinhardt*, Wasserhaushaltsgesetz, § 62, Rn. 7.

940 *Czychowski/Reinhardt*, Wasserhaushaltsgesetz, § 62, Rn. 62.

der DIN 8901 (Kälteanlagen und Wärmepumpen - Schutz von Erdreich, Grund- und Oberflächenwasser - Sicherheitstechnische und umweltrelevante Anforderungen und Prüfung) entsprechen müssen.[941] Soweit es die wassergefährdenden Substanzen betrifft, muss die Anlage mit einer selbsttätigen Leckageüberwachungseinrichtung versehen sein, die im Falle einer Leckage die Umwälzpumpe für den Wärmeträgerflüssigkeitskreislauf umgehend abschaltet und ein Störungssignal aussendet.[942] Zudem hat der Betreiber regelmäßig zu überprüfen, ob aus der Anlage Wärmeträgerflüssigkeit austritt, um die Anlage ggf. unverzüglich außer Betrieb zu nehmen und die Wärmeträgerflüssigkeit zu entfernen.[943] Werden diese Anforderungen beachtet, besteht nur ein geringes Risiko des Schadenseintritts. Doch selbst wenn es trotz Einhaltung der technischen Standards zum Austritt von Wärmeträgerflüssigkeit kommen sollte, wird die Beschaffenheit des Grundwassers allenfalls unwesentlich beeinträchtigt. Denn die als Wärmeträgermedium eingesetzten Glykole sind in vielen oxischen und anoxischen Umgebungen biologisch im Grundwasser abbaubar; da sie zudem nur in kleinen Konzentrationen verwendet werden, ist die Gefahr einer Schädigung des Grundwassers als eher gering zu bezeichnen.[944] Auch eine ökobilanzielle Betrachtung des Betriebs von Erdwärmesonden führt zu dem Ergebnis, dass mögliche Umweltbeeinträchtigungen infolge des Einsatzes von Wärmeträgerflüssigkeiten bei einer ganzheitlichen Betrachtung zu vernachlässigen sind.[945]

Im Ergebnis steht das Risiko von Störfällen der Zulassung der Benutzung nicht entgegen, sofern die Anlage fachgerecht errichtet, betrieben und gewartet wird und geeignete Wärmeträgermittel zum Einsatz kommen. Denn unter diesen Voraussetzungen ist zum einen die Wahrscheinlichkeit des Schadenseintritts gering, zum anderen ist selbst bei Verwirklichung des Betriebsrisikos keine signifikante Beeinträchtigung der Grundwasserbeschaffenheit zu befürchten.

---

941 Leitfaden Hessen, S. 25; Leitfaden Thüringen, S. 17.

942 *Berger*, bbr 11/2010, S. 30, 34; *Bund/Länderarbeitsgemeinschaft Wasser*, Empfehlungen der LAWA für wasserwirtschaftliche Anforderungen an Erdwärmesonden und Erdwärmekollektoren, S. 18.

943 Leitfaden Berlin, S. 7.

944 *Hähnlein/Blum/Bayer*, Grundwasser 2011, S. 69, 72; *Saner u.a.*, Renewable and Sustainable Energy Reviews 14 (2010), S. 1798, 1802.

945 *Hähnlein/Blum/Bayer*, Grundwasser 2011, S. 69, 72; *Saner u.a.*, Renewable and Sustainable Energy Reviews 14 (2010), S. 1798, 1811.

(gg) Zu den Besonderheiten bei Dublettenanlagen

Der Betrieb einer geothermischen Dublettenanlage wirkt sich nicht nur auf die Temperatur, sondern auch auf die hydraulischen Verhältnisse im Untergrund aus. Durch die Entnahme des Grundwassers und die nach dem Wärmeentzug erfolgende Wiedereinleitung kommt es zu einer Grundwasserabsenkung um den Förderbrunnen und einer Grundwasseranreicherung um den Schluckbrunnen.[946] Dies hat eine Strömungsveränderung zur Folge, deren räumliche Ausdehnung bei einem Gleichgewicht zwischen Entnahme und Wiedereinleitung des Grundwassers allerdings lokal begrenzt ist.[947] Da eine ausgeglichene Bilanz von geförderter und reinjizierter Grundwassermenge bei Dublettenanlagen in der Natur der Technologie liegt[948], stehen die hydraulischen Auswirkungen der Genehmigungsfähigkeit der direkten geothermischen Nutzung des Grundwassers nicht entgegen. Voraussetzung ist lediglich ein ausreichender Abstand zwischen Förder- und Schluckbrunnen, um einen hydraulischen und thermischen Kurzschluss und damit eine Abnahme der Wärmeentzugsleistung zu vermeiden.[949]

Von entscheidender Bedeutung sind zudem die hydrogeologischen Standortbedingungen. Besonders geeignet für die Errichtung von Dublettenanlagen sind Porengrundwasserleiter wie Sande und Kiese mit einem geringen Anteil an Feinbestandteilen (Feinsand, Schluff, Ton) und einem geringen Grundwasserflurabstand; sie verfügen über die notwendige hohe Ergiebigkeit für den Entnahmebrunnen und ein ausreichendes Schluckvermögen für den Einleitbrunnen.[950] Insoweit müssen die wasserführenden Porenräume über Fließeigenschaften verfügen, die die Entnahme und Reinjektion von Grundwasser in einer Größenordnung von 10 bis 100 m^3/h (oder mehr) über jeweils einen Brunnen zulassen.[951] Weniger geeignet für den Betrieb von Dublettenanlagen sind Kluft- und Karstgrundwasserleiter.[952] Um die Gefahr eines Verockerns von Brunnen- und Wärmepumpenanlage auszuschließen, sollte zudem nur Grundwasser mit geringen Eisen- und Mangangehalten genutzt werden. Schließlich ist darauf zu achten, dass das entnommene und thermisch

---

946 *Stegelmaier/Streicher/Kaltschmitt*, in: Kaltschmitt/Streicher/Wiese, Erneuerbare Energien, S. 672, 689.

947 VDI-Richtlinie 4640, Blatt 1, S. 28.

948 *Kranz u.a.*, bbr 07–08/2008, S. 34, 39.

949 *Kolb/Heise*, in: Glatzel/Heise, Wärmepumpen und Gewässerschutz, S. 257, 296 f.; Leitfaden Baden-Württemberg – Grundwasserwärmepumpen, S. 19.

950 Leitfaden Baden-Württemberg – Grundwasserwärmepumpen, S. 12.

951 *Kabus/Seibt*, BBauBl, Heft 12/98, S. 51, 55.

952 Leitfaden Baden-Württemberg – Grundwasserwärmepumpen, S. 12.

veränderte Grundwasser in dasselbe Grundwasserstockwerk zurückgeführt wird, um auf diese Weise eine ausgeglichene Wasserbilanz zu gewährleisten und zusätzliche Gefahren für die Beschaffenheit des Grundwassers zu vermeiden.[953]

Abgesehen von den vorgenannten Besonderheiten der direkten Grundwassernutzung gelten für Dublettenanlagen dieselben Gestattungsvoraussetzungen wie für geschlossene Systeme.

(hh) Zwischenergebnis

Zusammenfassen lassen sich die durch den Betrieb geothermischer Anlagen verursachten Auswirkungen auf das Grundwasser und deren Konsequenzen für die wasserrechtliche Zulässigkeit wie folgt:

Die Nutzung des oberflächennahen Untergrundes zur Gewinnung und Speicherung thermischer Energie hat regelmäßig Temperaturveränderungen des Grundwassers zur Folge, die Werte von mehr als ± 10 K im Vergleich zur natürlichen Grundwassertemperatur erreichen können. Die räumliche Ausbreitung dieser Wärme- und Kältefahnen hängt maßgeblich von der Beschaffenheit des Untergrundes, der thermischen Leistung der Anlage sowie der Fließgeschwindigkeit des Grundwassers ab und kann daher – jedenfalls bei Großanlagen mit Leistungen von mehr als 100 kW – nicht pauschal bestimmt werden, sondern bedarf stets einer konkreten Einzelfallbetrachtung. Bezogen auf das Vorliegen einer schädlichen Gewässerveränderung im Sinne des § 12 Abs. 1 Nr. 1 i.V.m. § 3 Nr. 10 WHG ist festzuhalten, dass die Temperatur des Grundwassers eine physikalische Eigenschaft im Sinne des § 3 Nr. 9 WHG darstellt; sie wirkt sich zudem auf weitere physikalische Eigenschaften sowie auf die chemische und biologische Beschaffenheit des Grundwassers aus. Diese Veränderungen der Grundwasserbeschaffenheit sind aber nicht schlechthin als schädlich einzustufen. Vielmehr ist davon auszugehen, dass gemäßigte Temperaturveränderungen keine wesentlichen Beeinträchtigungen unbelasteter Grundwasserökosysteme zur Folge haben.[954] Dies gilt umso mehr, wenn – wie bei der Gebäudeklimatisierung – die Kombination von winterlichem Wärmeentzug und sommerlichem Wärmeeintrag zu einer im Ganzjahresverlauf ausgeglichenen Energiebilanz führt. Unterschiedliche Ansichten gibt es hinsichtlich der Temperaturgrenzwerte, bei deren Überschreiten eine verträgliche Grundwasserbewirtschaftung nicht mehr anzunehmen sein soll. Auf europäischer

---

953 VDI-Richtlinie 4640, Blatt 1, S. 15; VBI-Leitfaden Oberflächennahe Geothermie, S. 21.

954 vgl. *Arning u.a.*, Grundwasser 2006, S. 27, 38; *Brielmann u.a.*, Grundwasser 2011, S. 77, 89; *Schippers/Reichling*, Grundwasser 2006, S. 40, 44.

Ebene werden Grundwassertemperaturen von maximal 20°C bis 25°C und von wenigstens 2°C bis 5°C zugelassen, wobei die als noch vertretbar erachteten Temperaturschwankungen variieren zwischen lediglich 1,5 K (Erwärmung) und 3 K (Abkühlung) in Liechtenstein, ± 6 K in Österreich und ± 11 K in Frankreich.[955] Soweit es die Rechtslage in Deutschland betrifft, enthält die VDI-Richtlinie 4640 einige Temperaturrichtwerte für offene Systeme (Grundwassertemperatur = Max.: 20°C, Min.: 5°C, Diff.: ± 6 K)[956] und für geschlossene Systeme (Temperatur des Wärmeträgermediums = Diff.: ± 11 K im Dauerbetrieb, ± 17 K bei Spitzenlast)[957]; eine weitergehende gesetzliche Regelung von Grenzwerten erscheint derzeit weder geboten noch zweckmäßig. In naturwissenschaftlicher Hinsicht überzeugt eine pauschale Festlegung der Schädlichkeitsgrenze auf 20°C ohnehin nicht. Denn bei Erwärmungen im Temperaturbereich zwischen 20°C und 40°C sind neben negativen Effekten wie einer erhöhten Freisetzung von Eisen und Mangan oder einer Zunahme pathogener Organismen auch positive Auswirkungen wie die Steigerung der mikrobiellen Abbauaktivität zu beobachten, die beispielsweise in Verbindung mit der Altlastensanierung nutzbar gemacht werden kann.[958] Die Temperatureffekte auf das Grundwasser sind zudem in erheblichem Maße von den jeweiligen Standortbedingungen abhängig. So sind bereits bei voraussichtlichen Erwärmungen auf 25°C oder weniger sedimentspezifische Untersuchungen empfehlenswert, um die Auswirkungen hinreichend beurteilen zu können.[959] Hier besteht in jedem Fall noch erheblicher naturwissenschaftlich-technischer Forschungsbedarf.[960] Dies gilt insbesondere für Hochtemperaturspeicher mit Erwärmungen des Grundwassers auf bis zu 90°C.

---

955 *Hähnlein/Bayer/Blum*, Renewable and Sustainable Energy Reviews 14 (2010), S. 2611, 2618 u. 2622.

956 VDI-Richtlinie 4640, Blatt 1, S. 25 u. Blatt 2, S. 7.

957 VDI-Richtlinie 4640, Blatt 2, S. 15.

958 *Schmidt/Thiem*, in: Braun/Koschitzky, VEGAS-Kolloquium 2011, Flache Geothermie - Perspektiven und Risiken, S. 13, 19; *Jesußek*, Temperaturbedingte Auswirkungen unterirdischer Wärmespeicherung auf hydrogeochemische Sediment-Wasser-Wechselwirkungen in einem oberflächennahen Grundwasserleiter, S. 85.

959 *Jesußek*, Temperaturbedingte Auswirkungen unterirdischer Wärmespeicherung auf hydrogeochemische Sediment-Wasser-Wechselwirkungen in einem oberflächennahen Grundwasserleiter, S. 85.

960 *Bund/Länder-Arbeitsgruppen der Staatlichen Geologischen Dienste – Personenkreis Geothermie der Ad-hoc-Arbeitsgruppe Geologie*, Fachbericht zu bisher bekannten Auswirkungen geothermischer Vorhaben in den Bundesländern, S. 13; *Jesußek u.a.*, bbr 2013, Sonderheft Geothermie, S. 54, 59.

Soweit es die in den geothermischen Leitfäden der Bundesländer enthaltenen pauschalen Abstandsregelungen betrifft, kommt diesen allenfalls für Kleinanlagen bis 30 kW Bedeutung zu. Bei Großanlagen mit Leistungen von mehr als 100 kW ist eine numerische Berechnung der thermischen Auswirkungen des Anlagenbetriebs erforderlich. Auch die in anderen Bereichen bereits existierenden Grenzwerte für die Schadstoffbelastung des Grundwassers, wie sie in der GrwV, der TrinkwV 2001 oder der sog. Holland-Liste enthalten sind, helfen bei der Beurteilung geothermischer Nutzungen nur bedingt weiter.

bb) Zur Abwägung mit sonstigen Gemeinwohlbelangen

Es bleibt zu untersuchen, ob die dargestellten Auswirkungen des Anlagenbetriebs auf die Beschaffenheit des Grundwassers unter Berücksichtigung der Maßstäbe des § 12 Abs. 1 Nr. 1 i.V.m. § 3 Nr. 10 WHG im Ergebnis geeignet sind, eine schädliche Gewässerveränderung und damit einen zwingenden Versagungsgrund für die wasserrechtliche Gestattung zu begründen. Dies wäre der Fall, wenn der Betrieb der geothermischen Anlage zu einer Beeinträchtigung des Allgemeinwohls, insbesondere der öffentlichen Wasserversorgung, führen würde. Nachdem grundsätzliche Fragen zur Bestimmung des Wohls der Allgemeinheit bereits erörtert worden sind (vgl. oben S. 194 ff.), ist nunmehr eine konkrete Abwägung der betroffenen Interessen erforderlich. Unter der besonders hervorgehobenen öffentlichen Wasserversorgung ist dabei die nicht nur vorübergehende Versorgung der Allgemeinheit mit Trink- und Brauchwasser zu verstehen, zudem das Sammeln, Weiterleiten, Fördern, Reinigen, Aufbereiten, Bereitstellen, Speichern, Zuleiten, Verteilen von und das Beliefern der Verbraucher mit Trink- und Betriebswasser.[961] Gerade der Versorgung der Bevölkerung mit einwandfreiem Trinkwasser kommt überragende Bedeutung zu, wie das Bundesverfassungsgericht in der Nassauskiesungs-Entscheidung herausgestellt hat.[962] Dementsprechend wird das Grundwasser – in Anlehnung an die elementare Wertentscheidung des Art. 1 Abs. 1 GG – auch als „unantastbar“[963] bezeichnet, weil es aufgrund seiner geringen Schadstoffbelastung der beste Rohstoff für die öffentliche Trinkwasserversorgung ist.[964] Als Lebensmittel und Grundlage jeglichen menschlichen und auch sonstigen Lebens

961 *Wellmann*, in: Wellmann/Queitsch/Fröhlich, Wasserhaushaltsgesetz, § 12, Rn. 6; *Kotulla*, Wasserhaushaltsgesetz, § 50, Rn. 4.

962 vgl. BVerfG, Beschluss vom 15.07.1981 - 1 BvL 77/78 -, BVerfGE 58, S. 300, 341 ff.

963 so *Ginzky*, ZUR 2005, S. 291.

964 *Reinhardt*, KA 2010 (57), S. 464; BVerfG, Beschluss vom 15.07.1981 - 1 BvL 77/78 -, BVerfGE 58, S. 300, 342.

kommt dem Wasser daher im Vergleich zu den anderen Umweltmedien Luft und Boden eine hervorgehobene Stellung zu.[965] Daraus folgt allerdings nicht, dass die öffentliche Wasserversorgung stets absoluten Vorrang vor anderen öffentlichen Belangen hat. Vielmehr ist die Gemeinwohlverträglichkeit einer Grundwasserbenutzung im Rahmen einer umfassenden Abwägung aller betroffenen Interessen zu ermitteln, wobei sich Maßstäbe für die Abwägung aus den allgemeinen Bewirtschaftungsprinzipien des § 6 WHG, den speziellen Bewirtschaftungszielen für das Grundwasser gemäß § 47 WHG sowie dem Besorgnisgrundsatz des § 48 Abs. 1 Satz 1 WHG herleiten lassen.

1) Zu den Bewirtschaftungsgrundsätzen des § 6 WHG

Nach dem Willen des Gesetzgebers fungiert das in § 6 Abs. 1 Satz 1, 1. Hs. WHG niedergelegte Nachhaltigkeitserfordernis als übergeordnete Leitlinie der Gewässerbewirtschaftung[966], konkretisiert durch einzelne Grundsätze einer nachhaltigen Bewirtschaftung in § 6 Abs. 1 Satz 1 Nr. 1–7 WHG. Die Vorschrift zielt insoweit nicht ausschließlich auf den Gewässerschutz, sondern medienübergreifend auch auf den Schutz der Umwelt insgesamt. In § 1 WHG wird der Gesetzeszweck ebenfalls mit dem Nachhaltigkeitsprinzip verknüpft, indem klargestellt wird, dass der Schutz der Gewässer als nutzbares Gut im Wege einer nachhaltigen Gewässerbewirtschaftung zu erfolgen hat. Selbst wenn die Verwendung der Begrifflichkeit „nachhaltige Bewirtschaftung“ im Schrifttum bisweilen als überflüssige Tautologie bezeichnet wird, weil die Gewässerbewirtschaftung schon begriffsnotwendig alle Merkmale umfasse, die gemeinhin als nachhaltig angesehen würden[967], vermittelt die wiederholte Bezugnahme des Gesetzgebers auf das Nachhaltigkeitserfordernis doch einen umfassenderen, die Umwelt im Ganzen einbeziehenden Ansatz. Deutlich wird dies auch aus der Regelung des § 6 Abs. 1 Satz 2 WHG, nach der die nachhaltige Gewässerbewirtschaftung ein hohes Schutzniveau für die Umwelt insgesamt zu gewährleisten hat und dabei mögliche Verlagerungen von einem Schutzgut auf ein anderes sowie die Erfordernisse des Klimaschutzes zu berücksichtigen sind.

Das Gesetz hebt damit die Bedeutung des Klimaschutzes im Rahmen der Gewässerbewirtschaftung explizit hervor. Darüber hinaus formuliert § 6 Abs. 1 Satz 1 Nr. 5 WHG als Bewirtschaftungsziel, möglichen Folgen des Klimawandels vorzubeugen. Der Klimaschutz ist insoweit eng mit dem Begriff der nachhaltigen

965 *Hasche*, ZfW 2004, S. 144, 166.
966 BT-Drucks. 16/12275, S. 55.
967 so *Czychowski/Reinhardt*, Wasserhaushaltsgesetz, § 6, Rn. 6.

Entwicklung verwoben.[968] Demnach kann die wasserrechtliche Beurteilung geothermischer Nutzungen nicht erfolgen, ohne dass möglichen negativen Auswirkungen auf die Grundwasserbeschaffenheit positive Effekte wie der – im Vergleich zur Verbrennung fossiler Energieträger – reduzierte Ausstoß von CO_2, die Ressourcenschonung und der Ausbau regenerativer Energien im Allgemeinen gegenübergestellt werden. Fraglich ist aber, wie eine Abwägung der Schutzgüter im Einzelfall aussehen soll, wie also der – konkrete – Grundwasserschutz auf der einen und der – abstrakte – Klimaschutz auf der anderen Seite gegeneinander abzuwägen sind. Hierbei stellt sich das aktuelle Problem eines Binnenkonfliktes zwischen klassischen ökologischen Zielen zur Reinhaltung von Wasser, Boden oder Luft und dem neuartigen Fernziel des Klimaschutzes.[969] Denn die Energiegewinnung aus erneuerbaren Quellen führt regelmäßig auch zu Beeinträchtigungen von Natur, Landschaft und Umwelt, wie nicht nur die Nutzung der oberflächennahen Geothermie zeigt, sondern ebenso die Errichtung von Windkraftanlagen oder Wasserkraftwerken. Dies wirft die Frage auf nach einem „Schutz der Umwelt vor dem Umweltschutz“, wenn ökologisch sinnvolle Maßnahmen zugleich mit Belastungen der Umwelt verbunden sind.[970] Erforderlich ist ein Konfliktausgleich zwischen der Förderung der Geothermie als erneuerbarer Energie und dem Grundwasserschutz.

Die Besonderheit der vorzunehmenden Güterabwägung besteht darin, dass die unmittelbar eintretenden Folgen der Erdwärmenutzung, also die nachteiligen Veränderung der Grundwasserbeschaffenheit, mit positiven Wirkungen verglichen werden müssen, die zum einen eine globale Betrachtungsweise erfordern und zum anderen sehr langfristig angelegt sind. So lässt sich der Beitrag zum Klimaschutz, der aus der Genehmigung einer geothermischen Anlage resultiert, in Anbetracht der Geringfügigkeit der eingesparten CO_2-Emissionen auf globaler Ebene quantitativ überhaupt nicht darstellen.[971] Darüber hinaus sind auch die ökologischen, sozialen und ökonomischen Folgen des fortschreitenden Klimawandels nur schwer vorhersehbar. Dementsprechend stellt sich die Frage, wie die mit der Förderung erneuerbarer Energien verbundenen Beeinträchtigungen der Umwelt ins Verhältnis gesetzt werden sollen zu zeitlich fernen, nur begrenzt prognostizierbaren, globalen und abstrakten Folgen eines unterlassenen Klimaschutzes.[972] Ungeachtet

968 *Czychowski/Reinhardt*, Wasserhaushaltsgesetz, § 6, Rn. 45.
969 vgl. *Gärditz*, DVBl. 2010, S. 214.
970 vgl. *Reinhardt*, NuR 2006, S. 205.
971 vgl. *Gärditz*, DVBl. 2010, S. 214, 220.
972 *Gärditz*, DVBl. 2010, S. 214, 221.

dieser praktischen Abwägungsprobleme ist zu konstatieren, dass der Gesetzgeber mit der Schaffung der wasserhaushaltsrechtlichen Klimaschutzklausel in § 6 Abs. 1 Satz 2 WHG und auch schon mit der Vorgängerregelung des § 1 a Abs. 1 Satz 3 WHG a.F. gerade gewährleisten wollte, dass die positiven Auswirkungen des Ausbaus erneuerbarer Energien auf den Klimaschutz im Rahmen der Abwägung des wasserrechtlichen Genehmigungsverfahrens Berücksichtigung finden.[973] Dies hat zur Folge, dass bei der wasserrechtlichen Beurteilung von Anlagen zur Erdwärmenutzung mit angemessenem Gewicht in die Abwägung einzustellen ist, dass der Einsatz regenerativer Energien es ermöglicht, den Schadstoffausstoß infolge der Energiegewinnung aus fossilen Rohstoffen zu verringern.[974]

Die Gemeinwohlrelevanz einer klimaverträglichen Energiegewinnung wird bestätigt durch die Gesetzgebung zur verstärkten Förderung erneuerbarer Energien. So gibt § 1 EEWärmeG das Ziel vor, im Interesse des Klimaschutzes, der Schonung fossiler Ressourcen und der Minderung der Abhängigkeit von Energieimporten eine nachhaltige Entwicklung der Energieversorgung zu ermöglichen und die Weiterentwicklung von Technologien zur Erzeugung von Wärme aus erneuerbaren Energien zu fördern. Um diese Ziele zu erreichen, wird in § 3 Abs. 1 EEWärmeG für Neubauten die Pflicht zur Deckung des Wärmeenergiebedarfs durch die anteilige Nutzung erneuerbarer Energien festgelegt. Im Fall der Nutzung von Geothermie soll diese gemäß § 5 Abs. 4 EEWärmeG mindestens 50 % des Wärme- und Kälteenergiebedarfs decken. Neben der Verpflichtung zur Nutzung erneuerbarer Energien wird die Errichtung entsprechender Anlagen gemäß §§ 13, 14 EEWärmeG auch finanziell gefördert. Zwar handelt es sich bei den Zielsetzungen des EEWärmeG nicht um wasserwirtschaftliche Belange im engeren Sinne, abwägungsrelevant im Rahmen der wasserrechtlichen Zulassung sind sie aber dennoch. Bestätigt wird dies durch eine aktuelle verwaltungsgerichtliche Entscheidung zur Zulässigkeit von Erdwärmebohrungen in einem Wasserschutzgebiet, in welcher das Gericht betont, dass neben dem öffentlichen Interesse an der Versorgung der Bevölkerung mit sauberem Trinkwasser auch der Schutz des Klimas und der Umwelt durch den Einsatz erneuerbarer Energien und die Schonung fossiler Ressourcen besondere öffentliche Interessen darstellen, die der Erhaltung der natürlichen Lebensgrundlagen für Mensch und Tier dienen.[975] Das Verwaltungsgericht Berlin

973 vgl. BT-Drucks. 14/8668, S. 7 und BT-Drucks. 16/12275, S. 55.

974 vgl. zur Wasserkraft VGH München, Urteil vom 05.07.2005 - 8 B 04.356 -, NuR 2006, S. 177, 182.

975 VG Wiesbaden, Beschluss vom 12.04.2011 - 5 L 366/11.WI -, NVwZ-RR 2011, S. 721, 722/723.

hat in einem Urteil aus dem Jahr 2009 ebenfalls auf die Bedeutung des Klimaschutzes als öffentliches Interesse hingewiesen und herausgestellt, dass selbst geringfügige Beiträge zur Reduzierung der Treibhausgase im Rahmen einer Abwägung zu berücksichtigen sind, da andernfalls sämtliche diesbezüglichen Bemühungen in Frage gestellt werden müssten.[976] Der Erfolg globalen Klimaschutzes ist insoweit gerade von der Umsetzung auf lokaler Ebene abhängig.[977] Zwar erging die Entscheidung des Verwaltungsgerichts Berlin in einem Rechtsstreit über die Versagung einer straßenrechtlichen Sondernutzungserlaubnis. Die Ausführungen des Gerichts beziehen sich aber auf das grundsätzliche Problem einer Berücksichtigung des abstrakten öffentlichen Interesses Klimaschutz im Rahmen behördlicher Abwägungsentscheidungen; sie können daher auch für das wasserrechtliche Zulassungsverfahren fruchtbar gemacht werden. Letztlich verdeutlicht die zitierte Rechtsprechung, dass die einzelnen Aspekte sowohl des wasserwirtschaftlichen Allgemeinwohls als auch des öffentlichen Interesses im weiteren Sinne vom ständigen Wandel der umweltpolitischen, wirtschaftlichen, technischen und sonstigen Verhältnisse beeinflusst werden und abhängig von der herrschenden Anschauung unterschiedliches Gewicht haben können.[978]

2) Zur ökologischen Nachhaltigkeit im Sinne des Art. 20 a GG

Im Übrigen beinhaltet der in den §§ 1 und 6 WHG als Grundsatz der Gewässerbewirtschaftung normierte Nachhaltigkeitsbegriff schon von Natur aus eine in die Zukunft gerichtete, langfristige Sichtweise. Ausgangspunkt des heute in der Politik allgegenwärtigen Nachhaltigkeitsprinzips war der von der Brundlandt-Kommission erarbeitete Grundsatz der nachhaltigen Entwicklung, des sog. sustainable development. Dieser verlangt eine Entwicklung, die den Bedürfnissen der heutigen Generationen entspricht, ohne die Möglichkeit zukünftiger Generationen zu gefährden, ihre eigenen Bedürfnisse zu befriedigen.[979] Auf der Konferenz der Vereinten Nationen für Umwelt und Entwicklung (United Nations Conference on Environment and Development – UNCED) in Rio de Janeiro wurde der Grundsatz der nachhaltigen Entwicklung im Jahr 1992 zum zentralen Leitbild der

976 VG Berlin, Urteil vom 14.05.2009 - 1 A 417.08 -, GewArch 2009, S. 495, 497.

977 VG Berlin, Urteil vom 14.05.2009 - 1 A 417.08 -, GewArch 2009, S. 495, 497.

978 vgl. *Czychowski/Reinhardt*, Wasserhaushaltsgesetz, § 12, Rn. 15.

979 vgl. den Brundlandt-Report von 1987 – Report of the World Commission on Environment and Development: Our Common Future, Part I. Common Concerns, Chapter 2: Towards Sustainable Development, veröffentl. unter www.un-documents.net.

Umwelt- und Entwicklungspolitik erhoben.[980] Vereinfacht ausgedrückt bedeutet Nachhaltigkeit, dass der Mensch die natürlichen Umweltgüter nur so nutzen darf, dass ihre Nutzbarkeit für künftige Generationen erhalten bleibt.[981] In Deutschland ist der Nachhaltigkeitsgedanke in seiner ökologischen Komponente in Art. 20 a GG verfassungsrechtlich verankert. Danach hat der Staat die natürlichen Lebensgrundlagen auch in Verantwortung für künftige Generationen zu schützen. Zu den natürlichen Lebensgrundlagen zählen neben den Umweltmedien Luft, Wasser und Boden sowie den Pflanzen, Tieren und Mikroorganismen auch das Klima und die Atmosphäre mit der Ozonschicht.[982] Inhaltlich ergibt sich aus Art. 20 a GG das Gebot eines langfristigen, generationenübergreifenden Ressourcenschutzes, zu gewährleisten durch eine nachhaltige Ressourcenbewirtschaftung.[983] Für die Exekutive besitzt das grundgesetzliche Nachhaltigkeitsgebot insoweit Bedeutung, als es bei der Konkretisierung unbestimmter Rechtsbegriffe und der Ermessensbetätigung als Auslegungs- und Abwägungsdirektive zu beachten ist.[984] Gerade bei der Anwendung von Normen, die im Tatbestand auf das öffentliche Interesse, auf öffentliche Belange oder wie § 3 Nr. 10 WHG auf das Wohl der Allgemeinheit abstellen, hat die Verwaltung den Schutzauftrag des Art. 20 a GG zu verwirklichen.[985] Demnach ist der wasserrechtliche Gemeinwohlbegriff umfassend im Sinne eines Allgemeinwohls nicht nur der heute lebenden, sondern auch der künftigen Generationen zu verstehen.[986]

Dies hat zur Folge, dass bei der Beurteilung der Gemeinwohlverträglichkeit geothermischer Nutzungen in Wahrnehmung einer Verantwortung für zukünftige Generationen auch die langfristigen Folgen der Gewässerbenutzung und damit die positiven Auswirkungen auf den Klimaschutz angemessen zu würdigen sind. In gleichem Maße muss die Trinkwasserversorgung für die Zukunft sichergestellt werden, was unter anderem eine Berücksichtigung möglicher Auswirkungen des Klimawandels verlangt wie zum Beispiel einer drohenden Grundwasserverknappung

980 vgl. die Rio-Erklärung über Umwelt und Entwicklung, sog. Rio-Deklaration, veröffentl. unter www.un.org.

981 *Murswiek*, NuR 2002, S. 641.

982 *Schulze-Fielitz*, in: Dreier, Grundgesetz, Band II, Art. 20 a, Rn. 32.

983 *Murswiek*, NuR 2002, S. 641, 645.

984 vgl. BVerwG, Urteil vom 23.11.2005 - 8 C 14/04 -, NVwZ 2006, S. 595, 597 und Urteil vom 25.01.2006 - 8 C 13/05 -, NVwZ 2006, S. 690, 692.

985 *Murswiek*, in: Sachs, Grundgesetz, Art. 20 a, Rn. 68; *Schulze-Fielitz*, in: Dreier, Grundgesetz, Band II, Art. 20 a, Rn. 77.

986 *Böllinger u.a.*, NuR 2001, S. 121, 125.

infolge des Rückganges der Grundwasserneubildung.[987] Gemeinwohlerheblich sind also die Sicherung der Grundwasservorkommen für künftige Generationen auf der einen sowie die Sicherstellung guter allgemeiner Lebensbedingungen für die kommenden Generationen auf der anderen Seite. Letztlich stehen sich damit der Grundwasserschutz und der Klimaschutz als Abwägungspositionen im Rahmen der Bestimmung des Allgemeinwohls gegenüber, ohne dass eine konkrete Wertigkeit der Schutzgüter gesetzlich vorgegeben ist. Das Nachhaltigkeitsprinzip ist für die Lösung dieses Zielkonfliktes verschiedener ökologischer Belange ungeeignet. Sofern sich ein Nachhaltigkeitsziel nur dadurch verwirklichen lässt, dass eine zur Zielerreichung notwendige Ressource nicht nachhaltig bewirtschaftet wird, ist ungeklärt, welchem ökologischen Interesse der Vorrang einzuräumen ist.[988] Art. 20 a GG enthält keine strikten Regeln für die Lösung von Zielkonflikten, seien es solche zwischen dem Umweltschutz und anderen öffentlichen Belangen oder solche verschiedener ökologischer Schutzgüter untereinander.[989] Eine diesbezügliche Konkretisierung obliegt dem Gesetzgeber, wobei dieser angesichts der Unbestimmtheit der Verfassungsnorm über einen weiten Gestaltungsspielraum verfügt; Exekutive und Judikative sind an die gesetzlichen Konkretisierungen des Art. 20 a GG gebunden.[990] Im besonderen Umweltrecht fehlt es aber bisher an einer gesetzgeberischen Festlegung des Vorrangs bestimmter Umweltgüter oder einer konkreten Ausgestaltung des Verfahrens zur Berücksichtigung von globalen und langfristig angelegten Klimaschutzaspekten. Es existieren lediglich dem § 6 Abs. 1 Satz 2 WHG vergleichbare Generalklauseln zum Klimaschutz, so beispielsweise in § 1 Abs. 3 Nr. 4 Bundesnaturschutzgesetz (BNatSchG).[991] Bei der gesetzlichen Zweckbestimmung des § 1 Abs. 1 BImSchG und der dort als Schutzgut genannten Atmosphäre ist dagegen streitig, ob diese ausschließlich die Wetterverhältnisse in einem bestimmten geographischen Raum, das sog. kleinräumige Klima, betrifft[992]

---

987 vgl. hierzu *Böllinger u.a.*, NuR 2001, S. 121 ff.

988 *Gärditz*, DVBl. 2010, S. 214, 220.

989 *Schulze-Fielitz*, in: Dreier, Grundgesetz, Band II, Art. 20 a, Rn. 46; *Murswiek*, in: Sachs, Grundgesetz, Art. 20 a, Rn. 55.

990 *Murswiek*, in: Sachs, Grundgesetz, Art. 20 a, Rn. 57, 60.

991 Gesetz über Naturschutz und Landschaftspflege (Bundesnaturschutzgesetz – BNatSchG) vom 29.07.2009, BGBl. 2009 Teil I Nr. 51 vom 06.08.2009, S. 2542; zuletzt geändert durch Art. 7 des Gesetzes vom 21.01.2013, BGBl. 2013 Teil I Nr. 3 vom 28.01.2013, S. 95.

992 so *Dietlein*, in: Landmann/Rohmer, Umweltrecht, Band III, § 1 BImSchG, Rn. 15.

oder ob sie auch die globalen Klimaverhältnisse erfasst.[993] Letztere Auffassung erscheint schon nach dem Wortlaut vorzugswürdig und entspricht den verfassungsrechtlichen Vorgaben des Art. 20 a GG. Auf eine den Klimawandel einbeziehende Auslegung deuten zudem die Äußerungen im Gesetzgebungsverfahren hin.[994] Dies ändert aber nichts daran, dass es der Gesetzgeber bisher unterlassen hat, konkrete Maßgaben zur Wertigkeit des globalen Klimaschutzes im Verhältnis zu den fachspezifisch geschützten Umweltmedien Wasser, Boden und Luft sowie zu Natur und Landschaft festzulegen.

Folglich lässt sich an dieser Stelle die entscheidende Frage aufwerfen, inwieweit die Gesellschaft bereit ist, zu Gunsten des Klimaschutzes nachteilige Auswirkungen auf das Grundwasser hinzunehmen? Eine Antwort kann letztlich nur die Politik finden und auf demokratischem Wege mittels des grundgesetzlich vorgeschriebenen Gesetzgebungsverfahrens verwirklichen. Die derzeitige Rechtslage lässt eine allgemeingültige Aussage zum Verhältnis von Gewässerschutz und Klimaschutz jedenfalls nicht zu; vielmehr gelangt der Rechtsanwender hier an die Grenzen der Auslegung. Diesen Umstand kritisiert auch die obergerichtliche Rechtsprechung. So hat das Oberverwaltungsgericht Berlin-Brandenburg in einer Entscheidung über die Zulassung der Fortführung eines Braunkohletagebaus festgestellt, dass es nicht Aufgabe des Gerichts sein könne, in solch einem Verfahren eine umfassende Bewertung der mit den verschiedenen Energieträgern verbundenen Umweltrisiken vorzunehmen und seine Entscheidung auf der Grundlage energiepolitischer Zielvorstellungen zu treffen, die in der Rechtsordnung noch keine hinreichende Konkretisierung erfahren habe.[995] Sinnvoll wäre es daher, die umweltrechtlichen Genehmigungsverfahren durch politische Vorfestlegungen von komplexen Abwägungsvorgängen zu entlasten und auf diese Weise zu rational handhabbaren Verwaltungsentscheidungen zu gelangen.[996] Solange dies nicht geschehen ist, obliegt der Verwaltung die schwierige Aufgabe, im wasserrechtlichen Zulassungsverfahren das Wohl der Allgemeinheit zu konkretisieren und für den Einzelfall eine plausible Abwägungsentscheidung zu treffen. Ziel muss es dabei sein, ein Gleichgewicht zwischen der ökologisch sinnvollen

---

993 so *Führ*, in: Koch/Pache/Scheuing, Gemeinschaftskommentar zum Bundes-Immissionsschutz-gesetz, § 1, Rn. 144 ff.; *Jarass*, BImSchG, § 1, Rn. 6.

994 vgl. BT-Drucks. 11/6633, S. 35, 43.

995 OVG Berlin-Brandenburg, Beschluss vom 05.07.2007 - OVG 2 S 25.07 -, ZUR 2008, S. 34, 39.

996 *Gärditz*, DVBl. 2010, S. 214, 221.

Nutzung des Grundwassers und seinem Schutz als primäre Trinkwasserressource herzustellen.[997] Folgende Grundsätze sind zu beachten:

3) Zu den Grundsätzen der Abwägung im Einzelfall

Primärer Schutzgegenstand des Wasserhaushaltsrechts sind die Gewässer. Wegen der überragenden Bedeutung einer einwandfreien Trinkwasserversorgung der Bevölkerung und der Hervorhebung des Gemeinwohlbelangs „öffentliche Wasserversorgung" in § 3 Nr. 10 WHG geht bei der Entscheidung über die Genehmigungsfähigkeit einer wasserrechtlichen Benutzung im Zweifel der Grundwasserschutz dem Klimaschutz und damit der privaten Erdwärmenutzung vor. Die Behörde hat aber stets die Möglichkeit der Beifügung von Nebenbestimmungen zu beachten, mittels derer die Entstehung schädlicher Gewässerveränderungen unter Umständen vermieden oder zumindest ausgeglichen werden kann. Im Übrigen kommt es maßgeblich auf eine Gefahrenprognose an, die zum einen die Wahrscheinlichkeit eines Schadenseintritts für das Schutzgut Grundwasser und zum anderen das Ausmaß des drohenden Schadens berücksichtigt. Wenn im Einzelfall eine Beeinträchtigung der Grundwasserbeschaffenheit zwar nicht ausgeschlossen werden kann, die Wahrscheinlichkeit des Schadenseintritts oder der im ungünstigsten Fall zu befürchtende Schaden aber gering ist, kann das öffentliche Interesse an einer klimafreundlichen und ressourcenschonenden Erdwärmenutzung gegenüber dem an der Schonung des Grundwassers überwiegen.[998] Wenn dagegen mit hinreichender Wahrscheinlichkeit eine nicht nur unerhebliche Schädigung des Grundwassers zu erwarten ist, wird regelmäßig der Grundwasserschutz höher zu bewerten sein als das Interesse an der geothermischen Nutzung des Untergrundes. Feste Regeln lassen sich insoweit zwar nicht aufstellen. Als Anhaltspunkte können aber die bereits angesprochenen Temperaturgrenzwerte herangezogen werden, wie sie in der VDI-Richtlinie 4640 und einzelnen Leitfäden Niederschlag gefunden haben.[999] Werden diese Grenzwerte überschritten, bedarf es jedenfalls einer besonderen Begründung, weshalb die Erdwärmenutzung dennoch keine Beeinträchtigung des Gemeinwohls darstellt. Bei geothermischen Großanlagen und in Anbetracht der in naturwissenschaftlicher Hinsicht noch bestehenden Unsicherheiten ist aber ohnehin die Durchführung standortbezogener, sedimentspezifischer Voruntersuchungen geboten.

---

997 *Hähnlein u.a.*, bbr 2009, Sonderheft Oberflächennahe Geothermie, S. 14.

998 *Buchholz*, in: Geothermische Vereinigung - Bundesverband Geothermie e.V., Der Geothermie-kongress 2008, S. 345/346.

999 vgl. VDI-Richtlinie 4640, Blatt 1, S. 25–27 und Blatt 2, S. 7, 15; Leitfaden Baden-Württemberg – Grundwasserwärmepumpen, S. 15, 16.

Die positiven Wirkungen der Errichtung geothermischer Anlagen zur Beheizung und Klimatisierung von Gebäuden im Sinne einer nachhaltigen Energiegewinnung können zudem bei der Prüfung der Genehmigungsfähigkeit derart Berücksichtigung finden, dass auf Tatbestandsebene des § 12 Abs. 1 WHG keine zu strengen Anforderungen an die Gewässerbenutzung gestellt werden. Eine geringfügige Beeinträchtigung der Grundwasserbeschaffenheit ist insoweit hinzunehmen, wenn dafür andere Gemeinwohlbelange in Gestalt des Klimaschutzes und der Nutzung regenerativer Energien gefördert werden. Zur Begründung lässt sich auch die Zweistufigkeit des § 12 WHG mit der Subsumtion unter den unbestimmten Rechtsbegriff des Wohls der Allgemeinheit auf Tatbestandsebene und der Ausübung des Bewirtschaftungsermessens auf Rechtsfolgenseite anführen. Die Auslegung des Gemeinwohlbegriffs soll dabei vornehmlich die Aufrechterhaltung eines wasserwirtschaftlichen Mindeststandards sicherstellen, während die behördliche Ermessensausübung der Feinsteuerung und Optimierung des Gewässerschutzes unter Einbeziehung der voraussehbaren zukünftigen Entwicklung dient.[1000] Wenn aber § 12 Abs. 1 WHG nur einen absolut geschützten Minimalbestand gewährleistet, darf an dieser Stelle die Zulässigkeit der Gewässerbenutzungen nicht zu sehr eingeschränkt werden. Andernfalls droht das Bewirtschaftungsermessen, welches die Berücksichtigung planerischer Elemente zur Optimierung des Gewässerschutzes und zur angemessenen Verteilung der Ressource Grundwasser erlaubt, weitgehend leerzulaufen. Zudem wird durch die im WHG gewählte Konstruktion eines repressiven Verbots mit Befreiungsvorbehalt hinreichend gewährleistet, dass die Behörde die Erteilung einer Genehmigung auch dann ablehnen kann, wenn die Versagungsgründe des § 12 Abs. 1 WHG nicht eingreifen. Soweit es die mit dem Betrieb einer geothermischen Anlage verbundenen Temperaturveränderungen des Grundwassers betrifft, dürfen daher keine zu strengen Grenzwerte festgelegt werden, um die Erdwärmenutzung nicht von vornherein auszuschließen. Eine Feinsteuerung ist immer noch im Rahmen des Bewirtschaftungsermessens möglich, wenn beispielsweise eine zu erwartende Vielzahl vergleichbarer Benutzungen zu einer Kumulierung der negativen Auswirkungen auf das Grundwasser führen könnte. Die mit der Anlagenerrichtung verbundenen Gefahren lassen sich dagegen bei Beachtung der technischen Standards und der gebotenen behördlichen oder sachverständigen Überwachung in hinreichendem Maße beherrschen, so dass schädliche Gewässerveränderungen im Sinne des § 12 Abs. 1 Nr. 1 WHG regelmäßig vermeidbar sind.

1000 *Reinhardt*, NuR 2006, S. 205, 208.

cc) Zu den besonderen Bewirtschaftungszielen für das Grundwasser gemäß § 47 Abs. 1 WHG

Ergänzend sind im Rahmen der tatbestandlichen Abwägung die besonderen Bewirtschaftungsziele für das Grundwasser aus § 47 Abs. 1 WHG sowie der Besorgnisgrundsatz des § 48 Abs. 1 Satz 1 WHG zu berücksichtigen. § 47 WHG setzt die Vorgaben des Art. 4 Abs. 1 b) WRRL in deutsches Recht um. Gemäß § 47 Abs. 1 Nr. 1–3 WHG ist das Grundwasser so zu bewirtschaften, dass eine Verschlechterung seines mengenmäßigen und chemischen Zustandes vermieden wird (Nr. 1), dass alle signifikanten und anhaltenden Trends ansteigender Schadstoffkonzentrationen auf Grund der Auswirkungen menschlicher Tätigkeiten umgekehrt werden (Nr. 2) und dass ein guter mengenmäßiger und ein guter chemischer Zustand erhalten oder erreicht werden (Nr. 3).

Für die Nutzung oberflächennaher Geothermie ist vornehmlich das Verschlechterungsverbot des § 47 Abs. 1 Nr. 1 WHG von praktischer Relevanz. Unter „mengenmäßigem Zustand" ist gemäß Art. 2 Nr. 26 WRRL das Ausmaß zu verstehen, in dem ein Grundwasserkörper durch direkte und indirekte Entnahme beeinträchtigt wird. Ziel ist die Erhaltung der Quantität des Grundwasserkörpers; das Grundwasser ist so zu bewirtschaften, dass sich seine Menge nicht verringert.[1001] Bei geschlossenen Systemen ist dies unproblematisch, da sie das Grundwasser nicht direkt nutzen und keine Auswirkungen auf die Grundwassermenge haben. Aber auch Dublettenanlagen, welche das Grundwasser aus einem Aquifer entnehmen und es nach Wärme- bzw. Kälteentzug wieder in diesen einleiten, wirken sich im Regelfall nicht nachteilig auf den mengenmäßigen Zustand aus, da die Wiedereinleitung in dasselbe Grundwasserstockwerk erfolgt. Damit wird eine Veränderung der mengenmäßigen Wasserbilanz gerade vermieden.[1002] Anders ist dies, wenn es infolge des Anschneidens des Grundwasserkörpers durch die Bohrung zum Austritt von Wasser aus seinem natürlichen Leiter und zum Eindringen in angrenzende Bodenschichten und damit zu einer Absenkung des Grundwasserspiegels kommt.[1003] Denn nach der Legaldefinition in § 3 Nr. 3 WHG umfasst das Grundwasser lediglich das Wasser in der gesättigten Zone innerhalb des Kapillarsaums und überlässt das im Erdreich versickernde und gespeicherte Wasser dem Regelungsbereich des Bodenschutzrechts.[1004] Der Genehmigungsfähigkeit der Anlagenerrichtung steht die Möglichkeit einer Grundwasserabsenkung infolge

---

1001 *Czychowski/Reinhardt*, Wasserhaushaltsgesetz, § 47, Rn. 7.

1002 vgl. VBI-Leitfaden Oberflächennahe Geothermie, S. 21.

1003 *Reinhardt*, UPR 2009, S. 289, 293.

1004 *Czychowski/Reinhardt*, Wasserhaushaltsgesetz, § 3, Rn. 45.

der Geothermiebohrung allerdings nicht entgegen, da bei Einhaltung der technischen Standards der VDI-Richtlinie 4640 sowie der einschlägigen DIN-Normen und DVGW-Arbeitsblätter und bei hinreichender Einbeziehung der spezifischen hydrogeologischen Standortbedingungen die Wahrscheinlichkeit eines derartigen Störfalles als gering einzustufen ist. Im Übrigen wäre es auch vertretbar, auf die Ausnahmebestimmung des § 47 Abs. 3 Satz 1 i.V.m. § 31 Abs. 2 Satz 1 Nr. 1 und 2 WHG abzustellen. Danach verstößt die Verschlechterung des Zustands des Grundwassers infolge einer Absenkung nicht gegen die Bewirtschaftungsziele des § 47 Abs. 1 WHG, wenn diese Veränderung durch ein übergeordnetes öffentliches Interesse gerechtfertigt ist oder wenn der Nutzen für die nachhaltige Entwicklung größer ist als der Nutzen, den das Erreichen der Bewirtschaftungsziele für die Umwelt und die Allgemeinheit hat. Der Begriff des öffentlichen Interesses wird dabei zumeist mit dem Wohl der Allgemeinheit gleichgesetzt und umfasst neben den genuin wasserwirtschaftlichen Belangen auch andere öffentliche Belange wie den Klimaschutz.[1005] Gerade in Anbetracht des allenfalls kurzzeitigen Austritts von Grundwasser aus dem Aquifer und der Geringfügigkeit der mengenmäßigen Veränderung ist es daher gut vertretbar, den Nutzen der klimafreundlichen Energiegewinnung in diesem Fall gegenüber dem geringfügigen Eingriff in das Schutzgut Grundwasser als vorrangig anzusehen, immer vorausgesetzt, dass auch die Erforderlichkeitsklausel (§ 31 Abs. 2 Satz 1 Nr. 3 WHG) und die Aktivitätsklausel (§ 31 Abs. 2 Satz 1 Nr. 4 WHG) erfüllt sind.

Soweit es die Vermeidung einer Verschlechterung des chemischen Zustands des Grundwassers betrifft, ist noch einmal zwischen der Anlagenerrichtung und dem Anlagenbetrieb zu unterscheiden. Das Risiko eines Eindringens von Schadstoffen ins Grundwasser während des Bohrvorgangs ist bei Einhaltung der allgemein anerkannten Regeln der Technik kalkulierbar und steht daher nicht in Widerspruch zu § 47 Abs. 1 Nr. 1 WHG. Gleiches gilt für die mit dem Betrieb einer geothermischen Anlage verbundenen Temperaturveränderungen des Grundwassers. Sofern sich die Grundwassertemperatur im Bereich zwischen 0°C und 20°C bewegt und Schwankungen von mehr als 6 K vermieden werden, können die Auswirkungen auf die chemische Beschaffenheit des Grundwassers wegen ihrer Geringfügigkeit praktisch vernachlässigt werden.[1006] Zu widersprechen ist der Auffassung, die schon bei geringsten Beeinträchtigungen einen Verstoß gegen

1005 *Czychowski/Reinhardt*, Wasserhaushaltsgesetz, § 31, Rn. 15; *Queitsch*, in: Wellmann/Queitsch/Fröhlich, Wasserhaushaltsgesetz, § 31, Rn. 9.

1006 Leitfaden Baden-Württemberg – Grundwasserwärmepumpen, S. 15.

das Verschlechterungsverbot bejahen will.[1007] Denn die wasserrechtlichen Erlaubnisnormen würden gegenstandslos, wenn ohnehin jegliche, also auch jede nur unerhebliche Gewässerbeeinträchtigung verboten wäre.[1008] Richtigerweise ist zu differenzieren und zumindest eine gewisse Erheblichkeit der Verschlechterung zu verlangen.[1009] Nachteilige Veränderungen müssen eine bestimmte Qualität aufweisen, um im Rechtssinne als Verschlechterung angesehen werden zu können.[1010] Anhaltspunkte können sich insoweit aus den Vorgaben der Grundwasserrichtlinie für eine Trendumkehr ergeben (vgl. Art. 5 Abs. 3 i.V.m. Anhang IV Teil B Nr. 1 GWRL). Im Übrigen sind weder kurzfristige noch rein lokal wirkende nachteilige Veränderungen des Grundwassers als Verschlechterung im Sinne des § 47 Abs. 1 Nr. 1 WHG anzusehen.[1011] In diesem Zusammenhang ist noch einmal zu betonen, dass das WHG kein striktes und absolutes Verschlechterungsverbot statuiert, sondern dass die Bewirtschaftungsziele abwägungsoffen sind und der Herbeiführung plausibler Verwaltungsentscheidungen dienen.[1012] Darin liegt auch kein Verstoß gegen Unionsrecht in Gestalt der WRRL. Denn das dort in Art. 4 Abs. 1 a) i) und b) i) geregelte Verschlechterungsverbot begründet lediglich eine zwingende Vorgabe für die Gewässerbewirtschaftung insgesamt, nicht aber für jede einzelne Gewässerbenutzung.[1013] Die WRRL beruht auf einer planerischen Bewirtschaftungskonzeption und nicht auf einem starren konditionalen Programm der Kontrolle einzelner gewässerrelevanter Tätigkeiten.[1014]

Im Ergebnis lässt die geothermische Nutzung des oberflächennahen Untergrunds bei ordnungsgemäßem Anlagenbetrieb keine Verschlechterung des mengenmäßigen oder chemischen Zustands des Grundwassers erwarten, so dass das besondere Bewirtschaftungsziel des § 47 Abs. 1 Nr. 1 WHG erfüllt ist. Verstöße gegen § 47 Abs. 1 Nr. 2 und Nr. 3 WHG sind ebenfalls nicht zu befürchten.

dd) Zum Besorgnisgrundsatz des § 48 Abs. 1 Satz 1 WHG

Bedeutung für die Abwägung kann zudem der Besorgnisgrundsatz in seiner grundwasserspezifischen Ausprägung des § 48 Abs. 1 Satz 1 WHG gewinnen. Danach

1007 so aber *Reinhardt*, NuR 2006, S. 205, 210.
1008 *Ekardt/Weyland/Schenderlein*, NuR 2009, S. 388, 393.
1009 *Ekardt/Weyland/Schenderlein*, NuR 2009, S. 388, 393.
1010 *Ginzky*, NuR 2008, S. 147, 151.
1011 vgl. *Ginzky*, NuR 2008, S. 147, 150/151.
1012 *Breuer*, NuR 2007, S. 503, 506.
1013 *Köck*, ZUR 2009, S. 227, 229.
1014 *Köck*, ZUR 2009, S. 227, 229.

darf eine Erlaubnis für das Einbringen und Einleiten von Stoffen in das Grundwasser nur erteilt werden, wenn eine nachteilige Veränderung der Wasserbeschaffenheit nicht zu besorgen ist. Nach dem Wortlaut bezieht sich die Vorschrift also lediglich auf den Benutzungstatbestand des § 9 Abs. 1 Nr. 4 WHG. Dennoch wird verbreitet die Ansicht vertreten, der Besorgnisgrundsatz als wasserrechtliche Grundsatzentscheidung gelte daneben auch für alle sonstigen Benutzungstatbestände sowie bei sämtlichen Verwaltungsentscheidungen, die einen Bezug zum Grundwasser aufweisen.[1015] Dem ist lediglich insoweit zuzustimmen, als der Besorgnisgrundsatz des § 48 WHG, ebenso wie § 32 Abs. 2 WHG für oberirdische Gewässer, § 45 Abs. 2 WHG für Küstengewässer und § 62 Abs. 1 WHG für Anlagen zum Umgang mit wassergefährdenden Stoffen, Ausdruck einer materiellen Grundentscheidung des WHG ist und darauf abzielt, den Schutz des Wohls der Allgemeinheit, insbesondere im Hinblick auf die öffentliche Wasserversorgung, durch besondere Absicherungen für die Reinhaltung des Grundwassers zu verstärken.[1016] Daraus lässt sich aber nicht schlussfolgern, dass § 48 Abs. 1 Satz 1 WHG entgegen seinem ausdrücklichen Wortlaut auf sämtliche Benutzungstatbestände des § 9 Abs. 1 und 2 WHG anwendbar ist. Denn eine erweiternde Auslegung der Vorschrift stünde im Widerspruch zum gesetzgeberischen Regelungswillen. Hätte der Gesetzgeber eine Geltung des Besorgnisgrundsatzes für alle wasserrechtlichen Benutzungstatbestände gewollt, so hätte er dies im Zuge der Neuregelung des Wasserhaushaltsrechts durch eine einfache Änderung des Wortlauts der Vorschrift klarstellen können. Dies hat er aber gerade nicht getan, sondern in der Begründung des Gesetzentwurfs lediglich ausgeführt, dass das WHG im Interesse eines wirksamen Grundwasserschutzes an dem bewährten Besorgnisgrundsatz festhält.[1017] Sinn und Zweck der Vorschrift gebieten ebenso wenig eine Anwendung des Besorgnisgrundsatzes auf jegliche Benutzung des Grundwassers. Denn § 48 WHG zielt auf die „Reinhaltung“ des Grundwassers ab, hat also einen stoffbezogenen Inhalt und soll eine den Wasserhaushalt beeinträchtigende Erhöhung von Schadstoffgehalten und Schadstoffmengen verhindern.[1018] Insoweit sind auch die von der Gegenauffassung angeführten Entscheidungen des Bundesverwaltungsgerichts nicht geeignet, eine erweiternde Auslegung zu begründen, da sich die Urteile auf eben solche Verunreinigungen des Grundwassers durch Schadstoffe beziehen

1015 *Ginzky*, ZUR 2005, S. 291; *Berendes*, Wasserhaushaltsgesetz, § 48, Rn. 8.

1016 BVerwG, Beschluss vom 13.05.1982 - 7 B 35/83 -, NVwZ 1984, S. 374; *Reinhardt*, UPR 2009, S. 289, 292.

1017 BT-Drucks. 16/12275, S. 65.

1018 vgl. BT-Drucks. 16/12275, S. 65.

und keine Aussagen zur Anwendung des Besorgnisgrundsatzes auf andere Benutzungstatbestände enthalten.[1019] Im Ergebnis ist daher der eindeutige Wortlaut des § 48 Abs. 1 Satz 1 WHG zu respektieren und die Anwendung der Norm ist auf Benutzungen im Sinne von § 9 Abs. 1 Nr. 4 WHG zu beschränken.[1020] Der Hessische Verwaltungsgerichtshof hat diese Einschätzung in einer aktuellen Entscheidung zur Erdwärmenutzung innerhalb eines Wasserschutzgebietes bestätigt.[1021]

Für die geothermische Nutzung des oberflächennahen Untergrundes hat dies zur Folge, dass die besonderen Anforderungen des Besorgnisgrundsatzes nur für die nach § 9 Abs. 1 Nr. 4 WHG genehmigungspflichtige Errichtung der Anlage sowie für das Wiedereinleiten des erwärmten bzw. abgekühlten Wassers in den Grundwasserleiter bei Dublettenanlagen gelten, nicht dagegen für den von § 9 Abs. 2 Nr. 2 WHG erfassten Betrieb einer Erdwärmesondenanlage. In der Sache verschärft der Besorgnisgrundsatz den Maßstab der Schadenswahrscheinlichkeit und verlangt, dass eine nachteilige Veränderung der Wasserbeschaffenheit „nicht zu besorgen" ist. Eine solche Besorgnis besteht immer schon dann, wenn die Möglichkeit eines Schadenseintritts bei einer auf konkreten, nachvollziehbaren Feststellungen beruhenden Prognose nach menschlicher Erfahrung und nach dem Stand der Technik nicht von der Hand zu weisen ist.[1022] Die Genehmigungsfähigkeit setzt damit voraus, dass eine Beeinträchtigung des Schutzgutes nach menschlicher Erfahrung unwahrscheinlich ist.[1023] Die Wahrscheinlichkeit des Schadenseintritts ist aber stets in ein angemessenes Verhältnis zum Ausmaß des drohenden wasserwirtschaftlichen Schadens zu setzen.[1024] Sofern die Bohrung und die bei dem Bau einer Erdwärmesonde oder Brunnenanlage in den Untergrund einzubringenden Anlagenteile den allgemein anerkannten Regeln der Technik entsprechen und die beteiligten Firmen zudem über die notwendige fachliche Qualifikation verfügen, ist die Schadenswahrscheinlichkeit als gering einzuschätzen und eine

---

1019 vgl. hierzu BVerwG, Urteil vom 16.11.1973 - IV C 44.69 -, NJW 1974, S. 815 ff.; BVerwG, Urteil vom 12.09.1980 - IV C 89.77 -, DÖV 1981, S. 104 f.

1020 so auch *Czychowski/Reinhardt*, Wasserhaushaltsgesetz, § 48, Rn. 11; *Kotulla*, Wasserhaushaltsgesetz, § 48, Rn. 3; *Gößl*, in: Sieder/Zeitler/Dahme/Knopp, Wasserhaushaltsgesetz – Abwasserabgabengesetz, Band 3, § 34 WHG, Rn. 7 a.

1021 VGH Kassel, Beschluss vom 17.08.2011 - 2 B 1484/11 -, DVBl. 2011, S. 1429, 1431.

1022 BVerwG, Urteil vom 12.09.1980 - IV C 89.77 -, DÖV 1981, S. 104, 105; VGH München, Urteil vom 05.12.1996 - 22 B 96.2050 -, NVwZ-RR 1997, S. 615, 616; *Breuer*, Öffentliches und privates Wasserrecht, Rn. 237.

1023 OLG Zweibrücken, Urteil vom 09.03.1990 - 1 Ss 7/90 -, NuR 1991, S. 41, 42; *Czychowski/Reinhardt*, Wasserhaushaltsgesetz, § 32, Rn. 39.

1024 *Reinhardt*, UPR 2009, S. 289, 293.

Beeinträchtigung der Wasserbeschaffenheit nach den genannten Maßstäben nicht zu besorgen, es sei denn, die hydrogeologischen Standortbedingungen sind ungünstig. In diesem Fall kann § 48 Abs. 1 Satz 1 WHG die Erlaubniserteilung ausschließen. Grundsätzlich steht der Besorgnisgrundsatz der Errichtung geothermischer Anlagen aber – nach derzeitigem Stand – nicht entgegen. Eine andere Beurteilung könnte sich aufgrund neuer wissenschaftlicher Erkenntnisse, einer Zunahme von Schadensfällen oder der steigenden Anzahl von Geothermieanlagen ergeben. Auf einen gewissen Wandel in der behördlichen Sichtweise deuten entsprechende Aussagen des Landesamtes für Landwirtschaft, Umwelt und ländliche Räume des Landes Schleswig-Holstein sowie des Ministeriums für Umwelt, Gesundheit und Verbraucherschutz des Landes Brandenburg hin.[1025] Die behördlichen Ausführungen beziehen sich allerdings auf die Frage der Genehmigungspflicht einer Anlagenerrichtung, nicht auf diejenige der Genehmigungsfähigkeit. Dementsprechend führt eine mögliche Neubewertung der mit geothermischen Bohrungen verbundenen Risiken nicht zwingend zur wasserrechtlichen Unzulässigkeit; vielmehr kann den Gefahren für das Schutzgut Grundwasser auch durch die Erteilung von Inhalts- und Nebenbestimmungen sowie durch eine strengere Überwachung der Anlagen begegnet werden.

Soweit es den Betrieb von Dublettenanlagen betrifft, sind die Anforderungen wegen der Anwendbarkeit des Besorgnisgrundsatzes gegenüber dem Betrieb von Erdwärmesondenanlagen verschärft. Dies ist angesichts des direkten Kontaktes offener Systeme mit dem Grundwasser und des damit verbundenen höheren Gefahrenpotenzials auch gerechtfertigt. Bei geothermischen Dublettenanlagen ist daher besonders sorgfältig zu prüfen, wie sich die Wiedereinleitung des erwärmten oder abgekühlten Grundwassers auf die Wasserbeschaffenheit auswirkt. Hierfür kommt es maßgeblich auf die konkreten Umstände des Einzelfalls – thermische Leistung der Anlage und hydrogeologische Standortbedingungen – an, so dass eine allgemeingültige Beantwortung der Zulässigkeitsfrage nicht möglich ist.

ee) Zur Beifügung von Inhalts- und Nebenbestimmungen

Für die Zulässigkeit einer Benutzung ist stets auch die Beifügung von Inhalts- und Nebenbestimmungen gemäß § 12 Abs. 1 Nr. 1 und § 13 WHG sowie ergänzend nach der allgemeinen Regelung des § 36 Abs. 2 VwVfG von Bedeutung. Sind derartige Bestimmungen geeignet, die Möglichkeit eines Schadenseintritts

---

1025 vgl. Leitfaden Schleswig-Holstein, S. 6; *Ministerium für Umwelt, Gesundheit und Verbraucherschutz des Landes Brandenburg*, Rundschreiben vom 18.08.2010 – Unzulässigkeit von Erdwärmesonden in Wasserschutzgebieten.

auszuschließen oder zu minimieren, stellen sie die Genehmigungsfähigkeit sicher und die Behörde hat von ihnen Gebrauch zu machen. Dies gebietet schon der verfassungsrechtlich durch das Rechtsstaatsprinzip des Art. 20 Abs. 3 GG verbürgte Grundsatz der Verhältnismäßigkeit. Eine Versagung der Genehmigung kommt daher nicht in Betracht, wenn das Genehmigungshindernis durch die Erteilung von Nebenbestimmungen ausgeräumt werden kann.[1026] §§ 12 Abs. 1 Nr. 1 und 13 WHG besitzen insoweit nur klarstellende Funktion, weil die Verwaltung, wenn sie zur Ablehnung eines Antrags berechtigt oder sogar verpflichtet wäre, schon nach dem argumentum a maiore ad minus auch eine mit Inhalts- oder Nebenbestimmungen versehene Gestattung aussprechen kann.[1027] Inhaltsbestimmungen sind dabei unselbständige Bestandteile der Genehmigung, durch die Inhalt und Grenzen der Gewässerbenutzung festgelegt werden.[1028] Sie stellen inhaltliche Konkretisierungen der Genehmigung dar und betreffen Art, Umfang oder Modalitäten der zugelassenen Benutzung; der Begriff entspricht demjenigen der Benutzungsbedingungen aus § 4 Abs. 1 Satz 1 WHG a.F.[1029] Nebenbestimmungen sind dagegen zusätzliche Anordnungen der Behörde, welche die Hauptregelung des Verwaltungsaktes ergänzen oder beschränken.[1030] Maßgebliche Bedeutung für das Gewässerschutzrecht besitzen Auflagen im Sinne von § 36 Abs. 2 Nr. 4 VwVfG. Sie betreffen nicht den Benutzungstatbestand an sich, sondern verlangen von dem Benutzer ein zusätzliches Tun, Dulden oder Unterlassen, um eine Beeinträchtigung des Allgemeinwohls oder nachteilige Wirkungen für andere zu vermeiden oder auszugleichen.[1031]

§ 13 Abs. 2 WHG nennt beispielhaft einige wasserwirtschaftlich bedeutsame Beschränkungsmöglichkeiten. Dass es sich dabei nicht um eine abschließende Aufzählung der zulässigen Inhalts- und Nebenbestimmungen handelt, ergibt sich schon aus dem Wortlaut der Vorschrift („insbesondere“). Gemäß § 13 Abs. 2 Nr. 1 WHG können zum Beispiel Anforderungen an die Beschaffenheit einzubringender oder einzuleitender Stoffe gestellt werden. Dies kann die physikalische,

---

1026 *Pape*, in: Landmann/Rohmer, Umweltrecht, Band I, § 12 WHG, Rn. 41.

1027 *Pape*, in: Landmann/Rohmer, Umweltrecht, Band I, § 12 WHG, Rn. 41; *Knopp*, in: Sieder/Zeitler/Dahme/Knopp, Wasserhaushaltsgesetz – Abwasserabgabengesetz, Band 2, § 6 WHG, Rn. 5.

1028 OLG Düsseldorf, Beschluss vom 03.12.1990 - 5 Ss (OWi) 370/90 – (OWi) 161/90 I -, NuR 1991, S. 244.

1029 *Breuer*, Öffentliches und privates Wasserrecht, Rn. 436; BT-Drucks. 16/12275, S. 56.

1030 vgl. *Maurer*, Allgemeines Verwaltungsrecht, § 12, Rn. 1.

1031 *Czychowski/Reinhardt*, Wasserhaushaltsgesetz, § 13, Rn. 21.

chemische oder biologische Beschaffenheit betreffen, also auch die Temperatur des einzuleitenden Stoffes.[1032] Dementsprechend hat die Behörde die Möglichkeit, in die Gestattung eine Regelung des Inhalts aufzunehmen, dass das bei einer Dublettenanlage wieder in den Aquifer eingeleitete Grundwasser eine bestimmte Temperaturgrenze nicht über- bzw. unterschreiten darf. Darüber hinaus lassen sich Einzelheiten der Benutzung wie das Bohrverfahren, die Bohrtiefe, der Bohrlochdurchmesser und die Abdichtung der Bohrung sowie das Material der einzubringenden Erdwärmesonden oder die zu verwendende Wärmeträgerflüssigkeit exakt festlegen. Die Nichterfüllung von Inhaltsbestimmungen begründet einen Verstoß gegen § 8 Abs. 1 WHG und macht aus dem gestatteten Verhalten eine unbefugte Gewässerbenutzung; dadurch wird zugleich der bußgeldbewehrte Ordnungswidrigkeitentatbestand des § 103 Abs. 1 Nr. 1 WHG verwirklicht.[1033] Zudem kann die Erlaubnis gemäß § 18 Abs. 1 WHG widerrufen werden. Ein Widerruf der Bewilligung kommt dagegen nicht in Betracht, da § 18 Abs. 2 Satz 1 WHG die Widerruflichkeit auf die Tatbestände des § 49 Abs. 2 Satz 1 Nr. 2 bis 5 VwVfG beschränkt und insoweit abschließend ist.[1034]

Die nach § 13 Abs. 2 Nr. 2 bis 4 WHG möglichen Anordnungen sind als Auflagen im Sinne des § 36 Abs. 2 Nr. 4 VwVfG einzustufen. Dies ergibt sich neben dem inhaltlichen Charakter der Bestimmungen als selbständige, von der eigentlichen Benutzung zu trennende Vorgaben aus einem Vergleich mit § 4 Abs. 2 WHG a.F., in dem die entsprechenden Anordnungen noch ausdrücklich als Auflagen bezeichnet waren. Im Hinblick auf geothermische Nutzungen des Untergrundes ist insbesondere die Vorschrift des § 13 Abs. 2 Nr. 2 c) WHG von Bedeutung, die die Anordnung von Maßnahmen zur Feststellung der Gewässereigenschaften vor der Benutzung sowie zur Beobachtung der Gewässerbenutzung und ihrer Auswirkungen erlaubt. Dies betrifft beispielsweise Art und Umfang der dem Benutzer obliegenden Überwachungsmaßnahmen (wie die Festlegung von Messmethoden und Analyseverfahren sowie die Bestimmung der Häufigkeit von Probenahmen), Mitteilungspflichten oder die Duldung behördlicher Kontrollen; auch die Überwachung der Anlage durch einen sachverständigen Dritten kann angeordnet werden.[1035] Problematisch bei der Einschaltung externer

---

1032 *Breuer*, Öffentliches und privates Wasserrecht, Rn. 628.

1033 vgl. OLG Düsseldorf, Beschluss vom 03.12.1990 - 5 Ss (OWi) 370/90 – (OWi) 161/90 I -, NuR 1991, S. 244, 245.

1034 so auch *Czychowski/Reinhardt*, Wasserhaushaltsgesetz, § 18, Rn. 25; a.A.: *Pape*, in: Landmann/Rohmer, Umweltrecht, Band I, § 13 WHG, Rn. 100.

1035 *Czychowski/Reinhardt*, Wasserhaushaltsgesetz, § 13, Rn. 110, 112.

Sachverständiger ist die Frage der Kostentragung. Eine ausdrückliche Rechtsgrundlage für die Auferlegung der Kosten solcher Überwachungsmaßnahmen gibt es bisher nur in den landesrechtlichen Verordnungen für Anlagen zum Umgang mit wassergefährdenden Stoffen.[1036] Diese Vorschriften gelten zunächst einmal fort, bis auf Grundlage des § 62 Abs. 4 i.V.m. § 23 Abs. 1 Nr. 5 bis 11 WHG die vorgesehene Bundesverordnung in Kraft getreten ist.[1037] Außerhalb des stoffbezogenen Anlagenrechts (§§ 62, 63 WHG) fehlt es an entsprechenden Kostenregelungen. Insbesondere kann hier nicht auf die landeswasserrechtlichen Kostenvorschriften zur allgemeinen Gewässeraufsicht zurückgegriffen werden (vgl. §§ 85, 85 a LWG S-H). Die Auferlegung von Kosten für die Überwachung der Benutzung ist daher, sofern keine sonstige gesetzliche Grundlage eingreift, unzulässig.[1038] In einer Entscheidung zum Immissionsschutzrecht hat der Bayerische Verwaltungsgerichtshof trotz der Existenz einer Kostennorm in § 52 Abs. 4 .BImSchG die behördliche Geltendmachung von Auslagen für die Einschaltung eines externen privaten Sachverständigen wegen Verstoßes gegen den Verhältnismäßigkeitsgrundsatz für rechtswidrig befunden, da die Überwachungstätigkeit auch durch Bedienstete der Behörde und damit wesentlich kostengünstiger hätte erfolgen können.[1039]

Schließlich sind im Zusammenhang mit der geothermischen Nutzung des Untergrundes Auflagen denkbar hinsichtlich der Erkundung der hydrogeologischen Standortverhältnisse und zum Monitoring des Anlagenbetriebs. Des Weiteren können von Behördenseite die Überwachung der Temperaturentwicklung des Grundwassers durch sensorische Messungen sowie die Einhaltung der Vorgaben des DVGW-Regelwerkes, der DIN-Normen und der VDI-Richtlinie 4640 verlangt werden. Bei Zuwiderhandlungen gegen die behördlichen Auflagen kann die Erlaubnis gemäß § 18 Abs. 1 WHG, eine Bewilligung nach § 18 Abs. 2 Satz 1 WHG i.V.m. § 49 Abs. 2 Satz 1 Nr. 2 VwVfG widerrufen werden. Die Nichterfüllung bzw. die nicht vollständige oder nicht rechtzeitige Erfüllung einer vollziehbaren Auflage im Sinne des § 13 Abs. 1 WHG stellt zudem gemäß § 103 Abs. 1 Nr. 2 WHG eine Ordnungswidrigkeit dar.

1036 vgl. § 23 der schleswig-holsteinischen Landesverordnung über Anlagen zum Umgang mit wassergefährdenden Stoffen (Anlagenverordnung – VAwS) vom 29.04.1996, GVOBl. S-H 1996, S. 448; zuletzt geändert durch Art. 3 der Landesverordnung vom 02.09.2010, GVOBl. S-H 2010, S. 572.

1037 BT-Drucks. 16/12275, S. 58.

1038 *Czychowski/Reinhardt*, Wasserhaushaltsgesetz, § 13, Rn. 62.

1039 vgl. VGH München, Urteil vom 12.03.2010 - 22 BV 09.1600 -, NVwZ-RR 2010, S. 746 ff.

Kommt es zu Veränderungen des Sachverhalts in tatsächlicher oder rechtlicher Hinsicht, zum Beispiel einer Verschlechterung der Gewässerbeschaffenheit oder einer Verschärfung der Rechtslage, ermächtigt § 13 Abs. 1 WHG ausdrücklich zur nachträglichen Beifügung von Inhalts- und Nebenbestimmungen. Soweit es die wasserrechtliche Erlaubnis betrifft, handelt es sich bei diesen nachträglichen Anordnungen gegenüber dem Widerruf nach § 18 Abs. 1 WHG um das mildere und damit schon unter Verhältnismäßigkeitsgesichtspunkten gebotene Mittel. Der Bewilligungsinhaber, der durch die strengen Voraussetzungen für einen Widerruf in § 18 Abs. 2 WHG besonders geschützt ist, wird dagegen in seiner Rechtsstellung wesentlich eingeschränkt.

Im Ergebnis stellen Inhalts- und Nebenbestimmungen ein wichtiges Mittel dar, um mögliche Zulassungshindernisse aus dem Weg zu räumen und damit die Erfüllung der tatbestandlichen Genehmigungsfähigkeit einer Benutzung des Grundwassers im Sinne von § 12 Abs. 1 Nr. 1 WHG zu sichern.

d) Zwischenergebnis

Ein allgemeingültiges Ergebnis im Sinne einer generellen Zulässigkeit oder Unzulässigkeit der geothermischen Nutzung des oberflächennahen Untergrundes lässt sich angesichts der Vielgestaltigkeit der Sachverhalte in Bezug auf die hydrogeologischen Standortbedingungen, die thermischen Leistungen der Anlagen und die konkrete Anlagennutzung (Beheizen und Kühlen von Gebäuden /Energiespeicherung) nicht formulieren. Festzuhalten ist aber, dass das Wasserhaushaltsrecht sowohl der Errichtung als auch dem Betrieb geothermischer Anlagen nicht grundsätzlich entgegensteht, sofern bestimmte Voraussetzungen wie die Einhaltung der anerkannten technischen Regelwerke und die Erfüllung grundlegender Qualitätsstandards durch Bohrfirmen und sonstige Beteiligte gewährleistet sind. Für das Vorliegen bzw. Nichtvorliegen schädlicher Gewässerveränderungen im Sinne des § 12 Abs. 1 Nr. 1 WHG kommt es maßgeblich auf die konkrete Abwägung der betroffenen Interessen, vornehmlich des Grundwasserschutzes und des Klimaschutzes, unter Würdigung der tatsächlichen Auswirkungen der Erdwärmenutzung im Einzelfall an. Hierbei ist stets eine Gefahrenprognose vorzunehmen, die sowohl die Wahrscheinlichkeit des Schadenseintritts als auch das Ausmaß des drohenden Schadens berücksichtigt. Übergeordnetes Ziel muss die Herstellung eines Gleichgewichts zwischen Grundwasserschutz auf der einen und ökologisch sinnvoller Grundwassernutzung im Hinblick auf eine nachhaltige, dem Klimaschutz dienende Energieversorgung auf der anderen Seite sein. Im Einzelfall sind dabei auch positive Effekte einer Erwärmung des Grundwassers wie die Möglichkeit der

Kombination von Geothermie und Altlastensanierung in die Abwägung einzubeziehen. Indizwirkung können neben den Temperaturrichtwerten der VDI-Richtlinie 4640 die in GrwV, TrinkwV 2001 und der sog. Holland-Liste enthaltenen Grenzwerte für Grundwasserinhaltsstoffe sowie die Geringfügigkeitsschwellenwerte der LAWA entfalten. Anhaltspunkte und allgemeine Begründungsansätze bieten im Übrigen die Bewirtschaftungsgrundsätze des § 6 WHG, der in Art. 20 a GG verfassungsrechtlich verankerte Gedanke der ökologischen Nachhaltigkeit sowie der grundwasserspezifische Besorgnisgrundsatz des § 48 Abs. 1 Satz 1 WHG. Wichtig ist schließlich die Berücksichtigung der Zweistufigkeit des § 12 WHG mit der Folge, dass die Anforderungen an die Gewässerbenutzung auf tatbestandlicher Ebene (§ 12 Abs. 1 WHG) nicht überspannt werden dürfen, um eine ökologisch sinnvolle Erdwärmenutzung nicht zu sehr einzuschränken und das Bewirtschaftungsermessen (§ 12 Abs. 2 WHG) nicht leerlaufen zu lassen.

2. Zur Verletzung sonstiger öffentlich-rechtlicher Vorschriften (§ 12 Abs. 1 Nr. 2 WHG)

Eine wasserrechtliche Benutzung ist gemäß § 12 Abs. 1 Nr. 2 WHG auch dann nicht genehmigungsfähig, wenn andere Anforderungen nach öffentlich-rechtlichen Vorschriften nicht erfüllt werden. Hierbei handelt es sich lediglich um eine deklaratorische Klausel, die dem verfassungsrechtlichen Grundsatz der Gesetzmäßigkeit der Verwaltung (Art. 20 Abs. 3 GG) entsprechend klarstellt, dass Erlaubnis und Bewilligung nicht erteilt werden dürfen, wenn bindendes Recht entgegensteht.[1040] Die Regelung ist angelehnt an vergleichbare Fälle aus dem Umweltverwaltungsrecht wie zum Beispiel § 6 Abs. 1 Nr. 2 BImSchG für die immissionsschutzrechtliche Genehmigung.[1041] Inhaltsgleiche Klauseln finden sich als Voraussetzung für die Erteilung einer Baugenehmigung auch in den Landesbauordnungen (vgl. § 73 Abs. 1 Satz 1 LBO S-H[1042]). Die Wasserbehörde hat also im Rahmen des Zulassungsverfahrens – ggf. unter Beteiligung weiterer Behörden – die Beachtung aller für die Entscheidung maßgeblichen Vorschriften sicherzustellen.[1043] Bei einer wasserrechtlichen Benutzung wie der Gewinnung und Speicherung thermischer

1040 *Pape*, in: Landmann/Rohmer, Umweltrecht, Band I, § 12 WHG, Rn. 45; *Czychowski/Reinhardt*, Wasserhaushaltsgesetz, § 12, Rn. 28.

1041 BT-Drucks. 16/12275, S. 56; BT-Drucks. 16/13306, S. 24.

1042 Landesbauordnung für das Land Schleswig-Holstein (LBO) vom 22.01.2009, GVOBl. S-H 2009, S. 6; zuletzt geändert durch Art. 4 des Gesetzes vom 17.01.2011, GVOBl. S-H 2011, S. 3.

1043 BT-Drucks. 16/13306, S. 24.

Energie können dies umweltrechtliche Vorschriften aus dem Naturschutzrecht, dem Bodenschutzrecht oder dem Immissionsschutzrecht sein, unter Umständen aber auch Regelungen des Baurechts oder des Raumordnungsrechts. Was das Verhältnis zu den für diese Rechtsgebiete zuständigen Behörden angeht, ist zu differenzieren: Soweit die fachgesetzlichen Anforderungen Gegenstand eines gesonderten behördlichen Verfahrens sind, ist die Wasserbehörde an die Entscheidung der Fachbehörde gebunden; gibt es kein eigenständiges fachgesetzliches Verfahren, hat die Wasserbehörde die Stellungnahme der insoweit sachverständigen Behörde einzuholen.[1044]

Es ist also stets im Einzelfall zu prüfen, ob der Nutzung oberflächennaher Geothermie neben den genuin wasserwirtschaftlichen Belangen sonstige öffentlich-rechtliche Regelungen entgegenstehen. Eine wasserrechtliche Gestattung darf nicht erteilt werden, wenn die Benutzung eines Gewässers zwar der engeren wasserhaushaltsrechtlichen Zielsetzung entspricht, durch andere gesetzliche Vorschriften aber ausdrücklich untersagt ist.[1045] Die hier in Betracht kommenden Rechtsgebiete werden im 6. Teil noch gesondert untersucht. Vorläufig ist lediglich festzuhalten, dass die wasserrechtliche Genehmigungsfähigkeit der geothermischen Untergrundnutzung nicht nur den Maßgaben des WHG entsprechen muss, sondern dass sie zudem nicht in Widerspruch zu sonstigem öffentlichen Recht stehen darf.

3. Zum Bewirtschaftungsermessen gemäß § 12 Abs. 2 WHG

Sofern keine zwingenden Versagungsgründe im Sinne des § 12 Abs. 1 WHG vorliegen, steht die Erteilung wasserrechtlicher Genehmigungen gemäß § 12 Abs. 2 WHG im pflichtgemäßen Ermessen der Behörde. Ohne dieses Bewirtschaftungsermessen auf der Rechtsfolgenseite wäre eine optimale Nutzung des Wasserangebotes nicht zu erreichen, eine auf die Zukunft ausgerichtete ordnungsgemäße Steuerung der Gewässernutzung unmöglich.[1046] Gegenstand der behördlichen Ermessensbetätigung ist die haushälterische Bewirtschaftung der Gewässer, hier die der elementaren Ressource Grundwasser. Die Behörde hat auf dieser Stufe die Möglichkeit zu einer gezielten Optimierung des Gewässerschutzes; sie ist im Gegensatz zur Tatbestandsebene nicht an zwingende Rechtmäßigkeitsvoraussetzungen

1044 *Berendes*, Wasserhaushaltsgesetz, § 12, Rn. 7.

1045 vgl. BVerwG, Urteil vom 17.03.1989 - 4 C 30/88 -, NVwZ 1989, S. 1061, 1062.

1046 so das BVerfG in der Nassauskiesungs-Entscheidung, Beschluss vom 15.07.1981 - 1 BvL 77/78, BVerfGE 58, S. 300, 347.

gebunden, sondern kann sich bei der wasserwirtschaftlichen Vorsorge und Ressourcenpflege von planerischen und gestalterischen Zweckmäßigkeitserwägungen leiten lassen.[1047] Neben der bereits bei der Bestimmung des Allgemeinwohls notwendigen Abwägung handelt es sich um eine zweite Abwägungsstufe, auf der sämtliche öffentlichen und privaten Interessen, die durch die Gestattungsentscheidung berührt werden, zu bewerten, zu gewichten und einem sachgerechten Ausgleich zuzuführen sind. Im Rahmen der wasserrechtlichen Prüfung wird damit gleichsam der „rechtliche Kulminationspunkt" der Beurteilung konfligierender wasserwirtschaftlicher und sonstiger Belange erreicht.[1048] Die Behörde verfügt dabei über ein weites und umfassendes Zuteilungs- und Bewirtschaftungsermessen im Sinne eines planerischen Gestaltungsfreiraums mit dem Ziel, eine gerechte Verteilungsordnung hinsichtlich des vorhandenen Wassers zu schaffen.[1049] Ermessensgrenzen ergeben sich aus dem Unionsrecht, allgemeinen Rechtsgrundsätzen wie dem Verhältnismäßigkeitsgrundsatz und dem allgemeinen Gleichheitssatz (Art. 3 Abs. 1 GG), dem Rücksichtnahmegebot bei konkurrierenden Nutzungen sowie der übergeordneten Raumordnungsplanung.

a) Zur Einschränkung des Ermessens durch unionsrechtliche Vorgaben

aa) Zu den Maßnahmenprogrammen im Sinne von § 82 WHG

Eine Einschränkung erfährt das wasserhaushaltsrechtliche Bewirtschaftungsermessen durch die aufgrund von Art. 11 WRRL in nationales Recht umgesetzten Maßnahmenprogramme gemäß § 82 WHG. Diese stellen planerische Instrumente zur Verwirklichung der unionsrechtlichen Bewirtschaftungsziele dar (vgl. § 82 Abs. 1 Satz 1 WHG). Räumlich beziehen sie sich auf Flussgebietseinheiten im Sinne des § 3 Nr. 15 WHG, d.h. auf ein als Haupteinheit für die Bewirtschaftung von Einzugsgebieten festgelegtes Land- oder Meeresgebiet, das aus einem oder mehreren benachbarten Einzugsgebieten, dem ihnen zugeordneten Grundwasser und den ihnen zugeordneten Küstengewässern besteht. Einzugsgebiete sind nach § 3 Nr. 13 WHG Gebiete, aus denen über oberirdische Gewässer der gesamte Oberflächenabfluss an einer einzigen Flussmündung, einem Ästuar oder einem Delta ins Meer gelangt. Eine derart flussgebietsbezogene Bewirtschaftung der Gewässer bedeutet Bewirtschaftung von der Quelle bis zur Mündung mit allen

1047 *Breuer*, Öffentliches und privates Wasserrecht, Rn. 408; *Kotulla*, Wasserhaushaltsgesetz, § 12, Rn. 17.

1048 *Reinhardt*, NuR 1999, S. 134, 138.

1049 OVG Lüneburg, Beschluss vom 28.07.2009 - 13 LA 71/08 -, ZfW 2010, S. 109, 111/112; BVerwG, Urteil vom 18.09.1987 - 4 C 36/84 -, NVwZ 1988, S. 535, 536.

Zuflüssen.[1050] Die erhebliche räumliche Ausdehnung der Bewirtschaftungseinheiten wird deutlich bei einem Blick auf § 7 Abs. 1 WHG, der das gesamte Gebiet der Bundesrepublik Deutschland in lediglich zehn Flussgebietseinheiten einteilt. Nach der Umsetzung der Vorgaben aus der WRRL bildet der Begriff der Flussgebietseinheit nunmehr den Kern des Bewirtschaftungsregimes des WHG.[1051]

Die Maßnahmenprogramme nach § 82 WHG stellen ein Bindeglied zwischen den abstrakten Bewirtschaftungszielen der §§ 27 bis 31, 44 und 47 WHG und der Einzelfallentscheidung der zuständigen Behörde dar. Sie lenken damit das Ermessen entsprechend der Flussgebietsbewirtschaftung und steuern die Erteilung und Versagung der wasserrechtlichen Genehmigungen.[1052] Mit ihrer Einführung ist ein neues zweistufiges Bewirtschaftungsermessen entstanden, das sich aus dem planerischen Bewirtschaftungsermessen der für die Aufstellung der Maßnahmenprogramme zuständigen Landesbehörde – in Schleswig-Holstein gemäß § 105 Abs. 2 Nr. 1 i.V.m. Abs. 1 Satz 2 Nr. 1 LWG S-H das Ministerium für Landwirtschaft, Umwelt und ländliche Räume als oberste Wasserbehörde – und dem Gestattungs-Bewirtschaftungsermessen der Genehmigungsbehörde zusammensetzt.[1053] Dies hat zur Folge, dass planerische Erwägungen zu Schutzzielen und Nutzungskonzepten, die vormals der unteren Wasserbehörde als Genehmigungsbehörde oblagen, nunmehr bereits auf Ebene der Maßnahmenplanung durch die höheren Verwaltungsbehörden vorgenommen werden. Für die Einzelfallentscheidung im Rahmen des § 12 Abs. 2 WHG bedeutet das eine Einengung des bisher umfassenden Ermessens dahingehend, dass die Behörde die verbindlichen Ge- und Verbote des jeweiligen Maßnahmenprogramms zu beachten und ihre Entscheidung daran auszurichten hat.[1054] Zwar ist die Ermessensbetätigung damit an den durch das Maßnahmenprogramm gesetzten Rahmen gebunden. Dies heißt aber nicht, dass das Bewirtschaftungsermessen der Behörde überflüssig wird und der Gesetzgeber vollständig auf eine Normierung hätte verzichten können.[1055] Auch sind die Vorgaben der Maßnahmenprogramme nicht bereits im Rahmen des § 12 Abs. 1

1050 BT-Drucks. 14/7755, S. 12.

1051 *Czychowski/Reinhardt*, Wasserhaushaltsgesetz, § 3, Rn. 87.

1052 *Knopp*, in: Sieder/Zeitler/Dahme/Knopp, Wasserhaushaltsgesetz – Abwasserabgabengesetz, Band 3, § 36 WHG, Rn. 5 a; *Czychowski/Reinhardt*, Wasserhaushaltsgesetz, § 82, Rn. 9.

1053 vgl. ausführlich *Hasche*, ZfW 2004, S. 144 ff.

1054 *Knopp*, in: Sieder/Zeitler/Dahme/Knopp, Wasserhaushaltsgesetz – Abwasserabgabengesetz, Band 2, § 6 WHG, Rn. 16 b; *Czychowski/Reinhardt*, Wasserhaushaltsgesetz, § 12, Rn. 33.

1055 so aber *Kotulla*, NVwZ 2010, S. 79, 82.

Nr. 2 WHG zu berücksichtigen, da diese Norm primär auf außerhalb des Wasserrechts liegende öffentlich-rechtliche Verbotstatbestände abstellt.[1056] Die Maßnahmenprogramme besitzen zudem keinen Rechtsnormcharakter; sie sind lediglich behördenverbindlich und ähneln in ihrer Wirkung dem Rechtsinstitut der Verwaltungsvorschriften.[1057] In Schleswig-Holstein sieht § 131 Abs. 2 Satz 3 LWG S-H nur eine fakultative Behördenverbindlichkeit vor; in den meisten Bundesländern kommt den Maßnahmenprogrammen aber ipso iure Behördenverbindlichkeit zu.[1058]

Es erscheint im Übrigen vorzugswürdig, die Maßnahmenprogramme nicht schon im Rahmen des § 12 Abs. 1 Nr. 1 WHG, also bei der tatbestandlichen Bestimmung des Wohls der Allgemeinheit, zu behandeln, sondern diese Prüfung weitestgehend auf die Ermessensebene zu verlagern. Auf die Tatbestandsvoraussetzungen des § 12 WHG wirken dann lediglich die Bewirtschaftungsziele für die einzelnen Gewässer ein (so § 47 WHG für das Grundwasser), die planerischen Steuerungselemente der §§ 82, 83 WHG nehmen Einfluss auf die Rechtsfolgen. Hierfür spricht, dass die oberste Wasserbehörde bei Aufstellung des Maßnahmenprogramms über das bereits erörterte planerische Bewirtschaftungsermessen verfügt, mithin eine Beschränkung der gerichtlichen Kontrolldichte sinnvoll ist, die bei Verortung auf Tatbestandsebene nicht gegeben wäre.[1059] Im Ergebnis kommt den Maßnahmenprogrammen damit eine ermessenslenkende Funktion zu, vergleichbar der Wirkung ermessenslenkender Verwaltungsvorschriften.[1060] Eine weitergehende normkonkretisierende Wirkung der Maßnahmenprogramme durch die Ausgestaltung des unbestimmten Rechtsbegriffs „Wohl der Allgemeinheit“ und damit eine verbindliche Außenwirkung gegenüber Dritten dürfte weder von Seiten des Gesetzgebers beabsichtigt noch zur Durchsetzung der unionsrechtlichen Vorgaben erforderlich sein.[1061]

1056 VGH Kassel, Beschluss vom 17.08.2011 - 2 B 1484/11 -, DVBl. 2011, S. 1429, 1430; *Laskowski*, in: Reinhardt, Das WHG 2010 – Weichenstellung oder Interimslösung, S. 35, 49; *Appel*, NuR 2011, S. 677/678; a.A.: *Kotulla*, NVwZ 2010, S. 79, 82.

1057 *Faßbender*, ZfW 2010, S. 189, 190; *Durner*, NuR 2009, S. 77, 78.

1058 vgl. nur § 27b Abs. 2 Satz 2 Hamburgisches Wassergesetz (HWaG) vom 29.03.2005, HmbGVBl. 2005, S. 97; zuletzt geändert durch Art. 12 des Gesetzes vom 04.12.2012, HmbGVBl. 2012, S. 510, 519 und § 130a Abs. 4 Satz 3 Wassergesetz des Landes Mecklenburg-Vorpommern (LWaG) vom 30.11.1992, GVOBl. M-V 1992, S. 669; zuletzt geändert Art. 4 des Gesetzes vom 04.07.2011, GVOBl. M-V 2011, S. 759, 765.

1059 *Faßbender*, ZfW 2010, S. 189, 198.

1060 *Faßbender*, ZfW 2010, S. 189, 199; *Durner*, NuR 2009, S. 77, 80.

1061 vgl. *Durner*, NuR 2009, S. 77, 81.

Auch unter Berücksichtigung der verwaltungsinternen Bindungswirkung der Maßnahmenprogramme verbleibt der Behörde im Rahmen ihrer wasserrechtlichen Zulassungsentscheidung – gerade im Zusammenhang mit der Beurteilung geothermischer Nutzungen des oberflächennahen Untergrundes – ein nicht unwesentlicher Gestaltungs- und Ermessensspielraum. Im Allgemeinen folgt dies schon daraus, dass sich die Maßnahmenprogramme auf Flussgebietseinheiten beziehen und damit sehr großräumig angelegt sind. In Schleswig-Holstein beispielsweise gibt es gemäß § 2 a LWG S-H nur die drei Flussgebietseinheiten Schlei/Trave, Eider und Elbe, wobei Letztere bis nach Tschechien reicht. In Anbetracht des Zuschnitts der Maßnahmenprogramme auf Flussgebietseinheiten und aufgrund ihres Inhalts stellen sie Instrumente der wasserwirtschaftlichen Makrosteuerung dar.[1062] Dies bedeutet zwangsläufig einen Mangel an Konkretheit und führt zu einer eher „grobkörnigen" Steuerung der Gewässerbewirtschaftung; lokalen Besonderheiten kann im Rahmen der Maßnahmenprogramme nur bedingt Rechnung getragen werden. Das Ausmaß der Bindungswirkung für die Genehmigungsbehörde hängt somit maßgeblich davon ab, wie detailliert das einschlägige Maßnahmenprogramm Regelungen auch für bestimmte Gewässer oder Gewässerabschnitte enthält. Sofern es sich in weiten Teilen auf allgemein gehaltene, programmatische Zielvorgaben ohne konkreten Bezug zu einzelnen Gewässerkörpern beschränkt, kann auch die Ermessensausübung nur unvollkommen vorgezeichnet sein.[1063] So beinhaltet zum Beispiel das Maßnahmenprogramm für die Flussgebietseinheit Schlei/Trave, welche sich von der deutsch-dänischen Grenze über den östlichen Teil Schleswig-Holsteins bis auf das Gebiet von Mecklenburg-Vorpommern erstreckt, gerade für die Grundwasserbewirtschaftung kaum detaillierte Vorgaben. Die Maßnahmenprogramme lassen also weitgehend offen, mit welchen Einzelfallentscheidungen die gesetzlichen, programmatischen und planerischen Zielsetzungen realisiert werden sollen; demnach liegt es an der Behörde, im Rahmen des Bewirtschaftungsermessens die Entscheidung darüber zu treffen, welche Gewässerbenutzungen zugelassen werden können und welche wegen Gefährdung der Zielerreichung verhindert werden müssen.[1064]

Abschließend sei darauf hingewiesen, dass die gemäß Art. 13 WRRL, § 83 WHG ebenfalls für jede Flussgebietseinheit aufzustellenden Bewirtschaftungspläne lediglich informatorischen und dokumentarischen Zwecken dienen und sie im

1062 *Guckelberger*, in: Reinhardt, Wasserrecht im Umbruch, S. 69, 87.

1063 *Durner*, NuR 2009, S, 77, 80.

1064 *Breuer*, Öffentliches und privates Wasserrecht, Rn. 625; vgl. auch *Munk*, in: Reinhardt, Das WHG 2010 – Weichenstellung oder Interimslösung, S. 1, 8.

Gegensatz zu den Maßnahmenprogrammen keine materiell-rechtliche Wirkung entfalten.[1065] Den Bewirtschaftungsplänen kommt daher im Rahmen der Ermessensbetätigung der Wasserbehörde keine eigenständige Bedeutung zu.

bb) Zur Bedeutung der Maßnahmenprogramme für die Zulassung geothermischer Nutzungen

Für die Zulässigkeit von Errichtung und Betrieb geothermischer Anlagen ergeben sich aus den Maßnahmenprogrammen kaum Anhaltspunkte. Das ist zum einen logische Konsequenz des Umstandes, dass die WRRL hinsichtlich des Grundwasserschutzes nur auf den mengenmäßigen und den chemischen Zustand abstellt.[1066] Der mengenmäßige Zustand des Grundwassers wird aber im Regelfall durch den Betrieb von Erdwärmesonden und Brunnenanlagen nicht beeinflusst. Im Übrigen benennt die WRRL zwar mit der Leitfähigkeit und der Schadstoffkonzentration Parameter für die Bestimmung des chemischen Zustands des Grundwassers, sie stellt insoweit aber keine verbindlichen Grenzwerte o.Ä. auf.[1067] Betrachtet man die Maßnahmenprogramme im Einzelnen, so werden in der Flussgebietseinheit Schlei/Trave (FGE Schlei/Trave) für den Grundwasserbereich von 23 möglichen Maßnahmenarten lediglich zwei in Anspruch genommen und diese beziehen sich allein auf Belastungen des Grundwassers durch die Landwirtschaft.[1068] Dies gilt gleichermaßen für die Flussgebietseinheit Eider (FGE Eider).[1069] Ähnlich ist die Lage auch im schleswig-holsteinischen Teil der Flussgebietseinheit Elbe (FGE Elbe), wobei dort wegen der unmittelbaren Nähe zum Hamburger Stadtgebiet neben die Belastungen aus der Landwirtschaft Schadstoffeinträge infolge urbaner Nutzungen treten.[1070] Zur Gesamtsituation in Schleswig-Holstein ist anzumerken, dass sich sämtliche Grundwasserkörper in einem guten mengenmäßigen Zustand befinden. Nicht ganz so positiv stellt sich der chemische Zustand des Grundwassers dar: Während sich in der FGE Schlei/Trave 16 von 19 Grundwasserkörpern in

---

1065 *Hasche*, ZfW 2004, S. 144, 148; *Czychowski/Reinhardt*, Wasserhaushaltsgesetz, § 83, Rn. 4, 8; BT-Drucks. 14/7755, S. 21.

1066 vgl. Art. 2 Nr. 19 und Nr. 20 WRRL sowie Anhang V der WRRL, Nr. 2.

1067 vgl. Anhang V der WRRL, Nr. 2.3.

1068 vgl. das Maßnahmenprogramm der FGE Schlei/Trave, S. 20, veröffentl. unter www.schleswig-holstein.de.

1069 vgl. das Maßnahmenprogramm der FGE Eider, S. 23, veröffenl. unter www.schleswig-holstein.de.

1070 vgl. die Maßnahmenplanungen im schleswig-holsteinischen Anteil der FGE Elbe, S. 17/18; veröffentl. unter www.schleswig-holstein.de.

gutem Zustand befinden[1071], sind in der FGE Eider 10 von 23[1072] und im schleswig-holsteinischen Teil der FGE Elbe 9 von 23[1073] Grundwasserkörpern in schlechtem chemischen Zustand. Ursächlich für die chemischen Belastungen des Grundwassers sind weit überwiegend Nährstoff- und Schadstoffeinträge aus der Landwirtschaft aufgrund von Düngung sowie der Verwendung von Pflanzenschutzmitteln. Dementsprechend beziehen sich die für konkrete Grundwasserkörper festgelegten Maßnahmen ausschließlich auf Belastungen durch die Landwirtschaft. Zur geothermischen Nutzung des Untergrundes enthalten die Maßnahmenprogramme und Bewirtschaftungspläne dagegen keinerlei Ausführungen, weder zu möglichen negativen Auswirkungen auf den Zustand des Grundwassers noch zu den Voraussetzungen einer solchen wasserrechtlichen Benutzung. Somit sind den Maßnahmenprogrammen auch keine konkreten Vorgaben für die Beurteilung von Anträgen auf Zulassung geothermischer Anlagen zu entnehmen, so dass das Bewirtschaftungsermessen allenfalls geringfügig eingeschränkt wird.

Ergänzend ist darauf hinzuweisen, dass Art. 11 Abs. 3 j) WRRL eine ausdrückliche Regelung zur direkten Grundwassernutzung durch Geothermieanlagen enthält, nach der die Mitgliedstaaten es gestatten können, geothermisch genutztes Wasser in den Grundwasserleiter, aus dem es stammt, wieder einzuleiten. Insoweit steht das Unionsrecht der Zulässigkeit offener geothermischer Systeme also nicht entgegen. Die Bundesrepublik Deutschland hat diese Ermächtigung durch § 82 Abs. 6 Satz 2 WHG in nationales Recht umgesetzt und klargestellt, dass die zuständige Behörde Einleitungen im Sinne des Art. 11 Abs. 3 j) WRRL innerhalb des von §§ 47, 48 WHG gezogenen Rahmens zulassen kann.

b) Zur Auflösung von Nutzungskonflikten durch die Wasserbehörde

Von besonderer Bedeutung für die Ausübung des wasserrechtlichen Bewirtschaftungsermessens sind mögliche Nutzungskonflikte, die durch die beantragte Benutzung des Grundwassers entstehen können. Soweit es den Betrieb oberflächennaher geothermischer Anlagen betrifft, kann es sich dabei um die Beeinträchtigung bereits existierender Geothermieanlagen handeln, aber auch um das Zusammentreffen mit andersartigen unterirdischen Nutzungsformen. Zu unterscheiden ist

1071 Bewirtschaftungsplan für die FGE Schlei/Trave, S. 32, veröffentl. unter www.schleswig-holstein.de.

1072 Bewirtschaftungsplan für die FGE Eider, S. 32, veröffentl. unter www.schleswig-holstein.de.

1073 Erläuterungen zum schleswig-holsteinischen Anteil am Bewirtschaftungsplan der Flussgebietseinheit Elbe, S. 38, veröffentl. unter www.schleswig-holstein.de.

zwischen kleinteiligen, grundstücksbezogenen Konflikten einerseits sowie großflächigen, raumbedeutsamen Konflikten andererseits. Letztere werden in Zukunft vermehrt auftreten, da mit dem angestrebten Ausbau erneuerbarer Energien auch ein steigender Bedarf an der Nutzung des untertägigen Raumes zur Speicherung von Energie aus fluktuierender Windkraft und Photovoltaik sowie zur Gewinnung geothermischer Energie verbunden ist.[1074] Untertägige geologische Formationen können insoweit neben Erdgas und Erdöl auch Energie in Form von Wärme, Druckluft oder Wasserstoff speichern und zudem als dauerhafte Lagerstätte für Kohlenstoffdioxid (vgl. Erwägungsgrund Nr. 4 der Richtlinie 2009/31/EG) dienen.[1075] In Norddeutschland besteht eine erhöhte Wahrscheinlichkeit des Eintritts solcher Nutzungskonkurrenzen, da die dortigen geologischen Formationen sowohl für die Speicherung von Erdgas und CO_2 als auch für die Druckluftspeicherung in besonderem Maße geeignet sind.[1076] Für oberflächennahe Geothermieprojekte sind allerdings vorrangig die kleinräumigen Konfliktpotenziale von Bedeutung. Denn die großflächige Nutzung des untertägigen Raumes als Speichermedium betrifft entweder tiefe salinare Aquiferformationen in Teufen zwischen 800 und 3.000 m (so bei der Speicherung von CO_2 und Erdgas) oder sie erfolgt in ausgeförderten Kohlenwasserstofflagerstätten und in Salzkavernen, die für die Gewinnung geothermischer Energie von vornherein ungeeignet sind.[1077] Darüber hinaus fehlt es bei der oberflächennahen Erdwärmenutzung regelmäßig an weiträumigen Auswirkungen, die eine Raumbedeutsamkeit im Sinne des Raumordnungsrechts begründen könnten. Im Folgenden stehen daher die Darstellung und Behandlung räumlich begrenzter, lokaler Konflikte bei der Nutzung des oberflächennahen Untergrundes zur Gewinnung und Speicherung thermischer Energie im Mittelpunkt der Betrachtung.

Für die Wasserbehörde geht es bei der Ermessensausübung darum, eine möglichst sinnvolle und zugleich gerechte Nutzung des Grundwassers zu ermöglichen. Dies spiegelt letztlich die Funktion des Wasserhaushaltsrechts als Bewirtschaftungsrecht wider, welches darauf gerichtet ist, die Nutzungsbefugnisse am öffentlichen Gut (Grund-)Wasser angemessen zu verteilen. Ausgangspunkt und Maßstab

---

1074 vgl. *Crotogino/Donadei/Dietrich*, Solarzeitalter 4/2009, S. 22.

1075 vgl. zu den unterschiedlichen Nutzungsformen *Dietrich*, in: Kühne/Ehricke, Bergrecht zwischen Tradition und Moderne, S. 139, 140 ff.

1076 *Dietrich*, in: Kühne/Ehricke, Bergrecht zwischen Tradition und Moderne, S. 139, 141–143; BT-Drucks. 16/13083, S. 5.

1077 *Charissé/Lohse*, in: Geothermische Vereinigung - Bundesverband Geothermie e.V., Der Geothermiekongress 2009, S. 2; *Dietrich*, in: Kühne/Ehricke, Bergrecht zwischen Tradition und Moderne, S. 139, 142 u. 145/146.

für die Abwägung der betroffenen Interessen ist auch hier das Wohl der Allgemeinheit im Sinne des § 3 Nr. 10 WHG. Die Schwierigkeit für die Behörde liegt insbesondere darin, die vielfältigen betroffenen Interessen und Rechtspositionen zu sichten, zu ordnen und in einen angemessenen Ausgleich zu bringen. Anders als auf der Ebene des Tatbestandes (§ 12 Abs. 1 Nr. 1 WHG) verfügt die Behörde über einen planerischen Gestaltungsfreiraum, innerhalb dessen sie die wasserwirtschaftlich relevanten öffentlichen Belange zu fördern, sie vor Beeinträchtigungen zu schützen und hinsichtlich des vorhandenen Wassers eine gerechte Verteilungsordnung zu schaffen hat.[1078] Damit verbunden ist die Pflicht, das Ermessen unter Wahrung allgemeiner rechtsstaatlicher Prinzipien ordnungsgemäß zu betätigen. Dies führt in mehrfacher Hinsicht zu einem Rücksichtnahmegebot der Behörde im Rahmen der Zulassungsentscheidung: Sie hat Rücksicht zu nehmen sowohl auf künftige wasserwirtschaftliche Entwicklungen als auch auf konkurrierende private Belange und nicht zuletzt auf übergeordnete sonstige Planungen.

aa) Zur Anwendbarkeit allgemeiner Grundsätze

Zunächst ist auf einige allgemeine Grundsätze einzugehen, die bei der Beurteilung wasserwirtschaftlicher Nutzungskonflikte zu beachten sind. Konfliktsituationen werden insbesondere in urbanen Bereichen mit intensiver Erdwärmenutzung und dort auftreten, wo bei entsprechenden Nutzungsmöglichkeiten zukünftig mit dem verstärkten Einsatz geothermischer Heiz- und Kühlsysteme zu rechnen ist. Selbst im eher ländlichen Schleswig-Holstein sind dem Landesamt für Landwirtschaft, Umwelt und ländliche Räume bis Juli 2011 gemäß § 4 Abs. 1 Lagerstättengesetz bereits rund 2.000 Erdwärmesondenanlagen mit insgesamt 4.100 Erdwärmesonden angezeigt worden, deren Standorte sich in den städtisches Gebieten von Kiel, Rendsburg und Lübeck sowie in den Randbereichen von Hamburg konzentrieren.[1079] Hier besteht demnach ein bedeutendes Konfliktpotenzial, welches noch zunimmt, wenn es sich um Großstädte mit hoher Bevölkerungsdichte und wenigen innerstädtischen Freiflächen handelt. In Konkurrenz zueinander treten dann der große Bedarf an Erdwärme zur Klimatisierung von Gebäuden oder im Zusammenhang mit der Speicherung solarthermischer Energie und die jeweils begrenzten geologischen Strukturen und wasserwirtschaftlichen Ressourcen. Ziel der behördlichen Ermessensbetätigung muss es daher sein, auf der einen Seite eine thermische Überbeanspruchung des Grundwassers infolge der Zulassung

1078 BVerwG, Urteil vom 18.09.1987 - 4 C 36/84 -, NVwZ 1988, S. 535, 536; OVG Lüneburg, Beschluss vom 28.07.2009 - 13 LA 71/08 -, ZfW 2010, S. 109, 111/112.

1079 vgl. Leitfaden Schleswig-Holstein, S. 6.

geothermischer Anlagen zu vermeiden, andererseits aber möglichst vielen Nutzern den Zugang zur Wärmequelle Geothermie zu verschaffen.[1080] Dabei hat die Wasserbehörde nicht nur den Stand der Gegenwart zu berücksichtigen, sondern auch die vorhersehbare zukünftige Entwicklung in ihre Erwägungen einzubeziehen.[1081] In rechtlicher Hinsicht wird die Ausübung des Bewirtschaftungsermessens eingeschränkt durch den allgemeinen Gleichheitssatz (Art. 3 Abs. 1 GG), durch das Prioritätsprinzip und durch den Grundsatz der Verhältnismäßigkeit.

1) Zur Bedeutung des allgemeinen Gleichheitssatzes (Art. 3 Abs. 1 GG)

Jegliche Ermessensbetätigung der Verwaltung wird begrenzt durch den verfassungsrechtlich verbürgten allgemeinen Gleichheitssatz aus Art. 3 Abs. 1 GG. Danach dürfen vergleichbare Sachverhalte nicht ohne rechtfertigenden Grund ungleich behandelt werden. Die vom Bundesverfassungsgericht seit jeher angewendete Willkürformel besagt, dass eine Ungleichbehandlung schon dann gerechtfertigt – und damit nicht willkürlich – ist, wenn sie sich auf irgendeinen vernünftigen sachlichen Grund stützen lässt.[1082] Mit der seit 1980 ergänzend zum Willkürverbot vertretenen sog. „neuen" Formel hat der Erste Senat des Bundesverfassungsgerichts die Kontrolldichte erhöht. Nach der neuen Formel ist eine Verletzung von Art. 3 Abs. 1 GG zu bejahen, wenn zwischen zwei vergleichbaren Normadressaten keine Unterschiede von solcher Art und solchem Gewicht bestehen, dass sie die ungleiche Behandlung rechtfertigen können.[1083] Hierbei handelt es sich letztlich um eine Verhältnismäßigkeitsprüfung: Der Rechtfertigungsgrund muss in angemessenem Verhältnis zu dem Grad der Ungleichbehandlung stehen.[1084] Die neue Formel findet insbesondere Anwendung bei personenbezogenen Ungleichbehandlungen, also bei solchen Differenzierungen, denen der Betroffene nicht ausweichen kann; die Willkürformel wird weiterhin angewendet bei verhaltensbezogenen Ungleichbehandlungen, die von den Betroffenen durch eine Änderung ihres Verhaltens beeinflusst werden können.[1085] Besonders strenge Maßstäbe

---

1080 *Wedewardt*, in: Geothermische Vereinigung - Bundesverband Geothermie e.V., Der Geothermiekongress 2009, S. 3.

1081 *Czychowski/Reinhardt*, Wasserhaushaltsgesetz, § 12, Rn. 65.

1082 BVerfG, Urteil vom 23.10.1951 - 2 BvG 1/51 -, BVerfGE 1, S. 14, 52 und Beschluss vom 17.10.1990 - 1 BvR 283/85 -, BVerfGE 83, S. 1, 23.

1083 BVerfG, Beschluss vom 07.10.1980 - 1 BvL 50, 89/79, 1 BvR 240/79 -, BVerfGE 55, S. 72, 88 und Urteil vom 03.04.2001 - 1 BvR 81/98 -, BVerfGE 103, S. 225, 235.

1084 BVerfG, Beschluss vom 15.03.2000 - 1 BvL 16, 17, 18, 19, 20/96 und 18/97 -, BVerfGE 102, S. 68, 87.

1085 vgl. *Jarass*, in: Jarass/Pieroth, Grundgesetz, Art. 3, Rn. 19, 19 a, 20.

gelten, wenn sich eine Ungleichbehandlung zugleich nachteilig auf die Ausübung von Freiheitsgrundrechten auswirkt.[1086]

(aa) Zu Art. 3 Abs. 1 GG als Maßstab für die Zulassung geothermischer Anlagen

Diese verfassungsrechtlichen Grundsätze sind auf die Entscheidung über die Zulassung einer wasserrechtlichen Benutzung zu übertragen. Danach kann das Bewirtschaftungsermessen der Behörde wegen Art. 3 Abs. 1 GG ausnahmsweise auf Null reduziert sein und der Antragsteller einen Anspruch auf Zulassung der begehrten Benutzung haben, wenn die Behörde in der Vergangenheit bei gleichgelagerten Sachverhalten rechtmäßige Genehmigungen erteilt hat. Hierbei handelt es sich um eine Ausprägung des Grundsatzes der Selbstbindung der Verwaltung. Wenn die Verwaltung das ihr zustehende Ermessen bisher in einer bestimmten Art und Weise ausgeübt hat, darf sie von dieser ständigen Praxis im Einzelfall nicht ohne besonderen sachlichen Grund abweichen.[1087] Dies ist letztlich der Hintergrund für die in Rechtsprechung und Schrifttum vertretene Auffassung, dass eine Versagung der wasserrechtlichen Gestattung nach pflichtgemäßem Ermessen in Betracht kommt, wenn andere Nutzer sich auf die behördliche Entscheidung berufen und dadurch eine wasserwirtschaftlich bedenkliche Entwicklung einleiten könnten, wenn also durch die Erteilung von Erlaubnis oder Bewilligung ein Berufungsfall für zukünftige Anträge auf Zulassung gleichgelagerter wasserrechtlicher Benutzungen geschaffen würde.[1088] Dem liegt die Befürchtung zugrunde, dass es durch die Zulassung einer geothermischen Anlage zu einem „Dammbruch" in Gestalt der Errichtung zahlreicher Erdwärmesonden und infolge dessen zu einer unkontrollierbaren Inanspruchnahme des Grundwassers und nicht zuletzt zu einer „Durchlöcherung von grundwasserleitertrennenden Bodenschichten" kommen könnte.[1089] Zutreffend ist dies insoweit, als der Betrieb einer einzelnen Erdwärmesonde regelmäßig keine wesentliche Beeinträchtigung des Grundwassers zur Folge haben wird, dass sich aber die Auswirkungen einer Vielzahl geothermischer

---

1086 BVerfG, Beschluss vom 26.01.1993 - 1 BvL 38, 40, 43/92 -, BVerfGE 88, S. 87, 96.

1087 *Jarass*, in: Jarass/Pieroth, Grundgesetz, Art. 3, Rn. 35; *Heun*, in: Dreier, Grundgesetz, Band I, Art. 3, Rn. 58.

1088 VGH Mannheim, Beschluss vom 24.02.2010 - 3 S 3144/08 -, zit. n. juris, Rn. 9; VG Regensburg, Beschluss vom 20.11.2007 - RN 13 S 07.1796 -, ZfW 2009, S. 176, 183; *Czychowski/Reinhardt*, Wasserhaushaltsgesetz, § 12, Rn. 39; vgl. hierzu auch schon BVerfG, Beschluss vom 15.07.1981 - 1 BvL 77/78 -, BVerfGE 58, S. 300, 347.

1089 vgl. *Buchholz*, in: Geothermische Vereinigung - Bundesverband Geothermie e.V., Der Geothermiekongress 2008, S. 345, 346.

Anlagen aufsummieren und in ihrer Gesamtheit zu schädlichen Veränderungen der Grundwasserbeschaffenheit führen können. Das Problem liegt also in dem Zusammentreffen mehrerer, jeweils für sich betrachtet nur marginaler, in der Kumulation aber bedenklicher Eingriffe in den Wasserhaushalt.[1090] Hierdurch kann es im Ergebnis zu einer Überbewirtschaftung der Ressource Grundwasser führen. Dass die Gefahr einer solchen Überbewirtschaftung nicht gänzlich von der Hand zu weisen ist, belegen aktuelle Zahlen zur geothermischen Nutzung des oberflächennahen Untergrundes. Danach werden in Deutschland zurzeit etwa 350.000 Anlagen betrieben, die dem Untergrund mittels Wärmepumpe Energie entziehen oder zuführen.[1091] Da die Nachfrage zur Erdwärmenutzung kontinuierlich zunimmt, wird bis zum Jahr 2015 mit einer Verdoppelung der Anzahl von Erdwärmesonden gerechnet.[1092] Insoweit muss die Wasserbehörde ihre Entscheidung nicht nur nach der gegenwärtigen wasserwirtschaftlichen Situation treffen, sondern sie hat auch die zu erwartende zukünftige Entwicklung der Grundwassernutzungen in ihre Ermessenserwägungen einzubeziehen.[1093] Es ist eine wertende Gesamtbetrachtung bereits vorhandener, beantragter und in Zukunft zu erwartender Vorhaben durchzuführen.[1094] Anhand dieser Gesamtschau gegenwärtiger und zukünftiger Einwirkungen auf das Grundwasser hat die Behörde abzuwägen, inwieweit Beschränkungen der Nutzung geboten sind. Hier zeigt sich erneut die Natur des Bewirtschaftungsermessens, welches darauf ausgerichtet ist, das schützenswerte Gut Grundwasser nach planerischen und prognostischen Gesichtspunkten gerecht unter den Nutzern zu verteilen.

Die Gefahr einer in der Zukunft liegenden, nicht sicher vorhersehbaren Überbewirtschaftung des Grundwassers als Folge der Errichtung einer Vielzahl, für sich genommen nicht schädigender Erdwärmesondenanlagen kann aber nicht dazu führen, von vornherein jegliche wasserrechtliche Benutzung zu versagen. Ein generelles Verbot geothermischer Nutzungen unter Hinweis auf die Präzedenzwirkung einzelner Zulassungen wäre weder unter Verhältnismäßigkeitsgesichtspunkten gerechtfertigt noch ist es unter Berücksichtigung von Art. 3 Abs. 1 GG überhaupt geboten. Denn der allgemeine Gleichheitssatz verlangt keine „sklavische" Gleichbehandlung, sondern erlaubt unterschiedliche Behandlungen von Sachverhalten, sofern diese durch einen hinreichenden sachlichen Grund

1090 *Reinhardt*, KA 2010 (57), S. 464, 465.
1091 *Umweltbundesamt*, Wasserwirtschaft in Deutschland, Teil 1, S. 123.
1092 *Umweltbundesamt*, Wasserwirtschaft in Deutschland, Teil 1, S. 123.
1093 OVG Münster, Urteil vom 02.12.1977 - XI A 1510/75 -, ZfW 1979, S. 58, 59.
1094 *Reidt*, DVBl. 2009, S. 274, 281.

gerechtfertigt sind. Dabei ist zu berücksichtigen, dass sich die Versagung einer wasserrechtlichen Gestattung der begehrten Erdwärmenutzung als vergleichsweise geringfügiger Eingriff in die Rechte des Betroffenen darstellt, dem sich dieser durch Ausweichen auf eine andere Form der Energieversorgung entziehen kann. Das Gesamtvorhaben – Errichtung eines Einkaufszentrums, Bürogebäudes oder ähnlicher Großimmobilien – dürfte demnach regelmäßig auch ohne die angestrebte Nutzung der regenerativen Energie Erdwärme realisierbar sein. Insoweit steht im Wasserrecht ohnehin die Leistungsverwaltung und nicht die Eingriffsverwaltung im Vordergrund.[1095] Demzufolge sind an die Rechtfertigung von Ungleichbehandlungen keine allzu strengen Anforderungen zu stellen, sondern das Vorliegen eines sachlichen Grundes im Sinne der Willkürformel ist als hinreichend anzusehen. Ein solcher Rechtfertigungsgrund wird angesichts der elementaren Bedeutung des Schutzgutes Grundwasser für die Trinkwasserversorgung des Menschen im Regelfall zu bejahen sein.

Darüber hinaus richtet sich die Beurteilung der Zulässigkeit einer wasserrechtlichen Benutzung im Sinne des § 9 WHG nach den Verhältnissen zum Zeitpunkt der Antragstellung. Lassen diese weitere Nutzungen des Grundwassers nicht zu, kann die Behörde spätere Vorhaben auch dann ablehnen, wenn sie zu früheren Zeitpunkten Genehmigungen für vergleichbare Anlagen erteilt hat. Es entspricht allgemeinen wasserrechtlichen Grundsätzen, dass der behördlichen Entscheidung die im Zeitpunkt der Antragstellung gegebene wasserwirtschaftliche Situation zugrunde zu legen ist und dass der Gewässerbenutzer die wasserwirtschaftliche Situation regelmäßig so hinzunehmen hat, wie er sie vorfindet.[1096] Auch aus Art. 3 Abs. 1 GG kann sich eine Ermessensreduzierung und damit ein Anspruch auf Zulassung der Benutzung nur ergeben, wenn sich gegenüber der vormaligen Erteilung rechtmäßiger Genehmigungen weder die wasserwirtschaftlichen Umstände verschlechtert haben noch diesbezüglich neue Erkenntnisse vorliegen.[1097] Sofern sich also die Grundwasserbeschaffenheit im Bereich eines Vorhabens im Allgemeinen oder infolge bereits genehmigter geothermischer Anlagen nachteilig verändert hat und bei der Zulassung weiterer Nutzungen die Gefahr besteht, dass die Grenze zur Gemeinwohlbeeinträchtigung überschritten wird, liegt ein gewichtiger Grund vor, der die Versagung der wasserrechtlichen Genehmigung rechtfertigt.

1095 *Pape*, in: Landmann/Rohmer, Umweltrecht, Band I, § 12 WHG, Rn. 50.

1096 *Rohde*, in: Kollmann, Wassergesetz des Landes Schleswig-Holstein, Erl. 1 zu § 122 u. Erl. 3 zu § 123.

1097 *Breuer*, Öffentliches und privates Wasserrecht, Rn. 433; *Baisch*, Bewirtschaftung im Wasserrecht, S. 160.

Ist im Einzelfall eine konkrete Beeinträchtigung des Allgemeinwohls zu besorgen, müsste die Zulassung bereits auf Tatbestandsebene des § 12 Abs. 1 WHG abgelehnt werden, so dass Ermessenserwägungen entbehrlich wären.

Schließlich ist darauf hinzuweisen, dass ein Rechtsanspruch des Antragstellers auf Genehmigungserteilung nicht bestehen kann, wenn die Behörde in vergleichbaren Fällen rechtswidrige Erlaubnisse oder Bewilligungen vergeben hat. Denn aus Art. 3 Abs. 1 GG lässt sich kein Anspruch auf Wiederholung rechtlich fehlerhafter Verwaltungsakte ableiten.[1098] Eine Gleichheit im Unrecht gibt es nicht.

(bb) Fazit

Für die Beurteilung von Anträgen auf Zulassung von Erdwärmesonden- oder Dublettenanlagen im Zusammenhang mit der Errichtung von Großimmobilien lässt sich festhalten, dass die Erteilung rechtmäßiger Genehmigungen wegen des allgemeinen Gleichheitssatzes aus Art. 3 Abs. 1 GG zu einer Ermessensreduzierung auf Null und damit zu einem Zulassungsanspruch für spätere Vorhaben führen kann, dass dies aber nicht gilt, wenn sich die wasserwirtschaftlichen Verhältnisse zwischenzeitlich verändert haben oder wenn die Grenze der zumutbaren Gesamtbelastung des Grundwassers erreicht ist. Eine generelle Versagung wasserrechtlicher Gestattungen für den Betrieb geothermischer Anlagen unter Berufung auf eine mögliche Präzedenzwirkung für spätere Anträge stellt dagegen keine sachgerechte Lösung dar und ist als ermessensfehlerhaft anzusehen. Konkret handelt es sich um eine Ermessensüberschreitung, da die Versagung gegenüber dem einzelnen Antragsteller zur Erreichung des Gesetzeszwecks nicht erforderlich und damit unverhältnismäßig ist. Eine zweckmäßige, sowohl die Rechte des Einzelnen als auch den Grundwasserschutz wahrende Lösung wäre dagegen die Aufstellung von Bewirtschaftungskonzepten durch die Wasserbehörden, in denen zum Beispiel Anzahl, Tiefe oder Standort geothermischer Anlagen in einem bestimmten Gebiet geregelt werden könnten, um auf diese Weise eine thermische Überbeanspruchung des Grundwassers zu vermeiden. Auf entsprechende behördliche Planungen ist im Folgenden näher einzugehen.

2) Zur Ermessensdirigierung durch behördliche Bewirtschaftungskonzepte

Das seit jeher anerkannte und nunmehr in § 12 Abs. 2 WHG auch gesetzlich festgeschriebene wasserrechtliche Bewirtschaftungsermessen kann durch

---

1098 *Czychowski/Reinhardt*, Wasserhaushaltsgesetz, § 12, Rn. 35; *Jarass*, in: Jarass/Pieroth, Grundgesetz, Art. 3, Rn. 36.

Bewirtschaftungskonzepte geleitet werden, in denen die unteren Wasserbehörden Grenzen für die Benutzung der in ihrem Zuständigkeitsbereich befindlichen Grundwasservorkommen festlegen. Da sich ein generelles Verbot geothermischer Nutzungen als unverhältnismäßig erweist, hat die Behörde den Ausgleich zwischen den Nutzungsinteressen am Grundwasser und dem Schutz des Grundwassers als primärer Trinkwasserressource durch eine vorsorgende, in die Zukunft gerichtete Planung sicherzustellen. Konkret könnte diese Planung in Bezug auf die Erdwärmenutzung so ausgestaltet sein, dass für den gesamten Zuständigkeitsbereich der unteren Wasserbehörde oder für bestimmte Ausschnitte davon, die für die Erdwärmenutzung besonders geeignet sind oder wo ein entsprechender Bedarf besteht, die Anzahl der zulässigen geothermischen Anlagen, ihre Anordnung innerhalb des jeweiligen Bereiches oder ihre maximale Tiefe unter Berücksichtigung bereits vorhandener Erdwärmenutzungen geregelt werden. Auf diese Weise lässt sich – nach umfassender Abwägung der betroffenen Belange – eine maximale Benutzungsdichte festlegen, die zugleich die Grenze zur Beeinträchtigung des Allgemeinwohls markiert. Das Bewirtschaftungskonzept stellt sich dabei zum einen als Ergebnis der Ermessensbetätigung dar, zum anderen dirigiert es das Ermessen der Behörde bei zukünftigen Zulassungsentscheidungen. Die Wasserbehörde ist hier dazu berufen, über den Einzelfall hinaus einen sinnvollen Ausgleich konkurrierender wasserwirtschaftlicher Interessen zu gewährleisten und dem Grundsatz der Gemeinverträglichkeit Geltung zu verschaffen.[1099]

(aa) Zur Zulässigkeit wasserbehördlicher Bewirtschaftungskonzepte

An dieser Stelle lässt sich die Frage aufwerfen, ob es für die Regelung der Benutzungsdichte durch die untere Wasserbehörde einer speziellen Rechtsgrundlage bedarf. In Anbetracht der Besonderheiten des wasserhaushaltsrechtlichen Gestattungsregimes ist dies jedoch zu verneinen. Es besteht insoweit Einigkeit, dass die Wasserbehörde über einen planerischen Gestaltungsfreiraum verfügt. Denn das behördliche Bewirtschaftungsermessen dient gerade dazu, Vorsorge auch für zukünftige Nutzungsinteressen zu betreiben und zugleich einen hinreichenden Bestand des Trinkwasserreservoirs über den gegenwärtigen Bedarf hinaus zu sichern.[1100] Charakteristisch ist dabei, dass die Wasserbehörde nicht die Vereinbarkeit des einzelnen Vorhabens mit einer gesetzlich vorgegebenen und damit absolut feststehenden wasserwirtschaftlichen Ordnung prüft, sondern dass sie eine solche

1099 BGH, Urteil vom 18.12.1986 - III ZR 91/85 -, BGHZ 99, S. 256, 260/261.
1100 BVerwG, Urteil vom 18.09.1987 - 4 C 36/84 -, NVwZ 1988, S. 535, 536.

Ordnung in Ausübung ihres Bewirtschaftungsermessens erst hervorbringt.[1101] Demnach gehört es zu den originären Aufgaben der Wasserbehörde, entsprechende Bewirtschaftungskonzepte zu entwickeln, die der Ermessensbetätigung zugrunde zu legen sind.[1102] Sie kann auf diese Weise Spielräume für einen zukünftig entstehenden Bedarf schaffen und sowohl quantitative als auch qualitative Reserven vorhalten.[1103] Hier kommt auch die planende und leitende Funktion des Vorsorgeprinzips als einem zentralen Grundsatz des staatlichen Umweltschutzes zum Tragen, das sich im Rahmen des Bewirtschaftungsermessens unter dem Gesichtspunkt der Ressourcenvorsorge entfalten kann.[1104]

Die Regelung der maximalen Benutzungsdichte des Grundwassers für bestimmte Bereiche ist somit Bestandteil des wasserrechtlichen Bewirtschaftungsermessens und der damit verbundenen planerischen Kompetenz der unteren Wasserbehörde. Einer darüber hinausgehenden Rechtsgrundlage bedarf es für die Aufstellung lokaler Bewirtschaftungskonzepte nicht. Dies ergibt sich unter Berücksichtigung des aus dem Rechtsstaatsprinzip (Art. 20 Abs. 3 GG) und dem Demokratieprinzip (Art. 20 Abs. 1 GG) abzuleitenden Grundsatzes des Vorbehalts des Gesetzes auch daraus, dass das Wasserhaushaltsrecht vornehmlich der Leistungsverwaltung und nicht der Eingriffsverwaltung zuzurechnen ist. Denn die Zulassung einer Gewässerbenutzung ist als repressives Verbot mit Befreiungsvorbehalt ausgestaltet, d.h. die Benutzung ist grundsätzlich verboten; von diesem Verbot kann nur durch Erteilung einer Genehmigung befreit werden.[1105] Ein Rechtsanspruch auf Genehmigungserteilung besteht selbst bei Verneinung der Versagungsvoraussetzungen des § 12 Abs. 1 WHG nicht, sondern es wird lediglich ein Anspruch auf ermessensfehlerfreie Entscheidung begründet.[1106] Alle wesentlichen Zugriffe auf

---

1101 *Büllesbach*, DÖV 1992, S. 477, 482; *Salzwedel/Scherer-Leydecker*, in: Hansmann/Sellner, Grundzüge des Umweltrechts, 8. Wasserrecht, Rn. 33; *Salzwedel*, RdWWi 22 (1979), S. 53, 54/55.

1102 *Büllesbach*, DÖV 1992, S. 477, 482; *Kotulla*, Rechtliche Instrumente des Grundwasserschutzes, S. 49.

1103 *Büllesbach*, DÖV 1992, S. 477, 483.

1104 anders nach überwiegender Ansicht im Immissionsschutzrecht; vgl. hierzu *Kloepfer*, Umweltrecht, § 14, Rn. 106; *Breuer*, in: Schmidt-Aßmann/Schoch, Besonderes Verwaltungsrecht, 5. Kap., Rn. 187.

1105 BVerfG, Beschluss vom 15.07.1981 - 1 BvL 77/78 -, BVerfGE 58, S. 300, 328; VGH Kassel, Urteil vom 01.09.2011 - 7 A 1736/10 -, ZUR 2012, S. 108, 110; *Guckelberger*, VerwArch 2010, S. 139, 142.

1106 BVerfG, Beschluss vom 15.07.1981 - 1 BvL 77/78 -, BVerfGE 58, S. 300, 328/329; *Reinhardt*, NuR 2011, S. 833, 839.

ein Gewässer sind also nur als öffentlich-rechtliche Sondernutzungen zulässig.[1107] Das Gesetz verdeutlicht dies durch die Klarstellungen in § 4 Abs. 2 und 3 WHG, wonach das Wasser eines fließenden oberirdischen Gewässers sowie das Grundwasser nicht eigentumsfähig sind und das Grundeigentum zudem nicht zu einer Gewässerbenutzung berechtigt, die einer behördlichen Zulassung bedarf. Demnach stellt sich die Versagung einer wasserrechtlichen Benutzungserlaubnis bzw. -bewilligung nicht als zusätzlicher Eingriff in die Rechte des Bürgers dar, sondern als bloße Konkretisierung des gesetzlichen Benutzungsverbots. Das rechtfertigt es, keine allzu strengen Anforderungen an die gesetzliche Grundlage der wasserbehördlichen Bewirtschaftungsplanung zu stellen, sondern diese als Ausprägung des Bewirtschaftungsermessens aus § 12 Abs. 2 WHG anzusehen. Die Erstellung von Bewirtschaftungskonzepten durch die untere Wasserbehörde zur Steuerung der Geothermienutzung ist demnach unter dem Gesichtspunkt des Vorbehalts des Gesetzes nicht zu beanstanden.

Einschränkend ist anzumerken, dass die behördlichen Bewirtschaftungskonzepte nicht in Widerspruch zu übergeordneten wasserwirtschaftlichen Planungen stehen dürfen wie insbesondere den Maßnahmenprogrammen nach § 82 WHG. Es wurde aber bereits erörtert, dass die Maßnahmenprogramme weitgehend großräumige, flussgebietsbezogene Regelungen im Sinne einer wasserwirtschaftlichen Makrosteuerung enthalten. Die von den unteren Wasserbehörden zu erstellenden Bewirtschaftungskonzeptionen sind dagegen Instrumente der wasserwirtschaftlichen Mikrosteuerung, die gerade die Nutzung des Grundwassers in räumlich eng umgrenzten Bereichen unter Einbeziehung lokaler Besonderheiten zum Gegenstand haben. Zudem betreffen sie hier die Zulässigkeit geothermischer Anlagen und regeln damit einen bestimmten Ausschnitt der Grundwasserbewirtschaftung, der im Einzelnen nicht Gegenstand der Maßnahmenprogramme ist. Folglich sind die Maßnahmenprogramme bei der Schaffung behördlicher Bewirtschaftungskonzepte zwar zu beachten, sie stehen ihnen grundsätzlich aber nicht entgegen.

(bb) Zur Erstellung eines Bewirtschaftungskonzeptes im Einzelfall

Konkret erfordert eine konzeptionelle Bewirtschaftung des Grundwassers die Feststellung des gegenwärtigen und zukünftigen Nutzungsbedarfs, die Ermittlung der Belastungsfähigkeit des Grundwasserreservoirs einschließlich etwaiger Vorrats- und Pufferkapazitäten sowie die Bestimmung von Prioritäten für gegenwärtige und zu-

---

1107 *Rohde/Mauel*, in: Kollmann, Wassergesetz des Landes Schleswig-Holstein, Einführung zur 5. Nachlieferung, Erl. 3; *Baisch*, Bewirtschaftung im Wasserrecht, S. 78.

künftige Nutzungen.[1108] Für die Steuerung der Erdwärmenutzung bedeutet dies, dass zunächst die Anzahl der innerhalb des Zuständigkeitsbereichs der Behörde bereits vorhandenen geothermischen Anlagen sowie deren Auswirkungen auf die Grundwasserbeschaffenheit zu ermitteln sind, um die aktuelle Belastung des Grundwassers feststellen zu können. In diesem Zusammenhang bedarf es auch der Untersuchung der hydrogeologischen und wasserwirtschaftlichen Rahmenbedingungen. So können bestimmte Gebiete, zum Beispiel wegen der Existenz von Altlasten, wegen des besonderen Schutzes des Grundwassers in Wasserschutzgebieten oder wegen ungünstiger hydrogeologischer Voraussetzungen wie artesisch gespanntem Grundwasser, Verkarstung oder Grundwasserstockwerksbau von vornherein als für die Erdwärmenutzung ungeeignet aus der Bewirtschaftungsplanung ausgesondert bzw. entsprechend gekennzeichnet werden. Des Weiteren ist eine Prognose erforderlich, in welchem Umfang zukünftig mit der Errichtung von Erdwärmesonden- oder Dublettenanlagen zu rechnen ist. Dabei wird erhöhter Regelungsbedarf bestehen in urbanen Bereichen mit großem Nutzungspotenzial bei vergleichsweise geringem Angebot an Fläche und Grundwasser. Dagegen sind ländliche Gebiete mit seltener Inanspruchnahme des Grundwassers durch Geothermieanlagen eher zu vernachlässigen. Schließlich muss die zulässige Maximalbelastung festgelegt werden, also die Grenze der noch verträglichen Beanspruchung des Grundwassers durch die Erdwärmenutzung. Hierbei ist – ebenso wie bei der Ermittlung der bestehenden Belastungen des Grundwassers sowie der hydrogeologischen Standortbedingungen – auf die einschlägigen technischen und fachwissenschaftlichen Untersuchungsmethoden zurückzugreifen. Zu nennen sind in diesem Zusammenhang die Beprobung des Grundwassers zur Feststellung seiner Qualität, die Erstellung von Grundwassermodellen, die Simulation von Strömung und Wärmetransport im Grundwasser, die Errichtung geothermischer Messnetze, die Feststellung des geologischen Schichtenaufbaus durch geophysikalische Bohrlochmessungen sowie der Rückgriff auf geothermische Atlanten und vergleichbare Kartenwerke.[1109] In vielen Bundesländern existieren digitale Karten, die die Nutzungsbedingungen oberflächennaher Geothermie in einem bestimmten Gebiet zumindest im Überblick darstellen.[1110]

1108 *Kotulla*, Rechtliche Instrumente des Grundwasserschutzes, S. 49.

1109 vgl. *Conzen*, bbr 07–08/2011, S. 34, 35 ff.; *Baumann u.a.*, in: Geothermische Vereinigung - Bundesverband Geothermie e.V., Der Geothermiekongress 2008, S. 280, 282/283.

1110 vgl. nur für Niedersachsen unter http://nibis.lbeg.de/cardomap3 und für Sachsen unter www.umwelt.sachsen.de/umwelt/download/luft/Geothermieatlas.pdf (Stand: 14.01.2013).

Die auf diese Weise gesammelten Erkenntnisse über die lokalen Möglichkeiten der Erdwärmenutzung, die zu erwartende Nachfrage sowie sämtliche sonstigen Rahmenbedingungen sind in einem gebietsbezogenen Bewirtschaftungskonzept für das Grundwasser zusammenzuführen, anhand dessen die Behörde ihr Ermessen bei der Behandlung zukünftiger Anträge auszurichten hat.

Zuständig für die Erstellung geothermischer Bewirtschaftungskonzepte ist regelmäßig die untere Wasserbehörde als Genehmigungsbehörde (vgl. § 107 Abs. 1 Nr. 1 LWG S-H). Zweckmäßig und geboten ist dabei eine Zusammenarbeit mit der oberen Wasserbehörde, welche in Schleswig-Holstein gemäß § 106 Abs. 2 LWG S-H die technischen und naturwissenschaftlichen Grundlagen für die Ordnung des Wasserhaushaltes ermittelt und entwickelt sowie gemeinsam mit den Küstenschutzbehörden den gewässerkundlichen Mess- und Beobachtungsdienst durchführt. Dazu zählen insbesondere chemische, biologische, physikalische und ökologische Untersuchungen, der Betrieb von Messnetzen zur Übertragung von Mengen- und Qualitätsdaten, die Mitwirkung bei der Erkundung von Wasservorkommen, die zentrale Sammlung und Auswertung wasserwirtschaftlich relevanter Daten, die Entwicklung hydrologischer Gesamtbilder vom Zustand der Gewässer und ihrer ökologischen Veränderungen sowie die Anfertigung hydrographischer Karten.[1111] Dementsprechend ist es notwendig, dass die untere Wasserbehörde auf das Sachwissen der oberen Wasserbehörde (in Schleswig-Holstein gemäß § 101 Abs. 1 Satz 2 Nr. 2 LWG S-H das Landesamt für Landwirtschaft, Umwelt und ländliche Räume) sowie die dort vorhandenen Informationen zurückgreift und dass sie die Planungen mit dieser abstimmt. Der oberen Wasserbehörde kommt insoweit eine beratende Funktion zu, sie ist der unteren Wasserbehörde aber nicht kompetenzmäßig übergeordnet.[1112] Wenn sich geothermische Nutzungen gebietsübergreifend auf das Grundwasser auswirken, kann auch eine Koordination zwischen den unteren Wasserbehörden, also den Landräten oder den Bürgermeistern der kreisfreien Städte (vgl. § 105 Abs. 1 Satz 2 Nr. 3 LWG S-H), erforderlich sein.

(cc) Fazit

Im Ergebnis ist eine konzeptionelle Bewirtschaftung des Grundwassers geboten, sofern in einem bestimmten Bereich bereits mehrere geothermische Anlagen betrieben werden oder für die Zukunft mit einer zunehmenden Erdwärmenutzung zu rechnen ist, so dass eine Überbewirtschaftung der Ressource Grundwasser und

---

1111 *Rohde*, in: Kollmann, Wassergesetz des Landes Schleswig-Holstein, Erl. 2 zu § 106.

1112 vgl. *Mohr*, NordÖR 2011, S. 426, 428; *Rohde*, in: Kollmann, Wassergesetz des Landes Schleswig-Holstein, Erl. 2 zu § 105.

damit eine Beeinträchtigung des Wohls der Allgemeinheit droht. In diesem Fall kann die untere Wasserbehörde die maximale Benutzungsdichte regeln und bei Überschreiten einer bestimmten Belastungsgrenze die wasserrechtliche Gestattung versagen. Aufgrund des der Behörde zustehenden Bewirtschaftungsermessens ist eine solche Versagung auch dann zulässig, wenn zwar schädliche Gewässerveränderungen im Sinne von § 12 Abs. 1 Nr. 1 WHG im konkreten Fall tatbestandlich noch nicht zu erwarten sind, bei Hinzutreten weiterer Nutzungen aber die Gefahr einer Überbewirtschaftung besteht.[1113] Auf diese Weise können Vorgaben für eine ökologisch verträgliche Grundwassernutzung aufgestellt werden, die bei jeder Zulassungsentscheidung zu beachten sind. Unverhältnismäßig wäre dagegen eine generelle Versagung der Errichtung geothermischer Anlagen mit der Begründung einer andernfalls zu besorgenden Präzedenzwirkung für künftige Anträge.

3) Zum Zusammentreffen mehrerer Erlaubnis- oder Bewilligungsanträge

Die Auswahl zwischen mehreren potenziellen Nutzern des Grundwassers hat nach objektiven Kriterien zu erfolgen. Eine Möglichkeit ist die Anwendung des Prioritätsprinzips mit der Folge, dass derjenige Nutzer vorrangig zugelassen wird, der die wasserrechtliche Genehmigung zuerst beantragt hat. Bei gleichzeitigen Anträgen sind zudem die landesrechtlichen Vorschriften über das Zusammentreffen mehrerer Erlaubnis- oder Bewilligungsanträge zu beachten. Gemäß § 122 Satz 1 LWG S-H ist bei mehreren, sich trotz Festsetzung von Bedingungen und Auflagen gegenseitig ausschließenden Anträgen zunächst danach zu entscheiden, welcher Benutzung die größere Bedeutung für das Wohl der Allgemeinheit zukommt; sodann ist die Bedeutung der Benutzung für die Volkswirtschaft unter besonderer Berücksichtigung der wasserwirtschaftlichen Auswirkungen maßgeblich. Primär hat die Behörde bei Vorliegen mehrerer Anträge also durch die Beifügung geeigneter Inhalts- und Nebenbestimmungen (vgl. § 13 WHG) einen Ausgleich konfligierender Belange herbeizuführen mit dem Ziel, die beantragten Nutzungen nebeneinander zu verwirklichen. Nur wenn dies nicht möglich ist und die beabsichtigten Benutzungen auch unter Berücksichtigung ihrer Bedeutung für das Wohl der Allgemeinheit und für die Volkswirtschaft als gleichwertig anzusehen sind, gebührt gemäß § 122 Satz 2 LWG S-H bei Benutzungen des Grundwassers dem Antrag der Vorrang, der zuerst gestellt wurde; es gilt also das Prioritätsprinzip. Nicht anwendbar ist die Vorschrift ausweislich des Satzes 3, wenn die in der Bekanntmachung des beabsichtigten Unternehmens bestimmte Frist bereits

1113 vgl. auch OVG Münster, Urteil vom 02.12.1977 - XI A 1510/75 -, ZfW 1979, S. 58, 59/60.

verstrichen ist. Nach Fristablauf gestellte Anträge werden nicht mehr berücksichtigt, sondern sind nach den allgemeinen wasserrechtlichen Bewirtschaftungsregeln zu beurteilen. Die Ausschlussfrist kann jedoch nur Geltung beanspruchen für die im förmlichen Verfahren nach § 119 Abs. 1 LWG S-H zu verbescheidenden Anträge auf Bewilligung und gehobene Erlaubnis. Wie sich sowohl im Umkehrschluss aus § 10 Abs. 1 LWG S-H als auch aus dem Wortlaut des § 119 Abs. 1 LWG S-H ergibt, der sich ausdrücklich auf gehobene Erlaubnis und Bewilligung beschränkt, wird die einfache Erlaubnis nicht im förmlichen Verfahren vergeben, so dass auch keine Bekanntmachung erfolgt und eine Einwendungsfrist nicht zu laufen beginnt. Dem entspricht die Rechtslage im Wasserhaushaltsgesetz, welches in § 11 Abs. 2 (i.V.m. § 15 Abs. 2) die Möglichkeit zur Geltendmachung von Einwendungen lediglich im Verfahren zur Erteilung von Bewilligung und gehobener Erlaubnis vorsieht.

Für die einfache Erlaubnis ist gemäß § 11 Abs. 1 WHG und § 10 Abs. 3 LWG S-H nur dann ein förmliches, den Anforderungen des Gesetzes über die Umweltverträglichkeitsprüfung (UVPG)[1114] genügendes Verfahren einzuhalten, wenn das Vorhaben der Pflicht zur Durchführung einer Umweltverträglichkeitsprüfung unterliegt. Dies ist bei Erdwärmesondenanlagen nicht der Fall, da sie mangels Einsatz von Brennstoffen in einer Verbrennun gseinrichtung nicht unter die Nr. 1.1 (Wärmeerzeugung, Bergbau und Energie) der Anlage 1 zum UVPG (Liste „UVP-pflichtige Vorhaben“) fallen und da sie Grundwasser auch nicht im Sinne von Nr. 13.3 der Anlage 1 zum UVPG entnehmen oder zutage fördern. Tiefbohrungen zur Gewinnung von Erdwärme bedürfen zudem nach § 1 Nr. 8 UVP-V Bergbau einer Umweltverträglichkeitsprüfung erst ab einer Teufe von 1.000 m und nur dann, wenn die Bohrung in ausgewiesenen Naturschutzgebieten oder in Schutzgebieten nach der Vogelschutzrichtlinie (Richtlinie 79/409/EWG)[1115] oder der Flora-Fauna-Habitat-Richtlinie (Richtlinie 92/43/EWG – FFH-Richtlinie)[1116] erfolgt. Sofern ein „Natura 2000-Gebiet“ im Sinne des Art. 3 Abs. 1 der FFH-Richtlinie Standort

1114 Gesetz über die Umweltverträglichkeitsprüfung (UVPG) in der Fassung der Bekanntmachung vom 24.02.2010, BGBl. 2010 Teil I Nr. 7 vom 26.02.2010, S. 94; zuletzt geändert durch Art. 2 des Gesetzes vom 21.01.2013, BGBl. 2013 Teil I Nr. 3 vom 28.01.2013, S. 95.

1115 Richtlinie des Rates vom 02.04.1979 über die Erhaltung der wildlebenden Vogelarten (79/409/EWG), ABl. L 103 vom 25.04.1979, S. 1.

1116 Richtlinie 92/43/EWG des Rates vom 21.05.1992 zur Erhaltung der natürlichen Lebensräume sowie der wildlebenden Tiere und Pflanzen, ABl. Nr. L 206 vom 22.07.1992, S. 7.

einer geothermischen Bohrung ist, ergibt sich aber unter Umständen aus § 34 Abs. 1 Bundesnaturschutzgesetz (BNatSchG)[1117] die Notwendigkeit zur Durchführung einer Verträglichkeitsprüfung, da die Vornahme einer Bohrung grundsätzlich geeignet ist, sich nachteilig auf den geschützten Lebensraum oder die geschützte Art auszuwirken und damit das Schutzgebiet und seine Erhaltungsziele erheblich zu beeinträchtigen. Die FFH-Verträglichkeitsprüfung unterscheidet sich wesentlich von der Umweltverträglichkeitsprüfung: Während Letztere darauf abzielt, die Auswirkungen auf die Umwelt umfassend zu ermitteln, zu beschreiben und zu bewerten (vgl. § 1 Nr. 1 UVPG), beschränkt sich die FFH-Verträglichkeitsprüfung auf die Untersuchung der Vereinbarkeit des Vorhabens mit den konkreten Erhaltungszielen des betroffenen Gebietes.[1118] Sie ist als Teil des Zulassungsverfahrens von der im Einzelfall zuständigen Genehmigungsbehörde durchzuführen[1119], hier also von der unteren Wasserbehörde.

Anders stellt sich die Rechtslage beim Betrieb geothermischer Brunnenanlagen wegen des damit verbundenen Zutagefördern von Grundwasser dar. Denn sofern Grundwasser in einer Menge von 100.000 m³ bis zu 10 Mio. m³ jährlich gefördert wird, ist nach Nr. 13.3.2 der Anlage 1 zum UVPG eine allgemeine Vorprüfung des Einzelfalls gemäß § 3c Satz 1 UVPG erforderlich. Derartige Förderraten werden von Dublettenanlagen zur Beheizung und Kühlung von Großimmobilien regelmäßig erreicht. So sollte die für das Einkaufszentrum CITTI-PARK in Kiel zunächst vorgesehene geothermische Dublettenanlage über ein Fördervolumen von ca. 140 m³/h und eine Jahresförderung von etwa 550.000 m³ verfügen. In diesem Fall ist nach Maßgabe des § 3c Satz 1 UVPG die Durchführung einer Umweltverträglichkeitsprüfung notwendig, wenn das Vorhaben nach Einschätzung der zuständigen Behörde erhebliche nachteilige Umweltauswirkungen haben kann. Drittbetroffene sind dann gemäß § 9 Abs. 1 Satz 3 UVPG i.V.m. § 73 Abs. 4 VwVfG bzw. § 140 Abs. 4 LVwG S-H[1120] berechtigt, Einwendungen gegen das Vorhaben zu erheben.

1117 Gesetz über Naturschutz und Landschaftspflege (Bundesnaturschutzgesetz - BNatSchG) vom 29.07.2009, BGBl. 2009 Teil I Nr. 51 vom 06.08.2009, S. 2542; zuletzt geändert durch Art. 7 des Gesetzes vom 21.01.2013, BGBl. 2013 Teil I Nr. 3vom 28.01.2013, S. 95.

1118 *Ewer*, in: Lütkes/Ewer, Bundesnaturschutzgesetz, § 34, Rn. 17.

1119 *Kloepfer*, Umweltrecht, § 11, Rn. 182.

1120 Allgemeines Verwaltungsgesetz für das Land Schleswig-Holstein (Landesverwaltungsgesetz – LVwG) i.d.F. der Bekanntmachung vom 02.06.1992, GVOBl. S-H 1992, S. 243; zuletzt geändert durch Art. 1 des Gesetzes vom 17.12.2012, GVOBl. S-H 2012, S. 749.

Nach § 9 Landes-UVP-Gesetz (LUVPG)[1121] finden insoweit die Bestimmungen des § 2 Abs. 6 Satz 2, der §§ 5 bis 13 und des Teils 4 des UVPG entsprechende Anwendung. Die grundsätzliche Subsidiarität des UVPG gegenüber den UVP-Regelwerken der Länder (vgl. § 4 UVPG) wird damit ausdrücklich aufgehoben. Bei Durchführung eines förmlichen Verwaltungsverfahrens ist die Ausschlussfrist des § 122 Satz 3 LWG S-H demnach auch auf konkurrierende Anträge zur Erteilung einfacher Erlaubnisse anwendbar.

Dies bedeutet für die nicht UVP-pflichtigen Vorhaben – wie die Errichtung und den Betrieb von Erdwärmesondenanlagen – allerdings nicht, dass die Konkurrenzregelung des § 122 LWG S-H im Rahmen des einfachen Erlaubnisverfahrens zeitlich unbegrenzt Geltung beansprucht. Interessengerecht dürfte es vielmehr sein, die Grundgedanken der Vorschrift – Bedeutung der Benutzung für das Wohl der Allgemeinheit und für die Volkswirtschaft; zeitliche Priorität eines Antrags – neben anderen Grundsätzen wie dem des wasserrechtlichen Rücksichtnahmegebots in eine Gesamtabwägung einzubeziehen, wenn während eines anhängigen Erlaubnisverfahrens ein konkurrierender Antrag gestellt wird. In der Praxis dürfte die Bedeutung des § 122 LWG S-H für die Erteilung einfacher Erlaubnisse jedoch gering sein, da die Regelung eindeutig auf förmliche Verwaltungsverfahren zugeschnitten ist. Bei mehreren Anträgen auf Zulassung geothermischer Anlagen ist die Vorschrift zudem inhaltlich wenig ergiebig, da sich die Bedeutung der Benutzungen für das Wohl der Allgemeinheit und für die Volkswirtschaft regelmäßig nicht wesentlich unterscheiden wird. Von vornherein nicht anwendbar sind § 122 LWG S-H und vergleichbare landesrechtliche Regelungen auf die Konstellation, dass lediglich ein Zulassungsantrag vorliegt und für das konkurrierende Unternehmen eine Antragstellung erst in Zukunft zu erwarten ist.[1122] Ebenso wenig beziehen sich die Konkurrenzregelungen auf den Fall, dass ein Antrag mit einer bereits zugelassenen Benutzung zusammentrifft.[1123] Derartige Sachverhalte sind mit Hilfe des wasserrechtlichen Rücksichtnahmegebots zu lösen, welches im Folgenden näher beleuchtet wird.

1121 Landesgesetz über die Umweltverträglichkeitsprüfung (Landes-UVP-Gesetz – LUVPG) vom 13.05.2003, GVOBl. S-H 2003, S. 246; zuletzt geändert durch Art. 5 des Gesetzes vom 19.01.2012, GVOBl. S-H 2012, S. 89, 94.

1122 VGH Mannheim, Beschluss vom 25.11.1991 - 8 S 1426/91 -, ZfW 1993, S. 35, 36.

1123 *Elsner*, in: Reffken/Elsner, Niedersächsisches Wassergesetz, § 4, Rn. 1.

bb) Zur Bedeutung des wasserrechtlichen Rücksichtnahmegebotes

Als Ausprägung des Verhältnismäßigkeitsgrundsatzes hat die untere Wasserbehörde im Rahmen ihrer Zulassungsentscheidung stets das Gebot der wechselseitigen Rücksichtnahme der Gewässerbenutzer zu beachten. Das Rücksichtnahmegebot begrenzt insoweit das Bewirtschaftungsermessen der Wasserbehörde. Neben diesem objektiv-rechtlichen Gehalt verfügt das Rücksichtnahmegebot aber auch über eine subjektiv-rechtliche, Drittschutz eröffnende Komponente. Für die geothermische Nutzung des oberflächennahen Untergrundes kommt dem Rücksichtnahmegebot Bedeutung zu als Maßstab für die Beurteilung konkurrierender Nutzungsansprüche bei Vorhandensein mehrerer benachbarter Anlagen. Hier steht die Behörde angesichts des begrenzten Grundwasserdargebotes vor der Entscheidung, ob sie bereits existierenden Anlagen unter dem Aspekt des Bestandsschutzes Vorrang vor späteren Anträgen einräumen will oder ob sie bestehende Nutzungen nachträglich beschränkt, um weiteren Nutzern den Zugang zur Erdwärme zu ermöglichen. Feste Regeln im Sinne eines strikten Vorrangs bestehender Anlagen gegenüber zeitlich nachfolgenden Benutzungen sind den wasserrechtlichen Vorschriften nicht zu entnehmen, so dass im Folgenden Leitlinien für die wasserbehördliche Ermessensbetätigung zu entwickeln sind.

1) Zum objektiv-rechtlichen Gehalt des Rücksichtnahmegebots

(aa) Zur grundlegenden Rechtsprechung des Bundesverwaltungsgerichts

Auch wenn es sich bei den Benutzungsregelungen des Wasserhaushaltsgesetzes um ein vornehmlich objektiv determiniertes staatliches Zuteilungsregime handelt, in dem drittschützenden Aspekten nur nachrangige Bedeutung zukommt[1124], ist die Wasserbehörde verpflichtet, bei ihrer Entscheidung über die Zulassung einer Benutzung auch die berechtigten Nutzungsinteressen Dritter zu berücksichtigen. Hintergrund ist das allgemeine Gebot, auf die Belange anderer Rücksicht zu nehmen, welches das Bundesverwaltungsgericht aus dem Baurecht ins Wasserrecht übertragen und dessen Anwendung es mit der (auch) individualschützenden Zweckrichtung der §§ 1 a Abs. 1, 4 Abs. 1 Satz 2 und 18 WHG a.F. begründet hat.[1125] Diese Regelungen haben im Wesentlichen inhaltsgleich Eingang gefunden in das reformierte Wasserhaushaltsgesetz, namentlich in die §§ 6 Abs. 1 Nr. 3, 13 Abs. 1 und 22 WHG. Die Maßstäbe, die das Bundesverwaltungsgericht in seinem grundlegenden Urteil aus dem Jahr 1987 aufgezeigt hat, besitzen daher weiterhin Gültigkeit.

1124 *Reinhardt*, DÖV 2011, S. 135, 136.

1125 BVerwG, Urteil vom 15.07.1987 - 4 C 56/83 -, BVerwGE 78, S. 40, 41 ff.

Die genannten Vorschriften des WHG beinhalten Vorgaben für die Verwaltung dahingehend, dass die Gewässer im Einklang mit dem Wohl der Allgemeinheit „auch im Interesse Einzelner“ zu nutzen sind[1126] und die Feststellung, dass die Beifügung von Inhalts- und Nebenbestimmungen auch zu dem Zweck zulässig ist, „nachteilige Wirkungen für andere zu vermeiden und auszugleichen“.[1127] Das Bundesverwaltungsgericht folgert daraus, dass die Wasserbehörde bei jeder Entscheidung über eine Benutzung im Sinne von § 9 WHG unabhängig von der Form der Gestattung verpflichtet ist, auf die Belange anderer Rücksicht zu nehmen.[1128] Für die Behörde bedeutet das, dass sie auch die zivilrechtlichen Folgeprobleme einer Benutzung bereits im wasserrechtlichen Genehmigungsverfahren zu würdigen hat.[1129] Diesem objektiv-rechtlichen Rücksichtnahmegebot korrespondiert ein subjektiv-öffentliches Recht auf Rücksichtnahme des durch eine Gewässerbenutzung betroffenen Dritten, wenn dessen Belange in qualifizierter und individualisierter Weise berührt sind.[1130] Nach der Rechtsprechung des Bundesverwaltungsgerichts ist regelmäßig von einer solchen qualifizierten und individualisierten Betroffenheit auszugehen, wenn durch die Zulassung einer neuen Benutzung in die bestehende Verteilung des Wassers eingegriffen und andere rechtmäßige Gewässerbenutzer beeinträchtigt werden.[1131] Demnach hat die Behörde im Rahmen ihrer Ermessensentscheidung die vorhandenen Nutzungen in den Blick zu nehmen und zu beurteilen, ob diese durch eine weitere Gewässerbenutzung beeinträchtigt werden oder ob eine Überbewirtschaftung des Grundwassers droht. Hier zeigt sich wieder der Sinn und Zweck der öffentlich-rechtlichen Gewässerbewirtschaftung, welche darauf gerichtet ist, unterschiedliche, gegebenenfalls konkurrierende Nutzungsinteressen an einem Gewässer zum Wohl der Allgemeinheit und im Interesse Einzelner zu koordinieren und einen haushälterischen Umgang mit dem Wasser sicherzustellen.[1132] Neben den rechtmäßigen Gewässerbenutzern können auch die Eigentümer benachbarter Grundstücke in der erforderlichen qualifizierten

---

1126 vgl. § 6 Abs. 1 Satz 1 Nr. 3 WHG.

1127 vgl. § 13 Abs. 1 WHG.

1128 BVerwG, Urteil vom 15.07.1987 - 4 C 56/83 -, BVerwGE 78, S. 40, 43.

1129 *Mauel*, in: Kollmann, Wassergesetz des Landes Schleswig-Holstein, Erl. 6 zu § 10.

1130 BVerwG, Urteil vom 15.07.1987 - 4 C 56/83 -, BVerwGE 78, S. 40, 43/44; vgl. auch aktuell VGH Kassel, Urteil vom 01.09.2011 - 7 A 1736/10 -, ZUR 2012, S. 108, 111.

1131 BVerwG, Urteil vom 15.07.1987 - 4 C 56/83 -, BVerwGE 78, S. 40, 44.

1132 VGH Kassel, Urteil vom 01.09.2011 - 7 A 1736/10 -, ZUR 2012, S. 108, 111; BVerfG, Beschluss vom 15.07.1981 - 1 BvL 77/78 -, BVerfGE 58, S. 300, 339.

Weise betroffen sein, wenn die Grundstückssituation durch die angestrebte Gewässerbenutzung beeinträchtigt wird.[1133] Demnach erfordert die Zulassung geothermischer Anlagen stets eine Würdigung möglicher Auswirkungen der Grundwasserbenutzung auf bereits bestehende Anlagen sowie auf benachbarte Grundstücke und deren Nutzung.

Primär sind an dieser Stelle konkurrierende geothermische Nutzungen des Grundwassers zu betrachten. Nutzungskonkurrenzen können beispielsweise entstehen, wenn in einem bestimmten Gebiet bereits eine oder mehrere Erdwärmesonden- oder Dublettenanlagen wasserrechtlich genehmigt und in Betrieb genommen sind und zu einem späteren Zeitpunkt ein weiterer Antrag auf Zulassung einer geothermischen Nutzung des oberflächennahen Untergrundes gestellt wird. Konkret wirft dies die Frage auf, wie zu verfahren ist, wenn infolge des aktuellen Antrags eine Beeinträchtigung der bereits vorhandenen Anlagen oder eine Überbeanspruchung des Grundwassers droht. In Konflikt geraten dann das Interesse des Grundstückseigentümers oder Unternehmers an einer (unterirdischen) Nutzung seines Grundstücks sowie der Teilhabe am öffentlichen Gut Grundwasser und das Bestandsschutzinteresse der berechtigten Benutzer des Grundwassers. Streitgegenständlich ist somit die Verteilung des zur Verfügung stehenden Grundwasserschatzes zwischen einem oder mehreren Benutzungsberechtigten und dem benutzungswilligen Dritten, m.a.W. das Verhältnis bereits bestehender Nutzungen zu später hinzutretenden Nutzungen des Grundwassers.

Als Ausgangspunkt der Ermessensbetätigung ist auf den das gesamte Wasserrecht beherrschenden Grundsatz der Gemeinverträglichkeit zurückzugreifen. Danach bilden alle Gewässerbenutzer und sonst am Gewässer Beteiligten eine natürliche Gemeinschaft, in der jeder Rücksicht darauf zu nehmen hat, dass das Wasser möglichst vielseitig und zum allgemeinen Vorteil genutzt werden kann.[1134] Die Gewässer sind so zu benutzen, dass alle Benutzer den größtmöglichen Vorteil aus dem Wasser ziehen können und eine Beeinträchtigung des Gemeinwohls sowie jede vermeidbare Beeinträchtigung anderer Nutzer unterbleibt.[1135] Nicht geboten ist eine Rücksichtnahme auf lediglich geringfügige und damit zumutbare

---

1133 BVerwG, Beschluss vom 03.09.2003 - 7 B 6/03 -, Buchholz 406.19, Nachbarschutz Nr. 167, S. 18, 19; VGH München, Urteil vom 30.10.2007 - 22 B 06.3236 -, ZfW 2009, S. 228, 230.

1134 BVerwG, Urteil vom 11.11.1970 - IV C 102.67 -, BVerwGE 36, S. 248, 251; OVG Münster, Urteil vom 17.12.1976 - XI A 843/75 -, DVBl. 1977, S. 930.

1135 BGH, Urteil vom 23.06.1983 - III ZR 79/82 -, BGHZ 88, S. 34, 42; BGH, Urteil vom 05.10.1995 - III ZR 61/93 -, NVwZ 1996, S. 821, 823.

Nachteile für bereits bestehende Benutzungen oder sonstige Rechte Dritter.[1136] Folglich haben einzelne Nutzer unwesentliche Beeinträchtigungen ihrer Benutzung im Interesse der Gemeinschaft der Gewässerbenutzer hinzunehmen. Dieser Rechtsgedanke findet sich wieder in § 14 Abs. 4 Satz 2 WHG für Bewilligung und gehobene Erlaubnis, wonach geringfügige nachteilige Wirkungen für Dritte im Rahmen des Einwendungsverfahrens außer Betracht bleiben. Ergänzend sei auf § 27 Abs. 1 des Nachbarrechtsgesetzes Schleswig-Holstein (NachbG Schl.-H.)[1137] verwiesen, der Einwirkungen auf den Untergrund von Grundstücken verbietet, wenn die dadurch verursachte Beeinflussung des Grundwasserspiegels oder die Veränderung der physikalischen, chemischen oder biologischen Beschaffenheit des Grundwassers die Benutzung eines anderen Grundstücks erheblich beeinträchtigt. Soweit es sich hierbei um nach dem WHG genehmigte Benutzungen handelt, sind diese allerdings gemäß § 27 Abs. 2 Nr. 1 NachbG Schl.-H. von vornherein von dem Einwirkungsverbot ausgenommen. Zu beachten ist schließlich, dass das Gebot zur gegenseitigen Rücksichtnahme nicht nur Anwendung findet auf alle miteinander konkurrierenden Gewässerbenutzungen, sondern dass es zugleich den Schutz der zeitlich nachfolgenden Gestattung gegenüber früher zugelassenen Benutzungen umfasst.[1138] Insoweit kommt es also nicht darauf an, ob ein Betroffener seine Benutzungsberechtigung vor oder nach der ihn beeinträchtigenden Gestattung erlangt hat.[1139]

(bb) Zur Anwendung des Rücksichtnahmegebotes im Einzelfall

Diese Grundsätze sind zu übertragen auf die Beurteilung konkreter geothermischer Nutzungskonflikte. In wasserrechtlicher Hinsicht betrifft dies regelmäßig die Konkurrenz mehrerer Anlagen zur Nutzung oberflächennaher Erdwärme, während das Zusammentreffen von oberflächennaher und tiefer Geothermie primär ein bergrechtliches Problem darstellt (vgl. hierzu im 7. Teil, S. 326 ff.).

(1) Zur Konkurrenz mehrerer oberflächennaher Anlagen

Als Beispiel für die Anlagenkonkurrenz bei der Nutzung oberflächennaher Erdwärme kann der Fall dienen, dass in einem bestimmten Gebiet der Stadt X zwei

---

1136 BVerwG, Beschluss vom 06.09.2004 - 7 B 62/04 -, DVBl. 2004, S. 1563, 1564; VGH München, Urteil vom 30.10.2007 - 22 B 06.3236 -, ZfW 2009, S. 228, 230.

1137 Nachbarrechtsgesetz für das Land Schleswig-Holstein (NachbG Schl.-H.) vom 24.02.1971, GVOBl. S-H 1971, S. 54; zuletzt geändert durch Art. 4 des Gesetzes vom 15.02.2005, GVOBl. S-H 2005, S. 168.

1138 BGH, Urteil vom 05.10.1995 - III ZR 61/93 -, NVwZ 1996, S. 821, 823/824.

1139 BGH, Urteil vom 05.10.1995 - III ZR 61/93 -, NVwZ 1996, S. 821, 823.

wasserrechtlich durch einfache Erlaubnis zugelassene Erdwärmesondenfelder zur Beheizung und Kühlung zweier Großimmobilien betrieben werden, deren Auswirkungen sich über die jeweiligen Grundstücksgrenzen hinaus auf Nachbargrundstücke erstrecken. Zum Zwecke der umweltfreundlichen Klimatisierung eines neuen Verwaltungsgebäudes soll nunmehr eine weitere Erdwärmesondenanlage errichtet werden, deren Betrieb voraussichtlich thermische Beeinflussungen der bestehenden Anlagen nach sich ziehen und möglicherweise zu einer Beeinträchtigung ihrer Leistung führen wird. Diese gegenseitige Beeinflussung geothermischer Anlagen ist wasserrechtlich in zweifacher Hinsicht von Relevanz: Zum einen hat die Wasserbehörde darüber zu befinden, ob die neu hinzutretende, nach § 9 Abs. 1 Nr. 4 und § 9 Abs. 2 Nr. 2 WHG erlaubnispflichtige Benutzung auch erlaubnisfähig ist; zum anderen könnten die Betreiber der vorhandenen Anlagen für den Fall der Erlaubniserteilung in Erwägung ziehen, die Erlaubnis im Wege des (Dritt-) Widerspruchs und der verwaltungsgerichtlichen Klage anzufechten.

(aaa) Zur Bestimmung der Zulassungsform

Für die wasserrechtliche Bewertung geothermischer Nutzungskonkurrenzen ist zunächst von Bedeutung, welche der im WHG vorgesehenen Zulassungsformen im konkreten Fall einschlägig ist. Hierbei ist festzuhalten, dass die Erteilung einer Bewilligung für die Erdwärmenutzung mittels Sonden von vornherein ausscheidet, da es sich gemäß § 14 Abs. 1 Nr. 3 WHG bei der zu bewilligenden Gewässerbenutzung nicht um eine solche im Sinne des § 9 Abs. 1 Nr. 4 und § 9 Abs. 2 Nr. 2 WHG handeln darf. Eben dies ist bei Errichtung und Betrieb von Erdwärmesonden aber der Fall. Auch im Übrigen kommt der Bewilligung als nur eingeschränkt widerruflicher und zudem mit umfassender privatrechtsgestaltender Wirkung versehener Gestattung (vgl. §§ 16 Abs. 2 und 18 Abs. 2 WHG) in der Praxis geringe Bedeutung zu, so dass sie im Schrifttum bisweilen schon als „überlebt" bezeichnet wird.[1140] Soweit es die einfache und die gehobene Erlaubnis (§ 15 WHG) betrifft, hat der Antragsteller im Rahmen des Zulassungsantrags zu bestimmen, welche Gestattungsform er bevorzugt. Auch wenn die tatbestandlichen Voraussetzungen des § 15 Abs. 1 WHG gegeben sind, liegt die Erteilung einer gehobenen Erlaubnis im pflichtgemäßen Ermessen der Behörde.[1141] Für den planerischen Gestaltungsfreiraum der Wasserbehörde spielt die Unterscheidung zwischen einfacher und gehobener Erlaubnis keine wesentliche Rolle, da beide Erlaubnisformen gemäß § 18 Abs. 1 WHG kraft Gesetzes widerruflich sind. Für den Anlagenbetreiber hat

---

1140 so *Durner*, in: Köck, Auf dem Weg zu einem Umweltgesetzbuch, S. 63, 72.

1141 *Kotulla*, Wasserhaushaltsgesetz, § 15, Rn. 9; BT-Drucks. 16/12275, S. 57.

die gehobene Erlaubnis dagegen den Vorteil, dass ihr ähnlich der Bewilligung eine (beschränkte) privatrechtsgestaltende Wirkung zukommt und Drittbetroffene gemäß § 16 Abs. 1 WHG nicht die Einstellung der Benutzung verlangen können. Nicht ausgeschlossen sind dagegen privatrechtliche Ansprüche auf Schaffung von Vorkehrungen zur Verhinderung nachteiliger Auswirkungen der Benutzung oder auf Entschädigung, wenn die Maßnahmen technisch nicht durchführbar oder wirtschaftlich unvertretbar sind. Da sich im Sinne von § 15 Abs. 1 WHG sowohl ein öffentliches Interesse als auch ein berechtigtes Interesse des Betreibers einer geothermischen Anlage an der Erteilung einer gehobenen Erlaubnis vertretbar darlegen lassen (vgl. oben S. 168), ist ihre Beantragung bei umfangreichen Geothermieprojekten jedenfalls in Erwägung zu ziehen. In der wasserbehördlichen Praxis werden bisher für oberflächennahe geothermische Nutzungen jedoch regelmäßig nur einfache Erlaubnisse erteilt.[1142]

(bbb) Zur Festlegung von Maßstäben für die Ermessensausübung

Die behördliche Ermessensbetätigung im Rahmen der Erlaubniserteilung hat auszugehen von der Zweckrichtung des Wasserhaushaltsrechts, welches auf eine optimale Ausnutzung der Grundwasserressourcen und eine möglichst gerechte Verteilung unter den Nutzern, mithin auf ein sich ergänzendes Nebeneinander verschiedener Nutzungen abzielt. Das Wasserhaushaltsrecht wird insoweit von Gesichtspunkten des Ausgleichs beherrscht.[1143] Notwendige Grenze ist die Beeinträchtigung des Allgemeinwohls im Sinne von § 12 i.V.m. § 3 Nr. 10 WHG. Für die Prüfung des Einzelfalls lässt sich daraus ableiten, dass das materielle Wasserrecht beim Aufeinandertreffen mehrerer Benutzungen individuellen Interessen solange keinen Vorrang einräumt, wie die Benutzungen unter Beachtung des Gemeinwohls miteinander vereinbar sind oder Beeinträchtigungen ausgeglichen werden können.[1144] Dieser Grundsatz findet sich wieder in der Vorschrift des § 22 WHG über den Ausgleich zwischen konkurrierenden Gewässerbenutzungen. Danach können die Einzelheiten mehrerer Gewässerbenutzungen in einem Ausgleichsverfahren geregelt werden, wenn das Wasser nach Menge oder Beschaffenheit nicht für alle Benutzungen ausreicht oder zumindest eine der Benutzungen beeinträchtigt ist

1142 so bspw. die schriftlichen Auskünfte des Fachbereichs Umwelt der Region Hannover vom 17.01.2012, der Behörde für Stadtentwicklung und Umwelt der Freien und Hansestadt Hamburg vom 13.01.2012 und des Umweltamtes der Stadt Frankfurt am Main vom 12.01.2012.

1143 BGH, Urteil vom 05.10.1995 - III ZR 61/93 -, NVwZ-RR 1996, S. 821, 823.

1144 BGH, Urteil vom 05.10.1995 - III ZR 61/93 -, NVwZ-RR 1996, S. 821. 823.

und wenn das Wohl der Allgemeinheit es erfordert. Das Ausgleichsverfahren nach § 22 WHG kommt allerdings nur in Betracht, sofern bereits bestehende Gewässerbenutzungsrechte und -befugnisse miteinander konkurrieren, nicht dagegen wenn eine Erlaubnis erst beantragt wird und in diesem Zusammenhang bestehende Benutzungen geregelt oder beschränkt werden sollen.[1145] Auf die hier zu behandelnde Sachverhaltskonstellation findet § 22 WHG daher keine Anwendung. Auch in der Verwaltungspraxis hat die Vorschrift bisher kaum Beachtung gefunden.[1146]

Für die Abwägung von Nutzungsinteressen im Rahmen des Erlaubnisverfahrens kann unter anderem auf die Grundsätze der verwaltungsgerichtlichen Rechtsprechung zum bauplanungsrechtlichen Rücksichtnahmegebot zurückgegriffen werden.[1147] Danach ist eine umfassende Abwägung vorzunehmen, in die die Schutzwürdigkeit des Betroffenen, die Intensität der Beeinträchtigung, die Interessen des Bauherrn (bzw. des neuen Gewässerbenutzers) und das, was beiden Seiten billigerweise zumutbar oder unzumutbar ist, einzustellen sind.[1148] Je empfindlicher und schutzwürdiger dabei die Stellung der Rücksichtnahmebegünstigten ist, desto mehr kann an Rücksichtnahme verlangt werden; je verständlicher und unabweisbarer die mit dem Vorhaben verfolgten Interessen sind, desto weniger Rücksicht muss derjenige nehmen, der das Vorhaben verwirklichen möchte.[1149] Im Einzelfall kommt es maßgeblich zunächst auf die wasserwirtschaftliche Situation in dem betroffenen Bereich an – u.U. konkretisiert durch ein behördliches Bewirtschaftungskonzept – sowie auf die Beschaffenheit des Grundwassers in physikalischer, chemischer und biologischer Hinsicht. Soweit hiernach die Benutzungen des Grundwassers uneingeschränkt nebeneinander möglich sind, stellt sich ein Konkurrenzproblem nicht. Wenn aber die bestehenden geothermischen Anlagen durch die hinzutretende Nutzung beeinträchtigt werden oder das Grundwasserangebot für die verschiedenen Nutzungen nicht ausreichend ist, hat die Behörde einen Ausgleich zwischen den konkurrierenden Nutzungsinteressen herbeizuführen.

1145 *Kotulla*, Wasserhaushaltsgesetz, § 22, Rn. 4; *Czychowski/Reinhardt*, Wasserhaushaltsgesetz, § 22, Rn. 4.

1146 *Czychowski/Reinhardt*, Wasserhaushaltsgesetz, § 22, Rn. 2; *Berendes*, in: Berendes/Frenz/Müggenborg, Wasserhaushaltsgesetz, § 22, Rn. 4.

1147 so schon das BVerwG in Leitsatz 3 zu dem Urteil vom 15.07.1987 - 4 C 56.83 -, BVerwGE 78, S. 40; vgl. auch BGH, Urteil vom 23.06.1983 - III ZR 79/82 -, BGHZ 88, S. 34, 42.

1148 BVerwG, Urteile vom 05.08.1983 - 4 C 96.79 -, BVerwGE 67, S. 334, 339 und vom 06.10.1989 - 4 C 14.87 -, BVerwGE 82, S. 343, 347.

1149 BVerwG, Urteil vom 25.02.1977 - IV C 22.75 -, BVerwGE 52, S. 122, 126.

Dabei stehen unwesentliche Beeinträchtigungen bestehender Anlagen der Genehmigungsfähigkeit der neuen Benutzung unter dem Gesichtspunkt des Rücksichtnahmegebotes nicht entgegen. Wenn also aufgrund entsprechender Voruntersuchungen davon auszugehen ist, dass der Betrieb der zuzulassenden Erdwärmesondenanlage bereits existierende Anlagen thermisch beeinflussen wird, ist die darin liegende Beeinträchtigung bis zu einem gewissen Punkt hinzunehmen. Die Schwierigkeit besteht nun darin, die Grenzen der geringfügigen, noch hinzunehmenden Beeinträchtigung zu bestimmen. Allgemeingültige Regeln lassen sich hier angesichts der Vielgestaltigkeit möglicher Sachverhaltskonstellationen in Bezug auf Leistung, Auslegung und Konfiguration der geothermischen Anlagen kaum bestimmen. Als noch zulässig dürften bloße Verschlechterungen des von zahlreichen weiteren Faktoren abhängigen Wirkungsgrades einer Anlage anzusehen sein, wobei auch hier eine Grenze gezogen werden muss, wenn ein wirtschaftlicher Betrieb der Anlage nicht mehr möglich oder erheblich erschwert ist. Wann diese Grenze zwischen der unwesentlichen, noch hinzunehmenden Beeinflussung einer Anlage und der wesentlichen, nicht mehr zulässigen Beeinträchtigung überschritten wird, kann nur einzelfallbezogen durch die Wasserbehörde im Rahmen des ihr zustehenden Bewirtschaftungsermessens konkretisiert werden. Als jedenfalls unzulässig zu betrachten ist ein so erheblicher Wärmeentzug aus dem Untergrund, dass bei benachbarten Sondenanlagen Frostschäden an der Ringraumabdichtung auftreten oder die Anlagen infolge einer stetig sinkenden Energieausbeute sogar vollständig ausfallen.[1150] Bei geothermischen Brunnenanlagen ist das Risiko, dass zu starke Temperaturabsenkungen zu Leistungsminderungen bis hin zu einem Versagen von Anlagen führen, wegen der weitreichenderen räumlichen Auswirkungen noch höher einzuschätzen als bei Erdwärmesondenanlagen. Der Eintritt von Schäden an anderen Anlagen ist Folge eines rücksichtslosen Verhaltens des hinzutretenden Nutzers und demzufolge für die rechtmäßigen Gewässerbenutzer nicht zumutbar. Sofern erhebliche Beeinträchtigungen benachbarter Anlagen mit hinreichender Wahrscheinlichkeit zu erwarten sind und sich auch durch die Beifügung geeigneter Nebenbestimmungen nicht vermeiden lassen, kann sich das Ermessen der Behörde daher auf Null reduzieren und die Erlaubnis für Errichtung und Betrieb einer neuen Erdwärmesondenanlage ist zu versagen. Auch wenn die Erlaubnis ihrem Inhaber grundsätzlich keinen Anspruch darauf gewährt, dass später hinzukommende Benutzer desselben Gewässers von einer konkurrierenden Benutzung ausgeschlossen

1150 vgl. Leitfaden Hamburg, S. 13.

werden[1151], führt die Anwendung des Rücksichtnahmegebotes hier im Ergebnis zur Unzulässigkeit der begehrten geothermischen Nutzung des Untergrundes. Insoweit ist es nach der Übertragung der bauplanungsrechtlichen Grundsätze zur nachbarlichen Rücksichtnahme auf das Wasserrecht im Gegensatz zur früheren Rechtsprechung für die Gewährung öffentlich-rechtlichen Nachbarschutzes nicht mehr erforderlich, unter Rückgriff auf Art. 14 Abs. 1 GG zu verlangen, dass durch die hinzutretende Gewässerbenutzung „die vorgegebene wasserwirtschaftliche Situation nachhaltig verändert und der Erlaubnisinhaber schwer und unerträglich getroffen" wird.[1152]

Die Regelung des § 10 Abs. 2 WHG steht dem gefundenen Ergebnis nicht entgegen. Nach dieser Vorschrift geben Erlaubnis und Bewilligung keinen Anspruch auf Zufluss von Wasser in einer bestimmten Menge und Beschaffenheit. Die Gestattungen erlauben also nur die von ihnen umfasste Benutzung, begründen jedoch kein Recht des Benutzers in Bezug auf die Quantität oder die Qualität des zufließenden Wassers.[1153] Zwar gilt § 10 Abs. 2 WHG gerade auch für die Fälle, in denen der Wasserzufluss durch künstliche Maßnahmen, zum Beispiel die spätere Zulassung weiterer Gewässerbenutzungen, verändert wird.[1154] Daraus folgt aber nicht, dass der Erlaubnisinhaber einer nachteiligen Veränderung der Wasserbeschaffenheit, wie sie in Gestalt von Erwärmung oder Abkühlung des Grundwassers durch den Betrieb einer anderen geothermischen Anlage auftreten kann, schutzlos gegenübersteht.[1155] Vielmehr dient § 10 Abs. 2 WHG der Erhaltung der Flexibilität der öffentlichen Gewässerbewirtschaftung. Denn es würde eine Lähmung der wasserwirtschaftlichen Entwicklung drohen, wenn jeder neu hinzukommende Benutzer verpflichtet wäre, den Inhaber einer älteren Erlaubnis wegen der durch ihn verursachten Beeinträchtigung von Wassermenge oder -güte zu entschädigen.[1156] Eine Einschränkung des Grundsatzes der Gemeinverträglichkeit oder des wasserrechtlichen Rücksichtnahmegebotes, wonach eine hinzutretende Benutzung unter

1151 *Pape*, in: Landmann/Rohmer, Umweltrecht, Band I, § 10 WHG, Rn. 18; *Czychowski/Reinhardt*, Wasserhaushaltsgesetz, § 10, Rn. 45; *Schmid*, in: Berendes/Frenz/Müggenborg, Wasserhaushaltsgesetz, § 10, Rn. 12.

1152 so noch OVG Münster, Urteil vom 17.12.1976 - XI A 843/75 -, DVBl. 1977, S. 930, 931; vgl. auch BVerwG, Urteil vom 20.10.1972 - IV C 107.67 -, BVerwGE 41, S. 58, 66.

1153 *Czychowski/Reinhardt*, Wasserhaushaltsgesetz, § 10, Rn. 69.

1154 *Czychowski/Reinhardt*, Wasserhaushaltsgesetz, § 10, Rn. 72; vgl. auch OVG Münster, Urteil vom 17.12.1976 - XI A 843/75 -, ZfW 1978, S. 247, 250.

1155 BGH, Urteil vom 05.10.1995 - III ZR 61/93 -, NVwZ 1996, S. 821, 823.

1156 *Kotulla*, Wasserhaushaltsgesetz, § 10, Rn. 29.

Umständen wegen der Beeinträchtigung einer vorhandenen, durch eine Erlaubnis legitimierten Benutzung „rücksichtslos" und damit unzulässig sein kann, geht mit der Vorschrift aber nicht einher.

Neben § 10 Abs. 2 WHG auf Seiten des Erlaubnisinhabers sind zudem für den neuen Benutzer quasi spiegelbildlich die Regelungen des § 4 Abs. 2 und Abs. 3 Nr. 1 WHG zu beachten, nach denen zum einen das Grundwasser nicht eigentumsfähig ist und zum anderen auch das Grundeigentum nicht zu einer Gewässerbenutzung berechtigt, die der behördlichen Zulassung bedarf. Hierbei handelt es sich letztlich nur um gesetzgeberische Klarstellungen auf Grundlage der Ausführungen des Bundesverfassungsgerichts in der Nassauskiesungs-Entscheidung. Die Vorschriften machen deutlich, dass das Grundwasser – wie auch das oberirdische Wasser – durch das WHG einer vom Grundeigentum losgelösten öffentlich-rechtlichen Benutzungsordnung unterstellt und der Allgemeinheit zugeordnet wird.[1157] Das WHG gewährt insoweit dem Grundstückseigentümer prinzipiell nicht das Recht, auf das im Untergrund befindliche Wasser einzuwirken; so wie seine Befugnisse an der Grundstücksgrenze enden, ist seine Rechtsstellung in der Tiefe grundsätzlich dort zu Ende, wo er mit dem Grundwasser in Berührung kommt.[1158] Mithin steht dem Nutzungsinteressenten, selbst wenn er Grundstückseigentümer ist, kein Recht zu, auf das unter dem Grundstück befindliche Grundwasser zuzugreifen.[1159] Er kann damit ebenso wenig ein Recht auf die Nutzung des Grundwassers geltend machen, wie der Benutzer einen Anspruch auf Zufluss von Grundwasser einer bestimmten Beschaffenheit hat. Im Ergebnis unterliegen beide Konkurrenten der öffentlich-rechtlichen Benutzungsordnung, die geprägt wird von den dargestellten Grundsätzen der Gemeinverträglichkeit und der gegenseitigen Rücksichtnahme.

Letztlich entspricht die Versagung der Erlaubnis für die zeitlich nachfolgende Benutzung wegen damit verbundener negativer Auswirkungen auf vorhandene Gewässerbenutzungen dem allgemeinen Prioritätsprinzip, nach dem bereits realisierte Vorhaben zu der zum Zeitpunkt der Zulassungsentscheidung maßgeblichen Sach- und Rechtslage gehören und damit zwingend zu berücksichtigen sind.[1160] Ein uneingeschränkter Vorrang der schon in Betrieb befindlichen Anlagen ergibt sich daraus im Wasserrecht jedoch nicht.

1157 BVerfG, Beschluss vom 15.07.1981 - 1 BvL 77/78 -, BVerfGE 58, S. 300, 328.

1158 BVerfG, Beschluss vom 15.07.1981 - 1 BvL 77/78 -, BVerfGE 58, S. 300, 329.

1159 *Czychowski/Reinhardt*, Wasserhaushaltsgesetz, § 4, Rn. 22; *Kotulla*, Wasserhaushaltsgesetz, § 4, Rn. 41.

1160 *Reidt*, DVBl. 2009, S. 274, 275/276; *Riese/Dieckmann*, UPR 2009, S. 371, 375.

(ccc) Zu den weiteren Handlungsmöglichkeiten der Wasserbehörde

Das Wasserhaushaltsgesetz stellt daneben weitere Handlungsoptionen für die Wasserbehörde zur Verfügung, zum einen in Gestalt des gemäß § 18 Abs. 1 WHG kraft Gesetzes zugelassenen Widerrufs der Erlaubnis, zum anderen mit der Möglichkeit, eine Erlaubnis gemäß § 13 Abs. 1 WHG nachträglich mit Inhalts- und Nebenbestimmungen zu versehen. Dies wirft die Frage auf, inwieweit es der Behörde gestattet ist, bestehende Erlaubnisse für den Betrieb geothermischer Anlagen im Interesse neu hinzutretender Benutzer oder allgemein im Hinblick auf den Gewässerschutz zu widerrufen oder die Benutzung nachträglich zu beschränken. Die Antwort hängt maßgeblich davon ab, welcher der durch den Widerruf oder die Benutzungsbeschränkung betroffenen Rechtspositionen im Ergebnis der Vorrang einzuräumen ist. Zu nennen sind hierbei auf Seiten des Erlaubnisinhabers der Bestands- und Vertrauensschutz sowie die Planungssicherheit und der Investitionsschutz. Der Antragsteller dagegen kann allein sein Nutzungsinteresse ins Feld führen, d.h. die begehrte Teilhabe am Gemeinschaftsgut Grundwasser, darüber hinaus nur die positiven Effekte der Nutzung von Erdwärme als erneuerbare Energie; auf diese Gesichtspunkte kann sich der Erlaubnisinhaber aber in gleicher Weise berufen. Die untere Wasserbehörde als weitere Beteiligte dieser Dreieckskonstellation hat in erster Linie sicherzustellen, dass dem Grundwasserschutz Genüge getan wird.

Was einen möglichen Widerruf bestehender Erlaubnisse angeht, ist zunächst einmal vom Grundsatz des § 18 Abs. 1 WHG auszugehen, nach dem die Erlaubnis ohne besondere Voraussetzungen widerrufen werden kann. Die Möglichkeit des Widerrufs ist der wasserrechtlichen Erlaubnis immanent.[1161] Das bedeutet aber nicht, dass die Erlaubnis beliebig widerrufen werden darf. Die Behörde hat vielmehr nach pflichtgemäßem Ermessen unter Abwägung der für und gegen den Widerruf sprechenden Gründe, namentlich der Belange des Allgemeinwohls und der Interessen des Erlaubnisinhabers, zu entscheiden.[1162] Dabei sind insbesondere das Übermaßverbot und der Gleichbehandlungsgrundsatz als rechtsstaatliche Grenzen der Ermessensausübung zu beachten.[1163] So muss die Behörde bei einer bereits „ins Werk gesetzten“ Benutzung unter Berücksichtigung von Art. 14 Abs. 1 GG

1161 VGH Mannheim, Urteil vom 06.03.1991 - 5 Sa 2630/89 -, NVwZ-RR 1992, S. 126, 128.

1162 *Czychowski/Reinhardt*, Wasserhaushaltsgesetz, § 18, Rn. 4; *Mauel*, in: Kollmann, Wassergesetz des Landes Schleswig-Holstein, Erl. 5 zu § 10.

1163 *Kotulla*, Wasserhaushaltsgesetz, § 18, Rn. 5; *Schmid*, in: Berendes/Frenz/Müggenborg, Wasserhaushaltsgesetz, § 18, Rn. 9.

auch die wirtschaftlichen Interessen des Unternehmers hinreichend würdigen.[1164] Insoweit ist es zwar zutreffend, dass § 18 Abs. 1 WHG eine Minderung des Vertrauensschutzes auf Seiten des Erlaubnisinhabers zur Folge hat. Zu weitgehend ist allerdings die Aussage, dem Wasserhaushaltsgesetz und den Landeswassergesetzen sei ein Bestandsschutz gänzlich fremd.[1165] Vielmehr führt der Gesichtspunkt der Bestandswahrung dazu, dass das Interesse des Erlaubnisinhabers an der Aufrechterhaltung seiner Befugnis regelmäßig höher zu bewerten ist als das bloße Erteilungsinteresse des neu hinzukommenden Gewässerbenutzers.[1166] Erforderlich ist ein „Mehr“ an allgemeinwohlrelevanten Belangen, das den Widerruf rechtfertigt. Der Grund für die behördliche Aufhebung der Erlaubnis muss demnach eine höhere Anzahl von Pluspunkten aufweisen, um so die besitzstandsbedingten Minuspunkte aufwiegen zu können.[1167] Dies gilt umso mehr, wenn sich wie bei konkurrierenden geothermischen Anlagen gleichartige und grundsätzlich auch gleichwertige Nutzungen gegenüberstehen, deren Gemeinwohlrelevanz weitgehend identisch ist und die sich lediglich in ihrer Leistung quantitativ voneinander unterscheiden.

Die wasserrechtliche Erlaubnis für den Betrieb einer Geothermieanlage kann also widerrufen werden, wenn es einen sachlichen Grund dafür gibt und wenn der Widerrufsgrund das Bestandsinteresse des Erlaubnisinhabers überwiegt. Das bloße Nutzungsinteresse des Hinzutretenden muss dabei regelmäßig hinter den für den rechtmäßigen Anlagenbetreiber streitenden Belangen des Bestands- und Vertrauensschutzes zurücktreten. Etwas anderes kann lediglich dann gelten, wenn neben dem Individualinteresse einer Teilhabe am Allgemeingut Grundwasser auch das öffentliche Bewirtschaftungsinteresse eine Zulassung der neuen Benutzung gebietet. Dies ist beispielsweise dann anzunehmen, wenn erst durch das Hinzutreten einer weiteren Anlage die optimale Ausnutzung des Grundwasserdargebots gewährleistet wird. Insoweit verdient die Auffassung Zustimmung, nach der ein Widerruf aus Gemeinwohlgründen zulässig ist, sofern er dazu dient, eine bessere Ausnutzung des vorhandenen Wasserschatzes zu ermöglichen.[1168] In der Praxis dürfte eine derartige Konstellation bei konkurrierenden Erdwärmenutzungen

1164 BGH, Urteil vom 03.02.2000 - III ZR 296/98 -, NVwZ 2000, S. 1206, 1208; VGH Mannheim, Urteil vom 06.03.1991 - 5 Sa 2630/89 -, NVwZ-RR 1992, S. 126, 128.

1165 so aber das OVG Münster, Beschluss vom 18.12.1996 - 20 A 6862/95 -, ZfW 1999, S. 52, 56.

1166 *Salzwedel*, RdWWi 15 (1967), S. 35, 51.

1167 *Salzwedel*, RdWWi 15 (1967), S. 35, 51.

1168 *Czychowski/Reinhardt*, Wasserhaushaltsgesetz, § 18, Rn. 12; *Thiem*, Wasserrecht Schleswig-Holstein, Einführung, Rn. 64.

allerdings selten anzutreffen sein, da in Anbetracht der Gleichartigkeit der Nutzungen kaum ein Fall denkbar ist, in dem der Betrieb der einen Geothermieanlage im Vergleich zu dem der anderen Anlage tatsächlich zu einer Optimierung der Grundwasserbewirtschaftung führt. Im Ergebnis kommt daher der Widerruf einer Erlaubnis zum Betrieb einer geothermischen Anlage zu Gunsten der Neuzulassung einer anderen geothermischen Anlage regelmäßig nicht in Betracht.

Anders kann sich die rechtliche Lage darstellen bei Hinzutreten von Nutzungen, deren Bedeutung für das Allgemeinwohl höher einzuschätzen ist als die der Erdwärmenutzung wie zum Beispiel bei Anlagen zur Förderung der öffentlichen Trinkwasserversorgung. In diesem Fall ist ein Widerruf zulässig, der im Ergebnis dem einzelnen, neu hinzutretenden Benutzer zu Gute kommt.[1169] Darüber hinaus ist ein Widerruf zu erwägen, wenn sich die tatsächlichen Verhältnisse oder die wasserwirtschaftlichen Erfordernisse seit der Erlaubniserteilung wesentlich verändert haben oder wenn die Behörde ihre Bewirtschaftungskonzeption grundlegend neu gestaltet hat. Im Rahmen der notwendigen Abwägung müssen aber zu Gunsten des Erlaubnisinhabers stets die Gesichtspunkte der Planungssicherheit und des hinreichenden Investitionsschutzes Berücksichtigung finden. Denn das finanzielle Risiko der Errichtung einer Geothermieanlage wäre für den Unternehmer bei weitem zu hoch, wenn er jederzeit mit dem Widerruf seiner Benutzungsbefugnis rechnen müsste. Insoweit ist es von wesentlicher Bedeutung, ob sich die im Zusammenhang mit der Gewässerbenutzung getätigten Investitionen bereits weitgehend amortisiert haben.[1170] Ist dies nicht der Fall, weil die Errichtung der geothermischen Anlage erhebliche Kosten verursacht hat und die Erlaubnis nach vergleichsweise kurzer Zeit widerrufen werden soll, sind die drohenden finanziellen Nachteile zu Gunsten des Erlaubnisinhabers in die Abwägung einzustellen. Die Rechtmäßigkeit eines Widerrufs ist dann letztlich abhängig von dem Gewicht der den Individualinteressen gegenüberstehenden Gemeinwohlbelangen. Soweit es die Nutzung oberflächennaher Geothermie zur Klimatisierung von Großimmobilien betrifft, verursachen die Bohrungen samt Einbau der Anlagenteile in den Untergrund sowie der Anschluss an das Heiz- und Kühlsystem einen nicht unerheblichen finanziellen Aufwand. Allerdings stellt die Erdwärmenutzung auch

---

1169 vgl. *Knopp*, in: Sieder/Zeitler/Dahme/Knopp, Wasserhaushaltsgesetz und Abwasserabgabengesetz, Band 2, § 7, Rn. 14; *Czychowski/Reinhardt*, Wasserhaushaltsgesetz, § 18, Rn. 12.

1170 vgl. VGH Mannheim, Urteil vom 06.03.1991 - 5 Sa 2630/89 -, NVwZ-RR 1992, S. 126, 128; *Mauel*, in: Kollmann, Wassergesetz des Landes Schleswig-Holstein, Erl. 5 zu § 10; *Breuer*, Öffentliches und privates Wasserrecht, Rn. 656.

nur einen Teil des Gesamtprojektes dar, der gegebenenfalls durch Rückgriff auf konventionelle Heiz- oder Kühlsysteme ersetzt werden kann. Die Zulässigkeit des Widerrufs ist hier also abhängig von den Umständen des Einzelfalls, insbesondere davon wie lange die Anlage bereits in Betrieb ist, inwieweit sich die Investitionskosten amortisiert haben, welche Ausweichmöglichkeiten für den Unternehmer bestehen und wie gewichtig demgegenüber die durch die Gewässerbenutzung berührten öffentlichen Belange sind. Das Ziel muss es sein, einen angemessenen Ausgleich herzustellen zwischen der de lege lata vorgesehenen Widerruflichkeit der Erlaubnis und einem Mindestmaß an Rechtssicherheit für den Erlaubnisinhaber.

Unter Verhältnismäßigkeitsgesichtspunkten stets vorrangig zu erwägen ist die Möglichkeit, eine Erlaubnis gemäß § 13 Abs. 1 WHG nachträglich mit Inhalts- und Nebenbestimmungen zu versehen. Es bedarf keiner weiteren Erklärung, dass eine Beschränkung der Erlaubnis – genauso wie ein nur teilweiser Widerruf – gegenüber dem vollständigen Widerruf eine den Gewässerbenutzer weniger belastende Maßnahme darstellt. Die nachträglichen Festsetzungen stehen wie der Widerruf der Erlaubnis im pflichtgemäßen Ermessen der Behörde; es gelten somit die allgemeinen Ermessensgrenzen.[1171] Auch hier hat die Wasserbehörde eine umfassende Abwägung der widerstreitenden öffentlichen und privaten Interessen vorzunehmen.[1172] Dabei unterliegt sie weniger engen Grenzen als beim Widerruf, da der Eingriff in die Befugnisse des Gewässerbenutzers eine geringere Intensität aufweist. Nachträgliche Anordnungen gegenüber dem Erlaubnisinhaber müssen jedoch immer von den Erfordernissen des Allgemeinwohls getragen sein.[1173] Danach ist es wasserrechtlich nicht zu beanstanden, wenn die Behörde die Zulassung einer neuen Erdwärmesondenanlage dadurch ermöglicht, dass sie eine bestehende geothermische Nutzung einschränkt, zum Beispiel durch die Festsetzung von Höchstwerten für Erwärmung bzw. Abkühlung des Grundwassers oder durch eine Begrenzung der maximalen Ausbreitung von Temperaturfahnen, sofern diese Maßnahmen zu einer besseren Ausschöpfung der Grundwasserressourcen und des vorhandenen Erdwärmepotenzials führen. Bei einer geothermischen Dublettenanlage besteht insoweit die Möglichkeit, die Förderkapazität der Brunnen zu reduzieren. Als Grenze für die Beschränkung bereits ausgeübter Nutzungen ist aber auch hier ein wirtschaftlicher Betrieb der bestehenden Anlage anzusehen. In den beschriebenen Fällen kommt die nachträgliche, dem Gemeinwohl dienende Anordnung

---

1171 *Kotulla*, Wasserhaushaltsgesetz, § 13, Rn. 19; *Czychowski/Reinhardt*, Wasserhaushaltsgesetz, § 13, Rn. 90, 91.

1172 *Pape*, in: Landmann/Rohmer, Umweltrecht, Band I, § 13, Rn. 9.

1173 *Pape*, in: Landmann/Rohmer, Umweltrecht, Band I, § 13, Rn. 7.

ausnahmsweise zugleich dem hinzutretenden Benutzer zugute. Ein Widerspruch zu der verbreiteten Ansicht, dass von der Möglichkeit nachträglicher Inhalts- und Nebenbestimmungen wegen deren belastender Wirkung für den Benutzer nur zum Wohl der Allgemeinheit, nicht dagegen im Interesse eines einzelnen Benutzers Gebrauch gemacht werden darf, ist darin nicht zu sehen.[1174] Mit dem Instrumentarium von Widerruf und nachträglichen Inhalts- und Nebenbestimmungen ist es der Behörde also möglich, auch konkurrierende geothermische Nutzungen bis zu einem gewissen Grade zu steuern.

(ddd) Zur Rücksichtnahme auf zukünftige Vorhaben

Die Wasserbehörde hat bei der Betätigung des Bewirtschaftungsermessens ihre Entscheidung nicht nur nach dem gegenwärtigen Stand der Dinge auszurichten, sondern sie hat auch die voraussehbare zukünftige Entwicklung in ihre Überlegungen einzubeziehen.[1175] Im Hinblick auf benachbarte Grundstücke und solche, die sich im Einwirkungsbereich der zu errichtenden Geothermieanlage befinden, ist daher zu klären, inwieweit potenzielle, in der Zukunft liegende Nutzungsabsichten anderer Grundstückseigentümer im Rahmen der Zulassungsentscheidung zu berücksichtigen sind. Vornehmlich geht es insoweit um die Frage, welchen Stellenwert die Wasserbehörde dem Interesse des Nachbarn an einer eigenen Erdwärmenutzung in ihren Ermessenserwägungen einzuräumen hat. Hierbei ist zunächst daran zu erinnern, dass das Grundstückseigentum weder das unter dem Grundstück befindliche Grundwasser einschließt noch ein Recht auf dessen Nutzung begründet (vgl. § 4 Abs. 2 und Abs. 3 Nr. 1 WHG). Das Grundwasser wird also vom Herrschaftsrecht des Grundstückseigentümers nicht erfasst.[1176] Gleiches gilt im Grundsatz für die Erdwärme als bergfreier, dem Grundeigentum entzogener Bodenschatz im Sinne des § 3 Abs. 3 Satz 2 Nr. 2 b) BBergG. Allerdings steht dem Eigentümer aus § 4 Abs. 2 Nr. 1 BBergG ein Aneignungsrecht auf die Erdwärme zu, sofern es sich um eine grundstücksbezogene, bergrechtlich nicht genehmigungsbedürftige Nutzung handelt. Dies ist bei der Erschließung oberflächennaher Geothermie zur Beheizung und Kühlung von Gebäuden regelmäßig der Fall. Demnach kann ein Nachbar in entsprechender Anwendung des § 1004

1174 vgl. *Breuer*, Öffentliches und privates Wasserrecht, Rn. 636; *Hoppe/Beckmann/Kauch*, Umweltrecht, § 18, Rn. 84.

1175 *Riese/Dieckmann*, UPR 2009, S. 371, 375; vgl. auch oben S. 263 u. 265.

1176 BVerfG, Beschluss vom 15.07.1981 - 1 BvL 77/78 -, BVerfGE 58, S. 300, 344, 345; BVerwG, Urteil vom 20.12.2011 - 9 A 30.10 -, ZUR 2012, S. 308; *Bassenge*, in: Palandt, Bürgerliches Gesetzbuch, § 905, Rn. 1.

Abs. 1 BGB Einwirkungen auf sein Grundstück und den darunter liegenden Erdkörper verbieten, wenn er den Untergrund für den Betrieb einer eigenen geothermischen Anlage nutzen möchte und dieser Betrieb durch die geothermische Nutzung auf dem Nachbargrundstück mehr als nur unwesentlich beeinträchtigt wird.[1177] Ausreichend ist dabei auch ein zukünftiges Nutzungsinteresse des Nachbarn, sofern es hinreichend konkretisiert ist. Allerdings kann unter Umständen nach den Grundsätzen des nachbarlichen Gemeinschaftsverhältnisses eine Pflicht zur Duldung des zeitlich vorrangigen Anlagenbetriebs bestehen. Für die untere Wasserbehörde bedeutet dies, dass sie unter dem Gesichtspunkt des Rücksichtnahmegebotes das schutzwürdige Interesse eines Nachbarn, in Zukunft auf seinem Grundstück ebenfalls eine geothermische Anlage zu errichten, in ihre Ermessenserwägungen aufzunehmen hat. In dieser Hinsicht stimmen Wasserrecht und bürgerliches Recht überein, da auch bei der Prüfung des Ausschließungsinteresses eines Grundstückseigentümers im Sinne von § 905 Satz 2 BGB die zukünftige Entwicklung zu berücksichtigen ist.[1178]

Die Wasserbehörde hat also in einem gewissen Maße zivilrechtliche Folgeprobleme in die wasserhaushaltsrechtliche Betrachtung einzubeziehen. Andernfalls besteht die Gefahr, dass Nachbarn zu einem späteren Zeitpunkt zivilrechtliche Unterlassungsansprüche gemäß § 1004 Abs. 1 BGB gegen die genehmigte geothermische Nutzung geltend machen und damit zugleich die wasserwirtschaftliche Ordnung insgesamt „stören". Dies ist letztlich Folge der mangelnden privatrechtsgestaltenden Wirkung der einfachen Erlaubnis, die es betroffenen Dritten ermöglicht, den Erlaubnisinhaber auf Unterlassung der Gewässerbenutzung, auf Beseitigung von Störungen oder auf Schadensersatz in Anspruch zu nehmen.[1179] Auch wenn die Behörde nach § 13 Abs. 1 WHG berechtigt ist, der Erlaubnis nach pflichtgemäßem Ermessen Inhalts- und Nebenbestimmungen beizufügen, um nachteilige Wirkungen für andere zu vermeiden oder auszugleichen, wird die privatrechtliche Stellung Dritter dadurch nicht abschließend geregelt; für privatrechtliche Ansprüche wegen Beeinträchtigungen infolge einer erlaubten Gewässerbenutzung ist vielmehr der Zivilrechtsweg eröffnet, und zwar ungeachtet der Möglichkeit, stattdessen oder daneben auf verwaltungsrechtlichem Wege Abhilfe zu verlangen.[1180] Insoweit kommt eine Präklusion zivilrechtlicher Ansprüche bei

---

1177 vgl. *Säcker*, in: Münchener Kommentar zum Bürgerlichen Gesetzbuch, Band 6, § 905, Rn. 8 sowie ausführlich im 7. Teil, S. 342 ff.

1178 BGH, Urteil vom 23.10.1980 - III ZR 146/78 -, WM 1981, S. 129, 130.

1179 *Guckelberger*, VerwArch 2010, S. 139, 146.

1180 BGH, Urteil vom 05.10.1995 - III ZR 61/93 -, NVwZ 1996, S. 821, 823.

Nichtanfechtung der wasserrechtlichen Erlaubnis, wie sie zum Teil im Schrifttum unter Berufung auf die Entscheidung des Bundesverwaltungsgerichts zum wasserrechtlichen Rücksichtnahmegebot erwogen wird,[1181] nicht in Betracht. Dies ergibt sich schon aus einem Umkehrschluss zu den Präklusionsvorschriften für gehobene Erlaubnis und Bewilligung in § 16 Abs. 1 und 2 WHG. Sollte ein vergleichbarer Anspruchsausschluss bei Nichterhebung von Einwendungen auch für die einfache Erlaubnis gelten, hätte es einer ausdrücklichen Regelung bedurft. Zudem wäre das differenzierte System der wasserrechtlichen Gestattungen von einfacher Erlaubnis, gehobener Erlaubnis und Bewilligung weitgehend obsolet. Das stünde aber in Widerspruch zum Regelungswillen des Gesetzgebers, der die gehobene Erlaubnis im Rahmen der Neuregelung des Wasserhaushaltsrechts gerade erst in § 15 WHG bundesrechtlich verankert hat. Mithin verliert derjenige, der keine Einwendungen gegen die Erlaubnis erhebt, die Möglichkeit, Beschränkungen der Gewässerbenutzung schon im Erlaubnisverfahren durchzusetzen, nicht aber das Recht, privatrechtliche Ansprüche gegen den Benutzer geltend zu machen.[1182] Es bleibt demnach beim tradierten Nebeneinander von öffentlich-rechtlichem und privat-rechtlichem Nachbarschutz.

Das Ob und Wie der Berücksichtigung des nachbarlichen Nutzungsinteresses richtet sich maßgeblich nach dem Grad der Konkretisierung entsprechender Planungen. Nach allgemeinen Grundsätzen ist die Behörde nur dann zur Rücksichtnahme auf die Belange Dritter verpflichtet, wenn nachteilige Auswirkungen der Gewässerbenutzung konkret zu erwarten und nicht nur abstrakt denkbar sind.[1183] Demnach gelten hier strengere Anforderungen als beim zivilrechtlichen Nachbarschutz über §§ 1004 und 905 BGB. Hat der Nachbar bereits einen Antrag auf wasserrechtliche Zulassung gestellt, ist soweit als möglich ein Ausgleich zwischen den Nutzungen herzustellen. Dies kann geschehen durch die Festlegung von Mindestabständen zwischen geothermischer Anlage und Grundstücksgrenze (Grenzabstand) oder zwischen den verschiedenen Anlagen, um gegenseitige Beeinflussungen zu vermeiden. Sofern sich die Anträge trotz Festsetzung von Auflagen oder Bedingungen gegenseitig ausschließen, ist auf die Kollisionsnorm des § 122 LWG S-H bzw. entsprechende landesrechtliche Regelungen zurückzugreifen. Neben diesem eindeutigen Fall paralleler Benutzungsanträge ist es aber auch denkbar,

---

1181 vgl. *Czychowski/Reinhardt*, Wasserhaushaltsgesetz, § 13, Rn. 43; *Knauber*, NVwZ 1988, S. 997, 1000.

1182 *Salzwedel*, ZfW 1988, S. 341, 344.

1183 OVG Münster, Urteil vom 19.08.1988 - 20 A 1017/87 -, ZfW 1990, S. 340; *Breuer*, Öffentliches und privates Wasserrecht, Rn. 731.

dass ein Nachbar zwar ebenfalls eine geothermische Nutzung seines Grundstücks erwägt, sich dieses Nutzungsinteresse aber noch nicht zu einem wasserrechtlichen Zulassungsantrag verfestigt hat. Dann steht es im pflichtgemäßen Ermessen der Behörde, ob sie Grundwasserressourcen für zukünftige nachbarliche Nutzungen vorhält oder ob sie den streitgegenständlichen Antrag allein nach den Gegebenheiten zum Zeitpunkt der Entscheidung beurteilt. Soweit sich die Beeinträchtigung benachbarter Grundstücke durch die Festsetzung von Grenzabständen vermeiden lässt und die beantragte Erdwärmenutzung ungeachtet dessen realisierbar und wirtschaftlich sinnvoll bleibt, ist von dieser Regelungsmöglichkeit Gebrauch zu machen. Andernfalls hat die Behörde die Wahrscheinlichkeit einer geothermischen Nutzung auf benachbarten Grundstücken anhand objektiver Kriterien zu beurteilen. Wenn beispielsweise ein angrenzendes Grundstück bereits großflächig bebaut und die Errichtung einer Geothermieanlage offensichtlich nur sehr eingeschränkt möglich ist oder mit überobligationsmäßigem Aufwand verbunden wäre, bedarf es keiner Rücksichtnahme auf das hypothetische nachbarliche Nutzungsinteresse. Handelt es sich dagegen um ein Neubaugebiet, in dem angesichts des verstärkten Einsatzes umweltfreundlicher Erdwärmesysteme die berechtigte Annahme eines Hinzutretens weiterer Geothermieanlagen besteht, kann die Behörde dies zum Anlass nehmen, entsprechende Freiräume für zukünftige nachbarliche Nutzungen zu sichern.

Im Übrigen steht es den Nachbarn frei, im Rahmen des wasserrechtlichen Erlaubnisverfahrens Einwendungen gegen das Vorhaben vorzubringen, selbst wenn dies für die einfache Erlaubnis – anders als bei Bewilligung und gehobener Erlaubnis – nicht explizit vorgesehen ist. Insoweit hat auch das Bundesverwaltungsgericht in der grundlegenden Entscheidung zur Anwendung des Rücksichtnahmegebots im Wasserrecht herausgestellt, dass ein Nachbar, der eine Beeinträchtigung seiner Belange durch die Erteilung einer Erlaubnis befürchtet, verpflichtet ist, seine Rechte im Erlaubnisverfahren geltend zu machen, weil die Erlaubnis auch ihm gegenüber bestandskräftig werden kann.[1184] Daher wäre es zweckmäßig, bei Vorhaben, die thermische Auswirkungen auf umliegende Grundstücke erwarten lassen, die Nachbarn ähnlich wie im Baurecht (vgl. § 72 LBO S-H) von dem geplanten Vorhaben in Kenntnis zu setzen und ihnen die Möglichkeit zur Stellungnahme zu eröffnen, ohne dass es sich dabei um ein förmliches Verfahren im Sinne der §§ 11 Abs. 2 WHG und 119 Abs. 1 LWG S-H handeln würde. Für ein solches Vorgehen lässt sich auf die Vergleichbarkeit von einfacher wasserrechtlicher Erlaubnis und Baugenehmigung verweisen, die beide unbeschadet privater Rechte

1184 BVerwG, Urteil vom 15.07.1987 - 4 C 56/83 -, BVerwGE 78, S. 40, 45/46.

Dritter erteilt werden.[1185] Zudem gewährleistet eine entsprechende Nachbarbeteiligung, dass es auf Behördenseite zu einer umfassenden Würdigung der berührten Interessen kommt und dass für den betroffenen Nachbarn zeitnah die Möglichkeit der Inanspruchnahme von Primärrechtsschutz besteht.

Im Ergebnis hat die Wasserbehörde auch ein in der Zukunft liegendes Interesse des Nachbarn, das Grundwasser selbst zu Zwecken des Wärme- oder Kälteentzuges zu nutzen, in die Zulassungsentscheidung einzubeziehen, sofern das nachbarliche Eigeninteresse nicht nur hypothetisch, sondern eine geothermische Nutzung nach objektiven Kriterien hinreichend wahrscheinlich ist.

(2) Fazit

Die Wasserbehörde hat die Konkurrenzsituationen beim Zusammentreffen geothermischer Nutzungen abwägend unter Berücksichtigung der wasserhaushaltsrechtlichen Zielsetzungen und des Bestandsschutzinteresses der rechtmäßigen Gewässerbenutzer aufzulösen. Dabei gilt es, soweit als möglich ein Nebeneinander der Nutzungen zu gewährleisten. Als Grenzen der Kompatibilität mehrerer Anlagen und damit auch der Genehmigungsfähigkeit einer hinzutretenden Benutzung ist auf der einen Seite der Grundwasserschutz im Sinne einer drohenden Überbewirtschaftung zu nennen, auf der anderen Seite die mehr als nur unwesentliche Beeinträchtigung bereits bestehender Anlagen. Zur Herstellung eines angemessenen Ausgleichs zwischen den Gewässerbenutzern kann die untere Wasserbehörde insbesondere auf nachträgliche Inhalts- und Nebenbestimmungen im Sinne des § 13 Abs. 1 WHG zurückgreifen, in seltenen Fällen auch auf den durch § 18 Abs. 1 WHG zugelassenen Widerruf der Erlaubnis.

Um die Risiken, die für die Benutzer mit der Möglichkeit des Widerrufs oder einer nachträglichen Festsetzung von Inhalts- und Nebenbestimmungen verbunden sind, kalkulierbar zu halten, sollte die untere Wasserbehörde daneben folgende Gesichtspunkte beachten:

Die für geothermische Nutzungen des oberflächennahen Untergrundes zu erteilenden Erlaubnisse sind unter Berücksichtigung der Lebensdauer der Anlagen, die bei Wärmepumpen etwa 25 Jahre beträgt und die für die geothermischen Quellenanlagen bei 15 Jahren (Brunnen) bzw. bei mehr als 50 Jahren (Erdwärmesonde) liegt[1186], regelmäßig auf einen Zeitraum zwischen 15 und 25 Jahren zu befristen. Zwar wird durch eine solche Befristung die Möglichkeit des Widerrufs

1185 *Guckelberger*, VerwArch 2010, S. 139, 146.

1186 Die Zahlen stammen aus einer Machbarkeitsstudie zum GeoCITTI-Projekt.

nicht ausgeschlossen[1187], sie verstärkt aber den Vertrauensschutz auf Seiten des Erlaubnisinhabers. Denn eine Befristung der Erlaubnis lässt aus Sicht des Benutzers darauf schließen, dass für diesen Zeitraum die Gewässerbenutzung unter normalen Umständen, d.h. soweit nicht außergewöhnliche Veränderungen der tatsächlichen oder rechtlichen Rahmenbedingungen eintreten, gestattet ist und er mit einem Widerruf nicht zu rechnen braucht. Nach einem entsprechenden Zeitablauf haben sich regelmäßig auch die Aufwendungen des Unternehmers für Planung und Bau der geothermischen Anlage amortisiert. Die Verwaltungspraxis ist hier uneinheitlich: Manche Behörden erteilen die Erlaubnis für oberflächennahe geothermische Nutzungen stets nur unter Festsetzung einer Befristung, andere erteilen sie generell unbefristet. So werden wasserrechtliche Erlaubnisse für geothermische Anlagen in Hamburg (außerhalb von Wasserschutzgebieten) und in Düsseldorf auf 20 Jahre befristet, in Köln auf 25 Jahre.[1188] Demgegenüber sehen die unteren Wasserbehörden in Berlin und Hannover in der Regel von Befristungen ab.[1189]

Darüber hinaus ist es wichtig, dass die Wasserbehörden im Interesse der Planungs- und Investitionssicherheit für den Anlagenbetreiber Wert legen auf eine umfassende, in tatsächlicher und rechtlicher Hinsicht „wasserdichte“ Prüfung der Voraussetzungen für die Erlaubniserteilung und dass sie den langjährigen Bestand der Gestattung durch Beifügung von Nebenbestimmungen absichern. Unbedingt zu vermeiden ist eine vorschnelle („vorläufige“) Vergabe von Erlaubnissen mit dem Hintergedanken, diese erforderlichenfalls mit wenig Aufwand widerrufen zu können. Desgleichen hat der Anlagenbetreiber durch eine möglichst sorgfältige Planung des Vorhabens einschließlich der notwendigen hydrogeologischen Untersuchungen die Voraussetzungen dafür zu schaffen, dass die Auswirkungen der Erdwärmenutzung wasserwirtschaftlich verträglich sind und keine Beeinträchtigung des Allgemeinwohls erwarten lassen.

1187 *Czychowski/Reinhardt*, Wasserhaushaltsgesetz, § 13, Rn. 19; *Breuer*, Öffentliches und privates Wasserrecht, Rn. 657; *Schmid*, in: Berendes/Frenz/Müggenborg, Wasserhaushaltsgesetz, § 13, Rn. 30.

1188 Schriftliche Auskünfte der Behörde für Stadtentwicklung und Umwelt der Freien und Hansestadt Hamburg vom 13.01.2012, des Umweltamtes der Landeshauptstadt Düsseldorf vom 09.02.2012 sowie des Umwelt- und Verbraucherschutzamtes der Stadt Köln vom 08.02.2012.

1189 Schriftliche Auskünfte der Senatsverwaltung für Stadtentwicklung und Umwelt der Stadt Berlin vom 07.02.2012 und des Fachbereichs Umwelt der Region Hannover vom 17.01.2012.

2) Zur subjektiv-rechtlichen Seite des Rücksichtnahmegebots

In subjektiv-rechtlicher Hinsicht kommt dem Rücksichtnahmegebot ebenfalls eine wichtige Funktion zu, indem es verwaltungsgerichtlichen Drittschutz gegenüber den wasserrechtlichen Zulassungsentscheidungen, insbesondere der nicht privatrechtsgestaltenden Erlaubnis, eröffnet. Entsprechend der im Baurecht entwickelten Voraussetzungen einer drittschützenden Wirkung des Rücksichtnahmegebotes ist es auch im Wasserrecht erforderlich, dass die Belange des Dritten in qualifizierter und individualisierter Weise betroffen sind.[1190] Dies ist der Fall, wenn der Dritte zu einem gegenüber der Allgemeinheit abgrenzbaren Personenkreis zählt und seine Interessen durch die begehrte Gewässerbenutzung in gravierender Weise betroffen werden.[1191] Hiervon ist wegen der Knappheit und der Bedeutung der Ressource Wasser regelmäßig dann auszugehen, wenn Erlaubnis oder Bewilligung in die bestehende Verteilung des Wassers eingreifen und dadurch andere rechtmäßige Benutzer gestört werden.[1192] Dabei können auch zukünftige, erst beabsichtigte Nutzungen eine hinreichende Betroffenheit des Dritten begründen.[1193] Daneben zählt das Grundstückseigentum zu den Belangen, die durch die Gestattung einer Gewässerbenutzung beeinträchtigt werden können.[1194]

Rechtmäßige Gewässerbenutzer und benachbarte Grundeigentümer sind danach befugt, die einem Dritten erteilte wasserrechtliche Gestattung verwaltungsgerichtlich überprüfen zu lassen, wenn durch die zugelassene Benutzung eine eigene Nutzung behindert oder das Eigentum in sonstiger Weise geschädigt wird. Im Hinblick auf geothermische Nutzungen des Grundwassers könnte ein Konkurrent die Gestattung also mit dem Argument anfechten, dass die eigene – bereits betriebene oder zukünftig geplante – Anlage durch die nunmehr genehmigte Nutzung beeinträchtigt wird. Der Dritte hat insoweit einen Anspruch auf ermessensgerechte, d.h. insbesondere rücksichtnehmende Beachtung und Würdigung

1190 vgl. *Wahl/Schütz*, in: Schoch/Schneider/Bier, Verwaltungsgerichtsordnung, Band I, § 42 Abs. 2, Rn. 128; BVerwG, Urteile vom 25.02.1977 - IV C 22.75 -, BVerwGE 52, S. 122, 129/130 und vom 15.07.1987 - 4 C 56/83 -, BVerwGE 78, S. 40, 43/44.

1191 VGH Kassel, Urteil vom 01.09.2011 - 7 A 1736/10 -, ZUR 2012, S. 108, 111.

1192 BVerwG, Urteil vom 15.07.1987 - 4 C 56/83 -, BVerwGE 78, S. 40, 44; *Guckelberger*, VerwArch 2010, S. 139, 146; *Wahl/Schütz*, in: Schoch/Schneider/Bier, Verwaltungsgerichtsordnung, Band I, § 42 Abs. 2, Rn. 199.

1193 BVerwG, Urteil vom 15.07.1987 - 4 C 56/83 -, BVerwGE 78, S. 40, 44; *Knauber*, NVwZ 1988, S. 997, 999.

1194 BVerwG, Beschluss vom 03.09.2003 - 7 B 6/03 -, Buchholz 406.19, Nachbarschutz Nr. 167, S. 18, 19; VGH München, Urteil vom 30.10.2007 - 22 B 06.3236 -, ZfW 2009, S. 228, 230.

seiner Belange.[1195] Eine Rücksichtnahme auf nur geringfügige und daher zumutbare Nachteile ist nicht geboten.[1196] Letztlich hat das Verwaltungsgericht die in objektiv-rechtlicher Hinsicht bereits umfassend dargestellten Grundsätze des Gebotes nachbarlicher Rücksichtnahme aus dem Blickwinkel des Dritten zu prüfen und festzustellen, ob die Wasserbehörde dessen Belange angemessen gewürdigt hat. Da es sich bei Erlaubnis und Bewilligung um Ermessensentscheidungen handelt, ist die gerichtliche Nachprüfungskompetenz auf das Vorliegen von Ermessensfehlern beschränkt (vgl. § 114 VwGO[1197]). Das Gericht darf also lediglich überprüfen, ob die gesetzlichen Grenzen des Ermessens beachtet worden sind, nicht aber ob die Behörde die zweckmäßigste Bewirtschaftungsentscheidung getroffen hat. Als ermessensfehlerhaft ist die Zulassung einer Gewässerbenutzung anzusehen, wenn sie eine bereits bestehende Nutzung gänzlich unberücksichtigt lässt (Ermessensnichtgebrauch), wenn sich die Zulassung als unverhältnismäßige Einschränkung der Rechte des Dritten darstellt (Ermessensüberschreitung) oder wenn die Behörde sachfremde, nicht dem Sinn und Zweck des Gesetzes dienende Erwägungen anstellt (Ermessensfehlgebrauch). Zusammenfassend ist festzuhalten, dass sich aus dem Rücksichtnahmegebot ein prozessual durchsetzbares Abwehrrecht ergibt, wenn sich die Zulassungsentscheidung im Hinblick auf die Belange des Dritten nicht nur als objektiv defizitär, sondern darüber hinaus als rücksichtslos darstellt.[1198]

Für den Betreiber einer wasserrechtlich genehmigten geothermischen Anlage bedeutet dies, dass er sich gegen die Zulassung weiterer Anlagen gerichtlich zur Wehr setzen kann, sofern diese nicht die gebotene Rücksicht auf die bereits bestehende Nutzung nehmen und die Behörde seine Rechte nicht ermessensgerecht gewürdigt hat. Gleichermaßen muss ein Unternehmer bei der Errichtung einer neuen Geothermieanlage bis zum Eintritt der Bestandskraft der wasserbehördlichen Gestattung mit einer Anfechtung durch betroffene Nachbarn rechnen. Im Ergebnis gelten hier in prozessualer Hinsicht also keine anderen Grundsätze als bei der Drittanfechtung einer Baugenehmigung oder einer immissionsschutzrechtlichen Anlagengenehmigung.

1195 BVerwG, Urteil vom 15.07.1987 - 4 C 56/83 -, BVerwGE 78, S. 40, 45; VGH München, Urteil vom 30.10.2007 - 22 B 06.3236 -, ZfW 2009, S. 228, 230.

1196 VGH München, Urteil vom 30.10.2007 - 22 B 06.3236 -, ZfW 2009, S. 228, 230.

1197 Verwaltungsgerichtsordnung (VwGO) i.d.F. der Bekanntmachung vom 19.03.1991, BGBl. 1991 Teil I Nr. 18 vom 26.03.1991, S. 686; zuletzt geändert durch Art. 6 des Gesetzes vom 21.07.2012, BGBl. 2012 Teil I Nr. 35 vom 25.07.2012, S. 1577.

1198 VGH Kassel, Urteil vom 01.09.2011 - 7 A 1736/10 -, ZUR 2012, S. 108, 111.

II. Ergebnis

Die Frage nach der wasserrechtlichen Genehmigungsfähigkeit der Nutzung oberflächennaher Geothermie lässt sich nicht verallgemeinernd im Sinne einer generellen Zulässigkeit oder Unzulässigkeit beantworten, sondern erfordert die Berücksichtigung verschiedener Gesichtspunkte wie die hydrogeologischen und wasserwirtschaftlichen Bedingungen am Anlagenstandort, die thermische Leistung der Anlage und die im Umfeld der geplanten Anlage bereits bestehenden Benutzungen des Grundwassers. Auf Tatbestandsseite hat die untere Wasserbehörde sicherzustellen, dass schädliche Gewässerveränderungen und damit eine Beeinträchtigung des Allgemeinwohls (vgl. § 12 Abs. 1 Nr. 1 i.V.m. § 3 Nr. 10 WHG) mit hinreichender Sicherheit vermieden werden. Dies erfordert einerseits eine Abwägung der abstrakten Schutzgüter Grundwasser und (globales) Klima sowie andererseits eine Betrachtung der konkreten Auswirkungen der Erdwärmenutzung auf die Beschaffenheit des Grundwassers. Hierbei ist in Bezug auf die mit der Anlagenerrichtung verbundenen Bohrungen sowohl in der behördlichen Genehmigungspraxis als auch in der verwaltungsgerichtlichen Rechtsprechung wegen der Zunahme von Schadensfällen die Tendenz einer restriktiveren Beurteilung der wasserrechtlichen Zulässigkeit zu beobachten. Hintergrund der aufgetretenen Schäden sind aber weniger grundlegende Probleme der Erdwärmetechnik, als vielmehr die mangelhafte Ausführung der Bohrarbeiten sowie eine ungenügende Planung und Erkundung der geologischen und hydrogeologischen Standortbedingungen. Die Bundesländer versuchen nunmehr, durch eine Verschärfung der Qualitätsstandards und eine bessere Überwachung der Bohrarbeiten Abhilfe zu schaffen.[1199] Insoweit sind die mit den Bohrungen verbundenen Gefahren für das Grundwasser bei Einhaltung der allgemein anerkannten Regeln der Technik als beherrschbar anzusehen. Im Einzelfall richtet sich die Genehmigungsfähigkeit maßgeblich danach, ob die Anlagenerrichtung in einem hydrogeologisch günstigen Gebiet erfolgen soll (= regelmäßig zulässig), ob die Standortvoraussetzungen eher ungünstig sind (= Maßnahmen zur Gefahrenminimierung erforderlich) oder ob es sich um ein besonders sensibles Grundwasservorkommen handelt (= im Regelfall unzulässig). Die Beantwortung der wasserrechtlichen Zulässigkeitsfrage ist in Bezug auf die mit der Anlagenerrichtung verbundenen Gefahren also stets von den Umständen des Einzelfalls abhängig.

1199 vgl. *Ministerium für Umwelt, Klima und Energiewirtschaft Baden-Württemberg*, Leitlinien Qualitätssicherung Erdwärmesonden (LQS EWS).

Der Betrieb einer geothermischen Anlage ist mit einer Erwärmung oder Abkühlung des Grundwassers verbunden, die sich bei der Klimatisierung von Gebäuden zumeist in einem Bereich von ± 10 K im Vergleich zur natürlichen Grundwassertemperatur bewegt, bei Hochtemperaturspeichern aber auch Werte von bis zu 90°C erreichen kann. Die Temperaturveränderungen des Grundwassers haben Auswirkungen auf die physikalische, chemische und biologische Beschaffenheit des Grundwassers (vgl. § 3 Nr. 9 WHG) zur Folge, die jedoch nicht schlechthin als schädlich einzustufen sind. So lassen gemäßigte Temperaturveränderungen von bis zu ± 10 K in einem Bereich zwischen 5°C und 25°C keine wesentlichen Beeinträchtigungen unbelasteter Grundwasserökosysteme erwarten.[1200] Auch bei höheren Temperaturen zwischen 25°C und 70°C sind keineswegs nur negative Effekte der Erwärmung zu beobachten wie zum Beispiel eine erhöhte Freisetzung von Spurenmetallen (Eisen und Mangan) aus dem Sediment, eine Zunahme von Krankheitserregern im Grundwasser oder eine Mobilisierung von Schadstoffen, sondern auch positive Auswirkungen wie die erhöhte Abbauaktivität mikrobieller Organismen (Temperaturoptimum bei 30 bis 35°C) und die gesteigerte Reduktion von Nitraten und Sulfaten.[1201] So ist einerseits eine geringere Nutzbarkeit des Grundwassers bzw. ein größerer Aufbereitungsaufwand infolge der erhöhten Eisen-, Mangan- und Schwermetallkonzentrationen nicht auszuschließen;[1202] andererseits könnten die mit einem kontrollierten Wärmeeintrag in den Untergrund verbundene Mobilisierung von Schadstoffen und die Steigerung der mikrobiellen Abbauaktivität genutzt werden, um die oberflächennahe Geothermie mit der Sanierung von Altlasten zu kombinieren.[1203] Hier besteht im Einzelnen aber noch erheblicher technisch-wissenschaftlicher Forschungsbedarf.

Die Festlegung einer generellen Schädlichkeitsgrenze mit einer maximalen Erwärmung des Grundwassers auf 20°C und einer Begrenzung der Temperaturschwankungen auf ± 6 K überzeugt in naturwissenschaftlicher Hinsicht jedenfalls

---

1200 vgl. *Arning u.a.*, Grundwasser 2006, S. 27, 38; *Brielmann u.a.*, Grundwasser 2011, S. 77, 89; *Schippers/Reichling*, Grundwasser 2006, S. 40, 44.

1201 *Jesußek u.a.*, bbr 2013, Sonderheft Geothermie, S. 54, 56/57; *Schmidt/Thiem*, in: Braun/Koschitzky, VEGAS-Kolloquium 2011, Flache Geothermie - Perspektiven und Risiken, S. 13, 17.

1202 *Jesußek*, Temperaturbedingte Auswirkungen unterirdischer Wärmespeicherung auf hydrogeochemische Sediment-Wasser-Wechselwirkungen in einem oberflächennahen Grundwasserleiter, S. 83.

1203 *Jesußek u.a.*, bbr 2013, Sonderheft Geothermie, S. 54, 59; *Schmidt/Thiem*, in: Braun/Koschitzky, VEGAS-Kolloquium 2011, Flache Geothermie - Perspektiven und Risiken, S. 13, 19.

nicht. Vielmehr sind die Auswirkungen einer Erwärmung bzw. Abkühlung des Grundwassers in vielfacher Hinsicht von der Sedimentzusammensetzung und den hydrogeologischen Bedingungen am Anlagenstandort abhängig, so dass sedimentspezifische Voruntersuchungen zur Gewährleistung eines effektiven Grundwasserschutzes auch schon bei Temperaturerhöhungen auf 20 bis 25°C zweckmäßig sind.[1204] Die wasserrechtliche Zulassungsentscheidung darf daher nicht das Ergebnis einer schematischen Anwendung der Temperaturwerte aus der VDI-Richtlinie 4640 sein, sondern es ist stets eine konkrete Einzelfallbetrachtung unter Berücksichtigung der standortspezifischen Besonderheiten erforderlich. Auch sonstige Grenzwerte für die Belastung des Grundwassers mit Schadstoffen, wie sie in der GrwV, der TrinkwV 2001, der bodenschutzrechtlichen Holland-Liste und den Geringfügigkeitsschwellen der LAWA zu finden sind, können allenfalls Indizwirkung für die Schädlichkeit einer Erwärmung oder Abkühlung des Grundwassers entfalten, eine abschließende Bewertung erlauben sie aber nicht. Bei der Zulassung von Hochtemperaturspeichern sind besonders umfangreiche und sorgfältige Voruntersuchungen aber schon deswegen geboten, weil die Temperaturrichtwerte um ein Mehrfaches überschritten werden.

Auch wenn die untere Wasserbehörde im Einzelfall die Versagungsvoraussetzungen des § 12 Abs. 1 WHG nicht für gegeben hält, verbleibt ihr auf Rechtsfolgenseite ein weites Bewirtschaftungsermessen (§ 12 Abs. 2 WHG) mit der Möglichkeit, wasserrechtliche Gestattungen aus planerischen Zweckmäßigkeitserwägungen zu versagen. Hierbei sind u.a. Konkurrenzsituationen zwischen mehreren geothermischen Anlagen oder im Verhältnis zu anderen Nutzungen des Grundwassers aufzulösen. Sinnvoll ist die Aufstellung behördlicher Bewirtschaftungskonzepte, durch die eine verstärkte Ausnutzung geothermischer Ressourcen im urbanen Raum sichergestellt und zugleich eine Überbewirtschaftung des Grundwassers vermieden werden kann. In diesem Zusammenhang ist insbesondere das wasserrechtliche Rücksichtnahmegebot als ermessenslenkendes Kriterium zu beachten.

D. Zusammenfassung

Zusammenfassend ist festzuhalten, dass die Nutzung des oberflächennahen Untergrundes zur Gewinnung und Speicherung von Wärme resp. Kälte wegen der damit verbundenen Auswirkungen auf das Grundwasser regelmäßig einer

1204 *Jesußek*, Temperaturbedingte Auswirkungen unterirdischer Wärmespeicherung auf hydrogeochemische Sediment-Wasser-Wechselwirkungen in einem oberflächennahen Grundwasserleiter, S. 85.

wasserrechtlichen Gestattung gemäß §§ 8 Abs. 1 und 9 WHG bedarf. Zu differenzieren ist zwischen der Errichtung der geothermischen Anlage und ihrem Betrieb, da die notwendigen Bohrungen und die infolge des Anlagenbetriebs auftretenden Temperaturveränderungen verschiedenartige Gefährdungen des Grundwassers hervorrufen. Die Bohrungen und der Einbau fester Anlagenteile in den Untergrund erfüllen, sofern sie das Grundwasser erreichen, als Einbringen von festen Stoffen den Benutzungstatbestand des § 9 Abs. 1 Nr. 4 WHG. Dies gilt sowohl für geothermische Großanlagen mit einer thermischen Leistung von mehr als 100 kW als auch für Kleinanlagen mit Leistungen bis 30 kW; die Ausnahmeregelung des § 49 Abs. 1 Satz 2 WHG greift nicht ein, weil sich die mit den Bohrungen verbundenen Gefahren für die Beschaffenheit des Grundwassers nicht gänzlich ausschließen lassen und daher eine behördliche Vorprüfung im Rahmen des Erlaubnisverfahrens zweckmäßig ist. Der Betrieb geothermischer Anlagen führt ebenfalls zur Erfüllung wasserrechtlicher Benutzungstatbestände: Bei Brunnenanlagen handelt es sich wegen des Zutageförderns von Grundwasser und des Wiedereinleitens des erwärmten bzw. abgekühlten Wassers in den Grundwasserleiter um echte Benutzungen im Sinne des § 9 Abs. 1 Nr. 4 und Nr. 5 WHG, bei Erdwärmesondenanlagen ist wegen der Beeinflussung des Wärmeregimes im Untergrund der Auffangtatbestand des § 9 Abs. 2 Nr. 2 WHG einschlägig. Auch wenn man Letzteres bei Anlagen mit Heizleistungen bis 30 kW wegen der Geringfügigkeit der Auswirkungen auf das Grundwasser verneint[1205], bleibt die Erlaubnispflicht nach § 9 Abs. 1 Nr. 4 WHG bestehen.

Die Genehmigungsfähigkeit von geothermischen Nutzungen des oberflächennahen Untergrundes richtet sich maßgeblich danach, ob schädliche Gewässerveränderungen im Sinne des § 12 Abs. 1 Nr. 1 WHG zu erwarten sind. Die insoweit durchzuführende Allgemeinwohlprüfung wirft zum einen abstrakte Rechtsfragen auf, wie das Verhältnis von Grundwasserschutz und globalem Klimaschutz, beinhaltet zum anderen aber auch die naturwissenschaftlich determinierte Beurteilung der Schädlichkeit von Einwirkungen auf die physikalische, chemische und biologische Beschaffenheit des Grundwassers. Hierbei ist im Rahmen einer umfassenden Abwägung nicht nur der elementaren Bedeutung des Schutzgutes Grundwasser Rechnung zu tragen, sondern es sind auch sonstige ökologische Interessen wie der auf Bundes- und Unionsebene angestrebte Ausbau regenerativer Energien und die damit verfolgten umweltpolitischen Ziele der Reduzierung von CO_2-Emissionen, der Ressourcenschonung und der Gewährleistung der Versorgungssicherheit der

1205 vgl. *Hähnlein/Blum/Bayer*, Grundwasser 2011, S. 69, 72.

Bevölkerung hinreichend zu würdigen. Die große Bedeutung des Klimaschutzes ergibt sich nicht nur aus völkerrechtlichen Abkommen wie dem Kyoto-Protokoll, den unionsrechtlichen Vorgaben (vgl. Erwägungsgrund 42 der Richtlinie 2009/28/EG – Erneuerbare-Energien-Richtline), dem verfassungsrechtlich verankerten Grundsatz der ökologischen Nachhaltigkeit (Art. 20 a GG) oder bundesgesetzlichen Förderinstrumenten wie dem EEWärmeG, sondern der Klimaschutz hat als Bewirtschaftungsgrundsatz explizit Eingang in § 6 Abs. 1 Satz 1 Nr. 5 und Satz 2 WHG gefunden. Konkrete Maßstäbe für die Abwägung und für eine Gewichtung der Schutzgüter Grundwasser und Klima gibt das WHG allerdings ebenso wenig vor wie eine verfahrensrechtliche Ausgestaltung der Berücksichtigung globaler und langfristig angelegter Klimaschutzinteressen. Letztlich obliegt den Wasserbehörden die schwierige Aufgabe, im Einzelfall die richtige Balance zwischen ökologisch sinnvoller Grundwassernutzung und dem Schutz des Grundwassers als primärer Trinkwasserressource herzustellen. Hierzu ist festzuhalten, dass bei nur geringfügigen Beeinträchtigungen der Grundwasserbeschaffenheit oder einer geringen Wahrscheinlichkeit des Schadenseintritts Einschränkungen des Grundwasserschutzes hinzunehmen sind, wenn dafür andere Gemeinwohlbelange wie der Klimaschutz und der Ausbau erneuerbarer Energien gefördert werden. Wo genau die Grenze zwischen noch zulässiger Einwirkung auf das Grundwasser und schädlicher Veränderung des Grundwassers verläuft, lässt sich nur anhand einer umfassenden Einzelfallabwägung feststellen. Anhaltspunkte für die Zulässigkeit der konkreten Gewinnung oder Speicherung von Wärme können die Temperaturempfehlungen der VDI-Richtlinie 4640 sowie die in verschiedenen Regelwerken enthaltenen Grenzwerte für Grundwasserinhaltsstoffe (z.B. GrwV, TrinkwV 2001, Holland-Liste, Geringfügigkeitsschwellenwerte der LAWA) geben. Allgemeingültige gesetzliche Grenzwerte für den Wärmeeintrag ins Grundwasser existieren jedoch nicht. Die Einhaltung oder Überschreitung der genannten Parameter ist daher angesichts des noch bestehenden naturwissenschaftlichen Forschungsbedarfs nur einer von mehreren Abwägungsgesichtspunkten, der für sich betrachtet im Regelfall keine Versagung der wasserrechtlichen Gestattung rechtfertigt.

Im Ergebnis lässt sich die wasserrechtliche Zulässigkeit oberflächennaher geothermischer Nutzungen nicht im Sinne eines klaren „Ja“ oder „Nein“ beantworten, sondern sie kann nur einzelfallbezogen unter Berücksichtigung der standortspezifischen Gegebenheiten und der Anlagenleistung beurteilt werden. Bei Gewährleistung einer detaillierten Planung des Vorhabens sowie der Durchführung der notwendigen geologischen und hydrogeologischen Voruntersuchungen stehen der Realisierung geothermischer Großprojekte aber keine grundlegenden Hindernisse entgegen. Sind die Standortbedingungen günstig, werden Errichtung und Betrieb einer geothermischen Großanlage regelmäßig zulässig sein, sofern nicht bereits bestehende Nutzungen des Grundwassers oder abweichende Bewirtschaftungskonzepte weitere Benutzungen ausschließen. Im Übrigen gilt es, die Auswirkungen des Anlagenbetriebs auf das Grundwasser in naturwissenschaftlicher Hinsicht weiter zu erforschen und die Feststellung der physikalischen, chemischen und biologischen Effekte so weit als möglich zu vereinfachen (zum Beispiel durch die Ausarbeitung von Schnelltests) und zu standardisieren. Hiervon ausgehend könnten auch die Temperaturempfehlungen der VDI-Richtlinie 4640 weiterentwickelt oder ggf. Maximalwerte für Erwärmung und Abkühlung des Grundwassers im Verordnungswege festgelegt werden. Desgleichen müssen die technischen Verfahren zur Niederbringung der Bohrungen und zum Anlagenbau verbessert werden, um Probleme wie die ordnungsgemäße Verpressung des Bohrlochs oder sonstige Schadensfälle zukünftig vermeiden zu können. Eine fachlich der Bedeutung des Grundwasserschutzes angemessene Planung und Ausführung geothermischer Projekte ist zudem durch eine Verbesserung der Qualitätssicherung zu gewährleisten.[1206] Schließlich sind positive Wirkungen der Wärmespeicherung wie die Erhöhung der Sanierungseffizienz bei bestehenden Altlasten oder neue Nutzungsformen wie die Speicherung sog. „Windwärme" zum Ausgleich der stark schwankenden Stromproduktion aus Windkraftanlagen fortzuentwickeln und im Einzelfall in die Abwägung der wasserrechtlichen Gemeinwohlprüfung einzustellen.

Als Fazit ist festzuhalten, dass das Wasserhaushaltsrecht mit dem zweistufigen Zulassungstatbestand des § 12 WHG grundsätzlich eine angemessene rechtliche Behandlung geothermischer Nutzungen ermöglicht, da es der zuständigen Behörde hinreichenden Spielraum zur Berücksichtigung standortspezifischer Besonderheiten des Einzelfalls belässt und zugleich über § 12 Abs. 2 WHG die planerische Bewirtschaftung der Ressource Grundwasser und damit auch die Auflösung zunehmend auftretender Nutzungskonkurrenzen erlaubt. Hilfreich wäre eine gesetzliche Konkretisierung dahingehend, mit welchem Gewicht globale und langfristig angelegte Klimaschutzinteressen im Verhältnis zum Grundwasserschutz in die Abwägung einzustellen sind. Denkbar ist, dass der Gesetzgeber die Hierarchie der Schutzgüter Grundwasser und Klima neu definiert und dem Klimaschutz aufgrund veränderter ökologischer und gesellschaftlicher Rahmenbedingungen zukünftig eine höhere Bedeutung beimisst. Allerdings ist derzeit mit einer Einschränkung des Schutzumfangs des Grundwassers gerade in Anbetracht der

---

1206 vgl. hierzu *Ministerium für Umwelt, Klima und Energiewirtschaft Baden-Württemberg*, Leitlinien Qualitätssicherung Erdwärmesonden (LQS EWS).

nur kurz zurückliegenden Novellierung des WHG nicht zu rechnen. Angesichts der überragenden Bedeutung des Grundwassers als Ressource für die Trinkwasserversorgung der Bevölkerung ist der durch das WHG aufgestellte Schutzstandard grundsätzlich auch als gerechtfertigt anzusehen. Als Indiz dafür, dass moderne Energietechnologien wie die Nutzung von Erdwärme zur Klimatisierung von Gebäuden über das WHG in rechtlicher Hinsicht hinreichend gewürdigt werden können, mag der Umstand gelten, dass es bisher nur sehr vereinzelt gerichtliche Verfahren über die Zulässigkeit geothermischer Nutzungen des oberflächennahen Untergrundes gegeben hat. Vorrang vor gesetzgeberischen Neuerungen sollte daher die weitere Erforschung der ökologischen Auswirkungen geothermischer Anlagen sowie die Verbesserung der technisch-fachlichen Qualität der Bohrungen und der sonstigen anlagenbezogenen Arbeiten haben.

6. Teil: Zur Bedeutung sonstiger Rechtsgebiete für die Nutzung oberflächennaher Erdwärme

Maßgeblich geprägt wird die rechtliche Beurteilung der Nutzung oberflächennaher Erdwärme durch die bereits umfassend erörterten Rechtsgebiete des Wasserrechts und des Bergrechts. Andere Rechtsmaterien sind nur am Rande berührt und kommen allenfalls ergänzend zur Anwendung; erdwärmespezifische Problemstellungen ergeben sich insoweit nicht. Im Rahmen der Planung und Errichtung geothermischer Großanlagen ist dennoch vorsorglich zu prüfen, ob sich im Einzelfall besondere Anforderungen oder mögliche Zulassungshindernisse aus den Regelungen des Baurechts, des Immissionsschutzrechts, des Naturschutzrechts und des Bodenschutzrechts ergeben.

A. Zur Bedeutung des Bauordnungs- und des Bauplanungsrechts

In baurechtlicher Hinsicht ist regelmäßig zwischen der Errichtung der geothermischen Anlage, also der Einbringung von Erdwärmesonde oder Dublette in den Untergrund, und dem Bau des zugehörigen Gebäudekomplexes zu unterscheiden. Exemplarisch soll die Rechtslage dargestellt werden anhand der Landesbauordnung Schleswig-Holstein (LBO S-H), die hinsichtlich der Beurteilung der Erdwärmenutzung weitgehend mit den bauordnungsrechtlichen Regelungen der übrigen Bundesländer übereinstimmt.

Gemäß § 62 Abs. 1 LBO S-H sind die Errichtung, Änderung, Nutzungsänderung und Beseitigung baulicher Anlagen sowie sonstiger Anlagen im Sinne des § 2 Abs. 1 LBO S-H genehmigungsbedürftig, soweit nicht in den §§ 63, 68, 76 und 77 LBO S-H etwas anderes bestimmt ist. Schon nicht dem Anwendungsbereich der Landesbauordnung unterfallen nach § 1 Abs. 2 Nr. 2 LBO S-H Anlagen, die der Bergaufsicht unterliegen, mit Ausnahme von Gebäuden. Hierzu zählen alle Anlagen über und unter Tage, die durch das BBergG der Aufsicht durch die Bergbehörde unterstellt werden, zum Beispiel Bohr- und Fördertürme oder Großgeräte des Bergbaus wie Bagger, Tiefbohr- und Pumpengeräte.[1207] Die Grundregelung

1207 *Domning/Möller/Suttkus*, Bauordnungsrecht Schleswig-Holstein, Band 1, § 1 LBO, Rn. 33.

findet sich insoweit in § 69 Abs. 1 BBergG, wonach der Bergbau der Aufsicht durch die zuständige Behörde unterliegt (Bergaufsicht). Dies gilt gemäß § 127 Abs. 1 BBergG jedenfalls für Bohrungen von mehr als 100 m Länge. Im Übrigen kommt es darauf an, ob die Erdwärmeerschließung gemäß §§ 2 ff. BBergG in den Anwendungsbereich des BBergG fällt. Denn der Begriff des Bergbaus in § 69 Abs. 1 BBergG nimmt Bezug auf § 2 Abs. 1 BBergG und die dort bezeichneten Tätigkeiten und Einrichtungen.[1208] Sofern man also die Erschließung oberflächennaher Erdwärme zum Zwecke der Klimatisierung von Gebäuden unter Rückgriff auf die Ausnahmebestimmung des § 4 Abs. 2 Nr. 1 BBergG nicht als bergrechtlich relevante Gewinnung eines Bodenschatzes ansieht, fällt sie auch nicht unter die Bergaufsicht nach §§ 69 ff. BBergG. Dies hat zur Folge, dass neben den Gebäuden grundsätzlich auch die unterirdischen geothermischen Anlagen in den Anwendungsbereich der LBO S-H fallen, mit Ausnahme der der Bergaufsicht unterliegenden Bohrungen über 100 m Länge. Etwas anderes gilt nur dann, wenn man – entgegen der hier präferierten Lösung – die Erdwärmeerschließung wegen der damit verbundenen Beeinflussung benachbarter Grundstücke als bergrechtlich bewilligungsbedürftig ansieht.

Die LBO S-H enthält jedoch in § 63 Abs. 1 Nr. 3 weitere Ausnahmen von der Genehmigungspflicht für bestimmte Anlagen der Ver- und Entsorgung. Danach zählen sowohl Brunnen (§ 63 Abs. 1 Nr. 3 a) LBO S-H) als auch Wärmepumpen (§ 63 Abs. 1 Nr. 2 d) und Nr. 3 c) LBO S-H) zu den verfahrensfreien Bauvorhaben.[1209] Der Begriff der Verfahrensfreiheit entspricht demjenigen der Genehmigungsfreiheit und dient lediglich der besseren Unterscheidung von den nach § 68 LBO S-H genehmigungsfrei gestellten Bauvorhaben.[1210] Wärmepumpen werden dabei zum einen in Gebäuden als sonstige Anlagen der technischen Gebäudeausrüstung über § 63 Abs. 1 Nr. 2 d) LBO S-H und zum anderen außerhalb von Gebäuden über § 63 Abs. 1 Nr. 3 c) LBO S-H unabhängig von ihrer Leistung als verfahrensfrei eingestuft.[1211] Für Brunnenanlagen gilt, dass die Genehmigungsfreiheit

---

1208 *Kremer/Neuhaus gen. Wever*, Bergrecht, Rn. 337.

1209 vgl. zu ähnlichen landesrechtlichen Regelungen § 55 Abs. 3 Nr. 8 und 9 der Brandenburgischen Bauordnung (BbgBO) i.d.F. vom 17.09.2008, GVBl. I/08, S. 226; zuletzt geändert durch Art. 2 des Gesetzes vom 29.11.2010, GVBl. I/10, Nr. 39 und § 60 Abs. 1 Satz 1 i.V.m. Anh. zu § 60 Abs. 1 Nr. 2.2 und 3.3 der Niedersächsischen Bauordnung (NBauO) vom 03.04.2012, Nds. GVBl. 2012, S. 46.

1210 LT-Drucks.16/1675, S. 223.

1211 LT-Drucks.16/1675, S. 228, 230; *Domning/Möller/Suttkus*, Bauordnungsrecht Schleswig-Holstein, Band 2, § 69 LBO, Rn. 61; *Witt*, in: Arndt/Jensen/Thomsen/Witt, Handkommentar zur LBO Schleswig-Holstein, § 69, Rn. 37.

nicht an einen bestimmten Anlagenzweck gebunden ist, sondern dass die Grundwassergewinnung der Wasserversorgung, dem Betrieb einer Wärmepumpe oder einer gewerblichen Nutzung dienen kann.[1212] Geothermische Anlagen zur Klimatisierung von Gebäuden sind daher bauordnungsrechtlich nicht genehmigungspflichtig. Dies betrifft jeweils die Gesamtanlage aus oberirdischem und unterirdischem Teil, also die Wärmepumpe in Verbindung mit der Erdwärmesonde oder dem Brunnen, nicht aber die zugehörigen oberirdischen Gebäude. Letztere unterfallen als bauliche Anlagen im Sinne des § 2 Abs. 1 Satz 1 und Abs. 2 LBO S-H sowohl dem bauordnungsrechtlichen Verfahren als auch dem Bauplanungsrecht nach §§ 29 ff. BauGB.

Zu beachten ist zudem, dass die Genehmigungsfreiheit nach der jeweiligen Landesbauordnung nicht das Entfallen der planungsrechtlichen Maßgaben der §§ 30 ff. BauGB zur Folge hat. Denn nach der durch das Bau- und Raumordnungsgesetz 1998 (BauROG)[1213] erfolgten Änderung des § 29 BauGB ist der Begriff des Vorhabens nicht mehr von der bauordnungsrechtlichen Genehmigungs- oder Anzeigepflicht abhängig.[1214] Damit gelten die §§ 30 ff. BauGB auch für genehmigungsfreie Vorhaben, sofern diesen bodenrechtliche Relevanz zukommt.[1215] Genehmigungsfreiheit bedeutet insoweit lediglich, dass eine präventive behördliche Kontrolle entfällt, nicht aber dass an ein Vorhaben keine materiellen Anforderungen gestellt werden dürfen.[1216] Mithin sind die bauplanungsrechtlichen Regelungen stets zu beachten, sowohl bei der Gebäudeerrichtung als auch bei der Installation der geothermischen Anlagen. In dieser Hinsicht ergeben sich für die Erdwärmenutzung jedoch keine spezifisch baurechtlichen Probleme. Geothermische Anlagen zur Gebäudeklimatisierung werden zumeist im Innenbereich errichtet, so dass die Genehmigungsfähigkeit der Gebäude nach § 34 Abs. 1 oder Abs. 2 BauGB zu beurteilen ist, bei Vorliegen eines Bebauungsplans nach § 30 BauGB. Problematisch kann die Projektverwirklichung im Außenbereich sein, da dieser grundsätzlich von Bebauung freizuhalten ist und Privilegierungen nach § 35 Abs. 1 BauGB regelmäßig nicht einschlägig sind. Allerdings handelt es sich auch hier nicht um besondere Rechtsfragen der Erdwärmenutzung, sondern um solche,

---

1212 *Burzynska*, in: Große-Suchsdorf u.a., Niedersächsische Bauordnung, § 60, Rn. 32.

1213 Gesetz zur Änderung des Baugesetzbuchs und zur Neuregelung des Rechts der Raumordnung (Bau- und Raumordnungsgesetz 1998 – BauROG) vom 18.08.1997, BGBl. 1997 Teil I Nr. 59 vom 25.08.1997, S. 2081.

1214 *Witt*, in: Arndt/Jensen/Thomsen/Witt, Handkommentar zur LBO Schleswig-Holstein, § 69, Rn. 11.

1215 *Burzynska*, in: Große-Suchsdorf u.a., Niedersächsische Bauordnung, § 59, Rn. 30.

1216 *Burzynska*, in: Große-Suchsdorf u.a., Niedersächsische Bauordnung, § 59, Rn. 30.

die allgemein die Errichtung baulicher Anlagen im Außenbereich betreffen. Großprojekte wie der Bau eines Einkaufszentrums oder vergleichbarer Anlagen werden ohnehin zumeist Gegenstand einer entsprechenden Bebauungsplanung sein.

Es bleibt festzuhalten, dass Wärmepumpen- und Brunnenanlagen nach den Bauordnungen der Länder regelmäßig von der Genehmigungspflicht befreit sind. Baugenehmigungspflichtig sind nur die mittels Erdwärme zu klimatisierenden Gebäude. Besondere erdwärmespezifische Probleme ergeben sich dabei aber nicht. Baugenehmigung und wasserrechtliche Erlaubnis sind nebeneinander erforderlich, da ihnen keine Konzentrationswirkung zukommt.[1217] Anders ist dies beispielsweise in Brandenburg, wo § 67 Abs. 1 Satz 2 BbgBO ausdrücklich regelt, dass die Baugenehmigung die für das Vorhaben erforderlichen weiteren behördlichen Entscheidungen einschließt.

B. Zur Bedeutung des Immissionsschutzrechts

Eine immissionsschutzrechtliche Genehmigungspflicht gemäß §§ 4 ff. BImSchG besteht für Anlagen zur Gewinnung und Speicherung oberflächennaher Geothermie nicht, da sie nicht zu den im Anhang zur 4. BImSchV[1218] aufgeführten Anlagen gehören. Auf die Ausnahme des § 4 Abs. 2 Satz 1 BImSchG für Anlagen des Bergwesens, d.h. für solche, die unter § 2 BBergG fallen[1219] und die zudem untertägig betrieben werden, kommt es daher nicht an.

Für die Errichtung und den Betrieb geothermischer Anlagen gelten nur die Grundpflichten der Betreiber nicht genehmigungsbedürftiger Anlagen nach §§ 22, 23 BImSchG. Dies beinhaltet gemäß § 22 Abs. 1 Satz 1 BImSchG die Pflicht zur Vermeidung schädlicher Umwelteinwirkungen im Sinne des § 3 Abs. 1 BImSchG, also insbesondere von Geräuschimmissionen, aber auch von Erschütterungen und

1217 *Domning/Möller/Suttkus*, Bauordnungsrecht Schleswig-Holstein, Band 2, § 78, Rn. 115; *Erbguth/Schlacke*, Umweltrecht, § 11, Rn. 40; *Kloepfer*, Umweltrecht, § 13, Rn. 95.

1218 Vierte Verordnung zur Durchführung des Bundes-Immissionsschutzgesetzes (Art. 1 d. V zur Neufassung und Änderung von Verordnungen zur Durchführung des Bundes-Immissionsschutzgesetzes) (Verordnung über genehmigungsbedürftige Anlagen - 4. BImSchV) i.d.F. vom 14.03.1997, BGBl. 1997 Teil I Nr. 17 vom 20.03.1997, S. 504; zuletzt geändert durch Art. 7 des Gesetzes vom 17.08.2012, BGBl. 2012 Teil I Nr. 38 vom 23.08.2012, S. 1752.

1219 *Jarass*, BImSchG, § 4, Rn. 37; *Dietlein*, in: Landmann/Rohmer, Umweltrecht, Band III, § 4 BImSchG, Rn. 97.

Luftverunreinigungen, soweit diese geeignet sind, erhebliche Nachteile oder erhebliche Belästigungen für die Allgemeinheit oder die Nachbarschaft herbeizuführen. Hier ist zu differenzieren zwischen der Errichtung der geothermischen Anlage und dem Anlagenbetrieb. Nicht zu erwarten sind immissionsschutzrechtlich relevante Beeinträchtigungen infolge des Betriebs von Erdwärmesonden- oder Brunnenanlagen, da dieser regelmäßig keine Immissionen verursacht. Anderes gilt für die Bohrungen zur Errichtung einer geothermischen Anlage, die gerade in innerstädtischen Bereichen mit erheblichen Lärmbelästigungen für die Anwohner verbunden sein können. Die Anforderungen des § 22 BImSchG in Bezug auf Lärmimmissionen werden grundsätzlich durch Nr. 4 der TA Lärm[1220] konkretisiert.[1221] Allerdings sind nach Nr. 1 Abs. 2 f) TA Lärm Baustellen ausdrücklich vom Anwendungsbereich dieser normkonkretisierenden Verwaltungsvorschrift[1222] ausgenommen. Für Baustellen kann aber gemäß § 66 Abs. 2 BImSchG weiter auf die Regelungen der AVV Baulärm[1223] zurückgegriffen werden.[1224] Zwar existiert in Gestalt der 32. BImSchV[1225] eine spezielle Rechtsverordnung mit Regelungen über das Inverkehrbringen und den Betrieb zahlreicher Baumaschinen, zu denen nach Nr. 17 des Anhangs zur 32. BImSchV i.V.m. Art. 13 der Richtlinie 2000/14/EG[1226] auch Bohrgeräte zählen. Die 32. BImSchV enthält jedoch keine Bestimmungen

1220 Sechste Allgemeine Verwaltungsvorschrift zum Bundes-Immissionsschutzgesetz (Technische Anleitung zum Schutz gegen Lärm - TA Lärm) vom 26.08.1998, GMBl 1998 Nr. 26 vom 28.08.1998, S. 503.

1221 vgl. Nr. 1 Abs. 3 b) und c) TA Lärm; BVerwG, Urteil vom 29.08.2007 - 4 C 2/07 -, BVerwGE 129, S. 209, 212; *Jarass*, BImSchG, § 48, Rn. 26.

1222 vgl. VG München, Urteil vom 07.11.2005 - M 8 K 05.1908 -, zit. n. juris, Rn. 31; *Dietrich*, NVwZ 2009, S. 144, 148.

1223 Allgemeine Verwaltungsvorschrift zum Schutz gegen Baulärm – Geräuschimmissionen – vom 19.08.1970, Beilage zum BAnz. Nr. 160 vom 01.09.1970, S. 1.

1224 VGH Mannheim, Urteil vom 08.02.2007 - 5 S 2257/05 -, ZUR 2007, S. 427, 432; VGH Kassel, Urteil vom 17.11.2011 - 2 C 2165/09.T -, zit. n. juris, Rn. 270; *Hansmann/Röckinghausen*, in: Landmann/Rohmer, Umweltrecht, Band III, § 66 BImSchG, Rn. 5.

1225 32. Verordnung zur Durchführung des Bundes-Immissionsschutzgesetzes (Geräte- und Maschinenlärmschutzverordnung - 32. BImSchV) vom 29.08.2002, BGBl. 2002 Teil I Nr. 63 vom 05.09.2002, S. 3478; zuletzt geändert durch Art. 9 des Gesetzes vom 08.11.2011, BGBl. 2011 Teil I Nr. 57 vom 11.11.2011, S. 2178.

1226 Richtlinie 2000/14/EG des Europäischen Parlaments und des Rates vom 08.05.2000 zur Angleichung der Rechtsvorschriften der Mitgliedstaaten über umweltbelastende Geräuschemissionen von zur Verwendung im Freien vorgesehenen Geräten und Maschinen, ABl. EG L 162/1 vom 03.07.2000.

über das zulässige Ausmaß der Lärmimmissionen, sondern legt Betriebsverbote für Wohngebiete an Sonn- und Feiertagen sowie in der Zeit von 20.00 Uhr bis 07.00 Uhr fest (vgl. § 7 Abs. 1 der 32. BImSchV). Zur Konkretisierung der Erheblichkeitsschwelle, bei deren Überschreiten vom Vorliegen schädlicher Umwelteinwirkungen im Sinne des § 3 Abs. 1 BImSchG auszugehen ist, muss daher weiterhin auf die AVV Baulärm aus dem Jahr 1970 zurückgegriffen werden.[1227]

Die AVV Baulärm enthält Immissionsrichtwerte für den Betrieb von Baumaschinen, zeigt Maßnahmen zur Minderung des Baulärms auf und regelt die zur Ermittlung der Lärmimmissionen zulässigen Messverfahren. Gemäß Nr. 1 AVV Baulärm gilt die Verwaltungsvorschrift für den Betrieb von Baumaschinen auf Baustellen, soweit die Baumaschinen gewerblichen Zwecken dienen oder im Rahmen wirtschaftlicher Unternehmungen Verwendung finden. Keine Bauarbeiten im Sinne der AVV Baulärm sind dagegen Arbeiten im Rahmen der Aufsuchung, Gewinnung oder Aufbereitung von Bodenschätzen (vgl. Nr. 2.3 AVV Baulärm). Sofern man also bei grundstücksüberschreitenden Auswirkungen des Betriebs geothermischer Anlagen eine bergrechtliche Zulassungspflicht bejaht, könnte dies zur Nichtanwendung der AVV Baulärm und ggf. zum Rückgriff auf die allgemeineren Regelungen der TA Lärm führen.[1228] Gegen eine solche Auslegung lässt sich einwenden, dass allein die Bohrungen zur Errichtung der geothermischen Anlagen lärmintensiv sind, nicht aber der zur Gewinnung der Erdwärme führende Anlagenbetrieb. Dies spricht dafür, die in Nr. 2.3 Satz 2 AVV Baulärm geregelte Ausnahme für die Aufsuchung, Gewinnung oder Aufbereitung von Bodenschätzen auf die Anlagenerrichtung gar nicht anzuwenden, sondern nur auf den eigentlichen Gewinnungsvorgang. Insoweit unterscheidet sich die immissionsarme Erdwärmegewinnung gerade von dem lärmintensiven Abbau anderer Bodenschätze. Demnach entspricht die Anwendung der AVV Baulärm auf die Arbeiten zur Errichtung einer Geothermieanlage dem Sinn und Zweck der Verwaltungsvorschrift, die u.a. deswegen gewisse Erleichterungen gegenüber der TA Lärm enthält, weil Belästigungen durch Baulärm im Vergleich zu Gewerbelärm typischerweise zeitlich begrenzt und daher den betroffenen Nachbarn eher zumutbar sind.[1229] Eine Auslegung des Baustellenbegriffs dahingehend, dass Bohrungen zur Errichtung von geothermischen Anlagen weder Baustellen im Sinne der AVV Baulärm noch Baustellen im

---

1227 *Dietrich*, NVwZ 2009, S. 144, 145; *Müller/Zabel*, ZfIR 2011, S. 862, 863.

1228 so jdf. *Benz*, Rechtliche Rahmenbedingungen für die Nutzung der oberflächennahen Geothermie, S. 48/49.

1229 VGH Mannheim, Urteil vom 08.02.2007 - 5 S 2257/05 -, ZUR 2007, S. 427, 432.

Sinne von Nr. 1 Abs. 2 f) TA Lärm sind, überzeugt dagegen nicht.[1230] Die TA Lärm schließt Baustellen ohne Ausnahme von ihrem Anwendungsbereich aus. Sie ist daher als Beurteilungsmaßstab für die Erheblichkeit von Baulärmimmissionen ungeeignet.[1231] Die zeitlich begrenzten Geräuschbelästigungen durch die Niederbringung von Bohrungen zur Errichtung einer Geothermieanlage stellen sich aber als Baulärm dar und können somit nicht nach den Richtwerten der TA Lärm beurteilt werden.

Folgt man der hier präferierten Ansicht, dass geothermische Anlagen zur Klimatisierung von Gebäuden bei zweckbezogener Auslegung des § 4 Abs. 2 Nr. 1 BBergG nicht der bergrechtlichen Genehmigungspflicht unterliegen, stellt sich das beschriebene Problem nicht und die AVV Baulärm findet in jedem Fall Anwendung. Zu beachten ist allerdings, dass die AVV Baulärm bei der Ermittlung der Gesamtbelastung am Einwirkungsort entgegen der summativen Betrachtungsweise des BImSchG bereits vorhandene Lärmbelastungen durch andere Schallquellen nicht berücksichtigt und dass ihre Immissionsrichtwerte zudem kurzzeitige Geräuschspitzen außer Betracht lassen.[1232] Damit steht die AVV Baulärm in Widerspruch zu wesentlichen Grundgedanken des BImSchG. Eine gesetzeskonforme Anwendung der AVV Baulärm erfordert daher eine Sonderfallprüfung zur Berücksichtigung von Geräuschsummationen entsprechend Nr. 3.2.2 TA Lärm, die die Einbeziehung anderer Schallquellen ermöglicht; zudem können Geräuschspitzen über eine entsprechende Anwendung von Nr. 6.1 Abs. 1 b) TA Lärm durch Maximalpegel begrenzt werden.[1233] In diesem Umfang kann also auf allgemeine Rechtsgedanken der TA Lärm zurückgegriffen werden, ohne dass es zu einer Umgehung der ausdrücklichen Nichtanwendbarkeit der TA Lärm auf Baustellenlärm (vgl. Nr. 1 Abs. 2 f) TA Lärm) kommt.

Zusammenfassend bleibt festzuhalten, dass Anlagen zur geothermischen Nutzung des oberflächennahen Untergrundes immissionsschutzrechtlich nicht genehmigungspflichtig sind, sondern dass die Betreiber nur die Grundpflichten gemäß § 22 BImSchG sowie nach den aufgrund von § 23 Satz 1 BImSchG erlassenen Rechtsverordnungen zu erfüllen haben. Zur Beurteilung, ob die mit der Anlagenerrichtung verbundenen Lärmimmissionen erhebliche und damit unzulässige Belästigungen der Nachbarschaft hervorrufen, kann auf die Immissionsrichtwerte

---

1230 so aber *Benz*, Rechtliche Rahmenbedingungen für die Nutzung der oberflächennahen Geothermie, S. 48.

1231 *Dietrich*, NVwZ 2009, S. 144, 145.

1232 *Dietrich*, NVwZ 2009, S. 144, 146.

1233 *Dietrich*, NVwZ 2009, S. 144, 147.

der AVV Baulärm zurückgegriffen werden, ergänzt durch eine summative Betrachtungsweise und durch die Einbeziehung kurzzeitiger Geräuschspitzen. Im Vergleich zur Anwendung der TA Lärm hat dies für den Anlagenbetreiber den Vorteil, dass Maßnahmen zur Minderung des Baulärms erst angeordnet werden sollen, wenn der Immissionsrichtwert um mehr als 5 dB (A) überschritten wird (vgl. Nr. 4.1 AVV Baulärm). Zudem werden zur Ermittlung des Beurteilungspegels abhängig von der täglichen Betriebsdauer gemäß Nr. 6.7.1 AVV Baulärm Zeitkorrekturen abgezogen. Im Ergebnis steht das Immissionsschutzrecht der Erschließung oberflächennaher Erdwärme also nicht entgegen, es sind aber die für den Betrieb von Baumaschinen geltenden Immissionsrichtwerte einzuhalten und erforderlichenfalls Schallschutzmaßnahmen, zum Beispiel durch die Verwendung von Schallschutzkapseln (vgl. Anlage 5 zur AVV Baulärm, VI. 2.), zu ergreifen.

C. Zur Bedeutung des Naturschutzrechts

Bedeutung gewinnen kann für die Genehmigung geothermischer Großanlagen auch das Naturschutzrecht in Gestalt des Bundesnaturschutzgesetzes (BNatSchG) sowie der Naturschutzgesetze der Länder. Die Verteilung der Gesetzgebungskompetenzen zwischen Bund und Ländern folgt dabei der gleichen Systematik wie im Wasserrecht (vgl. hierzu ausführlich S. 155–157). Zusammenfassend ist festzuhalten, dass dem Bund nach Art. 74 Abs. 1 Nr. 29 GG die konkurrierende Gesetzgebungskompetenz für den Naturschutz und die Landschaftspflege zusteht, dass die Landesnaturschutzgesetze aber weiterhin Anwendung finden in den durch das BNatSchG nicht erschöpfend geregelten Bereichen. Darüber hinaus wird den Ländern gemäß Art. 72 Abs. 3 Satz 1 Nr. 2 GG eine Abweichungsbefugnis eingeräumt, sofern nicht die abweichungsfesten Kerne, d.h. die allgemeinen Grundsätze des Naturschutzes sowie das Artenschutzrecht und das Meeresnaturschutzrecht, betroffen sind.[1234] Schließlich sind die Länder gesetzgebungsbefugt, wenn sie durch das BNatSchG ausdrücklich zur Rechtsetzung ermächtigt werden, wie dies zum Beispiel in den §§ 10 Abs. 4, 11 Abs. 5, 16 Abs. 2 und 22 Abs. 2 BNatSchG der Fall ist.

Anknüpfungspunkt für die Prüfung naturschutzrechtlicher Aspekte im Rahmen der Zulassung oberflächennaher Geothermieanlagen ist insbesondere die allgemeine Eingriffsregelung der §§ 13 ff. BNatSchG als zentrales Instrument für den

1234 *Berghoff/Steg*, NuR 2010, S. 17, 19.

flächendeckenden Mindestschutz von Natur und Landschaft.[1235] Daneben kann es für die Genehmigungsfähigkeit einer Anlage von Bedeutung sein, wenn sie auf besonders geschützten Flächen nach §§ 20 ff. BNatSchG errichtet werden soll wie beispielsweise in einem Natur- oder Landschaftsschutzgebiet, einem Biotop oder einem Gebiet des europäischen ökologischen Netzes „Natura 2000“ im Sinne des § 7 Abs. 1 Nr. 8 BNatSchG und Art. 3 FFH-Richtlinie. Des Weiteren sind die allgemeinen artenschutzrechtlichen Verbote nach § 39 BNatSchG sowie die besonderen Zugriffsverbote gemäß § 44 Abs. 1 BNatSchG zu beachten. Hierbei handelt es sich aber weniger um ein geothermiespezifisches, sondern um das grundsätzliche Problem der Errichtung baulicher Anlagen in besonderen Schutzgebieten und unter Berücksichtigung des Artenschutzes.

Von größerer praktischer Relevanz ist die naturschutzrechtliche Eingriffsregelung. Danach sind erhebliche Beeinträchtigungen von Natur und Landschaft vorrangig zu vermeiden (vgl. § 13 Abs. 1 Satz 1 BNatSchG). Sofern erhebliche Beeinträchtigungen unvermeidbar sind, hat der Verursacher diese durch Maßnahmen des Naturschutzes und der Landschaftspflege auszugleichen oder zu ersetzen (vgl. § 15 Abs. 2 BNatSchG), um so den Eingriff zu kompensieren. Nur wenn eine Realkompensation unmöglich ist, kommt die Leistung einer Ersatzzahlung in Betracht (vgl. § 15 Abs. 6 BNatSchG). Ein Eingriff darf schließlich nicht zugelassen werden, wenn die Beeinträchtigung unvermeidbar und auch nicht ausgleichbar ist und die naturschutzrechtlichen Belange im Rahmen einer Abwägung höher zu bewerten sind als die für das Vorhaben streitenden privaten und öffentlichen Belange (vgl. § 15 Abs. 5 BNatSchG). Das naturschutzrechtliche Eingriffsverbot unterliegt damit einem Abwägungsvorbehalt.[1236] Aus der Systematik des § 15 BNatSchG wird zugleich deutlich, dass die Eingriffsregelung nicht primär auf die Verhinderung von Eingriffen gerichtet ist, sondern vielmehr auf die Minimierung der Eingriffsfolgen und eine möglichst schonende Ausführung von Vorhaben, die Natur und Landschaft beeinträchtigen.[1237] Sie ist zu den allgemeinen Grundsätzen des Naturschutzes im Sinne des Art. 72 Abs. 3 Satz 1 Nr. 2 GG zu zählen und unterliegt daher nicht der Abweichungskompetenz der Länder.[1238]

1235 vgl. *Lütkes*, in: Lütkes/Ewer, Bundesnaturschutzgesetz, § 13, Rn. 1; *Guckelberger*, in: Frenz/Müggenborg, Bundesnaturschutzgesetz, § 13, Rn. 1; *Prall/Koch*, in: Schlacke, GK-BNatSchG, § 14, Rn. 5.

1236 *Rieger*, UPR 2012, S. 1, 2.

1237 BVerwG, Urteil vom 09.06.2004 - 9 A 11/03 -, BVerwGE 121, S. 72, 80; *Prall/Koch*, in: Schlacke, GK-BNatSchG, § 14, Rn. 7.

1238 BT-Drucks. 16/12274, S. 56/57; *Rieger*, UPR 2012, S. 1, 2.

Der Begriff des Eingriffs ist in § 14 Abs. 1 BNatSchG legal definiert als Veränderung der Gestalt oder der Nutzung von Grundflächen oder des mit der belebten Bodenschicht in Verbindung stehenden Grundwasserspiegels, durch die die Leistungs- und Funktionsfähigkeit des Naturhaushalts oder das Landschaftsbild erheblich beeinträchtigt werden können. Soweit es die Klimatisierung von Großimmobilien unter Nutzung oberflächennaher Geothermie betrifft, führt regelmäßig schon die Errichtung der oberirdischen baulichen Anlagen zu einer wesentlichen Abweichung sowohl der Gestalt als auch der Nutzung der betroffenen Grundflächen vom bisherigen Zustand. Insoweit ist anerkannt, dass Veränderungen des aktuellen äußeren Erscheinungsbildes der Erdoberfläche als Eingriff zu qualifizieren sind, so zum Beispiel bei Aufschüttungen, Abgrabungen und Versiegelungen, bei der Verwirklichung von Bauvorhaben oder der Rodung von Bäumen und Hecken.[1239] Die Realisierung eines städtebaulichen Großprojektes ist hinsichtlich der Wirkung auf Natur und Landschaft auch nicht als unwesentlich oder geringfügig anzusehen. Ein solches Vorhaben ist daher geeignet, erhebliche Beeinträchtigungen der Leistungs- und Funktionsfähigkeit des Naturhaushalts und des Landschaftsbildes zu verursachen.

Der Begriff der Grundfläche im Sinne des § 14 Abs. 1, 1. u. 2. Alt. BNatSchG umfasst zudem nicht nur die Erdoberfläche, sondern auch den Untergrund in der Tiefe, soweit er für den Naturhaushalt von Bedeutung ist.[1240] Demnach stellt die Verlegung einer unterirdischen Leitung zwar keine Veränderung der Gestalt einer Grundfläche dar, aber eine Nutzungsänderung, da die Grundfläche zum Träger einer technischen Einrichtung gemacht wird.[1241] Nicht anders zu beurteilen sind der Einbau von Erdwärmesonden in den Untergrund oder die Errichtung einer geothermischen Brunnenanlage, welche ebenfalls zu einer Änderung der Grundflächennutzung führen und daher als Eingriffe im Sinne des Naturschutzrechts eingestuft werden könnten. Dies wäre in Bezug auf den Boden als Schutzobjekt der Fall, wenn dessen Funktionen oder Beschaffenheit erheblich beeinträchtigt werden, d.h. wenn er beseitigt, mit Schadstoffen verunreinigt oder versiegelt wird oder wenn es zu einer negativen Veränderung seiner Zusammensetzung oder

---

1239 *Guckelberger*, in: Frenz/Müggenborg, Bundesnaturschutzgesetz, § 14, Rn. 17; *Prall/Koch*, in: Schlacke, GK-BNatSchG, § 14, Rn. 27.

1240 *Fischer-Hüftle/Czybulka*, in: Schumacher/Fischer-Hüftle, Bundesnaturschutzgesetz, § 14, Rn. 4.

1241 *Fischer-Hüftle/Czybulka*, in: Schumacher/Fischer-Hüftle, Bundesnaturschutzgesetz, § 14, Rn. 4.

sonstiger Standorteigenschaften kommt.[1242] Derartige Beeinträchtigungen von Bodenbeschaffenheit und -zusammensetzung infolge der mit dem Betrieb geothermischer Anlagen verbundenen Temperaturveränderungen sind jedenfalls nicht auszuschließen. Ob sie die notwendige Intensität erreichen, um von bloßen Bagatellfällen abgegrenzt werden zu können, hängt maßgeblich von den Umständen des Einzelfalls ab.

Das Grundwasser ist im Gegensatz zum Boden nicht in den Schutzbereich der naturschutzrechtlichen Eingriffsregelung einbezogen. Stoffliche Veränderungen der Grundwasserbeschaffenheit infolge des Betriebs von Erdwärmesonden oder geothermischen Brunnen bleiben daher im Rahmen der Eingriffsregelung außer Betracht.[1243] Dies folgt schon aus dem Wortlaut der Norm, welche ausdrücklich nur auf den Grundwasserspiegel abstellt, nicht aber auf mögliche Beeinflussungen der Beschaffenheit des Grundwassers. Im Umkehrschluss zu § 14 Abs. 1, 3. Alt. BNatSchG lässt sich somit argumentieren, dass Einwirkungen auf das Grundwasser, welche nicht zu Veränderungen des Grundwasserspiegels führen, eben nicht als Eingriffe in Natur und Landschaft zu bewerten sind. Der Betrieb von Erdwärmesonden oder geothermischen Brunnen führt im Normalfall nicht zu einer solchen Veränderung des Grundwasserspiegels. Denn hierfür bedarf es einer mengenmäßigen Veränderung des Grundwassers, an der es bei der Nutzung oberflächennaher Erdwärme gerade fehlt.

Eine wesentliche Einschränkung des Geltungsbereichs der Eingriffsregelung ergibt sich aus der das Verhältnis zum Baurecht regelnden Vorschrift des § 18 BNatSchG. Gemäß § 18 Abs. 2 BNatSchG findet die naturschutzrechtliche Eingriffsregelung nur auf Vorhaben im Außenbereich im Sinne des § 35 BauGB Anwendung, nicht dagegen im unbeplanten Innenbereich gemäß § 34 BauGB. Soweit es den beplanten Innenbereich betrifft, wird die Eingriffsregelung bereits im Rahmen der Aufstellung der Bauleitpläne berücksichtigt, es kommt also zu einer Vorverlagerung der Prüfung auf die Ebene der Bauleitplanung. Maßgeblich ist dann nicht die naturschutzrechtliche, sondern die städtebauliche Eingriffsregelung mit der Folge, dass über die Zulässigkeit des Eingriffs in Natur und Landschaft sowie einen möglichen Ausgleich im Rahmen der planerischen Abwägung nach § 1 Abs. 7 BauGB entschieden wird (vgl. § 1a Abs. 3 BauGB). Im nachfolgenden Baugenehmigungsverfahren spielt die Eingriffsregelung dann

---

1242 *Fischer-Hüftle/Czybulka*, in: Schumacher/Fischer-Hüftle, Bundesnaturschutzgesetz, § 14, Rn. 32.

1243 vgl. *Lütkes*, in: Lütkes/Ewer, Bundesnaturschutzgesetz, § 14, Rn. 11; *Fischer-Hüftle/Cybulka*, in: Schumacher/Fischer-Hüftle, Bundesnaturschutzgesetz, § 14, Rn. 5.

keine Rolle mehr. Für geothermische Vorhaben zur Klimatisierung von Großimmobilien wie Verwaltungs- und Bürogebäuden, Schwimmhallen, Krankenhäusern usw. bedeutet dies, dass dem Naturschutzrecht nur sehr eingeschränkt Bedeutung zukommt, da diese Nutzungen vorrangig im Innenbereich verwirklicht werden. Nur soweit es sich um eine Anlagenerrichtung im Außenbereich, also außerhalb der im Zusammenhang bebauten Ortsteile handelt, kann die naturschutzrechtliche Eingriffsregelung der Zulassung des Vorhabens entgegenstehen oder den Verursacher zu Kompensationsmaßnahmen verpflichten. Ein Beispiel hierfür könnte die Errichtung von großen Erdwärmesondenfeldern auf Freiflächen sein.[1244] Sollte es im Einzelfall zu einer solchen Konstellation kommen, sind die Voraussetzungen und Rechtsfolgen der Eingriffsregelung nach §§ 14 und 15 BNatSchG abzuarbeiten, und es ist über mögliche Ausgleichs- bzw. Ersatzmaßnahmen zu entscheiden. Zuständige Behörde ist gemäß § 17 Abs. 1 BNatSchG die jeweilige Genehmigungsbehörde, welche im Rahmen der spezialgesetzlichen Zulassungsentscheidung auch über die naturschutzrechtliche Zulässigkeit des Vorhabens befindet, sog. „Huckepackverfahren".[1245] Im Zusammenhang mit der Klimatisierung von Gebäuden durch oberflächennahe Geothermie ist dies für die Errichtung der oberirdischen baulichen Anlagen die untere Bauaufsichtsbehörde (vgl. §§ 58 Abs. 1 Nr. 2, 61 LBO S-H), für die Zulassung der unterirdischen Anlagenteile die untere Wasserbehörde (vgl. §§ 105 Abs. 1 Satz 2 Nr. 3, 107 Abs. 1 Nr. 1 LWG S-H). In formeller Hinsicht kommt es dadurch zu einer rezessiven Konzentration von Zuständigkeit, Verfahren und verfahrensabschließender Entscheidung bei der Genehmigungsbehörde.[1246] Materiell-rechtlich ist die Eingriffsregelung jedoch selbständig, so dass naturschutzrechtliche und bauplanungsrechtliche bzw. wasserrechtliche Prüfung zu trennen und jeweils unabhängig voneinander durchzuführen sind, wobei Wertungswidersprüche zwischen fachplanerischer und naturschutzrechtlicher Abwägung nicht auftreten dürfen.[1247]

Die zuständige Fachbehörde trifft ihre Entscheidung im Benehmen mit der Naturschutzbehörde. Letzterer ist im wasserrechtlichen Erlaubnisverfahren und im baurechtlichen Genehmigungsverfahren Gelegenheit zur Stellungnahme zu geben, welche die Fachbehörde zu berücksichtigen hat, an die sie aber nicht

---

1244 *Hähnlein/Blum/Bayer*, Grundwasser 2011, S. 69, 71.

1245 *Prall/Koch*, in: Schlacke, GK-BNatSchG, § 17, Rn. 4; *Louis*, NuR 2010, S. 77, 82; *Rieger*, UPR 2012, S. 1, 2.

1246 *Siegel*, in: Frenz/Müggenborg, Bundesnaturschutzgesetz, § 17, Rn. 15, 16.

1247 BVerwG, Urteile vom 13.12.2001 - 4 C 3/01 -, BauR 2002, S. 751, 752/753 und vom 17.01.2007 - 9 C 1/06 -, BVerwGE 128, S. 76, 86.

gebunden ist.[1248] Eine weitergehende Form der Beteiligung kann sich aus Bundes- oder Landesrecht ergeben. In Schleswig-Holstein enthält § 11 Abs. 1 Satz 1 Landesnaturschutzgesetz (LNatSchG S-H)[1249] eine differenzierende Regelung, als für die Entscheidung über Ausgleichs- und Ersatzmaßnahmen oder über die Ersatzzahlung das Einvernehmen der zuständigen Naturschutzbehörde notwendig ist, im Übrigen nur eine Entscheidung im Benehmen mit der Naturschutzbehörde. Das Einvernehmen erfordert eine Willensübereinstimmung der Behörden, mithin eine Zustimmung der Naturschutzbehörde.[1250]

Eine weitere Verfahrensregelung findet sich in § 18 Abs. 3 Satz 1 BNatSchG, wonach auch bei Entscheidungen über Vorhaben im unbeplanten Innenbereich nach § 34 BauGB sowie bei privilegierten Außenbereichsvorhaben gemäß § 35 Abs. 1 und 4 BauGB das Benehmen mit der zuständigen Naturschutzbehörde herzustellen ist. Bei Innenbereichsvorhaben im Sinne des § 34 BauGB gilt das Benehmen gemäß § 18 Abs. 3 Satz 2 BNatSchG als erteilt, wenn sich die Naturschutzbehörde nicht innerhalb einer Frist von einem Monat zu dem Sachverhalt äußert.

Als Ergebnis ist in naturschutzrechtlicher Hinsicht festzuhalten, dass die Neuerrichtung von Gebäuden im Außenbereich (§ 35 BauGB) wegen der damit verbundenen Änderung sowohl der Grundflächengestalt als auch deren Nutzung einen Eingriff im Sinne von § 14 Abs. 1 BNatSchG darstellt. Im Innenbereich ist die Eingriffsregelung dagegen entweder überhaupt nicht anwendbar (so im unbeplanten Innenbereich nach § 34 BauGB) oder sie wird gemäß § 1a Abs. 3 BauGB bereits im Rahmen der Bauleitplanung berücksichtigt. Auch die Einbringung der geothermischen Anlagen in den Untergrund und ihr Betrieb können als Änderung der Grundflächennutzung einen Eingriff darstellen, wenn die Beschaffenheit und die Funktionen des Bodens dadurch erheblich beeinträchtigt werden. Dies hat aber nicht zwingend die Unzulässigkeit des Eingriffs zur Folge, sondern führt primär zur Entstehung von Kompensationspflichten nach § 15 Abs. 2 BNatSchG. Selbst wenn eine Kompensation nicht möglich ist, kann der Eingriff gemäß § 15 Abs. 5 und 6 BNatSchG nach Abwägung und gegen Leistung einer Ersatzzahlung

---

1248 *Lütkes*, in: Lütkes/Ewer, Bundesnaturschutzgesetz, § 17, Rn. 11; *Rieger*, UPR 2012, S. 1, 2.

1249 Gesetz zum Schutz der Natur (Landesnaturschutzgesetz – LNatSchG) vom 24.02.2010, GVOBl. S-H 2010, S. 301, ber. S. 486; zuletzt geändert durch Art. 2 des Gesetzes vom 13.07.2011, GVOBl. S-H 2011, S. 225.

1250 *Siegel*, in: Frenz/Müggenborg, Bundesnaturschutzgesetz, § 17, Rn. 23; *Fischer-Hüftle*, in: Schumacher/Fischer-Hüftle, Bundesnaturschutzgesetz, § 17, Rn. 9.

zugelassen werden. Andernfalls kann die untere Wasserbehörde die für eine Benutzung des Grundwassers erforderliche Erlaubnis versagen, wenn diese im Einzelfall mit einem unzulässigen Eingriff in Natur und Landschaft verbunden ist. Rechtsgrundlage der Versagungsentscheidung sind dann §§ 13 ff. BNatSchG.[1251] Insoweit wird durch die naturschutzrechtlichen Einschränkungen eine beachtliche gesetzliche Grenze für die wasserbehördlichen Zulassungsentscheidungen begründet.[1252]

D. Zur Bedeutung des Bodenschutzrechts

Da sämtliche Nutzungsformen oberflächennaher Geothermie zwangsläufig mit unmittelbaren Eingriffen in das Umweltmedium Boden verbunden sind, ist auch das Bodenschutzrecht in seiner Bedeutung für die Zulassung geothermischer Anlagen zu untersuchen. In Deutschland existieren – anders als bei den Umweltmedien Luft und Wasser – erst seit relativ kurzer Zeit spezifische Rechtsgrundlagen zum Schutz des Bodens, und zwar in Gestalt des Bundes-Bodenschutzgesetzes (BBodSchG) vom 17.03.1998[1253] sowie der Bundes-Bodenschutz- und Altlastenverordnung (BBodSchV) vom 12.07.1999.[1254] Ergänzende Regelungen finden sich in den Bodenschutz- und Altlastengesetzen der Länder sowie zum Teil in diesbezüglichen Rechtsverordnungen.

Im Gegensatz zu den in dieser Arbeit vorrangig behandelten Rechtsgebieten des Bergrechts und des Wasserrechts enthält das BBodSchG keine Zulassungstatbestände für die Inanspruchnahme des Bodens, sondern lediglich ordnungsrechtliche Instrumentarien zur Vorsorge gegen das Entstehen schädlicher Bodenveränderungen sowie zur Sanierung von Boden und Altlasten (vgl. § 1 Satz 2 BBodSchG). Dem speziellen Bodenschutzrecht kommt insoweit neben den sonstigen Umweltgesetzen wie dem WHG und dem BNatSchG, die jedenfalls mittelbar auch auf den

1251 *Breuer*, Öffentliches und privates Wasserrecht, Rn. 401.

1252 *Reinhardt*, NuR 2009, S. 517, 522.

1253 Gesetz zum Schutz vor schädlichen Bodenveränderungen und zur Sanierung von Altlasten (Bundes-Bodenschutzgesetz – BBodSchG) vom 17.03.1998, BGBl. 1998 Teil I Nr. 16 vom 24.03.1998, S. 502; zuletzt geändert durch Art. 5 Abs. 30 des Gesetzes vom 24.02.2012, BGBl. 2012 Teil I Nr. 10 vom 29.02.2012, S. 212.

1254 Bundes-Bodenschutz- und Altlastenverordnung (BBodSchV) vom 12.07.1999, BGBl. 1999 Teil I Nr. 36 vom 16.07.1999, S. 1554; zuletzt geändert durch Art. 5 Abs. 31 des Gesetzes vom 24.02.2012, BGBl. 2012 Teil I Nr. 10 vom 29.02.2012, S. 212.

Schutz des Bodens gerichtet sind,[1255] nur eine Lückenfüllungsfunktion zu.[1256] So ist nach der Gesetzesbegründung bei erlaubnispflichtigen Benutzungen des Grundwassers, die gleichermaßen zu einer Gefährdung des Bodens führen können, über den unbestimmten Rechtsbegriff des Wohls der Allgemeinheit eine Versagung der wasserrechtlichen Erlaubnis auch dann möglich, wenn infolge der Benutzung schädliche Bodenveränderungen zu erwarten sind.[1257] Für die behördliche Zulassung einer geothermischen Anlage ist das BBodSchG daher nur von geringer Bedeutung, der Schutz des Bodens wird vielmehr indirekt über die wasserrechtliche Erlaubnis und die Eingriffsregelung des BNatSchG gewährleistet. Zu beachten ist jedoch, dass sich die naturschutzrechtliche Eingriffsregelung weder auf stoffliche Belastungen des Bodens noch auf negative Veränderungen der physikalischen Bodenbeschaffenheit in der Tiefe erstreckt.[1258] Demnach können sowohl die mit dem Betrieb einer geothermischen Anlage verbundenen Temperaturveränderungen im Untergrund als auch der Austritt schädlicher Substanzen infolge von Schadensfällen durchaus zur Anwendung des BBodSchG führen.

Neben den systematischen Erwägungen gibt es weitere Gesichtspunkte, aufgrund derer dem Bodenschutzrecht im Zusammenhang mit der Nutzung oberflächennaher Erdwärme nur untergeordnete Bedeutung zukommt. Auffällig ist zunächst einmal, dass die Frage möglicher negativer Auswirkungen der Erdwärmenutzung auf das Umweltmedium Boden – im Gegensatz zu dem des Grundwassers – im fachwissenschaftlichen Schrifttum kaum Erwähnung findet. Ist dies ausnahmsweise einmal der Fall, beschränken sich die Ausführungen auf horizontale Erdwärmekollektoren, die im oberflächennahen Erdreich in einer Tiefe von nur 1,2 m bis 1,5 m verlegt werden. Auch insoweit wird das Bodenschutzrecht aber nicht als Ausschlusstatbestand für die Gewinnung oberflächennaher Erdwärme angesehen.[1259]

Für die hier zu betrachtenden Erdwärmesonden und Brunnenanlagen lässt sich die geringe Relevanz des BBodSchG damit begründen, dass die durch die

---

1255 vgl. hierzu *Meinert*, Zur Subsidiarität des Bundes-Bodenschutzgesetzes, S. 173/174 u. S. 247/248.

1256 *Peine*, in: Fluck/Frenz/Fischer/Franßen, Kreislaufwirtschaftsrecht, Abfallrecht und Bodenschutz recht, Band 6, § 1 BBodSchG, Rn. 152; *Schink*, DÖV 1999, S. 797.

1257 BT-Drucks. 13/6701, S. 21.

1258 *Erbguth/Stollmann*, UPR 2002, S. 411, 418.

1259 vgl. *Katzenbach/Wagner*, ZfBR, Sonderausgabe Juli 2012 – Erneuerbare Energien unter dem Schwerpunkt der Windkraft, S. 43, 51; *Hähnlein/Blum/Bayer*, Grundwasser 2011, S. 69, 71; *Benz*, Rechtliche Rahmenbedingungen für die Nutzung der oberflächennahen Geothermie, S. 51.

Gewinnung von Erdwärme oder die Einspeicherung thermischer Energie verursachte Erwärmung resp. Abkühlung des Untergrundes regelmäßig keine schädlichen Bodenveränderungen im Sinne des § 2 Abs. 3 BBodSchG zur Folge hat. Zweifel ließen sich aber auch schon dahingehend vorbringen, ob die infolge des Betriebs geothermischer Anlagen von Temperaturveränderungen betroffenen tieferen Bereiche des Untergrundes überhaupt unter den Begriff des Bodens nach § 2 Abs. 1 BBodSchG fallen. Als Boden ist die obere Schicht der Erdkruste anzusehen, soweit sie Träger der in Abs. 2 genannten Bodenfunktionen sein kann, einschließlich der flüssigen Bestandteile (Bodenlösung) und der gasförmigen Bestandteile (Bodenluft), ohne Grundwasser und Gewässerbetten. Der Boden wird also nicht räumlich, sondern funktional definiert und ist nicht auf eine bestimmte Tiefe begrenzt. Dementsprechend umfasst das Schutzgut Boden nicht nur den durchwurzelten oder durchwurzelbaren Bereich des Bodens, sondern es kann sich auch auf darunter liegende Schichten erstrecken.[1260] Um Boden im Sinne des BBodSchG handelt es sich aber nur dann, wenn Materie und Hohlräume (sog. Poren) in der Lage sind, eine oder mehrere der in § 2 Abs. 2 BBodSchG aufgeführten Bodenfunktionen zu erfüllen.[1261] Dies ist nicht mehr der Fall, sobald nach unten die Begrenzung durch festes oder lockeres Gestein erreicht wird.[1262] Mit der Beschränkung auf die obere Schicht der Erdkruste macht § 2 Abs. 1 BBodSchG insoweit deutlich, dass darunter liegende, feste Gesteinsschichten nicht mehr zum Boden im Sinne des Gesetzes gehören.[1263] Legt man dies zugrunde, fallen die von geothermischen Anlagen verursachten Temperaturveränderungen im Untergrund oftmals schon nicht in den Anwendungsbereich des BBodSchG, da sie sich auf das Grundwasser und darüber liegende Gesteinsschichten beschränken, nicht aber den Boden im Sinne des BBodSchG beeinflussen.

Neben der schwierigen Abgrenzung nach dem Begriff des Bodens und der Frage seiner vertikalen Ausdehnung lässt sich auch darauf abstellen, dass die anlagenbedingten Temperaturauswirkungen regelmäßig nicht geeignet sind, schädliche Bodenveränderungen im Sinne des § 2 Abs. 3 BBodSchG herbeizuführen. Der Begriff der schädlichen Bodenveränderungen erfasst Beeinträchtigungen der Bodenfunktionen, die geeignet sind, Gefahren, erhebliche Nachteile oder

1260 BVerwG, Beschluss vom 28.07.2010 - 7 B 16.10 -, NuR 2010, S. 713, 714/715.

1261 *Sanden*, in: Sanden/Schoeneck, Bundes-Bodenschutzgesetz, § 2, Rn. 5.

1262 *Sanden*, in: Sanden/Schoeneck, Bundes-Bodenschutzgesetz, § 2, Rn. 5.

1263 *Frenz*, Bundes-Bodenschutzgesetz, § 2, Rn. 8; *Kotulla*, in: Fluck/Frenz/Fischer/Franßen, Kreislaufwirtschaftsrecht, Abfallrecht und Bodenschutzrecht, Band 6, § 2 BBodSchG, Rn. 57.

erhebliche Belästigungen für den Einzelnen oder die Allgemeinheit herbeizuführen. Als Beeinträchtigung kommt dabei grundsätzlich jede nachteilig wirkende physikalische, chemische oder biologische Veränderung der Bodenbeschaffenheit in Betracht.[1264] Beispielhaft zu nennen sind Versauerung oder Kontamination als Folge stofflicher Einträge in den Boden, Erhöhungen des Bodendrucks infolge mechanischer Belastung, Bodenverlust infolge Erosion oder die Versiegelung von Böden als Folge fortschreitender Urbanisierung.[1265] Demnach kann grundsätzlich auch die durch den Betrieb geothermischer Anlagen verursachte Erwärmung bzw. Abkühlung des Untergrundes eine schädliche Bodenveränderung darstellen. Allerdings müsste es sich dann um eine Beeinträchtigung von spürbarem Gewicht handeln, an der es im Regelfall fehlen wird. Erst wenn aus der Veränderung des Bodens auf das Vorliegen einer Gefahr geschlossen werden kann oder daraus erhebliche Nachteile oder Belästigungen abgeleitet werden können, liegt nicht lediglich eine bloße Beeinträchtigung, sondern eine schädliche Bodenveränderung im Sinne des § 2 Abs. 3 BBodSchG vor.[1266] Insoweit können Erwärmung oder Abkühlung des Bodens zwar zur Beeinträchtigung natürlicher Funktionen des Bodens führen wie zum Beispiel zur Verlangsamung biologischer Aktivitäten, zur Veränderung der Lebensgemeinschaft von Mikroorganismen oder zur Verschlechterung der Selbstreinigungsprozesse im Boden.[1267] Zu berücksichtigen ist aber, dass sich in Tiefen von mehr als 10 m – also dort, wo die Temperaturauswirkungen geothermischer Nutzungen im Regelfall auftreten – kaum noch Lebewesen und Pflanzenteile befinden, so dass ökologisch relevante Beeinträchtigungen zumeist nicht gegeben sind.[1268] Da der Boden bzw. die den Porenraum füllende Luft zudem über eine deutlich geringere spezifische Wärmekapazität und eine schlechtere Wärmeleitfähigkeit verfügt als das den Porenraum im Grundwasserleiter ausfüllende Wasser, breiten sich Temperaturveränderungen weniger weiträumig aus.

Schließlich werden durch § 2 Abs. 2 Nr. 3 BBodSchG auch die Nutzungsfunktionen des Bodens geschützt, zu denen unter anderem die Gewinnung von

---

1264 *Sanden*, in: Sanden/Schoeneck, Bundes-Bodenschutzgesetz, § 2, Rn. 36; *Kotulla*, in: Fluck/Frenz/Fischer/Franßen, Kreislaufwirtschaftsrecht, Abfallrecht und Bodenschutzrecht, § 2 BBodSchG, Rn. 162.

1265 *Vogg*, in: Landel/Vogg/Wüterich, Bundes-Bodenschutzgesetz, § 2, Rn. 80; BT-Drucks. 13/6701, S. 29.

1266 *Vogg*, in: Landel/Vogg/Wüterich, Bundes-Bodenschutzgesetz, § 2, Rn. 81.

1267 vgl. Leitfaden Berlin, S. 4/5.

1268 *Kaltschmitt/Lux*, in: Kaltschmitt/Huenges/Wolff, Energie aus Erdwärme, S. 175, 188.

Bodenschätzen im Sinne des § 3 BBergG zählt. Hier ist dem BBodSchG eine Beeinträchtigung der durch § 2 Abs. 2 Nr. 1 BBodSchG geschützten natürlichen Bodenfunktionen immanent, da die Rohstoffgewinnung naturgemäß mit erheblichen Einwirkungen auf den Boden verbunden ist. Die ökologischen und ökonomischen Funktionen des Bodens stehen also in einem Spannungs- und Abwägungsverhältnis zueinander, wobei den natürlichen Bodenfunktionen keine absolute Vorrangstellung zukommt.[1269] Es ist vielmehr eine Abwägung im Einzelfall erforderlich, in deren Rahmen die Auswirkungen auf die verschiedenen Bodenfunktionen zu bewerten und zueinander ins Verhältnis zu setzen sind. Sofern die Nutzung des Bodens wie bei der Gewinnung und Einspeicherung thermischer Energie nicht zu wesentlichen Beeinträchtigungen natürlicher Bodenfunktionen führt, liegt keine schädliche Bodenveränderung im Sinne des § 2 Abs. 3 BBodSchG vor. Ergänzend lässt sich darauf verweisen, dass eine bodenschutzrechtliche Anordnung unzulässig ist, wenn ihre Durchsetzung sonstigem öffentlichen Recht widersprechen würde.[1270] Es kann daher mittels Anordnung nach dem BBodSchG nicht die mit dem Betrieb einer geothermischen Anlage verbundene Einwirkung auf den Boden untersagt werden, wenn diese aufgrund bestandskräftiger wasserrechtlicher Erlaubnis gestattet ist. Anders kann sich die Rechtslage darstellen, wenn es um die Beurteilung des Betriebs von Hochtemperaturspeichern geht, die Erwärmungen des Grundwassers und des Bodens von 60°C bis zu 90°C hervorrufen können. Dies betrifft dann aber sowohl die wasserrechtliche als auch die bodenschutzrechtliche Seite. Hier besteht in naturwissenschaftlicher Hinsicht noch weiterer Forschungsbedarf zu den konkreten Auswirkungen derart beträchtlicher Erwärmungen des Untergrundes.[1271]

Im Ergebnis ist das spezielle Bodenschutzrecht bei der Zulassung geothermischer Anlagen nur am Rande berührt, da der Schutz des Bodens untrennbar mit dem Grundwasserschutz verbunden ist und damit auch über das wasserrechtliche Erlaubnisverfahren gewährleistet wird. Dem BBodSchG kommt mangels

---

1269 *Sondermann/Hejma*, in: Versteyl/Sondermann, Bundes-Bodenschutzgesetz, § 2, Rn. 34.

1270 *Schäfer*, NuR 2004, S. 223, 224.

1271 vgl. nur *Schmidt/Thiem*, in: Braun/Koschitzky, VEGAS-Kolloquium 2011, Flache Geothermie - Perspektiven und Risiken, S. 13, 19; *Kaltschmitt/Lux*, in: Kaltschmitt/Huenges/Wolff, Energie aus Erdwärme, S. 175, 188; *Bund/Länder-Arbeitsgruppen der Staatlichen Geologischen Dienste – Personenkreis Geothermie der Ad-hoc-Arbeitsgruppe Geologie*, Fachbericht zu bisher bekannten Auswirkungen geothermischer Vorhaben in den Bundesländern, S. 13.

eigener Zulassungstatbestände gegenüber dem Wasserhaushaltsrecht und dem Naturschutzrecht insoweit nur eine lückenfüllende Funktion zu, die sich auf die Begründung von Vorsorge- und Sanierungspflichten beschränkt. Da die Temperaturauswirkungen im Boden aber wesentlich kleinräumiger sind als im Grundwasser und sie sich bei Erdwärmesonden und geothermischen Dubletten zudem auf tiefere Bereiche des Untergrundes beschränken, werden auch die natürlichen Bodenfunktionen des § 2 Abs. 2 Nr. 1 BBodSchG regelmäßig nur geringfügig beeinträchtigt. Anderes gilt dann, wenn es infolge von Fehlern im Anlagenbetrieb zum Eintrag von Schadstoffen in den Boden kommt. In diesem Fall können auf Grundlage des BBodSchG behördliche Untersuchungs- und Sanierungsanordnungen erlassen werden, wenn die Prüf- oder Maßnahmenwerte nach Anhang 2 der BBodSchV überschritten sind.

E. Zusammenfassung

Zusammenfassend ist festzuhalten, dass aufgrund der Errichtung und des Betriebs oberflächennaher Erdwärmeanlagen zwar auch bau-, immissionsschutz-, naturschutz- und bodenschutzrechtliche Belange betroffen sind, dass insoweit geothermiespezifische Rechtsfragen aber nicht aufgeworfen werden. Baugenehmigungspflichtig ist allein die Errichtung der geothermisch beheizten und gekühlten Gebäude, nicht dagegen diejenige von Erdwärmesonden und Brunnen samt Wärmepumpenanlage. In immissionsschutzrechtlicher Hinsicht besteht ebenfalls keine Genehmigungspflicht; einzuhalten sind im Zusammenhang mit den notwendigen Bohrungen zur Anlagenerrichtung allein die Betreiberpflichten nach § 22 Abs. 1 BImSchG unter Einbeziehung der Richtwerte der AVV Baulärm. Naturschutzrechtlich ist insbesondere die Eingriffsregelung der §§ 13 ff. BNatSchG zu beachten, die allerdings gemäß § 18 Abs. 2 BNatSchG nur auf Vorhaben im Außenbereich (§ 35 BauGB) Anwendung findet. Da die geothermische Klimatisierung von Großimmobilien vorrangig im Innenbereich (§ 34 BauGB) Bedeutung besitzt, werden die meisten Vorhaben von der Eingriffsregelung nicht erfasst. Bei Außenbereichsvorhaben können dagegen sowohl die Gebäudeerrichtung als auch Installation und Betrieb der geothermischen Anlagen einen Eingriff im Sinne des § 14 Abs. 1 BNatSchG darstellen. Hieraus resultiert aber nicht grundsätzlich die Unzulässigkeit des Vorhabens, sondern es werden Kompensationspflichten des Verursachers begründet. Nur wenn eine Realkompensation unmöglich ist und die Abwägung zugunsten der Belange des Naturschutzes ausfällt, ist der Eingriff unzulässig. Soweit es den Schutz des Bodens betrifft, wird dieser im Wesentlichen schon durch das wasserrechtliche

Erlaubnisverfahren gewährleistet. Im Übrigen sind die mit dem Betrieb einer geothermischen Anlage verbundenen Temperaturauswirkungen auf den Boden regelmäßig nicht als schädliche Bodenveränderungen gemäß § 2 Abs. 3 BBodSchG anzusehen. Selbst wenn dies im Einzelfall anders zu beurteilen ist, kommt eine behördliche Anordnung nach dem BBodSchG unter Berücksichtigung des Grundsatzes der Einheit der Rechtsordnung nicht in Betracht, wenn der Anlagenbetrieb durch eine bestandskräftige wasserrechtliche Erlaubnis zugelassen und damit legalisiert ist.

7. Teil: Zur Lösung nachbarlicher Nutzungskonflikte

Nach Erörterung der einzelnen Rechtsgebiete sind abschließend mögliche Konfliktsituationen zu betrachten, die insbesondere im urbanen Raum entstehen können, wenn auf benachbarten Grundstücken geothermische Anlagen betrieben werden oder wenn geothermische Nutzungen großräumigere Auswirkungen haben. Dabei ist zu differenzieren zwischen den vornehmlich dem Bergrecht zuzuordnenden Konkurrenzen zwischen der Erschließung oberflächennaher und tiefer Geothermie sowie den nachbarrechtlichen Kollisionen von Erdwärmegewinnung und Grundeigentum.

A. Zur (vertikalen) Konkurrenz zwischen der Erschließung oberflächennaher und tiefer Geothermie

Nutzungskonflikte zwischen oberflächennaher und tiefer Geothermie treten auf, wenn in verschiedenen Tiefenstockwerken des Untergrundes Erdwärme erschlossen wird. Denkbar ist beispielsweise die Konstellation, dass oberflächennah Erdwärme zur Beheizung und Kühlung einer Immobilie gewonnen wird, während zugleich in einer Tiefe von 1.500 m ein Thermalwasseraquifer mittels Dublettenanlage für die Wärmeversorgung einer Kleinstadt genutzt wird und zudem in einer Tiefe von 4.000 bis 6.000 m ein Kraftwerk nach dem Hot-Dry-Rock-Verfahren Strom produziert.[1272] Faktisch ist ein solches Nebeneinander oberflächennaher und tiefer Geothermieanlagen bei Vorliegen der entsprechenden geologischen und technischen Rahmenbedingungen gleichzeitig und ohne gegenseitige Beeinflussung möglich.[1273] In rechtlicher Hinsicht ist für die Frage der Zulässigkeit einer Realisierung mehrerer Erdwärmeprojekte in verschiedenen Tiefen des Untergrundes zwischen zwei Fallkonstellationen zu unterscheiden:

1272 vgl. *Schulz*, GtE 40/2003, S. 9, 11.

1273 *Franke*, in: Burgi, Planungssicherheit im Energiewirtschaftsrecht, S. 94, 108; *Schulz*, GtE 40/2003, S. 9, 11.

I. Zur Kollision bergrechtlich zugelassener Nutzungen in verschiedenen Tiefenstockwerken

1. Zur aktuellen Rechtslage nach dem BBergG

Das Zusammentreffen mehrerer bergrechtlich zugelassener Vorhaben zur Erdwärmegewinnung innerhalb eines Bewilligungsfeldes ist schon rechtstechnisch ausgeschlossen. Denn die Bewilligung vermittelt ihrem Inhaber gemäß § 8 Abs. 1 BBergG das ausschließliche Recht, in einem bestimmten Feld (Bewilligungsfeld) Erdwärme aufzusuchen, zu gewinnen und das Eigentum an ihr zu erwerben. Es steht außer Frage, dass die Vergabe zweier Bergbauberechtigungen für den gleichen Bodenschatz innerhalb eines Bewilligungsfeldes (vgl. § 4 Abs. 7 BBergG) nicht in Betracht kommt.[1274] Dies ergibt sich auch aus § 8 Abs. 3 BBergG, der Ausnahmen von der Ausschließlichkeit der Bewilligung nur für großräumige Aufsuchungen im Sinne des § 4 Abs. 1 Satz 2 BBergG und für Aufsuchungen zu wissenschaftlichen Zwecken zulässt, sowie aus der Kollisionsregelung des § 42 BBergG, die lediglich den Fall betrifft, dass es innerhalb eines Feldes zum Aufeinandertreffen mehrerer Gewinnungsberechtigungen für verschiedene Bodenschätze kommt. Unter eng begrenzten Voraussetzungen lässt dagegen § 35 BBergG auch einen grenzüberschreitenden Abbau des gleichen Bodenschatzes in einem benachbarten Bewilligungsfeld zu. Abgesehen davon, dass diese Regelung allein den partiellen Übergriff eines Bewilligungsinhabers in ein benachbartes Feld erfasst, nicht aber das Nebeneinander von Erdwärmeerschließungen innerhalb desselben Feldes, ist eine Zulegung nur möglich, wenn die Voraussetzungen des § 35 Nr. 1 bis 6 BBergG kumulativ erfüllt sind, wenn also unter anderem ein grenzüberschreitender Abbau aus bergwirtschaftlichen oder bergtechnischen Gründen geboten ist und wenn Gründe des Allgemeinwohls den grenzüberschreitenden Abbau erfordern. Das Bundesverwaltungsgericht sieht die Zulegung jedenfalls dann als Enteignung im Sinne des Art. 14 Abs. 3 GG an, wenn sich das Recht zum grenzüberschreitenden Abbau auf grundeigene, im Eigentum des Grundstückseigentümers stehende Bodenschätze bezieht.[1275] Dementsprechend hat der durch die Zulegung Begünstigte an den Inhaber der Gewinnungsberechtigung gemäß § 37 BBergG eine Entschädigung für den erlittenen Rechtsverlust zu leisten. Darüber

1274 *Boldt/Weller*, Bundesberggesetz, § 12, Rn. 2; *Große*, ZUR 2009, S. 535, 537; *Nast*, in: Geothermische Vereinigung e.V./Schweizerische Vereinigung für Geothermie, Geothermie - Energie der Zukunft, S. 436, 439.

1275 BVerwG, Urteil vom 20.11.2008 - 7 C 10/08 -, BVerwGE 132, S. 261, 264/265.

hinaus ist das Recht zum grenzüberschreitenden Abbau gemäß § 36 Nr. 4 Satz 2 BBergG zeitlich zu beschränken, während die Erdwärmegewinnung grundsätzlich auf Dauer angelegt ist. Über das auf Ausnahmefälle beschränkte Rechtsinstitut der Zulegung nach §§ 35 ff. BBergG lässt sich daher eine parallele Erdwärmegewinnung in verschiedenen Tiefenbereichen eines Bewilligungsfeldes nicht gewährleisten.

Die Unmöglichkeit einer optimalen Ausnutzung der Erdwärmeressourcen in vertikaler Hinsicht ist neben der Ausschließlichkeit der bergrechtlichen Aufsuchungs- und Gewinnungsrechte auf den in § 4 Abs. 7 BBergG definierten Feldesbegriff zurückzuführen. Danach ist das Erlaubnis- bzw. Bewilligungsfeld ein Ausschnitt aus dem Erdkörper, der von geraden Linien an der Oberfläche und von lotrechten Ebenen nach der Tiefe begrenzt wird. Dieses Geviertfeldsystem (vgl. § 161 Abs. 2 Satz 1 BBergG) hat zur Folge, dass ein Aufsuchungs- oder Bewilligungsfeld bis in die „ewige Teufe" reicht[1276], unabhängig davon, in welcher Tiefe ein Bodenschatz tatsächlich aufgesucht oder gewonnen wird. Dadurch wird ein bergrechtliches Prioritätsprinzip dergestalt begründet, dass die Erteilung einer Bewilligung für ein bestimmtes Feld die Erdwärmegewinnung in der gesamten Tiefe umfasst und damit alle nachfolgenden – genehmigungsbedürftigen – Erdwärmeerschließungen in diesem Feld verhindert. Die „Absolutheit" von Bewilligung und Erlaubnis lässt sich angesichts des eindeutigen Wortlauts des § 4 Abs. 7 BBergG im Wege der Auslegung nicht beseitigen. Nach derzeitiger Rechtslage verbleibt daher für einen Dritten lediglich die Möglichkeit, den Bewilligungsinhaber auf privatrechtlichem Wege um Zustimmung zur Erschließung von Erdwärme in einer anderen Tiefe des Bewilligungsfeldes zu bitten. Hierbei besteht naturgemäß das Problem, dass der Berechtigte sein Einverständnis entweder ohne Angabe von Gründen verweigern oder von einer in seinem Ermessen liegenden finanziellen Gegenleistung abhängig machen kann. Eine über den Einzelfall hinausgehende Konfliktlösung ist auf diesem Wege daher nicht zu erreichen. Mangels Alternativen versucht aber auch die Verwaltung, ein vertikales Nebeneinander verschiedener Erdwärmeprojekte durch die Einholung von Zustimmungen der Bergbauberechtigten zu ermöglichen. Als Beispiel ist die Stadt Frankfurt am Main zu nennen, deren Gebiet seit dem Jahr 2010 von vier, sich von Süden nach Norden erstreckenden Aufsuchungsfeldern für tiefe Geothermie überspannt wird.[1277] Aus diesem Grund führt die zuständige Behörde im Rahmen des bergrechtlichen

1276 so *Franke*, in: Burgi, Planungssicherheit im Energiewirtschaftsrecht, S. 93, 108.

1277 Schriftliche Auskunft des Umweltamtes der Stadt Frankfurt am Main vom 12.01.2012.

Bewilligungsverfahrens für oberflächennahe geothermische Anlagen, die nach dortiger Rechtsauffassung wegen grenzüberschreitender Auswirkungen nicht unter die Ausnahmeregelung des § 4 Abs. 2 Nr. 1 BBergG fallen, ein Stellungnahmeverfahren durch und hört unter anderem die betroffenen Erlaubnisinhaber an; für den Fall ihrer Zustimmung werden dann „Löcher in schon bestehende Aufsuchungsfelder gestanzt".[1278] Gleiches müsste gelten, wenn es sich nicht um Aufsuchungs-, sondern um Bewilligungsfelder handelt. Neben dem vergleichsweise hohen Aufwand, den ein derartiges Verfahren verursacht, leidet es insbesondere unter der Abhängigkeit von der Zustimmung des Berechtigungsinhabers.

2. Zur möglichen Reformierung des Geviertfeldsystems

Effektiver wäre daher eine gesetzliche Änderung des geltenden Geviertfeldsystems dahingehend, dass ein Aufsuchungs- bzw. Bewilligungsfeld auch in unterschiedliche Tiefenbereiche eingeteilt werden kann, sofern der Betrieb mehrerer Geothermieanlagen nebeneinander technisch möglich und verträglich ist. Erlaubnis und Bewilligung könnten dann auch für bestimmte Tiefenstockwerke vergeben werden. Gesetzgebungstechnisch wäre beispielsweise an eine Ergänzung des § 4 Abs. 7 BBergG durch einen Satz 2 zu denken mit dem Inhalt, dass die Bergbehörde das Feld zur Aufsuchung oder Gewinnung von Erdwärme – nach pflichtgemäßem Ermessen – durch Horizontalebenen in der Tiefe begrenzen kann.[1279] Auf diese Weise würde die Nutzbarmachung des Bodenschatzes Erdwärme optimiert und damit dem Gesetzeszweck Genüge getan werden.[1280] Einer solchen Regelung stünden zwingende gesetzliche Wertungen nicht entgegen. So haften beispielsweise gemäß § 115 Abs. 2 Satz 1 BBergG bei Verursachung eines Schadens durch zwei oder mehr Bergbaubetriebe deren Unternehmer als Gesamtschuldner, so dass der Geschädigte wahlweise auf einen der Schädiger zurückgreifen kann.[1281] Er wäre demnach durch die vorgeschlagene Gesetzesänderung nicht schlechter gestellt als nach geltender Rechtslage.

Problematisch ist die derzeitige Regelung gerade in Bezug auf die Nutzung oberflächennaher Geothermie zur Klimatisierung von Großimmobilien. Geht man davon aus, dass deren thermische Auswirkungen oftmals über die

---

1278 Schriftliche Auskunft des Umweltamtes der Stadt Frankfurt am Main vom 12.01.2012.

1279 so der Vorschlag von *Schulz*, GtE 40/2003, S. 9, 11.

1280 vgl. BT-Drucks. 8/1315, S. 74.

1281 *Große*, ZUR 2009, S. 535, 538.

Grundstücksgrenzen hinausreichen, und folgt man der verbreiteten Ansicht, die bei grundstücksüberschreitenden Auswirkungen eine bergrechtliche Bewilligungsbedürftigkeit bejaht, hätte dies eine weitgehende Einschränkung der Nutzungsmöglichkeiten zur Folge. Denn insbesondere die Aufsuchung und Gewinnung tiefer Geothermie nimmt regelmäßig große Flächen in Anspruch, innerhalb derer die Nutzung oberflächennaher Erdwärme ausgeschlossen wäre, es sei denn, es käme zum Abschluss privatrechtlicher Vereinbarungen mit den Bergbauberechtigten. Hierbei ist zu bedenken, dass Erlaubnisfelder für die Aufsuchung von Erdwärme untertägige Flächen von 50 km² bis zu 250 km² in Anspruch nehmen können.[1282] Das Bewilligungsfeld beschränkt sich dagegen regelmäßig auf einen Teil des Erlaubnisfeldes und soll denjenigen Bereich umfassen, aus dem die Energie entzogen wird.[1283] Für die Bemessung des Bewilligungsfeldes werden bei tiefengeothermischen Projekten nach dem Dublettenprinzip der hydraulische Absenkungstrichter um die Förderbohrung und der Abkühlungsbereich um die Reinjektionsbohrung zugrunde gelegt, bei Projekten nach dem Hot-Dry-Rock-Verfahren allein der Abkühlungsbereich.[1284] Für oberflächennahe Anlagen ist ebenfalls auf den Bereich der thermischen Auswirkungen abzustellen, soweit die Erwärmung oder Abkühlung des Untergrundes im Verhältnis zur Normaltemperatur den Wert von 1 K überschreitet. Auch ein vergleichsweise kleines oberflächennahes Geothermieprojekt könnte somit eine Sperrwirkung für bedeutende Vorhaben der tiefen Geothermie verursachen, weil diese in ihrer Ausdehnung zwangsläufig die thermische Ausbreitungsfahne der oberflächennahen Nutzung überlagern. Ohne die Zustimmung der bereits vorhandenen Erlaubnis- oder Bewilligungsinhaber wäre daher eine Intensivierung der Erdwärmenutzung ausgeschlossen. Angesichts der notwendigen Förderung erneuerbarer Energien und der zunehmenden Bedeutung der Erdwärme gerade im Neubaubereich stellt sich das BBergG in dieser Hinsicht als nicht mehr zeitgemäß und als eine Behinderung des Klimaschutzes dar. Dies gilt umso mehr, als davon auszugehen ist, dass Großwärmepumpen mit Leistungen von über 500 kW zukünftig an Bedeutung gewinnen werden.[1285] Dann

---

1282 *Große*, ZUR 2009, S. 535, 537.

1283 *Zerbe/Dinger*, in: Geothermische Vereinigung - Bundesverband Geothermie e.V., Der Geothermiekongress 2008, S. 28; *Bund-Länder-Ausschuss Bergbau*, GtE 40/2003, S. 12, 13.

1284 *Zerbe/Dinger*, in: Geothermische Vereinigung – Bundesverband Geothermie e.V., Der Geothermiekongress 2008, S. 28; *Bund-Länder-Ausschuss Bergbau*, GtE 40/2003, S. 12, 14.

1285 *Stawiarski*, Marktentwicklung oberflächennaher Geothermie, in: GtV – Bundesverband Geothermie e.V., Der Geothermiekongress 2010, S. 1 u. 3/4.

aber ist auch mit einer Zunahme grenzüberschreitender Auswirkungen zu rechnen, so dass sich das Konfliktpotenzial weiter erhöhen wird. Dem ließe sich durch eine Änderung des bergrechtlichen Feldesbegriffs entgegenwirken. Andererseits entfällt das Konkurrenzproblem auch dann, wenn man der funktionalen Auslegung des Ausnahmetatbestands des § 4 Abs. 2 Nr. 1 BBergG folgt, da dann jedenfalls für grundstücksbezogene Erdwärmeerschließungen zum Zwecke der Gebäudeheizung und -kühlung eine bergrechtliche Zulassung entbehrlich ist (vgl. unten zu II.). In anderen Konstellationen wie zum Beispiel der Errichtung einer geothermischen Heizzentrale zur Versorgung mehrerer Objekte auf verschiedenen Grundstücken bliebe es aber bei der beschriebenen Konfliktlage.

3. Zwischenergebnis

Im Ergebnis birgt das bergrechtliche Berechtsamswesen in seiner derzeitigen Ausgestaltung die Gefahr einer erheblichen Behinderung des Ausbaus der Erdwärmenutzung. Das Konkurrenzproblem der Aufsuchung und Gewinnung von Erdwärme in verschiedenen Tiefenstockwerken desselben Erlaubnis- bzw. Bewilligungsfeldes ließe sich jedoch vergleichsweise einfach beheben durch eine Ergänzung des Feldesbegriffs aus § 4 Abs. 7 BBergG. Im Sinne der Rechtssicherheit und der angestrebten Förderung erneuerbarer Energien wäre ein solches gesetzgeberisches Tätigwerden zu begrüßen.

II. Zur Kollision von grundstücksbezogener Erdwärmeerschließung (§ 4 Abs. 2 Nr. 1 BBergG) mit der Gewinnung tiefer Geothermie

Anders stellt sich die Rechtslage dar, wenn eine grundstücksbezogene, gemäß § 4 Abs. 2 Nr. 1 BBergG nicht bewilligungsbedürftige Erschließung oberflächennaher Erdwärme mit einer durch Bewilligung zugelassenen Gewinnung tiefer Geothermie zusammentrifft. In diesem Fall ist eine gleichzeitige Nutzung verschiedener Tiefenstockwerke bergrechtlich zulässig, auch wenn der gleiche Bodenschatz innerhalb desselben Bewilligungsfeldes gewonnen wird. Dadurch wird zumindest die energetische Verwertung zweier unterschiedlicher Stockwerke ermöglicht.

Zur Erklärung ist zu verweisen auf die besondere Wirkung der Ausnahmeregelung des § 4 Abs. 2 Nr. 1 BBergG, nach der die grundstücksbezogene Gewinnung von Erdwärme gerade nicht der bergrechtlichen Zulassung bedarf. Folglich treffen hier nicht zwei mit Ausschließlichkeitscharakter versehene Bergbauberechtigungen aufeinander, sondern die Bewilligung konkurriert mit der durch § 4 Abs. 2

Nr. 1 BBergG zugelassenen Ausnutzung der Grundeigentümerbefugnisse. Da es sich bei der grundstücksbezogenen Erschließung von Erdwärme zur Beheizung und Kühlung einzelner Gebäude gerade nicht um eine Gewinnung im Sinne des Bergrechts handelt, kann auch das ausschließliche Gewinnungsrecht des Bewilligungsinhabers nicht verletzt werden.[1286] Es fehlt schon an einer echten Konkurrenzsituation zwischen der Erschließung oberflächennaher Erdwärme durch den gemäß § 4 Abs. 2 Nr. 1 BBergG legitimierten Grundeigentümer und der Aufsuchung oder Gewinnung tiefer Geothermie. Demnach wird das Recht des Eigentümers, Erdwärme im Zusammenhang mit der baulichen Nutzung seines Grundstücks zu „gewinnen", durch eine dieses Grundstück überdeckende Bergbauberechtigung zur Aufsuchung oder Gewinnung von Erdwärme nicht berührt.[1287] Das durch die Bewilligung gemäß § 8 Abs. 1 Nr. 1 BBergG verliehene Recht wird durch § 4 Abs. 2 Nr. 1 BBergG derart eingeschränkt, dass es gegenüber der grundstücksbezogenen Erdwärmeerschließung keine Ausschlusswirkung entfaltet. Die Ausnahmeregelung des § 4 Abs. 2 Nr. 1 BBergG führt also dazu, dass die umfassenden Eigentümerbefugnisse (§§ 903 ff. BGB) – entgegen der sonst bei bergfreien Bodenschätzen geltenden Grundsätze (vgl. § 3 Abs. 2 Satz 2 und § 6 Satz 1 BBergG) – in ihrem Inhalt hinsichtlich des Rechts zum Lösen oder Freisetzen von Bodenschätzen im eigenen Grundstück aus Anlass oder im Zusammenhang mit dessen baulicher Nutzung gerade nicht beschränkt werden; es bleibt vielmehr beim originären Gewinnungsrecht des Grundeigentümers.[1288]

Ausgehend von dieser Konstellation des Vorliegens zweier Gewinnungsberechtigungen auf den gleichen Bodenschatz – einmal aus dem Grundeigentum, einmal aus der Bewilligung – wird im bergrechtlichen Schrifttum ein weiteres Konkurrenzproblem erörtert, und zwar zwischen der potenziellen und partiellen Aneignungsbefugnis des Grundstückseigentümers und dem umfassenden Aneignungsrecht des Bewilligungsinhabers.[1289] In der Praxis dürfte eine solche Kollision aber nur selten auftreten. Denn soweit die Erdwärmegewinnung durch den Grundstückseigentümer im Rahmen des § 4 Abs. 2 Nr. 1 BBergG erfolgt, betrifft dies regelmäßig den oberflächennahen Untergrund bis zu einer Tiefe von maximal

1286 *Franke*, in: Burgi, Planungssicherheit im Energiewirtschaftsrecht, S. 93, 103; *Heitmann*, ZfB 125 (1984), S. 440, 457.

1287 *Boldt/Weller*, Bundesberggesetz, § 3, Rn. 37; *Frenz*, Glückauf 146 (2010), S. 302, 303/304; *Franke*, in: Burgi, Planungssicherheit im Energiewirtschaftsrecht, S. 93, 103.

1288 *Heitmann*, ZfB 125 (1984), S. 440, 458.

1289 vgl. *Heitmann*, ZfB 125 (1984), S. 440, 457 ff.

200 m, so dass eine Konkurrenz mit großflächigen Projekten zur Erschließung tiefer Geothermie schon wegen der Nutzung gänzlich unterschiedlicher Boden- und Grundwasserhorizonte ausgeschlossen ist. In diesem Fall können die oberflächennahe Eigentümernutzung gemäß § 4 Abs. 2 Nr. 1 BBergG und die bergrechtlich zugelassene Gewinnung tiefer Erdwärme nebeneinander realisiert werden, ohne dass rechtliche oder tatsächliche Nutzungskonflikte zu befürchten sind. Anders kann dies sein, wenn eine durch § 4 Abs. 2 Nr. 1 BBergG gedeckte Erdwärmenutzung mit einer gemäß § 8 BBergG bewilligten Erdwärmegewinnung in demselben Tiefenstockwerk zusammentreffen (vgl. unten S. 387 ff.).

III. Fazit

Im Zusammenhang mit möglichen Nutzungskonkurrenzen oberflächennaher und tiefer Geothermie ist nach derzeitiger Rechtslage insbesondere der auf das geltende Geviertfeldsystem zurückzuführende Ausschluss der Erdwärmegewinnung in unterschiedlichen Tiefenstockwerken des Untergrundes als problematisch anzusehen, gerade wegen des notwendigen Ausbaus erneuerbarer Energien. Hier könnte allerdings durch eine entsprechende Ergänzung des Feldesbegriffs in § 4 Abs. 7 BBergG Abhilfe geschaffen werden. Im Übrigen lassen sich bergrechtliche Nutzungskonflikte in Bezug auf die Erdwärme zu einem großen Teil auch dadurch vermeiden, dass im Rahmen der Auslegung des § 4 Abs. 2 Nr. 1 BBergG auf eine funktionale Betrachtungsweise abgestellt wird, die die Erschließung von Erdwärme zur Beheizung und Kühlung einzelner Gebäude – und damit einen wesentlichen Teil der oberflächennahen Erdwärmenutzung – weitgehend aus dem Anwendungsbereich des Bergrechts herausnimmt.

B. Zur Lösung (horizontaler) nachbarlicher Nutzungskonflikte

Neben den Konflikten zwischen Erdwärmenutzern in vertikaler Hinsicht können auch im Verhältnis zu benachbarten Grundstückseigentümern Konkurrenzsituationen in Bezug auf die Untergrundnutzung entstehen. Als Beispiel sei zum einen der Fall genannt, dass ein Nachbar selbst Erdwärme zur Beheizung und Warmwasserversorgung seines Hauses gewinnen möchte, sich daran aber durch eine bereits vorhandene Anlage gehindert sieht, oder dass er sich aus anderen Gründen in der Ausnutzung seiner Eigentümerstellung gestört fühlt. Zum anderen ist an die Konstellation zu denken, dass sich zwei benachbarte Betreiber von Geothermieanlagen gegenseitig in der Nutzung beeinträchtigen. Die Auflösung dieser horizontalen Konfliktlagen hängt maßgeblich davon ab, ob sich die rechtliche Betrachtung nach dem Bergrecht oder nach dem Zivilrecht richtet.

I. Zur bergrechtlichen Lösung nachbarlicher Nutzungskonflikte

Als Ausgangspunkt ist Folgendes festzuhalten: Wenn eine genehmigungsbedürftige und betriebsplanpflichtige Aufsuchung oder Gewinnung von Erdwärme vorliegt, sind etwaige nachbarrechtliche Streitigkeiten vorrangig anhand des Bergrechts zu lösen. Denn gemäß § 3 Abs. 2 Satz 2 BBergG erstreckt sich das Eigentum an einem Grundstück gerade nicht auf die unter dem Grundstück befindliche Erdwärme, so dass ein Berufen auf die bürgerlich-rechtlichen Vorschriften zum Schutz des Eigentums ausscheidet. Hier besteht eine Parallele zum Wasserrecht, wo das Grundwasser, welches neben dem Boden als Trägermedium der Erdwärme fungiert, in § 4 Abs. 2 WHG ausdrücklich für nicht eigentumsfähig erklärt wird.

1. Zur Sperrwirkung des Bergrechts

Die Regelung des § 3 Abs. 2 Satz 2 BBergG stellt eine spezialgesetzliche Modifikation der §§ 903 ff. BGB dar, die gegenüber den allgemeinen Vorschriften des BGB vorrangig ist.[1290] Dadurch wird das Verhältnis zwischen Oberflächeneigentümer und Tiefennutzer der zivilrechtlichen Regelung des § 905 BGB entzogen und dem bergrechtlichen Sonderregime der §§ 6 ff., 77 ff. und 114 ff. BBergG unterworfen.[1291] Nur für die wirtschaftlich weniger bedeutenden grundeigenen Bodenschätze findet § 905 Satz 1 BGB Anwendung.[1292] Dementsprechend gewährt die Bewilligung ihrem Inhaber gemäß § 8 Abs. 1 BBergG das ausschließliche Recht zur Aufsuchung, Gewinnung und Aneignung von Erdwärme innerhalb des Bewilligungsfeldes. Das Bewilligungsfeld orientiert sich dabei nicht an den Eigentumsgrenzen von Grundstücken, sondern umfasst den gesamten Bereich des Erdkörpers, aus dem Erdwärme entzogen wird.[1293] Folglich scheiden

---

1290 *Boldt/Weller*, Bundesberggesetz, § 3, Rn. 3.

1291 *Dietrich/Schäperklaus*, Erdöl, Erdgas, Kohle 2009, S. 20, 21/22.

1292 *Goeke*, Das Grundeigentum im Luftraum und im Erdreich, S. 142.

1293 *Nast*, in: Geothermische Vereinigung e.V./Schweizerische Vereinigung für Geothermie, Geothermie - Energie der Zukunft, S. 436, 439; Leitfaden Hessen, S. 15/16; *Großmann/Schuldt/Spieth/von Daniels*, Wasser und Abfall 9/2009, S. 36, 38.

Beseitigungs- und Unterlassungsansprüche des benachbarten Grundstückseigentümers gemäß § 1004 Abs. 1 BGB aus, sofern der Betrieb einer Geothermieanlage das Nachbargrundstück zwar thermisch beeinflusst, diese Auswirkungen sich aber auf das Bewilligungsfeld beschränken. In diesem Umfang werden Eigentumsrechte des Dritten nicht betroffen, da bergfreie Bodenschätze wie die Erdwärme vor ihrer Gewinnung herrenlos sind und das Aneignungsrecht – abgesehen von der Ausnahmeregelung des § 4 Abs. 2 Nr. 1 BBergG – allein dem Bergbauberechtigten zusteht. Das Eigentum an dem Bodenschatz entsteht unmittelbar in der Person des Bewilligungsinhabers, es steht zu keiner Zeit dem Grundstückseigentümer zu. Im Übrigen folgt aus dem Ausschließlichkeitscharakter des Gewinnungsrechts die Verpflichtung Dritter, insbesondere des Grundeigentümers gegenüber dem Bergbauberechtigten, die im Zusammenhang mit der Gewinnung stehenden Tätigkeiten und Einrichtungen zu dulden.[1294] Der Bundesgerichtshof hat dies schon zur entsprechenden Rechtslage vor Geltung des BBergG entschieden und klargestellt, dass der Eigentümer Einwirkungen eines Bergwerksbetriebes auf sein Grundstück dulden muss und nicht berechtigt ist, sich gegen die Beeinträchtigung mit Ansprüchen aus §§ 903, 1004 BGB zu verteidigen.[1295] Die zu duldenden Einwirkungen sind rechtmäßig herbeigeführt; die Rechtmäßigkeit beruht auf der allgemeinen Vorrangstellung des Bergbaus.[1296] Ein Abwehranspruch aus § 1004 Abs. 1 BGB scheitert damit an der fehlenden Rechtswidrigkeit des Beeinträchtigungszustands.

An die Stelle der Beseitigungs- und Unterlassungsansprüche des Eigentümers tritt als Kompensation die Bergschadenshaftung aus §§ 114 ff. BBergG.[1297] Dabei handelt es sich um einen verschuldensunabhängigen Schadensersatzanspruch gegen den Bergbauunternehmer und den Berechtigungsinhaber, dessen Umfang sich gemäß § 117 Abs. 1 BBergG nach §§ 823 ff. i.V.m. §§ 249 BGB richtet, begrenzt lediglich durch Haftungshöchstbeträge bei der Tötung oder Verletzung eines Menschen und bei Sachbeschädigungen. Das Bergschadensrecht der §§ 110 ff. BBergG ist Ausdruck der Notwendigkeit einer besonderen Kollisionsregelung aus Eingriffsrechten und Ausgleichspflichten zur Sicherstellung, dass

---

1294 BT-Drucks. 8/1315, S. 86.

1295 BGH, Urteil vom 23.04.1958 - V ZR 32/57 -, BGHZ 27, S. 149, 155.

1296 *Piens/Schulte/Graf Vitzthum*, Bundesberggesetz, § 114, Rn. 15.

1297 *Baur*, ZHR 150 (1986), S. 507, 515; *Müggenborg*, in: Frenz/Preuße, Geothermie – Risikobeherrschung und Stand der Technik, Perspektiven und Fördermöglichkeiten, S. 35, 49.

die Aufsuchung und Gewinnung von Bodenschätzen wegen der damit verbundenen Eigentumsbeeinträchtigungen nicht an den Abwehrrechten aus § 1004 BGB scheitert.[1298]

Nachbarliche Nutzungskonkurrenzen lassen sich über das Bergschadensrecht allerdings nicht lösen, da es bereits an einem Schaden im Sinne der §§ 114 ff. BBergG fehlt. Dies ergibt sich zum einen aus der Legaldefinition des § 114 Abs. 1 BBergG, nach der unter den Begriff des Bergschadens nur die Tötung eines Menschen, die Verletzung von Körper oder Gesundheit sowie die Beschädigung einer Sache fallen. Bloße Nutzungsbeeinträchtigungen eines Grundstücks können dagegen nicht als Bergschaden geltend gemacht werden.[1299] Auch die Gewinnung von Erdwärme aus einem fremden Grundstück – ob berechtigt oder unberechtigt – stellt insoweit keine Sachbeschädigung im Sinne des Bergrechts dar. Zudem nimmt § 114 Abs. 2 Nr. 2 BBergG Schäden, die an einem anderen Bergbaubetrieb oder an den dem Aufsuchungs- oder Gewinnungsrecht eines anderen unterliegenden Bodenschätzen entstehen, ausdrücklich vom Bergschadensbegriff aus. Dadurch wird für das Verhältnis zweier Bergbautreibender untereinander ein Haftungsausschluss begründet, der sowohl die in Ausübung des Bergbaurechts errichteten Anlagen als auch die Beeinträchtigung der Gewinnungsrechte umfasst.[1300] Die nachbarrechtlichen Regelungen der §§ 903 ff. BGB kommen zwischen zwei Bergbauberechtigten nicht zur Anwendung.[1301] Wenn aber zwei Gewinnungsberechtigte untereinander gegenseitige Beeinträchtigungen ohne Ausgleich über §§ 114 ff. BBergG hinzunehmen haben, muss dies erst recht für einen Nachbarn gelten, der sich allein auf das ihm durch § 4 Abs. 2 Nr. 1 BBergG vermittelte Aneignungs- und Gewinnungsrecht berufen kann. Einen Ausgleich für die Verletzung fremder Gewinnungsrechte gewährt das Bergschadensrecht also nicht.

Angesichts der in § 114 Abs. 1 BBergG aufgezählten Schutzgüter entspräche dies auch nicht dem Sinn und Zweck des Bergschadensrechts, welches darauf gerichtet ist, Ersatz für Schädigungen des Oberflächeneigentums zu leisten, die typischerweise mit dem Bergbau verbunden sind. Im Zusammenhang mit der Nutzung oberflächennaher Geothermie ist eine bergrechtliche Haftung daher nur dann in Betracht zu ziehen, wenn infolge von Bohrungen Erdbewegungen oder

1298 *Piens/Schulte/Graf Vitzthum*, Bundesberggesetz, vor § 110, Rn. 12, 14; *Boldt/Weller*, Bundesberggesetz, § 114, Rn. 8.

1299 *Ehricke*, in: Kühne/Ehricke, Bergrecht zwischen Tradition und Moderne, S. 33, 34; *Beckmann*, AUR 2012, S. 1, 6.

1300 *Piens/Schulte/Graf Vitzthum*, Bundesberggesetz, § 114, Rn. 69.

1301 *Piens/Schulte/Graf Vitzthum*, Bundesberggesetz, § 114, Rn. 69.

Erschütterungen auftreten und diese zu Schäden an obertägigen Anlagen führen. Beispielhaft sei auf den bekannten Fall der Stadt Staufen im Breisgau verwiesen, wo es im Zusammenhang mit der Niederbringung von sieben, bis zu 140 m tiefen Erdwärmesondenbohrungen zu Hebungen im Untergrund und dadurch zu Rissbildungen an zahlreichen Gebäuden gekommen ist.[1302]

2. Zur Subsidiarität zivilrechtlicher Ausgleichsansprüche

Zu prüfen bleibt, wie in diesem Zusammenhang die neuere Judikatur des Bundesgerichtshofs einzuordnen ist. In einer Entscheidung aus dem Jahr 2008 hat der V. Zivilsenat ausdrücklich ein vertikales Nachbarschaftsverhältnis zwischen Grundeigentümer und Bergbauberechtigtem anerkannt und festgestellt, dass der Ausgleichsanspruch aus § 906 Abs. 2 Satz 2 BGB durch das Bergschadensrecht nicht verdrängt wird.[1303] Konkret lag der Entscheidung ein Sachverhalt zugrunde, in dem es durch untertägigen Bergbau regelmäßig zu Erschütterungen der Erdoberfläche gekommen war, wodurch nach dem Vortrag der Grundstückseigentümer die Nutzungsmöglichkeit ihres Hauses stark eingeschränkt und zudem die Lebens- und Wohnqualität in unzumutbarer Weise beeinträchtigt worden sei. Zur Begründung für die Gewährung eines nachbarlichen Ausgleichsanspruchs über § 906 Abs. 2 Satz 2 BGB hat der Bundesgerichtshof die in § 8 Abs. 2 BBergG enthaltene Verweisung auf die „für Ansprüche aus dem Eigentum geltenden Vorschriften des bürgerlichen Rechts“ herangezogen, die zwar ihrem Wortlaut nach lediglich die Regelungen der §§ 985–1007 BGB betreffe, nach Zweck und systematischer Stellung aber auch die Vorschrift des § 906 Abs. 2 Satz 2 BGB erfassen müsse.[1304] Der zivilrechtliche Ausgleichsanspruch stelle sich insoweit als die nicht ablösbare Kehrseite der Duldungsansprüche und damit auch des Ausschließlichkeitscharakters der bergrechtlichen Befugnisse dar.[1305] Unabhängig davon, ob man den höchstrichterlichen Ausführungen in der Sache folgen will,[1306] ließe sich überlegen, den mit der Erdwärmegewinnung verbundenen Wärmeentzug aus benachbarten Grundstücken oder die bei wechselbetrieblich arbeitenden Anlagen gleichsam erfolgende Zuführung von Wärme als Einwirkung auf das Nachbargrundstück

---

1302 *Engesser*, Warum hebt sich Staufen?, in: GtV – Bundesverband Geothermie e.V., Der Geothermiekongress 2010, S. 1.

1303 vgl. BGH, Urteil vom 19.09.2008 - V ZR 28/08 -, BGHZ 178, S. 90 ff.

1304 BGH, Urteil vom 19.09.2008 - V ZR 28/08 -, BGHZ 178, S. 90, 93/94.

1305 BGH, Urteil vom 19.09.2008 - V ZR 28/08 -, BGHZ 178, S. 90, 95.

1306 dagegen m. ausführl. Begr. *Ehricke*, in: Kühne/Ehricke, Bergrecht zwischen Tradition und Moderne, S. 33 ff.

im Sinne des § 906 BGB einzustufen und dem Grundeigentümer unter den Voraussetzungen des § 906 Abs. 2 Satz 2 BGB einen Ausgleichsanspruch gegen den Bergbauberechtigten einzuräumen. Nach überwiegender Ansicht in Rechtsprechung und Schrifttum werden jedoch negative Einwirkungen, die dem Grundstück natürliche Vorteile wie Licht, Luft oder Grundwasser entziehen, von der Regelung des § 906 BGB nicht erfasst.[1307] Fraglich ist, ob diese Einschränkung auch für die Erdwärmeerschließung gilt, die zwar ihren Ausgangspunkt auf dem Anlagengrundstück hat, infolge derer jedoch benachbarten Grundstücken Wärme entzogen oder zugeführt wird (vgl. hierzu unten S. 347 ff.).

Im Ergebnis ist eine eingehendere Prüfung der Anspruchsvoraussetzungen an dieser Stelle entbehrlich, da eine Anwendung des § 906 Abs. 2 Satz 2 BGB letztlich nicht in Betracht kommt, wenn die Zuführung oder der Entzug von Wärme auf Grundlage einer bergrechtlichen Bewilligung erfolgt. Andernfalls würde die Privilegierung der Gewinnung von Bodenschätzen durch das BBergG unterlaufen werden. Der maßgebliche Unterschied zu der bergschadensrechtlichen Entscheidung des Bundesgerichtshofs aus dem Jahr 2008 liegt darin, dass es sich hier nicht um eine Beeinträchtigung des Oberflächeneigentums infolge untertägigen Bergbaus handelt, sondern um die Gewinnung des bergfreien Bodenschatzes Erdwärme, auf den sich das Grundeigentum gemäß § 3 Abs. 2 Satz 2 BBergG gerade nicht erstreckt. Mithin wird durch den Entzug von Erdwärme aus einem fremden Grundstück bzw. die entsprechende Zuführung von Wärme das Grundeigentum nicht verletzt. In Betracht zu ziehen ist allenfalls eine Beeinträchtigung des potenziellen Aneignungsrechts des Grundeigentümers aus § 4 Abs. 2 Nr. 1 BBergG. Dies rechtfertigt aber nicht die Übertragung der Rechtsprechung zur Anwendung des § 906 Abs. 2 Satz 2 BGB bei bergbaubedingten Schäden am Oberflächeneigentum auf die Zuführung oder den Entzug von Wärme infolge geothermischer Nutzungen.

Darüber hinaus unterscheiden sich die vorliegenden Fallkonstellationen konkurrierender Erdwärmenutzungen dadurch wesentlich von dem der Entscheidung des Bundesgerichtshofs zugrunde liegenden Sachverhalt, dass sie nicht die direkte Anwendung des § 906 Abs. 2 Satz 2 BGB betreffen, sondern lediglich eine Analogie in Gestalt des sog. nachbarrechtlichen Ausgleichsanspruchs (vgl. hierzu unten S. 375 ff.). Insoweit hat aber auch der Bundesgerichtshof hervorgehoben, dass der nachbarrechtliche Ausgleichsanspruch der Ausfüllung von Lücken dient und

---

1307 BGH, Urteil vom 21.10.1983 - V ZR 166/82 -, BGHZ 88, S. 344, 345/346; *Roth*, in: Staudinger, Kommentar zum Bürgerlichen Gesetzbuch, § 906, Rn, 122, 124; *Säcker*, in: Münchener Kommentar zum Bürgerlichen Gesetzbuch, Band 6, § 906, Rn. 49.

grundsätzlich subsidiär ist, sofern für den betroffenen Sachbereich eine in sich geschlossene Regelung besteht.[1308]

Eine direkte Anwendung des § 906 Abs. 2 Satz 2 BGB kommt hier nicht in Betracht, weil die grenzüberschreitende Erschließung oberflächennaher Geothermie regelmäßig noch nicht als ortsüblich im Sinne des § 906 Abs. 2 Satz 1 BGB einzustufen ist. Für eine analoge Anwendung der Vorschrift fehlt es an der Vergleichbarkeit der Interessenlage. Denn während der Ausgleichsanspruch nach § 906 Abs. 2 Satz 2 BGB den Konflikt zweier grundsätzlich gleichberechtigter Grundstückseigentümer im Hinblick auf die Nutzung ihrer Grundstücke regeln soll, ist das Verhältnis zwischen Bergbauberechtigtem und Grundeigentümer durch die Unterordnung der privaten Interessen des Grundeigentümers gegenüber den mit der Vergabe einer Bergbauberechtigung verfolgten öffentlichen Interessen geprägt.[1309] Die das nachbarliche Verhältnis von Grundeigentümern regelmäßig kennzeichnende Gleichwertigkeit der Interessen als maßgebliche Rechtfertigung für die Gewährung eines Anspruchs aus § 906 Abs. 2 Satz 2 BGB liegt hier nicht vor.[1310] Dies hat zur Folge, dass eine Anwendung des nachbarrechtlichen Ausgleichsanspruchs analog § 906 Abs. 2 Satz 2 BGB wegen wesentlicher Beeinträchtigungen der Grundstücksnutzung gegen den Bergbauberechtigten ausscheidet, auch wenn sich die Beeinträchtigung nicht als Bergschaden im Sinne des § 114 BBergG darstellt.[1311] Demnach ist der Grundeigentümer hier zur kompensationslosen Duldung der Einwirkungen auf sein Grundstück verpflichtet, weil zum einen die Voraussetzungen einer Bergschadenshaftung nach §§ 114 ff. BBergG nicht erfüllt sind und weil zum anderen eine Anwendung des nachbarrechtlichen Ausgleichsanspruchs nicht in Betracht kommt. Rechtfertigen lässt sich ein solches Ergebnis für den Fall konkurrierender Erdwärmenutzungen damit, dass es nicht um bergbaubedingte Schäden am Oberflächeneigentum geht, sondern lediglich um eine Beeinträchtigung der Rechtsposition aus § 4 Abs. 2 Nr. 1 BBergG, mithin um eine „bergrechtsinterne“ Güterkollision, die nicht durch den Rückgriff auf subsidiäre zivilrechtliche Ausgleichsansprüche aufgelöst werden kann. Die Nutzungsbeeinträchtigung für den Grundeigentümer ist daher angesichts des durch die bergrechtliche Bewilligung legitimierten Zugriffs auf fremde Grundstücke auch ohne Kompensation

1308 BGH, Urteil vom 19.09.2008 - V ZR 28/08 -, BGHZ 178, S. 90, 98.

1309 *Ehricke*, in: Kühne/Ehricke, Bergrecht zwischen Tradition und Moderne, S. 33, 82, 96.

1310 *Ehricke*, in: Kühne/Ehricke, Bergrecht zwischen Tradition und Moderne, S. 33, 96; vgl. auch BGH, Urteil vom 20.05.2003 - V ZR 37/02 -, BGHZ 155, S. 99, 103.

1311 *Ehricke*, in: Kühne/Ehricke, Bergrecht zwischen Tradition und Moderne, S. 33, 96/97.

zumutbar. Dies entspricht letztlich dem Rechtsgedanken des § 114 Abs. 2 Nr. 2 BBergG, der im Verhältnis zweier Bergbautreibender untereinander zu einem weitreichenden Haftungsausschluss führt. Ein Grundeigentümer, der sich auf die Ausnahmeregelung des § 4 Abs. 2 Nr. 1 BBergG beruft, kann insoweit einem Bergbautreibenden gleichgestellt werden.

3. Zwischenergebnis

Vorläufig bleibt festzuhalten, dass Eigentümern benachbarter Grundstücke grundsätzlich keine zivilrechtlichen Ansprüche auf Unterlassung der Erdwärmegewinnung zustehen, sofern der Anlagenbetreiber über eine bergrechtliche Bewilligung verfügt.[1312] Etwas anderes gilt nur dann, wenn sich der Gewinnungsberechtigte außerhalb der ihm durch die Bewilligung verliehenen Rechtsposition bewegt, wenn er also Erdwärme außerhalb des Bewilligungsfeldes gewinnt, da in diesem Fall eine Duldungspflicht des Grundeigentümers nach § 1004 Abs. 2 BGB nicht besteht.[1313] Im Übrigen kommen nach dem Grundsatz „dulde und liquidiere" lediglich Schadensersatz- oder Entschädigungsansprüche des Grundeigentümers in Betracht, wenn es aufgrund geothermischer Bohrungen zu Schäden am Oberflächeneigentum kommt. Für eine differenzierende Lösung von Nutzungskonflikten ist das Bergrecht wegen der von ihm bezweckten Sicherung des Abbaus von Bodenschätzen und dem damit verbundenen Ausschließlichkeitscharakter der Bergbauberechtigungen nicht geeignet. Für den Inhaber einer bergrechtlichen Bewilligung hat dies den großen Vorteil, dass er vor Abwehransprüchen Dritter weitgehend geschützt ist und damit Planungs- und Investitionssicherheit gewährleistet sind.

II. Zur zivilrechtlichen Lösung nachbarlicher Nutzungskonflikte

1. Zu den Vorschriften über das Eigentum (§§ 903 ff. und 1004 BGB)

Sofern das Bergrecht gemäß § 4 Abs. 2 Nr. 1 BBergG auf die oberflächennahe Gewinnung von Erdwärme keine Anwendung findet, richtet sich das Verhältnis zwischen dem Betreiber einer Geothermieanlage und einem benachbarten

---

1312 so auch *Großmann/Schuldt/Spieth/von Daniels*, Wasser und Abfall 9/2009, S. 36, 39.

1313 *Müggenborg*, in: Frenz/Preuße, Geothermie – Risikobeherrschung und Stand der Technik, Perpektiven und Fördermöglichkeiten, S. 35, 51.

Grundstückseigentümer nach den zivilrechtlichen Regelungen der §§ 903 ff. und 1004 BGB, falls nicht individualvertragliche Abreden bestehen.[1314] Gemäß § 905 Satz 1 BGB erstreckt sich das Eigentum an einem Grundstück bzw. das diesbezügliche Herrschaftsrecht des Eigentümers[1315] auf den Raum über der Oberfläche und den Erdkörper unter der Oberfläche, umfasst damit grundsätzlich auch die im Untergrund gespeicherte thermische Energie. Zwar stellt die Energie, vergleichbar der Luft, dem fließenden Wasser und dem Grundwasser, mangels Körperlichkeit keine Sache im Sinne des § 90 BGB dar.[1316] Die bergrechtliche Fiktion der Erdwärme als bergfreier Bodenschatz in § 3 Abs. 2 und 3 BBergG führt aber dazu, dass diese Energieform auch zivilrechtlich als Sache gilt.[1317] Andernfalls würde die Vergabe von Bewilligungen für die Gewinnung von Erdwärme auch keinen Sinn ergeben, da § 8 Abs. 1 Nr. 1 BBergG dem Bewilligungsinhaber ausdrücklich das Recht zuspricht, Eigentum an dem Bodenschatz zu erwerben. Im Gegenzug wird dem Grundstückseigentümer durch § 3 Abs. 2 Satz 2 BBergG die Verfügungsbefugnis über die unter seinem Grundstück befindliche Erdwärme entzogen. Ein Aneignungsrecht steht ihm nur zu, wenn er selbst Erdwärme grundstücksbezogen im Sinne des § 4 Abs. 2 Nr. 1 BBergG nutzen will.

§ 905 Satz 1 BGB stellt eine Konkretisierung des § 903 BGB dar, gibt dem Eigentümer aber keinen eigenständigen Abwehranspruch. Ihm stehen bei Beeinträchtigungen seines Eigentums in der Luft und im Boden die Rechte aus § 1004 Abs. 1 BGB und §§ 823 ff. BGB zu, vorbehaltlich etwaiger Beschränkungen durch §§ 905 Satz 2, 906 BGB.[1318] Nach § 905 Satz 2 BGB kann der Grundstückseigentümer Einwirkungen nicht verbieten, die in solcher Höhe oder Tiefe vorgenommen werden, dass er an der Ausschließung kein Interesse hat. In diesem Fall trifft ihn eine Duldungspflicht im Sinne des § 1004 Abs. 2 BGB. Will der Eigentümer den Untergrund selbst nutzen, so beispielsweise für die Einbringung

---

1314 vgl. *Dietrich/Schäperklaus*, Erdöl, Erdgas, Kohle 2009, S. 20, 23.

1315 vgl. *Roth*, in: Staudinger, Kommentar zum Bürgerlichen Gesetzbuch, § 905, Rn. 2; *Bassenge*, in: Palandt, Bürgerliches Gesetzbuch, § 905, Rn. 1; *Fritzsche*, in: Bamberger/Roth, Kommentar zum Bürgerlichen Gesetzbuch, Band 2, § 905, Rn. 1, 2; *Lemke*, in: Kühne/Ehricke, Bergrecht wischen Tradition und Moderne, S. 19, 20.

1316 *Fritzsche*, in: Bamberger/Roth, Kommentar zum Bürgerlichen Gesetzbuch, Band 1, § 90, Rn. 7, 24; *Pohl*, Das Sachenrechtsverhältnis der Bodenschätze, S. 182; vgl. auch OVG Schleswig, Urteil vom 19.03.1998 - 1 L 63/94 -, NVwZ-RR 1999, S. 717/718.

1317 *Pohl*, Das Sachenrechtsverhältnis der Bodenschätze, S. 182/183.

1318 *Säcker*, in: Münchener Kommentar zum Bürgerlichen Gesetzbuch, Band 6, § 905, Rn. 7.

von Erdwärmesonden zur Gewinnung und Speicherung von Wärme, kann ein Ausschlussinteresse gegenüber Einwirkungen bestehen, die die eigene Nutzung stören.[1319] Neben § 905 Satz 2 BGB können sich weitere Duldungspflichten aus § 906 BGB ergeben. Im Zusammenhang mit der Erschließung von Erdwärme betrifft das insbesondere die Zuführung von Wärme, aber auch von Geräuschen und Erschütterungen. Derartige Einwirkungen hat der Eigentümer gemäß § 906 Abs. 1 Satz 1 BGB hinzunehmen, sofern sie die Benutzung des Grundstücks nicht oder nur unwesentlich beeinträchtigen. Im Folgenden sind diese Grundsätze für mögliche nachbarschaftliche Konfliktfälle zu präzisieren.

2. Zu den Besonderheiten bei der Nutzung von Erdwärme

Wegen der besonderen Natur der Erdwärme als Energieform und bergfreier Bodenschatz nach dem BBergG ergeben sich bei der Anwendung der zivilrechtlichen Vorschriften zum Schutz des Eigentums einige interessante Fragestellungen, die sich anschaulich im Rahmen der Prüfung eines Abwehranspruchs des Grundeigentümers aus § 1004 Abs. 1 BGB erörtern lassen. Denkbare Konfliktsituationen sind zum einen das Aufeinandertreffen des Grundstückseigentums mit einer zwar durch § 4 Abs. 2 Nr. 1 BBergG legitimierten und daher bergrechtlich nicht zulassungspflichtigen Erdwärmenutzung, die aber dennoch die Temperaturverhältnisse unter dem Nachbargrundstück beeinflusst (so nach der zweckbezogenen Auslegung des § 4 Abs. 2 Nr. 1 BBergG). Zum anderen ist die Variante zu nennen, dass eine grundstücksbezogene oberflächennahe Erdwärmeerschließung im Sinne des § 4 Abs. 2 Nr. 1 BBergG mit einer bergrechtlich bewilligten Gewinnung oberflächennaher Geothermie konkurriert. Im Einzelnen sind bei der Geltendmachung eines zivilrechtlichen Abwehranspruchs folgende Probleme zu beachten:

a) Zum Abwehranspruch aus § 1004 Abs. 1 BGB

Ein Anspruch des Grundeigentümers auf Beseitigung und Unterlassung einer sein Grundstück thermisch beeinflussenden Erdwärmenutzung könnte sich aus § 1004 Abs. 1 BGB ergeben, wenn darin eine Eigentumsbeeinträchtigung zu erblicken wäre und den Eigentümer keine Duldungspflicht im Sinne des § 1004 Abs. 2 BGB träfe.

1319 *Säcker*, in: Münchener Kommentar zum Bürgerlichen Gesetzbuch, Band 6, § 905, Rn. 8.

aa) Zur Eigentumsbeeinträchtigung infolge fremder Erdwärmenutzung

Voraussetzung eines Beseitigungs- und Unterlassungsanspruchs des Grundstückseigentümers ist das Vorliegen einer dem Schutzzweck des § 1004 BGB unterfallenden Rechtsgutsverletzung. Soweit es den Entzug oder die Zuführung von Wärme bzw. Kälte unter einem Grundstück betrifft, bestehen in zweierlei Hinsicht Zweifel am Eingreifen des negatorischen Eigentumsanspruchs.

1) Zur Bestimmung des beeinträchtigten Rechtsgutes

Zunächst einmal stellt sich die Frage, ob die infolge des Betriebs einer Geothermieanlage auftretenden Temperaturveränderungen unter der Oberfläche eines Nachbargrundstücks eine Eigentumsbeeinträchtigung darstellen. Als Beeinträchtigung im Sinne des § 1004 Abs. 1 BGB ist jeder dem Inhalt des Eigentumsrechts widersprechende tatsächliche Zustand oder Vorgang anzusehen.[1320] Dabei kann hier dahinstehen, ob insoweit die Behinderung des Eigentümers bzw. des Berechtigten in seiner Rechtsausübungsfreiheit ausreichend[1321] oder ob weitergehend zu fordern ist, dass der Anspruchsgegner seine Einwirkungssphäre in den geschützten Eigentumsraum des Anspruchstellers ausweitet und damit zugleich die Sachherrschaft des Eigentümers einschränkt.[1322] Wichtig ist vielmehr, dass eine nach § 1004 Abs. 1 BGB abzuwehrende Beeinträchtigung des Eigentums resp. anderer wie das Eigentum geschützter Rechte oder Rechtsgüter nicht zwingend eine Verletzung der Sachsubstanz oder des Substrats eines Rechtes erfordert, sondern dass dafür auch eine bloße Störung des Besitzes oder der Nutzung ohne körperliche Einwirkung auf die Sache genügen kann.[1323]

In Bezug auf die Erwärmung oder Abkühlung des Grundwassers liegt eine solche Beeinträchtigung nicht vor, da das Grundwasser gemäß § 4 Abs. 2 WHG nicht eigentumsfähig ist und demzufolge auch nicht vom Herrschaftsrecht des Grundeigentümers erfasst wird. Vielmehr unterstellt das WHG das Grundwasser einer vom Grundeigentum losgelösten öffentlich-rechtlichen Benutzungsordnung, die dem Grundstückseigentümer prinzipiell kein Recht gibt, auf das Grundwasser

---

1320 *Gursky*, in: Staudinger, Kommentar zum Bürgerlichen Gesetzbuch, § 1004, Rn. 17.

1321 so *Ebbing*, in: Erman, Bürgerliches Gesetzbuch, Band II, § 1004, Rn. 13; *Fritzsche*, in: Bamberger/Roth, Kommentar zum Bürgerlichen Gesetzbuch, Band 2, § 1004, Rn. 34.

1322 vgl. die sog. Usurpationslehre von *Picker*, Der negatorische Beseitigungsanspruch, S. 50/51, 82/83, 129; so auch *Gursky*, in: Staudinger, Kommentar zum Bürgerlichen Gesetzbuch, § 1004, Rn. 17.

1323 BGH, Urteil vom 23.11.2000 - III ZR 342/99 -, BGHZ 146, S. 98, 101.

zuzugreifen, sondern die es der Allgemeinheit zuordnet.[1324] Die Rechtsstellung des Grundstückseigentümers in der Tiefe endet dort, wo er mit dem Grundwasser in Berührung kommt.[1325] Mithin kann sich ein Grundeigentümer gegen Beeinflussungen des Grundwassers, die von der Benutzung des Nachbargrundstücks herrühren, nicht unter Berufung auf sein Eigentum zur Wehr setzen.

Zu untersuchen bleibt, ob Gleiches für die Zuführung oder den Entzug von Erdwärme gilt. Denn § 905 Satz 1 BGB führt nicht dazu, dass ein Grundstückseigentümer automatisch auch Eigentümer der unter dem Grundstück befindlichen Erdwärme ist bzw. dass ihm ein Herrschaftsrecht im Sinne des § 903 BGB an der Erdwärme zusteht. Vielmehr erstreckt sich das Eigentum an einem Grundstück gemäß § 3 Abs. 2 Satz 2 BBergG gerade nicht auf die bergfreien Bodenschätze. Sie sind also nicht Bestandteil des Grundstücks, in dem sie lagern. § 905 BGB wird bei der Gewinnung von Bodenschätzen durch die speziellere Regelung des § 3 BBergG verdrängt.[1326] Die Gewinnung und Aneignung bergfreier Bodenschätze bedarf daher grundsätzlich der öffentlich-rechtlichen Zulassung durch Erteilung einer Bewilligung oder durch Verleihung des – hier nicht im Einzelnen zu betrachtenden – Bergwerkseigentums. Das Eigentum am Bodenschatz erlangt der Bewilligungsinhaber gemäß § 958 Abs. 1 BGB mit Besitzergreifung.[1327] Bis zur Aneignung durch den Gewinnungsberechtigten ist der bergfreie Bodenschatz herrenlos.[1328] Demnach wird dem Grundstückseigentümer das Recht zur Gewinnung bergfreier Bodenschätze nicht erst mit Erteilung der Bewilligung entzogen, sondern es wird bereits durch die gesetzliche Qualifizierung eines Bodenschatzes als bergfrei festgelegt, dass das diesbezügliche Aneignungsrecht nicht Bestandteil des Grundeigentums ist.[1329] Auch die Erdwärme ist also in vollem Umfang aus dem Grundeigentum ausgegliedert.[1330] Insoweit ist fraglich, ob dem Grundeigentümer im Hinblick auf die Gewinnung eines bergfreien Bodenschatzes im Allgemeinen

1324 BVerfG, Beschluss vom 15.07.1981 - 1 BvL 77/78 -, BVerfGE 58, S. 300, 328.

1325 BVerfG, Beschluss vom 15.07.1981 - 1 BvL 77/78 -, BVerfGE 58, S. 300, 329.

1326 *Fritzsche*, in: Bamberger/Roth, Kommentar zum Bürgerlichen Gesetzbuch, Band 2, § 905, Rn. 5.

1327 *Boldt/Weller*, Bundesberggesetz, § 4, Rn. 5; *Piens/Schulte/Graf Vitzthum*, Bundesberggesetz, § 8, Rn. 11.

1328 FG Greifswald, Urteil vom 15.12.1999 - 1 K 116/98 -, EFG 2000, S. 306, 308; *Gursky*, in: Staudinger, Kommentar zum Bürgerlichen Gesetzbuch, Vorbem zu §§ 953–957, Rn. 8.

1329 *Gaentzsch*, in: Hüffer, Oberflächeneigentum und Bergbau, S. 41/42.

1330 *Boldt/Weller*, Bundesberggesetz, § 3, Rn. 37.

sowie der Erdwärme im Besonderen überhaupt eine Rechtsposition zusteht, deren Beeinträchtigung er über § 1004 BGB abwehren kann.

Eindeutig ist die Rechtslage im Fall des Bewilligungsinhabers. Denn auf das Aneignungsrecht aus der Bewilligung finden gemäß § 8 Abs. 2 BBergG die für die Ansprüche aus dem Eigentum geltenden Vorschriften des bürgerlichen Rechts entsprechend Anwendung. Von dieser Verweisung werden jedenfalls die zu „Titel 4. Ansprüche aus dem Eigentum" zählenden §§ 985 bis 1007 BGB erfasst, so dass sich der Bewilligungsinhaber zur Abwehr einer Beeinträchtigung seines Gewinnungsrechtes auf § 1004 BGB berufen kann. Das Aneignungsrecht aus § 8 Abs. 1 Nr. 1 BBergG ist als absolutes Recht zu qualifizieren, welches den Schutz des Art. 14 GG genießt.[1331] Es wird daher bisweilen als „eigentumsähnlich" bezeichnet.[1332] Auch im Übrigen wird das Recht zur Aneignung herrenloser Sachen als durch § 1004 BGB geschütztes Rechtsgut angesehen.[1333]

Wenn sich nun aber der Bewilligungsinhaber zur Verteidigung des ihm verliehenen Rechtes zur Gewinnung- und Aneignung eines bergfreien Bodenschatzes auf die zivilrechtlichen Vorschriften zum Schutz des Eigentums berufen kann, muss dies in gleicher Weise für den Grundstückseigentümer und das ihm durch die Ausnahmeregelung des § 4 Abs. 2 Nr. 1 BBergG vermittelte Aneignungsrecht gelten. Denn bei einer grundstücksbezogenen Nutzung steht dem Grundeigentümer das primäre Gewinnungsrecht auf die Erdwärme oder einen sonstigen bergfreien Bodenschatz zu.[1334] Im bergrechtlichen Schrifttum wird insoweit von der Schaffung einer „de facto-Bergbauberechtigung" gesprochen, kraft derer dem Eigentümer in Bezug auf die Erschließung von Erdwärme aus Anlass oder im Zusammenhang mit der baulichen Nutzung seines Grundstücks die gleiche Rechtsposition eingeräumt wird wie bei der Aufsuchung und Gewinnung grundeigener Bodenschätze.[1335] Kritisch ist hier anzumerken, dass es sich nur um eine vergleichbare Rechtsstellung des Grundeigentümers handeln kann, da die Erdwärme eben kein grundeigener

---

1331 BGH, Urteil vom 23.11.2000 - III ZR 342/99 -, BGHZ 146, S. 98, 100, 104; BVerfG, Urteil vom 21.10.1987 - 1 BvR 1048/87 -, BVerfGE 77, S. 130, 136; *Papier*, in: Maunz/Dürig, Grundgesetz, Band II, Art. 14, Rn. 203; *Gursky*, in: Staudinger, Kommentar zum Bürgerlichen Gesetzbuch, § 1004, Rn. 15.

1332 so bei *Baur/Stürner*, Sachenrecht, § 30, Rn. 4.

1333 *Fritzsche*, in: Bamberger/Roth, Kommentar zum Bürgerlichen Gesetzbuch, Band 2, § 1004, Rn. 10; *Ebbing*, in: Erman, Bürgerliches Gesetzbuch, Band II, § 1004, Rn. 6; *Münch*, in: Soergel, Bürgerliches Gesetzbuch, Band 15/1, § 1004, Rn. 113; a.A.: *Baldus*, in: Münchener Kommentar zum Bürgerlichen Gesetzbuch, Band 6, § 1004, Rn. 55.

1334 *Heitmann*, ZfB 125 (1984), S. 440, 458.

1335 so *Heitmann*, ZfB 125 (1984), S. 440, 459.

Bodenschatz gemäß § 3 Abs. 4 BBergG ist, sondern kraft ausdrücklicher gesetzlicher Festlegung als bergfreier Bodenschatz gilt. Es wäre daher systemwidrig, die Erdwärme zwar im Regelfall als bergfreien Bodenschatz zu behandeln, unter den Voraussetzungen des § 4 Abs. 2 Nr. 1 BBergG aber als grundeigenen Bodenschatz einzustufen. In der Praxis hätte eine solche Betrachtungsweise auch die merkwürdige Konsequenz, dass die innerhalb eines Grundstücks befindliche Erdwärme einmal als bergfrei gelten würde, nämlich bei der Aufsuchung und Gewinnung tiefer Geothermie, zugleich aber als grundeigen angesehen werden müsste, soweit es ihre oberflächennahe und grundstücksbezogene Erschließung betrifft.

Unabhängig von der konkreten Einordnung der Erdwärme innerhalb des bergrechtlichen Systems wird dem Grundeigentümer durch § 4 Abs. 2 Nr. 1 BBergG jedenfalls ein Aneignungsrecht hinsichtlich der in den Grenzen seines Grundstücks vorhandenen Erdwärme zugebilligt. Im Unterschied zu dem aus der Bewilligung resultierenden Aneignungsrecht, bei dem aufgrund der mit der Antragstellung verbundenen Planung (z.B. Erstellung des gemäß § 12 Abs. 1 Satz 2 Nr. 4 BBergG erforderlichen Arbeitsprogramms) zumindest mit einer Verwirklichung zu rechnen ist, stellt sich das Recht aus § 4 Abs. 2 Nr. 1 BBergG lediglich als ein potenzielles Aneignungsrecht dar, dessen Realisierung ungewiss ist. Aus diesem Grund erscheint es durchaus vertretbar, einer vereinzelt in der Kommentarliteratur vertretenen Rechtsauffassung zu folgen, nach der dem bloßen Recht zur Aneignung einer herrenlosen Sache kein Eigentumsschutz gewährt wird, sondern erst dem durch Ausübung des Aneignungsrechts entstehenden Vollrecht.[1336] Allerdings gehört es zur Natur eines Aneignungsrechtes, dass ihm eine gewisse „Verwirklichungsunsicherheit“ innewohnt. So führen auch die ausschließlichen Aneignungsrechte nach dem Jagdrecht (vgl. §§ 1 und 3 BJagdG[1337]) oder nach dem Fischereirecht (vgl. § 3 LFischG S-H[1338]) nicht zwangsläufig zum Eigentumserwerb des Berechtigten. Ungeachtet dessen sind sie als absolute Rechte anerkannt und über §§ 823 und 1004 BGB zivilrechtlich geschützt.[1339] Somit ist dem bergrechtlichen

1336 *Baldus*, in: Münchener Kommentar zum Bürgerlichen Gesetzbuch, Band 6, § 1004, Rn. 22.

1337 Bundesjagdgesetz i.d.F. vom 29.09.1976, BGBl. 1976 Teil I Nr. 122, S. 2849; zuletzt geändert durch Art. 3 des Gesetzes vom 06.12.2011, BGBl. 2011 Teil I Nr. 64, S. 2557.

1338 Fischereigesetz für das Land Schleswig-Holstein (Landesfischereigesetz – LFischG) vom 10.02.1996, GVOBl. S-H 1996, S. 211; zuletzt geändert durch Gesetz vom 26.10.2011, GVOBl. S-H 2011, S. 295.

1339 OLG Düsseldorf, Urteil vom 21.10.1987 - 9 U 59/87 -, NJW-RR 1988, S. 526; BayObLG, Urteil vom 22.05.1995 - 1Z RR 248/93 -, RdL 1995, S. 288, 289;

Aneignungsrecht aus § 4 Abs. 2 Nr. 1 BBergG als Ausfluss des Grundeigentums in entsprechender Anwendung des § 1004 BGB eigentumsrechtlicher Schutz zu gewähren. Es wäre zudem unbillig, das Aneignungsrecht aus § 8 Abs. 1 Nr. 1 BBergG dem Eigentumsschutz zu unterstellen, dem gleichrangigen Aneignungsrecht des Grundeigentümers aus § 4 Abs. 2 Nr. 1 BBergG aber jeglichen Schutz zu versagen.

Im Ergebnis kann sich daher ein Grundstückseigentümer gegenüber dem Betrieb einer benachbarten Geothermieanlage auf sein potenzielles Aneignungsrecht hinsichtlich der Erdwärme berufen, wenn es infolge des Anlagenbetriebs zu thermischen Auswirkungen auf sein Grundstück kommt. Einer zu weitgehenden Ausdehnung des Abwehranspruchs und der damit einhergehenden Missbrauchsgefahr ist noch nicht auf der Stufe der Rechtsgutsbeeinträchtigung entgegenzuwirken, sondern erst bei der Bestimmung des konkreten Ausschließungsinteresses gemäß § 905 Satz 2 BGB.

2) Zur Problematik der sog. negativen Einwirkungen

An einer abwehrfähigen Eigentumsbeeinträchtigung würde es jedoch fehlen, wenn man den Entzug von Wärme aus einem benachbarten Grundstück zu den sog. negativen Einwirkungen zählt. Nach höchstrichterlicher Rechtsprechung und der überwiegenden Auffassung im Schrifttum sind negative Einwirkungen, d.h. solche, durch die einem Grundstück gewisse Vorteile entzogen werden, nicht unzulässig im Sinne der §§ 903, 906, 907 und 1004 BGB, der Eigentümer hat sie also zu dulden.[1340] Beispielhaft zu nennen ist das Abhalten natürlicher Zuführungen wie etwa von Licht, Luft, Wasser oder Funkwellen als Folge der Errichtung eines Gebäudes oder sonstiger Nutzungen des benachbarten Grundstücks.[1341]

Bassenge, in: Palandt, Bürgerliches Gesetzbuch, § 1004, Rn. 4; *Ebbing*, in: Erman, Bürgerliches Gesetzbuch, Band II, § 1004, Rn. 9.

1340 BGH, Urteile vom 21.10.1983 - V ZR 166/82 -, BGHZ 88, S. 344, 345/346 und vom 22.02.1991 - V ZR 308/89 -, BGHZ 113, S. 384, 386 ff.; *Baldus*, in: Münchener Kommentar zum Bürgerlichen Gesetzbuch, Band 6, § 1004, Rn. 124; *Münch*, in: Soergel, Bürgerliches Gesetzbuch, Band 15/1, Sachenrecht 2/1, § 1004, Rn. 96; *Gursky*, in: Staudinger, Kommentar zum Bürgerlichen Gesetzbuch, § 1004, Rn. 65; a.A.: *Bensching*, Nachbarrechtliche Ausgleichsansprüche – zulässige Rechtsfortbildung oder Rechtsprechung contra legem?, S. 59 ff.

1341 vgl. BGH, Urteil vom 11.07.2003 - V ZR 199/02 -, NJW-RR 2003, S. 1313, 1314; OLG Düsseldorf, Urteil vom 18.09.2000 - 9 U 67/00 -, NVwZ 2001, S. 594, 595; *Fritzsche*, in: Bamberger/Roth, Kommentar zum Bürgerlichen Gesetzbuch, Band 2, § 903, Rn. 25; *Ebbing*, in: Erman, Bürgerliches Gesetzbuch, Band II, § 1004, Rn. 18.

Zur Begründung für das Nichtbestehen eines Abwehranspruchs wird angeführt, dass die genannten Einwirkungen Folgen einer an sich zulässigen, die räumlichen Grenzen des Grundstücks nicht überschreitenden Nutzung durch den Eigentümer sind und sich somit lediglich als Reflex der positiven Eigentümerbefugnisse darstellen.[1342] Dementsprechend ist auch der unterirdische Entzug von Grundwasser aus einem Nachbargrundstück infolge der Grundwasserförderung auf dem eigenen Grundstück von der Rechtsprechung als nicht abwehrfähige negative Einwirkung eingestuft worden.[1343] Konkret hat der Bundesgerichtshof ausgeführt, dass ein Grundstückseigentümer, der von der Verfügungsbefugnis über das auf seinem Grundstück vorgefundene Grundwasser Gebrauch macht, indem er beispielsweise Grundwasser fördert oder ableitet, nicht fremdes Eigentum am Grundwasser verletzt, auch wenn seine Maßnahmen dazu führen, dass dem Grundstück eines anderen Grundwasser entzogen wird.[1344] Anzumerken ist, dass die Urteile aus einer Zeit stammen, in der das Grundwasser nach allgemeiner Ansicht noch als Bestandteil des Grundstückseigentums angesehen wurde,[1345] also vor der grundlegenden Nassauskiesungs-Entscheidung des Bundesverfassungsgerichts aus dem Jahr 1981.[1346] Zu überlegen bleibt, ob sich die zivilgerichtliche Rechtsprechung angesichts der Vergleichbarkeit von Grundwasser und Erdwärme als „fließende", nicht räumlich abgrenzbare und damit nicht-körperliche Medien auf den Erdwärmeentzug aus einem benachbarten Grundstück übertragen lässt. Dies hätte zur Folge, dass sich ein Grundeigentümer gegen die Entziehung der in seinem Grundstück befindlichen Erdwärme nicht über § 1004 Abs. 1 i.V.m. § 905 Satz 1 BGB zur Wehr setzen könnte, sondern zur Duldung der fremden Erdwärmegewinnung verpflichtet wäre. In Anbetracht der spezialgesetzlichen Einordnung der Erdwärme als bergfreier, der Verfügungsbefugnis des Grundeigentümers entzogener Bodenschatz erscheint ein Ausschluss der Eigentümerrechte als logische Konsequenz der bergrechtlichen Ordnung der Bodenschätze. Ein solches Ergebnis stünde zudem in Einklang mit der heute unstrittigen und durch den Gesetzgeber in § 4 Abs. 2 und 3 WHG

1342 *Baldus,* in: Münchener Kommentar zum Bürgerlichen Gesetzbuch, Band 6, § 1004, Rn. 127; *Fritzsche,* in: Bamberger/Roth, Kommentar zum Bürgerlichen Gesetzbuch, Band 2, § 903, Rn. 24; *Gursky*, in: Staudinger, Kommentar zum Bürgerlichen Gesetzbuch, § 1004, Rn. 66..

1343 BayObLG, Urteil vom 22.01.1965 - BReg 1a Z 164/62 -, NJW 1965, S. 973, 974; OLG München, Urteil vom 28.12.1966 - 1 U 1175/65 -, NJW 1967, S. 570, 571; BGH, Urteil vom 22.12.1976 - III ZR 62/74 -, BGHZ 69, S. 1, 4.

1344 BGH, Urteil vom 22.12.1976 - III ZR 62/74 -, BGHZ 69, S. 1, 4.

1345 vgl. BGH, Urteil vom 22.12.1976 - III ZR 62/74 -, BGHZ 69, S. 1, 3/4.

1346 vgl. BVerfG, Beschluss vom 15.07.1981 - 1 BvL 77/78 -, BVerfGE 58, S. 300 ff.

übernommenen Auffassung, dass das Grundwasser dem Privateigentum entzogen und einer öffentlich-rechtlichen Benutzungsordnung unterstellt ist.[1347] Insoweit steht außer Frage, dass Grundwasser vom Herrschaftsrecht des Eigentümers nicht erfasst wird und dieser Beeinflussungen des Grundwassers durch Dritte, beispielsweise infolge des Betriebes einer geothermischen Brunnenanlage, nicht verbieten kann.

In Bezug auf die Veränderung der Temperaturverhältnisse im Untergrund durch die Nutzung von Erdwärme gibt es allerdings einige Gesichtspunkte, die gegen eine Einordnung als negative und damit von einem benachbarten Grundstückseigentümer hinzunehmende Einwirkung sprechen. Zum einen nennt § 906 Abs. 1 Satz 1 BGB ausdrücklich die Zuführung von Wärme als berücksichtigungsfähige, wenn auch ggf. zu duldende Einwirkung auf ein Grundstück. Der Betrieb einer geothermischen Anlage zur Klimatisierung von Großimmobilien führt aber regelmäßig nicht nur zum Entzug von Wärme zwecks Beheizung des Gebäudes im Winter, sondern ebenso zur Einspeicherung von Wärme zwecks Gebäudekühlung im Sommer. Wenn nun aber die Zuführung von Wärme als Beeinträchtigung im Sinne der §§ 906 und 1004 BGB anzusehen ist, wäre es widersprüchlich, den Wärmeentzug nicht als eigentumsrelevante Einwirkung zu qualifizieren. Dies gilt umso mehr, da man den Entzug von Wärme begrifflich auch als Zuführung von Kälte bezeichnen könnte. Es gibt aber keinen überzeugenden Grund, die Zuführung von Wärme als mögliche Eigentumsbeeinträchtigung dem Schutz des § 1004 Abs. 1 BGB zu unterstellen, die Zuführung von Kälte dagegen nicht. In physikalischer Hinsicht überzeugt eine derartige Unterscheidung von „Wärme" und „Kälte" ohnehin nicht, da die Wärme eine Energieform ist, während es sich bei Kälte letztlich nur um eine umgangssprachliche Beschreibung für eine niedrige Temperatur handelt.[1348] Maßgeblich ist der Vorgang der Wärmeübertragung, durch den sich die unterschiedlichen Temperaturen zweier Systeme einander angleichen. Es fehlt daher an einer sachlichen Rechtfertigung dafür, ausgehend von einer normalen Erdreichtemperatur von etwa 11°C eine Erhöhung auf 13°C als positive Einwirkung im Sinne des § 1004 Abs. 1 BGB zu erfassen, dies jedoch bei einer Absenkung auf 9°C abzulehnen. Vielmehr läge ein künstliches Auseinanderreißen eines einheitlichen Lebenssachverhaltes vor, wenn ein Nachbar die sommerliche Zuführung von Wärme unterbinden könnte, während er den winterlichen Wärmeentzug zu dulden hätte. Vergleichbar der aus der strafrechtlichen

1347 vgl. BVerfG, Beschluss vom 15.07.1981 - 1 BvL 77/78 -, BVerfGE 58, S. 300, 328, 344.

1348 *Lucas*, Thermodynamik, S. 162.

Konkurrenzlehre bekannten natürlichen Handlungseinheit ist hier in tatsächlicher Hinsicht ein einheitliches Gesamtgeschehen gegeben, welches auch rechtlich eine kongruente Betrachtungsweise erfordert. Für eine Gleichstellung des (negativen) Wärmeentzugs mit der (positiven) Zuführung von Wärme lässt sich schließlich darauf verweisen, dass im Rahmen der immissionsschutzrechtlichen Parallelnorm des § 3 Abs. 2 BImSchG die Zufuhr von kalter Luft als ähnliche Einwirkung und damit als Immission im Sinne des Gesetzes betrachtet wird.[1349] Folglich ist neben der Zuführung von Wärme auch der Wärmentzug als eine mögliche Rechtsgutsbeeinträchtigung im Sinne des § 1004 Abs. 1 BGB einzustufen. Soweit es den entgegenstehenden Wortlaut des § 906 Abs. 1 Satz 1 BGB betrifft, ist nach Sinn und Zweck eine entsprechende Anwendung der Vorschrift auf die Zuführung von Kälte bzw. den Entzug von Wärme geboten.

Im Übrigen kann in diesem Zusammenhang auch auf die Begründung der herrschenden Meinung zur Nichtberücksichtigung negativer Einwirkungen abgestellt werden. Danach kommt § 1004 BGB nur zur Anwendung, wenn das Eigentum durch von außen kommende aktive Einflüsse beeinträchtigt wird, d.h. wenn es sich um physikalisch feststellbare, grenzüberschreitende Vorgänge handelt.[1350] Die Einwirkung muss über das Verursachergrundstück hinaus aktiv schädigend auf das Nachbargrundstück wirken; nicht ausreichend ist es, wenn die materielle Wirkung innerhalb der Grenzen des Grundstücks verbleibt.[1351] Daher werden beispielsweise das Abhalten von Funkwellen durch Hochhäuser oder das Versperren der Aussicht und die Abschattung eines Grundstücks infolge der Errichtung einer baulichen Anlage nicht als Eigentumsbeeinträchtigungen im Sinne des § 1004 BGB anerkannt.[1352] Anders liegt die Sache aber bei der Beeinflussung von Nachbargrundstücken durch den Betrieb geothermischer Anlagen. Zwar befinden sich die Anlagenteile, also die einzelnen Erdwärmesonden oder die geothermischen Brunnen, regelmäßig innerhalb der Grundstücksgrenzen. Allerdings wird durch den Anlagenbetrieb – jedenfalls bei einer entsprechenden Leistung der Anlage – dem Nachbargrundstück aktiv entweder Wärme entzogen oder zugeführt. Insoweit lässt sich

---

1349 *Jarass*, BImSchG, § 3, Rn. 8.

1350 BGH, Urteile vom 22.01.1991 - V ZR 308/89 -, BGHZ 113, S. 384, 387/388 und vom 21.10.1983 - V ZR 166/82 -, BGHZ 88, S. 344, 346; Klimt, ZMR 1993, S. 204.

1351 so schon das RG, Urteile vom 27.02.1902 - Rep. V. 403/01 -, RGZ 50, S. 225, 228 und vom 08.04.1911 - Rep. V. 328/10 -, RGZ 76, S. 130, 131; vgl. auch BGH, Urteil vom 11.07.2003 - V ZR 199/02 -, NJW-RR 2003, S. 1313, 1314.

1352 vgl. BGH, Urteile vom 21.10.1983 - V ZR 166/82 -, BGHZ 88, S. 344 ff. und vom 11.07.2003 - V ZR 199/02 -, NJW-RR 2003, S. 1313, 1314; OLG Frankfurt, Urteil vom 02.07.2004 - 24 U 15/96 -, BauR 2004, S. 1796/1797.

gerade nicht sagen, dass sich die Wirkungen der Eigentümernutzung innerhalb des Grundstücks halten, sondern sie sind unmittelbar und in positiver Weise grenzüberschreitend. Demnach ist der Zugriff auf die unter einem benachbarten Grundstück befindliche Erdwärme als Beeinträchtigung im Sinne von § 1004 Abs. 1 BGB anzusehen und nicht als negative, vom Eigentümer zu duldende Einwirkung.

3) Zwischenergebnis

Als Zwischenergebnis ist festzuhalten, dass sich ein Grundstückseigentümer mit dem Abwehranspruch aus § 1004 Abs. 1 BGB gegen die von einer benachbarten geothermischen Anlage ausgehende Wärmezufuhr bzw. den Wärmentzug zur Wehr setzen kann, weil dadurch das ihm für den Fall einer grundstücksbezogenen Erdwärmenutzung zustehende Aneignungsrecht aus § 4 Abs. 2 Nr. 1 BBergG beeinträchtigt wird. Es handelt sich hierbei um eine grenzüberschreitende und nicht um eine nur negative Einwirkung auf das benachbarte Grundstück. Anders könnte dies allenfalls zu beurteilen sein, wenn sich die Temperaturauswirkungen infolge des Wechsels von Heizen und Kühlen bei ganzjähriger Betrachtung annähernd ausgleichen und sie daher als unwesentlich im Sinne des § 906 Abs. 1 BGB einzustufen wären. Dagegen spricht, dass Hintergrund des Abwehranspruchs stets ein eigenes Nutzungsinteresse des Eigentümers sein muss. Die eigene Erdwärmenutzung wird aber regelmäßig beeinträchtigt sein, wenn die Nachbaranlage dem Grundstück Wärme entzieht oder zuführt, selbst wenn die Gesamtbilanz im Jahresverlauf neutral ist.

bb) Keine Duldungspflicht gemäß § 1004 Abs. 2 BGB

Ein Anspruch auf Untersagung des Betriebs einer benachbarten Geothermieanlage mit grenzüberschreitenden Auswirkungen ist ausgeschlossen, wenn der Grundstückseigentümer die Beeinträchtigung gemäß § 1004 Abs. 2 BGB zu dulden hat. In diesem Fall fehlt es an der notwendigen Rechtswidrigkeit der Eigentumsbeeinträchtigung.[1353] In Bezug auf die Erdwärmenutzung können sich Duldungspflichten des betroffenen Grundstückseigentümers insbesondere aus §§ 905 Satz 2 und 906 BGB ergeben. Öffentlich-rechtliche Genehmigungen führen dagegen nur dann zu einer Duldungspflicht, wenn sie privatrechtsgestaltende Wirkung besitzen, wie dies gemäß § 14 BImSchG bei der immissionsschutzrechtlichen

---

1353 *Bassenge*, in: Palandt, Bürgerliches Gesetzbuch, § 1004, Rn. 34; *Fritzsche*, in: Bamberger/Roth, Kommentar zum Bürgerlichen Gesetzbuch, Band 2, § 1004, Rn. 98; *Baur/Stürner*, Sachenrecht, § 12, Rn. 8.

Anlagengenehmigung oder nach § 16 Abs. 2 WHG bei der wasserrechtlichen Bewilligung der Fall ist. Gegenüber der nachbarlichen Nutzung des oberflächennahen Untergrundes zur Gewinnung und Speicherung von Wärme kommen derartige öffentlich-rechtliche Duldungspflichten nicht in Betracht, da diese lediglich der wasserrechtlichen Zulassung bedarf, welche regelmäßig durch einfache Erlaubnis erfolgt. Die wasserrechtliche Erlaubnis gewährt aber gemäß § 10 Abs. 1, 1. Alt. WHG nur eine öffentlich-rechtliche Befugnis zur Gewässerbenutzung und lässt private Rechte Dritter grundsätzlich unberührt.[1354] Im Folgenden ist näher auf die nachbarrechtlichen Duldungspflichten aus §§ 905 Satz 2 und 906 BGB einzugehen.

1) Zum Ausschließungsinteresse im Sinne des § 905 Satz 2 BGB

Das Recht des Grundstückseigentümers erstreckt sich gemäß § 905 Satz 1 BGB auf den Erdkörper unter der Oberfläche. Eingeschränkt wird dieses Herrschaftsrecht durch § 905 Satz 2 BGB, wonach der Eigentümer Einwirkungen nicht verbieten kann, die in solcher Tiefe vorgenommen werden, dass er an der Ausschließung kein Interesse hat. Das fehlende Ausschließungs- oder Verbietungsinteresse begründet demnach eine Duldungspflicht des Grundeigentümers gegenüber Nutzungen des Untergrundes durch Dritte.

Probleme wirft die Frage auf, anhand welcher Kriterien das Ausschließungsinteresse des Eigentümers im Einzelfall zu bestimmen ist. Im Hinblick auf die oberflächennahe Geothermie ließe sich argumentieren, dass bei einer Nutzung des Untergrundes in Tiefenbereichen zwischen 50 m und 150 m ein Interesse des Grundstückseigentümers an der Untersagung der Inanspruchnahme seines Grundstücks nicht besteht. Allerdings wird das Ausschließungsinteresse im Regelfall sehr weit und damit grundeigentümerfreundlich ausgelegt. Es ist grundsätzlich zu bejahen, wenn wegen der Einwirkung auf das Grundstück eine eigene Nutzung des Untergrundes durch den Eigentümer aktuell oder zukünftig behindert wird.[1355] Dabei kann nicht jede denkbare Nutzungsmöglichkeit für den Eigentümer genügen, da die einschränkende Funktion des § 905 Satz 2 BGB ansonsten leerlaufen würde.[1356] Zur Verdeutlichung sei auf die naheliegende Parallelität von

---

1354 BGH, Urteil vom 23.06.1983 - III ZR 79/82 -, BGHZ 88, S. 34, 40/41; *Czychowski/Reinhardt*, Wasserhaushaltsgesetz, § 10, Rn. 46.

1355 BGH, Urteil vom 31.10.1980 - V ZR 157/79 -, NJW 1981, S. 573, 574; *Ring*, in: Grziwotz/Keukenschrijver/Ring, BGB – Sachenrecht, § 905, Rn. 13; *Säcker*, in: Münchener Kommentar zum Bürgerlichen Gesetzbuch, Band 6, § 905, Rn. 8.

1356 *Schulz/Reese*, RdE 2011, S. 8, 12.

Einwirkungs- und Ausschließungsinteresse verwiesen: Wenn ein Dritter ein Interesse an der Einwirkung in großer Tiefe hat, dürfte auch auf Seiten des Grundstückeigentümers jedenfalls ein entsprechendes potenzielles Interesse bestehen, da eine wirtschaftlich sinnvolle Nutzung des Untergrundes offensichtlich möglich erscheint; damit wäre aber zugleich ein Interesse des Eigentümers gegeben, den Abwehranspruch aus § 1004 BGB geltend zu machen.[1357]

Insoweit ist dem Bundesgerichtshof zwar zuzustimmen, wenn er zukünftige Nutzungsmöglichkeiten des Eigentümers in die Beurteilung des Ausschließungsinteresses einbezieht.[1358] Zu weitgehend erscheint aber – jedenfalls in Bezug auf die Erdwärmegewinnung – die Forderung, dass bei Einwirkungen in der Tiefe ein besonders strenger Maßstab an den Nachweis anzulegen ist, dass der Eigentümer kein Verbietungsinteresse hat.[1359] Geboten ist vielmehr eine einzelfallbezogene Differenzierung zwischen bloß abstrakten, für die Begründung eines Verbietungsinteresses nicht genügenden Nutzungsmöglichkeiten und dem konkreten Nutzungsinteresse des Eigentümers. Eine lediglich denkbare Interessenbeeinträchtigung, rein theoretische Zukunftsmöglichkeiten oder bloße Spekulationen sind zur Begründung des Ausschließungsinteresses nicht geeignet.[1360] Entgegen den Ausführungen des Bundesgerichtshofs im Wintershall-Urteil aus dem Jahr 1980 dürfte auch eine „nicht völlig fernliegende“ Nutzungsmöglichkeit durch den Eigentümer nicht genügen.[1361] Gerade in Bezug auf den bergfreien Bodenschatz Erdwärme, der nicht Bestandteil des Grundeigentums ist, sondern für den § 4 Abs. 2 Nr. 1 BBergG nur ein potenzielles Aneignungsrecht des Grundstückseigentümers vorsieht, sind strengere Anforderungen an das Ausschließungsinteresse zu stellen. Andernfalls bestünde eine erhebliche Missbrauchsgefahr, wenn jeder Grundstückseigentümer unter Verweis auf eine mögliche, nicht gänzlich auszuschließende eigene Erdwärmenutzung den Betrieb anderer, grundstücksübergreifender Anlagen verhindern könnte. Eine enge Auslegung gebietet auch der Sinn und Zweck des § 905 Satz 2 BGB, der als Ausprägung des Grundsatzes von Treu und Glauben (§ 242 BGB) insbesondere die rechtsmissbräuchliche Ausnutzung von Eigentümerrechten verhindern soll.[1362] In diesem Zusammenhang ist zu berücksichtigen, dass das

---

1357 *Schulz/Reese*, RdE 2011, S. 8, 12.

1358 vgl. nur BGH, Urteile vom 23.10.1980 - III ZR 146/78 -, WM 1981, S. 129, 130 und vom 31.10.1980 - V ZR 157/79 -, NJW 1981, S. 573, 574.

1359 BGH, Urteil vom 23.10.1980 - III ZR 146/78 -, WM 1981, S. 129, 130.

1360 *Baur*, ZHR 150 (1986), S. 507, 523.

1361 vgl. BGH, Urteil vom 23.10.1980 - III ZR 146/78 -, WM 1981, S. 129, 130.

1362 *Fritzsche*, in: Bamberger/Roth, Kommentar zum Bürgerlichen Gesetzbuch, Band 2, § 905, Rn. 7; *Baur*, ZHR 150 (1986), S. 507, 523.

bloße Interesse, für die Gestattung der unterirdischen Einwirkung eine finanzielle Gegenleistung zu erhalten, kein relevantes Ausschließungsinteresse darstellt.[1363]

Abzulehnen ist ein Interesse des Eigentümers an der Verbietung der fremden Untergrundnutzung jedenfalls dann, wenn eine eigene Nutzung des untertägigen Raumes aus rechtlichen oder tatsächlichen Gründen ausgeschlossen erscheint.[1364] In tatsächlicher Hinsicht ist dabei zu untersuchen, ob sich eine Erdwärmeerschließung durch den Eigentümer unter Berücksichtigung der örtlichen Gegebenheiten überhaupt realisieren lässt. Dies wäre beispielsweise zu verneinen, wenn es sich um einen Altbau im urbanen Bereich handelt, wo schon aus Platzgründen die Niederbringung von Bohrungen entweder überhaupt nicht oder nur mit unverhältnismäßigem Aufwand möglich ist. Als weiteres Beispiel ist der Fall zu nennen, dass sich auf dem betreffenden Grundstück ein neu errichtetes Gebäude befindet, welches gerade erst mit herkömmlicher Heiztechnik unter Verwendung fossiler Brennstoffe wie Erdöl oder Erdgas ausgestattet worden ist. Auch hier ist in näherer Zukunft nicht mit einer Erdwärmenutzung zu rechnen. Gleiches gilt unter rechtlichen Gesichtspunkten für die durch den Eigentümer beabsichtigte Gewinnung tiefer Geothermie, wenn für den in Frage stehenden Bereich bereits eine Bergbauberechtigung vergeben wurde, das Grundstück sich also innerhalb eines Bewilligungsfeldes befindet.

Unter dem Gesichtspunkt der Widerspruchsfreiheit der Rechtsordnung ist es zudem zweckmäßig, die Frage der wasserrechtlichen Genehmigungsfähigkeit der erstrebten Erdwärmenutzung bereits in die Prüfung des Ausschließungsinteresses aufzunehmen. Denn es wäre nicht gerechtfertigt, den grundstücksübergreifenden Betrieb einer benachbarten geothermischen Anlage zu verbieten, wenn der Eigentümer sein Nutzungsinteresse mangels wasserrechtlicher Erlaubnis überhaupt nicht realisieren könnte. Denkbar erscheint beispielsweise, dass bei Hinzutreten einer weiteren geothermischen Anlage eine Überbewirtschaftung des Grundwassers droht oder dass nach dem Bewirtschaftungskonzept der Wasserbehörde die Niederbringung einer oder mehrerer zusätzlicher Erdwärmesonden ausgeschlossen ist. Um hier widersprüchliche Entscheidungen zu vermeiden, ist ein konkretes Ausschließungsinteresse des Grundeigentümers zu verneinen, wenn nach summarischer Prüfung die Erlaubnis für eine eigene Erdwärmenutzung aus wasserrechtlichen Gründen zu versagen wäre. In diesem Fall kann sich der Eigentümer die unter seinem Grundstück befindliche Erdwärme auch in Zukunft, d.h. jedenfalls für den Zeitraum der Geltungsdauer bereits erteilter Erlaubnisse für benachbarte

---

1363 BGH, Urteil vom 23.10.1980 - III ZR 146/78 -, WM 1981, S. 129, 130.

1364 *Schulz/Reese*, RdE 2011, S. 8, 12; *Baur*, ZHR 150 (1986), S. 507, 523/524.

wasserrechtliche Benutzungen, nicht nutzbar machen. Die Geltendmachung eines Nutzungsinteresses ohne konkrete Nutzungsmöglichkeit stellt sich aber als rechtsmissbräuchlich dar und ist im Rahmen des § 905 Satz 2 BGB ohne Bedeutung.[1365]

Schließlich ist auf einen wesentlichen Unterschied zwischen den vorliegenden Fallgestaltungen und der Wintershall-Entscheidung des Bundesgerichtshofs zur unterirdischen Speicherung von Rohöl hinzuweisen: Während dort der Grundeigentümer Entschädigung für einen rechtswidrigen, nicht durch eine Bergbauberechtigung oder einen sonstigen Titel legitimierten Eingriff in sein Herrschaftsrecht begehrte,[1366] wendet sich der Eigentümer hier gegen eine entweder durch bergrechtliche Bewilligung zugelassene oder zumindest auf der Ausnahmeregelung des § 4 Abs. 2 Nr. 1 BBergG beruhende Erdwärmegewinnung. Sofern diese Befugnisse überschritten werden, besteht aber unproblematisch ein Abwehranspruch aus § 1004 BGB.

Für den Grundeigentümer, der sich gegen eine von § 4 Abs. 2 Nr. 1 BBergG erfasste grundstücksübergreifende oder gegen eine bergrechtlich bewilligte Gewinnung oberflächennaher Geothermie über § 1004 Abs. 1 BGB zur Wehr setzen möchte, bedeutet dies, dass er sich auf ein Ausschließungsinteresse im Sinne von § 905 Satz 2 BGB berufen kann, wenn er ein hinreichend konkretes eigenes Interesse an der Gewinnung der in seinem Grundstück vorhandenen Erdwärme hat. Sofern es sich dabei nicht um eine aktuelle, sondern eine erst in der Zukunft liegende Nutzungsmöglichkeit handelt, muss der Eigentümer glaubhaft darlegen, dass die zukünftige Eigennutzung zumindest wahrscheinlich ist. Ein bloß abstraktes, hypothetisches Nutzungsinteresse des Eigentümers genügt nicht. Es müssen vielmehr objektive Anhaltspunkte darauf hindeuten, dass es in absehbarer Zeit tatsächlich zu einer Verwirklichung der Eigentümernutzung kommen wird. Dies ist beispielsweise der Fall, wenn bereits Planungsunterlagen zur Finanzierung oder zum Betrieb einer geothermischen Anlage vorliegen. Auch wenn derartige Planungen noch nicht existieren, kann eine entsprechende Absichtserklärung des Grundeigentümers genügen, sofern dem Anlagenbetrieb keine wesentlichen rechtlichen oder tatsächlichen Hinderungsgründe entgegenstehen. Bei verbleibenden Zweifeln an der Ernsthaftigkeit des Nutzungswillens kann der Eigentümer darauf verwiesen werden, das Beseitigungs- und Unterlassungsbegehren zu einem späteren Zeitpunkt erneut geltend zu machen, wenn die eigene Nutzung tatsächlich realisiert werden soll.[1367]

1365 *Baur*, ZHR 150 (1986), S. 507, 524.

1366 vgl. BGH, Urteil vom 23.10.1980 - III ZR 146/78 -, WM 1981, S. 129, 130.

1367 vgl. VG München, Urteile vom 06.11.2003 - M 10 K 02.5547 -, zit. n. juris, Rn. 25 und vom 10.04.2008 - M 10 K 06.4499 -, zit n. juris, Rn. 37.

Im Ergebnis ist ein Ausschließungsinteresse des Eigentümers zu bejahen, wenn eine beabsichtigte eigene Nutzung der Erdwärme plausibel dargelegt werden kann, wenn diese also hinreichend wahrscheinlich ist. Dagegen besteht gemäß § 905 Satz 2 BGB eine Duldungspflicht gegenüber der fremden Wärmegewinnung und -speicherung, wenn eine Nutzung durch den Grundeigentümer aus tatsächlichen oder rechtlichen Gründen nicht zu erwarten ist. Es bedarf also stets einer Prüfung der besonderen Umstände des Einzelfalls.

2) Zu den Duldungspflichten aus § 906 BGB

Fehlt es nach den soeben dargelegten Grundsätzen an einem berücksichtigungsfähigen Nutzungsinteresse des Eigentümers, ist eine Prüfung weiterer Duldungspflichten entbehrlich. Sofern sich der Grundeigentümer aber auf ein Ausschließungsinteresse im Sinne des § 905 Satz 2 BGB berufen kann, bleibt zu untersuchen, ob sich aus § 906 BGB eine Duldungspflicht gegenüber der fremden Erdwärmegewinnung ergibt. Gemäß § 906 Abs. 1 Satz 1 BGB hat der Grundeigentümer Einwirkungen zu dulden, durch die die Grundstücksnutzung nicht oder nur unwesentlich beeinträchtigt wird. Das Gleiche gilt nach § 906 Abs. 2 Satz 1 BGB für zwar wesentliche, aber durch eine ortsübliche Benutzung des Grundstücks herbeigeführte Beeinträchtigungen, wenn sich diese nicht durch zumutbare Maßnahmen vermeiden lassen.

§ 906 BGB wird auch als Generalnorm des zivilrechtlichen Nachbarschutzes bezeichnet.[1368] Hinter der Vorschrift steht der Gedanke, dass im nachbarlichen Lebensverhältnis Störungen bis zu einem gewissen Grad hinzunehmen sind, um dem Eigentümer überhaupt eine sinnvolle Nutzung seines Grundstücks zu ermöglichen.[1369] Regelungsziel ist ein sachgerechter Ausgleich der widerstreitenden Interessen des störenden Nachbarn und des gestörten Grundstückseigentümers unter bestmöglicher Ausnutzung des nachbarlichen Raumes.[1370] Unwesentliche Beeinträchtigungen der Grundstücksbenutzung sind als sozialadäquate Belästigungen im nachbarlichen Gemeinschaftsverhältnis zu tolerieren. Dagegen ist die von § 906 Abs. 1 BGB aufgestellte „Soziabilitätsschranke“ überschritten, wenn die Einwirkung auf das Grundstück eine wesentliche Nutzungsbeeinträchtigung zur

---

1368 vgl. BT-Drucks. 12/7425, S. 87; *Roth*, in: Staudinger, Kommentar zum Bürgerlichen Gesetzbuch, § 906, Rn. 3; *Lemke*, in: Kühne/Ehricke, Bergrecht zwischen Tradition und Moderne, S. 19, 21.

1369 *Ring*, in: Grziwotz/Keukenschrijver/Ring, BGB – Sachenrecht, § 906, Rn. 19.

1370 *Wilhelmi*, in: Erman, Bürgerliches Gesetzbuch, Band II, § 906, Rn. 1; *Lemke*, in: Kühne/Ehricke, Bergrecht zwischen Tradition und Moderne, S. 19, 21.

Folge hat.[1371] Erforderlich ist also eine Abgrenzung zwischen unwesentlichen, noch hinzunehmenden Beeinträchtigungen und solchen, die der Grundeigentümer als nicht mehr sozialadäquat über § 1004 Abs. 1 i.V.m. § 906 Abs. 1 BGB abwehren kann.

Vorab ist noch einmal darauf hinzuweisen, dass die Vorschrift des § 906 BGB nicht nur auf die unterirdische Zuführung von Wärme, sondern sinngemäß auch auf die Zuführung von Kälte bzw. den darin liegenden Wärmeentzug anzuwenden ist. Abgesehen von der fehlenden Rechtfertigung einer Differenzierung zwischen Wärme und Kälte könnte es andernfalls zu dem wenig überzeugenden Ergebnis kommen, dass der benachbarte Grundstückseigentümer die Zuführung von Wärme infolge der sommerlichen Kühlung eines Gebäudes unter den Voraussetzungen des § 906 BGB zu dulden hätte, wohingegen er den Entzug von Wärme im Winter als Beeinträchtigung seines Aneignungsrechtes aus § 4 Abs. 2 Nr. 1 BBergG unterbinden könnte. Folglich sind auch hier die Zuführung von Wärme und ihre Entziehung aufgrund geothermischer Nutzungen des Untergrundes gleich zu behandeln. Selbst wenn man den Wärmeentzug zwar gemäß § 1004 Abs. 1 BGB als relevante Beeinträchtigung des Herrschaftsrechts des Eigentümers, nicht aber als Einwirkung auf das Eigentum im Sinne des § 906 BGB ansehen wollte, müsste man zur Beurteilung von Nutzungskonflikten letztlich auf den Grundgedanken der Vorschrift zurückgreifen und zwischen unwesentlichen, als sozialadäquat hinzunehmenden, und wesentlichen, nicht mehr duldungspflichtigen, Beeinträchtigungen differenzieren. Denn die gesetzliche Interessenabwägung des § 906 BGB bietet eine sachgerechte Lösungsmöglichkeit für nachbarliche Konflikte und wird auch in anderen Fällen als Entscheidungsmuster zugrunde gelegt.[1372]

(aa) Zur Duldungspflicht aus § 906 Abs. 1 BGB

Es müssen also Kriterien dafür gefunden werden, wann eine Beeinträchtigung der Grundstücksbenutzung als wesentlich anzusehen ist und wann sie als unter Nachbarn noch tolerabel erscheint. Im Allgemeinen wird für die Beurteilung der Wesentlichkeit auf das Empfinden eines verständigen durchschnittlichen Benutzers des beeinträchtigten Grundstücks abgestellt unter Würdigung der tatsächlichen Zweckbestimmung des Grundstücks und seiner konkreten Beschaffenheit.[1373] Als

1371 *Münch*, in: Soergel, Bürgerliches Gesetzbuch, Band 15/1, Sachenrecht 2/1, § 1004, Rn. 51.

1372 *Wilhelmi*, in: Erman, Bürgerliches Gesetzbuch, Band II, § 906, Rn. 4.

1373 BT-Drucks. 12/7425, S. 87; BGH, Urteil vom 21.10.2005 - V ZR 169/04 -, NJW-RR 2006, S. 235, 237; *Ring*, in: Grziwotz/Keukenschrijver/Ring, BGB – Sachenrecht,

Auslegungshilfe kann dabei auf § 906 Abs. 1 Satz 2 und 3 BGB zurückgegriffen werden. Danach liegt im Regelfall eine nur unwesentliche Beeinträchtigung vor, wenn die in Gesetzen, in Rechtsverordnungen oder in Verwaltungsvorschriften nach § 48 BImSchG für die jeweiligen Einwirkungen festgelegten Grenz- oder Richtwerte nicht überschritten sind. Derartige formell- oder materiell-gesetzliche Grenzwerte existieren für die Erdwärmenutzung jedoch nicht. Allein die VDI-Richtlinie 4640 zur thermischen Nutzung des Untergrundes enthält Maßgaben zur maximal zulässigen Erwärmung und Abkühlung des Grundwassers sowie zu den noch akzeptablen Temperaturschwankungen infolge des Betriebs geothermischer Anlagen. Allerdings handelt es sich bei derartigen Richtlinien privater Verbände nicht um Gesetze im Sinne des § 906 Abs. 1 Satz 2 BGB und auch nicht um normkonkretisierende Verwaltungsvorschriften gemäß § 48 BImSchG, sondern lediglich um Regelwerke technisch sachverständiger Gremien, denen keine unmittelbare Rechtswirkung zukommt. Sie können daher bei der Bestimmung der Wesentlichkeit nur als Entscheidungshilfe dienen; ihrer Einhaltung bzw. Überschreitung kommt Indizwirkung zu.[1374] Für die Beurteilung von Nachbarkonflikten helfen die in der VDI-Richtlinie 4640 enthaltenen Grenzwerte für die Erwärmung und Abkühlung des Grundwassers oder des Wärmeträgermediums bei Erdwärmesonden in der Sache aber ohnehin nicht weiter, da sie keine Maßstäbe für die Beeinträchtigung benachbarter Anlagen bzw. Grundstücke beinhalten, sondern unter umweltrechtlichen Gesichtspunkten darauf abzielen, schädliche Gewässerveränderungen im Sinne der §§ 12 Abs. 1 Nr. 1 und 3 Nr. 10 WHG zu vermeiden. Auch die dort vorgeschlagene Einhaltung eines Mindestabstandes von 10 m zu Erdwärmesonden auf benachbarten Grundstücken bezieht sich – ebenso wie in den Leitfäden der Bundesländer zur Nutzung oberflächennaher Geothermie – regelmäßig nur auf kleinere Anlagen mit bis zu fünf Bohrungen oder einer thermischen Leistung bis 30 kW.[1375]

Einen Anhaltspunkt für die Einstufung der Zuführung oder des Entzugs von Wärme als wesentliche resp. unwesentliche Beeinträchtigung gemäß § 906 Abs. 1 BGB liefert die VDI-Richtlinie 4640 aber insoweit, als dort der thermische Einfluss von Erdwärmesondenanlagen für nicht signifikant gehalten wird, wenn die

---

§ 906, Rn. 45; *Fritzsche*, in: Bamberger/Roth, Kommentar zum Bürgerlichen Gesetzbuch, Band 2, § 906, Rn. 35, 36.

1374 BGH, Urteil vom 26.09.2003 - V ZR 41/03 -, NJW 2003, S. 3699, 3700; *Ring*, in: Grziwotz/Keukenschrijver/Ring, BGB – Sachenrecht, § 906, Rn. 68, 69; *Bassenge*, in: Palandt, Bürgerliches Gesetzbuch, § 906, Rn. 19.

1375 vgl. VDI-Richtlinie 4640, Blatt 1, S. 21, 27.

Temperaturveränderung nicht mehr als ± 1 K beträgt.[1376] Dem entspricht die verbreitete Ansicht im fachwissenschaftlichen Schrifttum, dass eine Abweichung von der Normaltemperatur des Untergrundes um 1°C als geringfügig und damit als eine tolerierbare Temperaturveränderung anzusehen ist.[1377] Es bietet sich daher an, diesen Maßstab auf die Beurteilung der nachbarrechtlichen Wesentlichkeit im Sinne des § 906 Abs. 1 BGB zu übertragen. Handelt es sich um eine derart unbedeutende Einwirkung auf den Temperaturhaushalt des oberflächennahen Untergrundes, ist davon auszugehen, dass benachbarte geothermische Anlagen nebeneinander betrieben werden können, also koexistenzfähig sind. Dann wird aber auch die Grundstücksbenutzung in Gestalt des Aneignungsrechts aus § 4 Abs. 2 Nr. 1 BGB nur in geringem Umfang gestört. Diese Einschränkung hat der Grundstückseigentümer im Rahmen des nachbarlichen Lebensverhältnisses hinzunehmen.

Die thermischen Auswirkungen einer geothermischen Anlage auf Untergrund und Grundwasser werden des Weiteren als nicht bedeutend eingestuft, wenn sich bei größeren Anlagen Wärmeentzug und Wärmeeintrag im Jahresverlauf annähernd ausgleichen.[1378] Im Nachbarrecht ist die Anwendung eines solchen Maßstabs zur Konfliktlösung eher ungeeignet, da auch kurzfristige Temperaturschwankungen den Betrieb einer anderen Anlage mehr als nur unerheblich beeinträchtigen können. Vorzugswürdig ist daher eine Differenzierung danach, inwieweit für den benachbarten Grundstückseigentümer ein technisch einwandfreier und wirtschaftlich sinnvoller Anlagenbetrieb trotz Erwärmung oder Abkühlung des Untergrundes möglich bleibt. Wenn dies der Fall ist, wenn also die eigene Erdwärmenutzung ohne signifikante Einschränkungen realisiert werden kann, liegt keine wesentliche Beeinträchtigung der Grundstücksnutzung vor. Wann dabei die Grenze zur Wesentlichkeit erreicht wird, hängt von der Anlagengröße und den hydrogeologischen Randbedingungen ab und lässt sich nur für den konkreten Einzelfall bestimmen. Temperaturveränderungen bis zu 1 K sind jedenfalls als unwesentlich einzustufen und damit vom benachbarten Grundstückseigentümer unter dem Gesichtspunkt der Sozialadäquanz – entschädigungslos – zu dulden.

Zu berücksichtigen ist, dass im Rahmen der Auslegung der Begriffe „wesentliche Beeinträchtigung“ und „ortsübliche Benutzung“ auch aktuellen Entwicklungen wie den Fortschritten in der Technik und der steigenden Bedeutung des

---

1376 VDI-Richtlinie 4640, Blatt 1, S. 27.

1377 *Pannike u.a.*, Grundwasser 2006, S. 6, 7; *Hähnlein u.a.*, Grundwasser 2010, S. 123, 125, 132; *Rauch u.a.*, in: Ostbayerisches Technologie-Transfer-Institut e.V., 9. Internationales Anwenderforum Oberflächennahe Geothermie, S. 20.

1378 VDI-Richtlinie 4640, Blatt 1, S.27.

Umweltschutzes angemessen Rechnung zu tragen ist.[1379] § 906 BGB kommt hier Bedeutung als Steuerungsinstrument für die Raumentwicklung zu.[1380] Für die Bestimmung der Wesentlichkeit einer Beeinträchtigung bedeutet dies, dass unter Berücksichtigung der angestrebten Förderung erneuerbarer Energien, wie sie auf nationaler Ebene beispielsweise in dem „Integrierten Energie- und Klimaprogramm" der Bundesregierung aus dem Jahr 2007, dem „Energiekonzept für eine umweltschonende, zuverlässige und bezahlbare Energieversorgung" der Bundesregierung vom 28.09.2010 sowie für die Erdwärmenutzung insbesondere im Erneuerbare-Energien-Wärmegesetz (EEWärmeG) Ausdruck gefunden hat, auf eine Auslegung hinzuwirken ist, die eine möglichst optimale Ausnutzung der Erdwärme gewährleistet. Mit dieser Zielsetzung steht es im Einklang, wenn der Grundstückseigentümer gewisse Einschränkungen der eigenen Erdwärmenutzung zu dulden hat, sofern dadurch der Betrieb einer zusätzlichen geothermischen Anlage ermöglicht wird. In Zweifelsfällen können dem Eigentümer mithin weitergehende Duldungspflichten auferlegt werden mit dem Ziel, die Ausnutzung des im nachbarlichen Raum vorhandenen Erdwärmepotenzials zu verbessern. An dieser Stelle ist allerdings insoweit Zurückhaltung geboten, als die Wesentlichkeitsprüfung des § 906 Abs. 1 BGB nicht mit Wertungs- und Abwägungsgesichtspunkten überfrachtet werden darf, da andernfalls die Grenzen zu § 906 Abs. 2 Satz 2 BGB und der dort durchzuführenden Zumutbarkeitsbetrachtung zu verwischen drohen. Eine umfassende Abwägung der betroffenen Nutzerinteressen ist nicht schon für die Beurteilung der Wesentlichkeit einer Beeinträchtigung erforderlich, sondern gewinnt erst Bedeutung bei der Frage der Zumutbarkeit für den Grundstückseigentümer.[1381]

(bb) Zur Duldungspflicht aus § 906 Abs. 2 Satz 1 BGB

Handelt es sich nach den vorstehenden Grundsätzen um eine wesentliche Einwirkung auf das Grundstück, kann diese gemäß § 1004 Abs. 1 BGB abgewehrt werden, sofern nicht die Duldungspflicht aus § 906 Abs. 2 Satz 1 BGB eingreift.

1379 *Ring*, in: Grziwotz/Keukenschrijver/Ring, BGB – Sachenrecht, § 906, Rn. 22; *Wilhelmi*, in: Erman, Bürgerliches Gesetzbuch, Band II, § 906, Rn. 1; vgl. auch BGH, Urteile vom 20.11.1992 - V ZR 82/91 -, BGHZ 120, S. 239, 255 und vom 14.11.2003 - V ZR 102/03 -, NJW 2004, S. 1037, 1040.

1380 *Wilhelmi*, in: Erman, Bürgerliches Gesetzbuch, Band II, § 906, Rn. 1.

1381 vgl. *Bensching*, Nachbarrechtliche Ausgleichsansprüche – zulässige Rechtsfortbildung oder Rechtsprechung contra legem?, S. 103; *Bischofs*, Die Nutzungspriorität im privaten Immissionsschutzrecht, S. 112/113.

Danach sind auch wesentliche Beeinträchtigungen zu dulden, wenn sie durch eine ortsübliche Benutzung des anderen Grundstücks herbeigeführt werden und nicht durch wirtschaftlich zumutbare Maßnahmen verhindert werden können. Ortsüblich ist eine beeinträchtigende Benutzung, wenn eine Mehrheit von Grundstücken im Umfeld in ähnlich störender Art und Weise genutzt wird.[1382] Es müsste also im Vergleichsgebiet, d.h. regelmäßig im gesamten Gebiet einer Gemeinde oder bei prägenden Besonderheiten auch innerhalb eines bestimmten Ortsteils, weitere Erdwärmeanlagen geben, deren Betrieb zu ähnlichen grenzüberschreitenden Auswirkungen auf benachbarte Grundstücke führt. Auch wenn die Zahl geothermischer Anlagen in Deutschland stetig ansteigt, ist die grenzüberschreitende Nutzung von Erdwärme noch nicht als ortsüblich zu qualifizieren.[1383] Gegen eine Ortsüblichkeit spricht insbesondere, dass es sich bei den meisten Anlagen um solche mit einer geringen Leistung bis 30 kW handelt, deren Auswirkungen regelmäßig innerhalb des Nutzergrundstücks verbleiben, bei denen also von vornherein keine nachbarrechtlichen Konflikte zu erwarten sind. Größere Geothermieanlagen, die anderen Grundstücken Wärme entziehen oder zuführen, stellen demgegenüber eher die Ausnahme dar und sind daher regelmäßig nicht gebietsprägend im Sinne des § 906 Abs. 2 Satz 1 BGB. Mithin sind ihre Auswirkungen von den betroffenen Grundstücksnachbarn auch nicht als ortsüblich hinzunehmen.

Sollte die Ortsüblichkeit im Einzelfall zu bejahen sein, müsste weiter untersucht werden, ob sich durch wirtschaftlich zumutbare Maßnahmen eine Verringerung der Einwirkungen erzielen und die Beeinträchtigung unter die Schwelle der Wesentlichkeit herabsetzen lässt. Dies wäre der Fall, wenn die Leistung einer Anlage derart reduziert werden könnte, dass die Temperaturveränderungen unter den Nachbargrundstücken nur noch als geringfügig einzustufen wären, dass aber dennoch ein wirtschaftlicher Anlagenbetrieb möglich bliebe. Im Regelfall dürfte eine solche Abhilfemöglichkeit nicht bestehen. Dann hätte der Grundstückseigentümer die Beeinträchtigung zu dulden und wäre auf die Geltendmachung eines Ausgleichsanspruchs nach § 906 Abs. 2 Satz 2 BGB verwiesen. Grundsätzlich ist aber davon auszugehen, dass der Betrieb einer geothermischen Anlage mit grundstücksüberschreitenden Auswirkungen keine ortsübliche Benutzung darstellt und demzufolge Eigentümern benachbarter Grundstücke auch keine Pflicht zur

---

1382 BGH, Urteil vom 20.11.1992 - V ZR 82/91 -, BGHZ 120, S. 239, 260; *Bassenge*, in: Palandt, Bürgerliches Gesetzbuch, § 906, Rn. 23; *Fritzsche*, in: Bamberger/Roth, Kommentar zum Bürgerlichen Gesetzbuch, Band 2, § 906, Rn. 56.

1383 Die Ortsüblichkeit für das Niederbringen von Geothermiebohrungen bejaht *Kräber*, Haftungsprobleme bei Geothermiebohrungen, S. 136.

Duldung einer wesentlichen Beeinträchtigung der eigenen Grundstücksnutzung gemäß § 906 Abs. 2 Satz 1 BGB obliegt.

(cc) Zwischenergebnis

Im Ergebnis hat der Grundeigentümer die von einer benachbarten Geothermieanlage ausgehenden Auswirkungen auf sein Grundstück zu dulden, wenn sie eine eigene Erdwärmenutzung nur unwesentlich beeinträchtigen. Dies ist der Fall, wenn der Betrieb beider Anlagen nebeneinander technisch möglich und wirtschaftlich sinnvoll ist. Anzunehmen ist eine solche Koexistenzfähigkeit der Anlagen regelmäßig bei Temperaturveränderungen im Bereich von ± 1 K. Liegen größere Abweichungen vor, sind die Umstände des Einzelfalls maßgeblich. Eine wesentliche Beeinträchtigung der eigenen Erdwärmenutzung muss der Grundeigentümer weder nach § 906 Abs. 1 BGB noch nach § 906 Abs. 2 Satz 1 BGB hinnehmen.

3) Zur Duldungspflicht aus nachbarlichem Gemeinschaftsverhältnis

(aa) Zur Anwendbarkeit der Grundsätze über das nachbarliche Gemeinschaftsverhältnis

Neben den gesetzlichen Duldungspflichten kann sich eine rechtshindernde Einwendung auch aus dem richterrechtlich entwickelten Institut des nachbarlichen Gemeinschaftsverhältnisses ergeben. Dieses Rechtsinstitut kann in Extremfällen als Korrektiv nach Treu und Glauben (§ 242 BGB) zur einzelfallgerechten Bewältigung atypischer nachbarlicher Interessenkonflikte herangezogen werden.[1384] Es begründet eine Pflicht zur gegenseitigen Rücksichtnahme der Grundstücksnachbarn und kann im Einzelfall ausnahmsweise über das gesetzliche Nachbarrecht hinaus einerseits zu Duldungspflichten gegenüber Einwirkungen auf das eigene Grundstück führen und andererseits die Nutzung des eigenen Grundstücks beschränken.[1385] In Anbetracht des ausdifferenzierten nachbarrechtlichen Systems der §§ 905 ff. BGB muss die Begründung von Rücksichtnahmepflichten über das nachbarliche Gemeinschaftsverhältnis eine Ausnahme bleiben, die nur gerechtfertigt ist, wenn ein über die gesetzliche Regelung hinausgehender

1384 BGH, Urteil vom 22.09.2000 - V ZR 443/99 -, NJW-RR 2001, S. 232, 233; *Wilhelmi*, in: Erman, Bürgerliches Gesetzbuch, Band II, § 906, Rn. 75.

1385 BGH, Urteile vom 31.01.2003 - V ZR 143/02 -, NJW 2003, S. 1392 und vom 26.04.1991 - V ZR 346/89 -, NJW 1991, S. 2826, 2827; *Fritzsche*, in: Bamberger/ Roth, Kommentar zum Bürgerlichen Gesetzbuch, Band 2, § 903, Rn. 35.

Interessenausgleich dringend geboten erscheint.[1386] Bei Vorliegen dieser Voraussetzungen kann die Geltendmachung des Abwehranspruchs aus § 1004 Abs. 1 BGB unter Berücksichtigung vorrangiger Interessen des störenden Nachbarn unzulässig sein.[1387] Sinn und Zweck des nachbarlichen Gemeinschaftsverhältnisses ist es, in solchen Fällen die Interessen der beteiligten Grundstückseigentümer im Wege der Abwägung einem gerechten Ausgleich zuzuführen und zu verhindern, dass dem einen Nachbarn etwas verwehrt wird, was für ihn von wesentlicher Bedeutung ist, was für den anderen Nachbarn aber ohne größere Beeinträchtigung hinnehmbar wäre.[1388] Es geht also um die Herbeiführung eines angemessenen, für beide Seiten tragbaren Ergebnisses in Fällen, in denen das gesetzliche Nachbarrecht keine zufriedenstellende Lösung bereithält. Zu beachten ist aber, dass die Wertungen der §§ 905 ff. BGB dabei nicht unterlaufen werden.

In Bezug auf konkurrierende Ansprüche von Grundstücksnachbarn hinsichtlich der Erdwärmeerschließung – insbesondere in der Konstellation des Zusammentreffens einer grenzüberschreitenden Nutzung zur Gebäudeklimatisierung und einer auf Grundlage des § 4 Abs. 2 Nr. 1 BBergG angestrebten eigenen Nutzung des Nachbargrundstücks – stellt sich die Frage, ob das bisher gefundene Ergebnis einer wertungsmäßigen Korrektur bedarf. Nach den obigen Ausführungen steht dem Grundeigentümer gegen den Zugriff des Nachbarn auf die unter der Oberfläche seines Grundstücks vorhandene Erdwärme bei eigenem Nutzungsinteresse ein Beseitigungs- und Unterlassungsanspruch aus § 1004 Abs. 1 BGB zu. Inhaltlich richtet sich der Anspruch nicht gegen den konkurrierenden Anlagenbetrieb insgesamt, sondern er umfasst nur die Vermeidung der das eigene Grundstück beeinflussenden Temperaturauswirkungen. Grundsätzlich erscheint dieses Ergebnis interessengerecht, da jeder Eigentümer in den Grenzen seines Grundstücks zur Erdwärmegewinnung befugt bleibt und ihm lediglich der Zugriff auf das fremde Eigentum in Gestalt des Aneignungsrechtes aus § 4 Abs. 2 Nr. 1 BBergG untersagt wird. Es steht zudem im Einklang mit der bereits erörterten Auslegungsvariante, nach der für eine grundstücksübergreifende Gewinnung von Erdwärme eine bergrechtliche Bewilligung erforderlich ist. Die Bewilligung wiederum schließt Abwehransprüche des benachbarten Grundstückseigentümers aus. Folge einer

---

1386 BGH, Urteile vom 11.07.2003 - V ZR 199/02 -, NJW-RR 2003, S. 1313, 1314 und vom 21.10.1983 - V ZR 166/82 -, BGHZ 88, S. 344, 351; *Ring*, in: Grziwotz/Keukenschrijver/Ring, BGB – Sachenrecht, § 903, Rn. 82.

1387 BGH, Urteile vom 31.01.2003 - V ZR 143/02 -, NJW 2003, S. 1392 und vom 26.04.1991 - V ZR 346/89 -, NJW 1991, S. 2826, 2827.

1388 *Ring*, in: Grziwotz/Keukenschrijver/Ring, BGB – Sachenrecht, § 903, Rn. 86.

solchen Auslegung ist aber auch, dass durch relativ kleine Anlagen zur Beheizung von Einfamilienhäusern die Verwirklichung großer Erdwärmeprojekte mit grundstücksübergreifenden Auswirkungen verhindert und dadurch die Entwicklung der Erdwärmenutzung insgesamt beeinträchtigt werden könnte.

Zudem können sich für den Eigentümer einer bereits vorhandenen Anlage erhebliche Belastungen ergeben, wenn er auf den dauerhaften, uneingeschränkten Anlagenbetrieb vertraut und auf dieser Grundlage beträchtliche Investitionen getätigt hat. Es treffen hier das Bestandsschutzinteresse des Anlagenbetreibers und das auf dem bergrechtlichen Aneignungsrecht beruhende Nutzungsinteresse des benachbarten Grundeigentümers aufeinander. Insoweit ist zunächst einmal darauf hinzuweisen, dass sich das nachbarliche Gemeinschaftsverhältnis nicht auf die horizontale Ebene beschränkt, sondern dass der Bundesgerichtshof daneben ausdrücklich ein vertikales Gemeinschaftsverhältnis anerkannt hat.[1389] Demzufolge bestehen jedenfalls keine grundsätzlichen Bedenken, das Korrektiv des nachbarlichen Gemeinschaftsverhältnisses auch auf die kollidierenden Interessen bei der Gewinnung von Erdwärme, also auf unterirdische Nutzungskonflikte, anzuwenden und dem Grundstückseigentümer, sofern notwendig, eine Pflicht zur besonderen Rücksichtnahme auf die bereits ausgeübte Nutzung des Nachbarn aufzuerlegen. Besondere Umstände, aufgrund derer ein Abweichen von der gesetzlichen Regelung der §§ 905 und 906 BGB gerechtfertigt sein könnte, sind in der vorliegenden Konstellation darin zu sehen, dass es sich bei der großflächigen unterirdischen Erdwärmeerschließung und -speicherung um eine neue Form der Energiegewinnung handelt, die noch als außergewöhnlich bezeichnet werden kann und die daher regelmäßig nicht ortsüblich im Sinne von § 906 Abs. 2 Satz 1 BGB ist. Wäre die grenzüberschreitende Erdwärmeerschließung bereits als ortsüblich anzusehen, bestünden eine Duldungspflicht des benachbarten Grundeigentümers sowie als Äquivalent ein Ausgleichsanspruch gemäß § 906 Abs. 2 Satz 2 BGB.

Darüber hinaus bleibt im Fall der Erdwärmenutzung stets zu bedenken, dass sich das Gewinnungsrecht des Grundstückseigentümers primär aus der bergrechtlichen Ausnahmevorschrift des § 4 Abs. 2 Nr. 1 BBergG und nur indirekt aus dem Grundeigentum ergibt. Es handelt sich insoweit zwar um ein „eigentumsähnliches“ Recht, allerdings abgeschwächt gegenüber dem Vollrecht zu einem potenziellen Aneignungsrecht. Sofern man der zweckbezogenen Auslegung des § 4 Abs. 2 Nr. 1 BBergG folgt, macht dieses Recht auch nicht an den Grundstücksgrenzen

---

1389 vgl. BGH, Urteil vom 19.09.2008 - V ZR 28/08 -, BGHZ 178, S. 90, 96, 97.

halt.[1390] Mithin beruhen die nachbarschaftlichen Nutzungskonflikte maßgeblich auf der bergrechtlichen Spezialnorm des § 4 Abs. 2 Nr. 1 BBergG. Eine Regelung, nach welchen Grundsätzen derartige Rechtskollisionen aufzulösen sind, enthält das Bergrecht jedoch nicht. In Anbetracht der Besonderheiten, die mit der unterirdischen Gewinnung des bergfreien Bodenschatzes Erdwärme verbunden sind, liegt somit ein atypischer Interessenkonflikt vor, der ein Bedürfnis für die Anwendung der Grundsätze über das nachbarliche Gemeinschaftsverhältnis begründet.

(bb) Zum Prioritätsprinzip als Abwägungskriterium

Die Abwägung der betroffenen nachbarlichen Interessen ist anhand allgemeingültiger Kriterien zu systematisieren. Vergleichend können an dieser Stelle zwei obergerichtliche Entscheidungen herangezogen werden, die sich mit der konkurrierenden Nutzung benachbarter Grundstücke zur Gewinnung von Windenergie auseinandersetzen. Streitgegenständlich waren insoweit die von der auf einem Grundstück betriebenen Windkraftanlage ausgehenden Abschattungs- und Verwirbelungseffekte, die eine Reduzierung der dem anderen Grundstück zur Verfügung stehenden Windenergie und damit einen geringeren Ertrag der dort geplanten Windkraftanlage zur Folge hatten. Das Oberlandesgericht Frankfurt am Main hat zunächst im einstweiligen Rechtsschutzverfahren die Grundsätze des nachbarlichen Gemeinschaftsverhältnisses angewendet und festgestellt, dass beiden Parteien als Grundstückseigentümern in dem als Windkonzentrationsfläche ausgewiesenen Gebiet grundsätzlich eine wirtschaftliche Nutzung der Windenergie möglich sein muss.[1391] In der Hauptsacheentscheidung hat das Gericht dann aber einen Unterlassungsanspruch auf Grundlage des nachbarrechtlichen Gemeinschaftsverhältnisses verneint und dabei zugunsten des Anspruchsgegners unter anderem auf das Prioritätsprinzip als allgemeines zivilrechtliches Ordnungsprinzip abgestellt.[1392] Darüber hinaus hat es auf den Gesichtspunkt hingewiesen, dass der Kläger nach Treu und Glauben vom Beklagten nicht verlangen darf, eine Nutzung seines Grundstücks zu unterlassen, nur um die gleiche Nutzung auf dem eigenen Grundstück zu ermöglichen.[1393] Überträgt man diesen Gedanken auf die

1390 vgl. *Frenz*, Glückauf 146 (2010), S. 302; Grundsatz-Erlass des Ministeriums für Wirtschaft, Mittelstand und Energie des Landes Nordrhein-Westfalen, Nutzbarmachung geothermischer Energie (Erdwärme) in Nordrhein-Westfalen, S. 2.

1391 OLG Frankfurt, Beschluss vom 12.02.1998 - 14 W 15/98 -, ZMR 2000, S. 378, 379.

1392 OLG Frankfurt, Urteil vom 09.03.2000 - 15 U 118/99 -, NJW-RR 2000, S. 1542, 1544.

1393 OLG Frankfurt, Urteil vom 09.03.2000 - 15 U 118/99 -, NJW-RR 2000, S. 1542, 1545.

Erdwärmenutzung, bedeutet das aber lediglich, dass der Eigentümer nicht den Anlagenbetrieb auf dem Nachbargrundstück insgesamt verbieten kann, sondern nur den Teil, der die Nutzung des eigenen Grundstücks beeinträchtigt. Faktisch kann dies jedoch einer Gesamtuntersagung gleichkommen, wenn ein wirtschaftlicher Anlagenbetrieb bei einer Beschränkung der Erdwärmenutzung auf das eigene Grundstück nicht mehr möglich ist.

Es stellt sich die Frage, ob das vom Oberlandesgericht Frankfurt am Main angewandte Prioritätsprinzip einen geeigneten Maßstab für die Konfliktlösung bietet. Das Schrifttum lehnt dies im privaten Nachbarrecht überwiegend ab und verweist auf die vorrangig heranzuziehenden materiellen Entscheidungskriterien des § 906 BGB.[1394] Auch der Bundesgerichtshof hat in seinem Urteil zum „Hammerschmiede-Fall" betont, dass der Gedanke der zeitlichen Priorität im Rahmen des Abwehranspruchs aus § 1004 Abs. 1 i.V.m. § 906 BGB grundsätzlich nicht geeignet ist, dem Störer eine Rechtfertigung für die Eigentumsbeeinträchtigung des Nachbarn zu liefern.[1395] Ungeachtet dessen wird anerkannt, dass das Prioritätskriterium ausnahmsweise Geltung beanspruchen kann, wenn dies zur Herbeiführung der Einzelfallgerechtigkeit notwendig ist.[1396] Das Argument eines Vorrangs der zeitlich früheren Nutzung sei Ausdruck der Verpflichtung zu Treu und Glauben und lasse sich im nachbarlichen Gemeinschaftsverhältnis verorten.[1397] Dem ist zuzustimmen: § 242 BGB kann als „rechtsdogmatisches Vehikel"[1398] für die Einbeziehung des Prioritätsprinzips ins Nachbarrecht nutzbar gemacht und der zeitliche Vorrang damit in Fällen von Nutzungskonkurrenzen als Abwägungskriterium herangezogen werden. Darüber hinaus ist zu berücksichtigen, dass es sich bei der störenden Tätigkeit um die Gewinnung eines Bodenschatzes und somit um eine bergrechtlich geprägte Tätigkeit handelt. Im bergrechtlichen Schrifttum und der einschlägigen Rechtsprechung besteht aber weitgehend Einigkeit, dass bei einem Zusammentreffen verschiedener Gewinnungsberechtigter der Prioritätsgrundsatz zu beachten ist und dass derjenige, der bereits Bodenschätze abbaut,

1394 vgl. *Röthel*, UTR 90 (2006), S. 207, 228/229; *Klöhn*, AcP 208 (2008), S. 777, 815/816; *Bischofs*, Die Nutzungspriorität im privaten Immissionsschutzrecht, S. 93, 131.

1395 BGH, Urteil vom 06.07.2001 - V ZR 246/00 -, BGHZ 148, S. 261, 266/267.

1396 *Röthel*, UTR 90 (2006), S. 207, 227/228 unter Verweis auf das Urteil des BGH vom 06.07.2001 - V ZR 246/00 -, BGHZ 148, S. 261 ff.; vgl. auch *Hagen*, in: Beuthien u.a., Festschrift für Dieter Medicus – Zum 70. Geburtstag, S. 161, 174/175.

1397 *Röthel*, UTR 90 (2006), S. 207, 228.

1398 so *Hagen*, in: Beuthien u.a., Festschrift für Dieter Medicus – Zum 70. Geburtstag, S. 161, 167.

Vorrang gegenüber demjenigen besitzt, der den Abbau erst beabsichtigt.[1399] Dem entspricht die vorliegende Konstellation, in der sich gleichrangige Aneignungsrechte zweier Grundstücksnachbarn aus § 4 Abs. 2 Nr. 1 BBergG gegenüberstehen, der störende Nachbar aber bereits seit geraumer Zeit von seiner Berechtigung Gebrauch macht. Dieser Umstand muss im Rahmen der Abwägung zugunsten des zeitlich vorrangigen Nutzers Berücksichtigung finden.

Ein alleiniges Abstellen auf den Aspekt der zeitlichen Priorität wird dem Gedanken der gegenseitigen Rücksichtnahme im nachbarlichen Gemeinschaftsverhältnis aber nicht gerecht. Es ist vielmehr eine wertende Gesamtschau erforderlich, die die Besonderheiten des Aufeinandertreffens von Bergrecht und Grundeigentum würdigt mit dem Ziel, eine optimale Ausnutzung des Bodenschatzes Erdwärme im übergeordneten Interesse des globalen Klimaschutzes zu erreichen. Die Belange der Beteiligten sind dabei soweit als möglich zu einem gerechten Ausgleich zu bringen. Ist allerdings ein gleichzeitiger Betrieb benachbarter Erdwärmeanlagen unter technischen oder wirtschaftlichen Gesichtspunkten ausgeschlossen, kann die zeitliche Priorität in Verbindung mit dem Bestandsschutzinteresse des Betreibers und dem Aspekt der Investitionssicherheit im Ergebnis dazu führen, dass der Grundeigentümer den Anlagenbetrieb zu dulden hat. Dies folgt letztlich aus der Einordnung der Erdwärme als bergfreier Bodenschatz, der im Grundsatz eben nicht der Verfügungsbefugnis des Grundeigentümers unterliegt. Dann ist es aber auch gerechtfertigt, im Interesse einer optimalen Nutzung der Bodenschätze das potenzielle Recht des Grundstückseigentümers aus § 4 Abs. 2 Nr. 1 BBergG gegenüber dem bereits betätigten Recht des Nachbarn zurücktreten zu lassen.

(cc) Zur Herbeiführung eines Gleichlaufs mit dem Wasserrecht

Da Errichtung und Betrieb leistungsstarker geothermischer Anlagen stets nach dem WHG erlaubnispflichtig sind, sollte zudem ein Gleichlauf mit dem Wasserrecht angestrebt werden. Hintergrund der komplexen Gemengelage von öffentlichem Recht und Privatrecht ist unter anderem die Doppelnatur der Erdwärme als Bodenschatz nach dem BBergG auf der einen und als Energieform, die auf das Grundwasser als Trägermedium angewiesen ist, auf der anderen Seite. Insoweit kann auch die Beurteilung zivilrechtlicher Ansprüche nicht ohne Einbeziehung wasserrechtlicher Gesichtspunkte erfolgen. Denn eine optimale Nutzung der Erdwärme ist nur möglich, wenn die einschlägigen Rechtsgebiete des Wasserrechts,

---

1399 BGH, Urteil vom 12.10.2000 - III ZR 242/98 -, NJW-RR 2001, S. 447, 450; *Beckmann*, AUR 2012, S. 1, 4; *Boldt/Weller*, Bundesberggesetz, § 42, Rn. 10; a.A.: *Turner*, ZfB 108 (1967), S. 251, 256.

des Bergrechts und des Zivilrechts in ihrer Anwendung und Auslegung aufeinander abgestimmt werden. Auch wenn der wasserrechtlichen Erlaubnis keine privatrechtsgestaltende Wirkung zukommt, macht es wenig Sinn, dem Betreiber einer geothermischen Anlage – bildlich gesprochen – mit der einen Hand etwas zu geben, nämlich die öffentlich-rechtliche Befugnis nach dem WHG, um es ihm mit der anderen Hand, d.h. über den privatrechtlichen Abwehranspruch, wieder zu nehmen. Problematisch ist ein solches Vorgehen auch deshalb, weil die Geltendmachung von Beseitigungs- und Unterlassungsansprüchen eine planmäßige und sinnvolle Bewirtschaftung des Grundwassers behindert und die Gefahr besteht, dass Einzelne die gesamte wasserwirtschaftliche Ordnung stören. Ziel muss es daher sein, soweit als möglich zu einer Harmonisierung von öffentlichem und privatem Nachbarrecht zu kommen.

Sofern man die Frage der wasserrechtlichen Genehmigungsfähigkeit der erstrebten Erdwärmenutzung nicht schon im Rahmen des Ausschließungsinteresses nach § 905 Satz 2 BGB berücksichtigt, müsste sie spätestens an dieser Stelle in die rechtliche Betrachtung einbezogen werden. Denn nach Treu und Glauben kann kein schützenswertes Interesse daran bestehen, eine Grundstücksnutzung zu Gunsten einer anderen verbieten zu lassen, wenn die alternative Nutzung aus rechtlichen Gründen überhaupt nicht realisierbar ist. Steht das Wasserhaushaltsrecht einer eigenen Erdwärmegewinnung des Anspruchstellers also offensichtlich entgegen, ist bei der gebotenen Würdigung der nachbarlichen Interessen ein Berufen auf den Abwehranspruch des § 1004 Abs. 1 BGB als unzulässig anzusehen, eine Duldungspflicht mithin zu bejahen.

Im Übrigen lässt sich eine Verknüpfung zwischen Wasserrecht und Zivilrecht über das von der Genehmigungsbehörde zu beachtende Rücksichtnahmegebot herstellen, welches inhaltlich mit dem nachbarlichen Gemeinschaftsverhältnis verwandt ist und vergleichbare wechselseitige Rücksichtnahmepflichten der Gewässerbenutzer statuiert. Um wegen des Nebeneinanders privatrechtlichen und öffentlich-rechtlichen Nachbarschutzes widersprüchliche Entscheidungen von Verwaltungs- und Zivilgerichten zu vermeiden, werden die einschlägigen Rechtsbegriffe und Beurteilungskriterien weitgehend gleichlaufend ausgelegt; dies gilt auch für das nachbarliche Gemeinschaftsverhältnis des Zivilrechts und das Gebot nachbarlicher Rücksichtnahme im öffentlichen Recht.[1400] Der Bundesgerichtshof

1400 *Fritzsche*, in: Bamberger/Roth, Kommentar zum Bürgerlichen Gesetzbuch, Band 2, § 906, Rn. 8; *Saller*, in: Grziwotz/Lüke/Saller, Praxishandbuch Nachbarrecht, 1. Teil, Rn. 91; *Hagen*, in: Beuthien u.a., Festschrift für Dieter Medicus – Zum 70. Geburtstag, S. 161, 172/173.

hat in seiner Rechtsprechung ebenfalls betont, dass es im Interesse einer Vereinheitlichung zivilrechtlicher und öffentlich-rechtlicher Beurteilungsmaßstäbe geboten ist, einen Nachbarn hinsichtlich der Zulässigkeit von Immissionen privatrechtlich nicht besser zu stellen, als er nach öffentlichem Recht stehen würde.[1401] Zusammenfassend lassen sich die vielfältigen Überschneidungen von öffentlichem und privatem Umweltschutzrecht so beschreiben, dass bei der privatrechtlichen Beurteilung eines Sachverhalts zwar keine starre Bindungswirkung an die verwaltungsrechtlichen Regelungen besteht, dass diese aber jedenfalls zu berücksichtigen sind.[1402]

Dies rechtfertigt es, die Wertungen des wasserrechtlichen Rücksichtnahmegebotes in die zivilrechtliche Prüfung des Bestehens einer nachbarlichen Duldungspflicht einzubeziehen. Relativierend ist anzumerken, dass Wasserhaushaltsrecht und privates Nachbarrecht in dieser Hinsicht ohnehin viele Gemeinsamkeiten aufweisen. So sind unter Nachbarn sowohl nach dem Rücksichtnahmegebot als auch gemäß § 906 Abs. 1 Satz 1 BGB unwesentliche Beeinträchtigungen der eigenen Grundstücksnutzung entschädigungslos hinzunehmen. Darüber hinaus verfolgen Wasserrecht, Bergrecht und Zivilrecht – Letzteres als Instrument zur Durchsetzung des Aneignungsrechts aus § 4 Abs. 2 Nr. 1 BBergG – an dieser Stelle gemeinsame Ziele: Das Wasserrecht und das Bergrecht regeln als Bewirtschaftungsordnungen die Verteilung begrenzter Ressourcen, nämlich derjenigen des Grundwassers und der Erdwärme, mit dem Ziel, eine optimale Nutzung dieser Vorkommen zu erreichen; insoweit besitzt aber auch § 906 BGB eine raumordnende Funktion, indem er auf die beste Ausnutzung des nachbarlichen Raumes unter Vermeidung nachteiliger Emissionen abzielt.[1403] Wenn die Ordnung der Raumnutzung über § 906 BGB nicht gelingt, weil neuartige Konfliktsituationen nicht hinreichend erfasst werden, verbleibt in Ausnahmefällen die Möglichkeit, eine Duldungspflicht des Grundeigentümers über das nachbarliche Gemeinschaftsverhältnis zu begründen. Dabei können die Wertungen des wasserrechtlichen Rücksichtnahmegebots Berücksichtigung finden, wobei wesentliche Abweichungen im Ergebnis angesichts der langjährigen Anwendung beider Rechtsfiguren nicht zu erwarten sind.[1404]

1401 BGH, Urteil vom 23.03.1990 - V ZR 58/89 -, NJW 1990, S. 2465, 2466.

1402 *Roth*, in: Staudinger, Kommentar zum Bürgerlichen Gesetzbuch, § 906, Rn. 8.

1403 *Roth*, in: Staudinger, Kommentar zum Bürgerlichen Gesetzbuch, § 906, Rn. 5; *Wilhelmi*, in: Erman, Bürgerliches Gesetzbuch, Band II, § 906, Rn. 1.

1404 vgl. *Fritzsche*, in: Bamberger/Roth, Kommentar zum Bürgerlichen Gesetzbuch, Band 2, § 906, Rn. 8.

Hinsichtlich der gebotenen Würdigung der „Vorentscheidung“ aus dem wasserbehördlichen Erlaubnisverfahren ergeben sich dabei korrespondierende Berücksichtigungspflichten: Zum einen hat die untere Wasserbehörde die zivilrechtlichen Folgeprobleme in die Prüfung des nachbarlichen Rücksichtnahmegebotes einzubeziehen und erforderlichenfalls die Nachbarn vergleichbar dem Baugenehmigungsverfahren zu beteiligen; zum anderen ist bei der Prüfung zivilrechtlicher Duldungspflichten angemessen Rücksicht zu nehmen auf die dem Anlagenbetreiber erteilte wasserrechtliche Erlaubnis und ein dahinterstehendes Bewirtschaftungskonzept der Behörde. Im Ergebnis hat danach ein Grundeigentümer den Betrieb einer geothermischen Anlage auf dem Nachbargrundstück zu dulden, wenn andernfalls die optimale Nutzung der Grundwasser- und Erdwärmeressourcen gestört würde. Dies gilt selbst dann, wenn dadurch eine eigene Erdwärmenutzung des Grundeigentümers unmöglich wird. In solch einem Fall muss das potenzielle Aneignungsrecht des Grundeigentümers aus § 4 Abs. 2 Nr. 1 BBergG hinter dem Bestandsschutzinteresse des Anlagenbetreibers, den damit verbundenen unternehmerischen und wirtschaftlichen Interessen sowie der in der wasserrechtlichen Erlaubnis manifestierten Bewirtschaftungsentscheidung der Wasserbehörde zurückstehen.

(dd) Zwischenergebnis

Sofern das gesetzliche Nachbarrecht der §§ 905 und 906 BGB keine angemessene Lösung neuartiger Konflikte, wie sie durch den Betrieb benachbarter geothermischer Anlagen hervorgerufen werden können, ermöglicht, kann eine Duldungspflicht des Grundstückseigentümers nach den Grundsätzen von Treu und Glauben aus dem nachbarlichen Gemeinschaftsverhältnis hergeleitet werden. Dies setzt aber stets voraus, dass eine Geltendmachung des Anspruchs aus § 1004 Abs. 1 BGB dem benachbarten Anlagenbetreiber unter dem Gesichtspunkt des Bestands- und Investitionsschutzes nicht zumutbar ist. In die erforderliche Interessenabwägung sind zudem einzustellen die durch Bergrecht und Wasserhaushaltsrecht geforderte optimale Nutzung von Grundwasser und Erdwärme, die Förderung der Erdwärme als erneuerbare Energie, die mögliche Harmonisierung von privatem Nachbarrecht und öffentlich-rechtlichem Zulassungsregime, das Prioritätsprinzip sowie auf Seiten des Anspruchstellers der Schutz des Aneignungsrechts aus § 4 Abs. 2 Nr. 1 BBergG als Ausfluss des Grundeigentums. Führt die Abwägung zu dem Ergebnis, dass das Nutzungsinteresse des Eigentümers schützenswert und seine Verwirklichung geboten ist, kann dieser die Erdwärmegewinnung auf dem Nachbargrundstück unterbinden, soweit sie den Betrieb der eigenen Anlage beeinträchtigt. Andernfalls hat er die Beeinträchtigung der eigenen Grundstücksnutzung zu dulden. Eine optimale Lösung von Nutzungskonflikten lässt sich allerdings auch über das Rechtsinstitut des nachbarlichen Gemeinschaftsverhältnisses nicht herbeiführen, da es sich um bloßes Richterrecht handelt, dessen Anwendung auf Extremfälle beschränkt ist. Als Korrelat der Duldungspflicht kann sich zudem ein Anspruch des Grundeigentümers auf angemessenen Ausgleich nach § 906 Abs. 2 Satz 2 BGB analog oder über den allgemeinen nachbarrechtlichen Ausgleichsanspruch ergeben, wenn ihm die Beeinträchtigung seiner Rechte nicht zumutbar ist. Die Pflicht zur Leistung einer angemessenen Entschädigung wiederum stellt eine Bedrohung für die Wirtschaftlichkeit des Betriebs der Geothermieanlage dar.

cc) Ergebnis

Nach alledem ist festzuhalten, dass das bergrechtliche Aneignungs- und Gewinnungsrecht aus § 4 Abs. 2 Nr. 1 BBergG als Ausfluss des Grundeigentums in entsprechender Anwendung des § 1004 Abs. 1 BGB eigentumsrechtlichen Schutz genießt. Dabei sind sowohl die Zuführung als auch der Entzug von Wärme infolge des Betriebs einer geothermischen Anlage auf dem Nachbargrundstück als mögliche Rechtsgutsbeeinträchtigungen einzustufen. § 906 Abs. 1 Satz 1 BGB steht einer solchen Auslegung nicht entgegen. Der Eigentümer ist aber zur Duldung der unterirdischen Einwirkungen auf sein Grundstück verpflichtet, wenn er kein hinreichendes Ausschließungsinteresse im Sinne des § 905 Satz 2 BGB darlegen kann. Ein solches Interesse des Eigentümers ist nur zu bejahen, wenn eine eigene Erdwärmenutzung hinreichend wahrscheinlich ist, nicht dagegen, wenn die Nutzung des untertägigen Raumes aus rechtlichen oder tatsächlichen Gründen ausgeschlossen erscheint. Letzteres kann der Fall sein, wenn eine summarische Prüfung des Sachverhalts ergibt, dass die begehrte Erdwärmeerschließung wasserrechtlich nicht genehmigungsfähig ist.

Bei unwesentlichen Beeinträchtigungen der Grundstücksbenutzung besteht zudem eine Duldungspflicht des Eigentümers aus § 906 Abs. 1 BGB. Für die Erdwärmenutzung bedeutet dies, dass Temperaturveränderungen des Grundwassers und des Erdkörpers im Bereich von ± 1 K als geringfügig hinzunehmen sind. Im Übrigen bietet sich eine Differenzierung dahingehend an, dass eine wesentliche Beeinträchtigung der Grundstücksnutzung solange nicht vorliegt, wie ein technisch einwandfreier und wirtschaftlich rentabler Anlagenbetrieb trotz der thermischen Beeinflussungen durch die Nachbaranlage möglich ist. Sind zwei benachbarte Anlagen in diesem Sinne koexistenzfähig, haben die Grundstückseigentümer gegenseitige Beeinträchtigungen zu dulden. Eine Duldungspflicht nach § 906 Abs. 2 Satz 1 BGB ist dagegen ausgeschlossen, weil der Betrieb geothermischer Anlagen mit grundstücksüberschreitenden Auswirkungen regelmäßig keine ortsübliche Grundstücksbenutzung darstellt. Demnach ist ein Abwehranspruch des Grundeigentümers gegen die Zuführung und den Entzug von Erdwärme durch benachbarte Anlagen aus § 1004 Abs. 1 BGB zu bejahen, sofern sich dieser auf ein hinreichend konkretes eigenes Nutzungsinteresse berufen kann und die Beeinträchtigungen nicht nur unwesentlich sind. Etwas anderes ergibt sich nach Treu und Glauben unter Heranziehung der Grundsätze des nachbarlichen Gemeinschaftsverhältnisses für den Fall, dass eine Duldung der zeitlich vorrangigen Nutzung des Nachbarn unter Berücksichtigung des Bestands- und Investitionsschutzes sowie einer optimalen Ausnutzung der Erdwärmeressourcen im übergeordneten Interesse des Klimaschutzes geboten erscheint. Im Rahmen der notwendigen Abwägung können dabei auch wasserrechtliche Gesichtspunkte wie die mangelnde Genehmigungsfähigkeit der erstrebten Erdwärmenutzung, die Wahrung der wasserwirtschaftlichen Ordnung und das Rücksichtnahmegebot Berücksichtigung finden. Im Einzelfall kann der Grundeigentümer danach aus dem nachbarlichen Gemeinschaftsverhältnis zur Duldung der grenzüberschreitenden Erdwärmeerschließung verpflichtet sein mit der Folge, dass ein Abwehranspruch nicht besteht.

b) Zu sonstigen Ansprüchen des Grundeigentümers

Zu prüfen bleiben mögliche Schadensersatz- oder Ausgleichsansprüche des Grundeigentümers gegen den Nachbarn wegen dessen grundstücksübergreifender Erdwärmenutzung.

aa) Zu Schadensersatzansprüchen gemäß § 823 BGB

Schadensersatzansprüche aus § 823 BGB setzen die rechtswidrige und schuldhafte Verletzung eines Rechtsgutes im Sinne des Abs. 1 oder eines Schutzgesetzes nach Abs. 2 voraus. Handelt es sich um das Verhältnis zwischen zwei Grundstücksnachbarn, sind die nachbarrechtlichen Vorschriften der §§ 906 ff. BGB maßgebend für die Beurteilung, ob die von dem einen auf das andere Grundstück einwirkende Beeinträchtigung rechtswidrig ist und ob damit zugleich eine widerrechtliche deliktische Handlung des Störers im Sinne von § 823 BG vorliegt.[1405] Besteht gegenüber der Einwirkung eine Duldungspflicht aus § 906 BGB, sind nicht nur gemäß § 1004 Abs. 2 BGB Abwehransprüche des Eigentümers ausgeschlossen, sondern es fehlt zugleich an der für einen deliktischen Ersatzanspruch

1405 BGH, Urteile vom 02.03.1984 - V ZR 54/83 -, BGHZ 90, S. 255, 258 und vom 12.11.1999 - V ZR 229/98 -, NJW-RR 2000, S. 537; *Sprau*, in: Palandt, Bürgerliches Gesetzbuch, § 823, Rn. 32; *Wagner*, in: Münchener Kommentar zum Bürgerlichen Gesetzbuch, Band 5, § 823, Rn. 63.

notwendigen Rechtswidrigkeit der Einwirkung.[1406] Andernfalls würden über das Deliktsrecht die Wertungen des § 906 BGB unterlaufen; zudem sieht § 906 Abs. 2 Satz 2 BGB einen Ausgleichsanspruch für die Duldungspflicht vor.[1407] Zwar besteht bei der grundstücksübergreifenden Erdwärmenutzung mangels Ortsüblichkeit regelmäßig keine gesetzliche Duldungspflicht aus § 906 Abs. 2 Satz 1 BGB, sondern lediglich eine Duldungspflicht kraft nachbarlichen Gemeinschaftsverhältnisses. Für die Beurteilung der Rechtmäßigkeit einer Handlung kann dies aber keinen Unterschied machen. Denn auch wenn es sich insoweit um bloßes Richterrecht handelt, ist die Rechtsfigur des nachbarlichen Gemeinschaftsverhältnisses in gleicher Weise geeignet, eine Duldungspflicht des Eigentümers im Sinne von § 1004 Abs. 2 BGB zu begründen. Ergänzend ist darauf zu verweisen, dass dem Richterrecht auch die Eigenschaft als taugliches Schutzgesetz gemäß § 823 Abs. 2 BGB zuerkannt wird.[1408] Besteht demnach mangels Rechtswidrigkeit der Beeinträchtigung kein Abwehranspruch des Grundeigentümers gegen den Betrieb der benachbarten Geothermieanlage, scheiden auch deliktische Schadensersatzansprüche gemäß § 823 BGB aus.

Anders stellt sich die Rechtslage dar, wenn im Einzelfall eine Duldungspflicht des Grundeigentümers nicht gegeben ist und diesem daher ein Beseitigungs- und Unterlassungsanspruch gegen die die eigene Grundstücksnutzung beeinträchtigende Erdwärmeerschließung des Nachbarn zusteht. In diesem Fall kommen neben dem negatorischen Abwehranspruch auch deliktische Schadensersatzansprüche aus § 823 Abs. 1 BGB und aus 823 Abs. 2 i.V.m. § 1004 Abs. 1 BGB in Betracht. Die Regelung des § 1004 BGB ist als Schutzgesetz im Sinne des § 823 Abs. 2 BGB anerkannt.[1409] Voraussetzung der Schadensersatzhaftung nach § 823 BGB ist aber ein Verschulden des deliktisch Handelnden, d.h. Vorsatz oder Fahrlässigkeit im Sinne des § 276 BGB. Davon ist nicht auszugehen, wenn ein Grundstückseigentümer aufgrund einer wasserrechtlichen Erlaubnis und unter Ausnutzung der

---

1406 BGH, Urteil vom 24.01.1992 - V ZR 274/90 -, BGHZ 117, S. 110, 111/112; *Fritzsche*, in: Bamberger/Roth, Kommentar zum Bürgerlichen Gesetzbuch, Band 2, § 906, Rn. 74; *Baur/Stürner*, Sachenrecht, § 13, Rn. 5.

1407 BGH, Urteil vom 20.11.1992 - V ZR 82/91 -, BGHZ 120, S. 239, 249; *Spindler*, in: Bamberger/Roth, Kommentar zum Bürgerlichen Gesetzbuch, Band 2, § 823, Rn. 13.

1408 *Spindler*, in: Bamberger/Roth, Kommentar zum Bürgerlichen Gesetzbuch, Band 2, § 823, Rn. 148.

1409 BHG, Urteile vom 16.03.1988 - VIII ZR 184/87 -, BGHZ 104, S. 6, 16 und vom 20.11.1992 - V ZR 82/91 -, BGHZ 120, S. 239, 253; *Fritzsche*, in: Bamberger/Roth, Kommentar zum Bürgerlichen Gesetzbuch, Band 2, § 1004, Rn. 1; *Bassenge*, in: Palandt, Bürgerliches Gesetzbuch, § 1004, Rn. 1.

ihm durch § 4 Abs. 2 Nr. 1 BBergG gewährten Rechtsstellung eine geothermische Anlage betreibt, selbst wenn diese grenzüberschreitende unterirdische Temperaturveränderungen auslöst. Denn die Einhaltung behördlicher Genehmigungen und Verwaltungsvorschriften entlastet den Anlagenbetreiber regelmäßig vom Vorwurf des Verschuldens.[1410]

Daneben fehlt es an einem ersatzfähigen Schaden des benachbarten Grundeigentümers. Denn die Beeinträchtigung im Sinne der §§ 823 Abs. 1 und 1004 Abs. 1 BGB liegt gerade in der Störung der eigenen Nutzungsmöglichkeit hinsichtlich der Erdwärme. Sobald der Eigentümer aber ein eigenes Nutzungsinteresse geltend macht und sofern ihm keine Duldungspflicht obliegt, der Nachbar also Wärmeentzug oder Wärmezuführung zu unterlassen hat, kann er sein Recht zur grundstücksbezogenen Gewinnung der Erdwärme verwirklichen, ohne dass ihm noch ein Schaden entsteht. Auch für die Vergangenheit ist ein Schaden zu verneinen, da die Erdwärme grundsätzlich nicht der Verfügungsbefugnis des Grundeigentümers unterliegt, sondern herrenlos ist, und es daher stets der Geltendmachung des potenziellen Aneignungsrechtes aus § 4 Abs. 2 Nr. 1 BBergG bedarf. Vor diesem Zeitpunkt existiert noch keine konkrete Nutzungsmöglichkeit, durch deren Beeinträchtigung der Grundeigentümer einen ersatzfähigen Schaden erleiden könnte.

Im Ergebnis sind daher Schadensersatzansprüche des Grundstückseigentümers neben dem Beseitigungs- und Unterlassungsanspruch aus § 1004 Abs. 1 BGB ausgeschlossen.

bb) Zu möglichen Ausgleichsansprüchen des Grundeigentümers

Größere Bedeutung kommt möglichen Ausgleichsansprüchen zu, wenn der Grundstückseigentümer aufgrund des nachbarlichen Gemeinschaftsverhältnisses zur Duldung des Betriebs einer Geothermieanlage auf dem Nachbargrundstück verpflichtet ist. Gesetzlich ausdrücklich geregelt ist ein solcher Ausgleichsanspruch in § 906 Abs. 2 Satz 2 BGB. Danach kann der Eigentümer bei Bestehen einer Duldungspflicht aus § 906 Abs. 2 Satz 1 BGB von dem Benutzer des anderen Grundstücks einen angemessenen Ausgleich in Geld verlangen, wenn die Einwirkung eine ortsübliche Benutzung seines Grundstücks oder dessen Ertrag über das zumutbare Maß hinaus beeinträchtigt. Eine direkte Anwendung dieser Vorschrift scheidet allerdings aus, da die grenzüberschreitende Erschließung von Erdwärme regelmäßig (noch) nicht als ortsüblich anzusehen ist. In Betracht zu ziehen ist aber eine analoge Anwendung der Regelung des § 906 Abs. 2 Satz 2

1410 *Spindler*, in: Bamberger/Roth, Kommentar zum Bürgerlichen Gesetzbuch, Band 2, § 823, Rn. 21.

BGB über den nachbarlichen Ausgleichsanspruch. In Rechtsprechung und Schrifttum wird eine solche Analogie überwiegend bejaht, wenn von einem Grundstück im Rahmen privatwirtschaftlicher Nutzung Einwirkungen auf ein anderes Grundstück ausgehen, die das zumutbare Maß einer entschädigungslos hinzunehmenden Beeinträchtigung übersteigen, der Eigentümer aber aus besonderen tatsächlichen oder rechtlichen Gründen gehindert war, die Beeinträchtigung gemäß § 1004 Abs. 1 BGB abzuwehren.[1411] Nach differenzierender Ansicht scheidet eine analoge Anwendung des § 906 Abs. 2 Satz 2 BGB bei Bestehen einer Duldungspflicht des Grundstückseigentümers aus dem nachbarlichen Gemeinschaftsverhältnis dagegen aus. Ein möglicher Ausgleichsanspruch des Grundeigentümers sei in diesem Fall auf eine Gesamtanalogie zu §§ 906 Abs. 2 Satz 2, 904 Satz 2 BGB, § 14 Satz 2 BImSchG[1412] oder direkt auf § 242 BGB zu stützen.[1413] Im Ergebnis kann dahinstehen, wo der Ausgleichsanspruch systematisch exakt zu verorten ist, da über Rechtsgrund und Anspruchsvoraussetzungen Einigkeit besteht. Der verschuldensunabhängige Anspruch stellt einen Ausgleich für die besondere „Aufopferung" des duldungspflichtigen Grundstückseigentümers dar, der mit Rücksicht auf das überwiegende Interesse eines anderen oder der Allgemeinheit den Eingriff in seine Rechtssphäre hinnehmen muss.[1414] Der Ausgleichsanspruch ist somit das Korrelat für die besondere Duldungspflicht des Grundstückseigentümers aus dem nachbarlichen Gemeinschaftsverhältnis und den damit verbundenen Ausschluss primärer Abwehransprüche.[1415] Er ist in der hier zu erörternden Konstellation auch nicht subsidiär, da vorrangige und abschließende Schadensersatz- oder Entschädigungsansprüche nicht bestehen.

1411 BGH, Urteile vom 17.09.2004 - V ZR 230/03 -, BGHZ 160, S. 232, 236 und vom 11.06.1999 - V ZR 377/98 -, NJW 1999, S. 2896; *Säcker*, in: Münchener Kommentar zum Bürgerlichen Gesetzbuch, Band 6, § 906, Rn. 169; *Wilhelmi*, in: Erman, Bürgerliches Gesetzbuch, Band II, § 906, Rn. 43.

1412 so *Bensching*, Nachbarrechtliche Ausgleichsansprüche – zulässige Rechtsfortbildung oder Rechtsprechung contra legem?, S. 180 ff.; *Bassenge*, in: Palandt, Bürgerliches Gesetzbuch, § 906, Rn. 37.

1413 so *Fritzsche*, in: Bamberger/Roth, Kommentar zum Bürgerlichen Gesetzbuch, Band 2, § 906, Rn. 85 unter Verweis auf BGH, Urteil vom 22.02.1991 - V ZR 308/89 -, BGHZ 113, S. 384, 391.

1414 vgl. *Schiemann*, in: Erman, Bürgerliches Gesetzbuch, Band II, Vor § 823, Rn. 7.

1415 *Bensching*, Nachbarrechtliche Ausgleichsansprüche – zulässige Rechtsfortbildung oder Rechtsprechung contra legem?, S. 182/183.

1) Zum Tatbestand des nachbarrechtlichen Ausgleichsanspruchs

Tatbestandlich setzt der nachbarrechtliche Ausgleichsanspruch voraus, dass eine grundsätzlich über § 1004 Abs. 1 BGB abwehrbare Beeinträchtigung des Eigentums oder eines sonstigen absoluten Rechtes vorliegt, dass dem Abwehranspruch aber eine Duldungspflicht des Eigentümers entgegensteht, wie sie sich beispielsweise aus dem nachbarlichen Gemeinschaftsverhältnis ergeben kann.[1416] Darüber hinaus ist das Kriterium der Unzumutbarkeit der Beeinträchtigung aus § 906 Abs. 2 Satz 2 BGB auf den allgemeinen nachbarrechtlichen Ausgleichsanspruch zu übertragen.[1417] Dadurch wird eine umfassende und flexible Abwägung der gegenseitigen nachbarlichen Nutzungsinteressen unter Berücksichtigung aller Umstände des Einzelfalls ermöglicht, in die beispielsweise Art, Ausmaß, Intensität und Dauer der Beeinträchtigung eingestellt werden können.[1418] Nicht geboten ist es, dem Grundeigentümer bei Bestehen einer Duldungspflicht aufgrund nachbarlichen Gemeinschaftsverhältnisses regelmäßig und ohne Zumutbarkeitsprüfung einen uneingeschränkten Ausgleichsanspruch zu gewähren.[1419]

Im Grundsatz findet der nachbarrechtliche Ausgleichsanspruch in der vorliegenden Konstellation Anwendung, da dem Grundstückseigentümer unter der Voraussetzung eines konkreten eigenen Nutzungsinteresses im Sinne des § 905 Satz 2 BGB tatbestandlich ein Abwehranspruch aus § 1004 Abs. 1 BGB gegen den seine Grundstücks- bzw. Erdwärmenutzung beeinträchtigenden Betrieb der benachbarten Geothermieanlage zusteht. Dieser Abwehranspruch ist jedoch wegen der aus dem nachbarlichen Gemeinschaftsverhältnis resultierenden Duldungspflicht ausgeschlossen. Zu beantworten bleibt die Frage, inwieweit die Beeinträchtigung der eigenen Erdwärmenutzung für den Eigentümer zumutbar oder ob die Gewährung

---

1416 *Bensching*, Nachbarrechtliche Ausgleichsansprüche – zulässige Rechtsfortbildung oder Rechtsprechung contra legem?, S. 183.

1417 *Bensching*, Nachbarrechtliche Ausgleichsansprüche – zulässige Rechtsfortbildung oder Rechtsprechung contra legem?, S. 183/184; *Lüke*, in: Grziwotz/Lüke/Saller, Praxishandbuch Nachbarrecht, 3. Teil, Rn. 33; *Roth*, in: Staudinger, Kommentar zum Bürgerlichen Gesetzbuch, § 906, Rn. 72; vgl. auch BGH, Urteil vom 02.03.1984 - V ZR 54/83 -, BGHZ 90, S. 255, 262/263.

1418 BGH, Urteile vom 31.05.1974 - V ZR 114/72 -, NJW 1974, S. 1869, 1871 und vom 10.06.1977 - V ZR 242/74 -, BGHZ 69, S. 118, 127; *Ring*, in: Grziwotz/Keukenschrijver/Ring, BGB – Sachenrecht, § 906, Rn. 266; *Säcker*, in: Münchener Kommentar zum Bürgerlichen Gesetzbuch, Band 6, § 906, Rn. 167; *Roth*, in: Staudinger, Kommentar zum Bürgerlichen Gesetzbuch, § 906, Rn. 254, 261.

1419 *Bensching*, Nachbarrechtliche Ausgleichsansprüche – zulässige Rechtsfortbildung oder Rechtsprechung contra legem?, S. 184.

eines Ausgleichsanspruchs geboten ist. Vergleichbar der Prüfung der Wesentlichkeit einer Beeinträchtigung nach § 906 Abs. 1 BGB ist die Zumutbarkeit nach einem differenziert-objektiven Maßstab zu beurteilen und auf das Empfinden eines verständigen, durchschnittlichen Benutzers des beeinträchtigten Grundstücks in seiner konkreten Beschaffenheit, Ausgestaltung und Zweckbestimmung abzustellen.[1420] Dabei sind wesentliche Beeinträchtigungen nach verbreiteter Ansicht zwar nicht zwangsläufig, aber doch im Regelfall auch als unzumutbar im Sinne des § 906 Abs. 2 Satz 2 BGB einzustufen.[1421] Eine uneingeschränkte Parallelität der Begriffe kann insoweit allerdings nicht bestehen, da das Tatbestandsmerkmal der Unzumutbarkeit in § 906 Abs. 2 Satz 2 BGB dann regelmäßig leerlaufen würde. Es muss also Fälle geben, in denen die Benutzung eines Grundstücks zwar wesentlich beeinträchtigt wird, in denen diese Beeinträchtigung dem Grundeigentümer aber zumutbar und ein Ausgleichsanspruch daher nicht gegeben ist. Hierbei ist zu beachten, dass es im Rahmen der Prüfung des Ausgleichsanspruchs zu einer umfassenden Abwägung der Nutzungsinteressen von Anlagenbetreiber und Nachbar kommt, während die Frage der Wesentlichkeit vorrangig aus der Perspektive des betroffenen Grundeigentümers zu beantworten ist und maßgeblich von Art und Intensität der Einwirkung abhängt.

Zur Beurteilung, ob ein Grundstück durch den Betrieb einer benachbarten Geothermieanlage in seiner Benutzung unzumutbar gestört wird, bedarf es demnach einer umfassenden Würdigung der nachbarlichen Interessen unter Berücksichtigung der Belange des Umweltschutzes, des Rücksichtnahmegebotes und des Prioritätsprinzips. Die Zumutbarkeitsgrenze ist mithin unter Abwägung aller Umstände des Einzelfalls zu bestimmen.[1422] Als Ausgangspunkt ist zu Gunsten des

---

1420 BGH, Urteile vom 19.09.2008 - V ZR 28/08 -, NJW 2009, S. 762, 765 und vom 27.10.2006 - V ZR 2/06 -, NJW-RR 2007, S. 168, 169; *Roth*, in: Staudinger, Kommentar zum Bürgerlichen Gesetzbuch, § 906, Rn. 254; *Bassenge*, in: Palandt, Bürgerliches Gesetzbuch, § 906, Rn. 28; *Fritzsche*, in: Bamberger/Roth, Kommentar zum Bürgerlichen Gesetzbuch, Band 2, § 906, Rn. 75.

1421 *Roth*, in: Staudinger, Kommentar zum Bürgerlichen Gesetzbuch, § 906, Rn. 254; *Bensching*, Nachbarrechtliche Ausgleichsansprüche – zulässige Rechtsfortbildung oder Rechtsprechung contra legem?, S. 107; *Lüke*, in: Grziwotz/Lüke/Saller, Praxishandbuch Nachbarrecht, 3. Teil, Rn. 96; a.A.: *Müller*, NJW 1988, S. 2587, 2588; vgl. auch OLG Schleswig, Urteil vom 20.03.1995 - 1 U 191/92 -, NJW-RR 1996, S. 399, 400.

1422 BGH, Urteile vom 08.07.1988 - V ZR 45/87 -, NJW-RR 1988, S. 1291, 1292 und vom 13.12.1979 - III ZR 95/78 -, NJW 1980, S. 770, 771; *Schmidt*, Der nachbarliche Ausgleichsanspruch, S. 51/52.

Anspruchstellers zu berücksichtigen, dass ihm durch § 4 Abs. 2 Nr. 1 BBergG ein Gewinnungs- und Aneignungsrecht hinsichtlich des Bodenschatzes Erdwärme eingeräumt wird, dessen Realisierung durch die grenzüberschreitende, gleichermaßen auf § 4 Abs. 2 Nr. 1 BBergG gestützte Benutzung des Nachbargrundstücks nicht nur beeinträchtigt, sondern gänzlich unmöglich gemacht wird. Zwar handelt es sich bei der erstrebten Erdwärmenutzung des Grundeigentümers im Regelfall ebenso wenig um eine ortsübliche Benutzung des Grundstücks im Sinne des § 906 Abs. 2 Satz 2 BGB wie bei derjenigen des Nachbarn. Ungeachtet dessen stellt sie eine nach dem Willen des Gesetzgebers (vgl. nur §§ 1 und 2 Abs. 1 Nr. 1 EEWärmeG) grundsätzlich förderungswürdige, weil klimaschützende Form der Energiegewinnung dar. Zudem ist nicht ersichtlich, aus welchem Grund der Fall des nachbarlichen Zusammentreffens zweier nicht ortsüblicher Benutzungen im Hinblick auf die Zumutbarkeit und den Ausgleichsanspruch anders zu behandeln sein soll als die in § 906 Abs. 2 BGB geregelte Kollision zweier ortsüblicher Benutzungen. Darüber hinaus beruht die Duldungspflicht des Grundstückseigentümers nicht auf einer gesetzlich ausgestalteten Regelung, sondern „nur" auf dem in richterlicher Rechtsfortbildung aus dem Grundsatz von Treu und Glauben abgeleiteten Rechtsinstitut des nachbarlichen Gemeinschaftsverhältnisses. Wenn aber die Rechte des Betroffenen ausnahmsweise zugunsten der Rechtsverwirklichung des Nachbarn eingeschränkt werden, ist es naheliegend, den Rechtsverlust zumindest finanziell auszugleichen. Hierbei kehrt sich der Ausnahmecharakter der auf das nachbarliche Gemeinschaftsverhältnis gestützten Duldungspflicht praktisch um, d.h. die daraus resultierende Einschränkung eigener Rechte des Nachbarn hat regelmäßig eine Ausgleichspflicht des Begünstigten zur Folge. Sofern also nicht besondere Umstände die Beeinträchtigung für den Grundstückseigentümer als zumutbar erscheinen lassen, greift der nachbarliche Ausgleichsanspruch in der ihm zugedachten Funktion als Korrelat der Duldungspflicht ein.

Zu Lasten des betroffenen Grundeigentümers kann aber ein mögliches Mitverschulden an der Entstehung der Beeinträchtigungssituation in die Zumutbarkeitsprüfung einbezogen werden.[1423] Dabei erhöht sich für den Betroffenen die Zumutbarkeitsgrenze in dem Maße, in dem er für die nachbarliche Konfliktsituation mitverantwortlich ist, weil er beispielsweise die drohende Beeinträchtigung

1423 BGH, Urteil vom 10.11.1972 - V ZR 54/71 -, BGHZ 59, S, 378, 383 ff.; *Bensching*, Nachbarrechtliche Ausgleichsansprüche – zulässige Rechtsfortbildung oder Rechtsprechung contra legem?, S. 108; *Säcker*, in: Münchener Kommentar zum Bürgerlichen Gesetzbuch, Band 6, § 906, Rn. 167.

kannte oder hätte kennen müssen.[1424] Denkbar ist eine derartige Mitverantwortlichkeit des Anspruchstellers für die Nutzungsbeeinträchtigung seines Grundstücks, wenn ihm die Planungen zur Errichtung einer Erdwärmeanlage auf dem Nachbargrundstück bekannt gewesen sind, er es aber unterlassen hat, seine Rechte im Rahmen des wasserrechtlichen Erlaubnisverfahrens oder direkt gegenüber dem Nachbarn geltend zu machen. In diesem Fall ist dem Grundeigentümer die Vereitelung seines Gewinnungs- und Aneignungsrechts aus § 4 Abs. 2 Nr. 1 BBergG eher zuzumuten, als wenn er von der Entwicklung überrascht worden ist. Dies gilt erst recht, wenn der Eigentümer einen im Vorwege vom Anlagenbetreiber unternommenen Versuch der privatrechtlichen Einigung zurückgewiesen hat. Als ein weiteres Beispiel für eine geringere Schutzwürdigkeit des Grundeigentümers ist die Situation zu nennen, dass die geothermische Anlage zum Zeitpunkt seines Eigentumserwerbs bereits vorhanden, das Grundstück also „vorbelastet" war und dieser Umstand dem Eigentümer bewusst gewesen ist bzw. er sich ohne überobligationsmäßigen Aufwand hätte kundig machen können. Der Eigentümer hat die Nutzungsbeschränkung des Grundstücks dann „sehenden Auges" übernommen, was ggf. sogar in der Höhe des Kaufpreises berücksichtigt wurde.

Hiermit in Zusammenhang steht der Aspekt der zeitlichen Priorität einer Nutzung, der nach allgemeiner Ansicht die Abwägung im Rahmen der Zumutbarkeitsprüfung beeinflussen kann.[1425] Zu Gunsten des bereits vorhandenen Anlagenbetreibers sind dabei auch die Gesichtspunkte des Bestands- und Investitionsschutzes in die Abwägung einzubeziehen. Hierbei ist allerdings zu berücksichtigen, dass diese Interessen des zeitlich vorrangigen Nutzers schon bei der Begründung der Duldungspflicht aus dem nachbarlichen Gemeinschaftsverhältnis mit entsprechendem Gewicht gewürdigt und damit zu einem gewissen Teil „verbraucht" worden sind. Eine Versagung des Ausgleichsanspruchs wird sich daher regelmäßig nicht allein auf den Prioritätsgrundsatz stützen lassen, zumal der Vertrauensschutzgedanke angesichts der Widerruflichkeit der für die Erdwärmeerschließung notwendigen wasserrechtlichen Erlaubnis nur eingeschränkt wirkt. Andererseits ist unter Hinzuziehung des Gebotes nachbarlicher Rücksichtnahme eine Lösung anzustreben, die trotz des zu gewährenden finanziellen Ausgleichs eine wirtschaftliche

---

1424 *Bischofs*, Die Nutzungspriorität im privaten Immissionsschutzrecht, S. 134/135.

1425 BGH, Urteil vom 06.07.2001 - V ZR 246/00 -, NJW 2001, S. 3119, 3120; *Müller*, NJW 1988, S. 2587, 2588; *Roth*, in: Staudinger, Kommentar zum Bürgerlichen Gesetzbuch, § 906, Rn. 184, 260; *Ring*, in: Grziwotz/Keukenschrijver/Ring, BGB – Sachenrecht, § 906, Rn. 268; *Wilhelmi*, in: Erman, Bürgerliches Gesetzbuch, Band II, § 906, Rn. 36.

Fortsetzung der Erdwärmenutzung erlaubt. Es ist allerdings zweifelhaft, ob sich die nachbarlichen Positionen tatsächlich nebeneinander verwirklichen lassen oder ob nicht in vielen Fällen die Interessen einer Partei gänzlich verdrängt werden. Das übergeordnete Gemeinwohlinteresse des Klimaschutzes und einer CO_2-armen Energiegewinnung können insoweit beide Nachbarn für sich in Anspruch nehmen. Allerdings sind durchaus Einzelfälle denkbar, in denen eine geringfügige private Gewinnung von Erdwärme gegenüber einer in der Umgebung befindlichen geothermischen Großanlage, die weitaus mehr zur Reduzierung von CO_2-Emissionen beizutragen vermag, zurücktreten muss und eine Beeinträchtigung der eigenen Grundstücksnutzung zumutbar ist. Zu bedenken ist dabei immer die grundsätzliche Funktion des privaten Nachbarrechts und insbesondere des § 906 BGB, durch einen sachgerechten Ausgleich der widerstreitenden Interessen eine sinnvolle Nutzung des nachbarlichen Raumes zu ermöglichen.[1426]

Im Ergebnis erfordert die Bestimmung der Zumutbarkeitsgrenze stets eine umfassende Abwägung aller betroffenen sowohl privaten als auch öffentlichen Interessen mit dem Ziel, eine möglichst gerechte Lösung für alle Beteiligten herbeizuführen. Im Normalfall steht dem in seiner Grundstücksnutzung wesentlich beeinträchtigten Eigentümer ein nachbarrechtlicher Ausgleichsanspruch gegen den Begünstigten zu, es sei denn, er hat durch sein Verhalten zur Entstehung der Beeinträchtigungssituation beigetragen. Eindeutige Grenzen lassen sich an dieser Stelle nicht festlegen, da die Abwägung maßgeblich von den Umständen des konkreten Einzelfalls determiniert wird.

2) Zum Umfang des nachbarrechtlichen Ausgleichsanspruchs

Zu klären bleibt, wie ein „angemessener Ausgleich in Geld“[1427] konkret zu bemessen ist. Richtigerweise sind für die Berechnung des Ausgleichsanspruchs die Grundsätze der öffentlich-rechtlichen Enteignungsentschädigung zugrunde zu legen, wie dies auch bei einer direkten Anwendung des § 906 Abs. 2 Satz 2 BGB der Fall ist.[1428] Es wird demnach kein Schadensersatz gewährt, sondern lediglich eine

---

1426 *Hagen*, in: Medicus/Mertens/Nörr/Zöllner, Festschrift für Hermann Lange zum 70. Geburtstag am 24. Januar 1992, S. 483; *Wilhelmi*, in: Erman, Bürgerliches Gesetzbuch, Band II, § 906, Rn. 1.

1427 so die Formulierung in § 906 Abs. 2 Satz 2 BGB.

1428 BGH, Urteile vom 02.03.1984 - V ZR 54/83 -, BGHZ 90, S. 255, 263 und vom 14.11.2003 - V ZR 102/03 -, BGHZ 157, S. 33, 47; *Bensching*, Nachbarrechtliche Ausgleichsansprüche – zulässige Rechtsfortbildung oder Rechtsprechung contra legem?, S. 185/186, 283; *Fritzsche*, in: Bamberger/Roth, Kommentar zum

Entschädigung für die dem Grundstückseigentümer kraft nachbarlichen Gemeinschaftsverhältnisses auferlegte Duldungspflicht. Im Unterschied zu Art. 14 Abs. 3 Satz 3 GG ist die Höhe der Entschädigung dabei unter Abwägung der betroffenen privaten Interessen der Grundstückseigentümer und nicht derjenigen der Allgemeinheit zu bestimmen. Gegen die Gewährung eines Anspruchs auf vollen Schadensersatz gemäß §§ 249 ff. BGB lässt sich neben dem Wortlaut des § 906 Abs. 2 Satz 2 BGB insbesondere einwenden, dass weder der Abwehranspruch aus § 1004 BGB noch der diesen ersetzende Ausgleichsanspruch ein Verschulden des Einwirkenden voraussetzen und daher die Grenzen zum Deliktsrecht zu verwischen drohen.[1429] Zudem wird der flexible Maßstab der Enteignungsentschädigung den nachbarlichen Konfliktsituationen besser gerecht als eine schadensrechtliche Totalreparation.[1430] In Einzelfällen kann es aber auch nach dem entschädigungsrechtlichen Ansatz zu einer vollen Schadloshaltung des duldungspflichtigen Grundeigentümers kommen.[1431]

Nicht von entscheidender Bedeutung ist hierbei die Frage, ob man den nachbarrechtlichen Ausgleichsanspruch in der vorliegenden Konstellation als Aufopferungshaftung oder als Billigkeitsausgleich versteht. Charakteristisch für die Aufopferungshaftung ist, dass jemand mit Rücksicht auf das überwiegende Interesse eines anderen eine Beeinträchtigung zu dulden hat, die er nach allgemeinen Grundsätzen unterbinden könnte; als Ausgleich für diese erzwungene Aufopferung seines Abwehrrechts wird dem Betroffenen ein Ersatzanspruch gegen den Störer zugesprochen.[1432] Diese Merkmale sind vorliegend insoweit zu bejahen, als die Interessen des beeinträchtigten Grundeigentümers hinter denen des Störers

---

Bürgerlichen Gesetzbuch, Band 2, § 906, Rn. 86, 77/78; *Ring*, in: Grziwotz/Keukenschrijver/Ring, BGB – Sachenrecht, § 906, Rn. 284; *Popescu/Majer*, NZM 2009, S. 181, 183; a.A.: *Roth*, in: Staudinger, Kommentar zum Bürgerlichen Gesetzbuch, § 906, Rn. 73; *Bassenge*, in: Palandt, Bürgerliches Gesetzbuch, § 906, Rn. 38.

1429 *Hagen*, in: Medicus/Mertens/Nörr/Zöllner, Festschrift für Hermann Lange zum 70. Geburtstag am 24. Januar 1992, S. 483, 503.

1430 *Bensching*, Nachbarrechtliche Ausgleichsansprüche – zulässige Rechtsfortbildung oder Rechtsprechung contra legem?, S. 185; *Schmidt*, Der nachbarliche Ausgleichsanspruch, S. 79.

1431 BGH, Urteile vom 08.10.1958 - V ZR 54/56 -, BGHZ 28, S. 225, 232 und vom 08.03.1990 - III ZR 141/88 -, NJW 1990, S. 3195, 3197; vgl. auch *Hagen*, in: Medicus/Mertens/Nörr/Zöllner, Festschrift für Hermann Lange zum 70. Geburtstag am 24. Januar 1992, S. 483, 502; *Ring*, in: Grziwotz/Keukenschrijver/Ring, BGB – Sachenrecht, § 906, Rn. 276.

1432 *Roth*, Der bürgerlich-rechtliche Aufopferungsanspruch – Ein Problem der Systemgerechtigkeit im Schadensersatzrecht, S. 1.

zurückstehen müssen und Letzterer dafür einen Ausgleich zu leisten hat. Die Einordnung als Aufopferungshaftung schließt aber die Möglichkeit nicht aus, den Ausgleich nach den Grundsätzen der Enteignungsentschädigung zu bemessen.[1433] Denn auch die Grundregelung des nachbarrechtlichen Ausgleichsanspruchs in § 906 Abs. 2 Satz 2 BGB weist Elemente sowohl der Aufopferungshaftung als auch des Billigkeitsgedankens auf: Die Aufopferung wegen des Überwiegens eines höherrangigen Interesses ist darin zu sehen, dass zwar eine wesentliche Beeinträchtigung im Sinne des § 1004 Abs. 1 BGB vorliegt, dass diese aber aufgrund von § 906 Abs. 2 Satz 1 BGB zu dulden ist; Billigkeitsgesichtspunkte im Sinne eines Ausgleichs gleichrangiger Nachbarinteressen sind als Ausdruck der Situationsgebundenheit der Grundstücke einschlägig, da das Tatbestandsmerkmal der ortsüblichen Benutzung sowohl auf Störerseite (§ 906 Abs. 2 Satz 1 BGB) als auch auf Seiten des Gestörten (§ 906 Abs. 2 Satz 2 BGB) Bedeutung besitzt.[1434] Demnach können der gesetzlich geregelte Ausgleichsanspruch gemäß § 906 Abs. 2 Satz 2 BGB und der allgemeine nachbarrechtliche Ausgleichsanspruch als „Mischtatbestände“ betrachtet werden, die gleichermaßen Merkmale der Aufopferung und der billigen Interessenabwägung aufweisen.

Die Enteignungsentschädigung unterscheidet sich vom Schadensersatz nach § 249 Abs. 1 BGB dadurch, dass nicht Naturalrestitution zu leisten ist, sondern dass sich der Ausgleich auf die Beseitigung der durch die Störung verursachten Vermögenseinbuße beschränkt.[1435] Der nachbarrechtliche Ausgleichanspruch deckt diejenige Vermögenseinbuße ab, die durch Überschreiten der Zumutbarkeitsgrenze entstanden ist; er umfasst daher nur den unzumutbaren Teil der Beeinträchtigung.[1436] Bei direkter Anwendung des § 906 Abs. 2 Satz 2 BGB orientiert sich der Ausgleichsanspruch an der ortsüblichen Nutzung des Grundstücks, so dass der objektive Umfang der Beeinträchtigung dieser Nutzung maßgeblich ist für die Anspruchshöhe.[1437] Nichts anderes kann für die entsprechende Anwendung der

1433 so auch *Bensching*, Nachbarrechtliche Ausgleichsansprüche – zulässige Rechtsfortbildung oder Rechtsprechung contra legem?, S. 185; *Popescu/Majer*, NZM 2009, S. 181, 182/183.

1434 *Roth*, Der bürgerlich-rechtliche Aufopferungsanspruch – Ein Problem der Systemgerechtigkeit im Schadensersatzrecht, S. 32/33.

1435 BGH, Urteil vom 23.02.2001 - V ZR 389/99 -, NJW 2001, S. 1865, 1867.

1436 BGH, Urteile vom 19.09.2008 - V ZR 28/08 -, NJW 2009, S. 762, 765 und vom 31.05.1974 - V ZR 114/72 -, BGHZ 62, S. 361, 372; *Ring*, in: Grziwotz/Keukenschrijver/Ring, BGB – Sachenrecht, § 906, Rn. 273.

1437 *Fritzsche*, in: Bamberger/Roth, Kommentar zum Bürgerlichen Gesetzbuch, Band 2, § 906, Rn. 78.

Vorschrift und den allgemeinen nachbarrechtlichen Ausgleichsanspruch gelten, da auch diese Ansprüche den Eigentümer gerade für die gestörte Nutzung seines Grundstücks entschädigen sollen. Es ist damit Wertausgleich zu leisten für den rechtmäßigen Entzug der sonst bestehenden Eigentümerbefugnisse.[1438] Die Anspruchshöhe richtet sich dabei nach dem Verkehrswert der tatsächlich entzogenen Substanz und nicht nach der hypothetischen Vermögenslage ohne Beeinträchtigung.[1439]

Der Grundeigentümer begehrt vorliegend einen Ausgleich für die Beeinträchtigung bzw. Vereitelung des ihm durch § 4 Abs. 2 Nr. 1 BBergG vermittelten Aneignungsrechts hinsichtlich der in seinem Grundstück vorhandenen Erdwärme. Maßgeblich kommt es also auf den objektiven Wert der Erdwärmenutzung für den Eigentümer als Durchschnittsbenutzer an. Allerdings fehlt es an einem verkehrsüblichen Entgelt für die Nutzung von Erdwärme, wie es in anderen Fällen als Bemessungsgrundlage für die Bestimmung der Nutzungseinbuße herangezogen wird,[1440] da das Gewinnungs- und Aneignungsrecht aus § 4 Abs. 2 Nr. 1 BBergG gerade dem Grundstückseigentümer zusteht. Zumindest als Anhaltspunkt für den objektiven Wert der Erdwärme können die Preise für die Versorgung mit Geothermie-Fernwärme herangezogen werden, wie sie beispielsweise den Bürgern in Unterhaching angeboten werden.[1441] Im Unterschied zur Fernwärmeversorgung liegt der Sachverhalt bei der grundstücksbezogenen Erschließung von Erdwärme jedoch so, dass der Eigentümer die Erdwärme kostenlos nutzen kann, dass er aber die Aufwendungen für die Errichtung der geothermischen Anlage zu tragen hat. Es ist daher für den jeweiligen Einzelfall zu berechnen, welche finanziellen Vorteile sich für den Grundeigentümer aus einer eigenen Erdwärmenutzung im Vergleich zur herkömmlichen Energieversorgung oder zum Anschluss an ein Fernwärmenetz ergeben, wobei dies maßgeblich auch von der voraussichtlichen Dauer des Anlagenbetriebs auf dem Nachbargrundstück abhängt. In ähnlicher Weise würde sich die Frage nach dem Wert der Erdwärmenutzung stellen, wenn sich ein Anlagenbetreiber zur rechtlichen Absicherung gegenüber dem Nachbarn gemäß § 1018 BGB eine Grunddienstbarkeit bestellen ließe. Bislang mangelt es hierzu aber

---

1438 *Wilhelmi*, in: Erman, Bürgerliches Gesetzbuch, Band II, § 906, Rn. 40.

1439 BGH, Urteil vom 07.04.2000 - V ZR 39/99 -, NJW 2000, S. 2901, 2903; *Wilhelmi*, in: Erman: Bürgerliches Gesetzbuch, Band II, § 906, Rn. 40; *Ring*, in: Grziwotz/Keukenschrijver/Ring, BGB – Sachenrecht, § 906, Rn. 273.

1440 vgl. BGH, Urteil vom 29.03.1984 - III ZR 11/83 -, BGHZ 91, S. 20, 31; zur rechtswidrigen Stromentnahme vgl. BGH, Urteil vom 14.01.1992 - VI ZR 186/91 -, NJW 1992, S. 1383.

1441 vgl. www.geothermie-unterhaching.de.

an praktischen Erfahrungen, die man für die Bemessung des nachbarrechtlichen Ausgleichsanspruchs heranziehen könnte.

Die Entschädigung kann abhängig von den Erfordernissen des Einzelfalls als Kapitalabfindung oder als Rentenzahlung erfolgen. Die Gewährung einer laufenden Rente kommt insbesondere dann in Betracht, wenn es sich um vorübergehende Nutzungsbeeinträchtigungen handelt und die Entschädigung schwierig zu ermitteln ist.[1442] Für den Ausgleich einer Beeinträchtigung oder Vereitelung der Erdwärmenutzung kommen beide Varianten in Betracht. Zu beachten ist aber immer, dass auch die Anspruchshöhe das Resultat einer umfassenden Gesamtabwägung der beteiligten Interessen ist.[1443] Es ist eine angemessene Balance herzustellen zwischen dem Ausgleich für die dem Grundeigentümer auferlegte Duldungspflicht und dem Rentabilitätsinteresse des benachbarten Anlagenbetreibers. Denn es macht keinen Sinn, den Rechten des Nachbarn im Rahmen des Abwehranspruchs aus § 1004 BGB den Vorrang einzuräumen und eine Duldungspflicht des Grundeigentümers zu bejahen, ihm dann aber über den Ausgleichsanspruch sämtliche Vorteile wieder zu entziehen und auf diese Weise das zuvor festgestellte Abwägungsergebnis praktisch aufzuheben. Demnach sollte der nachbarrechtliche Ausgleichsanspruch so bemessen werden, dass der Grundeigentümer zwar wegen der Vereitelung eigener Nutzungsmöglichkeiten eine Entschädigung erhält, dass aber soweit als möglich auch die Rentabilität der in Betrieb befindlichen Geothermieanlage erhalten bleibt.

cc) Ergebnis

Schadensersatzansprüche des durch eine benachbarte Geothermieanlage in seiner eigenen Erdwärmenutzung beeinträchtigten Grundstückseigentümers scheiden regelmäßig aus. Sofern der Eigentümer aufgrund des nachbarlichen Gemeinschaftsverhältnisses zur Duldung der grenzüberschreitenden Erdwärmeerschließung verpflichtet ist, fehlt es für einen deliktischen Anspruch aus § 823 BGB an der Rechtswidrigkeit des nachbarlichen Handelns. Selbst wenn im Einzelfall eine Duldungspflicht des Grundeigentümers im Sinne von § 1004 Abs. 2 BGB

1442 BGH, Urteil vom 10.12.2004 - V ZR 72/04 -, NJW 2005, S. 660, 663; *Roth*, in: Staudinger, Kommentar zum Bürgerlichen Gesetzbuch, § 906, Rn. 264; *Bensching*, Nachbarrechtliche Ausgleichsansprüche – zulässige Rechtsfortbildung oder Rechtsprechung contra legem?, S. 113, 119.

1443 BGH, Urteile vom 31.05.1974 - V ZR 114/72 -, BGHZ 62, S. 361, 371 und vom 29.03.1984 - III ZR 11/83 -, BGHZ 91, S. 20, 31; *Schmidt*, Der nachbarliche Ausgleichsanspruch, S. 79/80.

nicht besteht, ist bei Einhaltung der wasserrechtlichen Erlaubnis nicht von einem schuldhaften Handeln auszugehen. Darüber hinaus wird es im speziellen Fall der Vereitelung einer eigenen Erdwärmenutzung des Nachbarn vielfach an einem ersatzfähigen Schaden mangeln, da die Erdwärme der Verfügungsbefugnis des Grundeigentümers entzogen ist und es daher stets einer ausdrücklichen Geltendmachung des Aneignungs- und Gewinnungsrechts aus § 4 Abs. 2 Nr. 1 BGB bedarf. Erst nach Darlegung eines konkreten Nutzungsinteresses könnte sich der Eigentümer auf die Beeinträchtigung der Nutzungsmöglichkeit und damit auf einen möglichen Schaden berufen.

Dem duldungspflichtigen Grundstückseigentümer steht aber grundsätzlich ein nachbarrechtlicher Ausgleichsanspruch als Äquivalent für die Versagung des Abwehranspruchs aus § 1004 Abs. 1 BGB zu, sofern nicht besondere Umstände die Beeinträchtigung als zumutbar erscheinen lassen. Die Zumutbarkeitsgrenze ist unter Abwägung aller Umstände des Einzelfalls zu ermitteln, wie beispielsweise einer Mitverantwortlichkeit des Eigentümers für die Entstehung der Beeinträchtigungssituation. Anzustreben ist eine Lösung, die die berührten nachbarlichen Interessen gleichermaßen würdigt, die also trotz des dem Grundeigentümer zufließenden finanziellen Ausgleichs eine wirtschaftlich sinnvolle Fortsetzung der Erdwärmenutzung ermöglicht. Die Anwendung der Grundsätze über die öffentlich-rechtliche Enteignungsentschädigung gewährleistet dabei die notwendige Flexibilität.

Es bleibt aber stets zu bedenken, dass die bisherigen Ergebnisse maßgeblich auf der Anwendung bloßen Richterrechts in Gestalt des nachbarlichen Gemeinschaftsverhältnisses beruhen und daher mit einer gewissen Unsicherheit behaftet sind. Um hier die Rechtssicherheit zu erhöhen, besteht für den Betreiber einer geothermischen Anlage, deren Auswirkungen voraussichtlich auch Nachbargrundstücke erfassen werden, lediglich die Möglichkeit, mit den Eigentümern der betroffenen Grundstücke privatrechtliche Vereinbarungen über die Duldung der unterirdischen Zuführung bzw. des Entzugs von Erdwärme zu schließen und diese Duldungspflicht durch Eintragung einer Grunddienstbarkeit gemäß § 1018 BGB dinglich abzusichern. Als Gegenleistung wird sich der Anlagenbetreiber gegenüber dem Grundstücksnachbarn regelmäßig zur Leistung einer Nutzungsentschädigung vergleichbar dem nachbarrechtlichen Ausgleichsanspruch verpflichten müssen. Für ihn besteht der Vorteil aber darin, im Planungsstadium der Anlage die voraussichtlichen Kosten besser abschätzen zu können und dadurch die notwendige Investitionssicherheit zu haben. Problematisch kann dies allerdings bei einer Anlage mit großflächigen thermischen Auswirkungen sein, da zahlreiche Nachbarn in die Planung einbezogen werden müssten, was sowohl mit höheren finanziellen Aufwendungen als auch der Gefahr verbunden ist, dass sich nicht sämtliche

Nachbarn zur Einräumung einer entsprechenden Nutzungsberechtigung bzw. zum Verzicht auf ihr potenzielles Aneignungsrecht aus § 4 Abs. 2 Nr. 1 BBergG bereit erklären. In diesem Fall besteht für den Anlagenbetreiber das Risiko, zu einem späteren Zeitpunkt mit zivilrechtlichen Unterlassungs- oder Ausgleichsansprüchen der Nachbarn konfrontiert zu werden. Hinzuweisen ist in diesem Zusammenhang noch darauf, dass die Grundstückseigentümer auch bei Erhalt einer Ausgleichszahlung nicht verpflichtet sind, quasi als Gegenleistung der Eintragung einer Grunddienstbarkeit zu Gunsten des Nachbareigentümers zuzustimmen.[1444]

III. Zur Konkurrenz zwischen grundstücksbezogener Erdwärmeerschließung (§ 4 Abs. 2 Nr. 1 BBergG) und bergrechtlich bewilligter Erdwärmegewinnung

Abschließend ist auf eine weitere Konkurrenzsituation im Zusammenhang mit der Erschließung oberflächennaher Geothermie einzugehen. Rechtliche Konflikte können insoweit entstehen, wenn eine oberflächennahe, grundstücksbezogene Erdwärmenutzung im Sinne des § 4 Abs. 2 Nr. 1 BBergG mit einer grenzüberschreitenden und daher bewilligungsbedürftigen Gewinnung von Erdwärme in demselben Tiefenstockwerk des Untergrundes zusammentrifft. Bei funktionaler Auslegung des § 4 Abs. 2 Nr. 1 BBergG wird ein solcher Fall allerdings nur äußerst selten auftreten. Denkbar wäre beispielsweise die Kollision einer grundstücksbezogenen Erdwärmeerschließung zur Klimatisierung eines Gebäudes mit der Gewinnung oberflächennaher Geothermie zum Zwecke der Wärmeversorgung einer Wohnsiedlung. Stellt man dagegen bei der Auslegung des § 4 Abs. 2 Nr. 1 BBergG auf die thermischen Auswirkungen der Erdwärmeerschließung ab, sind Konflikte eher zu erwarten, so zum Beispiel wenn mehrere innerstädtische Großobjekte auf relativ engem Raum mittels oberflächennaher Geothermie klimatisiert werden und sich ihre Kälte- bzw. Wärmefahnen überlagern. Dieses Konkurrenzproblem resultiert letztlich aus der Systematik des BBergG, das über die Ausnahmeregelung des § 4 Abs. 2 Nr. 1 BBergG denselben Bodenschatz verschiedenen Gewinnungsberechtigten zuweist.[1445]

1444 *Fritzsche*, in: Bamberger/Roth, Kommentar zum Bürgerlichen Gesetzbuch, Band 2, § 906, Rn. 78: *Roth*, in: Staudinger, Kommentar zum Bürgerlichen Gesetzbuch, § 906, Rn. 266; *Ring*, in: Grziwotz/Keukenschrijver/Ring, BGB – Sachenrecht, § 906, Rn. 281.

1445 *Heitmann*, ZfB 125 (1984), S. 440, 457.

1. Kein genereller Vorrang einer Gewinnungsberechtigung

Eine Auflösung der beschriebenen Nutzungskonflikte wäre zunächst anhand einer „Alles-oder-Nichts-Lösung“ möglich. Dann müsste entweder dem Bewilligungsinhaber gegen den Grundeigentümer ein Herausgabeanspruch über die gesamte in dem Bewilligungsfeld gewonnene Erdwärme zugesprochen werden oder man müsste den Grundeigentümer unter Berufung auf das Privileg des § 4 Abs. 2 Nr. 1 BBergG gänzlich der Zugriffsmöglichkeit des Bergbauberechtigten entziehen, ihm also die gewonnene Erdwärme vollständig belassen.[1446] Ein genereller Vorrang einer der Gewinnungsberechtigungen ist dem BBergG aber nicht zu entnehmen. Hierzu hat der Bundesgerichtshof in einer den Abbau von Kalkgesteinen betreffenden Entscheidung klargestellt, dass eine allgemeine Vorzugsstellung des Bergbauberechtigten gegenüber dem Grundstückseigentümer nicht besteht, sondern dass das BBergG bei grundeigenen Bodenschätzen den privaten Grundeigentümerbergbau der Gewinnung bergfreier Bodenschätze gleichstellt und dass diese Gleichstellung auch für die vom BBergG grundsätzlich nicht erfassten Grundeigentümerbodenschätze Geltung beansprucht.[1447] Nichts anderes kann dann aber gelten für das Verhältnis von bergfreien Bodenschätzen zu solchen, die unter die Ausnahmeregelung des § 4 Abs. 2 Nr. 1 BBergG fallen. Dementsprechend wird die Ansicht vertreten, dass dem Grundstückseigentümer durch § 4 Abs. 2 Nr. 1 BBergG im Hinblick auf die Erschließung von Erdwärme im Zusammenhang mit der baulichen Nutzung des Grundstücks die gleiche Rechtsposition gewährt wird wie bei der Aufsuchung und Gewinnung grundeigener Bodenschätze.[1448] Für eine Gleichrangigkeit der Gewinnungsrechte lässt sich auch darauf verweisen, dass der Bewilligung nach § 8 Abs. 1 BBergG eine Ausschließlichkeitswirkung zukommt, die mit dem Herrschaftsrecht des Grundeigentümers aus § 903 BGB vergleichbar ist. Eine gewisse Verknüpfung wird zudem durch § 8 Abs. 2 BBergG hergestellt, der die zivilrechtlichen Vorschriften über die Ansprüche aus dem Eigentum (§§ 985–1007 BGB) auf das Recht der Bewilligung für entsprechend anwendbar erklärt. Soweit also das BBergG dem Grundeigentümer bei einer grundstücksbezogenen Erschließung von Erdwärme das gleiche „Gewinnungs“-Recht einräumt wie dem Bewilligungsinhaber, gibt es keine Veranlassung, die Bergbauberechtigung gegenüber dem Recht aus § 4 Abs. 2 Nr. 1 BBergG als vorrangig zu behandeln.

1446 vgl. *Heitmann*, ZfB 125 (1984), S. 440, 459.

1447 BGH, Urteil vom 12.10.2000 - III ZR 242/98 -, BGHZ 145, S. 316, 327; so auch *Boldt/Weller*, Bundesberggesetz, § 42, Rn. 10; *Baur*, ZHR 150 (1986), S. 507, 516; a.A.: *Turner*, ZfB 108 (1967), S. 251, 255 ff.

1448 *Heitmann*, ZfB 125 (1984), S. 440, 459.

2. Zur Anwendung von Prioritätsprinzip und Rücksichtnahmegebot

Die Kollision zwischen dem Gewinnungsrecht des Eigentümers aus § 4 Abs. 2 Nr. 1 BBergG und dem durch die Bewilligung verliehenen Gewinnungsrecht ist daher allgemeinen Grundsätzen folgend nach dem Prioritätsprinzip zu lösen, welches im Bergrecht als Konfliktlösungsmaßstab anerkannt ist.[1449] Danach hat die zeitlich zuerst ausgeübte Berechtigung Vorrang gegenüber einer erst später hinzutretenden Nutzungsabsicht.[1450] Ein anderes Ergebnis ist dem Grundeigentümer unter Vertrauensschutzgesichtspunkten im Hinblick auf die von ihm getätigten Investitionen auch nicht zumutbar. Wenn sich der Eigentümer aufgrund des durch § 4 Abs. 2 Nr. 1 BBergG gewährten Gewinnungsrechtes dazu entschlossen hat, eine geothermische Anlage zur Wärmeversorgung seines Gebäudes zu errichten und zu betreiben, kann ihm diese Rechtsposition nicht nachträglich durch einen hinzutretenden Dritten wieder entzogen werden. Vielmehr hat die Bergbehörde im Rahmen der Prüfung der Bewilligungsvoraussetzungen gemäß § 12 Abs. 1 Satz 1 i.V.m. § 11 Nr. 8 BBergG sicherzustellen, dass bestehende Gewinnungsrechte nicht beeinträchtigt werden. Es ist insoweit anerkannt, dass sich der Schutz des § 11 Nr. 8 BBergG sowohl auf den Bodenschatz bezieht, der Gegenstand der beantragten Berechtigung ist, als auch auf die Aufsuchung und Gewinnung anderer bergfreier und grundeigener Bodenschätze sowie den Schutz anderer Aufsuchungs- und Gewinnungsberechtigter.[1451] Demnach hat die Bergbehörde in dem Verfahren über die Erteilung einer Bergbauberechtigung nicht nur das Vorhaben des Antragstellers, sondern auch Vorhaben Dritter in den Blick zu nehmen und dabei die konfligierenden Belange verschiedener Bergbauberechtigter zu bewerten und gegeneinander abzuwägen.[1452] Sie kann einen Bewilligungsantrag ablehnen oder die Bewilligung entsprechend beschränken, wenn der Antrag auf die Gewinnung von Erdwärme in einem Bereich gerichtet ist, der bereits von einer grundstücksbezogenen Eigentümernutzung im Sinne des § 4 Abs. 2 Nr. 1 BBergG

1449 vgl. RG, Urteil vom 08.03.1935 - V 365/34 -, RGZ 147, S. 161, 171/172; BGH, Urteil vom 12.10.2000 - III ZR 242/8 -, BGHZ 145, S. 316, 327; *Boldt/Weller*, Bundesberggesetz, § 42, Rn. 10; *Baur*, ZHR 150 (1986), S. 507, 516; *Beckmann*, AUR 2012, S. 1, 4.

1450 *Beckmann*, AUR 2012, S. 1, 4; *Riese/Dieckmann*, UPR 2009, S. 371, 375; OLG Frankfurt, Urteil vom 09.03.2000 - 15 U 118/99 -, NJW-RR 2000, S. 1542, 1543.

1451 OVG Lüneburg, Urteil vom 30.10.2003 - 7 L 3421/00 -, NordÖR 2004, S. 123, 125; *Boldt/Weller*, Bundesberggesetz, § 11, Rn. 11; *Piens/Schulte/Graf Vitzthum*, Bundesberggesetz, § 11, Rn. 15.

1452 OVG Lüneburg, Urteil vom 30.10.2003 - 7 L 3421/00 -, NordÖR 2004, S. 123, 125.

erfasst wird. Dem Antragsteller verbleibt dann die Möglichkeit, in einem tiefer gelegenen, die Grundeigentümernutzung nicht beeinträchtigenden Stockwerk oder in einem anderen Gebiet Erdwärme zu gewinnen. Ebenso muss die Bergbehörde im umgekehrten Fall, wenn also der Bewilligungsantrag der Grundeigentümernutzung vorausgeht, versuchen, im Rahmen des Zulassungsverfahrens potenzielle zukünftige Nutzungskonflikte mit der grundstücksbezogenen Erdwärmegewinnung in den Entscheidungsprozess einzubeziehen.

Dagegen überzeugt die im fachwissenschaftlichen Schrifttum vertretene, auf eine entsprechende Anwendung des § 42 BBergG gestützte Ansicht nicht, nach der sich der Grundeigentümer die im Rahmen von § 4 Abs. 2 Nr. 1 BBergG gewonnene Erdwärme zwar aneignen darf und der Bewilligungsinhaber insoweit zur Duldung verpflichtet ist, dass der Bergbauberechtigte dafür aber vom Grundeigentümer einen angemessenen Ausgleich in Geld verlangen kann.[1453] Gegen diese Auffassung lässt sich insbesondere einwenden, dass keine Rechtfertigung dafür ersichtlich ist, den Grundstückseigentümer, der lediglich die ihm durch § 4 Abs. 2 Nr. 1 BBergG zugebilligte Rechtsposition wahrnimmt, mit Ersatzansprüchen von dritter Seite zu belasten, zumal wenn dieser Dritte erst nachträglich hinzutritt und in die grundstücksbezogene Nutzung eingreift.

Neben dem Prioritätsprinzip kann in Konfliktfällen ergänzend auf das im Nachbarrecht entwickelte und sowohl ins Baurecht als auch ins Wasserrecht übertragene Gebot der gegenseitigen Rücksichtnahme zurückgegriffen werden.[1454] Aus dem Rücksichtnahmegebot lässt sich beispielsweise die Pflicht ableiten, geringfügige Beeinträchtigungen des eigenen Gewinnungsrechtes im Interesse des anderen Nutzungsberechtigten oder aus Gemeinwohlgründen hinzunehmen. Grundstückseigentümer und Bewilligungsinhaber haben darauf hinzuwirken, dass sich beide Nutzungen soweit als möglich nebeneinander verwirklichen lassen. Nur wenn eine Koexistenz der geothermischen Anlagen aus technischen oder wirtschaftlichen Gründen ausgeschlossen ist, greift das Prioritätsprinzip zugunsten des zeitlich vorrangigen Nutzers.

Vergleichend kann an dieser Stelle auf die Rechtsprechung des Reichsgerichts zur Gewinnung von Grundeigentümerbodenschätzen bei gleichzeitigem Bestehen einer Bergbauberechtigung zurückgegriffen werden. Danach hindert die Existenz einer Bergbauberechtigung die Nutzung des Untergrundes durch den Grundstückseigentümer nicht, sofern der Abbau des Grundeigentümerbodenschatzes den

---

1453 so *Heitmann*, ZfB 125 (1984), S. 440, 459.

1454 *Boldt/Weller*, Bundesberggesetz, § 42, Rn. 10; vgl. auch BT-Drucks. 8/1315, S. 138.

Betrieb des Bergbauberechtigten nicht stört.[1455] Auch für den Konflikt zwischen der Eigentümernutzung von Erdwärme gemäß § 4 Abs. 2 Nr. 1 BBergG und der durch Bewilligung zugelassenen Erdwärmegewinnung ist maßgeblich, ob die Nutzung durch den Grundeigentümer die zeitlich vorrangige Erdwärmegewinnung konkret beeinträchtigt; bejaht man dies, ist die Eigentümernutzung wegen Verstoßes gegen die Bergbauberechtigung unzulässig.[1456] Wenn zwei benachbarte geothermische Anlagen oberflächennah in vergleichbaren Tiefenhorizonten Erdwärme gewinnen, dürfte regelmäßig mit einer gegenseitigen Beeinflussung zu rechnen und demnach die zeitlich nachfolgende Nutzung als unzulässig einzustufen sein, sofern sie die bestehende Anlage mehr als nur geringfügig beeinträchtigt. Dem Bewilligungsinhaber steht dann ein Abwehranspruch gegen die störende Erdwärmegewinnung des Nachbarn aus § 8 Abs. 2 BBergG i.V.m. § 1004 Abs. 1 BGB zu. Dagegen kann sich der Nachbar nicht unter Berufung auf sein potenzielles Gewinnungsrecht aus § 4 Abs. 2 Nr. 1 BBergG gegen den bergrechtlich zugelassenen Anlagenbetrieb zur Wehr setzen, weil die Bewilligung eine Duldungspflicht des Nachbarn statuiert. Zwar ist diese Duldungspflicht des Grundeigentümers gegenüber Beeinträchtigungen seines Eigentums durch bergbauliche Aktivitäten gesetzlich nicht explizit geregelt. Aus dem Ausschließlichkeitscharakter der Bewilligung ergibt sich aber die Pflicht Dritter, insbesondere des Grundeigentümers gegenüber dem Bergbauberechtigten, die mit der Wahrnehmung des Gewinnungsrechtes verbundenen Einwirkungen auf ihr Grundstück zu dulden.[1457] Abwehransprüche des benachbarten Grundstückseigentümers gegen den Betrieb einer zeitlich vorrangigen und durch bergrechtliche Bewilligung zugelassenen Geothermieanlage bestehen daher mangels Rechtswidrigkeit der Beeinträchtigung nicht. Auch Ausgleichsansprüche des Duldungspflichtigen sind in entsprechender Anwendung des § 114 Abs. 2 Nr. 2 BBergG ausgeschlossen.

Unter Berücksichtigung der dargelegten Gleichrangigkeit der Gewinnungsrechte müssen entsprechende Grundsätze gelten, wenn die Grundeigentümernutzung nach § 4 Abs. 2 Nr. 1 BBergG zuerst bestanden hat und durch eine hinzutretende, bergbehördlich bewilligte Erdwärmegewinnung beeinträchtigt wird. Allerdings kann sich der Grundeigentümer auch hier nicht auf einen Anspruch aus § 1004 Abs. 1 BGB stützen, da die bestandskräftige Bewilligung selbst dann zu einer Duldungspflicht führt, wenn sie rechtswidrig ist. Entgegenstehende Berechtigungen Dritter sind vielmehr bereits im Rahmen des bergrechtlichen

1455 RG, Urteil vom 08.03.1935 - V 365/34 -, RGZ 147, S. 161, 171.

1456 vgl. *Baur*, ZHR 150 (1986), S. 507, 525/526.

1457 BT-Drucks. 8/1315, S. 86; *Boldt/Weller*, Bundesberggesetz, § 8, Rn. 7.

Zulassungsverfahrens zu berücksichtigen mit der Folge, dass die beantragte Bewilligung erforderlichenfalls gemäß § 12 Abs. 1 Satz 1 i.V.m. § 11 Nr. 8 BBergG zu versagen ist. Bei zutreffender rechtlicher Würdigung des Sachverhalts dürfte es daher gar nicht zu der Situation kommen, dass ein Grundeigentümer sich gegen eine erst zu einem späteren Zeitpunkt in Betrieb genommene, bergrechtlich bewilligte Erdwärmeanlage eines Nachbarn zur Wehr setzen muss. In Anbetracht der Beteiligung der Bergbehörde handelt es sich um einen „bergrechtsinternen“ Konflikt, der nach Möglichkeit im bergrechtlichen Verfahren zu klären ist, um spätere Auseinandersetzungen zwischen den Betroffenen zu vermeiden. Falls eine Bewilligung in rechtsfehlerhafter Weise trotz Beeinträchtigung einer bereits ausgeübten Grundeigentümernutzung gemäß § 4 Abs. 2 Nr. 1 BBergG erlassen wird, kann der Eigentümer zunächst versuchen, die Bewilligung im Wege der Anfechtung unter Berufung auf die drittschützende Wirkung des § 11 Nr. 8 BBergG, ggf. ergänzt durch den verfassungsrechtlichen Schutz aus Art. 14 Abs. 1 GG, anzugreifen. Bei Bestandskraft der Bewilligung ist alternativ ein Antrag auf bergbehördliches Einschreiten gemäß § 48 Abs. 2 Satz 1 BBergG in Betracht zu ziehen. Das Bundesverwaltungsgericht hat der Befugnisnorm des § 48 Abs. 2 BBergG nachbarschützende Wirkung zugesprochen, wenn nur dadurch eine unverhältnismäßige Beeinträchtigung des Eigentums vermieden werden kann.[1458]

3. Fazit

Im Ergebnis erweist sich die mögliche Konkurrenz zwischen grundstücksbezogener Erschließung von Erdwärme gemäß § 4 Abs. 2 Nr. 1 BBergG und der Gewinnung von Erdwärme aufgrund bergbaulicher Bewilligung gemäß § 8 BBergG als ein Problem, dessen praktische Bedeutung nicht überbewertet werden sollte. Soweit es das Zusammentreffen mit der Erschließung tiefer Geothermie betrifft, scheidet eine gegenseitige Beeinträchtigung in Anbetracht der Nutzung unterschiedlicher Tiefenstockwerke regelmäßig aus. Auch eine Kollision der Grundeigentümernutzung nach § 4 Abs. 2 Nr. 1 BBergG mit anderen oberflächennahen, aber nach ihrer Zweckrichtung grundstücksüberschreitenden Erdwärmeerschließungen dürfte nur selten auftreten. Allein bei einem Abstellen auf die thermischen Auswirkungen des Betriebs geothermischer Anlagen könnten in Zukunft vermehrt die beschriebenen Nutzungskonflikte auftreten. Sofern es tatsächlich dazu kommen sollte, sind die Konkurrenzsituationen vorrangig nach dem Prioritätsprinzip aufzulösen. Dies hat zur Folge, dass der Bewilligungsinhaber

1458 BVerwG, Urteil vom 16.03.1989 - 4 C 36/85 -, BVerwGE 81, S. 329, 346.

hinzutretende störende Nutzungen über § 1004 Abs. 1 BGB (i.V.m. § 8 Abs. 2 BBergG) abwehren kann, soweit die geothermischen Anlagen nicht ohne wesentliche Beeinträchtigung nebeneinander betrieben werden können. Der Grundstückseigentümer ist dagegen auf eine angemessene Würdigung seines Gewinnungsrechtes aus § 4 Abs. 2 Nr. 1 BBergG im Rahmen des bergrechtlichen Zulassungsverfahrens angewiesen.

C. Zusammenfassung

Nachbarliche Nutzungskonflikte im Zusammenhang mit der Erschließung von Erdwärme können sowohl in vertikaler als auch in horizontaler Richtung entstehen. Als vertikal lassen sich diejenigen Konkurrenzen bezeichnen, die zwischen der Gewinnung oberflächennaher und tiefer Geothermie auftreten, während Kollisionen auf horizontaler Ebene benachbarte Nutzer desselben Tiefenstockwerks betreffen. Maßgeblich geprägt wird die rechtliche Beurteilung der Nutzungskonkurrenzen durch die Besonderheiten des Bergrechts, d.h. insbesondere durch die Eigenschaft der Erdwärme als bergfreier Bodenschatz im Sinne des § 3 Abs. 2 Satz 2 und Abs. 3 BBergG sowie durch die Ausnahmeregelung des § 4 Abs. 2 Nr. 1 BBergG für grundstücksbezogene Erdwärmeerschließungen. Die Unmöglichkeit einer gleichzeitigen Gewinnung oberflächennaher und tiefer Geothermie innerhalb desselben Erlaubnis- bzw. Bewilligungsfeldes beruht zudem auf dem Ausschließlichkeitscharakter der Bergbauberechtigungen und dem geltenden Geviertfeldsystem (vgl. § 4 Abs. 7 und § 161 Abs. 2 Satz 1 BBergG). Zur Problemlösung geeignet und wünschenswert wäre eine Änderung des BBergG dahingehend, dass die Bergbehörde die Felder zur Aufsuchung oder Gewinnung von Erdwärme in der Tiefe begrenzen und in verschiedene Stockwerke einteilen kann. Dadurch würde die parallele Erschließung von Erdwärme in unterschiedlichen Tiefen des Untergrundes ermöglicht und die Nutzbarmachung dieser erneuerbaren Energieform optimiert werden.

Die Konkurrenz zwischen einer grundstücksbezogenen Erdwärmeerschließung auf Grundlage des § 4 Abs. 2 Nr. 1 BBergG und einer bergrechtlich bewilligten Erdwärmegewinnung in demselben Tiefenstockwerk lässt sich dagegen in den meisten Fällen schon dadurch vermeiden, dass bei der Auslegung des § 4 Abs. 2 Nr. 1 BBergG auf den Zweck der Erdwärmeerschließung abgestellt und die Nutzung von Erdwärme zur Gebäudeklimatisierung damit aus dem Bergrecht herausgenommen wird. In den verbleibenden Fällen – oder bei einem Abstellen auf die grenzüberschreitenden Auswirkungen einer geothermischen Anlage – sind die Konkurrenzen zwischen verschiedenen Gewinnungsberechtigungen anhand des im Bergrecht anerkannten Prioritätsprinzips zu lösen; ergänzend ist auf das Rücksichtnahmegebot zurückzugreifen.

Aus zivilrechtlicher Perspektive war zudem zu untersuchen, wie sich ein Nachbar gegen thermische Beeinflussungen seines Grundstücks durch eine auf der Ausnahmevorschrift des § 4 Abs. 2 Nr. 1 BBergG beruhende und daher bergrechtlich nicht bewilligungsbedürftige Erdwärmegewinnung verteidigen kann. Denkbar ist eine solche Konstellation insbesondere bei einer zweckbezogenen Auslegung des § 4 Abs. 2 Nr. 1 BBergG, nach der der Betrieb einer geothermischen Anlage zur Beheizung und Kühlung einer Immobilie auch bei grenzüberschreitenden Auswirkungen keiner bergrechtlichen Zulassung bedarf. Ein betroffener Nachbar kann sich gegen die Beeinträchtigung seines Gewinnungs- und Aneignungsrechtes aus § 4 Abs. 2 Nr. 1 BBergG über § 1004 Abs. 1 BGB zur Wehr setzen, wenn er ein konkretes eigenes Nutzungsinteresse an der in seinem Grundstück vorhandenen Erdwärme besitzt. Bei nur unwesentlichen Beeinträchtigungen der eigenen Erdwärmenutzung ist er jedoch gemäß § 906 Abs. 1 BGB zur entschädigungslosen Duldung des Anlagenbetriebs auf dem Nachbargrundstück verpflichtet. Handelt es sich um eine wesentliche Störung der Grundstücksnutzung, lässt sich eine Duldungspflicht des Nachbarn ggf. über § 242 BGB und das Rechtsinstitut des nachbarlichen Gemeinschaftsverhältnisses begründen. Eine besondere Rücksichtnahmepflicht des Grundeigentümers kann sich danach ergeben, wenn das gesetzliche Nachbarrecht der §§ 905 und 906 BGB keine angemessene Lösung ermöglicht und eine Duldung der bereits ausgeübten Erdwärmenutzung aus Gründen des Bestands- und Investitionsschutzes sowie mit dem Ziel einer optimalen Ausnutzung der Erdwärmeressourcen auch im Hinblick auf den globalen Klimaschutz geboten erscheint. In die Interessenabwägung können weitere Aspekte wie das Prioritätsprinzip, die mangelnde wasserrechtliche Genehmigungsfähigkeit der erstrebten Erdwärmenutzung, die Wahrung der wasserwirtschaftlichen Ordnung oder das Rücksichtnahmegebot einfließen. Zu beachten ist aber stets, dass es sich bei dem nachbarlichen Gemeinschaftsverhältnis um ein richterrechtliches, aus den Grundsätzen von Treu und Glauben abgeleitetes Rechtsinstitut handelt, dessen Anwendung auf Ausnahmefälle beschränkt und dessen Handhabung mit Unsicherheiten behaftet ist. Sofern eine Duldungspflicht des benachbarten Grundstückseigentümers im Einzelfall bejaht wird, kann ihm als Entschädigung für die entgangene Nutzungsmöglichkeit ein nachbarrechtlicher Ausgleichsanspruch zustehen. Dabei ist unter Abwägung aller Umstände des Einzelfalls zu ermitteln, ob dem Grundeigentümer die Beeinträchtigung bzw. der Ausschluss der eigenen Erdwärmenutzung zumutbar oder ob ein finanzieller Ausgleich als Korrelat für die Auferlegung der besonderen Duldungspflicht aus dem nachbarlichen Gemeinschaftsverhältnis angemessen ist.

8. Teil: Zusammenfassung in Thesenform

1. Dem Bundesberggesetz (BBergG) liegt ein umfassender Erdwärmebegriff zugrunde, der die gesamte im Erdinneren vorhandene thermische Energie einschließt. Jede unterirdische Erschließung eines Energiegefälles stellt damit eine Gewinnung von Erdwärme im Sinne des BBergG dar.

2. Die Versuche, die Anwendbarkeit des BBergG auf eine Mindestleistung der geothermischen Anlagen, auf eine Mindesttiefe der Bohrungen oder auf ein bestimmtes Temperaturniveau zu beschränken oder sie bei der Verwendung von Wärmepumpen grundsätzlich zu verneinen, lassen sich aus dem Gesetz nicht ableiten und sind daher abzulehnen. Sowohl die oberflächennahe als auch die tiefe Geothermie werden als bergfreier Bodenschatz im Sinne des § 3 Abs. 3 Satz 2 Nr. 2 b) BBergG vom Bergrecht erfasst.

3. Die Speicherung von Wärme resp. Kälte im oberflächennahen Untergrund stellt keine Untergrundspeicherung gemäß § 2 Abs. 2 i.V.m. § 4 Abs. 9 BBergG dar. Ausnahmsweise kommt das BBergG zur Anwendung, wenn nicht nur „künstlich" Energie eingespeichert und entnommen, sondern wenn im Rahmen dieses Gesamtprozesses auch „natürliche" Erdwärme in mehr als unwesentlichem Umfang (mit-)gewonnen wird.

4. Die Ausnahmeregelung des § 4 Abs. 2 Nr. 1 BBergG für grundstücksbezogene Erdwärmenutzungen ist zweckbezogen danach auszulegen, ob die bauliche Nutzung des Grundstücks im Vordergrund steht oder ob die energetische Nutzungskomponente größeres Gewicht besitzt. Eine bewilligungspflichtige Gewinnung von Erdwärme liegt nur dann vor, wenn die Energieerschließung im Verhältnis zur baulichen Nutzung wesentlich überwiegt. Auf die thermischen Auswirkungen der geothermischen Nutzung kommt es nicht an.

5. Die Erschließung oberflächennaher Erdwärme zur Beheizung und Kühlung von Großimmobilien dient in erster Linie baulichen Zwecken und stellt daher keine nach dem BBergG zulassungspflichtige Gewinnung eines Bodenschatzes dar. Diese Auslegung vermeidet die wegen des Ausschließlichkeitscharakters von Bergbauberechtigungen andernfalls drohende automatische Sperrwirkung gegenüber nachfolgenden tiefengeothermischen Vorhaben oder weiteren (grundstücksüberschreitenden) oberflächennahen Anlagen.

6. Auch wenn man – entgegen der hier vertretenen Auffassung – bei einer thermischen Beeinflussung von Nachbargrundstücken die Grundstücksbezogenheit im Sinne des § 4 Abs. 2 Nr. 1 BBergG ablehnt und von einer bergrechtlichen Genehmigungspflicht der oberflächennahen Erdwärmeerschließung ausgeht, steht dies der Erteilung von Erlaubnis und Bewilligung gemäß §§ 11, 12 BBergG sowie einer Betriebsplanzulassung nach §§ 51 ff. BBergG regelmäßig nicht entgegen.

7. Das geltende Geviertfeldsystem (vgl. § 4 Abs. 7 und § 161 Abs. 2 Satz 1 BBergG) verhindert im Zusammenspiel mit der Ausschließlichkeit bergbaulicher Berechtigungen die technisch mögliche, parallele Aufsuchung und Gewinnung von Erdwärme in verschiedenen Tiefenstockwerken desselben Erlaubnis- bzw. Bewilligungsfeldes. Im Sinne der Rechtssicherheit und des erstrebten Ausbaus erneuerbarer Energien wäre eine Reformierung des Feldesbegriffs wünschenswert, die es der Bergbehörde ermöglicht, Erlaubnis- und Bewilligungsfelder in der Tiefe zu begrenzen und in verschiedene Stockwerke einzuteilen.

8. Die Berechtigung des Grundeigentümers zur grundstücksbezogenen „Gewinnung" von Erdwärme aus § 4 Abs. 2 Nr. 1 BBergG und das Aufsuchungs- und Gewinnungsrecht aufgrund bergrechtlicher Bewilligung gemäß § 8 Abs. 1 Nr. 1 BBergG stehen einander im Range gleich. Nutzungskonkurrenzen sind über das Prioritätsprinzip und das Gebot gegenseitiger Rücksichtnahme aufzulösen und von der Bergbehörde so weit als möglich bereits im Bewilligungsverfahren zu berücksichtigen.

9. Aus Gründen der Rechtsvereinfachung und zur Vermeidung von Auslegungsproblemen wäre es zweckmäßig, die Aufsuchung und Gewinnung oberflächennaher Erdwärme explizit aus dem Anwendungsbereich des BBergG herauszunehmen und ihre Zulässigkeit allein nach dem Wasserhaushaltsrecht zu beurteilen.

10. Die Errichtung geothermischer Anlagen zur Klimatisierung von Großimmobilien ist wegen der damit verbundenen Bohrungen und des Einbaus von Anlagenteilen in den Untergrund wasserrechtlich erlaubnispflichtig gemäß § 9 Abs. 1 Nr. 4 WHG, sofern zumindest das oberste Grundwasserstockwerk erreicht wird. Die Ausnahmevorschrift des § 49 Abs. 1 Satz 2 WHG greift wegen des hohen Gefahrenpotenzials der Bohrungen regelmäßig nicht ein. Soweit es den Anlagenbetrieb betrifft, ergibt sich die Gestattungspflicht bei Brunnenanlagen aus § 9 Abs. 1 Nr. 4 und 5 WHG, für Erdwärmesondenanlagen greift der Auffangtatbestand des § 9 Abs. 2 Nr. 2 WHG ein.

11. Bei der geothermischen Nutzung des oberflächennahen Untergrundes durch Sondenanlagen kommen der echte Benutzungstatbestand des § 9 Abs. 1 Nr. 4 WHG und der – grundsätzlich subsidiäre – Auffangtatbestand des § 9 Abs. 2 Nr. 2 WHG nebeneinander zur Anwendung, da Anlagenerrichtung und Anlagenbetrieb unterschiedliche Gefährdungsrichtungen im Hinblick auf das Schutzgut Grundwasser aufweisen.

12. Die Entscheidung über die wasserrechtliche Zulässigkeit einer geothermischen Großanlage ist stets das Resultat einer umfassenden Abwägung der betroffenen öffentlichen Interessen mit dem Ziel, eine unter Klimaschutzgesichtspunkten sinnvolle Grundwassernutzung zu ermöglichen, zugleich aber den gebotenen Schutz des Grundwassers als primärer Trinkwasserressource zu gewährleisten. Hierbei obliegt es der Wasserbehörde, im Einzelfall die Schädlichkeitsgrenze (vgl. § 12 Abs. 1 Nr. 1 WHG) festzulegen, welche unter anderem bestimmt wird durch die geologischen und hydrogeologischen Standortbedingungen sowie das Ausmaß der zu erwartenden Temperaturveränderungen des Grundwassers.

13. Bei Einhaltung der allgemein anerkannten Regeln der Technik – in Gestalt der VDI-Richtlinie 4640 sowie der einschlägigen DIN-Normen und DVGW-Arbeitsblätter – richtet sich die Erlaubnisfähigkeit der Anlagenerrichtung maßgeblich danach, ob die Bohrungen in einem hydrogeologisch günstigen Gebiet erfolgen sollen (= Benutzung regelmäßig zulässig), ob die Standortbedingungen eher ungünstig sind (= Schutzvorkehrungen zur Gefahrenminimierung erforderlich) oder ob ein besonders sensibles Grundwasservorkommen betroffen ist (= Benutzung im Regelfall unzulässig).

14. Der Betrieb geothermischer Anlagen zur Gebäudeklimatisierung verursacht regelmäßig Temperaturschwankungen des Grundwassers von etwa ± 10 K, kann aber auch zu Erwärmungen im Untergrund von bis zu 40°C führen, bei Hochtemperaturspeichern sogar von bis zu 90°C. Die Temperaturveränderungen wirken in vielfacher Hinsicht auf die physikalische, chemische und biologische Beschaffenheit des Grundwassers (vgl. § 3 Nr. 9 WHG), sind aber nicht schlechthin als schädlich einzustufen.

15. Indizwirkung für die Schädlichkeit von Grundwasserveränderungen können die Temperaturempfehlungen der VDI-Richtlinie 4640 sowie die in sonstigen Regelwerken enthaltenen Parameter für Grundwasserinhaltsstoffe (vgl. GrwV, TrinkwV 2001, Holland-Liste, Geringfügigkeitsschwellenwerte der LAWA) entfalten. Allgemeingültige Grenzwerte für die Erwärmung oder Abkühlung des Grundwassers gibt es jedoch nicht.

16. Die Festlegung einer generellen Schädlichkeitsgrenze für Erwärmungen des Grundwassers auf 20°C und die Begrenzung von Temperaturschwankungen auf ± 6 K ist naturwissenschaftlich zweifelhaft. Die wasserbehördliche Zulassungsentscheidung darf daher nicht das Ergebnis einer schematischen Anwendung der Temperaturrichtwerte aus der VDI-Richtlinie 4640 sein, sondern es bedarf stets einer konkreten Einzelfallbetrachtung unter Einbeziehung der standortspezifischen Besonderheiten.

17. Als problematisch erweist sich die Bestimmung der konkreten Wertigkeit der Schutzgüter Grundwasser und Klima, d.h. die Abwägung zwischen den unmittelbar eintretenden negativen Folgen der Erdwärmenutzung und den langfristig angelegten, auf globaler Ebene quantitativ überhaupt nicht darstellbaren positiven Auswirkungen der Nutzung oberflächennaher Geothermie für den Klimaschutz. Hier ist der Gesetzgeber aufgerufen, das Gewicht des globalen Klimaschutzes im Verhältnis zu den Umweltmedien Wasser, Boden und Luft sowie zu Natur und Landschaft fachgesetzlich zu konkretisieren.

18. Die Anwendung des § 48 Abs. 1 Satz 1 WHG ist entsprechend dem Wortlaut der Norm auf Benutzungen nach § 9 Abs. 1 Nr. 4 WHG zu beschränken. Die strengen Anforderungen des Besorgnisgrundsatzes gelten daher nur für die Errichtung geothermischer Anlagen sowie für das Wiedereinleiten des erwärmten bzw. abgekühlten Wassers in den Grundwasserleiter, nicht aber für den nur über § 9 Abs. 2 Nr. 2 WHG erfassten Betrieb einer Erdwärmesondenanlage.

19. Im Rahmen der Betätigung ihres Bewirtschaftungsermessens muss die Wasserbehörde versuchen, einerseits möglichst vielen Nutzern den Zugang zur Erdwärme zu eröffnen, andererseits aber eine Überbewirtschaftung des Grundwassers infolge der Zulassung geothermischer Anlagen zu verhindern. Als unverhältnismäßig ist dabei die generelle Versagung wasserrechtlicher Gestattungen unter Hinweis auf eine mögliche Präzedenzwirkung für zukünftige Anträge anzusehen. Geboten ist vielmehr die Aufstellung behördlicher Bewirtschaftungskonzepte, in denen Einzelheiten wie Anzahl, Tiefe und Standort der geothermischen Anlagen sowie die maximale Benutzungsdichte in einem bestimmten Bereich geregelt und auf diese Weise der Entstehung von Nutzungskonflikten entgegengewirkt werden kann.

20. Nutzungskonkurrenzen zwischen geothermischen Anlagen sind nach dem wasserrechtlichen Rücksichtnahmegebot dahingehend aufzulösen, dass unwesentliche Beeinträchtigungen bereits existierender Anlagen der Gestattungsfähigkeit einer hinzutretenden Benutzung nicht entgegenstehen. Noch zulässig sind danach bloße Beeinflussungen des Wirkungsgrades einer

Anlage bis zu einem Punkt, an dem ein wirtschaftlicher Betrieb der Anlage unmöglich oder erheblich erschwert wird. Rücksichtslos und damit unzulässig sind Benutzungen, die zu Beschädigungen anderer Anlagen bis hin zu einem vollständigen Ausfall führen können.

21. Die Wasserbehörde hat auch das schutzwürdige Interesse eines Nachbarn, in Zukunft auf seinem Grundstück eine geothermische Anlage zu betreiben, in ihre Ermessenserwägungen aufzunehmen, sofern der Nutzungswille nicht nur hypothetisch, sondern eine Verwirklichung nach objektiven Kriterien hinreichend wahrscheinlich ist. Unter diesen Voraussetzungen kann die Behörde Freiräume für zukünftige nachbarliche Nutzungen des Grundwassers sichern.

22. Zweckmäßig ist eine Befristung der wasserrechtlichen Gestattung für den Betrieb geothermischer Anlagen unter Berücksichtigung der Lebensdauer der Anlagen auf einen Zeitraum zwischen 15 und 25 Jahren.

23. Der zweistufige Zulassungstatbestand des § 12 WHG mit Allgemeinwohlprüfung auf Tatbestandsebene und Bewirtschaftungsermessen auf Rechtsfolgenseite ermöglicht eine angemessene rechtliche Behandlung geothermischer Nutzungen des Grundwassers. Angesichts der überragenden Bedeutung des Schutzgutes Grundwasser für die Trinkwasserversorgung der Bevölkerung und der in naturwissenschaftlicher Hinsicht noch bestehenden Unsicherheiten über die hydrogeochemischen und mikrobiologischen Folgen der Temperaturveränderungen im Untergrund ist am strengen Schutzstandard des Wasserhaushaltsrechts festzuhalten. Vorrang vor gesetzgeberischen Neuerungen sollte die weitere Erforschung der Auswirkungen geothermischer Anlagen auf die Beschaffenheit des Grundwassers sowie die Verbesserung der technisch-fachlichen Qualität der Bohrungen haben.

24. Sonstige Rechtsgebiete wie das Baurecht, das Immissionsschutzrecht, das Naturschutzrecht und das Bodenschutzrecht sind im Rahmen der Planung und Verwirklichung geothermischer Großprojekte zwar zwingend zu berücksichtigen, spezifische Problemstellungen ergeben sich insoweit aber nicht.

25. Dem Grundeigentümer wird durch § 4 Abs. 2 Nr. 1 BBergG ein potenzielles Gewinnungs- und Aneignungsrecht auf die in seinem Grundstück vorhandene Erdwärme vermittelt, welches in entsprechender Anwendung des § 1004 BGB eigentumsrechtlichen Schutz genießt.

26. Der Zugriff auf die unter einem benachbarten Grundstück vorhandene Erdwärme stellt eine Beeinträchtigung im Sinne des § 1004 Abs. 1 BGB dar und keine negative, vom Eigentümer zu duldende Einwirkung.

27. Der Grundstückseigentümer kann sich auf ein Ausschließungsinteresse gemäß § 905 Satz 2 BGB berufen, wenn er seine Absicht zur Erdwärmenutzung plausibel darlegen kann, wenn diese also hinreichend wahrscheinlich ist. Dagegen besteht eine Duldungspflicht gegenüber dem nachbarlichen Betrieb einer Geothermieanlage, wenn eine eigene Erdwärmeerschließung aus tatsächlichen oder rechtlichen Gründen – zum Beispiel wegen ihrer wasserrechtlichen Unzulässigkeit – nicht zu erwarten ist.

28. Eine wesentliche Beeinträchtigung im Sinne des § 906 Abs. 1 BGB liegt nicht vor, wenn die eigene Erdwärmenutzung ohne signifikante Einschränkungen realisiert werden kann, d.h. wenn ein technisch einwandfreier und wirtschaftlich sinnvoller Anlagenbetrieb trotz Erwärmung oder Abkühlung des Untergrundes möglich ist. Temperaturveränderungen von ± 1 K sind in jedem Fall als unwesentlich einzustufen und unter dem Gesichtspunkt der Sozialadäquanz entschädigungslos hinzunehmen.

29. Der Betrieb leistungsstarker Geothermieanlagen mit grundstücksüberschreitenden Auswirkungen stellt nach heutigen Maßstäben regelmäßig keine ortsübliche Benutzung dar, so dass ein benachbarter Grundstückseigentümer die Beeinträchtigung der eigenen Grundstücksnutzung nicht nach § 906 Abs. 2 Satz 1 BGB zu dulden hat.

30. Die bei der Gewinnung von Erdwärme auftretenden Besonderheiten, insbesondere ihre Fiktion als bergfreier Bodenschatz und die Gewährung eines Aneignungsrechtes des Grundeigentümers aus § 4 Abs. 2 Nr. 1 BBergG, sorgen für einen atypischen Interessenkonflikt und rechtfertigen die Anwendung der Grundsätze über das nachbarliche Gemeinschaftsverhältnis (§ 242 BGB).

31. Danach kann sich in Ausnahmefällen eine Duldungspflicht des Nachbarn auch bei wesentlichen Störungen der eigenen Grundstücksnutzung ergeben, sofern die Duldung der bereits ausgeübten geothermischen Nutzung aus Gründen des Bestands- und Investitionsschutzes sowie zur Gewährleistung einer optimalen Ausschöpfung der Erdwärmeressourcen geboten ist. In die durchzuführende Interessenabwägung sind weitere Gesichtspunkte einzustellen wie das Prioritätsprinzip, eine wasserrechtliche Unzulässigkeit der begehrten Erdwärmenutzung, die Aufrechterhaltung der wasserwirtschaftlichen Ordnung und das Rücksichtnahmegebot.

32. Dem duldungspflichtigen Grundstückseigentümer steht als Entschädigung für die entgangene Nutzungsmöglichkeit ein nachbarrechtlicher Ausgleichsanspruch zu, wenn die Beeinträchtigung bzw. Verhinderung der eigenen

Erdwärmenutzung nach Abwägung aller Umstände als nicht zumutbar und ein finanzieller Ausgleich daher angemessen erscheint. Davon ist im Regelfall auszugehen, da sich hier der Ausnahmecharakter der Duldungspflicht aus dem nachbarlichen Gemeinschaftsverhältnis quasi umkehrt und der Ausgleichsanspruch als Korrelat der Duldungspflicht nur bei Vorliegen besonderer Umstände nicht eingreift.

33. Die Höhe der Entschädigung richtet sich nach dem objektiven Wert der Erdwärmenutzung für den duldungspflichtigen Grundeigentümer. Hierbei ist zu ermitteln, welche finanziellen Vorteile sich für den Eigentümer aus einer eigenen Erdwärmeerschließung im Vergleich zur herkömmlichen Energieversorgung oder zum Anschluss an ein Geothermie-Fernwärmenetz ergeben würden, wobei naturgemäß auch die Kosten der Anlagenerrichtung als Abzugsposten in die Berechnung einzustellen sind. Anzustreben ist eine Lösung, die trotz des dem Grundeigentümer zufließenden finanziellen Ausgleichs eine wirtschaftlich sinnvolle Fortsetzung des nachbarlichen Anlagenbetriebs ermöglicht.

34. Angesichts der Unsicherheiten, die mit der Anwendung der Grundsätze über das nachbarliche Gemeinschaftsverhältnis als bloßer richterrechtlicher Ausprägung von Treu und Glauben einhergehen, verbleibt für den Betreiber einer geothermischen Anlage mit grundstücksüberschreitenden Auswirkungen lediglich die Möglichkeit, mit den betroffenen Nachbarn privatrechtliche Duldungsvereinbarungen zu schließen und die Duldungspflichten durch Eintragung einer Grunddienstbarkeit gemäß §§ 1018 ff. BGB dinglich abzusichern. Je weiträumiger die Temperaturauswirkungen sind, desto schwieriger dürfte aber eine privatrechtliche Absicherung des Anlagenbetriebs sein.

35. Beim Zusammentreffen einer nach § 4 Abs. 2 Nr. 1 BBergG grundstücksbezogenen Erdwärmenutzung mit einer grenzüberschreitenden, bergrechtlich bewilligungsbedürftigen Gewinnung von Erdwärme in demselben Tiefenstockwerk steht dem Bewilligungsinhaber gegen die hinzutretende störende Nutzung des Nachbarn ein Abwehranspruch aus § 1004 Abs. 1 BGB i.V.m. § 8 Abs. 2 BBergG zu, sofern die Anlagen nicht ohne wesentliche Beeinträchtigung nebeneinander betrieben werden können. Dagegen kann sich der Nachbar nicht zivilrechtlich unter Berufung auf sein Gewinnungs- und Aneignungsrecht aus § 4 Abs. 2 Nr. 1 BBergG gegen den bergrechtlich zugelassenen Anlagenbetrieb zur Wehr setzen, weil die Bewilligung eine Duldungspflicht des Nachbarn begründet. Die Rechte des Grundstückseigentümers beschränken sich daher auf eine zutreffende Würdigung seiner Belange im Rahmen des bergbehördlichen Zulassungsverfahrens und eine mögliche (Dritt-)Anfechtung der Bewilligung.

Literaturverzeichnis

Altrock, Martin/*Große*, Andreas/*Lehnert*, Wieland
Rechtshemmnisse für die Genehmigung tiefengeothermischer Anlagen, Gutachterliche Äußerung im Auftrag des Bundesministeriums für Umwelt, Naturschutz und Reaktorsicherheit, Berlin, Stand: 03.03.2009, veröffentl. unter www.erneuerbare-energien.de

Altrock, Martin/*Oschmann*, Volker/*Theobald*, Christian
Erneuerbare-Energien-Gesetz, Kommentar, 4. Aufl., München 2013

Appel, Markus
Wasserrechtliches Gestattungsregime und Klimawandel, in: NuR 2011, S. 677–680

Arbeitskreis für Umweltrecht (Hrsg.)
Grundzüge des Umweltrechts, 2. Aufl., Berlin 1997

Arndt, Volker/*Jensen*, Uwe/*Thomsen*, Frank/*Witt*, Arno
Handkommentar zur LBO Schleswig-Holstein, 1. Aufl., München, Berlin 2001

Arning, Esther/*Kölling*, Martin/*Panteleit*, Björn/*Reichling*, Jörg/*Schulz*, Horst D.
Einfluss oberflächennaher Wärmegewinnung auf geochemische Prozesse im Grundwasserleiter, in: Grundwasser 2006 (11), S. 27–39

Baisch, Axel
Bewirtschaftung im Wasserrecht – Die wasserrechtliche Bewirtschaftungserlaubnis zwischen Prävention und Repression, Frankfurt am Main u.a. 1996

Bamberger, Heinz Georg/*Roth*, Herbert
Kommentar zum Bürgerlichen Gesetzbuch,
Band 1, §§ 1–610, CISG, 3. Aufl., München 2012
–, Band 2, §§ 611–1296, AGG • ErbbauRG • WEG, 3. Aufl., München 2012

Baumann, Karsten/*Büchner*, Ute/*Großwig*, Stephan/*Hurtig*, Eckart/*Senze*, Andreas/*Triller*, Falk
Qualitätssicherung und Qualitätsüberwachung von Erdwärmesondenanlagen durch geophysikalische Bohrlochmessungen, in: Geothermische Vereinigung - Bundesverband Geothermie e.V. (Hrsg.), Der Geothermiekongress 2008, S. 280–289

Baur, Jürgen F.
Der Konflikt zwischen Eigentümer und Dritten bei der Tiefennutzung von Grundstücken, in: ZHR 150 (1986), S. 507–531

Baur, Jürgen F./*Sandrock*, Otto/*Scholtka*, Boris/*Shapira*, Amos (Hrsg.)
Festschrift für Gunther Kühne zum 70. Geburtstag, Frankfurt am Main 2009

Baur, Jürgen F./*Stürner*, Rolf
Sachenrecht, 18. Aufl., München 2009

Beckmann, Martin
Die Rechte des Grundeigentümers bei der Gewinnung von Bodenschätzen nach dem Bundesberggesetz, in: AUR 2012, S. 1–6

Bensching, Claudia
Nachbarrechtliche Ausgleichsansprüche – zulässige Rechtsfortbildung oder Rechtsprechung contra legem, Tübingen 2002

Benz, Steffen
Rechtliche Rahmenbedingungen für die Nutzung der oberflächennahen Geothermie, 2. Aufl., Berlin 2009

Berendes, Konrad
Wasserhaushaltsgesetz, Kurzkommentar, Berlin 2010

Berendes, Konrad/*Frenz*, Walter/*Müggenborg*, Hans-Jürgen
Wasserhaushaltsgesetz, Kommentar, Berlin 2011

Berger, Hannes
Schadensvermeidung im Bereich der Oberflächennahen Geothermie, in: bbr 11/2010, S. 30–35

Berghoff, Peter/*Steg*, Katharina
Das neue Bundesnaturschutzgesetz und seine Auswirkungen auf die Naturschutzgesetze der Länder, in: NuR 2010, S. 17–26

Berner, Marc/*Bayer*, Peter/*Blum*, Phillip
Berechnung von Temperaturfahnen durch Grundwasserwärmepumpenanlagen, in: Hoppe/Röhling/Schüth (Hrsg.), GeoDarmstadt 2010 - Geowissenschaften sichern Zukunft, S. 95–96

Beuthien, Volker/*Fuchs*, Maximilian/*Roth*, Herbert/*Schiemann*, Gottfried/*Wacke*, Andreas (Hrsg.)
Festschrift für Dieter Medicus – Zum 70. Geburtstag, Köln, Berlin, Bonn, München 1999

Bischofs, Volker
Die Nutzungspriorität im privaten Immissionsschutzrecht, Berlin 2006

Bockelmann, Franziska/*Fisch*, Norbert/*Abendroth*, Franz-Josef/*Koring*, Reinhold
Hauptverwaltung GELSENWASSER AG: Heizen und Kühlen mit Erdwärme, in: GtV – Bundesverband Geothermie e.V. (Hrsg.), Der Geothermiekongress 2011, Tagungsband CD-ROM

Bohne, Dirk/*Harhausen*, Gunnar/*Wohlfahrt*, Matthias/*Mands*, Erich/*Sauer*, Marc/ *Sanner*, Burkhard
Monitoring größerer Wärmepumpenanlagen mit Grundwasserbrunnen oder Erdwärmesonden – Probleme, Erfahrungen und Ergebnisse, in: Geothermische Vereinigung - Bundesverband Geothermie e.V. (Hrsg.), Der Geothermiekongress 2009, Kongressband CD-ROM

Boldt, Gerhard/*Weller*, Herbert
Bundesberggesetz, Kommentar, Berlin, New York 1984
–, Bundesberggesetz, Ergänzungsband zum Kommentar mit Erläuterung der neuen Vorschriften, Berlin, New York 1992

Böhler, Susanne/*Bongardt*, Daniel/*Frech*, Siegfried (Hrsg.)
Jahrhundertproblem Klimawandel – Forschungsstand, Perspektiven, Lösungswege, Schwalbach/Ts. 2009

Böllinger, Guido/*Krüger*, Andreas/*Röger*, Ralf/*Ulbrich*, Uwe/*Speth*, Peter
Die Wirkung anthropogener Klimaänderungen auf die Grundwasserneubildung und die Reaktionsmöglichkeiten der vollziehenden Gewalt, in: NuR 2001, S. 121–128

Brandenburgische Energie Technologie Initiative (ETI)
Wärme aus Brandenburger Erde – Anwendungsmöglichkeiten und Versorgungspotential der Geothermie in Brandenburg, veröffentl. unter www.mwe.brandenburg.de

Brattig, Boris/*Kahle*, Christian
Die Entwicklung des Energierechts 2003 bis 2004, in: NVwZ 2005, S. 642–648

Braun, Jürgen/*Koschitzky*, Hans-Peter (Hrsg.)
VEGAS-Kolloquium 2011, Flache Geothermie - Perspektiven und Risiken, Stuttgart 2011

Breuer, Rüdiger
Europäisierung des Wasserrechts, in: NuR 2000, S. 541–549
–, Anlagensicherheit und Umweltschutz im Energiesektor, in: Dolde (Hrsg.), Umweltrecht im Wandel, S. 915–947
–, Öffentliches und privates Wasserrecht, 3. Aufl., München 2004
–, Praxisprobleme des deutschen Wasserrechts nach der Umsetzung der Wasserrahmenrichtlinie, in: NuR 2007, S. 503–513
–, Umweltschutzrecht, in: Schmidt-Aßmann/Schoch (Hrsg.), Besonderes Verwaltungsrecht, Fünftes Kapitel, S. 591–774

Brielmann, Heike/*Lueders*, Tilmann/*Schreglmann*, Kathrin/*Ferraro*, Francesco/*Avramov*, Maria/*Hammerl*, Verena/*Blum*, Philipp/*Bayer*, Peter/*Griebler*, Christian
Oberflächennahe Geothermie und ihre potenziellen Auswirkungen auf Grundwasserökosysteme, in: Grundwasser 2011 (16), S. 77–91

Buchholz, Georg
Wasserrechtliche Hürden für Erdwärmesonden, in: Geothermische Vereinigung - Bundesverband Geothermie e.V. (Hrsg.), Der Geothermiekongress 2008, S. 345–347

Bundesministerium für Umwelt, Naturschutz und Reaktorsicherheit (BMU)
Investitionen für ein klimafreundliches Deutschland, Synthesebericht, 1. Aufl., Stand: November 2008
–, Erneuerbare Energien in Zahlen – Nationale und internationale Entwicklung, 1. Aufl., Stand: Juni 2009
–, Erneuerbare Energien – Innovationen für eine nachhaltige Energiezukunft, 8. Aufl., Stand: Oktober 2011
–, Erneuerbare Energien in Zahlen – Nationale und internationale Entwicklung, 1. Aufl., Stand: Juli 2012
–, Entwicklung der erneuerbaren Energien in Deutschland im Jahr 2011, Grafiken und Tabellen, Stand: Juli 2012, veröffentl. unter www.bmu.de

Bundesministerium für Wirtschaft und Technologie (BMWi)/Bundesministerium für Umwelt, Naturschutz und Reaktorsicherheit (BMU)
Bericht zur Umsetzung der in der Kabinettsklausur vom 23./24.08.2007 in Meseberg beschlossenen Eckpunkte für ein Integriertes Energie- und Klimaprogramm, Stand: 05.12.2007, veröffentl. unter www.bmu.de
–, Energiekonzept für eine umweltschonende, zuverlässige und bezahlbare Energieversorgung – 28. September 2010, Stand: September 2010, veröffentl. unter www.bmwi.de

Bundesregierung

Bericht der Bundesregierung über ein Konzept zur Förderung, Entwicklung und Markteinführung von geothermischer Stromerzeugung und Wärmenutzung, Beschluss vom 13.05.2009, BT-Drucks. 16/13128

Bundestag

Bericht des Ausschusses für Bildung, Forschung und Technikfolgenabschätzung (17. Ausschuss) gemäß § 56a der Geschäftsordnung, Technikfolgenabschätzung, hier: Monitoring – „Möglichkeiten geothermischer Stromerzeugung in Deutschland", BT-Drucks. 15/1835

Bundesverband der Energie- und Wasserwirtschaft e.V. (BDEW)

Brutto-Stromerzeugung nach Energieträgern 2011, veröffentl. unter www.bdew.de

Bundesverband Wärmepumpe e.V. (BWP)

Presseinformation vom 27.01.2011 – Wärmepumpen-Absatzzahlen für 2010: Der Markt konsolidiert sich, veröffentl. unter www.waermepumpe.de

–, Presseinformation vom 26.01.2012 – Wärmepumpen-Absatz steigt 2011 um 11,8 % gegenüber Vorjahr, veröffentl. unter www.waermepumpe.de

Bund/Länderarbeitsgemeinschaft Bodenschutz (LABO)

Abgrenzung zwischen Bundes-Bodenschutzgesetz und Bundesberggesetz, Beschluss der Bund/Länderarbeitsgemeinschaft Bodenschutz am 11./12.09.2000, Zustimmung des Länderausschusses Bergbau (LAB) vom 15.12.2000, veröffentl. unter www.labo-deutschland.de

Bund/Länderarbeitsgemeinschaft Wasser (LAWA)

Empfehlungen der LAWA für wasserwirtschaftliche Anforderungen an Erdwärmesonden und Erdwärmekollektoren, Dresden, Dezember 2011

Bund/Länder-Arbeitsgruppen der Staatlichen Geologischen Dienste – Personenkreis Geothermie der Ad-hoc-Arbeitsgruppe Geothermie

Fachbericht zu bisher bekannten Auswirkungen geothermischer Vorhaben in den Bundesländern, Wiesbaden, Februar 2011, veröffentl. unter www.infogeo.de

Bund-Länder-Ausschuss Bergbau – Der Obmann für das Markscheidewesen

Erarbeitung von Kriterien für die Bemessung von Bergbauberechtigungen zur Aufsuchung und Gewinnung von Erdwärme, Bericht des Ad-hoc-Arbeitskreises „Bemessung von Erdwärmefeldern", in: GtE 40/2003, S. 12–16

Burgi, Martin (Hrsg.)
Planungssicherheit im Energiewirtschaftsrecht, Dokumentation einer Fachtagung des Instituts für Berg- und Energierecht am 3. April 2003, 1. Aufl., Stuttgart u.a. 2003

Butscher, Christoph/*Huggenberger*, Peter/*Auckenthaler*, Adrian/*Bänninger*, Dominik
Risikoorientierte Bewilligung von Erdwärmesonden, in: Grundwasser 2011 (16), S. 13–24

Büllesbach, Rudolf
Die wasserrechtliche Gemeinwohlklausel – Auch heute noch ein Rätsel? –, in: DÖV 1992, S. 477–485

Caspar, Johannes
Gutachten zur Zulässigkeit von Explorationsbohrungen im Wattenmeer sowie zu den Voraussetzungen einer Erlaubnis zur Aufsuchung von Kohlenwasserstoffen (Erlaubnisfeld Eiderstedt) im Wattenmeer, Schleswig-Holsteinischer Landtag – Wissenschaftlicher Dienst, Kiel, 7. Juli 2008, Umdruck 16/3396

Caßor-Pfeiffer, Silke
Das Gesetz zur Neuregelung des Wasserrechts, in: ZfW 2010, S. 1–31

Charissé, Thomas/*Lohse*, Christiane
Geothermische Energieerzeugung und CO_2-Lagerung - mögliche Nutzungskonkurrenz, in: Geothermische Vereinigung - Bundesverband Geothermie e.V. (Hrsg.), Der Geothermiekongress 2009, Kongressband CD-ROM

Conzen, Thomas
Energetische Grundwassernutzung im städtischen Bereich – Planung bei konkurrierenden Nutzungen, in: bbr 07–08/2011, S. 34–41

Crotogino, Fritz/*Donadei*, Sabine/*Dietrich*, Lars
Nutzungskonkurrenz bei Speichern im geologischen Untergrund, in: Solarzeitalter 4/2009, S. 22–30

Czychowski, Manfred/*Reinhardt*, Michael
Wasserhaushaltsgesetz, Kommentar, 10. Aufl., München 2010

Dahmke, Andreas/*Kinias*, Constantin
Wärmeversorgung von Gebäuden vor dem Hintergrund der „Energiewende“ und des Klimaschutzes, Vortrag auf der 7. Norddeutschen Energiekonferenz 2012, Stand: 9.02.2012, abrufbar unter www.vdw-online.de

Dapprich, Gerhard/*Römermann*, Klaus
Bundesberggesetz, Kommentar, Köln, Berlin, Bonn, München 1983

Dietrich, Jan-Hendrik
Die immissionsschutzrechtliche Beurteilung von Baulärm, in: NVwZ 2009, S. 144–148

Dietrich, Lars
Nutzungskonflikte unter Tage, in: Kühne/Ehricke (Hrsg.), Bergrecht zwischen Tradition und Moderne, S. 139–167

Dietrich, Lars/*Schäperklaus*, Stefan
Der Raum wird knapp: über die Steuerbarkeit von Nutzungskonflikten unter Tage, in: Erdöl, Erdgas, Kohle 2009, S. 20–26

Dolde, Klaus-Peter (Hrsg.)
Umweltrecht im Wandel – Bilanz und Perspektiven aus Anlass des 25-jährigen Bestehens der Gesellschaft für Umweltrecht (GfU), Berlin 2001

Domning, Heinz/*Möller*, Gerd/*Suttkus*, Martin
Bauordnungsrecht Schleswig-Holstein, Kommentar
Band 1, 3. Aufl., Kiel 1996, 15. Lieferung: Stand Januar 2013
–, Band 2, 3. Aufl., Kiel 1996, 15. Lieferung: Stand Januar 2013

Dreier, Horst (Hrsg.)
Grundgesetz, Kommentar
Band I, Präambel, Art. 1–19, 3. Aufl., Tübingen 2013
–, Band II, Art. 20–82, 2. Aufl., Tübingen 2006

Dröge, Susanne
Die EU-Klimastrategie, in: Böhler/Bongardt/Frech (Hrsg.), Jahrhundertproblem Klimawandel, S. 139–153

Durner, Wolfgang
Die Durchsetzbarkeit des wasserwirtschaftlichen Maßnahmenprogramms, in: NuR 2009, S. 77–85
–, Die Reform des Wasserrechts im Umweltgesetzbuch, in: Köck (Hrsg.), Auf dem Weg zu einem Umweltgesetzbuch, S. 63–87

Edenhofer, Ottmar/*Flachsland*, Christian/*Luderer*, Gunnar
Global Deal: Eckpunkte einer globalen Klimaschutzpolitik, in: Wallacher/Scharpenseel (Hrsg.), Klimawandel und globale Armut, S. 109–140

Ehrlich, Heike
Rechtliche Rahmenbedingungen für die Nutzung der Ressource Erdwärme bzw. Untergrundspeicherung, in: Geoforschungszentrum Potsdam (Hrsg.), Angebotspotenzial der Erdwärme sowie rechtliche und wirtschaftliche Aspekte der Nutzung hydrothermaler Ressourcen, Scientific Technical Report 98/09, S. 27–38

Ehricke, Ulrich
Das Verhältnis zwischen dem Bergschadensersatzanspruch nach den §§ 114 ff. BBergG und dem nachbarrechtlichen Ausgleichsanspruch gem. § 906 Abs. 2 Satz 2 BGB, in: Kühne/Ehricke (Hrsg.), Bergrecht zwischen Tradition und Moderne, S. 33–98
–, Verkehrssicherungspflichten im Hinblick auf Geothermiebohrungen, in: UPR 2009, S. 281–289

Eiselt, Andreas Björn
Dauer der wasserrechtlichen Bewilligung nach § 8 Absatz 5 WHG bei Wasserkraftanlagen, in: NuR 2007, S. 814–819

Ekardt, Felix/*Weyland*, Raphael/*Schenderlein*, Kristin
Verschlechterungsverbot zwischen WRRL, neuem WHG und scheiterndem UGB, in: NuR 2009, S. 388–398

Elgeti, Till/*Dietrich*, Lars
Unkonventionelles Erdgas: Berg- und Wasserrecht, in: NuR 2012, S. 232–239

Elspas, Maximilian/*Salje*, Peter/*Stewing*, Clemens
Emissionshandel: ein Praxishandbuch, Köln 2006

Engesser, Wolfgang
Warum hebt sich Staufen?, in: GtV – Bundesverband Geothermie e.V. (Hrsg.), Der Geothermiekongress 2010, Tagungsband CD-ROM

Erbguth, Wilfried/*Schlacke*, Sabine
Umweltrecht, 4. Aufl., Baden-Baden 2012

Erbguth, Wilfried/*Stollmann*, Frank
Das Umweltmedium „Boden“ im Spannungsfeld des Bauplanungs- und Naturschutzrechts, in: UPR 2002, S. 411–419

Erman, Walter
Bürgerliches Gesetzbuch, Handkommentar mit AGG, EGBGB (Auszug), ErbbauRG, LPartG, ProdHaftG, UKlaG, VBVG, VersAusglG und WEG, Band II, 13. Aufl., Köln 2011

Falke, Josef
Neue Entwicklungen im Europäischen Umweltrecht, in: ZUR 2013, S. 182–187

Faßbender, Kurt
Die neuen wasserrechtlichen Maßnahmenprogramme und Bewirtschaftungspläne – Bindungswirkung und Rechtsschutz, in: ZfW 2010, S. 189–207

Fischer, Thomas
Strafgesetzbuch, Kommentar, 61. Aufl., München 2014

Fischer-Hüftle, Peter
Bergbauberechtigungen und naturschutzrechtliche Verordnungen, in: NuR 1989, S. 106–113

Fluck, Jürgen/*Frenz*, Walter/*Fischer*, Kristian/*Franßen*, Gregor
Kreislaufwirtschaftsrecht, Abfallrecht und Bodenschutzrecht mit EU-Abfallrecht, Kommentar, Band 6 – BBodSchG, BBodSchV, Heidelberg, 109. Aktualisierung, Dezember 2012

Forschungs- und Entwicklungsinstitut für Industrie- und Siedlungswasserwirtschaft sowie Abfallwirtschaft e.V. Stuttgart
Grundwasser und Grundwasserleiter - Nutzungskonflikte und Lösungsansätze -, 24. Trinkwasserkolloquium am 25. Februar 2010, München 2010

Franke, Peter
Rechtsfragen der Nutzung erneuerbarer Energien: Grubengas und Geothermie, in: Burgi (Hrsg.), Planungssicherheit im Energiewirtschaftsrecht, S. 93–119
–, Funktionswandel der Bergbauberechtigung?, in: Baur/Sandrock/Scholtka/Shapira (Hrsg.), Festschrift für Gunther Kühne zum 70. Geburtstag, S. 507–528

Frenz, Walter
Bundes-Bodenschutzgesetz (BBodSchG), Kommentar, München 2000
–, Bergrecht und Nachhaltige Entwicklung, Berlin 2001
–, Bergrechtliche Kausalität bei Geothermiebohrungen, in: Frenz/Preuße (Hrsg.), Wirkungsunsicherheiten in der Geothermiebohrung: der Fall Staufen, S. 35–45
–, Bergrecht auf Geothermiebohrungen, in: Glückauf 146 (2010), S. 302–305
–, Emissionshandelsrecht – Kommentar zu TEHG und ZuV 2020, 3. Aufl., Berlin 2012

Frenz, Walter/*Müggenborg*, Hans-Jürgen
Bundesnaturschutzgesetz, Kommentar, Berlin 2011

Frenz, Walter/*Preuße*, Axel (Hrsg.)
Wirkungsunsicherheiten in der Geothermiebohrung: der Fall Staufen, 11. Aachener Altlasten- und Bergschadenkundliches Kolloquium, Clausthal-Zellerfeld 2009
–, Geothermie – Risikobeherrschung und Stand der Technik, Perspektiven und Fördermöglichkeiten, 12. Aachener Altlasten- und Bergschadenkundliches Kolloquium, Clausthal-Zellerfeld 2010

Fuentes, Ursula/*Kohl*, Harald/*Müller*, Michael
Die Klimakatastrophe, eine noch aufhaltbare Katastrophe, in: Böhler/Bongardt/Frech (Hrsg.), Jahrhundertproblem Klimawandel, S. 43–60

Gaentzsch, Günter
Oberflächeneigentum und Bergbau aus der Sicht der höchstrichterlichen Rechtsprechung, in: Hüffer (Hrsg.), Oberflächeneigentum und Bergbau, S. 41–54

Gärditz, Klaus Ferdinand
Ökologische Binnenkonflikte im Klimaschutzrecht, in: DVBl. 2010, S. 214–223

Geoforschungszentrum Potsdam (Hrsg.)
Angebotspotenzial der Erdwärme sowie rechtliche und wirtschaftliche Aspekte der Nutzung hydrothermaler Ressourcen, Scientific Technical Report 98/09, Potsdam 1998

Geothermie in Bayern – Profile, Porträts, Perspektiven
Hrsg.: media mind GmbH & Co. KG, München 2009/2010

Geothermie Neubrandenburg GmbH
Projektbeispiel: Reichstagsgebäude und Energieverbund der Parlamentsbauten in Berlin, veröffentl. unter www.gtn-online.de/Projekte

Geothermiezentrum Bochum
Analyse des deutschen Wärmepumpenmarktes – Bestandsaufnahme und Trends, Bochum, März 2010

Geothermische Vereinigung e.V./Schweizerische Vereinigung für Geothermie (Hrsg.)
Geothermie – Energie der Zukunft, Tagungsband, 4. Geothermische Fachtagung, 7. Fachtagung der SVG, 18.-20. September 1996 in Konstanz, Geeste 1997

Geothermische Vereinigung - Bundesverband Geothermie e.V. (Hrsg.)
Mehr Energie von unten, 9. Geothermische Fachtagung 2006, Geeste 2006
–, Der Geothermiekongress 2008, Karlsruhe, 11.-13. November 2008, Geeste 2008

–, Der Geothermiekongress 2009, 17.-19. November 2009 in Bochum, Kongressband CD-ROM, Geeste 2009

Gersemann, Dieter
Rechtsprobleme bei der Wärmepumpe, in: VBlBW 1981, S. 383–389

Ginzky, Harald
Grundwasserschutz zwischen gestern und morgen – neue Werte braucht das Land, in: ZUR 2005, S. 291–297
–, Das Verschlechterungsverbot nach der Wasserrahmenrichtlinie, in: NuR 2008, S. 147–152

Glatzel, Wolf-Dieter/*Heise*, Klaus-Dieter (Hrsg.)
Wärmepumpen und Gewässerschutz – Ökologische Auswirkungen von Wärmepumpen mit Wärmentzug aus Wasser, Statusseminar in Berlin, 19. und 20. November 1979, Berlin 1980

Goeke, Ulf
Das Grundeigentum im Luftraum und im Erdreich, Köln 1999

Gores, Sabine
Kraft-Wärme-Kopplung in Deutschland – Entwicklung im Zeitraum 2003–2010 und mögliche Ausbaupfade 2020/2030, Präsentation im Rahmen des BMU/UBA Workshops „Klimaschutz und KWK-Ausbau - Entwicklung, Prognose, Wirksamkeit der Anreize im KWK-Gesetz unter Berücksichtigung von Emissionshandel und EEG" am 16.11.2011, veröffentl. unter www.oeko.de

Große, Andreas
Zu den Genehmigungsvoraussetzungen für geothermische Anlagen, in: NVwZ 2004, S. 809–814
–, Strom und Wärme aus der Tiefe, in: ZUR 2009, S. 535–543

Große-Suchsdorf, Ulrich/*Breyer*, Erich/*Burzynska*, Manfred/*Dorn*, Thomas/*Kaellander*, Gerd/*Mann*, Thomas/*Stiel*, Arnd/*Wiechert*, Reinald
Niedersächsische Bauordnung, Kommentar, 9. Aufl., München 2013

Großmann, Jochen/*Schuldt*, Burkhard/*Spieht*, Wolf Friedrich/*von Daniels*, Gero
„Wärmeklau" durch Geothermie – technische und rechtliche Aspekte, in: Wasser und Abfall 9/2009, S. 36–39

Grziwotz, Herbert/*Lüke*, Wolfgang/*Saller*, Roland
Praxishandbuch Nachbarrecht, München 2005

Grziwotz, Herbert/*Keukenschrijver*, Alfred/*Ring*, Gerhard (Hrsg.)
BGB – Sachenrecht, Kommentar, Band 3: §§ 854–1296, 3. Aufl., Baden-Baden 2013

GtV – Bundesverband Geothermie e. V. (Hrsg.)
Der Geothermiekongress 2010, Karlsruhe, 17.–19. November 2010, Tagungsband CD-ROM, Berlin, Stand: 10.10.2010
–, Der Geothermiekongress 2011, Bochum, 15.–17. November 2011, Tagungsband CD-ROM, Berlin, Stand: 24.10.2011

GtV – Bundesverband Geothermie e. V.
Forschungsbedarf Geothermie, Stand Februar 2012, veröffentl. unter www.geothermie.de
–, Nutzung der Geothemie in Deutschland, Stand: März 2012, veröffentl. unter www.geothermie.de

Guckelberger, Annette
Steuerung des Wasserrechts: Planung, Verfahren und Öffentlichkeit, in: Reinhardt (Hrsg.), Wasserrecht im Umbruch, S. 69–115
–, Die gehobene wasserrechtliche Erlaubnis, in: VerwArch 101 (2010), S. 139–158

Hagen, Horst
Der nachbarrechtliche Ausgleichsanspruch nach § 906 Abs. 2 Satz 2 BGB als Musterlösung und Lösungsmuster – Rechtsfortbildung in mehreren Etappen, in: Medicus/Mertens/Nörr/Zöllner (Hrsg.), Festschrift für Hermann Lange zum 70. Geburtstag am 24. Januar 1992, S. 483–507
–, Zum Topos der Priorität im privaten Immissionsschutzrecht, in: Beuthien u.a. (Hrsg.), Festschrift für Dieter Medicus – Zum 70. Geburtstag, S. 161–175

Hake, Jürgen-Friedrich/*Hüttner*, Karl Ludwig (Hrsg.)
Klimaschutz und Klimapolitik: Chancen und Herausforderungen, Jülich 2003

Hansmann, Klaus/*Sellner*, Dieter (Hrsg.)
Grundzüge des Umweltrechts, herausgegeben im Auftrag des Arbeitskreises für Umweltrecht (AKUR), 3. Aufl., Berlin 2007

Hare, William
Verhindern einer gefährlichen Klimaänderung: Wie viel ist zu viel?, in: Müller/Fuentes/Kohl (Hrsg.), Der UN-Weltklimareport, S. 285–292

Harhausen, Gunnar/*Wohlfahrt*, Matthias
Oberflächennahe Geothermie zur energieeffizienten Temperierung von Bürogebäuden, in: bbr 2011, Sonderheft Oberflächennahe Geothermie, S. 28–35

Jarass, Hans D.
Bundes-Immissionsschutzgesetz, Kommentar, 10. Aufl., München 2013

Jarass, Hans D./*Pieroth*, Bodo
Grundgesetz für die Bundesrepublik Deutschland, Kommentar, 12. Aufl., München 2012

Jesußek, Anna
Temperaturbedingte Auswirkungen unterirdischer Wärmespeicherung auf hydrogeochemische Sediment-Wasser-Wechselwirkungen in einem oberflächennahen Grundwasserleiter, Dissertation, Kiel 2012

Jesußek, Anna/*Grandel*, Sibylle/*Dahmke*, Andreas
Impacts of subsurface heat storage on aquifer hydrogeochemistry, in: Environmental Earth Sciences, veröffentl. unter DOI 10.007/s12665-012-2037-9 am 30.10.2012

Jesußek, Anna/*Dahmke*, Andreas/*Boockmeyer*, Anke/*Bauer*, Sebastian/*Berlin*, Christoph/*Ewer*, Wolfgang
Naturwissenschaftliche Folgen der thermischen Grundwassernutzung – Implikationen für die Genehmigungspraxis, in: bbr 2013, Sonderheft Geothermie, S. 54–62

Jung, Yeon-Mi
Energieeffizienzpolitik in Deutschland und Südkorea, 1. Aufl., Wiesbaden 2009

Kabus, Frank/*Seibt*, Peter
Energie aus der Erde – Unterirdische Speichersysteme für Wärme und Kälte, in: BBauBl, Heft 12/98, S. 51–55

Kaltschmitt, Martin
Einleitung und Zielsetzung, in: Kaltschmitt/Huenges/Wolff (Hrsg.), Energie aus Erdwärme, S. 1–25

Kaltschmitt, Martin/*Huenges*, Ernst/*Wolff*, Helmut (Hrsg.)
Energie aus Erdwärme – Geologie, Technik und Energiewirtschaft, 1. Aufl. 1999, unveränderter Nachdruck Heidelberg 2009

Kaltschmitt, Martin/*Lux*, Rainer
Energiewirtschaftliche Analyse – Oberflächennahe Erdwärmenutzung, in: Kaltschmitt/Huenges/Wolff (Hrsg.), Energie aus Erdwärme, S. 175–189

Kaltschmitt, Martin/*Streicher*, Wolfgang/*Wiese*, Andreas (Hrsg.)
Erneuerbare Energien – Systemtechnik, Wirtschaftlichkeit, Umweltaspekte, 5. Aufl., Berlin, Heidelberg 2013

Karpen, Ulrich
Grundeigentum und Bergbaurechte nach dem Bundesberggesetz vom 13.8.1980, in: AöR 106 (1981), S. 15–41

Katzenbach, Rolf/*Wagner*, Isabel
Technisch-rechtliche Fragestellungen bei Anlagen der Oberflächennahen Geothermie, in: ZfBR, Sonderausgabe Juli 2012 – Erneuerbare Energien unter dem Schwerpunkt der Windkraft, S. 43–52

Kipry, Herdis/*Bockelmann*, Franziska/*Fisch*, M. Norbert
Evaluierung und Betriebsoptimierung von Systemen zur saisonalen Wärme- und Kältespeicherung im Gründungsbereich von Bürogebäuden, in: Ostbayerisches Technologie-Transfer-Institut e.V., 9. Internationales Anwenderforum Oberflächennahe Geothermie, S. 130–137

Kirchhof, Ferdinand
Die Verleihungsgebühr als dritter Gebührentyp, in: DVBl. 1987, S. 554–561

Klimt, Thomas
Negative Immissionen im Nachbarrecht des BGB, in: ZMR 1993, S. 204–207

Kloepfer, Michael
Umweltrecht, 3. Aufl., München 2004

–, Schriftliche Stellungnahme vom 03.05.2006, Rechtsausschussprotokoll 15 – Gemeinsame öffentliche Anhörung des Rechtsausschusses des Deutschen Bundestages und des Ausschusses für Innere Angelegenheiten des Bundesrates zur Föderalismusreform vom 18.05.2006, S. 151–173, Parlamentsarchiv: PA-DBT 3109, veröffentl. unter http://webarchiv.bundestag.de

Klöhn, Lars
Zeitliche Priorität als Argument im Nachbarrecht, in: AcP 208 (2008), S. 777–817

Knauber, Raffael
Das Gebot der Rücksichtnahme – der Schlüssel zur Begründung subjektiver Rechtsmacht jetzt auch im wasserrechtlichen Nachbarschutz, in: NVwZ 1988, S. 997–1000

Knopp, Lothar
Klimaschutz – Rückschlag für die Globalisierung des Umweltrechts, in: UPR 2010, S. 130–134

Knöchel, Harald
Das Bundesberggesetz und die Sicherung der Rohstoffversorgung, in: Baur/Sandrock/Scholtka/Shapira (Hrsg.),Festschrift für Gunther Kühne zum 70. Geburtstag, S. 599–604

Koch, Hans-Joachim (Hrsg.)
Umweltrecht, 4. Aufl., München 2014

Koch, Hans-Joachim/*Pache*, Eckhard/*Scheuing*, Dieter H.
Gemeinschaftskommentar zum Bundes-Immissionsschutzgesetz, Köln, Stand: Aktualisierungslieferung Nr. 33, September 2013

Kolb, Dieter A./*Heise*, Klaus-Dieter
Ökologische Auswirkungen von Wärmepumpen mit Wärmeentzug aus Wasser – Auswertung des Statusseminars und Schlussfolgerungen, in: Glatzel/Heise (Hrsg.), Wärmepumpen und Gewässerschutz, S. 257–334

Kollmann, Manfred
Wassergesetz des Landes Schleswig-Holstein (Landeswassergesetz – LWG –), Kommentar, Wiesbaden, 7. Nachlieferung, Mai 2011

Kopf, Manfred
Rechtliche Voraussetzungen zur Genehmigung geothermischer Anlagen, in: Erzmetall 51 (1998), S. 548–560

Kotulla, Michael
Rechtliche Instrumente des Grundwasserschutzes – Eine systematische Analyse des EG-, Bundes- und Landesrechts, Berlin 1999
–, Umweltschutzgesetzgebungskompetenzen und „Föderalismusreform", in: NVwZ 2007, S. 489–495
–, Das novellierte Wasserhaushaltsgesetz, in: NVwZ 2010, S. 79–86
–, Wasserhaushaltsgesetz, Kommentar, 2. Aufl., Stuttgart 2011

Köck, Wolfgang
Die Implementation der EG-Wasserrahmenrichtlinie – eine Zwischenbilanz mit Blick auf die bevorstehende Verabschiedung von Maßnahmenprogrammen und Bewirtschaftungsplänen –, in: ZUR 2009, S. 227–233

Köck, Wolfgang (Hrsg.)
Auf dem Weg zu einem Umweltgesetzbuch nach der Föderalismusreform, Dokumentation des 13. Leipziger Umweltrechtssymposiums des Instituts für Umwelt- und Planungsrecht der Universität Leipzig und des Helmholtz-Zentrums für Umweltforschung – UFZ am 17. Und 18. April 2008, Baden-Baden 2009

Kött, Anne/*Kracht*, Matthias
Potenziale der CO_2-Speicherung in Hessen – eine Grundlage zur klimafreundlichen geo- und energietechnischen Nutzung des tiefen Untergrundes, Hrsg.: Hessisches Landesamt für Umwelt und Geologie, Wiesbaden 2009

Kranz, Stefan/*Bartels*, Jörn/*Gehrke*, Doreen/*Hoffmann*, Frank/*Wolfgramm*, Markus
Wärme- und Kältespeicherung in Aquiferen, in: bbr 07–08/2008, S. 34–43

Kräber, Wolfgang
Haftungsprobleme bei Geothermiebohrungen, 1. Aufl., Baden-Baden 2012

Kremer, Eduard/*Neuhaus gen. Wever*, Peter U.
Bergrecht, Stuttgart, Berlin, Köln 2001

Krewitt, Wolfram
Szenarien eines klimaverträglichen Energiesystems, in: Böhler/Bongardt/Frech (Hrsg.), Jahrhundertproblem Klimawandel, S. 61–80

Kübert, Markus/*Kuntz*, David/*Walker-Hertkorn*, Simone
Potential der Oberflächennahen Geothermie – Erfahrungen aus der Planungspraxis, in: GtV – Bundesverband Geothermie (Hrsg.), Der Geothermiekongress 2010, Tagungsband CD-ROM

Kübert, Markus/*Kuntz*, David/*Voutta*, Andre/*Walker-Hertkorn*, Simone/*Blum*, Philipp/*Bayer*, Peter
Thermal Response Tests und Temperaturtiefenprofile – Erfahrungen aus Praxis und Forschung, in: Geothermische Vereinigung - Bundesverband Geothermie e.V. (Hrsg.), Der Geothermiekongress 2009, Kongressband CD-ROM

Kühne, Gunther
Zulassung und Ausübung des Bergbaus bei Kollisionen mit anderen öffentlichen Interessen – zugleich ein Beitrag zu § 47 RegE BBergG –, in: ZfB 121 (1980), S. 58–72

Kühne, Gunther/*Ehricke*, Ulrich (Hrsg.)
Bergrecht zwischen Tradition und Moderne, Zivil- und öffentlichrechtliche Probleme des (ausgehenden) Steinkohlenbergbaus – Neue untertägige Nutzungsformen und -kollisionen, 1. Aufl., Baden-Baden 2010

Landel, Christoph/*Vogg*, Reiner/*Wüterich*, Christoph
Bundes-Bodenschutzgesetz, Kommentar, Stuttgart, Berlin, Köln 2000

Landmann, Robert von/*Rohmer*, Gustav
Umweltrecht, Kommentar
Band I – Umweltrecht Allgemeiner Teil (UVPG, UIG, USchadG u.a.)/Umweltrecht Besonderer Teil (WHG u.a.), München, Stand: 1. April 2013 (69. Ergänzungslieferung)
–, Band III – Umweltrecht Besonderer Teil (BImSchG), München, Stand: 1. April 2013 (69. Ergänzungslieferung)

Lang, Mirjam
Die rechtliche Beurteilung von Gerüchen, Berlin 2007

Larenz, Karl
Methodenlehre der Rechtswissenschaft, 6. Aufl., Berlin, Heidelberg, New York 1991

Laskowski, Silke Ruth
Das neue wasserhaushaltsrechtliche Gestattungsregime – Ein Gegenentwurf zur gescheiterten Integrierten Vorhabengenehmigung?, in: Reinhardt (Hrsg.), Das WHG 2010 – Weichenstellung oder Interimslösung?, S. 35–51

Laskowski, Silke Ruth/*Ziehm*, Cornelia
Gewässerschutzrecht, in: Koch (Hrsg.), Umweltrecht, § 5, S. 296–358

Latif, Mojib
Klima, 2. Aufl., Frankfurt am Main 2006
–, Bringen wir das Klima aus dem Takt?, 6. Aufl., Frankfurt am Main, September 2010
–, Globale Erwärmung, Stuttgart 2012

Lauer, Kristina
Das Wasserhaushaltsgesetz 2010, in: NuR 2010, S. 692–698

Länderarbeitsgemeinschaft Wasser (LAWA)
Ableitung von Geringfügigkeitsschwellen für das Grundwasser, Düsseldorf, Dezember 2004

Leitfaden Baden-Württemberg – Erdwärmesonden
Leitfaden zur Nutzung von Erdwärme mit Erdwärmesonden, Hrsg.: Umweltministerium Baden-Württemberg, 4. überarbeitete Neuauflage, Stuttgart, Mai 2005

Leitfaden Baden-Württemberg – Grundwasserwärmepumpen
Leitfaden zur Nutzung von Erdwärme mit Grundwasserwärmepumpen, Hrsg.: Umweltministerium Baden-Württemberg, 1. Aufl., Reutlingen, April 2009

Leitfaden Bayern
Oberflächennahe Geothermie – Heizen und Kühlen mit Energie aus dem Untergrund, Hrsg.: Bayerisches Staatsministerium für Umwelt, Gesundheit und Verbraucherschutz /Bayerisches Staatsministerium für Wirtschaft, Infrastruktur, Verkehr und Technologie, Stand: Mai 2007

Leitfaden Berlin
Erdwärmenutzung in Berlin – Leitfaden für Erdwärmesonden und Erdwärmekollektoren mit einer Heizleistung bis 30 kW außerhalb von Wasserschutzgebieten, Senatsverwaltung für Stadtentwicklung und Umwelt Berlin, Stand: Februar 2012, veröffentl. unter www.stadtentwicklung.berlin.de/umwelt

Leitfaden Brandenburg
Nutzung von Erdwärme in Brandenburg – Heizen und Kühlen mit oberflächennaher Geothermie: Ein Leitfaden für Bauherren, Planer und Fachhandwerker, Hrsg.: Brandenburgische Energie Technologie Initiative (ETI), 1. Aufl., Potsdam 2009

Leitfaden Hamburg
Leitfaden zur Erdwärmenutzung in Hamburg, Hrsg.: Freie und Hansestadt Hamburg, Behörde für Stadtentwicklung und Umwelt, Stand: 4. Aufl. 2012

Leitfaden Hessen
Erdwärmenutzung in Hessen – Leitfaden für Erdwärmesondenanlagen zum Heizen und Kühlen, Hrsg.: Hessisches Landesamt für Umwelt und Geologie, 4. Aufl., Wiesbaden 2011

Leitfaden Mecklenburg-Vorpommern
Leitfaden Erdwärmesonden in Mecklenburg-Vorpommern, Hrsg.: Landesamt für Umwelt, Naturschutz und Geologie Mecklenburg-Vorpommern, Güstrow, Dezember 2006

Leitfaden Niedersachsen
Leitfaden Erdwärmenutzung in Niedersachsen – Rechtliche und technische Grundlagen, Hrsg.: Landesamt für Bergbau, Energie und Geologie, Hannover 2012

Leitfaden Rheinland-Pfalz
Leitfaden zur Nutzung von oberflächennaher Geothermie mit Erdwärmesonden, Hrsg.: Ministerium für Umwelt, Landwirtschaft, Ernährung, Weinbau und Forsten Rheinland-Pfalz, 5. Fortschreibung, Mainz, Mai 2012

Leitfaden Saarland
Leitfaden Erdwärmenutzung, Hrsg.: Ministerium für Umwelt des Saarlandes, Saarbrücken 2008

Leitfaden Sachsen
Erdwärmesonden – Informationsbroschüre zur Nutzung oberflächennaher Geothermie, Hrsg.: Sächsisches Landesamt für Umwelt, Landwirtschaft und Geologie, 4. Aufl., Dresden 2011

Leitfaden Schleswig-Holstein
Leitfaden zur geothermischen Nutzung des oberflächennahen Untergrundes, Hrsg.: Landesamt für Landwirtschaft, Umwelt und ländliche Räume des Landes Schleswig-Holstein, Kiel, September 2011

Leitfaden Thüringen
Nutzung oberflächennaher Geothermie – Arbeitshilfe zur wasserrechtlichen Beurteilung, Thüringer Landesverwaltungsamt, Stand: Mai 2013, veröffentl. unter www.thueringen.de

Lemke, Reiner
Das Nachbarschaftsverhältnis von untertägigem Bergbau und Grundeigentum aus zivilrechtlicher Sicht, in: Kühne/Ehricke (Hrsg.), Bergrecht zwischen Tradition und Moderne, S. 19–32

Louis, Hans Walter
Das neue Bundesnaturschutzgesetz, in: NuR 2010, S. 77–89

Lucas, Klaus
Thermodynamik – Die Grundgesetze der Energie- und Stoffumwandlungen, 7. Aufl., Berlin, Heidelberg 2008

Lutz, Gerald
Erdgekoppelte Wärmepumpen – Technik, Anforderungen, Perspektiven, in: bbr 2009, Sonderheft Oberflächennahe Geothermie, S. 40–46

Lütkes, Stefan/*Ewer*, Wolfgang
Bundesnaturschutzgesetz, Kommentar, München 2011

Maunz, Theodor/*Dürig*, Günther

Grundgesetz, Kommentar, Band II, Art. 6–15, München, 68. Lieferung, Januar 2013

Maurer, Hartmut

Allgemeines Verwaltungsrecht, 18. Aufl., München 2011

Medicus, Dieter/*Mertens*, Hans-Joachim/*Nörr*, Knut Wolfgang/*Zöllner*, Wolfgang (Hrsg.)

Festschrift für Hermann Lange zum 70. Geburtstag am 24. Januar 1992, Stuttgart, Berlin, Köln 1992

Meinert, Annkatrin

Zur Subsidiarität des Bundes-Bodenschutzgesetzes – Ein Beitrag zur Systematik im Umweltrecht –, Kiel 2005

Ministerium für Ländliche Entwicklung, Umwelt und Verbraucherschutz des Landes Brandenburg

Merkblatt über Anforderungen des Gewässerschutzes an geothermische Anlagen vom 24. April 2008, veröffentl. unter www.mugv.brandenburg.de

Ministerium für Umwelt, Klima und Energiewirtschaft Baden-Württemberg

Leitlinien Qualitätssicherung Erdwärmesonden (LQS EWS), Stand: Juli 2012, veröffentl. unter www.um.baden-wuerttemberg.de

Ministerium für Umwelt, Gesundheit und Verbraucherschutz des Landes Brandenburg

Rundschreiben vom 18.08.2010 zum Merkblatt über Anforderungen des Gewässerschutzes an geothermische Anlagen vom 24. April 2008 – hier: Unzulässigkeit von Erdwärmesonden in Wasserschutzgebieten, veröffentl. unter www.mugv.brandenburg.de

Mohr, Katharina

Die Bewertung von Geruch im Immissionsschutzrecht, Berlin 2010

Mohr, Tilmann

Wasserwirtschaft und novelliertes Wasserrecht in Schleswig-Holstein (Teil I), in: NordÖR 2011, S. 426–430

Munk, Hans-Hartmann

Das Wasserhaushaltsgesetz 2010 – Strukturen, Perspektiven, Konfliktfelder, in: Reinhardt (Hrsg.), Das WHG 2010 – Weichenstellung oder Interimslösung?, S. 1–17

Murswiek, Dietrich
„Nachhaltigkeit“ – Probleme der rechtlichen Umsetzung eines umweltpolitischen Leitbildes, in: NuR 2002, S. 641–648

Müggenborg, Hans-Jürgen
Haftungs- und Unterlassungsansprüche im Bergschadensrecht, in: Frenz/Preuße (Hrsg.), Geothermie – Risikobeherrschung und Stand der Technik, Perspektiven und Fördermöglichkeiten, S. 35–52

Müller, Jürgen
Nachbars Laub – Ein Überblick über die Rechtsprechung zur Entschädigung für Nadel- und Laubfall, in: NJW 1988, S. 2587–2589

Müller, Ruben
Das neue Wärmegesetz als Instrument deutscher Klimaschutzpolitik, in: ZNER 2008, S. 132–137

Müller, Michael/*Fuentes*, Ursula/*Kohl*, Harald (Hrsg.)
Der UN-Weltklimareport – Bericht über eine aufhaltsame Katastrophe, 1. Aufl., Köln 2007

Müller, Michael/*Fuentes*, Ursula/*Kohl*, Harald
Der Klimawandel – eine aufhaltsame Katastrophe, in: dies. (Hrsg.), Der UN-Weltklimareport, S. 29–126

Müller, Wolf/*Schulz*, Paul-Martin
Handbuch Recht der Bodenschätzegewinnung, 1. Aufl., Baden-Baden 2000

Müller, Sigrun/*Zabel*, Lorenz
Baulärm und seine Behandlung im Zivil- und Öffentlichen Recht, in: ZfIR 2011, S. 862–869

Münchener Kommentar zum Bürgerlichen Gesetzbuch
Hrsg.: Franz-Jürgen Säcker, Roland Rixecker, Hartmut Oetker
Band 5 – Schuldrecht • Besonderer Teil III, §§ 705–853, Partnerschaftsgesellschaftsgesetz • Produkthaftungsgesetz, 6. Aufl., München 2013
–, Band 6 – Sachenrecht, §§ 854–1296, WEG • ErbbauRG, 6. Aufl., München 2013

Nast, Klaus
Erdwärme - Rechtsgrundlagen der Erkundung und Gewinnung, in: Geothermische Vereinigung e.V./Schweizerische Vereinigung für Geothermie (Hrsg.), Geothermie - Energie der Zukunft, S. 436–444

Oberthür, Sebastian
Die Vorreiterrolle der EU in der internationalen Klimapolitik: Erfolge und Herausforderungen, in: Varwick (Hrsg.), Globale Umweltpolitik, S. 49–71

Oschmann, Volker/*Rostankowski*, Anke
Das Internationale Klimaschutzrecht nach Kopenhagen, in: ZUR 2010, S. 59–65

Ostbayerisches Technologie-Transfer-Institut e.V. (OTTI)
9. Internationales Anwenderforum Oberflächennahe Geothermie – Erdgekoppelte Wärmepumpen und unterirdische thermische Energiespeicher, Regensburg 2009
–, 10. Internationales Anwenderforum Oberflächennahe Geothermie – Erdgekoppelte Wärmepumpen und unterirdische thermische Energiespeicher, Regensburg 2010

Palandt, Otto
Bürgerliches Gesetzbuch, Kommentar, 73. Aufl., München 2014

Pannike, Simone/*Kölling*, Martin/*Panteleit*, Björn/*Reichling*, Jörg/*Scheps*, Volker/*Schulz*, Horst-D.
Auswirkung hydrogeologischer Kenngrößen auf die Kältefahnen von Erdwärmesondenanlagen in Lockersedimenten, in: Grundwasser 2006 (11), S. 6–18

Perschau, Hans-Hermann
Geruchsfreisetzungen und Geruchsbewertungen im Bereich der Landwirtschaft aus immissionsschutzrechtlicher Sicht, in: UPR 1998, S. 248–254

Peters, Glen P./*Andrew*, Robbie M./*Boden*, Tom/*Canadell*, Josep G./*Ciais*, Philippe/*Le Quéré*, Corinne/*Marland*, Gregg/*Raupach*, Michael R./*Wilson*, Charlie
The challenge to keep global warming below 2°C, in: Nature Climate Change, January 2013, S. 4–6

Picker, Eduard
Der negatorische Beseitigungsanspruch, Bonn 1972

Piens, Reinhart/*Schulte*, Hans-Wolfgang/*Graf Vitzthum*, Stephan
Bundesberggesetz, Kommentar, Stuttgart, Berlin, Köln, Mainz 1983

Pohl, Klaus Peter
Das Sachenrechtsverhältnis der Bodenschätze, Erlangen 1987

Popescu, Paul/*Majer*, Christian Friedrich
Der nachbarrechtliche Ausgleichsanspruch – Grenzen der Analogie zu § 906 II 2 BGB mit Fallübersicht, in: NZM 2009, S. 181–185

Prall, Ursula/*Ewer*, Wolfgang
Energierechtliche Regelungen als Instrumente des Umweltschutzes, in: Koch (Hrsg.), Umweltrecht, § 9, S. 526–576

Quaschning, Volker
Erneuerbare Energien und Klimaschutz, 3. Aufl., München 2013

Rahmstorf, Stefan
Die globale Erwärmung, in: Böhler/Bongardt/Frech (Hrsg.), Jahrhundertproblem Klimawandel, S. 17–41
–, Der Anstieg des Meeresspiegels, in: Müller/Fuentes/Kohl (Hrsg.), Der UN-Weltklimareport, S. 190–194

Rahmstorf, Stefan/*Schellnhuber*, Hans Joachim
Der Klimawandel, 7. Aufl., München 2012

Rat von Sachverständigen für Umweltfragen
Sondergutachten „Altlasten", Wiesbaden, Dezember 1989, BT-Drucks. 11/6191

Rauch, Wolfgang
Ausbreitung von Temperaturanomalien im Grundwasser, Innsbruck 1992

Rauch, Wolfgang/*Möderl*, Michael/*Sitzenfrei*, Robert/*Kinzel*, Heiko
Berechnung der Ausbreitung von Temperaturanomalien im Grundwasser als Planungsinstrument für Wärmepumpenanlagen, in: Ostbayerisches Technologie-Transfer-Institut e.V., 9. Internationales Anwenderforum Oberflächennahe Geothermie, S. 20–27

Rausch, Jan-Dirk
Umwelt- und Planungsrecht beim Bergbau, 1. Aufl., Baden-Baden 1990

Rechkemmer, Andreas
Klimawandel als Weltproblem, in: Varwick (Hrsg.), Globale Umweltpolitik, S. 32–48

Reffken, Hermann/*Elsner*, Martin
Niedersächsisches Wassergesetz (NWG), Kommentar, Wiesbaden 1990, Stand: 16. Nachlieferung April 2012

Reidt, Olaf
Die Konkurrenz im Anlagenzulassungsrecht – Gilt für Industrieanlagen das „Windhundprinzip"?, in: DVBl. 2009, S. 274–282

Reinhardt, Michael
Das wasserhaushaltsgesetzliche System der Eröffnungskontrollen unter besonderer Berücksichtigung bergrechtlicher Sachverhaltsgestaltungen, in: NuR 1999, S. 134–143
–, Die gesetzliche Förderung kleiner Wasserkraftanlagen und der Gewässerschutz – Zum Schutz der Umwelt vor dem Umweltschutz, in: NuR 2006, S. 205–214
–, Geothermiebohrungen und Wasserrecht, in: UPR 2009, S. 289–294
–, Zum Verhältnis von Wasserrecht und Naturschutzrecht, in: NuR 2009, S. 517–525
–, Die Bewirtschaftung des Grundwassers nach dem neuen Wasserhaushaltsgesetz, in: KA – Korrespondenz Abwasser, Abfall 2010 (57), S. 464–469
–, Drittschutz im Wasserrecht, in: DÖV 2011, S. 135–142
–, Wasserrecht und Industrieanlagen, in: NuR 2011, S. 833–840

Reinhardt, Michael (Hrsg.)
Wasserrecht im Umbruch, Trierer Wasserwirtschaftsrechtstag 2007 – Vortragsveranstaltung des Instituts für Deutsches und Europäisches Wasserwirtschaftsrecht der Universität Trier am 22. März 2007, Berlin 2007
–, Das WHG 2010 – Weichenstellung oder Interimslösung?, Trierer Wasserwirtschaftsrechtstag 2010 – Vortragsveranstaltung des Instituts für Deutsches und Europäisches Wasserwirtschaftsrecht der Universität Trier am 10. März 2010, Berlin 2010

Reuß, Manfred
Oberflächennahe Geothermie – eine Technik mit vielen Facetten, in: Geothermie in Bayern – Profile, Porträts, Perspektiven, S. 78–82

Rieger, Wolfgang
Die Bedeutung naturschutzrechtlicher Vorschriften bei der Errichtung baulicher Anlagen – ein Überblick, in: UPR 2012, S. 1–8

Riese, Christoph/*Dieckmann*, Nina
Gesamtbetrachtung bei mehreren Industrievorhaben, in: UPR 2009, S. 371–377

Rolfsen, Michael
Das neue Wasserhaushaltsgesetz, in: NuR 2009, S. 765–771

Rossi, Jacopo
Probleme und Perspektiven im Energieumweltrecht, in: UPR 2009, S. 253–255

Roßnagel, Alexander/*Neuser*, Uwe
Die rechtliche Regulierung des Elektrosmogs – am Beispiel des Mobilfunks –, in: UPR 1993, S. 401–409

Roth, Herbert
Der bürgerlich-rechtliche Aufopferungsanspruch – Ein Problem der Systemgerechtigkeit im Schadensersatzrecht, Heidelberg 2001

Röthel, Anne
Der Gedanke der Priorität im privaten Nachbarrecht: Prior tempore, potiorusū? in: Jahrbuch des Umwelt- und Technikrechts 2006 (UTR 90), S. 207–229

Rumohr, Sven/*Schäfer*, Ingo
Nutzen der Regelungen des Lagerstättengesetzes für die Geothermiebranche, in: bbr 2010, Sonderheft Oberflächennahe Geothermie, S. 22–27

Rüthers, Bernd/*Fischer*, Christian
Rechtstheorie – Begriff, Geltung und Anwendung des Rechts, 5. Aufl., München 2010

Sachs, Michael
Grundgesetz, Kommentar, 6. Aufl., München 2011

Salzwedel, Jürgen
Beurteilungsspielraum und Ermessen bei der Entscheidung über Bewilligungen und Erlaubnisse – Ein Beitrag zur Stellung der Gerichte gegenüber den Wasserbehörden, in: RdWWi 15 (1967), S. 35–55
–, Der Spielraum wasserbehördlichen Ermessens für Entscheidungen im Rheineinzugsgebiet nach neuem Recht; Umfang der verwaltungsgerichtlichen Überprüfung beim Vollzug von Gewässerstandards und Einleitungsstandards im Einzelfall, in: RdWWi 22 (1979), S. 53–73
–, Wasserrecht, in: Arbeitskreis für Umweltrecht (Hrsg.), Grundzüge des Umweltrechts, S. 15/001–15/099
–, Anmerkung zur Rechtsprechung des Bundesverwaltungsgerichts, Urteile 4 C 41.86 v. 3.7.1987, 4 C 56.83 v. 15.7.1987 und 4 C 27.85 v. 19.2.1988, in: ZfW 1988, S. 341–344

Salzwedel, Jürgen/*Scherer-Leydecker*, Christian
Wasserrecht, in: Hansmann/Sellner (Hrsg.), Grundzüge des Umweltrechts, S. 545–655

Sanden, Joachim
Die Optimierung des rechtlichen Rahmens der Errichtung und des Betriebs oberflächennaher geothermischer Wärmepumpenanlagen, in: Geothermische Vereinigung - Bundesverband Geothermie e.V. (Hrsg.), Mehr Energie von unten, S. 232–240

Sanden, Joachim/*Schoeneck*, Stefan
Bundes-Bodenschutzgesetz, Kurzkommentar, Heidelberg 1998

Saner, Dominik/*Juraske*, Ronnie/*Kübert*, Markus/*Blum*, Philipp/*Hellweg*, Stefanie/*Bayer*, Peter
Is it only CO_2 that matters? A life cycle perspective on shallow geothermal systems, in: Renewable and Sustainable Energy Reviews 14 (2010), S. 1798–1813

Sanner, Burkhard/*Kaltschmitt*, Martin
Oberflächennahe Erdwärmenutzung, in: Kaltschmitt/Huenges/Wolff (Hrsg.), Energie aus Erdwärme, S. 60–108

Sanner, Burkhard/*Mands*, Erich
Erdgekoppelte Wärmepumpen in Deutschland und Europa: ein Wachstumsmarkt, in: bbr 2009, Sonderheft Oberflächennahe Geothermie, S. 22–35

Sass, Ingo
Oberflächennahe Geothermie - Risiken und Lösungsansätze, in: Forschungs- und Entwicklungsinstitut für Industrie- und Siedlungswasserwirtschaft sowie Abfallwirtschaft e.V. Stuttgart, Grundwasser und Grundwasserleiter - Nutzungskonflikte und Lösungsansätze -, S. 93–105

Sauer, Marc/*Mands*, Erich/*Grundmann*, Edgar/*Sanner*, Burkhard
Erweiterte Anwendungsmöglichkeiten des Geothermal Response Test: Bestimmung der Erdwärmesondenlänge mittels Thermoimpuls, in: GtV – Bundesverband Geothermie e.V., Der Geothermiekongress 2010, Tagungsband CD-ROM

Schalast, Christoph
Vorrang für den Klimaschutz: Der Umbau des Regelungsrahmens der Energieversorgung in Deutschland durch die Eckpunkte der Bundesregierung für ein integriertes Energie- und Klimaprogramm, in: IR 2008, S. 34–38.

Schallenberg, Kuno/*Kayser*, Martin/*Kaltschmitt*, Martin
Hydrothermale Erdwärmenutzung, in: Kaltschmitt/Huenges/Wolff (Hrsg.), Energie aus Erdwärme, S. 129–151

Schäfer, Kurt
Anwendungsbeispiele schädlicher Bodenveränderungen, in: NuR 2004, S. 223–226

Scheel, Benedikt
Klimaschutz durch Umweltschutz- und Energiebeihilfen: Neue Leitlinien der Europäischen Gemeinschaft, in: DÖV 2009, S. 529–535

Schink, Alexander
Verantwortlichkeit für die Gefahrenabwehr und die Sanierung schädlicher Bodenveränderungen nach dem Bundesbodenschutzgesetz, in: DÖV 1999, S. 797–807

Schippers, Axel/*Reichling*, Jörg
Laboruntersuchungen zum Einfluss von Temperaturveränderungen auf die Mikrobiologie des Untergrundes, in: Grundwasser 2006 (11), S. 40–45

Schlacke, Sabine
Gemeinschaftskommentar zum Bundesnaturschutzgesetz (GK-BNatSchG), Köln 2012
–, Nach Durban und vor Katar: Globaler Klimaschutz erneut in der Warteschleife, in: ZUR 2012, S. 69–70

Schmidt, Axel
Der nachbarliche Ausgleichsanspruch, Köln, Berlin, Bonn, München 2000

Schmidt, Thorsten Ingo
Die Analogie im Verwaltungsrecht, in: VerwArch 97 (2006), S. 139–164

Schmidt, Kathrin/*Thiem*, Andreas
Geothermie und Grundwasser-Mikrobiologie, in: Braun/Koschitzky (Hrsg.), VEGAS-Kolloquium 2011, Flache Geothermie - Perspektiven und Risiken, S. 13–23

Schmidt-Aßmann, Eberhard/*Schoch*, Friedrich
Bergwerkseigentum und Grundeigentum im Betriebsplanverfahren – Zur verwaltungsrechtlichen Gestaltung vernetzter Grundrechtspositionen, Stuttgart u.a. 1994

Schmidt-Aßmann, Eberhard/*Schoch*, Friedrich (Hrsg.)
Besonderes Verwaltungsrecht, 14. Aufl., Berlin 2008

Schoch, Friedrich/*Schneider*, Jens-Peter/*Bier*, Wolfgang
Verwaltungsgerichtsordnung, Kommentar, Band I, München, Stand: April 2013 (25. Ergänzungslieferung)

Scholz, Imme
China, Indien und die Bewältigung des Klimawandels, in:Böhler/Bongardt/Frech (Hrsg.), Jahrhundertproblem Klimawandel, S. 103–120

Schulte, Hans
Neuordnung des Bergrechts, in: ZRP 1979, S. 169–174
–, Das Bundesberggesetz, in: NJW 1981, S. 88–95
–, Anmerkung zum Urteil des VGH BW vom 9.6.1988, in: ZfB 130 (1989), S. 82–85
–, Kernfragen des bergrechtlichen Genehmigungsverfahrens, 1. Aufl., Baden-Baden 1993

Schulz, Rüdiger
Bergrecht und Erdwärme – Gesichtspunkte zur Bemessung von Erlaubnis- und Bewilligungsfeldern, in: GtE 40/2003, S. 9–12

Schulz, Thomas/*Reese*, Carolin
Wem gehört das Nichts? Unterirdische Speicher und Grundeigentum, in: RdE 2011, S. 8–15

Schumacher, Jochen/*Fischer-Hüftle*, Peter
Bundesnaturschutzgesetz, Kommentar, 2. Aufl., Stuttgart 2011

Schwarze, Reimund
Driften Klimawissenschaft und Klimapolitik auseinander?, in: ZUR 2010, S. 57–58

Schwien, Manja
Berg- und wasserrechtliche Regelung(slück)en – Lösungsorientierte Anwendung in der Praxis, in: Geothermische Vereinigung - Bundesverband Geothermie e.V. - (Hrsg.), Der Geothermiekongress 2008, S. 348–349

Seibt, Peter/*Brandt*, Wulf/*Kabus*, Frank/*Möllmann*, Gerd/*Poppei*, Joachim
Kälte- und Wärmespeicherung im Zentrum Berlins, in: Geothermische Vereinigung e.V./Schweizerische Vereinigung für Geothermie (Hrsg.), Geothermie – Energie der Zukunft, S. 306–316

Seibt, Peter/*Kabus*, Frank
Thermische Energiespeicherung in Aquiferen – Realisierte Projekte in Deutschland, in: Geothermische Vereinigung - Bundesverband Geothermie e.V. (Hrsg.), Mehr Energie von unten, S. 241–249

Sendler, Horst
Normkonkretisierende Verwaltungsvorschriften im Umweltrecht, in: UPR 1993, S. 321–329

Seuser, Anna Alexandra
Unkonventionelles Erdgas – Begehrte Ressource mit Unwägbarkeiten, in: NuR 2012, S. 8–18

Sieder, Frank/*Zeitler*, Herbert/*Dahme*, Heinz/*Knopp*, Günther-Michael
Wasserhaushaltsgesetz – Abwasserabgabengesetz, Kommentar
Band 2, München, 45. Ergänzungslieferung, Stand: 01.04.2013
–, Band 3, München, 45. Ergänzungslieferung, Stand: 01.04.2013

Sitzenfrei, Robert/*Möderl*, Michael/*Urich*, Christian/*Rauch*, Wolfgang
Erforderliche Abstände für die thermische Grundwassernutzung - Nachschlagewerk als Bemessungsbehelf, in: Ostbayerisches Technologie-Transfer-Institut e.V., 10. Internationales Anwenderforum Oberflächennahe Geothermie, S. 108–115

Soergel, Hans Theodor
Bürgerliches Gesetzbuch mit Einführungsgesetz und Nebengesetzen, Kommentar, Band 15/1, Sachenrecht 2/1, §§ 985 – 1017, ErbbauVO, Stand: Herbst 2006, 13. Aufl., Stuttgart 2007

Statistische Ämter des Bundes und der Länder
Umwelt – Öffentliche Wassergewinnung, Tabelle, Stand: 02.08.2012, veröffentl. unter www.statistikportal.de

Statistisches Bundesamt
Nachhaltige Entwicklung in Deutschland – Indikatorenbericht 2008, Wiesbaden, November 2008

Staudinger, Julius von
J. von Staudingers Kommentar zum Bürgerlichen Gesetzbuch mit Einführungsgesetz und Nebengesetzen
Buch 3, Sachenrecht, §§ 905–924 (Privates Nachbarrecht), Neubearbeitung 2009 von Herbert Roth, Berlin 2009

–, Buch 3, Sachenrecht, §§ 925–984; Anhang zu §§ 929 ff.: Sonderformen der Übereignung (Eigentum 2), Neubearbeitung 2011 von Karl-Heinz Gursky, Axel Pfeifer, Wolfgang Wiegand, Berlin 2011

–, Buch 3, Sachenrecht, §§ 985–1011 (Eigentum 3), Neubearbeitung 2013 von Karl-Heinz Gursky, Berlin 2013

Stawiarski, Karl-Heinz
Marktentwicklung oberflächennaher Geothermie, in: GtV – Bundesverband Geothermie e.V. (Hrsg.), Der Geothermiekongress 2010, Tagungsband CD-ROM

Stegelmaier, Marina/*Streicher*, Wolfgang/*Kaltschmitt*, Martin
Nutzung von Umgebungsluft und oberflächennaher Erdwärme – Ökonomische und ökologische Analyse, in: Kaltschmitt/Streicher/Wiese (Hrsg.), Erneuerbare Energien, S. 672–691

Streicher, Wolfgang/*Ziegler*, Felix/*Kaltschmitt*, Martin
Nutzung von Umgebungsluft und oberflächennaher Erdwärme – Physikalische Grundlagen, in: Kaltschmitt/Streicher/Wiese (Hrsg.), Erneuerbare Energien, S. 623–636

Streicher, Wolfgang/*Kaltschmitt*, Martin/*Ziegler*, Felix/*Sanner*, Burkhard
Nutzung von Umgebungsluft und oberflächennaher Erdwärme – Systemtechnische Beschreibung, in: Kaltschmitt/Streicher/Wiese (Hrsg.), Erneuerbare Energien, S. 636–672

Thiele, Marc
Umwelt- und Naturschutzaspekte bei der Erschließung und Nutzung von Erdwärme, Potsdam 2004

Thiem, Hans
Wasserrecht Schleswig-Holstein, 6. Aufl., Kiel 2005

Tholen, Michael/*Walker-Hertkorn*, Simone
Arbeitshilfen Geothermie – Grundlagen für oberflächennahe Erdwärmesondenbohrungen, Bonn 2008

Thoms, Anahita
Europäisches Klimaschutzpaket unter dem Diktat der Finanzkrise?, in: ZNER 2009, S. 121–127

Troge, Andreas
Deutschlands Wanderung zum Klimaschutz, in: Müller/Fuentes/Kohl (Hrsg.), Der UN-Weltklimareport, S. 337–345

Turner, George
Der Rechtscharakter von Einzelbefugnissen des Bergwerkseigentümers, in: ZfB 108 (1967), S. 45–69
–, Das Rangverhältnis zwischen Bergbautreibenden und Grundeigentümern, in: ZfB 108 (1967), S. 251–261

Umweltbundesamt
Klimaänderung – Wichtige Erkenntnisse aus dem 4. Sachstandsbericht des Zwischenstaatlichen Ausschusses für Klimaänderungen der Vereinten Nationen (IPCC), Stand: 2009
–, Konzeption des Umweltbundesamtes zur Klimapolitik – Notwendige Weichenstellungen 2009, Climate Change 14/2009, Dessau-Roßlau, Oktober 2009, veröffentl. unter www.umweltbundesamt.de
–, Wasserwirtschaft in Deutschland, Teil 1 - Grundlagen -, Berlin, Stand: November 2010

Umweltministerium Baden-Württemberg
Arbeitshilfe zum Leitfaden zur Nutzung von Erdwärme mit Grundwasserwärmepumpen, 1. Aufl., Stuttgart, Oktober 2009

Varwick, Johannes (Hrsg.)
Globale Umweltpolitik, Schwalbach/Ts. 2008

Verband Beratender Ingenieure VBI
VBI-Leitfaden Oberflächennahe Geothermie, Band 18 der VBI-Schriftenreihe, Berlin, 3. Aufl., März 2012

Verein Deutscher Ingenieure e. V.
VDI-Richtlinie 4640, Blatt 1, Thermische Nutzung des Untergrundes – Grundlagen, Genehmigungen, Umweltaspekte, Berlin, Stand: Juni 2010 – Berichtigung Dezember 2011
–, VDI-Richtlinie 4640, Blatt 2, Thermische Nutzung des Untergrundes – Erdgekoppelte Wärmepumpenanlagen, Berlin, Stand: September 2001

Versteyl, Ludger-Anselm/*Sondermann*, Wolf Dieter
Bundes-Bodenschutzgesetz, Kommentar, 2. Aufl., München 2005

von Cotta, Bernhard
Das Zentralfeuer, in: Unterhaltungen am häuslichen Herd, Erster Band, Zweite Auflage, Leipzig 1853, S. 727–730

Waden, Hans-Jürgen
Prüfungsumfang der Wasserbehörde bei einem Antrag für oberflächennahe Geothermie, in: Wasser und Abfall 3/2010, S. 15–19

Walker-Hertkorn, Simone/*Hähnlein*, Stefanie/*Urban*, Karl/*Blum*, Phillip/*Bayer*, Peter
Genehmigungsverfahren für die oberflächennahe geothermische Nutzung, in: bbr 2010, Sonderheft Oberflächennahe Geothermie, S. 8–13

Wallacher, Johannes/*Scharpenseel*, Karoline (Hrsg.)
Klimawandel und globale Armut, Stuttgart 2009

Wedewardt, Marec
Erdwärmenutzung in urbanen Räumen – Chancen und Nutzungskonflikte, in: Geothermische Vereinigung - Bundesverband Geothermie e.V. (Hrsg.), Der Geothermiekongress 2009, Kongressband CD-ROM

Wellmann, Susanne/*Queitsch*, Peter/*Fröhlich*, Klaus-D.
Wasserhaushaltsgesetz, Kommentar, Wiesbaden 2010

Wenderoth, Frank/*Bartels*, Jörn
Energiepfähle zur Klimatisierung des Fluggastterminals am Flughafen Berlin Brandenburg International, in: bbr 2009, Sonderheft Oberflächennahe Geothermie, S. 70–78

Willecke, Raimund/*Turner*, George
Grundriß des Bergrechts, 2. Aufl., Berlin, Heidelberg, New York 1970

Wolff, Gerd/*Hellenthal*, Nikolaus
Nutzung der Geothermie in Stuttgart, Hrsg.: Landeshauptstadt Stuttgart, Schriftenreihe des Amtes für Umweltschutz – Heft 1/2005, Stuttgart, März 2006

World Meteorological Organization (WMO)
Greenhouse Gas Bulletin, No. 7, 21 November 2011, The State of Greenhouse Gases in the Atmosphere – Based on Global Observations through 2010

Wustlich, Guido
Das Erneuerbare-Energien-Wärmegesetz – Ziel, Inhalt und praktische Auswirkungen, in: NVwZ 2008, S. 1041–1048

Wustlich, Guido/*Kachel*, Markus
Die EEG-Novelle – Vom Erwachsenwerden eines Gesetzes, in: ZUR 2012, S. 1–3

Zerbe, Alexander/*Dinger*, Felix
Nachbarkonflikte zwischen konkurrierenden Betreibern – rechtliche Risiken bei grenznahen Standorten, in: Geothermische Vereinigung - Bundesverband Geothermie e.V. (Hrsg.), Der Geothermiekongress 2008, S. 28–31

Zydek, Hans
Aufsuchungs- und Gewinnungserlaubnisse nach Artikel 2 des bayerischen Berggesetzes, in: ZfB 99 (1958), S. 178–187

www.ingramcontent.com/pod-product-compliance
Ingram Content Group UK Ltd.
Pitfield, Milton Keynes, MK11 3LW, UK
UKHW021919290926
8980IPUK00015B/1353

9 783631 647295